Benjamin Schorn

Gier, Macht, Scham?

Benjamin Schorn

Gier, Macht, Scham?

Motive krimineller Manager psychologisch erklärt

Frankfurter Allgemeine Buch

Bibliografische Information der Deutschen Nationalbibliothek
Die Deutsche Nationalbibliothek verzeichnet diese Publikation in der Deutschen Nationalbibliografie; detaillierte bibliografische Daten sind im Internet über http://dnb.d-nb.de abrufbar.

Frankfurter Allgemeine Buch

Frankfurter Allgemeine Buch
Frankenallee 71 – 81
60327 Frankfurt am Main

Umschlag: Nina Hegemann
Umschlagsabbildung: Adobe Stock – Daniel Beckemeier
Satz: Zarka Ghaffar
Druck: CPI books GmbH, Leck
Printed in Germany

1. Auflage
Frankfurt am Main 2022
ISBN 978-3-96251-133-3

Frankfurter Allgemeine Buch hat sich zu einer nachhaltigen Buchproduktion verpflichtet und erwirbt gemeinsam mit den Lieferanten Klimazertifikate zur Kompensation des CO_2-Ausstoßes.

Für meine Familie

Anmerkung zur Einhaltung der Verschwiegenheitspflicht und Vertraulichkeit mandantenbezogener und tätigkeitsbezogener Informationen

Als Wirtschaftsforensiker unterliege ich der Schweigepflicht gegenüber meinen Mandanten. Daher dürfen Sachverhalte, die mir im Rahmen forensischer Ermittlungen zugetragen wurden, nicht an Dritte weitergegeben werden. Bei den beschriebenen Fällen, bei denen ich und aktuelle oder ehemalige Kollegen aus unterschiedlichen Wirtschaftskanzleien sowie freiberufliche Wirtschaftsforensiker mitgewirkt haben, handelt es sich um reale Wirtschaftskriminalfälle aus der Praxis. Aus datenschutzrechtlichen Gründen wurden sie allerdings anonymisiert, sodass keine Rückschlüsse auf etwaige involvierte Unternehmen, Täter, Opfer oder Zeugen gezogen werden können. Auch kann nicht nachvollzogen werden, welche Personen oder Kanzleien wann an welcher Fallaufklärung mitgewirkt haben. Konkret wurden Namen von Personen und Unternehmen anonymisiert oder umbenannt, die Unternehmensbranche und -größe sowie teilweise auch die zeitliche und räumliche Fallkonstellation abgewandelt und Erlebnisse aus mehreren Fällen zusammengeführt. Die beschriebenen Einzelsituationen haben sich nach meiner Wahrnehmung exakt so ereignet, wie sie in diesem Buch dargestellt sind. Die Unkenntlichmachung und Verwobenheit der Fälle haben insgesamt keine Auswirkungen auf die Analyse und Beschreibungen der Motive einzelner Täter. Aus Platzgründen und der Aufrechterhaltung eines Spannungsbogens wurden die Fälle zur Veranschaulichung und zum besseren Verständnis in ihrer Komplexität stark reduziert.

Hinweis

Zur besseren Lesbarkeit wird in vorliegendem Werk bei Personenbezeichnungen und personenbezogenen Hauptwörtern auf die gleichzeitige Verwendung der Sprachformen männlich, weiblich, divers (m/w/d) verzichtet. Es wird das generische Maskulinum verwendet, wobei alle Geschlechter gleichermaßen angesprochen sind. Die verkürzte Sprachform hat lediglich redaktionelle Gründe und beinhaltet keine Wertung.

Inhalt

Vorwort

Das vorliegende Werk ist nicht allein mein Buch. Es ist das Buch vieler Menschen – meiner Familie, meiner Freunde, zahlreicher Forscher, Kollegen, Journalisten, Autoren, Filmproduzenten, Schauspieler und vieler weiterer – deren kreative und intelligente Gedanken einen Großteil meiner Ideen zur Verwirklichung dieses Werkes inspiriert haben und dessen harte Arbeit zur Ergründung des menschlichen Zusammenwirkens die nachfolgenden Seiten überhaupt erst möglich gemacht haben. Vielen, ganz herzlichen Dank!

Mein Dank gebührt natürlich auch Ihnen – den Lesern dieses Buches. Und zwar dafür, dass Sie sich mit auf diese Reise in das Innere der menschlichen Moralseele begeben. Ich verspreche Ihnen an dieser Stelle zwei Dinge. Das erste Versprechen bezieht sich auf jene Aspekte, die Sie in diesem Buch nicht finden. Ich verspreche Ihnen, dass Sie keine einseitigen und plumpen Stereotypisierungen krimineller Manager finden werden und auf sich wirken lassen müssen. Das Phänomen Wirtschaftskriminalität ist viel zu komplex für diese sich häufig auf Gier und Psychopathie beschränkenden Erklärungsversuche. Das zweite Versprechen bringt mich zu jenen Aspekten, die Sie erwarten können. Ich verspreche Ihnen, dass Sie unternehmerische Handlungen am Rande oder bereits außerhalb der legalen Grauzonen zukünftig anders wahrnehmen werden, als Sie es bisher getan haben. Sie werden in diesem Buch einen tiefen Einblick in das WARUM hinter den Taten krimineller Manager erhalten und herausfinden, was jene Menschen, die schon alles zu haben scheinen, dazu drängt, all diese Segnungen aufs Spiel zu setzen. Ich freue mich, dass Sie dabei sind, und wünsche Ihnen viele Anregungen mit der vorliegenden Lektüre.

Schließlich möchte ich mich gerne noch persönlich bei einigen Menschen bedanken, die mich auf dem Weg zu diesem Vorhaben maßgeblich unterstützt haben. Mein Dank gilt meinem Lektor Wolfgang Barus für die vielen aufrichtigen und perspektivenerweiternden Gespräche sowie seiner Fähigkeit, Wichtiges von Unwichtigem zu unterscheiden; ein Unterfangen, welches mir insbesondere bei Themen, in die ich verliebt bin, sehr schwer fällt. Vielen Dank, lieber Torben, dafür, dass du mich mit dem Verlag Frankfurter Allgemeine Buch in Kontakt gebracht hast, und für Deine konzeptionellen Gedanken, die Du als erfahrener Buchautor mit mir geteilt hast. Vielen Dank, lieber Witalij, dafür, dass Du unsere gemeinsame Chat-Gruppe mit dem Titel „Buch WiKri“ über nun fast ein Jahr hinweg mit wertvollen Gedanken bestückt hast. Vielen Dank, meine liebe Jenny, dafür, dass Du mir den Platz für diese Selbstverwirklichung eingeräumt hast. Ohne euch alle hätte ich dieses Buch nicht geschrieben.

1 Einführung

„Das Spiel ist einfach. Zieh deinen Kunden das Geld aus der Brieftasche und lass es in deiner verschwinden." Dieser Ratschlag des Börsenmaklers Mark Hanna, der von Matthew McConaughey in dem Film „The Wolf of Wall Street" gespielt wird, steht wahrscheinlich für viele Menschen für den Prototypen eines kriminellen Managers oder gierigen Verkäufers. Ob etablierte Nachrichtensender, Zeitungen oder Studien großer Wirtschaftsprüfungsgesellschaften: Die Gier scheint das Leitmotiv Nr. 1 für Wirtschaftskriminalität zu sein.[1] Bevor ich Ihnen in diesem Zusammenhang einen Fall aus meiner forensischen Praxis näherbringe, möchte ich Sie gleich zu Beginn dieses Buches zu einem kurzen Rätsel einladen, das wie folgt lautet:

> Romeo und Julia liegen tot auf dem Boden in einer Wasserlache. Die Fenster sind weit geöffnet. Wie sind die beiden gestorben?[2]

Bitte denken Sie einen Moment darüber nach. Wir kommen darauf zurück.

Ein ganz gewöhnlicher Arbeitstag eines Wirtschaftsforensikers

Eigentlich sollte ich eine meiner ersten forensischen Sonderuntersuchungen meiner Karriere in der Nähe meines Wohn- und Arbeitsortes München durchführen. Da man sich allerdings nicht aussuchen kann, wo auf der Welt gerade ein Wirtschaftsskandal in einem Unternehmen entdeckt wird, besteht die Arbeitszeit eines Ermittlers für gewöhnlich zu einem nicht unerheblichen Teil aus Reisen. So sollte es auch dieses Mal sein. An einem Sonntagvormittag erhielt ich eine E-Mail meiner damaligen Kollegin Linda[3]. Es hatte sich spontan ein dringenderer Fall ergeben, der in der kommenden Woche mit höchster Priorität untersucht werden müsse. Der Verdacht: Veruntreuung von Firmengeldern, Betrug und sexuelle Belästigung durch einen hochrangigen Manager. Der Ort: Mailand in Italien. Solche spontanen Planänderungen und die damit geforderte Flexibilität sind keine Seltenheit in der Welt der Wirtschaftsforensiker. Oft gibt es einen Fall, der eben noch brisanter ist, deutlich eiliger aufgeklärt werden muss und speziellere Anforderungen aufweist als der Fall, den man eigentlich derzeit untersucht. Am nächsten Morgen nehmen wir gegen 6 Uhr die erste Maschine von München nach Bergamo, einer Stadt im Nordosten Mailands. Linda nutzt die Zeit für ein kleines Nickerchen, während ich mich auf dem nur etwas über eine Stunde dauernden Flug mit den bisherigen Daten und dem Interviewleitfaden vertraut mache. Worum geht es genau? Was sind die Vorwürfe? Welche Unterlagen haben wir bereits erhalten? Was brauchen wir noch? Wen werden wir vor Ort treffen und befragen? Was sind die Kernpunkte der Befragung? Dies sind wichtige Aspekte, deren Beantwortung im Vorfeld der Untersuchung und vor allem vor der Befragung von Zeugen, Opfern und Beschuldigten unbedingt stattfinden muss. Normalerweise klärt man solche Fragen ausführlich in einem internen Kick-off-Termin. An diesem Montagmorgen beschränkt sich meine Einarbeitung in den Fall allerdings auf wenige Minuten.

Der Fall

Als Teil einer forensischen-investigativen Einheit bekamen Linda und ich die Beauftragung, eine forensische Sonderuntersuchung für einen großen deutschen Möbelhersteller – nennen wir ihn Deutschland AG – durchzuführen. Der Auftrag: Anschuldigungen gegen den Geschäftsführer in einer italienischen Tochtergesellschaft der Deutschland AG – nennen wir sie Italia GmbH – sollen aufgeklärt werden. Der Leiter der internen Revision des Möbelherstellers hatte Linda berichtet, dass in den vergangenen Wochen mehrere interne Verdachtsmeldungen bei ihm und der Compliance-Abteilung eingegangen sind, die den aktuellen Geschäftsführer – nennen wir ihn Herrn Meier – der Italia GmbH belasten. Die Hinweise kamen von insgesamt zehn Mitarbeitern der italienischen Tochtergesellschaft. Konkret wurde Herrn Meier vorgeworfen, dass er

- seinen Hotelaufenthalt in Athen nach einem Geschäftsmeeting vor Ort auf Firmenkosten verlängerte und die Hotelrechnung sowie die Flüge für seine Frau und Kinder mit der Firmenkreditkarte bezahlte,
- den Urlaub mit seiner Familie in einem 5-Sterne-Ressort in der italienischen Hafenstadt Livorno am Ligurischen Meer sowie luxuriöse Einrichtungsgegenstände für sein Haus aus Firmengeldern bezahlte,
- regelmäßig angab, aus dem Homeoffice zu arbeiten, obwohl er nachweislich während der Arbeitszeiten private Einkäufe erledigte,
- Mitarbeiterinnen sexuell belästigt hatte,
- Anweisungen an die Buchhaltung und Finanzabteilung erteilt hatte, Rechnungen einer Beratungsfirma für Leistungen zu begleichen, die es nie gegeben hatte.

Der Trugschluss

Wie vermutlich viele junge Wirtschaftsermittler hatte auch ich eine Art natürlichen Ansporn, die Welt ein wenig gerechter zu machen und böse Täter zu entlarven. Beim Durchlesen dieser zahlreichen Anschuldigungen der Mitarbeiter entwickelte ich unweigerlich das starke Bedürfnis in mir, Herrn Meier das Handwerk legen zu wollen. In meinem Kopf konstruierte ich Herrn Meier als den *typischen* kriminellen Manager, der sich aufgrund seiner narzisstischen Persönlichkeitsstruktur und seinem inadäquaten materiellen Anspruchsniveau auf Kosten des Unternehmens und zu Ungunsten der Mitarbeiter verhalten hat. Urteil: in allen Punkten schuldig!

Insgesamt handelte es sich um sehr schwerwiegende Vorwürfe, die bei einer Bewahrheitung im Extremfall nicht nur zu einer Entlassung von Herrn Meier, sondern zu einer strafrechtlichen Anzeige hätten führen können. Wie geht man nun an einen solchen Fall heran, und was ist die Untersuchungsstrategie? Wir hatten uns dazu entschieden, in einem ersten Schritt alle zehn Hinweisgeber zu befragen, bevor wir Herrn Meier interviewen oder weitere Datenanalysen durchführen. Diese Reihenfolge, also 1. Befragungen mit Zeugen und

Geschädigten durchzuführen und 2. Befragungen des Beschuldigten sowie Analyse von relevanten Daten, ist eine gängige Vorgehensweise sowohl in der polizeilichen als auch in der forensischen Arbeit. Das liegt daran, dass Befragungen – wenn sie gut geplant und durchgeführt werden – großes Potenzial haben, in kurzer Zeit sehr viele und relevante Informationen zu offenbaren. Auf die Wirkkraft von Befragungen und darauf, dass angewandte Standards forensischer Vernehmungsmethoden uns Einblicke in die Psyche von Wirtschaftsstraftätern gewähren, wird in Kapitel drei noch konkreter eingegangen. Zurück zur Vorgehensweise in Italien. Gemeinsam mit unserem Auftraggeber hatten wir beschlossen, die Befragungen mit den Mitarbeitern zu einem Zeitpunkt durchzuführen, in dem Herr Meier nicht in den Büros des Unternehmens anzutreffen war. Dies hat den Vorteil, dass die Zeugen und Geschädigten nicht durch die Anwesenheit des Beschuldigten eingeschüchtert oder beeinflusst werden.

Jetzt waren wir also im Inbegriff, diesem typischen kriminellen Manager das Handwerk zu legen und durch die Interviews an relevante Informationen zu gelangen, die uns genau dazu verhelfen sollten. An dieser Stelle wird es sehr interessant. Denn in den Befragungen wurde vor allem eines sehr schnell deutlich: Herr Meier war bei seinen Mitarbeitern sehr unbeliebt. So unbeliebt, dass ihn die eigenen Mitarbeiter unbedingt loswerden wollten und bereit waren, ihm all die oben genannten Vergehen zu unterstellen. Sie haben richtig gelesen – unterstellen. Herr Meier war ein älterer Manager aus Deutschland, der vor seinem Amtsantritt in Italien bereits die Geschäftsführung mehrerer deutscher Tochterunternehmen der Deutschland AG übernommen hatte. Er war für seinen rauen Umgangston und seine Kostensenkungsprogramme bei den Mitarbeitern gefürchtet und vom Topmanagement geachtet. Die erste Amtshandlung während seiner Zeit als Geschäftsführer in der Italia GmbH fokussierte sich auf die Reduzierung von Spesengeldern, die die Mitarbeiter im Zuge ihrer Dienstreisen erhielten. In diesem Zusammenhang muss man wissen, dass die Italia GmbH eine Vertriebsgesellschaft war, in der die Reisekostenerstattungen und Spesen einen nicht unerheblichen Gehaltsbestandteil der Mitarbeiter ausmachte. Zurück zu den Vorwürfen: Die Anschuldigungen gegen Herrn

Meier erwiesen sich als substanzlos. Einzig die privaten Einkäufe während der Arbeitszeit konnten faktisch belegt werden. Allerdings gehörte eine solche flexible Arbeitszeitgestaltung zu den Privilegien eines Geschäftsführers und konnte ihm daher nicht zur Last gelegt werden. Mein Bild von Herrn Meier, dieses typischen kriminellen Managers, der sich auf Kosten der anderen bereicherte, war verschwommen. Meine Absolutheit geriet ins Wanken und relativierte sich in einer sehr ambivalenten Haltung gegenüber Herrn Meier. Er war in gewisser Weise Täter und Opfer zugleich.

Die Perspektivenerweiterung

Kommen wir zurück zu unserem Rätsel um Romeo und Julia. Haben Sie eine zufriedenstellende und plausible Erklärung zur Beantwortung der Todesursache unserer beiden Protagonisten finden können? Falls nicht, sind Sie – wie die meisten von uns – wahrscheinlich davon ausgegangen, dass es sich bei Romeo und Julia um Menschen handelt. Die Rätselbeschreibung verfügt allerdings über keine derartige Information. In unserem Fall schwimmen Romeo und Julia zusammen in einem runden Wasserglas, welches auf einem Tisch steht. Durch einen Windstoß wurden die Fenster aufgerissen und das Glas fiel vom Tisch auf dem Boden. Jetzt erahnen Sie es bereits: Bei Romeo und Julia handelt es sich um zwei Goldfische. Da uns die Geschichte um Romeo und Julia bekannt und vertraut ist, gehen wir ganz automatisch davon aus, dass Romeo und Julia Menschen sein *müssen*. Unabhängig davon, ob uns diese Information vorliegt oder nicht, behandeln wir sie wie eine Tatsache.

Eine ähnliche Gewissheit hatte ich auch bei den Motiven von Herrn Meier verspürt. Haben wir einmal *Stereotypen* internalisiert, fällt es uns trotz später auftauchender Informationen, die das Gegenteil beweisen, schwer, davon abzurücken. Bei der Betrachtung meiner eigenen Urteils- und Einschätzungsfähigkeit in unserem Fall kam unweigerlich die Frage in mir auf: Wenn selbst ich als Wirtschaftsforensiker ein so einseitiges Charakterbild dieses scheinbar kriminellen Managers verinnerlicht hatte – narzisstisch, größenwahnsinnig, arrogant, gierig – wie soll dann jemand, der sich fachlich nicht mit dieser Materie beschäftigt, weniger absolut über diese Menschen denken?

Der Fall im Norden Italiens machte mir darüber hinaus deutlich, wie weit Menschen bereit sind zu gehen, wenn sie sich in einer Situation befinden, die sie als bedrohlich empfinden. Die Mitarbeiter der Italia GmbH hatten erhebliche Anstrengungen aufgebracht, um auch nur irgendein Indiz für etwaiges Fehlverhalten von Herrn Meier ausfindig zu machen. So befestigten sie beispielsweise einen Peilsender an dessen Firmenwagen, um seinen Aufenthaltsort nachvollziehen zu können. Daher rührte auch die zutreffende Anschuldigung, Herr Meier würde während der Arbeitszeit private Einkäufe erledigen. In der Trackingsoftware hatten die Mitarbeiter gesehen, dass sich Herr Meier in Möbeleinrichtungsläden und Supermärkten aufgehalten hatte.

Ein Schwerpunkt dieses Buches besteht nun darin, die Bandbreite an Motiven krimineller Manager nicht auf das vermeintliche Hauptmotiv Nr. 1 – die Gier – zu beschränken, sondern uns einen tieferen und aufrichtigen Einblick in die psychologischen Dynamiken der Täter zu gewähren. Darüber hinaus möchte ich einige der häufigsten Fragen klären, die im Zuge großer Wirtschaftsskandale immer wieder auftauchen: Warum lassen sich ganz normale Mitarbeiter zu Kriminalität verführen? Kann es tatsächlich sein, dass Vorstände von skandalträchtigen Unternehmen nichts von all den kriminellen Machenschaften in ihren Unternehmen gewusst haben? Was treibt Whistleblower an, aus der Masse vorzutreten und Informationen über illegale Taten preiszugeben, bei denen sie selbst mitgewirkt haben? Warum werden große Skandale nicht eher von Wirtschaftsprüfungsunternehmen aufgedeckt?

Wie betrachten Sie beispielsweise die Hauptprotagonisten im aktuellen Wirecard-Skandal? Suchen Sie die Antwort nach dem *Warum* eher in Persönlichkeitsmerkmalen der Täter? Oder vermuten Sie, dass jeder in den Sog krimineller Machenschaften geraten kann und es nur die Kraft eines entsprechenden Umfeldes braucht, um gute Menschen böse Dinge tun zu lassen? Möglicherweise sind Sie aber auch der Ansicht, dass Gelegenheit Diebe macht und es nur entsprechende Kontrollen und Sanktionen geben muss, um solche Taten zukünftig zu verhindern. Und was ist eigentlich mit dem ehemaligen CEO von Wirecard, Dr. Markus Braun? Aktuell gibt er an, nichts von den unlauteren Praktiken in seinem Unternehmen gewusst zu haben und zu keiner Zeit derartige Handlungen angeordnet zu haben. Wie ordnen Sie diese

Aussage ein? Ist es möglich, dass ein Unternehmenslenker von Straftaten dieser Größenordnung nichts mitbekommen hat? Immerhin konnte man nicht nachvollziehen, ob ein Kontobestand in Höhe von 1,9 Mrd. Euro tatsächlich existierte. Am Ende musste Wirecard Insolvenz anmelden. Warum bleiben solche Skandale so lange unentdeckt, und wie blicken Sie auf jene zwei Gruppen, von denen man doch zu einhundert Prozent erwarten würde, dass diese etwas gesehen haben müssten? Ich spreche von den eigenen Mitarbeitern eines skandalösen Unternehmens sowie dessen Wirtschaftsprüfern. Ist es möglich, die Finanzkennzahlen eines Unternehmens professionell zu prüfen und gleichzeitig nichts von deren kriminellen Aktivitäten mitzubekommen? Und wie blicken Sie dabei auf sich selbst? Glauben Sie daran, dass Sie so etwas niemals tun würden, also unter keinen Umständen in wirtschaftskriminelle Machenschaften hineingeraten würden?

In den folgenden Kapiteln werden wir diesen und noch vielen weiteren Fragen der Wirtschaftskriminalität auf den Grund gehen. Von einer persönlichen Beurteilung oder Bewertung der in diesem Buch beschriebenen Verhaltensweisen möchte ich jedoch Abstand nehmen, da ein pädagogischer Zeigefinger uns ohnehin nur in eine Verteufelungsspirale bringt, die einem aufrichtigen Verstehen entgegenwirkt.

Wir werden uns anschauen, welche Tätertypen und Tatmotive es gibt, welche Rolle Psychopathen und Narzissten bei Wirtschaftsstraftaten spielen, welchen Einfluss psychologische Gruppendynamiken und Führungskonstellationen bei der Ausübung einer kriminellen Tat haben, wie wir (un-)moralische Entscheidungen treffen und warum Wirtschaftsskandale so lange unentdeckt bleiben. Darüber hinaus empfinde ich es als Autor eines Buches über die Verhaltensanalyse anderer Menschen nur als fair, wenn wir die Taschenlampe auch immer wieder auf uns selbst richten und uns fragen, wie *wir* wohl in bestimmten Situationen gehandelt hätten. Ich wünsche Ihnen eine anregende Lektüre und ein hoffentlich tieferes Verstehen dieser spannenden Thematik.

2. Faktor Person: Kriminelle Manager am Charakter erkennen

Der typische Wirtschaftsstraftäter – gibt es ihn?

Es ist schon lange ein großes Bestreben der Menschheit, Personen in bestimmte Typen zu kategorisieren. Zu *wissen*, dass jemand dieser oder jener Typ Mensch ist, verleiht uns Orientierung und Klarheit im Umgang mit ihm. Bis heute existiert eine Vielzahl an Diagnose- und Einteilungsmodellen sowie Persönlichkeitstests, um menschliches Verhalten begreifbar zu machen. Die Bandbreite reicht dabei von vier Persönlichkeitstypen[4], die in entsprechende Farben unterteilt werden, bis hin zu etwas differenzierten Betrachtungen von 14 und mehr solcher Klassifizierungen, die bis heute großen Anklang in diversen Disziplinen aus der Wirtschaft finden.[5] Die Personaldiagnostik etwa versucht anhand solcher Einteilungen herauszufinden, ob jemand zum Anforderungsprofil einer zu besetzenden Stelle im Unternehmen passt. Meist müssen die Kandidaten dafür einen Persönlichkeitstest absolvieren, der im Ergebnis besagt, wie dominant, gewissenhaft, offen, neurotisch, kreativ, wachsam, verantwortungsvoll, sensibel, selbstbezogen etc. der Kandidat ist.

In der kriminologischen Welt hingegen fokussierte man sich lange Zeit auf Differenzierungsmerkmale von Menschen, die vor allem Hinweise auf eines geben: ob jemand *gut* oder *böse* ist. Dabei hatte man keineswegs die professionellen und statistischen Auswertungsmodelle zur Verfügung, wie wir sie aus der heutigen Psychologie und Neurobiologie kennen. Die Klassifikation als kriminell oder integer beschränkte sich im Mittelalter bis in das frühe 20. Jahrhundert vor allem auf eines: das Aussehen. Das bekannteste Beispiel ist sicherlich die Verbrennung vermeintlicher Hexen, die aufgrund rein äußerlicher Merkmale bezichtigt wurden. Einige Jahrhunderte später sollte daraus eine *echte* wissenschaftliche Disziplin werden: die Physiognomie.[6] Cesare Lombroso, ein italienischer Arzt und Professor im Bereich der Psychiatrie und gerichtlichen Medizin, widmete dieser Wissenschaft sein Leben. Er untersuchte, inwiefern man auf der Basis von Äußerlichkeiten Aussagen darüber treffen kann, ob sich jemand in der Zukunft kriminell verhalten würde. Lombroso wollte beweisen, dass es biologische Ursachen für kriminelles Verhalten gibt. Er führte Hunderte von Untersuchungen durch und war davon überzeugt, dass beispielsweise eine bestimmte Schädelform oder eine spezielle Anordnung der Augenbrauen, der Nase oder der Mundpartie kriminelle Verhaltensweisen vorhersagen können. So deutete ein ausgeprägter Unterkiefer nach Lombrosos Ansicht beispielsweise auf eine verstärkte Gewaltbereitschaft hin. Nach Ansicht von Lombroso gab es also nicht nur den typischen, sondern sogar den geborenen Straftäter.[7] Der etwa 50 Jahre später im Jahr 1887 geborene Harvard Professor für Anthropologie Earnest Albert Hooton griff die Forschung von Lombroso ebenfalls auf und argumentierte sogar noch absoluter, dass „kleine, dicke Männer vergewaltigen; kleine, dünne Männer stehlen; große, dünne Männer rauben; große, schwere Männer morden und fälschen".[8] Darüber hinaus zeichnete er erstmalig ein Bild eines typischen Wirtschaftsstraftäters. Seinen Forschungsergebnissen zur Folge sei ein Wirtschaftskrimineller an seiner hohen Schädellänge, seines großen Kopfumfanges, lichten Haares, mittelgroßen Nasenrückens und seiner ausgeprägten Lippen zu erkennen.[9] Selbstverständlich ein Trugschluss, wie sich später herausstellte. Heute beschäftigt sich die kriminologische Forschung weniger mit äußerlichen Merkmalen, sondern mit dem Innenleben einer Person. Die Absicht, einen bestimmten Tätertypus auszumachen, ist aber nach wie vor von großem Interesse, wie wir in den nachfolgenden Kapiteln noch sehen werden.

Der klassische Wirtschaftskriminelle ist um die vierzig Jahre alt, männlich, nicht vorbestraft, ist seit über sechs Jahren im Unternehmen tätig, überdurchschnittlich hoch gebildet, arbeitet in einer gehobenen Managementposition und wirkt auf andere Menschen bisweilen sozial unauffällig. Die meisten Personen, die ihn persönlich kennen, sind von seiner Tat überrascht und hätten nie geglaubt, dass er so etwas tun würde.[10] Solche soziodemografischen Merkmale lassen sich relativ leicht ermitteln. Sie stellen unumstrittene Fakten dar. Wie alt jemand ist und wie lange jemand im Unternehmen arbeitet, bedarf keiner Diskussionen, Abwägungen, Hypothesen, Analysen, Verdichtungen und Schlussfolgerungen. So weit so gut und zunächst einmal auch nicht besonders auffällig. Denn die oben genannten Merkmale spiegeln zu großen Teilen lediglich wider, wie das Management in deutschen Unternehmen besetzt ist.[11] So werden die wenigsten Menschen unter 40 Jahre, ohne akademischen Abschluss und entsprechender Arbeitserfahrung in das Topmanagement eines deutschen Unternehmens aufsteigen. Obgleich der Anteil an Frauen in den Führungsetagen ansteigt, sind Frauen sowohl im mittleren als auch im Topmanagement immer noch unterrepräsentiert. Durch die Sammlung solcher Informationen erhält man das Bild eines sogenannten „unaffektierten" Straftäters:[12] eine leere Hülle, ohne dahinterliegende Informationen über die Motive und seelischen Vorgänge, die den Täter zur Tat verleitet haben.

Die weitaus interessantere Frage zielt auf jene Informationen ab, die diese leere Hülle aus demografischen Fakten mit Leben ausfüllen oder anders formuliert: welche Charaktereigenschaften den klassischen Wirtschaftsstraftäter ausmachen. Viele bedrängt die Frage, welche Personen das sind, die Bilanzen fälschen, im großen Stil bestechen oder Bestechungsgelder annehmen und betrügen. Das *Warum* hinter der Tat trifft regelmäßig auf große Fragezeichen, sind es doch gerade diese hochrangigen Manager, die von Erfolg gekrönt scheinen, finanziell ausgesorgt haben und solche kriminellen Handlungen gar nicht nötig zu haben scheinen. Wer *sind* diese Menschen, die den Verfall des eigenen Unternehmens orchestrieren und sich im gleichen Atemzug auf den Aktionärs-Hauptversammlungen souverän vor die Anteilseigner stellen, um voller Zuversicht eine profitable, grandiose Zukunft vorherzusagen. Die Medien und sogar professionell durchgeführte Studien erwecken nicht selten den Eindruck, dass die Feststellung von Charaktereigenschaften ähnlich unumstritten sei, wie die Ermittlung des unaffektierten Wirtschaftsstraftäters – also der erwähnten soziodemografischen Merkmale wie Alter oder Vorstrafenregister. Demnach soll der typische wirtschaftskriminelle Manager psychopathisch-manipulativ oder narzisstisch-größenwahnsinnig sein. Als Hauptmotiv Nr. 1 gilt die Gier.[13] Doch was ist dran an dieser sehr eindeutigen Zeichnung? Sind Wirtschaftskriminelle tatsächlich von der Gier nach mehr Geld durchdrungen und ständig auf den eigenen Vorteil bedacht, ohne Rücksicht auf vermeintliche Opfer? In diesem Zusammenhang möchte ich den Fokus im folgenden Unterkapitel auf den Faktor Psychopathie legen. Sie werden darin etwas über einen jungen Mann namens Billy McFarland erfahren, der das wohl teuerste und exklusivste Festival der Menschheit ausrichten wollte, sowie über Alex Honnold, den wohl weltbekanntesten Kletterer unserer Zeit. Was die beiden gemeinsam haben? Ein wesentliches Merkmal von Psychopathie: Angstfreiheit!

Der Faktor Psychopathie

Das beste Festival der Welt

Fyre hieß die neue App, die 2017 die Musikbranche unter der Schirmherrschaft des US-Unternehmers Billy McFarland revolutionieren sollte. Über die App sollte es möglich sein, berühmte Künstler für große Veranstaltungen oder private Events unkompliziert binnen weniger Sekunden mit wenigen Klicks über das Smartphone buchen zu können. Zur Vermarktung der Fyre App hatte Billy im Frühjahr 2017 eine Idee: Wenn die App die Eventindustrie revolutionieren sollte, dann wäre die Planung und Inszenierung eines eigenen Events doch genau die richtige Strategie, um das Potenzial von Fyre zu demonstrieren. Für dieses Unterfangen holte sich Billy die Unterstützung seines damaligen Geschäftspartners und Freundes Ja Rule, der als bekannter US-Rapper über die nötigen Kontakte in der Künstlerszene verfügte.[14] Das Fyre Festival sollte das wohl elitärste und luxuriöseste Festival werden, das die Menschheit jemals erleben sollte. „The best in food, art, music and adventure" lautete der Schriftzug des Werbevideos zur Vermarktung des Festivals.[15] Künstler, Essen, Abenteuer - nur das Beste vom Besten. Für Billy und Ja Rule war klar, dass für ein solches Festival keine gewöhnliche Location infrage kommt. Es musste ein Ort sein, der den versprühten Glamour des Festivals gut in Szene setzen kann. Dieser Ort sollte die exotische Bahamasinsel Norman's Cay werden. Mit seiner überschaubaren Größe von gerade mal drei Quadratkilometern war sie gerade so groß wie nötig, um eine Festivalaustragung realisieren zu können, und so klein wie möglich, um den Besuchern das Gefühl einer wertvollen Exklusivität zu geben. Hinzu kommt, dass Norman's Cay eine geschichtsträchtige Vergangenheit hat. Denn die Insel hatte in den 1970er-Jahren eine maßgebliche Bedeutung für den Kokainschmuggel, der von dem berühmten kolumbianischen Drogenbaron Pablo Escobar orchestriert wurde.[16] Die Mystik um die Drogenvergangenheit und die enorme Schönheit der Insel machte sie zum perfekten Austragungsort. Geplant war, dass die Teilnehmer mit Privatjets zum Festivalgelände eingeflogen werden und entweder in luxuriösen Strandvillen oder auf gecharterten Yachten, die um die Insel herum anlegen würden, übernachten sollten - inklusive Privatkoch an Board. Kein Wunder also, dass die Ticketpreise bis zu 250.000 US-Dollar betrugen. Drei Tage lang sollten sich die Teilnehmer so fühlen wie ein kolumbianischer Drogenbaron, so das Konzept von Billy und Ja Rule. Was weder Billy und Ja Rule noch die Teilnehmer zu diesem Zeitpunkt wissen konnten, war, dass es am Ende keine Party geben würde. Es würden keine Künstler auftreten, keine Privatjets als Transportmittel eingesetzt, keine Yachten als Unterkünfte bereitstehen. Stattdessen wird

```
es einen Betrugsskandal geben, wütende Teilnehmer, Schläge-
reien, Panikattacken und eine Ermittlung durch das FBI. Aber
was hat sich eigentlich konkret auf der Insel zugetan und was
hat das Fyre Festival mit Psychopathie zu tun?
```

Die „Dunkle Triade" des Billy McFarland

Kurz nach Bekanntwerden dessen, was heute als *Fyre-Festival-Skandal* bekannt ist, wurden Stimmen von Psychologen laut, die in Billys Verhaltensweisen und Charakter die sogenannte Dunkle Triade erkannten.[17] Die Dunkle Triade ist ein Persönlichkeitskonstrukt, bestehend aus den drei Eigenschaften: Narzissmus, Machiavellismus und Psychopathie. Als *Narzissten* bezeichnet man grob formuliert eine Person mit übertriebener Selbstbezogenheit, überkompensatorischem Selbstwertgefühl und einem Größenselbst, in dessen Zentrum stets das eigene Ich steht. Hinter der als groß und unverwundbar erscheinenden Fassade verbirgt sich allerdings ein sehr verletzlicher und kleinfühlender Mensch.[18] „Jeder sieht, was du zu sein scheinst, und nur wenige wissen, was du bist."[19] Dieses Zitat geht auf den italienischen Diplomaten Niccolò Machiavelli zurück, der damit einen Wesenszug von – der nach ihm benannten – machiavellistischen Verhaltensweisen beschreibt: Sich im Außen als loyal, zugewandt und kooperativ zu inszenieren, ohne die inneren Vorgänge, die von Machtgelüsten, Manipulation und Täuschung gekennzeichnet sind, preiszugeben. *Psychopathie* drückt sich derweil unter anderem durch Empathielosigkeit, Angstfreiheit und einen starken Risikoappetit aus. Eine etwas überspitzte, aber dennoch im Kern zutreffende Differenzierung der dunklen Eigenschaften lautet wie folgt: „Ein Narzisst, ein Psychopath und ein Machiavellist betreten eine Bar. Der Barkeeper fragt: „Wer von euch dreien hat die dunkelste Persönlichkeit?" Der Narzisst antwortet sofort: „ICH!". Der Machiavellist sagt: „Es ist, wer auch immer ich will." Der Psychopath sagt: „Mir egal."[20]

Aber wie haben sich diese Eigenschaften in den Verhaltensweisen von Billy McFarland bemerkbar gemacht? Um den Faktor Psychopathie bei Billy einordnen zu können, müssen wir zunächst die Entstehungsgeschichte um das Werbevideo des Fyre Festivals betrachten. Dazu ist es notwendig, die Faktoren Narzissmus und Machiavellismus einzubeziehen.

The Magic Bird: „Here's to living like movie stars, partying like rock stars and fucking like pornstars!"

Narzisstische Verhaltensweisen drücken sich in der Regel in einer Überschätzung der eigenen Fähigkeiten und des realistisch Machbaren aus. Diese Mentalität: größer zu sein als man ist, besser zu sein als die anderen, unrealistische Versprechungen abzugeben, legte Billy während der Festivalplanung in den unterschiedlichsten Situationen an den Tag. Bei den Videoaufnahmen für das Festival-Werbevideo sagte Billy bei einem inszenierten Spaziergang am Strand mit dem ehemaligen NFL-Footballprofi Jason Bell vor der Kamera beispielsweise: „This will be the biggest event in a decade, I promise."[21] Für das Werbevideo ließ Billy nur die angesagtesten Top-10-Models und Influencer der westlichen Welt auf die Bahamas einfliegen, mietete Yachten, Jetskis und Propellermaschinen. Tagelang wurde auf Norman's Cay gefeiert und aufgezeichnet. Der Videodreh glich eher einer riesigen Party statt einem professionellen Drehplan mit festen Drehzeiten, Ablaufplänen und Regeln. Die Partys vor Ort wurden stets durch den Toast von Ja Rule und Billy *„Here's to living like movie stars, partying like rock stars and fucking like pornstars!"*[22] eingeläutet. Ja Rule und Billy gaben sich den Spitznamen „The Magic Bird". Die Basketball-Profis Earvin „Magic" Johnson und Larry Bird hatten damals den Basketballsport legendär geprägt. Zusammen waren sie „The Magic Bird". Ja Rule und Billy würden die Eventindustrie ebenso legendär prägen, da waren sie sich sicher. Dann war es soweit. Das Promovideo sollte online auf Instagram gepostet werden. Billy sagte, dass an jedem Tag um 17 Uhr die beste jemals inszenierte Social-Influencer-Kampagne durchgeführt werde. Insgesamt 400 Influencer, darunter einige der bekanntesten Models, Musiker, Schauspieler und Comedians, sollten allesamt um Punkt 17 Uhr den Text „Join me!! @fyrefestival" auf ihren sozialen Kanälen posten. Zur Verwirklichung von Billys narzisstischem Größenselbst schien es nicht auszureichen, *nur* normal zu sein, *nur* ein gutes, solides Festival auszurichten. Es mussten Belege her, die Billy die eigene Grandiosität beweisen konnten. Das beste, exklusivste, teuerste Festival aller Zeiten. Die besten Künstler, die angesagtesten Models, die exklusivste Insel auf den Bahamas, die beste jemals gestartete Social-Media-Kampagne. In einem Teil sollte Billy recht behalten: es war eine der erfolgreichsten Social-Media-Kampagnen, die jemals durchgeführt wurden. Innerhalb von 48 Stunden nach dem Release waren bereits fünfundneunzig Prozent aller Tickets verkauft. In seinem Versprechen an den NFL-Footballprofi Jason Bell, das größte Event des Jahrzehntes auf die Beine zu stellen, sollte sich Billy allerdings mehr als nur irren.

Machiavellismus und das Brechen von Regeln

Nun gut, groß zu denken und eine große Vision zu haben ist ja zunächst einmal nichts Verwerfliches. Allerdings kam bei Billy noch eine weitere Eigenschaft hinzu, die gepaart mit narzisstischen Tendenzen sehr gefährlich sein kann: Machiavellismus. Salopp formuliert beschreibt Machiavellismus, dass jedes Mittel recht ist, um an sein Ziel zu gelangen. Diese Mentalität: Zielerreichung – koste es, was es wolle, sich nicht an Regeln halten zu müssen, hat Billy zunehmend ins Abseits befördert. Dabei war es ausgerechnet das hochglanzproduzierte Werbevideo, das die Festivalplanung ins Wanken gebracht hat.

Als die Besitzer von Norman's Cay von Billys und Ja Rules Idee erfahren hatten, ein Festival dieser Größenordnung durchzuführen, waren sie zunächst begeistert. Noch nie hatte etwas Vergleichbares mit so vielen bekannten US-Künstlern auf den Bahamas stattgefunden. Eine wichtige Bedingung war allerdings, dass Fyre keinerlei Verbindung zwischen dem ehemaligen Drogenhandel und Norman's Cay kommuniziert. Als die zuständigen Behörden das Werbevideo sahen, trauten sie ihren Augen nicht. „Once owned by Pablo Escobar" beschreibt ein Schriftzug das Video vor dem Hintergrund blau-türkis schimmernder Wellen.[23] Billy hatte einfach die zuvor vereinbarte Regel gebrochen. Schließlich war es gerade die erregende Drogenvergangenheit der Insel, die potenzielle Besucher zum Kauf eines Tickets animieren sollte. Die lokalen Behörden annullierten den Vertrag mit sofortiger Wirkung. Für die Planung eines großen Events, wie es das Fyre Festival sein sollte, rechnet man üblicherweise mit einem Planungshorizont von mindestens einem Jahr. Das Fyre Team hatte nun ganze sechs Wochen Zeit, um eine neue Insel zu finden, die Künstler zu beauftragen, Unterkünfte anzumieten oder zu errichten und eine entsprechende Infrastruktur zu gewährleisten. Sie wichen kurzerhand auf die Insel Great Exuma aus. Vor Ort traf Billys Team allerdings auf weitere Herausforderungen: Es gab keine ausreichenden Sanitäranlagen, das Festivalgelände war zu klein für die ohnehin überbuchten Ticketverkäufe und die Hotels waren aufgrund eines weiteren großen Events monatelang im Voraus ausgebucht. Zudem hatte Billy kein Geld mehr, da die bisherigen Werbekosten das Budget aufgezehrt hatten. So beliefen sich die Kosten für das Werbevideo auf mehrere Millionen US-Dollar. Für einen einzigen Instagram Post bezahlten Billy und Ja Rule den Influencern bis zu 200.000 US-Dollar pro Person.

Die meisten von uns hätten in Anbetracht der enormen Herausforderungen und des völlig absurd erscheinenden Planungshorizontes von sechs Wochen wahrscheinlich der Wahrheit ins Auge geblickt und das Festival abgesagt. Dass sich Billy dazu entschieden hat, das Festival stattfinden zu lassen, bringt mich zur dritten und finalen Eigenschaft der Dunklen Triade: Psychopathie.

Die Kunst, ruhig zu bleiben

Starker Risikoappetit und Angstfreiheit sowie Empathielosigkeit sind einige Eigenschaften, die Psychopathen nachgesagt werden und die Psychologen auch bei Billy McFarland erkannt haben wollen. Da, wo andere sich sorgten und in Zweifeln untergingen, blieb Billy oft erschreckend gelassen, optimistisch und stets lösungsorientiert. Kein Budget mehr? Kein Problem. Um weiterhin Einnahmen zu generieren, sollte das Fyre Team im April 2017, ein paar Tage vor dem Festivalbeginn, einfach eine E-Mail an die Teilnehmer mit dem Hinweis versenden, dass sie ihr Fyreband-Konto möglichst hoch aufladen sollten. Das Fyreband war ein Armband, das mit einem RFID-Chip ausgestattet war und vor Ort drahtloses Bezahlen ermöglichen sollte. In der E-Mail stand, dass die meisten der Teilnehmer etwa 3.000 US-Dollar auf das Fyreband aufgeladen haben, man im Falle weiterer Aktivitäten wie Jetski fahren oder einen Kurzflug über die Insel aber sehr viel höhere Beträge aufladen solle. Manchmal flog Billy aber auch einfach nach New York und kam wenige Tage später mit mehreren hunderttausenden US-Dollar Investorengeldern zurück auf die Bahamas. Dass er dabei zahlreichen Risikokapitalgebern gefälschte Geschäftszahlen vorgelegt hatte, dürfte als ein weiteres Zeichen seiner machiavellistischen Tendenz gewertet werden. Wo auch immer Billy war, gab es nur Lösungen und keine Probleme. Auch der Umstand, dass etwa 350 Teilnehmer zehn Tage vor dem Festival noch immer keine Unterkunft hatten, brachte Billy nicht aus der Fassung. Die Antwort: Hunderte einheimische Arbeitskräfte engagieren, die beim Aufbau notdürftiger Unterschlüpfe helfen sollten. Die ihnen zuvor versprochene Bezahlung blieb jedoch aus – Stichwort Empathielosigkeit. Die Leiterin einer ad hoc hochgezogenen Cateringstation zur Verpflegung des Festivalteams hatte sogar ihre gesamten Rentenersparnisse für das Festival aufgezehrt. Sie hatte ihre Angestellten aus eigener Tasche bezahlt, in der Hoffnung und im Vertrauen darauf, dass Billy sie am Ende fair entlohnen würde. Doch das Geld kam nie an. Ich habe übrigens bewusst den Begriff *Unterschlupf* verwendet, denn es gab weder Yachten noch Strandvillen für die Teilnehmer. Billy hatte vielmehr kurzerhand weiße Kuppelzelte aufgetrieben, die nicht unluxuriöser hätten sein können. Bei den weißen Zelten handelte es sich um Rettungsunterkünfte, die ursprünglich den notdürftigen Opfern von Naturkatastrophen wie Überschwemmungen zur Verfügung gestellt wurden. Neben den ohnehin desaströsen Zuständen feuerte Billy zwei Wochen vor Festivalbeginn auch noch den Caterer, mit dem sie einen Vertrag in Höhe von sechs Millionen US-Dollar vereinbart hatten. Der Grund: Billy hatte lediglich eine Million US-Dollar für das Catering budgetiert und keine weiteren finanziellen Mittel. Auch diese Kurzfristigkeit erschütterte Billy nicht. Andy King, ein guter Bekannter und professioneller Eventplaner des Fyre Teams, sollte nun in knapp zwei Wochen einen adäquaten Caterer finden, der über 6.000 Menschen versorgen konnte. Alles ging drunter und drüber. Die Agenturen der Künstler, die von Billys Team angeheuert wurden, stellten fest, dass sie immer noch keinen Zahlungseingang verzeichnet hatten und sagten nach und nach ab.

Die Tage kurz vor dem Festivalstart waren geprägt von Diskussionen, das Festival einfach abzusagen. Manche Mitarbeiter brachen vor lauter Belastung in Tränen aus. Der Einzige, der weiterhin keine Angst oder Sorge zu verspüren schien, war Billy. Wenn ein Mitarbeiter zu ihm sagte, dass das Festival abgesagt werden sollte, entgegnete er: „Wenn du gehen willst, kannst du gehen. Aber wenn du bleibst, suchen wir hier nach Lösungen."[24] Der bereits erwähnte Andy King, ein Mann mit dreißig Jahren Berufserfahrung in der Eventbranche, ging am Ende nach jedem Meeting raus auf die Veranda und brach in Tränen aus. Das war ihm noch nie passiert in seiner gesamten Karriere. Einen Tag vor dem Festival sendete Marc Weinstein, Event Consultant für das Fyre Team und Yogalehrer für die Besucher des Festivals, eine E-Mail an Billy. Er formulierte ein gewisses Verständnis für Billys Sorge, dass die Absage des Festivals einen Tag vor Ankunft der Teilnehmer ein schlechtes Licht auf Billy, Ja Rule und das gesamte Fyre Team werfen würde. Gleichzeitig betonte er die weitaus schlimmeren Folgen im Falle, dass die Teilnehmer auf ein vollkommen unfertiges Festivalgelände kommen würden. Marc plädierte, das Festival abzusagen. Billys ernüchternde Antwort am Abend des 26. April 2017 lautete: „Marc they will still see your smiling face and crazy yoga skills."[25] Statt das Festival abzusagen, sollte das Festivalteam die Social-Media-Plattformen weiter befeuern und die Illusion des besten Festivals der Menschheit aufrechterhalten – Stichwort Zielerreichung um jeden Preis. Es waren noch wenige Stunden bis zur Ankunft der ersten Festivalteilnehmer und eines war bereits jetzt klar: Marc Weinstein würde an jenem Tag weder zum Lachen zumute sein, noch würde es auch nur eine einzige Yogastunde für die Teilnehmer geben.

Gegen 5 Uhr in der Früh machten sich Tausende Besucher am 27. April 2017 auf die Reise zur Bahamasinsel Great Exuma. Wochen lang fieberten sie dem Festival entgegen. Die meisten Teilnehmer hatten keine Bedenken und freuten sich auf eine großartige Erfahrung. Schließlich wurden die Erwartungen der Besucher durch das Instagram-Profil und die Website des Fyre Festivals bis zum Schluss hochgehalten. In den Köpfen der Besucher waren sie auf dem Weg zu der exklusivsten Veranstaltung des Jahrzehntes. Manche hatten Zehntausende US-Dollar auf das Fyreband geladen und blickten voller Vorfreude auf das, was ihnen im Werbevideo versprochen wurde: die besten Künstler, Models und Influencer dieser Zeit, Yachten mit Privatköchen, Luxusvillen, Propeller Flugzeuge und Privatjets, eine unvergleichliche Schatzsuche und vieles mehr.

Die ersten merkwürdigen Momente erfuhren die Besucher bereits am Flughafen. Statt eines grandiosen Flugevents und Privatjets wurden die Teilnehmer in eine volle Economy Class einquartiert und am Ankunftsflughafen in einen völlig überfüllten Schulbus eingepfercht. Als die Teilnehmer an einem Gelände ankamen, das voller Müll, unfertig aufgebauter Bars, Bühnentechnik und schäbig aussehender DIXI-Toiletten war, setzte der Schock ein. Manche hofften, dass der Bus weiterfahren würde und dies ein anderes Gelände sei, vielleicht für ein anderes Event. Doch der Bus hielt.

Mit einer fast schon erschreckenden Gelassenheit stieg Billy auf einen Tisch inmitten der Teilnehmermenge und erklärte, dass es keine Villen oder Yachten, sondern nur Kuppelzelte gebe. Da mehr Tickets verkauft wurden als Platz für die Besucher vorhanden war, sprinteten die Besucher zu den Zelten. Es scheint die Ironie des Schicksals, dass es auf den Bahamas ausgerechnet am Vorabend derart heftig geregnet hatte, dass selbst die aufgestellten Rettungszelte großflächig durchnässt waren. Es folgten tumultartige Szenen mit Schlägereien um trockene Zeltplätze und Matratzen, Paletten mit Toilettenpapier wurden von A nach B getragen, manche erlitten Panikattacken, weinten, schrien und konnten in der Dunkelheit (es gab nicht einmal eine Beleuchtung) ihre Freunde und Partner nicht mehr wiederfinden. Das größte und exklusivste Festival der Welt war vorbei, bevor es angefangen hatte: Es gab keine Villen, keine Yachten, keine Flugstunden, ja nicht einmal Bands waren vor Ort. Vor diesem Hintergrund erscheint es nahezu gespenstisch, dass Billy die Teilnehmer überhaupt hat einfliegen lassen und die daraus resultierenden, zukünftigen Konsequenzen ausgeblendet hat – auf diese psychologische Besonderheit kommen wir in den Folgekapiteln zurück. Es folgten Ermittlungen durch das FBI und die US-Börsenaufsicht SEC, mehrere dutzende Menschen wurden vernommen. Billy selbst wurde am Ende zu sechs Jahren Haft verurteilt und bekam ein lebenslanges Verbot für die Tätigkeit als Geschäftsführer eines börsennotierten Unternehmens.

Das Beispiel um Billy McFarland zeigt sehr eindrucksvoll, welche Wirkkräfte das Zusammenspiel der drei Eigenschaften Narzissmus, Machiavellismus und Psychopathie entfalten können.[26] Dass Angstfreiheit und Empathielosigkeit eine große Rolle in der Initiierung und vor allem in der Aufrechterhaltung eines Wirtschaftsbetrugs spielen kann, wurde anhand des Fyre Festivals sehr deutlich. Vielen kriminellen Managern wird genau jene Kombination regelmäßig nachgesagt – hohe Risiken einzugehen ohne Rücksicht auf Verluste. Diese Ferndiagnose scheint für nicht wenige genug Anhaltspunkte zu liefern, um den Tätern eine psychopathische Störung in Reinkultur zu attestieren. Aber was bedeutet Psychopathie eigentlich im Detail? Wann wird jemand als Psychopath diagnostiziert? Wie viele Wirtschaftsstraftäter sind Psychopathen, und ist Psychopathie überhaupt ein gutes Erklärungsmodell für die Motive krimineller Manager? Mit diesen spannenden Fragen setzen wir uns in den folgenden Unterkapiteln auseinander.

Wirtschaftsstraftäter: Alles Psychopathen?

Von der Schwierigkeit, Psychopath zu werden

Es mag absurd klingen, aber selbst, wenn man wollte – Psychopath zu werden ist gar nicht so einfach. Das wohl bekannteste Diagnoseinstrument für die Erkennung einer psychopathischen Störung ist die vom kanadischen Psychologen Robert Hare entwickelte Psychopathy Checklist Revised, kurz PCL-R, die im Jahr 1990 erschienen ist und seitdem weltweite Anwendung findet.[27] Die Checkliste beinhaltet 20 Kriterien, die in Bezug auf den Probanden entweder mit einer 0, 1 oder 2 bewertet werden. 0 bedeutet dabei, dass das entsprechende Merkmal nicht erfüllt ist, 1 steht für eine mittlere Ausprägung, und bei einer Bewertung mit 2 hat man ein intensives und definitives Vorkommen eines Merkmales festgestellt. Sie können es ja einmal für sich ausprobieren und schauen, für wie psychopathisch Sie sich selbst oder möglicherweise andere diagnostizieren:

20 Merkmale nach Robert Hare[28]

1. Trickreich sprachgewandter Blender mit oberflächlichem Charme,
2. erheblich übersteigertes Selbstwertgefühl,
3. Stimulationsbedürfnis (Erlebnishunger), ständiges Gefühl der

Langeweile,

4. pathologisches Lügen (Pseudologie),
5. betrügerisch-manipulatives Verhalten,
6. Mangel an Gewissensbissen oder Schuldbewusstsein,
7. oberflächliche Gefühle,
8. Gefühlskälte, Mangel an Empathie,
9. parasitärer Lebensstil,
10. unzureichende Verhaltenskontrolle,
11. Promiskuität (häufiger, zeitlich versetzter oder paralleler Geschlechtsverkehr mit mehreren, wechselnden Sexualpartnern),
12. frühe Verhaltensauffälligkeiten,
13. Fehlen von realistischen, langfristigen Zielen,
14. Impulsivität,
15. Verantwortungslosigkeit,
16. mangelnde Bereitschaft/Fähigkeit, Verantwortung für eigenes Handeln zu übernehmen,
17. viele kurzzeitige ehe(ähn)liche Beziehungen,
18. Jugendkriminalität,
19. Missachtung von Weisungen und Auflagen / Widerruf der Bewährung,
20. polytrope Kriminalität (mehrere Vergehen unterschiedlicher Art und Schwere).

Wie ist Ihr Selbsturteil ausgefallen? Wie viele Punkte haben Sie erreicht? Als Psychopath wird man ab einem Gesamtscore von 30 Punkten bezeichnet. Allerdings hätte – selbst für den überaus unwahrscheinlichen Fall, dass Sie sich nach Hares Checkliste als Psychopath klassifizieren würden – Ihre Diagnose zunächst einmal keine Relevanz, weder medizinisch noch gerichtlich. Darin liegt auch die Besonderheit der PCL-R begründet. Anders als andere Diagnoseinstrumente und Fragebögen zur Bewertung einer Persönlichkeitsstörung, beantwortet der Patient oder Proband die Kriterien nicht selbst. Vielmehr werden die 20 Kriterien anhand von objektiv messbaren Anhaltspunkten bewertet, auf dessen Basis sich eine einheitliche und objektive forensisch-psychologische Aussage formulieren lässt. Diese Anhaltspunkte können Gerichtsgutachten, Informationen von Familienangehörigen, (ehemaligen) Lebenspartnern und nahen Bekannten der Probanden sowie die bisherige Strafakte sein. Zwar wird auch ein etwa ein- bis zweistündiges Interview mit den Probanden selbst geführt, bei Widersprüchen zum gesammelten Aktenmaterial gilt allerdings immer: die objektiven Akten haben Vorrang vor der Aussage des Probanden. Gleichzeitig können jene Angaben des Probanden, die vom Aktenmaterial abweichen, als Lüge interpretiert werden.[29] Mit dieser Art der objektivierten Einschätzung soll verhindert werden, dass ein psychopathischer Proband aufgrund seiner strategisch-manipulativen Intelligenz die Antworten so orchestriert, dass keine Psychopathie zu erkennen ist. Bei Betrachtung der Checkliste könnte man annehmen, dass jemand im Leben schon sehr eifrig am Rande des Gesetzes oder zumindest am Abgrund sozialer Normen agiert haben muss, um als Psychopath klassifiziert zu werden. Passt diese Klassifizierung mit unseren soziodemografischen Merkmalen eines klassischen Wirtschaftsstraftäters zusammen? Sie erinnern sich:

Der klassische Wirtschaftskriminelle ist um die vierzig Jahre alt, männlich, nicht vorbestraft, ist seit über sechs Jahren im Unternehmen tätig, überdurchschnittlich hoch gebildet, arbeitet in einer gehobenen Managementposition und wirkt auf andere Menschen bisweilen sozial unauffällig. Die meisten Personen, die ihn persönlich kennen, sind von seiner Tat überrascht und hätten nie geglaubt, dass er so etwas tun würde.[30]

Diese Beschreibung passt weder zu der von Hare aufgestellten Checkliste noch in das von uns vorherrschende Bild eines bösartigen Psychopathen. Die lange Unternehmenszugehörigkeit, soziale Unauffälligkeit und das Fehlen von Vorstrafen wirkt nicht so, als hätten wir es bei diesem Tätertypus mit Psychopathen zu tun. Wie kommt es dann, dass Wirtschaftsstraftätern so häufig Psychopathie unterstellt wird?

Psychopath ist nicht gleich Psychopath

Psychopathen scheinen eine magische Anziehungskraft auf Menschen zu entfalten, die mitunter sicherlich in der Mystik bestimmter Filmcharaktere begründet ist. Die meisten von uns denken bei Psychopathen wahrscheinlich an furchteinflößende, aber zugleich hochintelligente Serienkiller wie Hannibal Lecter aus „Das Schweigen der Lämmer". Und tatsächlich würde Lecter aus klinischer Sicht wohl die allermeisten Punkte der Hare-Checkliste erfüllen und am Ende die Diagnose eines Psychopathen erhalten.[31] Die Klassifizierung ist allerdings nicht immer so eindeutig wie bei Hannibal Lecter. Bei genauerer Betrachtung von Hares Checkliste lassen sich zwei Dimensionen herauskristallisieren, die im Ergebnis eine Unterscheidung zwischen sogenannter primärer und sekundärer Psychopathie beschreiben.

Dimension 1 – Primäre Psychopathie

Manipulatives Verhalten, pathologisches Lügen, extrem übersteigerte Selbstbezogenheit, oberflächlicher Charme und Humor, Mangel an echter Empathie, Vortäuschen von Gefühlen, Gewissenlosigkeit, Streben nach Macht und Reichtum (z. B. Kriterien 1–8 der PCL-R)

Dimension 2 – Sekundäre Psychopathie

Verantwortungslosigkeit, Impulsivität, fehlende Selbstkontrolle, Neigung zu Wutausbrüchen, Begehung von Straftaten, parasitärer Lebensstil, antisoziales Verhalten (z. B. Kriterien 9, 10, 11, 12, 14, 18, 20 der PCL-R)[32]

Bei psychopatischen Verbrechern wie Hannibal Lecter sind in der Regel die Verhaltensweisen beider Dimensionen stark ausgeprägt, wohingegen bei Psychopathen im Wirtschaftskontext insbesondere eine Dimension hervorsticht. Sie ahnen es schon. Es handelt sich um die primäre Psychopathie. Menschen, die lediglich die Kriterien der ersten Dimension erfüllen, haben in der Regel eine hohe Selbstkontrolle und demonstrieren nach außen hin kaum antisoziale

Verhaltensweisen. Ihr Tun endet nicht zwingend in einer Straftat, sondern kann mitunter durchaus einen Nutzen für Unternehmen oder die Gesellschaft darstellen.[33] Daher werden diese Personen auch als *funktionale* Psychopathen bezeichnet, wohingegen der Charakter Hannibal Lecter als *nicht-funktionaler* Psychopath einzuordnen wäre. Aber wie viele der Wirtschaftsskandale können am Ende durch funktional-psychopathische CEOs, CFOs oder andere Mitarbeitergruppen erklärt werden?

Psychopathie als Ursache für Wirtschaftskriminalität: Überbewertung und Beweislosigkeit

Kurz nachdem das britische Komitee für Arzneimittelsicherheit im Jahr 1995 eine Emergency Press Conference einberief, brach unter einem nicht unerheblichen Teil junger britischer Frauen Panik aus. Das Komitee verkündete in der Pressekonferenz, dass Frauen, die die dritte Generation der Antibabypille einnehmen, ein um sage und schreibe *hundert Prozent erhöhtes Risiko einer Thrombose* haben. Das Titelblatt des britischen Sunday Times Magazines vom 19. November 1995 schmückte daraufhin die rosarote Zunge einer Frau mit vollen roten Lippen mit einer schneeweißen Pille. Das kontrastreiche Bild wurde durch den Titel „Kiss of Death – Is the Pill doomed“[34] verstärkt und erinnerte eher an die Einnahme einer Ecstasy-, denn einer Antibabypille. Das Risiko, durch die Pille an einer Thrombose zu sterben, fühlte sich so sicher an wie das Amen in der Kirche. In der Folge haben Frauen mit Panik reagiert und die Pille großflächig abgesetzt, was zu einer erhöhten Anzahl ungewollter Schwangerschaften geführt hatte. Schätzungen zufolge wurden im Folgejahr etwa 13.000 mehr Abtreibungen in Großbritannien veranlasst als es üblich war. Nun ist eine berechtigte Frage: Wie viel ist eigentlich einhundert Prozent? Die undifferenzierte Antwort wäre: doppelt so viel wie vorher. Und wenn etwas doppelt so gefährlich wie vorher ist, muss es schon verdammt gefährlich sein, oder? Die Studie, auf die sich die dringliche Pressekonferenz des britischen Komitees für Arzneimittelsicherheit bezog, zeigte Folgendes: Von 7000 Frauen, die die vorangegangene – also zweite – Generation der Pille nahm, hatte eine einzige Frau Thrombose. Von 7000 Frauen, die die dritte Pillen-Generation zu sich nahm, hatte sich bei zwei Frauen eine Thrombose entwickelt. Die Zahl hatte sich also zwar von eins auf zwei verdoppelt. Das tatsächliche Risiko ist aber bei genauer Betrachtung absoluter Zahlen – zwei von 7000 Personen – weiterhin äußerst gering.[35]

Eine ähnliche Berichterstattung und Aufgeregtheit erleben wir auch in Bezug auf Psychopathen in der Wirtschaft. Eine häufig zitierte Analogie lautet, dass Psychopathen besonders häufig im oberen Management von Unternehmen gefunden werden können.[36] Und da das obere Management wiederum sehr häufig in Betrugsfälle involviert sei, seien auch die meisten Wirtschaftsstraftäter Psychopathen. Genauer gesagt verweisen diverse Medien und Experten auf Studien, die beweisen wollen, dass das Vorkommen von Psychopathen im Management von Unternehmen um unglaubliche sechshundert Prozent höher sei als in der durchschnittlichen Bevölkerung.[37] Wenn Psychopathen die Unternehmen regieren, müsse man sich nicht wundern, dass es immer wieder große Wirtschaftsskandale gibt. Dieser Versuch, das Phänomen Wirtschaftskriminalität anhand dieser Ursache-Wirkungs-Diagnose erklären zu wollen, ist aufgrund dessen einleuchtender Einfachheit durchaus nachvollziehbar. Um *sechshundert Prozent* mehr Psychopathen im Management. Bei dieser gewaltigen Steigerung könnte die Frage aufkommen, ob es überhaupt noch *nicht*-psychopathische Menschen im Management gibt. Nun ja, wie viel ist eigentlich sechshundert Prozent? Viele Experten gehen davon aus, dass etwa ein Prozent der Bevölkerung das sind, was man unter gängigen Messinstrumenten unter einem Psychopathen versteht. Im Topmanagement wird hingegen von einer Quote von sechs Prozent gesprochen. Anders ausgedrückt: Sechs von einhundert Menschen im Topmanagement sollen Psychopathen sein. Auch wenn diese Zahl immer noch hoch für Sie klingt, vergegenwärtigen Sie sich, dass im Umkehrschluss die überwältigende Mehrheit von vierundneunzig Prozent der Mitarbeiter im Topmanagement nicht psychopathisch ist. Neben der kleinen rechnerischen Unrichtigkeit – eine Steigerung von eins auf sechs entspricht fünfhundert Prozent – verfügt die Erhöhung von einem auf sechs Prozent über keine wissenschaftliche Absolutheit, sondern reflektiert lediglich die nahezu maximal identifizierte Bandbreite aus einigen Studien. Tatsächlich bewegt sich der Anteil von Psychopathen im Management je nach Forschungsquelle zwischen drei bis sechs Prozent.[38] Wird der Anteil von Psychopathen in der Berechnung meist zu undifferenziert hoch angegeben, so wird der Anteil von Psychopathen in der Gesamtbevölkerung mit einem Prozent meist zu niedrig angesetzt. Auch hier gibt es eine Forschungsbandbreite und Expertenschätzungen, die sich zwischen einem und sogar vier Prozent bewegen.[39] Ein undifferenzierter Gegenpol könnte also unter unwissenschaftlich populistischer Ausnutzung der genannten Bandbreiten argumentieren, dass es im Management sogar weniger Psychopathen als in der durchschnittlichen Bevölkerung gibt. Insgesamt muss man festhalten, dass es bisweilen deutlich weniger Forschung zum Thema Psychopathen im Unternehmenskontext gibt, als dies die allgemeine Medienlandschaft vermuten lässt.[40] Unabhängig von den Bandbreiten gibt es immer wieder die Forderung, Psychopathen von vorneherein aus den oberen Hierarchieebenen von Unternehmen fernzuhalten. Doch inwieweit ist dieses Fernhalten bestimmter Charaktere überhaupt möglich bzw. sinnvoll?

Psychopathen und Tätertypen wirkungsvoll aussortieren

Hätte der Enron Skandal, Wirecard oder das Fyre Festival ohne die hauptbeschuldigten Personen jemals stattgefunden? Eine interessante Frage, die sich im Nachhinein natürlich nicht mehr beantworten lässt. Und es wäre sicherlich unwissenschaftlich und unprofessionell, dazu eine eindeutige Prognose für sich zu beanspruchen. Trotzdem hat die Frage ihre Daseinsberechtigung, da das Scheinwerferlicht bei großen Skandalen in aller Regel auf wenige oder gar einen einzigen Protagonisten gerichtet ist.[41] Es scheint so, als müssten nur die richtigen Personen am richtigen Ort sein, damit alles in moralisch geregelten Bahnen verläuft. Ob diese Hypothese auf sicheren Füßen steht, schauen wir uns etwas näher in Kapitel drei an. Zunächst widmen wir uns der Frage, ob wir die Billy McFarlands dieser Welt zukünftig tatsächlich gezielt aussortieren können und sollten, bevor uns Schlimmeres droht. Versuchen wir uns dieses Szenario einmal bildhaft vorzustellen: Ein Mitarbeiter bewirbt sich auf eine hochrangige Managementposition. Neben einem Assessment-Center und einem analytischen Eignungstest muss der Kandidat einen Psychopathie-Fragebogen ausfüllen. Und tatsächlich bescheinigt der Fragebogen der Personalabteilung, dass es sich bei der Person um einen Menschen mit stark psychopatischen Tendenzen handelt. Was passiert dann? Wird dem Bewerber mitgeteilt, dass er als Psychopath einzustufen ist und die Stelle aus diesem Grund nicht antreten kann? Sie merken schon anhand dieser Zeilen, dass diese Vorgehensweise nicht zuletzt aus Diskriminierungsgründen nur schwer durchzuführen wäre.

Es gibt darüber hinaus drei weitere wesentliche Probleme, die eine Klassifizierung und Aussortierung von Psychopathen oder Tätertypen erschweren.[42] *Erstens* können sich Persönlichkeitseigenschaften über die Dauer der Unternehmenszugehörigkeit verändern. Sie erinnern sich, dass Wirtschaftsdelikte in der Regel von Personen mit langer Unternehmenszugehörigkeit begangen werden. Selbst jemand, der zum Zeitpunkt des Bewerbungsgespräches also integer erscheint, könnte im Rahmen seiner psychologischen Anpassungskompetenz und Veränderbarkeit in einigen Jahren trotzdem unmoralisch handeln. *Zweitens* haben wir festgestellt, dass funktionale Psychopathen über eine hohe manipulative Intelligenz verfügen und Ergebnisse in Fragebögen zur Selbsteinschätzung so beantworten, dass sie auf eine positive Resonanz stoßen. Dadurch wird eine gezielte Untersuchung psychopathischer Eigenschaften erschwert. Eine auf objektiven Kriterien beruhende Checkliste wie die PCL-R von Robert Hare wäre für gewöhnliche Personalauswahlprozesse indes viel zu aufwendig und würde speziell ausgebildete Psychologen voraussetzen. Funktionale Psychopathen verfügen darüber hinaus auch nicht über jene einfach zu ermittelnde Informationen wie ein langes Vorstrafenregister, wie es bei nicht-funktionalen Psychopathen häufiger der Fall wäre. Selbst anhand objektivierbarer Fakten erscheint zunächst einmal ein Mitarbeiter mit weißer Weste und kein eindeutiger Psychopath zum Bewerbungsgespräch. Die Personalabteilung eines Unternehmens müsste also versuchen, rein anhand von Verhaltensweisen des Mitarbeiters im Gespräch psychopathische Tendenzen zu ermitteln, was regelmäßig nicht zumutbar ist. Das *dritte* Problem bei der Klassifizierung und Aussortierung ist gleichzeitig das gewichtigste Argument. Denn selbst wenn wir in einer ersten Instanz Persönlichkeitszüge bei einem Bewerber ermittelt haben, die auf psychopathische Tendenzen hindeuten oder den Besitz aller Persönlichkeitseigenschaften eines typischen Wirtschaftsstraftäters bescheinigen: Diese Erkenntnisse stellen noch lange keinen Beweis für kriminelles Verhalten in der Zukunft dar. Genauso wenig, wie wir eine vergangenheitsbezogene Aussage darüber treffen können, ob es ohne Billy McFarland zum Fyre Festival oder ohne Markus Braun zum

Wirecard-Skandal gekommen wäre, genau so gering ist unsere Prognosefähigkeit dahingehend, ob jemand in der Zukunft straffällig wird. Durch den Drang, größenwahnsinnige Kriminelle von vornherein erkennen und aus den Unternehmen verbannen zu wollen, werden wir unbemerkt selbst zu Größenwahnsinnigen. Zu sagen „diese Person wird in Zukunft kriminell handeln" stellt eine Allmachtsfantasie dar, die der Komplexität der menschlichen Psyche nicht gerecht werden würde.

Die Suche nach eindeutigen Charakterzügen potenzieller Wirtschaftsverbrecher zur Vorhersage von Straftaten wird aber durch ein weiteres Problem nahezu unmöglich. Ebenso wie die scharfe Trennung von Gut und Böse nur schwer vollziehbar ist, verschwimmen auch die Grenzen zwischen jenen Eigenschaften und Verhaltensweisen, die explizit im Management gewünscht sind und denen, die man verbannen möchte.[43] Wirtschaftsstraftätern werden beispielsweise Eigenschaften wie Risikobereitschaft, Streben nach Erfolg, Karriereorientierung, Extrovertiertheit und Selbstbezogenheit nachgesagt. Eigenschaften, die auch auf viele Menschen im Management zutreffen und zu großen Teilen benötigt werden, um z. B. die Rolle des CEO erfolgreich auszufüllen. Auch funktionalen Psychopathen werden nicht nur negative, sondern durchaus förderliche Eigenschaften zugeschrieben, wie eine schnelle Entscheidungsfindung, ohne sich emotional ablenken zu lassen, Fokussierung auf das Positive, hohe Energie, Charisma, Überzeugungskraft und Durchsetzungsvermögen.[44] Studien konnten mittlerweile nachweisen, dass sich Emotionen negativ auf Investmententscheidungen auswirken können und Versuchspersonen mit Hirnläsionen an den Emotionszentren des Gehirns rationalere und rentablere Entscheidungen treffen können.[45]

Stigmatisierung, Vereinfachung und Verallgemeinerung

Es ist eines der wenigen Bewegtbilder, die vom ehemaligen Wirecard-Vorstandsmitglied Jan Marsalek in der Öffentlichkeit kursieren. Am 4. Mai 2020, kurz vor dem Zusammenbruch von Wirecard, hält dessen damalige Vorstandsriege unter Leitung von Markus Braun ein konzerninternes Meeting ab, in dem sie die eigenen Mitarbeiter unter anderem über die investigative Untersuchung der Wirtschaftsprüfungsgesellschaft KPMG aufklären. Ein paar

Tage zuvor wurde der KPMG-Bericht mit den Ergebnissen der durchgeführten Sonderuntersuchung veröffentlicht. Dass über eine Milliarde Euro, die in den Konzernbilanzen ausgewiesen wurden, nicht auffindbar waren, bereitete anscheinend nicht nur Anlegern, sondern auch Mitarbeitern bei Wirecard große Sorge. In perfektem Englisch und einer charmanten Gelassenheit erklärte Jan Marsalek die bisherige Vorgehensweise der KPMG-Prüfung und betont das Vertrauensverhältnis, das man zueinander habe.[46] Das Untersuchungsteam von KPMG, dem auch ich angehörte, würde derweil noch Daten vom Dezember 2019 analysieren, insgesamt seien aber keine großen Hindernisse oder Probleme zu erwarten, so Marsalek. Etwa eineinhalb Monate später hat Wirecard Insolvenz angemeldet.[47] Wenige Tage danach ist Jan Marsalek untergetaucht, seine Spur verliert sich irgendwo in Weißrussland. CEO Markus Braun wird derweil festgenommen und ist in Untersuchungshaft.

2008 sagte der ehemalige CEO der berüchtigten Bank Lehman Brothers Richard Fuld *„Ich werde Lehman zu neuen Höchstleistungen führen, sobald diese Krise vorüber ist.“*[48] Nur drei Tage später war die Bank pleite. Billy McFarland spricht einen Tag vor der Ankunft Tausender Festivalteilnehmer noch Zuversicht aus und begegnet seinen Mitarbeitern mit einer erschreckend optimistischen Gelassenheit. Handelt es sich bei den Beispielen nicht eindeutig um psychopathische Charaktere? Kein *normaler* Mensch würde doch angesichts des Wissens um die darauffolgenden dramatischen und lebensverändernden Konsequenzen Worte der Zuversicht über die Lippen bekommen, oder? Ist diese Angstfreiheit nicht ein glasklarer Indiz für Psychopathie? Zur Beantwortung dieser Frage möchte ich Ihnen, wie zu Beginn des Kapitels versprochen, einen der bekanntesten Kletterer unserer Zeit vorstellen.

Das Boulder-Problem

Das Boulder-Problem ist einer der schwierigsten Kletterabschnitte am El Capitan, einem 2.300 Meter hohen Bergmassiv im Yosemite Nationalpark in den USA. Noch nie hatte es ein Mensch geschafft, den El Capitan, der von der Ferne wie ein riesiger, viereckiger Felsklotz aussieht, *Free Solo* zu bezwingen. Beim

Free Solo wird im Gegenzug zum klassischen Klettersport auf jegliche Sicherungs- oder Hilfsmittel wie Seile und Karabiner verzichtet. Ab einer Kletterhöhe von etwa 15 Metern endet ein Sturz höchstwahrscheinlich tödlich. Alex Honnold bewegt sich ständig oberhalb dieser Todeszone. Er gilt im Jahr 2016 als der wohl bekannteste Free-Solo-Kletterer unserer Zeit und hat zahlreiche Berge, die als unbezwingbar galten, bereits ohne Seil bestiegen. An diesem Vormittag im Herbst 2016 sieht sich Alex allerdings mit einer nie dagewesenen Herausforderung konfrontiert. Mitten an diesem riesigen Bergmassiv des El Cap, wie der Berg in der Kletterszene genannt wird, versucht Alex einen Weg zu finden, um das Boulder-Problem zu lösen. Unter ihm geht es über 600 Meter senkrecht in die Tiefe. Jetzt kommt die schwierigste Stelle. Da es keine weiteren Griff- oder Abstützmöglichkeiten mehr an *seiner* Wand gibt, muss er sich irgendwie auf die gegenüberliegende Steilwand begeben. Ein gefährliches Unterfangen. Denn Alex hatte nicht nur beschränkte Sicht auf mögliche Greifmöglichkeiten in der gegenüberliegenden Wand, er war bereits stundenlang am El Cap unterwegs und seine Kräfte waren aufgezehrt. Er fokussiert die andere Seite und visiert einen Punkt an, den er greifen möchte. Höchste Konzentration. Alles um ihn herum hört in dieser Sekunde auf zu existieren. Sein Atem ist das lauteste Geräusch weit und breit. Dann gehen seine Beine langsam in die Hocke, um zu einem Sprung anzusetzen. Seine Füße drücken sich dabei in die millimeterdicken Felsvorsprünge. Seine Hände hat er nebeneinander auf einer Miniwölbung platziert. In einer ruckartigen Bewegung schießen seine Beine nach oben links. Alex' Blick ist stets Richtung Zielwand gerichtet. Sein ganzer Körper wird zur gegenüberliegenden Wand katapultiert, seine Arme und Hände strecken sich aus, um nach einer Kante zu greifen. Die Höhe sieht gut aus und Alex erreicht mit seiner Hand genau jene Stelle, die er anvisiert hatte. Er versucht zuzupacken und für einen kurzen Augenblick sieht es so aus, als hätte er es geschafft. Doch seine Hände rutschen ab und Alex fällt.[49]

Alex, die Angst und psychopathische Manager

Obwohl sich schon immer alle um Alex Honnold herum fragten, warum er eigentlich Hunderte Meter ohne Seil kletterte, hatte er selbst nie so wirklich Interesse an der Erforschung eigener Motive. In einem Interview sagte er einmal: *„if it works, it works.“*[50] Warum also einen Blick hinter die Kulissen seiner Persönlichkeit und der Ergründung tiefliegender Motive werfen, wenn doch alles so klappt, wie es klappen soll. Bekannte und Verwandte von ihm fanden es beeindruckend und zugleich merkwürdig, dass sich Alex solchen lebensgefährlichen Situationen mit einer fast schon erschreckenden Gelassenheit aussetzte. *„No Big Deal“*[51] – so lautete sein Spitzname, da er – so gefährlich die Situation auch sein konnte – keine große Sache daraus machte. Die größte Frage, die nicht nur Alex' privates Umfeld, sondern auch Menschen auf der ganzen Welt beschäftigte, lautete: Spürt Alex so etwas wie Angst? Was ist das für ein Mensch, der sich zu einem erheblichen Teil seines Lebens wissentlich in einer Art Todeszone bewegt? Alex wurde sogar ein eigenes Verb in der Kletterszene zugeordnet: *„to honnold“*[52] wie es im Englischen heißt, bedeutet sich seiner Angst zu stellen. Obwohl er lange Zeit keinen Drang danach verspürte, Fragen um seine Persönlichkeit und Angstempfindungen wissenschaftlich zu beantworten, erklärte er sich eines Tages für einen Gehirnscan bereit. *„Mal sehen, ob ich eine Art Freak bin“*, scherzte er. Der bekannten Hirnforscherin Jane Joseph gebührte die Ehre, Alex' Gehirn mit Hilfe eines funktionellen Magnetresonanztomographen (fMRT) zu scannen. Das Gerät ist dazu in der Lage, mit Hilfe eines riesigen Magneten die Blutströme im Gehirn zu verfolgen und dadurch die Hirnaktivität in bestimmten Regionen zu messen. Jane hatte bereits im Jahr 2005 als eine der ersten Forscher die Gehirne von sogenannten Risk-Seekern mithilfe des fMRT untersucht. Risk-Seeker, Thrill-Seeker oder Sensation-Seeker zeichnen sich durch ihren großen Hunger nach starken Reizen aus. Um diesen Reizhunger zu stillen, suchen sie sich intensive Lebenserfahrungen und sind bereit, dabei große Risiken einzugehen. Alex wird in die enge Röhre des fMRT geschoben. Während das Gerät sein Gehirn scannt, werden Alex Bilder gezeigt, die bei den allermeisten Menschen die Amygdala, eine Art Angstzentrum des menschlichen Gehirns, aktiviert: Blutige Kinder, mit Fäkalien verstopfte Toiletten, Leichenkörper und so weiter. *„Ich bin gespannt darauf, wie sein Gehirn aussieht"*[53], sagt Jane, während sie im Kontrollraum des Labors sitzt und im Nachbarraum der Scan beginnt.

Als die ersten Ergebnisse von Alex' Gehirnscan aus dem Scanner kamen, waren Jane und ihr Team gleichzeitig schockiert und beeindruckt. Die Amygdala ist eine Art instinktives Frühwarnsystem des menschlichen Gehirns. Sie empfängt Sinnesreize, interpretiert diese und leitet daraus automatische Reaktionen ab. Angenommen, man würde Sie mit verbundenen Augen an die Kante eines Felsplateaus stellen, Ihnen die Augenbinde abnehmen und Sie würden 600 Meter in die Tiefe blicken: was wäre Ihre Reaktion? Bei den allermeisten Menschen würde die Amygdala dafür sorgen, dass Sie ohne darüber nachzudenken blitzschnell von dieser Kante zurücktreten und sich auf eine gesicherte Stelle begeben. Die Aktivität Ihrer funktionierenden Amygdala würde auf einem Gehirnscan wie ein rot-gelb-orange leuchtendes Feuerwerk aussehen. Ein ähnliches Spektakel ist bei den meisten Menschen zu beobachten, denen man die Bilder zeigt, die Alex an jenem Tag im fMRT zu Gesicht bekommen hatte. Auf seinem Hirnscan war statt eines Feuerwerkes allerdings nur ein schwarzer Fleck zu sehen. Seine Amygdala schien keinerlei Angst, Irritation, Verstörung oder Risiken beim Anblick dieser Bilder wahrzunehmen.[54]

Jane Joseph stellt dazu zwei Hypothesen auf: Die erste Vermutung der Ärztin war, dass er zwar eine funktionierende Amygdala hat und diese auch so arbeitet wie gewöhnlich. Dass sein frontaler Kortex – der Bereich des Gehirns, der für die Handlungsplanung und -steuerung zuständig ist (sog. Exekutivfunktionen) – aber so stark ist, dass er die von der Amygdala signalisierte Angst beruhigen kann. Es besteht also die Möglichkeit, dass Alex über eine derart starke Kortex-Amygdala-Verbindung verfügt, dass der rationale Kortex die impulsgetriebene Wirkkraft der Amygdala regulieren kann. Die zweite Hypothese für Honnolds Drang nach reizstarken Erlebnissen ist, dass die

Dopaminausschüttung in den Belohnungszentren seines Gehirns erst deutlich später stattfindet als bei anderen Menschen. Anders formuliert: Bei Alex dauert es länger, bis sich eine Erfahrung als belohnend anfühlt. Thrill-Seeker wie Honnold benötigen demnach stärkere Reiz-Stimulationen, um einen belohnenden Dopaminkick zu erhalten. Erstaunlicherweise berichtet Alex selbst von diversen Momenten, in denen er sich enorm ängstlich gefühlt hat. Am Ende hat ihn seine Angst vor sozialen Begegnungen sogar zum Free-Solo-Klettern gebracht. Denn eigentlich hatte Alex nie vor, ohne Seil zu klettern. Für das Klettern mit Seil braucht man aber in der Regel eine Person, die einen absichert. Allerdings war er zu ängstlich, um auf andere Kletterer zuzugehen. Alex hatte also mehr Angst vor der sozialen Begegnung als davor, ohne Seil zu klettern und abzustürzen. Er spricht darüber hinaus von einer Todesangst, wenn es darum geht, vor großem Publikum zu sprechen. Neben dem Gehirnscan hat Alex auch einen Persönlichkeitstest absolviert, dessen Ergebnisse sehr interessant sind. Er wird als unglaublich sensationshungrig bei gleichzeitiger extremer Fokussierungsfähigkeit eingestuft. Er braucht den Kick, aber nicht immer sofort, hier und jetzt, und nicht um jeden Preis. Vielleicht wird hierdurch auch der Unterschied zwischen der Angstfreiheit von Billy McFarland und Alex Honnold deutlich. Alex nimmt sich extrem viel Zeit für die Planung seiner Touren und ist dabei überaus gewissenhaft. So war es auch, als Alex im Jahr 2016 am Boulder-Problem abgerutscht ist. Es handelte sich an jenem Tag um eines seiner zahlreichen und intensiven Klettertrainings – mit Seil! Alex fiel an jenem sonnigen Herbsttag im Jahr 2016 also nicht 600 Meter in die Tiefe, sondern wurde nach etwa zwei Metern von einem Seil aufgefangen. Vor jedem Free-Solo-Klettern besteigt Alex den anvisierten Berg mehrmals mit Seil und macht sich sehr umfangreiche Notizen, sowohl über die komplexen Bewegungsabfolgen in den einzelnen Abschnitten als auch über erfahrene Ängste und erlebte Emotionen. Er fühlt diese Ängste, durchlebt sie immer und immer wieder. Dabei aktiviert und beruhigt er seine Amygdala scheinbar so oft, dass sich die beschriebene Kortex-Amygdala-Verbindung etabliert hat.[55]

Die Erkenntnisse über Alex Honnold sind aus kriminologischer Perspektive so interessant, weil sie die Komplexität und Ambivalenz der menschlichen Psyche ausdifferenzieren. Extrem ängstlich und gleichzeitig angstfrei, großer

Reiz- und Sensationsappetit und gleichzeitig extreme Kontrolliertheit und Fokussiertheit. Die gleiche Ambivalenz erleben wir bei Wirtschaftskriminellen, denen erwartungswidrig häufig sogar hohe Gewissenhaftigkeit, Loyalität, Ehrlichkeit und Hilfsbereitschaft attestiert wird.[56] Selbstverständlich könnte man nun argumentieren, dass dieser Selbsteinschätzung von Wirtschaftsstraftätern eine Differenz zwischen abstrakten Werteeinstellungen – „so (moralisch) würde ich mich verhalten" – und der Wertorientierung in einer konkreten Situation – „so (unmoralisch) verhalte ich mich tatsächlich" zugrunde liegt.[57] Allerdings gibt es mittlerweile auch Studien, in denen die Charaktereigenschaften von Personen im Topmanagement nicht von ihnen selbst, sondern von anderen, ihnen nahestehenden Mitarbeitern eingeschätzt wurden. Auf einer Skala von 1 bis 7 war Gewissenhaftigkeit (in der Studie definiert als ein hohes Maß an Überlegtheit, Impulskontrolle und zielgerichteten Verhaltensweisen) mit einem Median von 7,0 nicht nur die Charaktereigenschaft, die den CEOs am stärksten zugeschrieben wurde, sondern auch diejenige mit der geringsten Schwankungsbreite – also der statistisch stabilste Wert. Interessant ist auch, dass die zweitstabilste Eigenschaft die Offenheit ist (in der Studie definiert als Kreativität, Abenteuerlust und die Bereitschaft, neue Herausforderungen anzunehmen).[58] Auf der einen Seite erscheinen CEOs also extrem gewissenhaft, auf der anderen Seite sind sie auch bereit, neue Herausforderungen anzunehmen und dafür Risiken einzugehen.

Möglicherweise kann das hohe und weitestgehend angstfreie Eingehen von Risiken von Managern in Unternehmen genauso erlernt werden, wie das weitestgehend angstfreie Free-Solo-Klettern von Alex Honnold und dessen starker Amygdala-Kortex-Verbindung. In Studien, in denen die Hirnaktivität von Personen gemessen wurde, die lügen, konnte dieser Effekt einer abgemilderten Amygdalareaktion nachgewiesen werden. Denn wenn wir lügen, um daraus einen persönlichen Vorteil zu erzielen, wird üblicherweise unsere Amygdala aktiviert, die uns ein unbehagliches Gefühl beschert und uns von unserem unredlichen Vorhaben abhält. Aber, je öfter wir lügen – je öfter wir sie *aktivieren und wieder beruhigen* – je geringer fällt die warnende Reaktion der Amygdala und das dadurch entstehende ungute Gefühl, etwas Schlechtes zu tun, aus.[59] Es stellt sich also ein gewisser Gewöhnungseffekt ein.

Billy McFarland oder Jan Marsalek mögen kriminell gehandelt haben und hatten bei Risikoentscheidungen möglicherweise eine geringe Aktivierung in ihren Angstzentren. Ob es sich bei ihnen aber tatsächlich um Psychopathen handelt, ist nicht hinreichend geklärt und kann ohne eine professionelle Diagnose auch nicht bestimmt werden. Durch die große Faszination für Psychopathie wird der Begriff fälschlicherweise Gewalttätern, Wirtschaftsstraftätern und teilweise auch nicht straffälligen Personen übergestülpt. Selbst unter Experten gibt es teilweise noch eine uneinheitliche Begriffsverwendung des Psychopathiebegriffs und die Verwendung nicht bewiesener Verallgemeinerungen. Ein Forscher schreibt beispielsweise: „Unternehmensskandale, wie beispielsweise beim 2001 durch massiven Bilanzbetrug insolvent gegangenen amerikanischen Energieriesen Enron, zeigen, dass Unternehmenspsychopathen durch ihre Fähigkeit, ohne Gewissensbisse zu lügen und zu manipulieren, für Wirtschaft und Gesellschaft eine existenzielle Gefahr darstellen können."[60] In einer anderen Studie wurde der Charakter des ehemaligen Enron-CEOs Jeff Skilling dagegen anhand des PCL-R untersucht mit dem Ergebnis: kein Psychopath.[61] Die ehemalige Studienfreundin von Jeff Skilling schreibt darüber hinaus: „Der Jeffrey Skilling, den ich aus unseren Jahren bei HBR kannte, war ein guter Mann. Er war klug, arbeitete hart und liebte seine Familie … Als seine gesamte Karriere mit seiner Verurteilung wegen mehrerer Verbrechen im Zusammenhang mit dem finanziellen Zusammenbruch von Enron ins Wanken geriet, war ich nicht nur schockiert, dass er etwas falsch gemacht hatte, sondern auch, wie spektakulär er es getan hatte."[62] Man hätte es ihm nicht zugetraut. Solche Verwunderungen von Personen aus dem nahen Umfeld derer, die kriminell gehandelt haben, sind nicht selten. Nicht nur bei Wirtschaftskriminellen, sondern auch bei Attentätern, Terroristen, Mördern und Vergewaltigern sind enge Bezugspersonen im Nachhinein über das skrupellose Vorgehen nicht nur verwundert, sondern auch schockiert. Der Terrorismusforscher Andrew Silke formulierte einmal, dass die erschreckendste Eigenschaft von Selbstmordattentätern ihre totale Normalität ist.[63]

Neben Jeff Skilling wurden in jener Psychopathie-Studie noch weitere fünf ehemalige Topmanager untersucht, darunter auch der bereits erwähnte ehemalige CEO von Lehman Brothers Richard Fuld und der ehemalige Arcandor-Chef Thomas Middelhoff – alles Manager, die im Zuge großer Wirtschaftsskandale angeklagt wurden. Im Ergebnis der Studie konnte allerdings bei keinem der sechs untersuchten Topmanager Psychopathie im klinischen Sinne diagnostiziert werden. Bei fast allen Topmanagern wurde dagegen eine weitere Eigenschaft der Dunklen Triade ausfindig gemacht: Narzissmus.[64] In diesem Zusammenhang richten wir den Blick im folgenden Kapitel auf einen der größten Wirtschaftsskandale der deutschen Nachkriegszeit und dessen (scheinbar eindeutig narzisstischen?) Hauptprotagonisten „Big Manni". Wir werden dabei den spannenden Fragen nachgehen, was Narzissmus konkret bedeutet, ob Big Manni tatsächlich ein Narzisst ist und falls ja, wie viele Big Mannis in den Chefetagen von Unternehmen sitzen. Dabei müssen wir generell klären, ob sich die Motive krimineller Manager überhaupt durch das selbstbezogene Anhäufen von Geld und materiellen Luxusgütern erklären lässt. Und natürlich schauen wir in diesem Zusammenhang auch darauf, welche Rolle das so häufig zitierte Hauptmotiv Nr. 1 für Wirtschaftskriminalität bei all dem einnimmt: die Gier.

Der Faktor Narzissmus

Ein Steuercrashkurs mit Folgen

Als Oberstaatsanwalt Reinhard Hofmann am frühen Nachmittag des 31. Januar im Jahr 2000 von seiner Mittagspause zurück in die Büroräume des Landgerichtes Baden-Württemberg kommt, ist dort eine Stimmung, die von Dringlichkeit und Ernsthaftigkeit geprägt ist. Die vier Männer der Oberfinanzdirektion Karlsruhe, die an diesem Nachmittag in dem Flur vor seinem Büro auf ihn warten, blicken ihn mit angespannter Miene an. Hofmann merkte sofort, dass es um was Großes gehen musste. Wenn drei Betriebsprüfer plus deren Vorgesetzter unangekündigt in die Räumlichkeiten des Landgerichtes einmarschieren und nach Hofmanns Chef fragen, muss es um einen besonders schweren Kriminalfall mit hohen Summen gehen. Was folgte war ein mehrstündiges Referat über die Zusammenhänge theoretischer Steuergesetze und komplexer, illegaler Unternehmensgeflechte. Obwohl sich Hofmann und sein Chef einig sind, inhaltlich bei Weitem nicht alles begriffen zu haben, was ihnen innerhalb der letzten drei bis vier Stunden vorgetragen worden war, verstanden sie beide eines sofort: Dass dieser Fall – sofern die Ausführungen der Herren zutreffen – einer der größten Wirtschaftsskandale in Deutschland sein würde. Sie sollten recht behalten.[65]

„Sie glauben gar nicht wie anstrengend es ist, jeden Monat 60 Millionen DM zu beschaffen.“ Ein geniales Geschäftsmodell ... und Betrug

Als Manfred Schmider alias Big Manni das erste Mal mit seinem damaligen Geschäftspartner Dr. Klaus Kleiser die Bohrmaschinen der US-Firma FlowMole zu Gesicht bekam, war er absolut begeistert. FlowMole hatte sich darauf spezialisiert, Löcher in die Erde zu graben und Leitungen aller Art durch diese Löcher zu verlegen. Das Besondere an FlowMoles Leitungsverlegung war, dass Straßen nicht großflächig aufgerissen werden mussten, um Leitungen zu verlegen. FlowMole hatte also ein System entwickelt, dass es ermöglichte, Leitungen mit sogenannten Horizontalbohrmaschinen über mehrere Kilometer Strecke komplett unterirdisch verlegen zu können. Diese Form des sogenannten grabenlosen Leitungsbaus gab es bis dahin in Deutschland nicht und müsse hierzulande doch ein absoluter Erfolgsgarant sein, dachten sich Big Manni und Dr. Kleiser. Kurze Zeit später sicherten sich die beiden die Lizenzen zur Verwendung des Systems und orderten zwanzig Horizontalbohrer nach Ettlingen in Baden-Württemberg, wo der Firmensitz ihres deutschen Pendantes von FlowMole angesiedelt war, das sie

FlowTex nannten. Zur Finanzierung der 20 Maschinen erhielt Big Manni einen Kredit von 20 Millionen DM. Auch die Banken waren sich sicher, dass diese innovative Bauart auch in Deutschland und in ganz Europa auf große Begeisterung und eine entsprechend hohe Nachfrage treffen würde. Es schien jedoch, als hätte Deutschland und Europa nicht mit ähnlicher Vorfreude auf die Horizontalbohrer gewartet wie die Banken, Big Manni und Dr. Kleiser. Die erwünschte Nachfrage blieb aus, denn es gab ein Problem, welches weder Big Manni noch der promovierte Bauingenieur Dr. Kleiser haben kommen sehen. In den USA trafen die Maschinen größtenteils auf sandigen Untergrund, der die Bohrung begünstigte und den Erfolg des grabenlosen Leitungsbaus garantierte. In Deutschland hingegen sind die Böden zu großen Teilen steinig und grobkörniger, was sowohl ein Durchdringen der Bohrer erschwert als auch die Statik und Stabilität der Straße darüber beeinträchtigt. Kurzum: Die Bodenbeschaffenheit in Deutschland ist für den grabenlosen Leitungsbau schlicht nicht geeignet. Big Manni und Dr. Kleiser standen nun vor dem Problem, dass sie so gut wie kein operatives Geschäft und damit auch kaum Umsätze verzeichnen konnten. Um die hohen Bankkredite tilgen zu können, hatten sich die beiden ein Unternehmenskonstrukt erdacht, welches unter dem Namen *„Sale and Lease Back"* bekannt ist und wie folgt aussah:

Erstens gründeten sie eine Firma namens KSK, die die Bohrmaschinen kreditfinanziert aus den USA kaufte. Zweitens verkaufte KSK die Bohrer an Leasinggesellschaften, wodurch KSK die hohen Anschaffungskosten von über einer Million DM für die Bohrmaschinen von den Leasinggesellschaften zurückerhielt. Damit die Leasinggesellschaften auch einen Anreiz hatten, die teuren Bohrmaschinen einzukaufen, brauchte es einen Kunden, ein Bauunternehmen, welches die Bohrer bei den Leasinggesellschaften nachfragen und leasen wollen würde. Dieses Unternehmen war das von Big Manni und Dr. Kleiser gegründete FlowTex. FlowTex leaste die Maschinen und musste für dessen Benutzung monatliche Leasingraten von mehreren Tausend DM an die Leasinggesellschaft zahlen. Das Geld für die Leasingzahlungen kam von KSK, welches die Maschinen im Vorfeld an die Leasinggesellschaften für über eine Million DM pro Stück verkauft hatte. Damit hatte Big Manni ein sogenanntes Schneeballsystem entwickelt. Ein Sale-and-Lease-back-Schneeballsystem bezeichnet genau jenen Vorgang, bei dem ein Unternehmer (Big Manni) mehrere Unternehmen gründet (KSK und FlowTex) und Wertgegenstände durch eines dieser Unternehmen an eine Leasinggesellschaft erst verkauft (KSK an Leasinggesellschaft), um sie dann durch eine andere Gesellschaft zurück zu leasen (FlowTex least von Leasinggesellschaft). Für Big Manni war dieses System zunächst nur eine Zwischenlösung, bis das operative Geschäft nachwächst. Er war der festen Überzeugung, dass die Zweifel hinsichtlich seiner Horizontalbohrsysteme bald schwinden, die Nachfrage wachsen und seine Umsätze ausreichen würden, um die Leasingkosten zu bezahlen und dann aus dem Sale-and-Lease-Back-Modell auszusteigen. Ein Trugschluss. Als sich die Umsätze nicht wie erwartet einstellten, entwickelte Big Manni aus dem Leasingmodell mit echten schließlich ein systematisches Betrugssystem mit fiktiven Bohrmaschinen. Big Manni und Dr. Kleiser verkauften also fortan Tausende Maschinen, die es gar nicht gab. Aber wollten die Leasinggesellschaften die Maschinen denn gar nicht sehen, sich nicht vergewissern, dass diese Maschinen auch tatsächlich existierten? Die Antwort: Das wollten und taten sie. Aber Big Manni und Dr. Kleiser hatten auch dafür eine Idee. Und zwar hatte FlowTex eine Lagerhalle mit etwa dreißig Maschinen eingerichtet, die den Prüfern immer und immer wieder präsentiert wurden. Wenn die Vertreter der Banken und Leasinggesellschaften die Maschinen begutachten wollten, wurden lediglich die eingestanzten Seriennummern der Maschinen ausgetauscht, die zu den Nummern passten, die in den Fahrzeugbriefen standen, die die Prüfer zum Abgleich mitgebracht hatten. Auf diese Art und Weise verkauften und leasten Big Manni und Dr. Kleiser solange Horizontalbohrmaschinen, bis das Schneeballsystem irgendwann nicht mehr steuerbar war und zu komplex wurde. Die Tilgung der enorm hohen Bankkredite und Leasinggebühren machten Big Manni zunehmend zu schaffen. Er sagte: „Sie glauben gar nicht wie anstrengend es ist, jeden Monat 60 Millionen DM zu beschaffen."[66]

Die Verhaftung

Nach dem Steuercrashkurs, den die Karlsruher Oberfinanzdirektion am 31. Januar 2000 vor Oberstaatsanwalt Reinhard Hofmann und seinem Vorgesetzten gehalten hatte, ging alles ganz schnell. Die vier Herren der Finanzdirektion hatten bei dem Treffen mit den Anwälten erklärt, dass Big Manni ein internationales Unternehmensgeflecht aufgestellt und durch Hin- und Herschiebereien großer Geldbeträge Steuern hinterzogen hat. Das gesamte Ausmaß der betrügerischen Sale-and-Lease-Back-Geschäfte mit Horizontalbohrmaschinen war den Ermittlern zu dieser Zeit allerdings noch nicht bewusst. Bereits vier Tage später, am Freitag den 4. Februar, machten sich 100 Polizisten und Staatsanwälte unter der Leitung von Reinhard Hofmann auf nach Ettlingen, um Big Manni zu verhaften. Als eine der ersten Handlungen nahmen die Polizisten Schmider seine Armbanduhr ab – eine Rolex im Wert mehrerer 10.000 DM. Schmider zeigte sich bestürzt, war fassungslos, seine Nerven flatterten.[67] Er ließ sich widerstandslos abführen und wurde am Ende zu zwölf Jahren Haft verurteilt, von denen er aus Gründen guter Führung nur sieben Jahre absitzen musste. Big Manni hatte über das Sale-and-Lease-Back-System über 3.000 Horizontalbohrmaschinen zu einem Stückpreis von über einer Million DM verkauft, von denen nur etwa 270 real existierten. Der verursachte Gesamtschaden betrug umgerechnet etwa 2,6 Milliarden Euro.[68]

Im Rahmen des Gerichtsprozesses wurde Big Manni immer wieder mit dem Begriff Narzissmus und Größenwahn in Verbindung gebracht. Wodurch ist diese Verbindung zustande gekommen? Und wurde Big Manni am Ende tatsächlich als Narzisst diagnostiziert? Bevor wir Antworten auf diese Fragen geben, sollten wir uns einen Moment Zeit nehmen, um zu verstehen, was Narzissmus konkret bedeutet.

Was ist Narzissmus? Ein Kurzabriss

Zu Beginn des Kapitels habe ich bereits Persönlichkeitstests angesprochen, die versuchen, Menschen in bestimmte Typen einzuordnen. Eine ähnliche Kategorisierung findet sich auch in den beiden Hauptwerken zur Diagnostizierung von Persönlichkeitsstörungen, unter denen auch Narzissmus angesiedelt ist. So gibt es nach aktuellem Stand sowohl im Diagnostisch Statistischem Manual Psychischer Störungen (DSM) als auch in den Internationalen statistischen Klassifikationen der Krankheiten (ICD) eine narzisstische Persönlichkeitsstörung (NPS). Das DSM wird von der American Psychiatric Association (APA) entwickelt, der bedeutsamsten Vereinigung von Psychiatern in den USA, und ist auf die Erforschung und Diagnose psychischer Störungen spezialisiert. Das ICD ist hingegen das Klassifikationssystem der Weltgesundheitsorganisation (WHO) und enthält bestimmte Codes für das gesamte Spektrum menschlicher Krankheiten, die von Ärzten zur Abrechnung bei der Krankenkasse verwendet werden. Zunächst einmal handelt es sich bei Narzissmus im klinischen Sinne also um eine psychische Persönlichkeitsstörung, die nur von ausgebildeten Psychiatern diagnostiziert werden kann. Da die NPS im ICD-Klassifikationssystem der WHO allerdings nur eine Randexistenz darstellt[69], möchte ich Ihnen die neun Kriterien zur Bestimmung einer narzisstischen Persönlichkeitsstörung anhand des DSM in der aktuellen, fünften Auflage aufzeigen.

1. Ein übertriebenes, unbegründetes Gefühl der eigenen Bedeutung und Talente (Grandiosität),
2. die Beschäftigung mit Fantasien von unbegrenzten Erfolgen, Einfluss, Macht, Intelligenz, Schönheit oder der vollkommenen Liebe,
3. der Glaube, dass sie speziell und einzigartig sind und sich nur mit den Menschen auf höchstem Niveau verbinden sollten,

4. der Wunsch, bedingungslos bewundert zu werden,
5. ein Gefühl des Anspruchs,
6. Ausnutzung anderer, um ihre eigenen Ziele zu erreichen,
7. ein Mangel an Empathie,
8. Neid auf andere und der Glaube, dass andere sie beneiden,
9. Überheblichkeit und Hoffart (arrogantes und überhebliches Verhalten).[70]

Für die Diagnose „Narzisstische Persönlichkeitsstörung" müssen mindestens fünf der neun Kriterien erfüllt sein. Wie sieht es bei Ihnen aus? Erkennen Sie in den genannten Kriterien möglicherweise Beweise für eigene narzisstische Tendenzen? Bevor Sie über sich selbst urteilen, lassen Sie uns etwas tun, was uns Menschen grundsätzlich mehr Freude bereitet und selbstwertdienlicher ist als die Selbstbewertung – nämlich ein Urteil über andere fällen.

Big Manni – ein Narzisst?

Nach Bekanntwerden großer Straftaten taucht regelmäßig die Frage nach der Schuldfähigkeit der Täter auf. So war es auch im Fall FlowTex um Manfred Schmider alias Big Manni. Die Frage lautete, ob Big Manni an einer sogenannten Megalomanie leidet.[71] Unter Megalomanie versteht man vereinfacht ausgedrückt einen Größenwahn, der sich unter anderem in einer übersteigerten Geltungssucht oder nicht begründeten Selbstüberschätzung eigener Fähigkeiten ausdrückt.[72] Sie haben wahrscheinlich bereits die Überschneidungen zwischen der Megalomanie und einer narzisstischen Persönlichkeitsstörung erkannt. Megalomanie kann auch als Symptom einer NPS gewertet werden.[73] Doch wodurch kam die Hypothese auf, dass Big Manni an einer solchen seelischen Krankheit leiden würde? Dazu müssen wir unseren Blick auf Big Mannis Lebensstil richten, den er zu Hochzeiten von FlowTex etabliert hatte. Man könnte sagen, dass Big Manni seinem Namen damals in jeder Hinsicht gerecht wurde: Größer, weiter und im wahrsten Sinne des Wortes: höher. So bestritt er seinen 15 km langen Arbeitsweg zwischen seiner Villa auf dem Karlsruher

Turmberg und dem in Ettlingen ansässigen FlowTex stets mit dem Helikopter. Die erwähnte Villa auf dem Turmberg und die Helikopterflüge bildeten dabei nur die Spitze von Big Mannis Vermögenseisbergs. Zu seinem Eigentum zählten Villen in Cannes, Florida und Ibiza sowie ein Chalet in St. Moritz, eine eigene Halle mit etwa 15 Luxuskarossen, von denen das günstigste 300.000 und das teuerste Auto drei Millionen DM kostete, mehrere Yachten, darunter die 55 Meter lange Luxusyacht Maalana, eine Megayacht mit Pool auf dem Dach und einem U-Boot im Untergeschoss, die er dem Sultan von Brunei abgekauft hatte, mehrere Gemälde der bekannten Künstler Marc Chagall und Andy Warhol sowie einen eigenen Flughafen in Karlsruhe. Insgesamt hatte Big Manni etwa 360 Millionen DM von FlowTex Firmengeldern für private Luxusgegenstände entnommen. Der absolute Höhepunkt von Big Mannis Karriere sollte allerdings sein 50. Geburtstag sein. Unter dem Motto Flughafen empfingen seine in Stewardessenoutfit gekleideten Sekretärinnen am 3. Juli 1999 die 300 Gäste auf seinem schlossähnlichen Anwesen auf dem Karlsruher Turmberg. Kein Geringerer als der damalige Baden-Württembergische Ministerpräsident hielt die Laudatio auf Big Manni, und alles, was Rang und Namen hatte, wollte an diesem Abend teilhaben. Das Buffet mit Gänsestoffleber, Hummer, Kaviar, Champagner und vielen weiteren exklusiven Delikatessen wurde vom Münchner Feinkostunternehmen Käfer um einen gigantischen Hubschrauber herumdrapiert. Zu später Stunde durften die Gäste ein in großen FlowTex-Buchstaben aufleuchtendes Feuerwerk am Himmel beobachten, welches durch die Musik von Richard Wagner unterstützt wurde.[74]

Die exzessive Lebensweise von Big Manni lieferte zumindest gewisse Ansatzpunkte für eine überkompensatorische Geltungssucht im Sinne einer Megalomanie, die im Rahmen der Gerichtsprozesse nun detaillierter untersucht werden sollte. Folglich wurde Big Manni in ein Krankenhaus verlegt, wo er insgesamt vierzehn Tage lang unter psychiatrischer Beobachtung stand und begutachtet wurde. Der damalige psychologische Gutachter Willi Schumacher sagte kurze Zeit später vor dem Mannheimer Landgericht aus, dass bei Big Manni *keine* derartige seelische Krankheit diagnostiziert werden kann.[75] Trotz der genannten Hinweise weise er lediglich *Tendenzen* einer Megalomanie auf, die Big Mannis

Selbstwertzweifel kompensieren sollten, aber keine echte geistige Störung darstellen. Big Mannis Handlungen wurden also nicht von einer starken Persönlichkeitsstörung orchestriert – somit lag auch keine eingeschränkte Schuldfähigkeit vor.

Eindeutigkeiten und Stigmatisierungen

Anhand der Darstellungen könnten Sie sich nun die berechtigten Fragen stellen, 1) wie derartige Selbstwertzweifel von Big Manni mit seiner grandiosen Außendarstellung zusammenpassen, und 2) ab wann denn nun genau jemand eine psychische Störung hat und wann jemand gerade noch als gesund gilt. Bereits die Antwort auf die erste Frage verdeutlicht die Ursachen-Vielschichtigkeit für menschliches Verhalten. Experten wie die amerikanische Psychiaterin Elsa Ronningstam von der Harvard Medical School deuten neben den aufgeführten Grandiositätskriterien der NPS zudem auf vulnerable Eigenschaften von Narzissten hin, die auf eine starke innere Verletzlichkeit hindeuten.[76] In der klinischen Psychiatrie unterscheidet man zwischen zwei unterschiedlichen Ursache-Möglichkeiten einer NPS. Nach der ersten wurden Betroffene in der Kindheit und Jugend auf einen Thron der Großartigkeit und der Entziehung jeglicher Grenzen gehoben. Abgeschirmt von sämtlichen Frustrations- oder Enttäuschungserfahrungen und mit der andauernden Testierung einer unbegrenzten Grandiosität, wurde solchen Menschen der Aufbau eines realistischen Selbstbildes erschwert. Der Glaube daran, besonderer zu sein als andere, fühlt sich derart unbedingt und wirklich an, dass sie die hohen Erwartungen an die Welt aus Kindheit und Jugend mit ins Erwachsenendasein nehmen. Die zweite Hypothese beschreibt ein gegenteiliges Szenario. Voller Kränkungen, erlittener Beschämungen und unter Entzug existenzieller Bedürfnisse nach Zugehörigkeit, Akzeptanz und Fürsorge erzählen sich solche Menschen aus Selbstschutz eine andere Lebensgeschichte: die eines grandiosen, es allen zeigenden Superhelden, der das Schwert aus dem Stein zieht, wenn es soweit ist.[77] Big Manni hatte nach Aussage des Gutachters sein Leben lang mit Minderwertigkeitskomplexen und Selbstzweifeln gekämpft und versucht, sich aufgrund seines geringen Selbstwertgefühls jene Besonderheit auf eine überkompensatorische Art zu beweisen.[78] So wird berichtet, dass Big

Manni in der Schulzeit nur sehr wenige Freunde hatte, gemobbt wurde und etliche soziale Zurückweisungen erlitten hatte. Doch Manfred hatte bereits in jungen Jahren eine Möglichkeit gefunden, um Menschen auf seine Seite zu ziehen und für sich zu gewinnen. Bereits in den 1960er-Jahren, in denen der Wohlstand in Deutschland noch nicht so ausgeprägt war, wie er es heute ist, konnte sich der jugendliche Manfred im Alter von sechzehn Jahren bereits ein aufsehenerregendes Moped leisten. Als er mit diesem Moped morgens zur Schule kam, passierte plötzlich etwas Bemerkenswertes. Die angesagten Klassenkameraden redeten plötzlich nicht mehr nur *über* Manfred, sondern *mit* ihm und über sein neues Moped. Alle wollten mit seinem Moped fahren und bemühten sich um Manfreds Gunst und Fahrerlaubnis, scharten sich um ihn, waren dem Anschein nach seine Freunde. Diese soziale Beförderung vom Außenseiter zum Mittelpunkt der In-Group cooler Jungs fühlte sich gut an. Dieses Gefühl wollte er fortan nicht mehr missen, nicht mehr hergeben – koste es, was es wolle. Geld und materielle Besitztümer hatten sich für ihn als probates Mittel herausgestellt, um die Anerkennung der anderen im wahrsten Sinne des Wortes zu erwirtschaften. Seitdem war Manfred Schmider ein Getriebener, der immer weiter und höher hinauswollte.[79]

Allerdings konnte ihm trotz allem keine waschechte narzisstische Persönlichkeitsstörung nachgewiesen werden, womit wir zur zweiten Frage kommen: Wer – wenn nicht Big Manni – soll denn bitte als narzisstisch gestört eingestuft werden? Nun, professionelle psychiatrische Einschätzungen erfolgen in der Regel nicht einfach kategorial, sondern auf einer dimensionalen Ebene. Konkret geht man davon aus, dass Persönlichkeitsmerkmale nicht einfach vorhanden oder nicht vorhanden sind. Vielmehr werden einzelne dieser Merkmale als kontinuierlich sich auf einer Skala befindend eingeordnet. So lässt sich beispielsweise auch für psychisch gesunde Menschen ein Wert auf dieser Skala bestimmen. Man könnte sagen, dass wir alle über gewisse narzisstische Tendenzen verfügen, in Form einer mehr oder weniger stark ausgeprägten Selbstbezogenheit. Auf einer aufsteigenden Werteskala zwischen 1 bis 10 würde jemand mit einer 3 nur geringe Tendenzen oder nur bestimmte Aspekte einer Selbstbezogenheit in seiner Persönlichkeit aufweisen. Jemand mit einer 10 wäre hingegen im Bereich einer narzisstischen Persönlichkeitsstörung einzuordnen, wobei die Übergänge fließend sind. Eine Einstufung als *gestörter Narzisst* ist kein leichtes Unterfangen für Psychiater und Therapeuten. So beziehen sich die neun aufgeführten DSM-Diagnosekriterien im Kontrast zur Psychopathie-Checkliste, bei der man die meisten Merkmale über die Verhaltensebene rekonstruieren kann, auf die innere Gefühlswelt einer Person. Für die Diagnose einer NPS ist es also notwendig, diese Innenwelt des Patienten – bestehend aus Gefühlen, Bedürfnissen, Sorgen, Fantasien und Begierden – umfassend zu begreifen. So eindeutig manche Verhaltensweisen krimineller Manager auch auf Narzissmus oder Psychopathie hinweisen, und so gerne wir Typen benutzen, um uns die Welt zu erklären, so wenig Daten an echten, verwertbaren Informationen haben wir letztendlich, um eine solche Kategorisierung vornehmen zu können, die letztendlich immer eine Stigmatisierung ist. Aus diesem Grund nimmt selbst die ICD der Weltgesundheitsorganisation Abstand von der Diagnostizierung bestimmter Persönlichkeitsstörungen. So wird es im neuen ICD-Katalog der Krankheiten in der elften Fassung ab dem Jahr 2022 keine narzisstische Persönlichkeitsstörung mehr geben, sondern lediglich den Terminus Persönlichkeitsstörung per se und eine dimensionale Diagnose.[80] Dadurch soll sowohl einer Stigmatisierung wie „Der hat eine narzisstische Störung" oder „Der ist Narzisst" sowie einer „Schubladen-Diagnose" entgegengewirkt werden. Für unprofessionelle Ferndiagnosen dieser Art hat die mächtige American Psychiatric Association im Zuge der US-Präsidentschaftswahlen im Jahr 1964 um den umstrittenen republikanischen Kandidaten Barry Goldwater die sogenannte Goldwater-Regel etabliert. Kurz zuvor hatten 1.189 Psychiater Goldwater öffentlich im bekannten US-Magazin Fact für psychologisch ungeeignet erklärt.[81] „Eine größenwahnsinnige, grandiose Allmacht scheint Herrn Goldwaters Persönlichkeit zu durchdringen [...]"[82], schrieb einer der Ferndiagnostiker. Goldwater verlor die Wahl daraufhin haushoch[83] und verklagte das Magazin – mit Erfolg. Daraufhin hat die APA mit der Goldwater-Regel professionellen Psychiatern zukünftige Ferndiagnosen untersagt.

Das Hauptmotiv Nr. 1 der Wirtschaftskriminellen: über Narzissmus, Gier und fehlende Selbstbeherrschung

Nun gut, Big Manni ist also kein lupenreiner Narzisst, aber was geht in Ihnen vor, wenn ich Ihnen sage, dass die größten Antreiber für wirtschaftskriminelle Handlungen die folgenden sind:[84]

- Gier (51 %),
- persönliche Vorteile (50 %),
- Gefühl der Überlegenheit (48 %),
- betrügerische Absprache mit anderen (37 %),
- weil ich es kann (20 %).

Was denken Sie nun über Wirtschaftsstraftäter? Stützen diese Informationen lediglich Ihre bereits vermutete Hypothese, dass Wirtschaftskriminelle gierig und nur auf den persönlichen Vorteil bedacht sind? Oder sind Sie doch ein wenig geschockt von dieser Empathielosigkeit? Die genannten Zahlen stammen aus einem Artikel der WELT, die sich auf eine Studie der Wirtschaftsprüfungsgesellschaft KPMG stützt. Laut Studie wurden die Motive von 596 Tätern aus eigenen durchgeführten investigativen Sonderuntersuchungen analysiert.[85] Im Ergebnis konnte ermittelt werden, dass das Hauptmotiv Nr. 1 die Gier der Täter sei. Die WELT und die KPMG-Studie stehen dabei nicht alleine da. Diverse Experten, Forscher und Medienartikel erkennen immer wieder die giergeleiteten Handlungen der Täter. Dabei ist nicht so richtig klar, was mit Gier eigentlich gemeint ist. Eine häufige Annahme ist, dass sich gierige Menschen nie mit dem zufrieden geben, was sie haben und sich unabhängig bisheriger finanzieller Reichtümer psychologisch gezwungen fühlen, mehr Geld oder materielle Besitztümer anzuhäufen. In der KPMG-Studie reflektiert die Gier lediglich verallgemeinernd ein hohes Maß an moralischer Verwerflichkeit. In einer anderen Studie zeichnet sich ein gieriger Mensch hingegen konkret durch das Streben nach mehr aus, verbunden mit der Bereitschaft, dieses *mehr* auf Kosten von anderen zu erwirtschaften – koste es, was es wolle.[86] Je nachdem wie eng oder breit wir den Gier-Begriff definieren, je (un-)wahrscheinlicher wird er uns einen Zusammenhang mit dem Tatmotiv von Wirtschaftsstraftätern liefern.

Damit wir uns dem Begriff der Gier nähern und das Motiv besser nachvollziehen können, schauen wir in ein Nachschlagewerk, welches uns Auskunft darüber gibt, was allgemein unter Gier zu verstehen ist: den Duden. Dort wird Gier als ein „auf Genuss und Befriedigung, Besitz und Erfüllung von Wünschen gerichtetes, heftiges, maßloses Verlangen und ungezügelte Begierde" beschrieben.[87] Die beschreibenden Wörter „heftig, maßlos, ungezügelt" deuten dabei auf ein kindlich impulsiv getriebenes Verhalten ohne erwachsene Selbstkontrolle hin. Und tatsächlich gibt es Forscher, die den typischen Wirtschaftsstraftäter als Hedonisten bezeichnen. Darunter versteht man jemanden mit einer Sucht nach Genuss, der die Selbstbelohnung als Ziel hat und auf eine unmittelbare Bedürfnisbefriedigung im Hier und Jetzt aus ist. Und selbst in einer der bekanntesten und einflussreichsten Kriminalitätstheorien – der sogenannten Theorie der niedrigen Selbstkontrolle von den Kriminologen Travis Hirschi und Michael Gottfredson – wird Kriminalität als Ergebnis einer „defizitären Triebverarbeitung" und „niedrigen Selbstkontrolle" dargestellt.[88] Die Theorie wird als allgemeingültige Kriminalitätstheorie beansprucht, weil sie nicht nur eine bestimmte Deliktart erklären könne, sondern Kriminalität im Allgemeinen.[89] Aber trifft diese Theorie auch auf Wirtschaftskriminelle zu? Wir haben bereits gesehen, dass Wirtschaftsstraftäter in der Regel über Persönlichkeitseigenschaften verfügen, die zu einem Großteil erwünscht und für die Bewältigung der Managerrolle notwendig sind. Dass dazu eine überausgeprägte Gewissenhaftigkeit gehört, wirkt auf uns emotional irritierend, erscheint aber bei rationaler Betrachtung logisch. Auf emotionaler Seite *irritierend*, weil wir einen *bösen* Kriminellen nur ungerne mit positiv besetzten – *guten* – Persönlichkeitseigenschaften ausstatten. Der ehemalige Professor für Internationale Gesundheit am Karolinska Institutet in Stockholm Hans Rosling spricht in seinem Buch Factfulness vom sogenannten Gap Instinct. Danach haben wir eine Tendenz, Dinge in zwei Kategorien aufzuteilen: die Guten und die Bösen. Die und Wir. Richtig und Falsch. Diese Form des binären Denkens hilft uns, Dinge durch Vereinfachungen besser (be-)greifen zu können.[90] Zweitens gibt uns jene Zuschreibung die Absolutheit, mit der wir jenes Spielfeld allzu gerne in die Guten und Bösen aufteilen.

Als ich im Herbst 2021 zu einem Interview mit zwei sehr geschätzten Journalisten der ZEIT eingeladen wurde, um über die Psychologie von Wirtschaftsstraftätern zu sprechen, kam immer wieder die Frage auf, ob ich mit meinen psychologischen Erklärungsansätzen nicht zu milde mit den Straftätern ins Gericht gehe. In unserem zwei Stunden andauernden Gespräch bemerkte ich, wie schwer es den Interviewern gefallen war, zu akzeptieren, dass jeder von uns dazu in der Lage ist, vom Spielfeld der Guten – und sei es nur für einen kurzen Moment – auf jene Seite der Bösen zu springen. Eine Schwerfälligkeit, die nur allzu menschlich ist. Ein Leserkommentar, der mich damals sehr beeindruckt hat, brachte es folgendermaßen gut auf den Punkt. Sie oder er schrieb:

„Die Interviewer wirken immer wieder so, als verwechselten sie das Verstehen des Täters mit Verständnis oder sogar Vergebung. Sie drücken damit ihre Angst aus, in den ‚verstandenen' Affekten und Motiven etwas Eigenes wiedererkennen zu müssen, was die Abgrenzung, Verurteilung und Verteufelung und die Aufrechterhaltung einer ausschließlich guten Selbsterzählung erschwert." [91]

Möglicherweise verfolgt uns unbewusst die Sorge vor der Erkenntnis, dass wir selbst nicht nur in einer moralischen Reinform existieren. Was auf emotionaler Seite eine gewisse Widerwilligkeit in uns auslöst, erscheint auf rationaler Ebene allerdings logisch. Denn ohne eine ausgeprägte Gewissenhaftigkeit, ohne Zielstrebigkeit, Disziplin, Termintreue und Hartnäckigkeit hätten Topmanager nicht jene Hierarchieebenen erklimmen können, auf denen sie am Ende kriminell agieren. Gewissenhaftigkeit und die damit verbundene Selbstbeherrschung sind wesentliche Merkmale bei der Verhandlung von Verträgen, der Ausarbeitung von Produkten und vielen weiteren Geschäftsgebaren und Tätigkeiten. Zudem kommt, dass wirtschaftskriminelle Taten selbst tendenziell durch das Austüfteln langfristiger strategischer Geschäftsmodelle oder kreativer Bilanzierungspraktiken geprägt sind, bei denen keine unmittelbare Bedürfnisbefriedigung im Hier und Jetzt erfolgt. Allerdings könnte man die Gier auch im Sinne eines existenziell notwendigen Zwangs an der Anhäufung materieller Besitztümer begreifen, wie wir sie im Beispiel um Big Manni erlebt haben. Durch sein getriebenes Dasein hatte er scheinbar stets versucht, sein als minderwertig empfundenes Selbst durch ein wertiges Äußeres in Form ihm anhaftender Reichtümer und ihm zugewandter Personen zu präsentieren.

Der bekannte Psychoanalytiker Erich Fromm hatte zu seiner Zeit bereits zwischen dem lebendigen *Sein* und dem toten *Haben* differenziert. Dinge zu besitzen, sie anzuhäufen und zu *haben* seien ihm zufolge immer das Ergebnis einer inneren Leere.[92] Sie stellen nur ein „Quasi-Bedürfnis"[93] dar, hinter dem sich der Wunsch nach Anerkennung und Wertschätzung verbirgt. Ähnlich zur Diagnose von Persönlichkeitsstörungen ist aber auch die Gier kein absoluter Entweder-oder-Begriff. Wir alle haben ein gewisses Bedürfnis nach materiellem Besitz. Die Frage lautet, wie viele Besitztümer man anhäufen muss, wie groß die Lust daran sein muss, um als gierig zu gelten? Ab wann befindet sich jemand gerade noch im Zustand eines gesunden Wohlstandaufbaus und wann in einer ungesunden Haben-Dynamik? Unabhängig von der Dimension scheinen Menschen wie Manfred Schmider in eine tragische Erlebniswelt eingebettet zu sein, die eine Gier zu fördern scheint.

Wie viele Wirtschaftsstraftäter sind Narzissten?

Nach dem Diagnostischen Statistischen Manual Psychischer Störungen (5. Auflage) leiden etwa 0,5 bis zu einem Prozent der Bevölkerung an einer narzisstischen Persönlichkeitsstörung (NPS). Dies reflektiert auch die Ergebnisse diverser Langzeituntersuchungen in unterschiedlichen Ländern zu unterschiedlichen Untersuchungszeiträumen.[94] Viele Studien deuten mittlerweile daraufhin, dass die Quote von Menschen mit starken narzisstischen Tendenzen im Topmanagement von Unternehmen deutlich höher – etwa drei Mal so hoch – ist als in der durchschnittlichen Bevölkerung.[95] Anhand des letzten Satzes bemerken Sie möglicherweise schon meine vorsichtig gewählte Formulierung. So identifizieren Forscher in ihren Studien zwar regelmäßig Menschen mit einer überdurchschnittlich ausgeprägten Selbstbezogenheit im Topmanagement. Allerdings ist dies noch lange kein Indiz für eine narzisstische Persönlichkeitsstörung im klinischen Sinne. Zumal – wie beschrieben – jede Art professioneller Untersuchung und Diagnose fehlt. Darüber hinaus liegt die große Forschungsherausforderung in der Datenerhebung narzisstischer Merkmale von Topmanagern und CEOs. Erstens haben Unternehmenslenker nicht die Zeit, um aufwendige Fragebögen zu beantworten. Zweitens ist eine Anfrage wie *„Wir möchten herausfinden, wie narzisstisch Sie sind"* keine besonders selbstwertdienliche Angelegenheit für einen Geschäftsführer – vor allem dann nicht, wenn er tatsächlich stark narzisstische Tendenzen aufweist. Aus diesen Gründen haben sich die Forscher sehr interessante Herangehensweisen bei der Ermittlung narzisstischer Tendenzen von Topmanagern und CEOs einfallen lassen. Die Bandbreite reicht dabei von Analysen von Sprachmustern (wie häufig das Wort „Ich" statt „Wir" in Interviews und Berichten verwendet wird) bis zu beobachtbaren Fakten, von denen angenommen wird, dass sie mit Narzissmus in Verbindung stehen, wie beispielsweise die Größe und Platzierung des Fotos des CEO in einem Jahresbericht, die Größe der Unterschrift, die Prominenz des CEO in einer Pressemitteilung und das Verhältnis des CEO-Gehalts im Vergleich zur zweithöchstbezahlten Führungskraft.[96] Auch in Bezug auf *wirtschaftskriminelle* Manager gibt es eine Vielzahl von Studien, die eine Korrelation zwischen narzisstischen Eigenschaften und wirtschaftskriminellen Handlungen erkennen.[97]

Neben den typischen narzisstischen Verhaltensweisen wie der Selbstüberschätzung, der egozentrierten Zielstrebigkeit und das Eingehen von Risiken wird auch die soziale Erwünschtheit bei wirtschaftskriminellen Managern höher eingestuft als bei nicht-kriminellen Managern. Wir alle kennen dieses Phänomen, beispielsweise selbst anonyme Fragebögen so zu beantworten, dass unsere Antworten in unserer normativen Bezugswelt auf Respekt und Anerkennung treffen.[98] Die Frage danach, ob Sie regelmäßig unter der Dusche pinkeln, würden die meisten dementsprechend in einem anonymen Fragebogen verneinen, auch wenn dies nicht der Wahrheit entspräche.[99] Im Fall Big Manni hatte der damalige Oberstaatsanwalt Reinhard Hofmann berichtet, dass sich Manfred Schmider stets vorbildlich und kooperativ verhalten habe, sowohl bei der Verhaftung als auch im Gerichtsprozess und später in der Haftanstalt. Er führt dies unter anderem auf seine stets bedachte Außendarstellung als Symptom sozialer Erwünschtheit zurück.[100]

Lassen Sie uns im nun folgenden und letzten Unterkapitel zum Faktor Narzissmus einen Blick auf die erwähnten Forschungsergebnisse zu sogenannten Täterprofilen und den darin subsumierten Charaktereigenschaften krimineller Manager wagen. Wie viel Narzissmus wurde in den analysierten

Wirtschaftsstraftätern am Ende ausfindig gemacht und welche Erkenntnisse ziehen wir daraus?

Täterprofile wirtschaftskrimineller Manager

In den vorangegangenen Kapiteln habe ich immer wieder auf unseren natürlichen Drang aufmerksam gemacht, Menschen in bestimmte Typen oder Kategorien einzuteilen. Dieses Motiv beschränkt sich nicht nur auf die Personaldiagnostik oder Psychopathologie, sondern findet sich darüber hinaus auch in der Täterpsychologie. So gibt es mittlerweile diverse Forschungsarbeiten, in denen der Versuch unternommen wird, Wirtschaftsstraftäter in bestimmte Typen einzuteilen – sogenannte Täterprofile. Um Ihnen die mittlerweile sehr große Bandbreite der gezeichneten Täterprofile aufzuzeigen, finden Sie unten eine komprimierte Auflistung solcher Profile, die lediglich aus der deutschen (Forschungs-)Literatur stammen. Einige der diagnostizierten, typischen Wirtschaftsverbrechertypen werden darin wie folgt bezeichnet:

- egozentrischer Visionär
- frustrierter Visionär
- narzisstischer Visionär
- der Abhängige
- der Naive[101]
- Täter mit einem wirtschaftskriminologischen Belastungssyndrom
- Krisentäter
- der Unauffällige[102]
- die Betrügerpersönlichkeit
- der unauffällige Täter[103]
- der Praktiker
- der Verdienstvolle
- der Gesetzesunabhängige
- der Spieler[104]

- die Kriminellen
- die Zocker
- die Mitkassierer
- die Vernachlässigten
- die Ahnungslosen
- die Versunkenen[105]
- Erwin – der Erfolgreiche
- Trude – die Trügerische
- Gerlinde – die Gewissenhafte
- Martin – der Manipulierer[106]

Einige der Profiltypen sind das Ergebnis umfangreicher Forschungsarbeiten, andere hingegen werden eher karikativ-überspitzt dargestellt. So werden Erwin – dem Erfolgreichen – ohne nennenswerte Empirie vereinfacht die folgenden Verhaltensweisen zugeschrieben:

- prahlt mit seinen wichtigen Beziehungen,
- äußert sich allzu optimistisch über Geschäftsaussichten,
- gibt sich wohlhabend und erfolgreich,
- unterhält gern großzügig oder lässt sich gern großzügig unterhalten,
- schmeichelt anderen, um ihr Selbstwertgefühl zu erhöhen.[107]

Obwohl dieser Profiltyp (sowie die letzten drei der oben aufgeführten) eindeutig als überspitzte Vereinfachung dargestellt wird, findet er sich doch in einem Fachbuch für Forensiker und Compliance-Spezialisten, die anhand dieser Informationen Betrug in Unternehmen erkennen und bekämpfen sollen. Analog zum Profil von Erwin, dem Erfolgreichen, gibt es in allen anderen Profilerforschungen mindestens ein Profil – oft sogar mehrere –, in denen sich narzisstische Tendenzen bündeln. Diese äußern sich beispielsweise in einem unangemessen hohen materialistischen Anspruchsniveau, streben nach Ansehen und Anerkennung, und Bestätigungssucht.

Neben den dargestellten Täterprofilen erfolgt darüber hinaus regelmäßig eine Unterscheidung zwischen sogenannten Gelegenheits*suchern* und Gelegenheits*ergreifern*. Die beiden Gruppen – *Sucher* und *Ergreifer* – unterscheiden sich im Wesentlichen durch ihren Bezug zur Tatgelegenheit.[108] Wie der Name impliziert, begeben sich erstere aktiv auf die Suche nach einer Tatgelegenheit, um ihre Interessen zu verwirklichen. Die zweite Gruppe handelt eher passiv-reaktiv und wartet, bis sich ihr eine Gelegenheit bietet, die sie sodann ergreifen würde. Gelegenheitssucher sind häufiger vorbestraft – auch außerhalb des wirtschaftskriminellen Spektrums – und weniger geständig als Gelegenheitsergreifer. Die Sucher werden als planend, strategisch, kalkulierend und zielstrebig beschrieben. Diese Persönlichkeitszüge decken sich auf der einen Seite mit den Eigenschaften hochrangiger Manager und deren erwähnten narzisstischen Tendenzen. Gleichzeitig widerspricht der Gelegenheitssucher damit zu Teilen dem typischen, unaffektierten Wirtschaftsstraftäter – wir erinnern uns –, der sozial unauffällig und nicht vorbestraft ist. Darüber hinaus wird die Bandbreite möglicher intrapsychischer Motive mit dem Gelegenheitsergreifer und zahlreichen anderen Profilen deutlich, die weniger aus persönlicher Vorteilsnahme denn aus empfundener Loyalität und Abhängigkeit, dem Wunsch nach Zugehörigkeit oder sogar aus Gründen der Gewissenhaftigkeit im Sinne des Unternehmens kriminell handeln.[109]

Es würde den Umfang dieses Buches sprengen, auf alle Täterprofile detailliert einzugehen. Insgesamt lässt sich festhalten, dass einige der erforschten Täterprofile übermäßig ausgeprägte Tendenzen narzisstisch-selbstbezogener Persönlichkeitseigenschaften aufweisen, es gleichzeitig aber auch eine große Bandbreite anderer intrinsischer Motive gibt. In einer der umfangreichsten deutschen Studien zur Erstellung von Täterprofilen machten die Täter – und wir sprechen hier von *verurteilten* Wirtschaftsstraftätern – mit stark narzisstischen Tendenzen, die sich persönlich bereichern wollten und egoistische Ziele verfolgten, gerade einmal etwa siebzehn Prozent aus.[110] Wie hoch der prozentuale Anteil von Narzissten im Sinne einer narzisstischen Persönlichkeitsstörung unter wirtschaftskriminellen Managern ist, bleibt weiterhin ungewiss. Wichtig zu erkennen ist – und darüber sind sich die Forscher größtenteils einig – dass Täterprofile eine komplexitätsreduzierende Wirklichkeit abbilden, die a) in der vorgestellten Reinform nur sehr selten vorkommen, b) nur einen begrenzten Präventionsnutzen haben und c) bei Weitem nicht *die eine* Ursache für wirtschaftskriminelles Handeln reflektieren. So schreibt ein Forscher: „Die Frage, welche individuellen Mitarbeiter sich [...] hineinziehen lassen und welche nicht, hängt dabei weniger von deren individueller Motivation ab, sondern vielmehr von der Risikosensibilität ihrer Aufgabenbereiche und von der Stärke und dem Druck der legitimierenden Geschäftskultur."[111] „Ehrgeiz, Leistungs- und Aufstiegswille, Einkommensmaximierung, Erfolgsvisionen, Hedonismus und so weiter sind Motivationsmerkmale aller Leistungsträger in Unternehmen, ja in allen Bereichen der Gesellschaft. [...] Sie sind folglich als Ansatzpunkte für eine, vor allem präventive, Compliance-Arbeit nicht geeignet."[112]

Die Ausführungen und Zitate über die erwähnten Täterprofile von Wirtschaftsstraftätern machen auf drei wesentliche Herausforderungen und Limitierungen eines auf die Person gerichteten Ursachenansatzes für Wirtschaftskriminalität aufmerksam, die uns zu unserem nächsten Kapitel überleiten. *Erstens* haben – analog zur Psychopathie – narzisstische Charaktereigenschaften keine Vorhersagekraft für wirtschaftskriminelles Verhalten in der Zukunft. Selbst wenn wir also glasklare Indizien für einen stark narzisstischen Menschen finden, sagt dies weder etwas hundertprozentiges über die Art und Weise aus, mit der dieser Mensch ein Unternehmen leitet oder gar, ob er wirtschaftskriminell handeln wird. Ohnehin sind die Auswirkungen von selbst stark narzisstischen CEOs auf deren unternehmerischen Erfolg und die dort vorherrschenden Strukturen nicht eindeutig. Beispielsweise belegen Studien, dass Unternehmen, deren CEO als Narzisst eingestuft wird, über umfangreichere Governance-Strukturen verfügen und eine bessere Ausgestaltung von Umwelt- und Sozialstandards aufweisen. Gleichwohl weist man den gleichen Unternehmen einen schlechteren Aktienkursverlauf nach.[113]

Zweitens scheint es – obwohl ein nicht unerheblicher Teil der persönlichkeitspsychologischen Forschung starke narzisstische Tendenzen in Wirtschaftsstraftätern ermittelt – bisweilen insgesamt eine Beweislosigkeit in Bezug auf eine exakte Erstellung von Täterprofilen zu geben. So lassen sich die Persönlichkeitseigenschaften krimineller und nicht-krimineller Menschen nicht akkurat voneinander abgrenzen.[114] Disziplin, groß zu denken, Risikobereitschaft, Selbstdarstellung und die teilweise egozentrierte Durchsetzung von Zielen: All das sind Eigenschaften, die von Unternehmenslenkern mitunter erwartet werden. Wo liegt die Grenze zwischen einer Vision und Größenwahn? Worunter ordnen Sie die Vision des Amazon-Gründers Jeff Bezos ein, Flüge zum Mond als Touristenattraktion anzubieten? Wo auf der Skala von Genie und Verrücktheit ordnen Sie Elon Musk ein, der Menschen in seiner Hochgeschwindigkeitsröhre mit bis zu 1.200 km/h transportieren möchte. Für wie realistisch halten Sie das von Mark Zuckerberg erfundene Metaversum, in der Menschen zukünftig in einer Art digitaler Parallelwelt leben, dort Immobilien für Hunderttausende US-Dollar erwerben und sogar arbeiten können? Und wo auf der Narzissmus-Dimension steht Markus Braun, der im Jahr 2018, einen Monat, nachdem Wirecard in den DAX eingezogen war, scheinbar völlig unbegründet mit seiner Vision 2025 verkündete, das Transaktionsvolumen von Wirecard von 91 Mrd. Euro auf sage und schreibe 710 Mrd. Euro bis 2025 zu steigern.[115] Hohe Ziele und Visionen können uns ein enormes Sinnerleben bescheren und eine gewaltige Handlungskraft in uns auslösen. Gleichzeitig kann der blanke und euphorische Fokus auf ein tolles Ergebnis die realistischen Herausforderungen, die uns auf dem Weg bis zur Zielerreichung begegnen, verblassen lassen. Billy McFarland, Ja Rule, Big Manni und Dr. Klaus Kleiser: Sie alle hatten große Visionen über echte, tatsächlich existierende Geschäftsideen, jene Visionen, die ihnen in der Vergangenheit bereits unternehmerischen Erfolg eingebracht haben. Es scheint, als würden die Grenzen zwischen gerade noch vertretbaren, selbstbezogenen Tendenzen mit hohen, aber realistischen Zielen und nicht gewolltem, narzisstisch-schädigendem Verhalten mit größenwahnsinnigen Visionen fließend verlaufen, oder anders ausgedrückt: Genie und Wahnsinn sind Nachbarskinder, die hin und wieder miteinander spielen.[116]

Die *dritte* und letzte Limitierung des personenzentrierten Ursache-Wirkungs-Ansatzes bei der Erklärung kriminellen Verhaltens widme ich der Vernachlässigung äußerer Einflussfaktoren. Selbst jemand mit einer narzisstischen Persönlichkeitsstörung handelt nicht immer, also zu jedem Zeitpunkt, egoistisch, selbstzentriert sowie selbst- und fremdschädigend. Neben unseren

Charaktereigenschaften scheinen noch weitere Komponenten einen Einfluss darauf zu haben, ob wir uns integer, in Einklang mit den Normen und Werten verhalten oder vom rechten Weg abkommen und in die Illegalität abdriften. So scheinen manche äußere Einflüsse eine starke Wirkkraft auf uns zu entfalten, andere werden von uns hingegen gar nicht wahrgenommen.

Nachdem die Analyse wirtschaftskrimineller Motive in diesem Kapitel unter dem Zeichen der Person stand, erweitern wir unsere Perspektive und richten unsere Aufmerksamkeit weg von Psychopathie und Narzissmus hin zu den Kräften einer Situation. Dabei gehen wir der Frage nach, welche Reize uns wie zu welchem (il-)legalen Verhalten einladen und letztendlich auch verführen. Wir richten die Taschenlampe dabei wie gewohnt auch auf uns selbst und explorieren, ob wir den Einladungsanreizen krimineller Manager stets widerstanden hätten. Dabei dürfen wir nicht vergessen, dass wir unsere Hypothesen aus der entspannten Sicht eines Beobachters tätigen, der jenen Verführungen in der spezifischen Situation nicht ausgesetzt war. Eine sofortige Verneinung *„Das hätte ich niemals so gemacht"* wirkt natürlich deutlich einladender als eine abgewogene Bestätigung *„Das hätte auch mir passieren können"*. Ich möchte Sie bitten – und das ist kein leichtes Unterfangen – diesem selbstwertdienlichen Abwehrimpuls beim Lesen der nachfolgenden Kapitel zu widerstehen. Trotz dieser Schwierigkeit mute ich mir selbst und Ihnen als Leser diese – wie ich finde notwendige – reflexive Herausforderung zu, um wirtschaftskriminelle Verhaltensweisen aufrichtig nachvollziehen zu können. Zunächst beginnen wir aber mit einer etwas leichter verträglicheren Kost, die den Weg der kriminologischen Entwicklung weg von biologisch-bedingten Persönlichkeitseigenschaften hin zu situativen Umwelteinflüssen und einer der zentralen Modelle zur Erklärung von Wirtschaftsstraftaten verdeutlicht.

3. Die Macht äußerer Einflüsse

Vom Faktor Person zur Situation

Der Vater der Kriminologie

Eigentlich hatte sich Edwin Hardin Sutherland während seines Studiums der Soziologie an der Universität in Chicago nur am Rande mit dem Thema Kriminologie beschäftigt. Sein Interessenschwerpunkt lag eher in der politischen Ökonomie, welchen er auch später als damaliger Assistenzprofessor an der Universität in Illinois weiter vertiefen wollte. Umso überraschter war Sutherland, als ihn der Dekan seiner Fakultät im Jahr 1921 damit beauftragte, ein Lehrbuch für Kriminologie zu schreiben. Sutherland hatte während seines Studiums nur ein paar Kurse im Bereich Kriminologie gehört und bisweilen noch keine einzige Publikation in dieser Disziplin veröffentlicht. Dies sollte sich in den kommenden Jahren erheblich ändern. Heute gilt Sutherland als einer der einflussreichsten und bedeutendsten Kriminologen des 20. Jahrhunderts. Ihm wird nachgesagt, er sei in der Kriminologie so etwas wie Albert Einstein in der Physik, da er eine ganze Disziplin verwandelt habe.[117] Aber was hatte ihn so bekannt gemacht? Die kriminologische Forschung fokussierte sich im späten 19. und frühen 20. Jahrhundert vor allen Dingen auf eine Frage: Was macht einen Verbrecher aus? Die Antwort auf diese Frage wurde insbesondere in biologisch-genetischen Erklärungsmodellen gesucht. Dabei beschränkte sich die Forschung zunächst auf äußere Merkmale einer Person wie die Schädelform. Man substituierte die Frage „Was macht einen Verbrecher aus" gewissermaßen mit „Wie *sieht* ein Verbrecher aus?". Wissenschaftler wie Earnest Hooton vermittelten glaubhaft, aus ihrer Forschung könne man erkennen, wie der typische Verbrecher aussieht. Später richtete sich die Aufmerksamkeit der Forscher vermehrt auf das „innere Aussehen" von Verbrechern. Der Versuch begann, den typischen Kriminellen anhand von Persönlichkeitseigenschaften auszumachen. Ähnlich zur Rassentheorie wollte man unbedingt einen Unterschied finden zwischen solchen, die sich ordentlich und zivilisiert verhalten und jenen, die von der rechten Spur abkommen und kriminell agieren. Damit beschränkte sich der Erklärungsversuch für kriminelles Verhalten weiterhin auf den Täter, die Person. Die Ursache für begangene Straftaten müsse irgendwo im Innenleben des Straftäters zu finden sein – in einer Art kriminellem Gen. Entweder man ist mit diesem Gen geboren und dazu verdammt, ein Krimineller zu sein, oder man gehört zur Gruppe derer, die sich an die gesetzlichen und sozialen Regeln der Gesellschaft halten. Genau diese Ansichten waren es, die Sutherland dazu motiviert haben, einen anderen Weg einzuschlagen.

Ist Kriminalität erlernbar?

Als Soziologe drängte Sutherland vor allem eine Frage: Wie *werden* Menschen kriminell? Die heutige Soziologie als etablierte Wissenschaft beschäftigt sich mit der Erforschung von menschlichen Verhaltensweisen in sozialen Kontexten.[118] Die Antwort auf die Frage, was uns dazu bewegt, Dinge zu tun, sucht die Soziologie weniger im Innenleben einer Person als vielmehr in der Umgebung, in der diese Person eingebettet ist. Wer ist Teil dieser Umgebung, was sind die Spielregeln in dieser Umgebung, wann verhalten wir uns nach diesen Spielregeln und wann nicht? In der Ausformulierung dieser Fragen merkt man schon, dass die Soziologie die Ansicht vertritt, dass ein und dieselbe Person sich in unterschiedlichen Umgebungen unterschiedlich verhalten kann. Die Anwendung dieses Gedankengangs auf die kriminologische Disziplin im 19. und frühen 20. Jahrhundert würde eine radikale Abkehr der bis dahin vorherrschenden Meinung des geborenen Straftäters bedeuten, wie sie beispielsweise von Hooton vertreten wurde.

Für Sutherland war klar, dass jemand nicht kriminell geboren wird, kriminell ist und für immer kriminell bleibt. Vielmehr vertrat er die Ansicht, dass Kriminalität erlernt werden kann. Jeder Mensch, der lernen kann, kann auch kriminelles Verhalten erlernen, so seine Ansicht. Entsprechend so manchem elterlichen Fürsorgespruch „Der/die ist ein schlechter Einfluss für dich, mein Kind“ war auch für Sutherland ausschlaggebend, mit wem man sich umgibt. Aus diesem Grund nannte er sein Modell *Die Theorie der differentiellen Kontakte*. Er ging davon aus, dass jeder Mensch Kontakt zu Personen hat, die entweder kriminelles oder regelkonformes Verhalten begünstigen. Seine Rechnung lautete salopp formuliert: Hast du mehr Freunde und Bekannte um dich, die sich kriminell verhalten, so steigt die Wahrscheinlichkeit dafür, dass auch du dich kriminell verhältst.[119] Es gab allerdings ein Problem mit seiner Theorie: Wie war es zu erklären, dass Menschen auch ohne kriminelle Kontakte oder zumindest mit überwiegend regelkonformen Kontakten, kriminell agieren: so wie es bei Wirtschaftskriminalität regelmäßig der Fall ist?

Es ist das typische Henne-Ei-Problem: Was war zuerst da? Wenn sich, wie nach Sutherlands Theorie, Menschen nur durch Erlernen kriminell verhalten, wie wurde dann der erste Mensch, der sich jemals kriminell verhalten hat, zu kriminellem Verhalten motiviert? Wer hat es ihm beigebracht? Im Jahr 1939 wurde Edwin Sutherland die große Ehre zuteil, das Amt des Präsidenten der American Sociological Association anzutreten, *der* Vereinigung für Soziologen in den USA. In seiner Antrittsrede hatte er erstmalig einen Namen für diejenigen Menschen, die gut bezahlten Berufen in der Wirtschaft nachgingen, einen hohen Status in der Gesellschaft hatten und gleichzeitig kriminell agierten: *white-collar criminals*.[120] Sutherland wählte den Begriff *white-collar crime* (dt.: Weiße-Kragen-Kriminalität), als Synonym für Wirtschaftskriminalität, welcher sinngemäß für Geschäftsleute steht, die typischerweise Hemden mit weißen Kragen tragen. Er machte darauf aufmerksam, dass nicht nur sozial schwache Menschen, die in der Regel nichts mehr zu verlieren haben, kriminelle Handlungen begehen, sondern auch Menschen aus der oberen sozioökonomischen Schicht.[121] Es war einer seiner Studenten, der die Forschung zur Weiße-Kragen-Kriminalität nach Sutherlands Tod im Jahr 1950 nicht nur weiter vorantreiben, sondern auch seine Theorie der differentiellen Kontakte in Teilen widerlegen würde. Sein Name: Donald R. Cressey.

Ein gängiges Erklärungsmodell für Wirtschaftskriminalität

Anders als Sutherland beschäftigte sich Donald Cressey bereits während seines Soziologiestudiums intensiv mit der Ursachenerforschung krimineller Verhaltensweisen. Als einem seiner brillantesten Studenten bot Sutherland Cressey in den 1940er-Jahren eine Promotionsstelle an seinem Lehrstuhl der Indiana Universität an, einer der führenden Forschungseinrichtungen in den USA. Cressey begeisterte sich für die von Sutherland geprägte White-Collar Criminality und wollte vor allem die Motive einer Tätergruppe, die er *Trust Violators* nannte, erforschen.[122] Trust Violators sind vereinfacht formuliert Mitarbeiter, die das Vertrauen des Unternehmens missbraucht haben, um sich zu bereichern. Zur Untersuchung der Motive hatte sich Cressey Genehmigungen eingeholt, um solche Straftäter in Gefängnissen befragen zu dürfen. Seine Ergebnisse publizierte er im Jahr 1953 unter dem Titel *Other People's Money. A study in the social psychology of embezzlement.* Sie bildeten in den Folgejahren die Grundlage für etliche Forschungsprojekte im Bereich Wirtschaftskriminalität und stellen bis heute *das* Modell zur Erklärung wirtschaftskrimineller Verhaltensweisen dar. Jenes Modell wurde in zahlreichen Studien zitiert, die ich während eigener Forschungsarbeiten über die Psychologie von Wirtschaftsstraftätern gelesen hatte. Das gleiche Modell begegnete mir seitdem immer wieder in meiner späteren Tätigkeit als forensischer Ermittler und auch beim Wälzen des etwa 2.000 Seiten umfangreichen Skriptes, welches ich in Vorbereitung auf das Examen und den Titel des Certified Fraud Examiners (CFE) gelesen hatte, tauchte es auf. Die Association of Certified Fraud Examiners (ACFE) ist *die* Institution für Experten im Bereich Wirtschaftskriminalität. Hier machen u.a. die Agenten des FBI und CIA ihre Ausbildung für ihre Ermittlertätigkeit und werden mit dem einzig weltweit anerkannten Titel in den Disziplinen Forensik und Wirtschaftskriminalität belohnt. Aber nun zum Punkt: Um welches Modell handelte es sich? Es waren die Forschungsergebnisse von Donald Cressey, die heute unter dem *Modell des Fraud Triangles* ausdifferenziert und unter anderem bei der ACFE als Erklärung für Wirtschaftsdelikte gelehrt werden. Demnach sind es drei

Faktoren, die die Wahrscheinlichkeit für Wirtschaftskriminalität erhöhen. Die Faktoren lauten

1. Druck,
2. Gelegenheit,
3. Rationalisierung.

Ähnlich wie Sutherland knüpfte Cressey als Soziologe an der Idee an, dass Menschen nicht aufgrund ihrer genetisch-prädisponierten Persönlichkeitseigenschaften (wirtschafts-)kriminell werden. Auch er fragte sich, warum gewissenhafte Mitarbeiter nach jahrelanger, ehrlicher Arbeit plötzlich anfingen, Gelder zu unterschlagen. Es gab allerdings ein paar wesentliche Unterschiede zu Sutherlands Theorie. Wir erinnern uns: Sutherland beschrieb, dass kriminelles Verhalten durch Erlernen entsteht und kriminell handelnde Menschen ein eigenes Werte- und Normenverständnis innerhalb ihrer kriminellen Subkulturen bilden. Dieses Normenverständnis würde von dem der *normalen* restlichen Bevölkerung abweichen, so Sutherlands Theorie. Cresseys Beobachtungen in seinen Befragungen ergaben jedoch, dass kriminelles Verhalten nicht von jemandem erlernt werden muss, damit dieser selber kriminell handeln kann. Vielmehr kann das Motiv zur kriminellen Tat aus einem empfundenen inneren Druck (1) des Täters sowie einer günstigen Gelegenheit (2) entstehen, sich zu bereichern. Ferner war Cressey der Auffassung, dass Wirtschaftskriminelle sehr wohl gesellschaftliche Werte und Normen kennen und akzeptieren, sie ihre Verhaltensabweichungen allerdings innerlich im Sinne einer Rechtfertigung rationalisieren (3).

Was wir aus forensischen Befragungen über den Faktor Druck lernen können

Eine häufige Fehlannahme über Vernehmungen im (Wirtschafts-)Kriminalkontext ist, dass man auf den Beschuldigten nur genügend Druck ausüben muss, um an relevante Informationen zu gelangen. Natürlich kommt es immer auf den individuellen Kontext an, aber in der Regel ist genau das Gegenteil der Fall. Die Gesprächsführung ist insbesondere bei Beschuldigten auf eine Beziehungsförderung ausgerichtet, die einen schambefreiten Raum ermöglicht, in der der potenzielle Täter sich zumuten kann, offen mit uns zu sprechen. Scham ist in diesem Zusammenhang ein wichtiges Wort. Ein empfundener[123] Druck als Motivation für Wirtschaftskriminalität entstammt nämlich Cresseys Hypothese, dass dem Täter eine sogenannte *non-shareable information* innewohnt.[124] Non-shareable bedeutet, der Täter empfindet eine Lebenssituation als derart beschämend, dass er sich nicht zutraut, mit anderen Menschen in seiner Umgebung über seine Belastungssituation offen zu sprechen. Das an die Information angeknüpfte Attribut non-shareable kann dabei nicht exakt definiert werden, sondern liegt in der individuellen Wahrnehmung des Täters. So stellt eine persönliche finanzielle Verschuldung für die eine Person ein derart beschämendes Ereignis dar, dass dieses unbedingt geheim gehalten werden muss. Andere hingegen ersuchen gerade aufgrund dieser Situation um Hilfe und Rat bei Freunden, Verwandten oder Kollegen.[125] Interessant ist, dass also nicht die kriminelle Handlung an sich die non-shareable information darstellt, sondern vielmehr das Ereignis, welches den Täter zu eben dieser Handlung geführt hat – die Verschuldung beispielsweise.[126] Warum sollte ein Täter also gerade mir als Forensiker jene als schmerzlich empfundene Information preisgeben, die er zuvor mit allen Mitteln versucht hat, zu verbergen.

Der Psychologe Dr. Stephan Marks hat sich lange mit der Erforschung von Schamgefühlen beschäftigt und beschreibt Scham als eines der existenziell bedrohlichsten Gefühle, die wir empfinden können.[127] Folglich unternehmen wir wahnsinnige Anstrengungen, dieses Gefühl nicht spüren zu müssen. Mir kommt dabei ein Fall aus der forensischen Praxis in den Sinn, bei dem eine Mitarbeiterin über Jahre hinweg ihr anvertraute Gelder aus einem Krankenhaus entwendet hat. Über etwa zehn Jahre hinweg hatte sie Beträge von insgesamt zwei Millionen Euro gestohlen und ein ausgeklügeltes Verschleierungssystem entwickelt, sodass niemand ihren Betrug mitbekommen hatte. Erst als sie in den Ruhestand ging, wunderte sich ihre Nachfolgerin über die unüblichen Buchungsvorgänge im System, und der Fall flog auf. Bei den forensischen Befragungen und der Konfrontation mit den Schuldvorwürfen fing die Frau plötzlich an zu weinen und gab zu, dass sie kaufsüchtig sei. Ihre Wohnung glich einem riesigen Wühltisch mit meterhohen Ansammlungen von Gegenständen, die sie unermüdlich im Shoppingkanal bestellt hatte. Darüber hinaus hatte sie mehrere Lager angemietet, um sich aus Platzgründen nicht von den erworbenen Gegenständen trennen zu müssen. Sie hatte sich mit ihrem Problem bis dato niemandem anvertraut, weder privat, beruflich noch über eine Psychotherapie – es war non-shareable.

Macht Gelegenheit Diebe?

Neben der empfundenen Drucksituation braucht es noch eine Gelegenheit, die es einem Täter ermöglicht, auch tatsächlich kriminell handeln zu können. Um eine Tatgelegenheit auch als solche wahrzunehmen, müssen für Mitarbeiter zwei wesentliche Voraussetzungen erfüllt sein.[128] Zum einen muss der Täter Kenntnis darüber erlangt haben, dass er seine Vertrauensposition ausnutzen kann, ohne dabei erwischt zu werden. So wusste die oben genannte Buchhalterin aus dem Krankenhaus, dass es keine weitere Kontrollinstanz nach ihr geben würde. Zum anderen muss der Täter über die Fähigkeiten verfügen, um den Betrug operativ durchführen zu können.[129] Unsere Buchhalterin arbeitete seit über fünfzehn Jahren in dem Krankenhaus und kannte sich in den jeweiligen Systemen bestens aus. Damit war sowohl die empfundene Entdeckungswahrscheinlichkeit niedrig genug (erste Gelegenheitsvoraussetzung), als auch die eigene Kompetenz zur Tatbegehung groß genug (zweite Gelegenheitsvoraussetzung), um die Tat auszuführen.

Analog zum Faktor Druck ist auch bei der Gelegenheit die individuelle Wahrnehmung ein wichtiger Faktor.[130] Die reine Kontrolle oder Überwachung hat nämlich keinen Abschreckungseffekt, solange sie nicht auch durch die Mitarbeiter als Kontrolle oder Überwachung *wahrgenommen* wird.[131] Dieses sogenannte *perception-of-detection-axiom*[132] erklärt beispielsweise den hohen Wirkungsgrad von Kameraattrappen.[133]

Gemäß dem Sprichwort *Gelegenheit macht Diebe* wird dem Faktor Gelegenheit in der Praxis häufig die größte Bedeutung der drei Elemente des Fraud Triangles beigemessen. Es wird sogar die Meinung vertreten, dass Gelegenheit allein ausreiche, um jemanden zu einer kriminellen Handlung zu verleiten.[134]

Dementsprechend bemühen sich Unternehmen, mehr und mehr Kontrollen zu implementieren, die schädliches Verhalten verhindern sollen. Diese alleinige und übertriebene Ausrichtung auf den Faktor Gelegenheit ist dabei aus mehreren moral-psychosozialen Gründen nicht unzweifelhaft.

Erstens würden sich bei Weitem nicht alle Mitarbeiter kriminell verhalten, selbst wenn sie rein objektiv die Gelegenheit dazu hätten. Auch hier spielt die individuelle Wahrnehmung eine Rolle. Angenommen, ich würde mich mit Ihnen zum Mittagessen in einem Restaurant treffen und beim Toilettengang meine Geldbörse auf dem Tisch liegen lassen, aus der mehrere Geldscheine herausschauen. Würden Sie das Geld nehmen? Würden Sie diese Situation überhaupt als kriminogen wahrnehmen – also als günstige Gelegenheit, sich auf meine Kosten zu bereichern?[135] Oder würden Sie mich möglicherweise darauf aufmerksam machen, dass die Geldscheine aus meiner Geldbörse fallen könnten, um mich vor einem finanziellen Verlust zu schützen? Neben weiteren betriebswirtschaftlichen Nachteilen, wie die Einschränkung unternehmerischer Flexibilität und die durch Kontrollen entstehende Ineffizienz innerhalb diverser Prozesse, sind es vor allem auch täterpsychologische Aspekte, die bei der Gestaltung von Kontrollen bedacht werden müssen. Eine Annahme, die ich häufig höre, ist, dass ein Anstieg von Kontrollen und die damit erhoffte Reduzierung krimineller Verhaltensweisen linear verläuft (*Abbildung 1*).

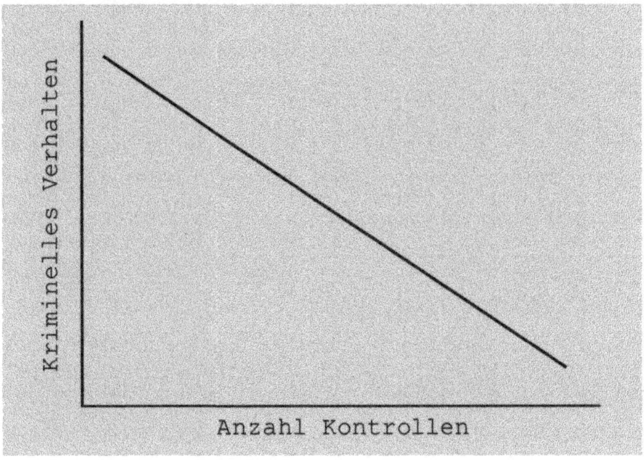

Abbildung 1: Interne Kontrollsysteme – linearer Verlauf

Tatsächlich geht man im Rahmen der sogenannten Theorie der Kontrollbalance davon aus, dass sich diese beiden Aspekte U-förmig zueinander verhalten *(Abbildung 2)*.

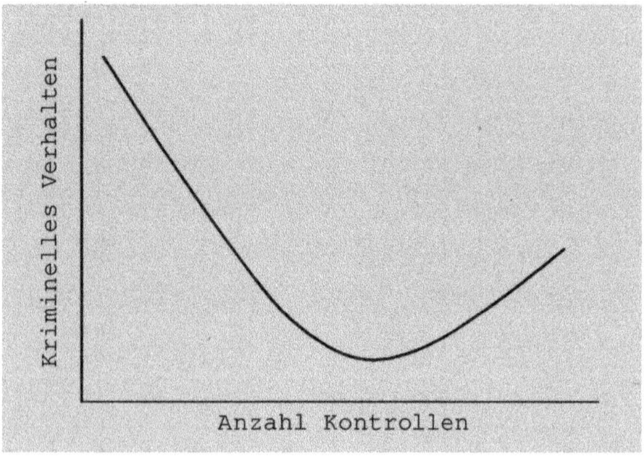

Abbildung 2: Interne Kontrollsysteme – U-förmiger Verlauf

Kriminologen gehen davon aus, dass Personen, die sehr starken Kontrollen ausgesetzt sind, selbst aber nur über sehr wenige Kontrollmöglichkeiten verfügen, zu abweichendem Verhalten motiviert werden. Mehr Kontrollen = mehr Kriminalität? Was zunächst paradox klingt, macht aus psychologischer Perspektive absolut Sinn. Denn Menschen, die einer Überkontrolle ausgesetzt sind, erleben eine Reduzierung der eigenen Selbstwirksamkeit. Das bedeutet, sie haben nicht mehr den Eindruck, selbst auf ihr Umfeld einwirken zu können, sondern dass sie Gegenstand einer Fremdbestimmung sind. Die dadurch empfundenen Ohnmachtsgefühle und Frustrationserlebnisse möchte man in Form einer Art Rebellion ausgleichen, indem man sich sagt „Das lasse ich nicht mit mir machen … die werden schon sehen, was die davon haben … jetzt erst recht." Man darf in diesem Zusammenhang nicht vergessen, dass Kontrollen auch eine psychosoziale Signalwirkung entfalten. Zu viele Kontrollen könnten bei den Mitarbeitern das ungute Gefühl provozieren, dass man ihnen nicht vertraut.[136] Diese Dynamik kann so weit gehen, dass gekränkte und frustrierte Mitarbeiter sich an dem eigenen Unternehmen rächen wollen.

An dieser Stelle möchte ich eines klarstellen: Dass Kontrollen eine durchaus abschreckende und vor allem aufdeckende Wirkung entfalten und Kriminalität in Unternehmen verhindern können, ist bewiesen[137], und daran hege ich keinen Zweifel. Sie sollten aber nicht leichtsinnig und unbedacht eingesetzt werden. Denn Studien zeigen auch, dass sich das Wirtschaftskriminalitätsrisiko bei manchen Tätern durch die Zunahme von Kontrollen erhöhen könnte.[138] Gleichzeitig erzeugen die genannten Frustrationserlebnisse eine innere Rechtfertigung der Täter: „Ich bin hier das Opfer und sorge nur für Gerechtigkeit" – eine sogenannte *Rationalisierung*.

Rationalisierung, oder anders formuliert: Wie wir unser schlechtes Gewissen neutralisieren

Überlegen Sie einmal selbst, wann Sie das letzte Mal etwas rationalisiert haben, also etwas vor sich selbst rechtfertigen mussten. Falls Ihnen nichts einfällt, helfe ich Ihnen auf die Sprünge. Wann haben Sie beispielsweise das letzte Mal geraucht, zu viel Alkohol getrunken oder Fast Food gegessen, oder den Müll nicht richtig getrennt? Mit solchen Verhaltensweisen haben Sie wahrscheinlich gegen das, was man in der Psychologie das Ich-Ideal nennt, gehandelt.[139] Wir alle haben bestimmte Vorstellungen davon, was richtiges Verhalten ist. Im Idealfall orientieren wir uns an diesen Vorstellungen, die anders ausgedrückt auch als unsere Werte und Prinzipien formuliert werden könnten. Wenn wir nun gegen unsere Werte und Prinzipien handeln, schützt uns die Fähigkeit der Rationalisierung vor einem schlechten Gewissen. Dabei untermauern wir unser Fehlverhalten mit rationalen Gründen. In dieser Situation spielt sich eine innere Dynamik ab, in der wir im übertragenden Sinne Angeklagter, Staatsanwalt, Strafverteidiger und Richter in einer Person sind. Zunächst sitzen wir auf der Anklagebank, wo wir uns in der Form des Staatsanwaltes selbst anklagen und uns Vorwürfe machen. Der Staatsanwalt redet auf uns ein „Das kannst du nicht machen! Das gehört sich nicht! Was hast du dir dabei gedacht! Dafür sperren wir dich ein!" Wir kommen als Angeklagter ganz schön ins Schwitzen. Da dies keine besonders komfortable Situation ist, die wir nur sehr schwer aushalten können, springt unser innerer Strafverteidiger ein und sucht händeringend nach rationalen Gründen und Beweisen, die unsere Tat entlasten. Diese präsentiert der Strafverteidiger dem Richter so eindringlich, dass er uns am Ende zu großen Teilen von unseren Sünden freispricht. Urteil:

unschuldig. Die Rationalisierung erfolgt sowohl vor als auch nach der Tat. Vor der Tat agiert die Rationalisierung quasi wie ein innerer moralischer Unterstützer: „Das ist OK und richtig, dass du das machst." Nach der Tat sorgt die Rationalisierung für den Erhalt eines positiven Selbstbildes, sodass wir guten Gewissens in den Spiegel schauen können:[140] „Das war OK und richtig, dass du das gemacht hast."

Wie sehr Sie selbst zu Rationalisierungen neigen, können Sie anhand der folgenden Fragen einmal stark vereinfacht testen:

Ein Mann geht durch ein Kaufhaus, um sich etwas zu kaufen. In der Uhrenabteilung bemerkt er, dass es ganz ruhig ist und kein Verkaufspersonal zu sehen ist. Er nutzt die Gelegenheit, steckt sich eine Armbanduhr in die Tasche und verschwindet. Welchen der folgenden Aussagen stimmen Sie zu oder lehnen Sie ab?

1. Das Kaufhaus wird den Schaden gar nicht bemerken.
2. Ich würde es dem Mann nicht so sehr verübeln, sofern er die Uhr jemandem schenken und demjenigen damit eine Freude machen würde.
3. Der Mann müsste wegen Diebstahl angezeigt werden.
4. Die Kaufhäuser sind fast alle nur dadurch groß geworden, dass sie die kleinen Geschäfte kaputt gemacht haben, deshalb geschieht es ihnen ganz recht.
5. Das Verkaufspersonal hätte besser aufpassen müssen.
6. Eine Person, die den Vorfall bemerkt und den Mann anzeigt, ist im Grunde genommen nur neidisch, weil sie selbst gerne auf diesem Weg zu einer neuen Uhr kommen wäre.[141]

Diese Kurzgeschichte ist Teil einer Studie zur Analyse des Faktors Rationalisierung. Bis auf Option drei stehen alle der sechs Antwortoptionen für eine Rationalisierungstechnik. Das Bedürfnis der Rationalisierung einer nicht korrekten Handlung lässt sich mit der psychologischen Theorie der kognitiven

Dissonanz erklären.[142] Danach empfindet ein Mensch ein psychologisches Unbehagen, wenn zwei sogenannte Kognitionen voneinander divergieren.[143] Eine Kognition kann dabei als Einstellung bzw. Wertevorstellungen eines Menschen verstanden werden, die durch Kenntnisse, Meinungen oder Überzeugungen entstehen.[144] Dieses Unbehagen empfindet der Mensch als so störend, dass er für sich selber Rechtfertigungen i. S. v. Rationalisierungen sucht, um sich sein positives Selbstbild zu bewahren.[145] Ein einfaches Beispiel für zwei in Dissonanz stehende Kognitionen ist: Ich rauche, obwohl es ungesund ist und ich mich prinzipiell für einen gesund lebenden Menschen halte. Durch Rationalisierungen wie „Ich habe aber gerade so viel Stress, deswegen brauche ich die Zigarette", „Meine Freunde rauchen aber viel mehr als ich", „Die eine Zigarette wirkt sich schon nicht groß auf meine Gesundheit aus" wandelt sich die Dissonanz in Konsonanz um, womit das Unbehagen reduziert wird und das positive Selbstbild erhalten bleibt.[146]

Wie beschrieben, wird mit der Rationalisierungstheorie als ein weiteres kriminalitätsbegründendes Motiv teilweise von Sutherlands Theorie der differentiellen Kontakte Abstand genommen. Salopp formuliert ist die Rationalisierung also ein Instrument, um selbst nach Begehen einer Straftat mit sich im Reinen zu bleiben. In einem Interview mit dem SWR sagte Big Manni zu seinem milliardenschweren Betrug: „Die Geschädigten sind durchweg Banken gewesen. Es gibt keine privaten Geschädigten."[148] Auch dies stellt eine Rationalisierung dar, die sich *Leugnung der Opfer* nennt. Die psychologische Logik dahinter ist, die Opfer zu verdinglichen, indem man sie nicht als reale und lebhaft existierende Personen, sondern als eine Sache, eine Bank bezeichnet – um sie dann moralisch abzuwerten und zu leugnen. Dass hinter den geschädigten Banken echte Personen stehen, Angestellte, die Manfred Schmider geglaubt und ihre Jobs verloren haben, und Steuerzahler, die für die Verluste der Banken aufkommen müssen, wird selbstbildfördernd ausgeblendet. Ob und wie rationalisiert wird, hängt einerseits individuell vom Charakter einer Person ab. So reichen für den Einen zehn unbezahlte Überstunden zur Rechtfertigung einer Straftat aus („Das Geld, das ich aus der Firmenkasse genommen habe, gehört ja eigentlich mir"), für eine andere Person können selbst 100 Überstunden keine Straftat rechtfertigen.[149] Dass der unternehmerische Kontext – also die Ausgestaltung von Hierarchien, Unternehmenskulturen und Gruppenprozessen in der Teamarbeit ebenfalls einen maßgeblichen Einfluss auf unser inneres Rechtfertigungspotenzial hat, schauen wir uns in den nachfolgenden Unterkapiteln näher an. Ohnehin sind die drei Faktoren aus dem Fraud Triangle auch immer wieder Gegenstand der nachfolgenden Kapitel in diesem Buch. Zunächst bringt uns unsere Reise über das Begreifen krimineller Manager allerdings zu einem der tragischsten Flugzeugunglücke der zivilen Luftfahrt um die Pilotenlegende Jacob Veldhuyzen van Zanten und einer Situation um den ehemaligen Volkswagen CEO Martin Winterkorn, die uns möglicherweise Aufschluss über einen der folgenschwersten deutschen Wirtschaftsskandale geben kann. Beide Szenarien verdeutlichen sehr anschaulich, welche dramatischen Folgen sich bei zu starker Hierarchie, Macht und blinder Gehorsamkeit entwickeln können. Sie werden im Folgenden in einer parallelisierten Form erzählt.

Die Macht der Führung

Der Ton macht die Musik: Über das tragischste Flugzeugunglück in der zivilen Luftfahrt und einen der größten Wirtschaftskandale der deutschen Geschichte

Der kleine Flughafen Airport Internacional de los Rodeos im Norden der spanischen Insel Teneriffa ist bei vielen Piloten berüchtigt. Aufgrund seiner Lage von sechshundert Metern über dem Meeresspiegel kommt es nicht selten zu extrem schnellen Wetterumbrüchen und ohnehin ist starker Nebel dort an der Tagesordnung. Auch am 27. März 1977 hatte der Flughafen seinen Ruf hartnäckig verteidigt und seine übliche Wetterdramatik eindrucksvoll zur Schau gestellt. Nichtsdestotrotz hätte sich Jacob Veldhuyzen van Zanten, ehemaliger Pilot bei der niederländischen Fluggesellschaft KLM, nicht vorstellen können, dass er an diesem Tag das letzte Mal mit seiner Boeing 747 abheben würde.[150]

Etwa 34 Jahre später, im September 2011, begibt sich Martin

Winterkorn, damaliger Vorstandsvorsitzender von VW, mit einem Managertrupp auf den Weg nach Frankfurt zu einer der größten und international bedeutendsten Automobilfachmessen – der Internationalen Automobil-Ausstellung IAA. An jenem Tag im September 2011 interessiert sich Martin Winterkorn unter anderem für die neue Generation des i30, ein der Kompaktklasse zugeordnetes Fahrzeugmodell des südkoreanischen Automobilherstellers Hyundai und direkter Konkurrent des VW-Golf. Langsam bewegt sich der Chef von VW um den silber-metallic glänzenden i30 und mustert das Fahrzeug mit ernster Miene und feinster Ingenieursgenauigkeit. Immer wieder holt er eine kleine Stifttaschenlampe aus seinem Sakko heraus, um auch klitzekleine Details an der Karosse des i30 inspizieren zu können. Nachdem Kofferraum, Beifahrerseite und Motorhaube begutachtet wurden, kommt er schließlich an der Fahrerseite des Fünftürers an und setzt sich auf den Fahrersitz. Sein Blick richtet sich zunächst dem Fahrzeughimmel und den Türen zu, wo Martin Winterkorn den weiß-gräulichen Stoffüberzug mit seinen Fingern abtastet, die dann rüber zum Lenkrad wandern. Er entrastet die höhenverstellbare Lenksäule, bewegt das Lenkrad nach oben und unten, rastet die Lenksäule wieder ein und klopft von unten an die Klappe der Lenkradverstellung. Danach ereignet sich ein Dialog, der einen großen Beitrag zum Verständnis wirtschaftskrimineller Handlungen leistet.[151]

Am Morgen des 27. März 1977 macht sich Pilot Jacob Veldhuyzen van Zanten mit seiner Boeing 747, seiner Besatzungscrew und seinem Co-Piloten Klaas Meurs von Amsterdam auf den Weg auf die spanische Insel Gran Canaria. Das Flugzeug mit der Flugnummer 4805 hatte an jenem Tag 235 Passagiere geladen, war pünktlich gestartet und erwartete gegen Mittag auf Gran Canaria landen zu können. Mit einer ähnlichen Ankunftszeit plante auch Victor Grubbs, Pilot der amerikanischen Fluggesellschaft

Pan American World Airways (Pan-Am), der sich mit seinem Jumbojet, seiner Crew und erstem Offizier Robert Bragg sowie den 380 geladenen Passagieren von New York auf den Weg auf die spanische Insel machte. Kurz vor Ankunft der Maschinen ereilte die Crewmitglieder beider Flieger jedoch die Nachricht, dass eine Landung auf Gran Canaria derzeit nicht möglich war. Eine Bombe kanarischer Separatisten war an diesem Vormittag am Flughafen detoniert und vor Ort rechnete man mit weiteren Explosionen. Beide Flugzeuge wurden kurzfristig für einen Zwischenstopp auf den berüchtigten Flughafen los Rodeos im Norden Teneriffas umgeleitet. Nach einer zehrenden Wartezeit von etwa drei Stunden erhielten die beiden Maschinen gegen 17 Uhr schließlich die Rollfreigabe zur Startposition. Circa sieben Minuten später ereignete sich ein Dialog, der das bis heute folgenschwerste Unglück der zivilen Luftfahrt zur Folge haben würde.

„Da scheppert nix!“

Martin Winterkorn wendet sich weiterhin dem Lenkrad des i30 zu. *„Da scheppert nix!“*, sagt Martin Winterkorn etwas verärgert, nachdem er von unten an die Klappe zur Lenkradverstellung des Hyundai klopft und von der hohen Qualität des Konkurrenzproduktes überrascht scheint. „Bischoff!“ ruft Winterkorn und meint damit Klaus Bischoff, Chefdesigner bei VW. *„Da scheppert nix!“*, rügt Winterkorn erneut mit mahnender Stimme. Klaus Bischoff eilt herbei, hebelt kniend vor der Fahrertür des i30 die Klappe der Lenkradeinstellung aus und rastet sie wieder ein. Auch er kann kein Scheppern erkennen. *„Warum kann's der? Der BMW kann's nicht. Wir können's nicht.“*, schimpft Martin Winterkorn entrüstet. Darauf entgegnet eine Person (es lässt sich nicht genau erkennen, ob Klaus Bischoff selbst oder eine andere Person antwortet): *„Wir hatten ja mal* *eine Lösung, aber die war zu teuer*". Unbeeindruckt von dieser Aussage, entgegnet Martin Winterkorn kurz und knapp erneut mit seiner Ausgangsfrage *„Warum kann's der?*". Damit endet die Diskussion.[152]

„That son of a bitch is coming straight at us!"

Um kurz nach 17 Uhr war es auf dem Rollfeld auf dem Flughafen in los Rodeos sehr neblig, sodass die Sichtweite nur wenige Meter betrug. Die KLM und die Pan-Am machten sich derweil unter Anweisungen des Towers auf den Weg zur Startposition. Zuerst sollte die KLM die 3.200 Meter lange Startbahn entlangfahren und wenn sie am Startpunkt angekommen war, eine 180 Grad Drehung vollziehen und auf die Startfreigabe des Towers warten. Eine Minute, nachdem die KLM die Startbahn zum Startpunkt entlangfuhr, bekam die Pan-Am die Anweisung, der KLM zu folgen, die dritte Ausfahrt zu nehmen und dort zunächst zu warten, bis die KLM abgehoben war. Nun ging alles sehr schnell. Es ist nun etwa 17:05 Uhr. Die Pan-Am rollt auf der Startbahn und Pilot Victor Grubbs versucht im dichten Nebel verzweifelt, die dritte Ausfahrt zu finden. Er verpasst sie schließlich und rollt weiter auf der Startbahn. Währenddessen hat KLM Pilot van Zanten bereits das 180 Grad Drehmanöver ausgeführt und steht ungeduldig an der Startposition.

Auf Basis der Funkprotokolle konnte zu diesem Zeitpunkt die folgende Kommunikation rekonstruiert werden:[153]

- 17:06:25 – Tower an Pan-Am: „[...]benachrichtigen Sie uns, wenn die Startbahn frei ist."
- 17:06:29 – Pan-Am-Co-Pilot Bragg an Tower: „Ok, benachrichtigen, wenn die Startbahn frei ist." Tower: „Danke."

Etwa zur gleichen Zeit gibt KLM Pilot van Zanten seinen Status an den Tower durch, wodurch es zur Überlagerung der Funksignale kommt. Van Zanten und seine Crew bekommen nur einen Bruchteil der obigen Kommunikation mit. Schnipsel aus *„OK"* und *„Startbahn frei"* interpretiert van Zanten als Bestätigung, dass die Startbahn frei ist. Er löst die Bremsen und rollt los. Der Flugzeugingenieur der KLM sowie der Co-Pilot sind sich allerdings nicht so sicher und vergewissern sich vorsichtig noch einmal beim ungeduldigen van Zanten.[154]

- 17:06:32 – KLM-Flugzeug-Ingenieur: „Ist es also noch nicht frei?"
- 17:06:34 – KLM-Kapitän van Zanten: „Was hast du gesagt? [...]"
- 17:06:34 – KLM-Flugzeug-Ingenieur: „Ist er noch nicht weg, dieser Pan American?"
- 17:06:35 – KLM-Kapitän van Zanten: *„Na klar!"*

Danach trauen sich Co-Pilot und Flugzeugingenieur nicht mehr einzugreifen. Obwohl sie die konkrete Startfreigabe durch den Tower nicht gehört haben, werden sie ihrem Chef Jacob Veldhuyzen van Zanten nicht mehr widersprechen. Die Hierarchie im Flugzeug ist eindeutig: Wenn der Pilot sagt, wir starten, dann startet man. Ohne Widerworte. Die KLM Maschine rollt zügig los. In etwa siebenhundert Metern Entfernung erkennt Pan-Am Pilot Grubbs plötzlich Flugzeugscheinwerfer, die in rasender Geschwindigkeit auf ihn zukommen. Es ist die KLM Maschine, die nun abheben will. *„That son of a bitch is coming straight at us!"*[155], ruft Grubbs und versucht noch, den vierten Exit der Startbahn zu nehmen, um einer Kollision auszuweichen. Auch van Zanten versucht, seine Boeing 747 frühzeitig und mit aller Kraft hochzureißen und setzt dabei mit dem Heck des Fliegers auf. Funken sprühen. Alle Manöver kommen an diesem Abend zu spät. Die beiden Jumbos krachen um 17:06 und 50 Sekunden zusammen. In einer riesigen Explosion geht die KLM in Flammen auf, die Pan-Am zerbricht etwa in der Mitte des Fliegers in zwei Teile. 583 Menschen verlieren ihr Leben.

Was haben diese beiden Situationen um VW-CEO Martin Winterkorn auf der IAA und KLM-Piloten van Zanten auf der Startbahn in los Rodeos gemeinsam und welche Parallelen ergeben sich daraus zur Wirtschaftskriminalität? Diesen Zusammenhang möchte ich Ihnen gerne anhand einer der relevantesten Fragen, die in den Medien bei Bekanntwerden großer Wirtschaftsskandale wie beispielsweise der Dieselaffäre oder Wirecard diskutiert werden, näherbringen. Die Frage lautet: Was wusste der Vorstand?

Was wusste der Vorstand? Oder: Die Macht der Hierarchie

Inwieweit war er selbst involviert? Inwieweit hat der Vorstand illegales Verhalten aktiv eingefordert und kriminelle Handlungen mit orchestriert? Diese Fragen treiben auch die aktuellen Prozesse um den ehemaligen Wirecard-CEO Markus Braun und den ehemaligen VW-CEO Martin Winterkorn an und sind nicht abschließend geklärt. Markus Braun wurde im Juli 2020 wegen des Verdachts auf Bilanzfälschung und Marktmanipulation festgenommen. Seitdem sitzt er in der Justizvollzugsanstalt Augsburg-Gablingen in Untersuchungshaft. Auch jetzt, nach über eineinhalb Jahren in Haft, hat sich der Tatverdacht laut Staatsanwaltschaft trotz umfangreicher Ermittlungen nicht hinreichend erhärtet.[156] Bei Martin Winterkorn ist ebenfalls ungeklärt, inwiefern der ehemalige CEO von VW an dem gewerbs- und bandenmäßigen Betrug seines Unternehmens beteiligt war. Sein Prozess sollte 2021 beginnen, wird aber wegen Krankheit tendenziell erst 2022 oder 2023 stattfinden. Bislang beteuern beide, sowohl Martin Winterkorn als auch Markus Braun, dass sie von den illegalen Aktivitäten in ihren Konzernen nichts gewusst haben. Doch kann das stimmen? Kann ein Unternehmenslenker eines DAX-30-Unternehmens von kriminellen Handlungen dieses Ausmaßes tatsächlich nichts gewusst haben?

Haben Sie jemals aus Angst vor Bestrafungen etwas getan, wovon Sie absolut nicht überzeugt waren, sich aber trotzdem bereit erklärt haben, es zu tun, ohne es am Ende weiter zu hinterfragen? Erinnern Sie sich noch einmal an die Kommunikation zwischen Martin Winterkorn und seinem Chefdesigner Klaus Bischoff. Auf die Aussage von Klaus Bischoff „Wir hatten da mal eine Lösung, aber die war zu teuer [...]" kann man ganz unterschiedlich reagieren. Möglichkeiten wären

„Ach stimmt ja, darüber haben wir ja bereits gesprochen."

„Ok, verstehe. Lass uns noch mal schauen, ob wir das Geld doch investieren wollen ..."

„Damit sollten wir uns nicht zufriedengeben. Lass uns noch einmal nach einer anderen Lösung schauen."

Martin Winterkorn wählt eine andere Variante. Er scheint das Argument von Klaus Bischoff schlicht zu überhören und antwortet hingegen mit seiner Ausgangsfrage „Warum kann's der?" Wir sollten berücksichtigen, dass dieser Ausschnitt nur eine ganz winzige Verhaltensstichprobe von Martin Winterkorn im Arbeitskontext darstellt, die selbstverständlich tagesformabhängig ganz anders hätte aussehen können. Daher betrachten wir diesen Ausschnitt von ihm auch nicht als allgemeingültig für alle Situationen seines Arbeitslebens. Vielmehr dient sie uns als Anschauungsbeispiel für eine Art der Kommunikation, die wirtschaftskriminelles Verhalten im Führungskontext erklärbar macht. Hinter der Frage von Martin Winterkorn „Warum kann's der?" lässt sich eine gewisse Gleichgültigkeit in Bezug auf Klaus Bischoffs Aussage „Wir hatten da mal eine Lösung, aber die war zu teuer [...]" erkennen. Das Argument „zu teuer" scheint er in diesem Zusammenhang nicht gelten zu lassen, weniger noch: Es scheint einer weiteren Diskussion überhaupt nicht würdig. Er überhört es schlicht. Was auf der impliziten Ebene in Winterkorns Aussage mitschwingt ist, „Mir ist egal, ob etwas zu teuer ist oder nicht: Macht, dass es funktioniert. Egal wie. Make it happen." Auch Klaus Bischoff scheint diese Botschaft verstanden zu haben, denn weder er noch jemand anders versucht in dieser Situation weitere Erklärungsarbeit zu leisten. Die Diskussion ist beendet.

Auch im Flieger der KLM kam die Diskussion hinsichtlich der sich noch auf der Startbahn befindenden Pan-Am schnell zum Erliegen. Mit dramatischen

Folgen. Die Beispiele um Martin Winterkorn und van Zanten zeigen sehr eindrucksvoll, dass Hierarchie die Kraft hat, jegliches Hinterfragen oder Eingreifen durch rangniedere Mitarbeiter zum Erliegen zu bringen – selbst in den kritischsten Lebenssituationen. Im übertragenen Sinne verdeutlichen sie, dass ein CEO illegales Verhalten nicht unbedingt aktiv einfordern muss, um solches zu erzeugen. Er muss am Ende möglicherweise nicht einmal etwas davon wissen. Ähnliches ist zumindest in der Dieselaffäre und vielen anderen Skandalen nicht auszuschließen. Den CO_2-Ausstoß gering halten trotz hoher Motorleistungen: „Make it happen! Zu teuer, zu aufwendig …?! Ich habe mich wohl verhört?!" „Warum kann's der und wir nicht?! Findet eine Lösung!" Warum geht Klaus Bischoff keine weitere Diskussion ein? Warum zieht keiner der beiden KLM-Crewmitglieder – weder Flugingenieur noch Co-Pilot – die Notbremse? Warum widersprechen sie nicht? Warum gehorchen Sie, selbst wenn Leben dabei auf dem Spiel stehen?

Ich greife eine der Fragen an Sie von weiter oben noch einmal auf: Wie oft haben Sie schon einmal geschwiegen, Ihre Meinung unterdrückt, obwohl Sie Bedenken hinsichtlich einer Angelegenheit hatten? In welchen Momenten war das? Wer saß Ihnen gegenüber? In welchen Situationen? Aus welchen Gründen? Bei großen Wirtschaftsskandalen erlebe ich bei den mitwirkenden oder auch initiierenden Mitarbeitern illegaler Aktivitäten häufig die folgenden Rationalisierungen: „Ich sollte eine Lösung für ein Problem finden und das habe ich gemacht." „Ich habe nur getan, was von mir verlangt wurde." „Wir sollten das Unmögliche möglich machen, und das haben wir. Anders ging es nicht." „Jemandem wie […] widerspricht man nicht." „Man will seinen Chef zufrieden stellen."

In aller Regel geht es bei diesen Rationalisierungen um erwünschte Anerkennung oder die Vermeidung von Bestrafungen. Als menschliche Wesen sind wir motiviert, jene Dinge zu tun, die uns eine Belohnung bescheren, und jene zu vermeiden, die uns eine Strafe einbringen. Die wirkungsvollsten Belohnungen oder Bestrafungen sind allerdings nicht monetärer, sondern sozialer Natur. Beschimpfungen, an den Pranger stellen, Degradierungen, Ausgrenzungen und gleichfalls gutes Zusprechen, Wertschätzen, Würdigen, Zugehörigkeit vermitteln: Dies ist der Dünger, aus dem Gehorsamkeit und Loyalität erwachsen können. Hierarchieintensität und Gehorsamkeit stehen dabei in direkter Verbindung. In Organisationen mit einer starken Hierarchieprägung, wie es VW eine war, scheinen Mitarbeiter tendenziell ein starkes Motiv zur blinden Gefolgschaft zu entwickeln.

Darüber hinaus gab es in den 1970er-Jahren wohl kaum eine andere Berufsgruppe, die mit so großem Ansehen und Prestige betrachtet wurde, wie Piloten. Ein besonderes Ansehen galt auch dem KLM-Piloten Jacob Veldhuyzen van Zanten. Van Zanten war ein Prototyp eines damaligen Piloten. Braun gebrannt, volles Haar, strahlend weißes Lächeln. Im Jahr 1977 hatte er im Alter von fünfzig Jahren über 11.000 Flugstunden nachweisen können, war als dienstältester Pilot ein Vorbild für angehende und gestandene Piloten. Sein Gesicht wurde in etlichen Werbeanzeigen von KLM abgedruckt. Der Luftfahrtgutachter und damals Bekannte von van Zanten John Nance sagt in der TV-Dokumentation *The Deadliest Plane Crash* über van Zanten: „Er war der Typ Pilot, der jeder von uns sein wollte, die Spitze der Nahrungskette". Für den damaligen Co-Piloten Klaas Meurs war ein Flug mit der Pilotenlegende van Zanten eine äußerst große Ehre. Einer solch idolbehafteten Führungskraft, wie van Zanten eine war, widerspricht man nicht so einfach. Man vertraut seinem gewichtigen Wort. Neben der magischen Aura von van Zanten förderte noch ein weiterer Aspekt die unreflektierte Akzeptanz autoritärer Aussagen. Es gehört sich nicht nur nicht, van Zanten zu widersprechen, sondern Piloten im Generellen. In der Crew gab es eine klare Hierarchie- und Befehlskette, ähnlich wie man es bei Ärzten und Krankenschwestern erlebt. Dass aus diesem empfundenen Machtgefüge katastrophale Folgen erwachsen können, zeigen zahlreiche psychologische Experimente. In einer Studie wollten Forscher beispielsweise herausfinden, ob Krankenschwestern einer offensichtlich fehlerhaften Medikamentenanordnung eines Arztes widersprechen würden. Dabei wurden insgesamt 22 Krankenschwestern eines realen Krankenhauses einzeln von einem Arzt angerufen und aufgefordert, einem Patienten 20 Milliliter des Medikamentes Astrogen zu verabreichen. Er selbst würde gleich im Krankenhaus eintreffen und die Anordnung für die Verabreichung nachträglich unterzeichnen. Auf der Verpackung stand allerdings explizit geschrieben, dass die normale Dosis 5 Milliliter und die maximal zulässige

Dosis 10 Milliliter beträgt. Die von dem Arzt geforderte Dosis war also doppelt so hoch wie die vom Arzneimittelhersteller zugelassene Maximaldosis. Was glauben Sie, wie viele Krankenschwestern sich der mächtigen Autorität des Arztes widersetzt haben? Bis auf eine Ausnahme hätten alle Krankenschwestern die doppelte Maximaldosis von 20 Millilitern verabreicht, wenn der Experimentleiter sie nicht gestoppt hätte.[157]

Die beiden Szenarien um Dieselgate und die Flugkatastrophe haben noch eine Gemeinsamkeit. Sowohl VW als auch die Flugindustrie haben in den darauffolgenden Jahren enorme Anstrengungen unternommen, um etwaige Katastrophen und Skandale zu verhindern. Diese Anstrengungen lagen insbesondere in den Bemühungen einer besseren Kommunikationskultur. VW wurde im Rahmen des US-Gerichtsprozesses ein sogenanntes Monitorship auferlegt. Larry D. Thompson wurde damals vom US-Justizministerium als unabhängiger Monitor (Überwacher) aus den USA beauftragt zu überwachen, ob die Compliance-Anforderungen, die die US-Justiz an VW gestellt hatte, auch tatsächlich eingehalten werden. Über etwa drei Jahre hinweg sollte VW seine komplette Kultur *aufräumen* und den sogenannten Tone at/from the top – also *wie* die Topmanager miteinander und mit den Mitarbeitern kommunizieren – an Integritätswerten ausrichten. Ziel war es, dass Mitarbeiter sich zukünftig zutrauen, bedenkliche Dinge offen und auf Augenhöhe mit ihren Vorgesetzten zu besprechen und ein kriminalitätsförderndes Argument wie „Warum kann's der?" psychologisch zu entkräften.[158] Die Flugindustrie unternahm neben technischen Innovationen, wie die Einführung von Bodenradaren zur besseren Überwachung des Rollfeldes bei schlechten Sichtverhältnissen, ebenfalls starke Anstrengungen zur Verbesserung der Speak-Up-Kultur im Flugzeug. Piloten und Crew wurden nun im Rahmen eines Crew Resource Management nicht mehr nur fachlich ausgebildet, sondern insbesondere auch zur Verbesserung der Teamkommunikation auf Augenhöhe.[159]

Wie wir andere Menschen betrachten und wie jene Menschen mit uns umgehen, hat also maßgeblichen Einfluss darauf, ob wir uns fähig fühlen und uns tatkräftig zutrauen, unsere Meinung zu sagen und Empfindungen auszusprechen, oder, ob wir uns selbst in einem kindlichen Zustand der Regression, klein, hilflos, ohn*mächtig* und ausgeliefert wahrnehmen. Die Anstrengungen um VW und die Flugindustrie sind letztendlich ein Versuch, gewisse *Mächte* zu entmächtigen.

Macht scheint in diesem Zusammenhang ein bedeutendes Wort zu sein. Es scheint, als müssten Autoritätspersonen nicht unbedingt konkretes Fehlverhalten einfordern, um dieses zu bewirken. Möglicherweise entfaltet sich für Mitarbeiter bereits aus der Art und Weise der Kommunikation ein Motiv für kriminelles Handeln. Dieses Motiv scheint umso stärker, je mächtiger die Führungskräfte von den Mitarbeitern empfunden werden. Aber welche Mächte sind das, die einen derart starken Einfluss auf uns entfalten können? Und können wir uns dagegen wehren? Darum geht es in den nächsten Unterkapiteln.

Die fünf Formen der Macht

Die bekannten Sozialpsychologen John French und Bertram Raven haben im Jahr 1959 fünf Formen der Macht identifiziert, deren situativer Einfluss uns zu Verhaltensweisen drängen kann, die wir unter *normalen* Umständen nicht von uns erwarten würden. Diese fünf Machtformen nennen sich Expertenmacht, Belohnungsmacht, Bestrafungsmacht, Identifikationsmacht und Positionsmacht.[160]

Ehemalige Mitarbeiter und Bekannte des KLM-Piloten Jacob Veldhuyzen van Zanten berichteten, dass er eine ganz besondere Ausstrahlung und ein enorm hohes Ansehen bei der Crew hatte. Man war gerne in seiner Nähe, wollte da sein, wo er war, man wollte von ihm gemocht und respektiert werden, kurz: Die Menschen haben sich mit ihm identifiziert, wollten sein wie er. Diese Wirkung wird durch die sogenannte *Identifikationsmacht* erzielt. Identifikationsmacht wirkt, wenn jemand als eine attraktive, wertvolle und respektable Person wahrgenommen wird. Sie fußt auf Wertschätzung und Bewunderung für diese Person und wir sind bereit, einiges in Kauf zu nehmen, damit uns diese Person ebenfalls gut findet. Die Kraft der Identifikationsmacht und damit verbundene Entstehungsstrukturen von Wirtschaftskriminalität wird anhand einer real erlebten Situation von Jack Welch, ehemaliger CEO von General Electric, gut erkennbar. Jack Welch war nach Auffassung vieler eigener Mitarbeiter und der meisten Investoren sowie Analysten eine Art Rockstar unter den CEOs. In seiner Amtszeit als Vorstandsvorsitzender von 1981 bis 2001 hatte der es geschafft, den Börsenwert von GE von 14 Mrd. US-Dollar auf etwa 400 Mrd. US-Dollar zu steigern. Im Fortune Magazine des Jahres 1999 wurde er als *Manager of the Century* gekürt und erhielt Bezeichnungen wie *The Ultimate Manager*.[161] Und für einen Ultimate Manager, der auch bei seiner Belegschaft einen nicht weniger respektablen Ruf hatte, ist man bereit, viel zu tun. In den 1990er-Jahren hatte beispielsweise eine Tochtergesellschaft von GE fälschlicherweise 300 Millionen US-Dollar als Umsatzerlöse eingebucht, die es nun zu korrigieren galt. Nachdem das obere Management und Geschäftsführer anderer Tochtergesellschaften von der Falschbuchung erfuhren, meldeten sich zahlreiche eben dieser Manager und Geschäftsführer bei Welch. Sie boten ihm freiwillig an, die Sache für ihn geradebiegen zu können und hier und da noch ein paar Millionen US-Dollar an Umsatzerlösen *finden* zu können, ohne dass Welch auch nur ein Wort sagen musste.[162]

Bei Martin Winterkorn könnten hingegen neben einer möglichen Identifikationsmacht die vier weiteren Machtformen eine große Rolle im Dieselskandal gespielt haben. Die Mitarbeiter wussten, dass er als promovierter Metallforscher sehr gewissenhaft auf Details fokussiert ist und als langjähriger Mitarbeiter im Qualitätsmanagement über ausgeprägtes Expertenwissen verfügt (Expertenmacht). Darüber hinaus wurde er als jemand erlebt, der dazu in der Lage ist, andere Personen für nichtkonformes Verhalten zu bestrafen (Bestrafungsmacht) oder für konformes Verhalten zu belohnen (Belohnungsmacht). Insbesondere die Experten- und Bestrafungsmacht wurde durch den von Winterkorn eingeführten *Schadenstisch* demonstriert. Der Schadenstisch war ein im zweiwöchigen Turnus stattfindendes Meeting, bei dem Winterkorn die Qualität bestimmter Bauteile inspizierte. Der Schadenstisch war bei den teilnehmenden Mitarbeitern derart gefürchtet, dass selbst gestandene Ingenieure mit großen Bauchschmerzen in das Meeting gingen. Augenzeugen zufolge soll Winterkorn Mitarbeiter nicht nur angebrüllt, sondern auch mit den Bauteilen nach ihnen geworfen haben, wenn die Qualität nicht stimmte. Ein Mitarbeiter berichtet sogar von einer Verletzung an der Hand, nachdem Winterkorn mit einer Wasserpumpe nach ihm geworfen hatte. Die Hand musste von Sanitätern medizinisch behandelt werden.[163]

Die größte Macht wird ihm aber sehr wahrscheinlich durch seine Position zugeschrieben: Vorstandsvorsitzender einer der größten Automobilkonzerne der Welt. *Positionsmacht* bedeutet, dass wir annehmen, jemand hätte formal durch seine Position oder Person das Recht, Forderungen zu stellen, und das andere Menschen diesen Forderungen gehorsam nachkommen müssen. Im Unterschied zur Identifikationsmacht folgen Mitarbeiter jemandem mit Positionsmacht nicht, weil sie folgen *wollen*, sich mit seinen Verhaltensweisen identifizieren, sie als erstrebenswert erachten, sondern vielmehr, weil sie das Folgen im Rahmen des Hierarchiegefüges als ein *Müssen* erleben.

Das schockierende Experiment

Welche Wirkkräfte diese Mächte auf uns entfalten können, wurde in den Experimenten des bekannten Psychologen Stanlay Milgram im Jahr 1974 eindrucksvoll zur Schau gestellt.[164] Ich möchte Sie bitten, sich einmal in die Situation einer an diesem Experiment teilnehmenden Person hineinzuversetzen:[165]

Stellen Sie sich vor, Sie lesen in einem Zeitungsinserat etwas über eine Studie zur Erforschung der Gedächtnisleistung an einer bekannten Universität, für die noch Teilnehmer gesucht werden. Die Anzeige wirkt absolut echt und seriös und Sie entschließen sich dazu, sich bei der zuständigen Universitätsstelle zu melden. In den Versuchsräumen der Universität empfängt Sie ein im weißen Kittel gekleideter, authentisch erscheinender Professor, der Ihnen zunächst den Versuchsaufbau erklärt und Ihnen noch eine Mitwirkungsvereinbarung vorlegt, die Sie sich in Ruhe durchlesen und anschließend unterzeichnen. Der Versuchsaufbau sieht wie folgt aus: Die Teilnehmer werden in Zweierpaare eingeteilt, von denen einer jeweils die Rolle des Lehrers und einer die Rolle des Schülers übernimmt. Der Lehrer wird dem Schüler Fragen stellen, die der Schüler nach bestem Wissen beantworten muss. Dabei sitzt der Schüler in einem separaten Raum und ist an eine Elektroapparatur angeschlossen. Bei einer Falschantwort wird der Lehrer dem Schüler einen Elektroschock verpassen, so die Rollenverteilung. Durch ein als zufällig erscheinendes Auswahlverfahren erhalten Sie die Rolle des Lehrers und ihr Partner die Rolle des Schülers. Was Sie nicht wissen ist, dass die Rollen bereits vorher festgelegt wurden und der Schüler in Wirklichkeit ein Komplize des Professors ist. Was Sie ebenfalls nicht wissen ist, dass dem Schüler keine echten Elektroschocks verpasst werden und die ganze Apparatur eine Attrappe ist. Der Professor führt Sie in das Nebenzimmer und macht Sie mit einer Maschine vertraut, mit der Sie dem Schüler die Elektroschocks verpassen sollen. Insgesamt gibt es 30 Schalter mit unterschiedlichen Voltzahlen. 150 Volt verpassen Sie dem Schüler bei Stufe 10, 450 Volt bei der höchsten Stufe 30. Darüber hinaus befinden sich an diversen Schaltern noch Zusatzhinweise. So lesen Sie bei Stufe 10 die Aufschrift „Starker Schlag", bei Stufe 21 mit 315 Volt „Extrem heftiger Schlag", bei Stufe 25 mit 375 Volt „Gefahr. Äußerst extremer Schlag" und so weiter. Auf den Stufen 29 und 30 sind hingegen nur noch die Buchstaben XXX abgebildet. Das Experiment beginnt und Sie fangen an, dem Schüler im Nachbarraum Fragen zu stellen. Zunächst fühlen Sie sich wohl und der Schüler beantwortet die Fragen weitestgehend korrekt. Mit der Zeit beginnt der Schüler allerdings Fehler zu machen, worauf Sie mit der Abgabe der Elektroschocks beginnen. Die ersten Elektroschocks an den Schüler fühlen sich zwar merkwürdig an und der Gedanke daran, jemanden derart abzustrafen fühlt sich mulmig an. Da Ihnen der Professor jedoch zur Seite steht und Ihnen nach jeder Falschantwort ein wohlgesonnenes und zuversichtliches Nicken zuwirft, betätigen Sie den Schalter wieder und wieder. Doch plötzlich verändert sich die Lage bei Ihrem Schüler. Anfangs schienen ihm die Schocks nichts auszumachen, aber mittlerweile deutet er erste Schmerzen an. Er wirft ein, das Experiment nicht mehr mitmachen zu wollen, erwähnt sein schwaches Herz. Wieder blicken Sie rüber zum Professor, der Sie ruhig, aber erwartungsvoll anschaut und Ihnen zunickt. Sie verpassen dem Schüler wie vom Professor angedeutet weitere Elektroschocks. Doch bald beginnt der Schüler an zu schreien und sagt, dass er sofort gehen wolle und man ihn hier nicht zum Mitmachen zwingen könne. Jetzt sagen Sie dem Professor, dass Sie dem Schüler keine Elektroschocks mehr verpassen und ihn nicht verletzen wollen. Der Professor erinnert Sie an der Stelle an Ihre Unterzeichnung der Mitwirkungsvereinbarung und übernimmt die Verantwortung für das Experiment. Sie hadern mit sich, aber fahren schließlich fort. Der Schüler schreit, dass er fortan keine Fragen mehr beantworten würde und nicht mitmacht. Mittlerweile sind Sie bei 300 Volt angelangt und als Sie die nächste Frage stellen, antwortet der Schüler nicht. Sie bitten den Professor, sich nach dem Gesundheitszustand des Schülers im Nachbarraum zu erkundigen. Der Professor entgegnet, dass keine Antwort einer Falschantwort gleichkommt, wie es in der Mitwirkungsvereinbarung gestanden hatte. Als Sie den nächsten Schalter betätigen, hören Sie nichts mehr aus dem Nachbarraum. Der Schüler gibt kein Zeichen mehr von sich. Sie wissen nicht, ob er ohnmächtig geworden ist und sein Leben möglicherweise in Gefahr ist. Auf Anweisung des Experimentleiters betätigen Sie auch noch die letzten beiden Schalter mit der Aufschrift XXX.

Nun, wie weit wären *Sie* gegangen? Psychiater hatten vor der Durchführung des Experimentes geschätzt, dass nur *ein bis zwei Prozent* der Versuchsteilnehmer die Befehle des Experimentleiters derart befolgen und dass diese Menschen psychisch krank sein müssen. Tatsächlich waren am Ende *fünfundsechzig Prozent* der Teilnehmer bereit, ihrem Gegenüber einen tödlichen Elektroschock zu versetzen.

Unglaublich? Bei unseren Urteilen sind wir in der Regel nur auf das Endergebnis einer Handlung fokussiert. In diesem Fall urteilen wir über die

Handlung *tödlicher Stromschlag.* Dabei sind selbst die unglaublichsten Verhaltensweisen meist das Resultat eines vorangegangenen Prozesses. So waren die Milgram-Teilnehmer zunächst in dem festen Glauben, der Wissenschaft mit ihrer Teilnahme einen sinnstiftenden Dienst zu erweisen. Sie wurden freundlich von einer Person empfangen und instruiert, die mit diversen Mächten (Expertenmacht, Positionsmacht, Belohnungsmacht) ausgestattet schien. Sie unterzeichneten eine Mitwirkungsvereinbarung – einen handfesten Vertrag – und gaben damit ihr gewichtiges Wort, mitzumachen. Außerdem haben die Teilnehmer zunächst einige harmlos wirkende Elektroschocks abgegeben und konnten sich langsam aber sicher mit dem Gefühl vertraut machen, jemandem körperlichen Schaden zuzufügen.

Eine vorzeitige Abkehr vom Experiment hätte für die Teilnehmer eine Abkehr von sich selbst und den eigenen Verhaltensweisen bedeutet. Dies wäre einer Selbstkritik gleichgekommen. Schließlich hatten die Teilnehmer lange genug mitgemacht und dem anderen bereits geschadet. Darüber hinaus hatte der Experimentleiter beteuert, die volle Verantwortung zu übernehmen. Die damit einhergehende Rationalisierung der Teilnehmer nennt man *Leugnung der Verantwortung.*[166] Eine Rechtfertigungsstrategie, die man oft bei Mittätern hört, die einfach nur die Anweisungen des hierarchisch überlegenen Haupttäters befolgt haben und schließlich jede Verantwortung für das eigene Handeln in die Hände eines Dritten legen. Diese Mittäter sehen sich selbst häufig als Opfer manipulativer Beeinflussungen. Neben der Schwierigkeit einer Selbstkritik und der Verantwortungsleugnung wirkte der Echtheitscharakter des ganzen Szenarios auf die Teilnehmenden ein. Das Zeitungsinserat und das wissenschaftliche Labor sahen absolut authentisch aus. „In einer solchen Forschungseinrichtung wird es schon mit rechten Dingen zugehen." Und nicht zuletzt waren es sicherlich auch die Schamgefühle, die die Teilnehmer in eine vorzeitige Beendigung des Experimentes projizierten. „Der Experimentleiter würde bestimmt äußerst wütend reagieren; mich als Idiot oder Weichei beschimpfen; mich aus zukünftigen Experimenten verbannen. Sicherlich würden andere Teilnehmer den Anweisungen des Experimentleiters bis zum Ende folgen. Dann wäre ich der Einzige, der das Experiment abbricht. Und was verstehe ich schon von Medizin und Elektroschocks ..." Kurzum: Für die

Teilnehmer des Experimentes und die (Mit-)Täter von Wirtschaftskriminalität waren ihre Verhaltensweisen in der Situation, in der sie sich verhalten haben, absolut logisch. Die bekannte US-amerikanische Psychotherapeutin Virginia Satir bringt es auf den Punkt:

„Jeder Mensch trachtet danach, zu überleben, zu wachsen und nahe bei anderen zu sein. Alles Verhalten drückt diese Ziele aus, unabhängig davon, wie gestört es erscheinen mag [..]. Das, was die Gesellschaft krankes, verrücktes, dummes oder schlechtes Verhalten nennt, ist in Wirklichkeit der Versuch seitens des gekränkten Menschen, die bestehende Verwirrung zu signalisieren und um Hilfe zu rufen […].“[167]

Wir sind sehr bestrebt darin, anhand von als merkwürdig empfundenen Verhaltensweisen einer Person logische Rückschlüsse auf dessen vermeintlich eindeutige Verrücktheit zu ziehen. Unsere Einschätzungen sind dabei allerdings umso unzutreffender, je stärker der Einfluss einer Situation ist.

Es gibt keine Macht!?

Zum Ende dieses „machtvollen“ Kapitels noch eine gute Nachricht. Auch wenn es Ihnen schwer vorstellbar erscheint, kann ich Ihnen ruhigen Gewissens mitteilen, dass es gar keine Macht gibt. Zumindest keine objektive, allumfassende Macht. Dazu möchte ich ein bekanntes Beispiel aus der Verhandlungspsychologie aufführen.[168]

Wir befinden uns im Jahr 1912. Theodore Roosevelt befand sich in diesem Jahr inmitten seines Wahlkampfes für das Amt des US-Präsidenten, als sein Wahlkampfteam eine schockierende Entdeckung machte. Das Wahlkampfteam um Kampagnenleiter George Perkins hatte etwa drei Millionen Werbebroschüren drucken lassen, die sie nun im Endspurt des Wahlkampfes an die Bürger verteilen wollten. In diesen Broschüren war unter anderem ein großes Bild von Theodore Roosevelt abgedruckt. Die tragische Entdeckung war nun ein kleiner, aber sehr bedeutender Schriftzug auf dem Bild: „Moffet Studios Chicago“. Es handelte sich um ein Fotostudio des Fotografen George Moffet. Dieser hatte das Bild von Theodore Roosevelt geschossen und hielt entsprechend die Nutzungsrechte an dieser Fotografie. Die Überlegungen des Wahlkampfteams waren nun,

a) entweder das Bild abzudrucken, ohne das Einverständnis von Moffet einzuholen,
b) Moffet zu informieren und nach den Kosten der Nutzungsrechte zu fragen,
c) ein anderes Bild zu verwenden.

Für welche der Alternativen hätten Sie sich entschieden? Die damaligen Überlegungen sahen etwa wie folgt aus: Alternative a) hätte bei Auffliegen im Nachhinein etwa einen US-Dollar pro Bild gekostet, was also der für damalige Verhältnisse astronomischen Gesamtsumme von drei Millionen US-Dollar bedeutet hätte. Viel zu teuer und zu risikoreich. Alternative b) wäre insgesamt ebenfalls zu teuer für Roosevelt gewesen und für Alternative c) blieb keine Zeit. Es schien sich um eine ausweglose Situation zu handeln. Nicht aber für den Kampagnenleiter George Perkins, der das Ruder mit einem genialen Einfall rumriss. Perkins schrieb in einem Telegramm an Moffet:

„Wir planen, Millionen von Broschüren mit Roosevelts Bild auf dem Cover zu verteilen. Es wäre großartige Werbung für das Fotostudio, dessen Bild wir nehmen. Wie viel zahlen Sie uns, damit wir Ihres verwenden?“[169]

Die Antwort von George Moffet kam prompt: Er sagte zu und bot dem Wahlkampfteam an, für das Abdrucken seines Bildes in den Broschüren und das dadurch entstandene grandiose Marketing 250 US-Dollar zu zahlen.[170]

Das Beispiel um Theodore Roosevelts Wahlkampf zeigt sehr eindrucksvoll, dass Macht ein Konstrukt unserer Wirklichkeit ist. Anders formuliert: Es gibt keine objektive Macht, sondern nur eine subjektiv empfundene Machtzuschreibung. Jemand ist nur solange mächtig, wie wir ihn für mächtig halten. Das perfide an Macht ist, dass wir in Verhandlungen, Personalgesprächen, Konfliktsituationen und ähnlichen Auseinandersetzungen regelmäßig annehmen, die andere Seite sei mächtiger als wir.[171] Diese halluzinierte Macht in den Gegenüber rührt daher, dass wir regelmäßig nur dazu in der Lage sind, unsere eigenen Sorgen, Ängste und Wünsche zu erfassen und zu begreifen – nicht aber die des anderen. Wir *unterschätzen* dadurch unsere eigenen Möglichkeiten und *überschätzen* die der Gegenpartei.[172]

Trotz dieser Erkenntnis werden täglich Mitarbeiter durch ein empfundenes Muss an Gehorsamkeit in illegale Verhaltensweisen hineinmanövriert. Dabei müssen es wie erwähnt nicht zwingend explizite Forderungen zu Fehlverhalten sein, wie im Beispiel der Ärzte und Krankenschwestern, die unrechtmäßige Handlungen hervorrufen. Stellen Sie sich vor, Sie bereiten eine Präsentation über ihr Abteilungsbudget für den Vorstand vor. Als Ihr direkter Vorgesetzter die Präsentationsfolien kontrolliert, bittet er Sie, zwei Folien aus der Präsentation herauszunehmen. Er begründet diese Aussage damit, dass der Vorstand ja nicht derart detailliert über alle Zahlen informiert werden muss. Außerdem würde der Vorstand das der Abteilung zur Verfügung stehende Budget für kommendes Jahr nicht mehr genehmigen, wenn er sieht, wie viel davon in diesem Jahr noch übrig ist.[173] Durch diese Art der Kommunikation könnte sich bei Ihnen als Mitarbeiter das Gefühl entwickeln, dass bei Ihren zu treffenden Entscheidungen das Attribut der Ehrlichkeit keine große Rolle spielt, solange die Entscheidung zugunsten der eigenen Abteilung getroffen wird. Sie erhalten quasi ein direktes Angebot zur Rationalisierung zukünftiger Fehlverhalten, die sich *Verdammung der Verdammenden*[174] nennt. Diese innere Rechtfertigung drückt im Wesentlichen folgendes aus: „Alle handeln hier so. Nicht ehrlich zu sein gehört dazu, um eigene Ziele zu verwirklichen. Wer sich hier also über meine Praktiken beschwert, ist ein Heuchler."[175] Solche Nachahmungseffekte erzeugen das, was meine Kollegen und ich vor einigen Jahren in einem Blogbeitrag als *Egal-wie-Kultur* bezeichnet haben.[176] Genau bei diesen kulturellen Aspekten möchte ich gerne das folgende Kapitel ansetzen. Es beschäftigt sich mit den Fragen, was Kultur eigentlich bedeutet, wie sie unser Verhalten beeinflussen kann und ob eine Unternehmenskultur die Kraft hat, einen großen Wirtschaftsskandal entstehen zu lassen oder zu verhindern.

Die Macht der Kultur

Das lebensverändernde Jobangebot

Als Weston Smith am Abend des 6. Dezember 2005 in seinem Etagenbett in einem US-Gefängnis liegt, findet er nur schwer in den Schlaf. Zu viele Dinge gehen ihm in jener Nacht durch den Kopf. Immer wieder fragt er sich, wie es so weit kommen konnte. Nie hätte er geglaubt, einmal im Gefängnis zu landen. Schließlich war er zuvor noch nie mit dem Gesetz in Konflikt geraten. Im Gegenteil, Weston war immer ein aufrichtiger Mensch, der selbst in seiner Kindheit und Jugend nie in Schwierigkeiten geraten war. In der Schule und der Universität war er stets fleißig, hatte gute Noten und engagierte sich in zahlreichen ehrenamtlichen Tätigkeiten. Auch sein früher Karriereweg war von Gradlinigkeit, Fleiß und Zielstrebigkeit geprägt. So heuerte er nach der Universität bei der Big Four Wirtschaftsprüfungsgesellschaft Ernst & Young an, wo er nach wenigen Jahren das Wirtschaftsprüferexamen erfolgreich absolvierte. Alles schien seinen geordneten Weg zu gehen und nach etwa fünf Jahren Berufserfahrung als Wirtschaftsprüfer flatterten regelmäßig Jobangebote anderer Unternehmen bei Weston ein.

Eines der zahlreichen Jobangebote kam von dem damaligen Start-up HealthSouth Rehabilitation Corporation, ein Unternehmen, dass auf das Betreiben von Rehabilitationskliniken für bedürftige Menschen spezialisiert war.[177] Ein ehemaliger Kollege von Weston arbeitete dort und vermittelte ihm ein Bewerbungsgespräch mit dem damaligen Gründer und CEO Richard Scrushy. Richard offenbarte sich als enthusiastischer Geschäftsführer mit großen Zukunftsvisionen, der viel über das Geldverdienen sprach und sich zum Ziel gemacht hatte, der reichste Mensch im US-Bundesstaat Alabama zu werden. Er schien Weston durch seine motivierte Art irgendwie imponiert zu haben, sodass er das Jobangebot kurze Zeit später im Jahr 1987 bei HealthSouth annahm.[178] Es war jenes Jobangebot, welches Weston zum Mittäter in einem der größten Skandale von Bilanzmanipulation in der US-Geschichte werden lassen würde. Jenes Jobangebot, welches ihm am Ende zahlreiche schlaflose Nächte im Gefängnis bescherte. Jenes Jobangebot, welches sein Leben für immer verändern sollte.

Wie hat sich dieser riesige Skandal um das Unternehmen HealthSouth entwickelt? Wie hat sich der aufrichtige und zielstrebige Weston Smith zu kriminellen Handlungen motivieren lassen? Welche Rolle spielte der damalige CEO Richard Scrushy dabei? Und was hat der HealthSouth-Skandal eigentlich mit Kultur zu tun? Diesen Fragen gehen wir im Folgenden nach.

Richard und die Analystenerwartungen

HealthSouth erlebte bereits in den 1980er-Jahren eine große Erfolgsgeschichte. Im Jahr 1986 ging das Unternehmen nur zwei Jahre nach der Gründung an die Börse, wo sich der Aktienkurs binnen weniger Monate von 6,50 US-Dollar pro Aktie auf etwa 20 US-Dollar mehr als verdreifachte.[179] Damit kam CEO Richard Scrushy seinem Ziel, der reichste Mensch Alabamas zu werden, ein gutes Stück näher. Tatsächlich war Richard bereit, große Anstrengungen zu unternehmen, um dieses enorme Tempo aufrechtzuerhalten. Ihm schien es von Beginn an vor allem um eines zu gehen: die Erfüllung der Analystenerwartungen.

Börsennotierte Unternehmen, wie es HealthSouth eines war, haben ein großes Interesse daran, dass Finanzanalysten der eigenen Aktie ein gutes Rating testieren – ein sogenanntes Strong-Buy-Rating oder zu Deutsch: Kaufempfehlung. Ein Strong-Buy-Rating bedeutet, dass der Finanzanalyst der Meinung ist, dass das der Aktie zugrunde liegende Unternehmen eine positive finanzielle Leistung und/oder günstige Marktbedingungen aufweist oder bald aufweisen wird.[180] Neben Strong-Buy gibt es noch die Ratings „Buy“,

„Outperform“, „Hold“, „Underperform“ und „Sell“. Auf der Basis dieser Empfehlungen treffen andere Anleger – große Unternehmen, Fonds oder Privatanleger – ihre Entscheidung, eine Aktie einzukaufen, zu halten oder zu verkaufen. Für Richard hatte dieses Rating eine enorme Bedeutung. Jedes Jahr traf er sich mit den Analysten der Wall Street, um zu erfragen, was nötig sei, um das Strong-Buy-Rating – also die klare Kaufempfehlung von HealthSouth Aktien – zu erhalten. Unabhängig davon, welche Erwartungen und Notwendigkeiten die Analysten ihm zutragen würden – Richard sagte ihnen stets, dass HealthSouth diese selbstverständlich erfüllen werde. Nach diesen Meetings teilte Richard seinem Finanzteam mit, wie hoch der Gewinn am Ende des Geschäftsjahres in der Bilanz zu sein hat – auch wenn der tatsächliche Gewinn darunter gelegen hatte.[181] Weston und sein Team hatten nun die Aufgabe, die zuvor von Richard vorgegebenen Zahlen irgendwie bilanztechnisch so abzubilden, dass sie am Ende Sinn ergeben und im Zweifel begründbar sind. Dabei hatte alles ganz klein angefangen. Weston erinnert sich an die ersten Anpassungen in Höhe von 40.000 US-Dollar im Jahr 1987.[182] Ein Betrag, der für ein großes, börsennotiertes Unternehmen mit Millionenumsätzen in der Regel als nicht wesentlich eingestuft wird. Richard hatte bei seinen Anpassungsforderungen ohnehin nie von Betrug oder Manipulationen gesprochen. Er sagte vielmehr: „We are a Start-up company. We cannot let the Street [damit ist die Wall Street gemeint][183] down. They believe in us. We will catch it up next quarter.“[184] Auch Weston übernahm diese inneren Rationalisierungen des ambitionierten CEOs, indem er zu sich sagte „It's not that big of a deal.“ „Everyone does it,“ „It is just this one time.“[185] Außerdem waren die meisten der anfänglichen Zahlenanpassungen tatsächlich nicht illegal, sondern vielmehr legale Bilanzkosmetik. Richard motivierte Weston und seine Kollegen darüber hinaus zur aggressiven Ausnutzung bilanztechnischer Spielräume durch Lobeshymnen, Danksagungen und Glückwünsche, wenn sie es mal wieder geschafft hatten, die Analystenerwartungen zu übertreffen.

Das ständige Erfüllen der Analystenerwartungen[186] hat allerdings eine Kehrseite. Kurzfristig sorgt die Erwartungserfüllung zwar für steigende Aktienkurse. Langfristig kann sich daraus indes eine dysfunktionale Dynamik des immer Mehr, Höher und Weiter entwickeln. Mit steigender Performance und ewiger Befriedigung des Aktienmarktes steigen auch die Erwartungen jener Analysten. Und plötzlich werden gerade noch realistische Anforderungen unerfüllbar. Irgendwann hatte Richard den Analysten schließlich deutlich mehr versprochen, als er halten und mit legalen Mitteln erreichen konnte. Der damalige CFO und Mitgründer von HealthSouth, Aaron Beam, hatte danach versucht, alle möglichen Wahlrechte in der gesetzlichen Rechnungslegung auszunutzen, die innerhalb legaler Schranken lagen, um den Gewinn höher darzustellen. Alle Bemühungen schienen vergebens und alles deutete darauf hin, dass das Unternehmen im Sommer 1996 seine Gewinnerwartungen erstmalig deutlich verfehlte. Aaron und der damalige Chief Accountant von HealthSouth, Bill Owens, hatten sich allen Mut zusammengenommen und das Gespräch mit Richard gesucht. Sie versuchten ihm eindringlich mitzuteilen, dass sie keine andere Wahl hätten – sie müssen den Börsen verkünden, dass die Gewinnerwartungen dieses Quartal nicht eingehalten werden können. Richard verlor die Fassung. Sein Gesicht lief rot an. Er brüllte Aaaron und Bill an und sagte, dass sie wohl ihren Verstand verloren hätten. Es käme nicht in Frage, schlechte Zahlen zu verkünden. Der Aktienkurs würde einstürzen. Außerdem appellierte er an die Einschränkung persönlicher Segnungen der beiden Manager: „You guys won't be rock stars anymore“[187], sagte er und fügte hinzu: „You know how to fix these numbers. Now go back to your offices and do it!“[188] Aaron Beam führte seit dem erfolgreichen Börsenstart von HealthSouth im Jahr 1986 tatsächlich eine Art Rockstar-Lifestyle. Durch den enormen Aktienkursanstieg von anfänglich 6,50 US-Dollar pro Aktie auf 20 US-Dollar binnen weniger Monate, wurde Aaron als Besitzer von 100.000 HealthSouth Aktien zum Multimillionär und gefeiertem Star in Alabama.[189] „It was so much fun being rich, buying those ties and flying all over the world in our private jets"[190], sagte er einmal. Bei seinen Businesstrips nach New York hatte er beobachtet, dass die erfolgreichen Investmentbanker an der Wall Street immer diese teuren Krawatten der Luxusmarke Hermes trugen. Kurz darauf kaufte Aaron sich Krawatten im Wert von 30.000 US-Dollar.[191] Der Satz von CEO Richard Scrushy „You guys won't be rock stars anymore“ hatte an jenem Abend dazu geführt, dass Aaron und Bill angefangen haben, die Grenze der Legalität zu überschreiten – kurz darauf kündigte Aaron. Weston

Smith blieb derweil und übernahm einige Jahre später den Posten als CFO. Er wirkte weiterhin bei den mittlerweile illegalen Zahlenanpassungen mit. Seine Rationalisierungsstrategien veränderten sich jedoch mit der Zeit. Zu Beginn war er noch davon überzeugt, dass diese Dinge eine einmalige Sache sind und der tatsächliche operative Gewinn in Zukunft so hoch sein würde, dass keine Bilanzmanipulation mehr vorgenommen werden müsse: „It is just this one time.“[192] Später – als solche Praktiken bei HealthSouth an der Tagesordnung waren – erschienen solche Rechtfertigungen gar nicht mehr notwendig zu sein. Derartiges Fehlverhalten hatte sich gewissermaßen *norm*alisiert.

Wie lassen sich diese Normalisierungen aus psychologischer Perspektive beschreiben? Was ist eigentlich normal? Und wie werden (Unternehmens-) Kulturen durch das, was normal zu sein scheint, geformt?

In kleinen Schritten in die große Illegalität

Beim HealthSouth-Skandal – wie bei den allermeisten großen Wirtschaftsskandalen – hatten dutzende Mitarbeiter bei der Schönung der Bilanzen mitgewirkt, um die Erwartungen der Analysten zu erfüllen.

Weston beantwortet die Frage danach, warum sich so viele Mitarbeiter zu unmoralischen Handlungen haben hinreißen lassen in der Nachbetrachtung klar: Es lag an der von Korruption durchdrungenen Unternehmenskultur. Es fühlte sich *norm*al an, alles für die Erfüllung der Analystenerwartungen zu tun. Es war schlicht gängige Praxis, dass CEO Richard Scrushy den Gewinn des Unternehmens nach den Anforderungen der Analysten und nicht – wie man üblicherweise annehmen würde – auf der Grundlage des eigenen operativen Geschäftes prognostizieren würde. Es war normal, dass Richard sagte, wie hoch der Gewinn ausfallen musste, um eine Strong-Buy-Empfehlung der Analysten zu erhalten, und die Buchhaltung die Zahlen entsprechend anpasste. Man hatte die Dinge schon immer so erledigt und nicht mehr hinterfragt. Man könnte auch von einer Betriebsblindheit sprechen, die in vielen Unternehmen und Abteilungen herrscht. Nur dass diese bei HealthSouth zu extremen Auswirkungen geführt hat. Dieses System hatte sich über Jahre etabliert. Alles fing mit 40.000 US-Dollar an – ein Betrag, der aufgrund seiner unternehmerischen Unwesentlichkeit einfach rationalisiert werden kann.[193] „Keine große Sache … das macht jeder so … normales daily business …“ Es ist genau jener kleine Anfang, jene Kleinschrittigkeit, die notwendig ist, um aus einem kleinen Vergehen einen riesigen Betrug entstehen zu lassen. Weder Richard Scrushy noch irgendjemand anderes hat zu irgendeinem Zeitpunkt gesagt: „Hey, lasst uns mal die Bilanzen manipulieren. Das ist zwar Betrug, aber was soll's – wir werden eh nicht erwischt.“[194] Vielmehr wurde zunächst ein Handeln am Rande der Grauzone von den Mitarbeitern verlangt, was sich langsam aber stetig in Richtung Dunkelschwarz bewegte. In der Sozialpsychologie spricht man in diesem Zusammenhang von *shifting baselines*:[195] Die Grenzen dessen, was die Menschen gerade noch für normal halten, verschieben sich in unmerklich langsamen und kleinen Schritten. Es ist erschreckend, in welche Abgründe sich Menschen hineinmanövrieren, ohne dass sie es merken.

Drei Milliarden US-Dollar in der Bilanz fälschen – business as usual. Bei HealthSouth verhinderten die anfänglichen Rationalisierungen, die das Grauzonenhandeln und später die illegalen Verhaltensweisen als *in Ordnung* attestiert hatten, darüber hinaus jegliche Hinterfragungsprozesse. Es ist in der Regel so: Was zu Beginn nicht hinterfragt wird, wird mit einer hohen Wahrscheinlichkeit auch zukünftig nicht mehr hinterfragt. Die Hinterfragungsabsicht von Menschen sinkt mit jeder erneuten Selbstinvolviertheit in fragwürdige Praktiken immer weiter ab. Denn erstens kann das, was *wir selbst* getan haben, so verwerflich nicht sein. Ein Hinterfragen eigener, vergangener Handlungen käme am Ende einer Selbstkritik gleich. Diesen Angriff auf das eigene positive Selbstbild möchten wir um alles in der Welt verhindern. Zweitens kommen wir uns bei einem zu späten Hinterfragen dumm vor, denn der Zeitraum für Nachfragen scheint verpasst worden zu sein, ähnlich wenn wir einen neuen Menschen kennenlernen, dessen Namen wir bei der Begrüßung nicht verstanden haben. Das imaginäre Nachfragefenster ist dann maximal für die nächsten ein bis zwei Minuten geöffnet, danach schließt es sich. Wir verstummen und verharren lieber in Ungewissheit, statt unser Unverständnis mitzuteilen – aus Sorge, dadurch gegebenenfalls eine Beschämung zu erfahren.

Dass bereits involvierte Mitarbeiter am Ende nichts mehr sagen, scheint nachvollziehbar. Aber was ist eigentlich mit den Mitarbeitern bei HealthSouth, die dort eine neue Stelle besetzt haben? Der bekannte Psychologe Gustave Le Bon schreibt in seinem Buch *Psychologie der Massen:* „Die wahren Führer der Völker sind die Überlieferungen."[196] Er führt weiter aus: „Ohne Überlieferungen, d.h. ohne Volksseele ist keine Kultur möglich".[197] Kultur zeichnet sich demnach durch das aus, was Menschen über die Geschehnisse des gemeinsamen Zusammenlebens berichten. Diese Überlieferungen zeichnen sich im Wirtschaftskontext durch Erzählungen aus, die von erfahrenen Mitarbeitern an die Neuen in Unternehmen herangetragen werden: Wie werden Herausforderungen angegangen, was wird als Heldentat definiert, wer wird als Verräter bezeichnet, was passiert, wenn man Fehler macht und diese zugibt, wer verlässt das Unternehmen aus welchen Gründen, warum bleiben Menschen im Unternehmen, was schätzen sie daran und nicht zuletzt: wofür wird man gelobt, bestraft, befördert? Viele der Mitarbeiter bei HealthSouth wurden in die illegalen Dynamiken bei HealthSouth quasi hineingeboren. Stellen Sie sich vor, Sie fangen eine Stelle als Buchhalter bei einem Unternehmen an und Ihr Chef bittet Sie, um ein paar Anpassungen in den Rückstellungen.[198] Er sagt, dass dies ausdrücklich vom CEO gewünscht sei, es dringlich ist und dem Team damit ein großer Gefallen getan wird. Auf Ihren Einwand und die Frage, ob das alles so richtig ist, beruhigt Sie Ihr Chef, dass er 1) dafür die Verantwortung trägt, 2) das hier gängige Praxis ist und 3) Rückstellungen ja ohnehin aufgrund ihrer Ungewissheit nur geschätzt werden können. Und dieses Jahr schätzt das Unternehmen die Rückstellungen eben etwas niedriger (oder höher – je nach Ziel). Wie reagieren Sie?

Kultur und die Kraft der Normen

Halten Sie 50 km/h für eine hohe oder niedrige Geschwindigkeit?

Was hat diese Frage mit Kultur zu tun, mögen Sie berechtigterweise einwenden. Nun, Ihre Antwort gibt uns gewissermaßen Auskunft über Sie bzw. Ihr Umfeld. Falls Sie 50 km/h als eine sehr hohe Geschwindigkeit empfinden, sind Sie wahrscheinlich überwiegend mit Transportmitteln unterwegs, die diese Geschwindigkeit nur selten erreichen, etwa mit dem Fahrrad. Möglicherweise halten Sie sich vorwiegend in Gegenden auf, in der eine Geschwindigkeit von 50 km/h nur selten überschritten wird: innerstädtisch, in verkehrsberuhigten Zonen mit Tempolimit von 30 km/h. Wenn Sie 50 km/h als sehr niedrige Geschwindigkeit empfinden, sind Sie möglicherweise viel auf Landstraßen oder der Autobahn unterwegs, auf denen Sie auf manchen Streckenabschnitten so schnell fahren können, wie Sie mögen. Was auch immer Sie zu der Einschätzung niedrige oder hohe Geschwindigkeit bewogen hat: Sie ist erstens subjektiv und hängt in höchstem Maße von Ihren Erfahrungen (erlebte Unfälle?) und Vorlieben (schnelles Fahren?) ab. Zweitens sagt sie etwas über Ihre Umwelt aus, in der Sie sich bewegen (Autobahn, Landstraße, Ortschaften?) sowie die darin geltenden Regeln – oder anders ausgedrückt: über dessen *Kultur.*

Nun gibt es eine Menge Definitionen für das Wort Kultur. Eine der – wie ich finde einleuchtendsten – Definitionen lautet kurz und knapp *„Kultur ist, wie man lebt"*.[199] Ob 50 km/h für Sie hoch oder niedrig erscheinen, hängt davon ab, *wie* Sie leben. Ob Sie eine Million Euro für wahnsinnig viel Geld oder einen Tropfen auf den heißen Stein betrachten, hängt davon ab, mit welchen Geldsummen Sie in Ihrer Lebensrealität umgeben sind. Ob Sie die Überbewertung von Umsätzen und Gewinnen in der Bilanz Ihres Unternehmens als moralisch oder unmoralisch empfinden, hängt von der Gewöhnlichkeit solcher Vorgänge innerhalb der *norm*ativen Bezugsgruppe ab, mit der Sie sich verbunden fühlen und identifizieren. Ich hatte beschrieben, dass sich die illegalen Bilanzpraktiken bei HealthSouth gewissermaßen *norm*alisiert haben. Normen scheinen in diesem Zusammenhang erwähnungswürdig, denn ihnen wird ein gewichtiger Charakter bei der Prägung unserer Umgebungen und der Beeinflussung unserer Verhaltensweisen zuteil. Was Müll in Parkhäusern mit dieser Prägung zu tun hat, möchte ich Ihnen gerne im Folgenden demonstrieren.

Würden Sie Ihren Müll einfach auf den Boden werfen? Über schmutzige Parkhäuser und unsaubere Bilanzvorgänge

Angenommen, Sie hätten Ihr Auto in einem Parkhaus abgestellt. Als Sie von Ihren Erledigungen zurück zu Ihrem Auto kommen, entdecken Sie plötzlich ein Flugblatt, welches an die Scheibenwischer Ihres Autos geklemmt ist. Sie schauen sich das Flugblatt an und merken, dass es sich um eine Werbeanzeige handelt, die für Sie absolut keine Bedeutung hat. Es gibt also keinen Grund für Sie, das Flugblatt zu behalten. Leider gibt es in dem Parkhaus weit und breit keine Mülleimer, um die Werbeanzeige entsorgen zu können. Was tun Sie? Werfen Sie das Flugblatt einfach auf den Boden? Nehmen Sie es mit und entsorgen es woanders?

Roberto Cialdini, ein bekannter US-amerikanischer Psychologe, hat die beschriebene Situation in ähnlicher Form als wissenschaftliches Experiment durchgeführt.[200] Er und seine Kollegen führten ein zweiteiliges Experiment bei Tageslicht im mehrstöckigen Parkhaus eines Krankenhauses durch, das entweder extrem unordentlich – mit Zigarettenstummeln, Kaugummi und Plastik auf dem Boden – oder makellos sauber war. Wie beschrieben, platzierte Cialdini Flugblätter mit einem irrelevanten Text unter die Scheibenwischer der im Parkhaus stehenden Autos. Er und sein Team beobachteten die Reaktion von insgesamt 139 Personen, die allesamt Besucher in jenem Krankenhaus waren und erhielten erstaunliche Einblicke in die verhaltensbeeinflussende Kraft der Umgebung. Von den Besuchern, die ein makelloses und sauberes Parkhaus vorfanden, warfen vierzehn Prozent das Flugblatt auf den Boden. War das Parkhaus hingegen verschmutzt, hatte sich der Anteil jener, die das Flugblatt zu Boden geworfen haben, auf zweiunddreißig Prozent erhöht und damit mehr als verdoppelt. In dem Versuchsexperiment gingen Cialdini und sein Team noch einen Schritt weiter. Sie heuerten einen Komplizen an, der das Flugblatt vor den Augen der Besucher im Parkhaus auf den Boden warf. Der Prozentsatz der Personen, die seinem Beispiel folgten und das Flugblatt ebenfalls auf den Boden warfen, stieg durch diese kleine Abänderung auf vierundfünfzig Prozent und damit fast auf das Vierfache der Ausgangssituation an. Was sagen diese Beobachtungen über die Bilanzpraktiken bei HealthSouth aus?

Nun, im Experiment haben sich die unfreiwilligen Versuchsteilnehmer in dem verschmutzten Parkhaus möglicherweise gedacht: „Oh, da liegt überall Müll auf dem Boden. Dieser Müll wurde von anderen Leuten weggeworfen. Es scheint hier in Ordnung zu sein, Müll auf den Boden zu werfen." Wenn man darüber hinaus beobachtet, wie eine andere Person vor unseren Augen gegen eine allgemeine Vorschrift wie „Man wirft keinen Müll auf den Boden" handelt, orientieren wir unser eigenes Verhalten tendenziell an das unmittelbar und konkret vorgelebte Verhalten anderer, statt uns an die allgemeingültige und eher abstrakt wirkende Vorschrift zu halten.[201]

Hier gilt es zunächst einmal festzuhalten, dass wir unser Verhalten – ob wir die Bilanzen des Unternehmens fälschen oder nicht, das Flugblatt zu Boden werfen oder nicht – scheinbar stärker in Abhängigkeit der ungeschriebenen Gesetze unserer Umgebung, als anhand expliziter, gesetzlicher Regelungen orientieren. Unternehmen investieren regelmäßig viel Geld in die Ausformulierung eines Code of Conduct – also eines unternehmensweiten Verhaltenskodexes, der den Mitarbeitern schwarz auf weiß vermitteln soll, wie sie sich zu verhalten haben. Die Hoffnung, die sich dahinter verbirgt, ist, dass sich die Mitarbeiter fortan moralisch und im Sinne dieser Regeln verhalten. Aber entfaltet der Code of Conduct tatsächlich eine integritätsfördernde Wirkung? Der Code of Conduct des skandalträchtigsten Unternehmens der US-Geschichte, Enron, umfasste 65 Seiten. Aus ihm stammen die Zeilen: „Employees are charged with conducting their business affairs in accordance with the highest ethical standards. Moral as well as legal obligations will be fulfilled in a manner which will reflect pride on the Company's name.“[202] Stellen Sie sich vor, Ihre Eltern hätten Ihnen als Kind gesagt, dass Rauchen schlecht ist und Sie nicht rauchen dürfen. Gleichzeitig bekommen Sie mit, wie die gleichen Eltern jeden Abend eine halbe Schachtel Zigaretten verqualmen: für wie aufrichtig und ernst halten Sie dann die Aussage Ihrer Eltern?

Nicht Richtlinien erzeugen Verhalten. Verhalten erzeugt Verhalten. Explizit niedergeschriebene Gesetze und Richtlinien wurden aus der Idee eines guten und fairen Zusammenlebens entwickelt. Und diese Ideen von gut auskömmlichen Verhaltensweisen basieren auf Gefühlen, Bedürfnissen, Werten und Prinzipien. Es wäre also absurd anzunehmen, dass sich die kultivierten Verhaltensweisen einer Gruppe durch eine reine Textänderung von Gesetzen oder Verhaltenskodizes verändern lassen.[203]

In Bezug auf HealthSouth und das Müll-Experiment müssen darüber hinaus zwei Dinge beachtet werden. Erstens wurden die Mitarbeiter von HealthSouth metaphorisch gesprochen sogar dafür belohnt, Müll auf den Boden zu werfen bzw. bestraft, sollten Sie keinen Müll auf den Boden werfen oder das ungeschriebene Gesetz des *hier wird Müll auf den Boden geworfen* anzweifeln. Im Experiment war das Wegwerfen hingegen neutral ohne konditionierende Anreize. Zweitens handelte es sich bei dem Komplizen im

Experiment um eine Person, die in keiner Beziehung zu den Besuchern standen. Bei HealthSouth hingegen kam das vorgelebte Verhalten direkt von als respektabel empfundenen Führungskräften und dem CEO des Unternehmens, Richard Scrushy. Diese gehören zu jener normativen Bezugsgruppe, mit der sich die Mitarbeiter verstärkt identifizieren, deren Verhaltensweisen sie als nachahmenswert empfinden und der sie eine gewisse Belohnungsmacht zuordnen. Weston drückt es so aus: „[…] many participants in the fraud became involved because they were aware of the correlation between cooperation and promotion."[204] Mitzumachen bedeutete, belohnt zu werden und Teil des Teams zu sein. Erinnern Sie sich an den Wutausbruch von Richard Scrushy, als ihn Aaron Beam und Bill Ownes mitteilten, dass sie die Zahlen nicht anpassen können? Erinnern Sie sich an die oben genannten Rationalisierungen „I want to get along" und „I want to be a team player", die auf das Bedürfnis der Zugehörigkeit und Akzeptanz hindeuten? Das hin und her Jonglieren von Zahlen wurde sogar als derart wünschenswert erachtet, dass manche Mitarbeiter fragten, ob CEO Richard Scrushy denn auch wüsste, dass sie bei den Anpassungen der Zahlen mit an Bord waren und bei der Erreichung der Ziele unterstützt haben. Schließlich würde ihre Belohnung davon abhängen. Die Akzeptanz entsprechender Betrugsvorgänge wurde darüber hinaus durch moralisch zusprechende Ausdrücke weiter manifestiert. Weston schreibt dazu: „I remember a budget meeting in which managers described how it would be difficult to make the next year's projections unless their facilities received the financial statement ‚gifts' that they had enjoyed in the current year. Everyone in the room knew what the word "gift" meant. It was a nice word for fraud."[205]

Gut gemeinte Anreize und ihre fatalen Folgen: Von gekauften Eltern und falschen Reparaturen

Ich möchte noch einmal auf unsere Definition von Kultur zurückkommen: Kultur ist, wie man lebt. Bei HealthSouth hat sich über die Zeit eine Kultur etabliert, die ich als Egal-wie-Kultur bezeichnet habe. „Egal-wie" beschreibt eine Kultur, in der lediglich das Ergebnis einer Handlung zählt, nicht aber der Weg dorthin. Das Ergebnis war in diesem Fall die Erfüllung der Analystenerwartungen. *Wie* diese Erfüllung erfolgt, war zu großen Teilen *egal* – selbst, wenn dazu die Grenzen gerade noch legaler Buchhaltungswahlrechte überschritten werden mussten. Eine Egal-wie-Kultur entsteht häufig aus der Implementierung fragwürdiger Anreizmechanismen und kann dem Unternehmenserfolg langfristig schaden.[206]

Erneut bitte ich Sie um Ihre Vorstellungskraft: Stellen Sie sich vor, Sie haben ein Kind, welches Sie jeden Morgen zu einer bestimmten Uhrzeit in den Kindergarten bringen müssen. Der Kindergarten schreibt vor, dass die Kinder aus organisatorischen Gründen bis spätestens 16:00 Uhr abgeholt werden müssen. Da Sie einen anspruchsvollen Job haben, der Sie teilweise bis in die späten Abendstunden einspannt, kommen Sie regelmäßig deutlich nach 16:00 Uhr in der Kita an, um Ihr Kind abzuholen. Damit sind Sie jedoch nicht alleine. Viele Eltern halten sich nicht an die zeitliche Vereinbarung der Kita und holen ihr Kind teilweise mit massiver Verspätung ab. Die Kitaleitung hat nun die Nase voll und implementiert eine neue Regel: Wenn die Kinder mit mehr als 10 Minuten Verspätung – also nach 16:10 Uhr – im Kindergarten abgeholt werden, müssen die Eltern eine Strafgebühr in Höhe von 3 Euro bezahlen. Nun die Frage an Sie: Würden Sie fortan pünktlicher zur Kita kommen, Ihre Arbeitstermine zukünftig umorganisieren und zugunsten der Kita priorisieren?

Ein ähnliches Szenario wurde in einer wissenschaftlichen Experimentreihe untersucht.[207] Die Forscher wollten herausfinden, welchen Einfluss eine Strafgebühr auf das Zuspätkommen der Eltern hat. Die Erwartung und Hoffnung der Kitamitarbeiter war, dass die Eltern ihre Kinder nun pünktlich oder sogar überpünktlich abholen, um nicht in die Gefahrenzone der Sanktion zu kommen. Tatsächlich stellte sich ein genau umgekehrtes Szenario ein. Zur Verwunderung der Forscher nahmen die Verspätungen unter der Strafandrohung sogar zu. Die Begründung sahen die Forscher in der Veränderung des Normengefüges in der Eltern-Kita-Beziehung. Vor der Einführung der Sanktion bemühten sich die Eltern aus Anstand und Respekt der Erzieher gegenüber darum, ihre Kinder pünktlich abzuholen. Es gehörte sich nicht, unpünktlich zu erscheinen und die Arbeitszeit der Erzieher dadurch zu verlängern. Pünktlichkeit wurde als Ehrensache im Sinne eines fairen Zusammenlebens betrachtet. Durch den Bestrafungsanreiz änderte sich die Sicht auf die

Eltern-Kita-Beziehung allerdings, denn nun bezahlten Sie ja für das Zuspätkommen. Die Bezahlung wurde als eine Art Geschäftstransaktion betrachtet, welche das Zuspätkommen moralisch legitimierte.[208] Schließlich wurden die Erzieher nun für ihre Überstunden – wie für ihre sonstigen Leistungen – bezahlt. Dadurch entwickelten die Eltern ein Anrechtsgefühl aufs Zuspätkommen. Durch diesen extrinsisch geschaffenen Anreiz internalisierten die Eltern eine neue Norm: Zuspätkommen ist OK.

Ähnliche gut gemeinte, aber am Ende zum Scheitern verurteile Anreize finden sich auch immer wieder im Wirtschaftskontext, wo illegales Verhalten durch Belohnungsanreize gefördert wird. Ein herausragendes Beispiel für einen solchen Fehlschlag mit großen Konsequenzen liefert das US-Unternehmen Sears, Roebuck & Co., welches in den 1990er-Jahren über 70 Kfz-Werkstätten in den USA betrieb.[209] Der damalige CEO des Unternehmens Edward A. Brennan entwickelte ein Anreizsystem, das dabei helfen sollte, das Unternehmen aus einer finanziellen Schieflage zu befreien. Ziel von Brennan war es, die Produktivität beim Verkauf von Fahrzeugbremsen durch einen neuen Kompensationsplan zu erhöhen. Bis zur Einführung des neuen Kompensationsplanes erhielten die Mitarbeiter der Werkstätten ein Fixgehalt. Als Verkaufsmotivation sah das Programm vor, den fixen Stundenlohn der Mitarbeiter zu reduzieren und sie beim Verkauf einer bestimmten Mindestanzahl von Fahrzeugbremsen durch eine Verkaufs- oder Reparaturprovision zu vergüten. Wie genau das Werkstattpersonal die hohen Performanceziele erfüllen sollte, wurde nicht explizit durch das Management kommuniziert. Durch die finanzielle Schieflage des Unternehmens und die unzureichende Kommunikation des Managements schlichen sich bei den Mitarbeitern Befürchtungen ein, dass sie bei Nichterreichung der Mindestverkaufsmenge entlassen werden. In der Folge wurden Bremsen verkauft und Reparaturen durchgeführt, die die Kunden nicht benötigt hatten. Zudem wurden Reparaturen in Rechnung gestellt, die nie erbracht wurden. Sears bestreitet, dass das Kompensationssystem für die illegalen Handlungen der Mitarbeiter verantwortlich sei. Schließlich habe das Management niemandem explizit aufgetragen, unnötige Verkäufe oder Reparaturen durchzuführen. Zu Beginn der 2000er-Jahre ist Sears erneut in Verruf geraten, weil das Unternehmen defekte Autobatterien als neu verkaufte. Beide Betrugsfälle kosteten das Unternehmen im Rahmen etwaiger Gerichtsprozesse und Ausgleichszahlungen insgesamt über 110 Million US-Dollar.[210]

Wem messen Sie die Schuld in solchen Strukturen zu? Sind es die Mitarbeiter, die ja immerhin eigenverantwortlich entscheiden, wie sie sich verhalten? Oder ist es das Management, welches die Mitarbeiter durch handlungsleitende Anreizmechanismen zu illegalem Verhalten verführt hat? Aus präventiver Sicht ist die Schuldfrage zunächst einmal untergeordnet. Schließlich hatten beide Parteien nach ihren eigenen nachvollziehbaren Absichten und Motiven gehandelt. Das Management wollte das Unternehmen aus den schlechten Zahlen holen; die Mitarbeiter wollten ihren Job behalten. Eine reine Schuldzuschreibung um des Schuldzuschreibens Willens bringt uns nicht weiter, weil sie keine Einsicht oder Verhaltensänderung bewirkt. Nur weil wir dem Management oder den Mitarbeitern mit erhobenem Zeigefinger eindringlich klarzumachen versuchen, dass einer der beiden Parteien das Verhalten zu verantworten hat, folgt daraus nicht die Einsicht des als schuldhaft identifizierten Täters. Wichtiger als die Schuldzuschreibung ist die Erkenntnis, dass niemand betrügerische Handlungen aktiv einfordern muss, um sie zu bewirken. Wir erinnern uns an Martin Winterkorn, der im Hyundai i30 schimpfend eine Lösung für das Scheppern am Lenkrad verlangte und die Antwort von Chefdesigner Klaus Bischoff, dass bisherige Versuche zu teuer waren, einfach ignorierte. Auch bei Sears hatte niemand kriminelles Verhalten eingefordert. Es scheint, als würden die Befürchtungen vor Sanktionen oder der Wunsch nach Belohnung derart starke Verhaltensmotivationen darstellen, dass selbst die gewissenhaftesten Manager in die Kriminalität abrutschen können.

In diesem Zusammenhang möchte ich Ihnen die Beziehungsdynamik zwischen dem ehemaligen McKinsey-Partner Anil Kumar und Raj Rajaratnam, Gründer des Galleon Investentfonds, vorstellen, die am Ende in einem der größten jemals stattgefundenen Fälle von Insiderhandel gemündet ist. Dabei möchte ich den Blick weg von den monetären Anreizen und hin auf jene richten, die eine deutlich stärkere Wirkkraft auf uns entfalten, aber im Unternehmenskontext häufig übersehen werden: *soziale* Belohnungen und Bestrafungen.

Der überzeugende Raj

Die Lebensgeschichten von Anil Kumar und Raj Rajaratnam weisen einige Ähnlichkeiten auf.[211] Beide haben eine Einwanderer-Vorgeschichte und sind aus dem indisch-asiatischen Raum in die USA migriert, haben an der Wharton School of Business in Philadelphia studiert, wo beide mit herausragenden Noten abgeschlossen und im Nachgang eine beachtliche Karrierelaufbahn gestartet haben. Anil hatte bei der wohl umstrittensten und gleichzeitig renommiertesten Unternehmensberatung McKinsey angeheuert und es nach nur zehn Jahren zum Senior Partner geschafft. Raj widmete seine Aufmerksamkeit derweil der Finanzbranche und gründete den Galleon Investmentfonds, der mehrere Milliarden US-Dollar verwaltete. Nachdem der Kontakt zwischen den beiden nach ihrem Studium in den 1980er- und 1990-Jahren weitestgehend abgeflacht war, trafen Sie sich zu Beginn der 2000er-Jahre bei einer Cocktail- und Dinnerparty der Indian Business School. Anil war einer der Mitgründer der Schule und auf der Suche nach finanzieller Unterstützung von Investoren. Obwohl Anil nicht damit gerechnet hatte, investierte Raj eine Million US-Dollar in die Schule. Die beiden unterhielten sich über die Geschäfts- und Finanzwelt, als Raj Anil mitteilte, dass er Interesse an McKinseys Beratungsleistung hätte und dafür bei Galleon einen dreistelligen Millionenbetrag freisetzen könnte. Anil beauftragte sofort einen seiner jungen Consultants mit der Erstellung eines Angebotes. Einige Monate später nahm Raj Anil zur Seite und sagte ihm: „Das Angebot, was deine Berater uns haben zukommen lassen … Du weißt schon, dass das nicht dem entspricht, wonach ich suche."[212] Er fügte hinzu „Die Jungs sind nicht so klug wie du. Ich möchte viel lieber dich als persönlichen Berater haben statt McKinsey."[213] Anil war sich nicht sicher und signalisierte Zurückhaltung, weil derartige Beraterauftrage - auch wenn sie nicht illegal waren - einen fragwürdigen Charakter aufweisen. Raj blieb hartnäckig und appellierte an Anils Stolz: „Du arbeitest sehr, sehr hart, du reist viel, du bist unterbezahlt […] Du hast mehr verdient […]"[214] und bot ihm 500.000 US-Dollar an, wenn Anil alle vier bis sechs Wochen mit ihm telefonieren und mit ihm über aktuelle Trends in der Tech-Industrie sprechen würde. In der Tat kam das Angebot von Raj zu einem günstigen Zeitpunkt, denn Anil überlegte schon seit geraumer Zeit, sich eine neue Herausforderung außerhalb von McKinsey zu suchen.

Schließlich stimmte Anil dem Arrangement mit Raj zu. Es fühlte sich OK für ihn an, ein paar Mal im Jahr mit Raj zu telefonieren und ihm seine persönlichen Einschätzungen zur Tech-Industrie mitzuteilen. Raj brachte Anil indes stets seine Bewunderung für Anils enormes Wissen und Kompetenz im Tech-Sektor zum Ausdruck. „Du hast ein grandioses Wissen."; „Es ist großartig, wie du den Markt einschätzen kannst und Dinge siehst, die andere nicht sehen"[215], fütterte Raj Anil mit Komplimenten. Bei den Informationen, die Anil an Raj gab, handelte es sich bis dahin um allgemeine Markteinschätzungen. Anil war stets sehr an unternehmerischen und betriebswirtschaftlichen Abläufen, Innovationen und Trends interessiert und hatte selbst auf der Basis seiner Erfahrung und eigener Marktbeobachtungen einige sehr gute Anlageentscheidungen getroffen. Zu Beginn war Raj überaus zufrieden mit Anils Leistungen und signalisierte ihm, wie froh er ist, so einen wissenden Charakter in seinem Netzwerk zu haben. Nach einigen Jahren änderte sich diese Beziehungsdynamik jedoch. Raj forderte nun zunehmend Informationen ein, die nicht jeder hatte und sich auch nicht über gewöhnliches Nachverfolgen der Wirtschaftspresse entnehmen ließen. Als

Investmentfonds war Raj an den wirklich großen Renditen interessiert, die über die üblichen Prozente eines normalen Anlegers hinausgehen.

Raj hatte es vor allem auf ein Unternehmen abgesehen: Advanced Micro Devices, oder kurz AMD, ist einer der größten Vertreiber von Computerchips und Mikroprozessoren. Es gab Gerüchte, dass AMD in geraumer Zeit den Grafikchiphersteller A.T.I. übernehmen würde. Raj wusste, dass AMD ein Mandant von McKinsey ist und Anil der betreuende Partner, der AMD in wesentlichen strategischen Entscheidungen beriet. Wenn Raj über den Übernahmezeitpunkt und -preis Bescheid wüsste, könnte er einen entsprechenden Aktienkauf und -verkauf perfekt timen. „Wie sieht es bei AMD aus?"[216], fragte Raj Anil, der in seinen Ausführungen sehr zurückhaltend blieb. Schließlich war AMD sein Mandant und die Herausgabe von geheimen Informationen war verboten. So blieben seine Antworten hinsichtlich der A.T.I. Übernahme auf einer vagen Ebene wie „Das Glas ist halb voll."[217] Raj war verärgert und bot Anil eine Art Kickback-Zahlung als Anreiz an. Wenn er die entsprechenden Informationen liefern würde, bekäme er einen erheblichen Anteil am Return on Investment. Anil lehnte ab. Beratungsleistungen für Raj zu erbringen war in Ordnung, aber Kickback-Zahlung roch für ihn zu sehr nach Insider Trading. Es fühlte sich einfach nicht richtig an. Raj bekundete nun zunehmend seine Unzufriedenheit mit Anils Leistung. Er sagte, er würde ihn hoch bezahlen und im Gegenzug nichts von ihm zurückbekommen. Fortan änderte Raj seine Strategie im Umgang mit Anil. Wenn die beiden zukünftig telefonierten, stellte Raj keine Fragen mehr, sondern erzählte Anil, was er kürzlich alles über die Tech-Industrie herausgefunden hatte und über AMD wusste. Raj hatte sich in den Jahren ein großes Netzwerk an Insidern geschaffen, die ihn regelmäßig mit finanzträchtigen Informationen versorgten. Als Anil ihm daraufhin sagte, dass er nicht viel mehr wisse als er, entgegnete Raj herausfordernd „Ich weiß ja deutlich mehr als du, was da gerade bei AMD abgeht."[218] Am Ende hat sich Anil dazu hinreißen lassen, Raj die Insiderinformationen zu geben, die er so dringlich wollte. Nach der etwa zwei Jahre andauernden Undercover Investigation durch das FBI wurde Raj zu elf Jahren Haft und einer Strafzahlung von über 90 Millionen US-Dollar verurteilt. Auch Anil wurde verurteilt. Sein Strafmaß belief sich allerdings unter anderem aufgrund seiner Kooperation mit dem FBI auf lediglich zwei Jahre Haft. Einige der über 4.000 aufgezeichneten Gespräche zwischen Raj, Anil und zahlreichen anderen involvierten Personen können übrigens bis heute im Internet angehört werden.[219]

Die hohe Bedeutung der sozialen Belohnung und das Duell zweier Verhaltensnormen

Die folgende Frage geht an Sie als Leser: Stellen Sie sich vor, jemand sagt zu Ihnen: „Was hältst Du von folgendem Vorschlag: Du gibst mir geheime Insiderinformationen und bekommst dafür 500.000 Euro im Jahr. Das ist doch eine absolute Win-win-Situation für uns beide. Ist nicht ganz legal, klar. Aber wir werden damit viel Geld verdienen. Es wird schon niemand was davon mitbekommen."

Sie wüssten, dass das Herausgeben solcher Informationen gesetzlich verboten ist und mit hohen Geld- und sogar Haftstrafen geahndet werden kann. Würden Sie diesen Deal eingehen? Meine Hypothese lautet, dass die allermeisten Menschen ablehnen würden. Das genannte Angebot mag zwar zunächst verlockend klingen, und vielleicht malen wir uns in Gedanken tatsächlich aus, was wir alles mit dem Geld anfangen können. Aber im Wissen um die Illegalität würde unser moralischer Kompass in den meisten Fällen wahrscheinlich dazwischen grätschen und uns eine derart belastende kognitive Dissonanz bescheren, die wir nur schwer aushalten oder rationalisieren können. Unsere internalisierten Normen – wie wir uns in einer sozialen Gesellschaft zu verhalten haben – sind durch solch offensichtlich betrügerische und von der Gesellschaft ablehnende Verhaltensweisen nicht so einfach zu erschüttern. Auch Anil wäre den Deal mit Raj in erster Instanz wahrscheinlich nie eingegangen, wenn Raj ihn derart plump versucht hätte, zu überzeugen. In der Regel reicht eine derartige Überredung auf rationaler Ebene nicht aus, um eine einmal von uns internalisierte Norm überschreiben zu können und uns zu abweichenden Verhaltensweisen zu bewegen.[220] Unsere moralischen Normen werden uns in der Regel in den prägendsten Jahren unseres Daseins von unseren Bezugspersonen immer und immer wieder eindringlich vorgetragen und vorgelebt. Mit ihrer Einhaltung assoziieren wir die Zugehörigkeit zu einer ordentlichen Gesellschaft, Respekt, Anerkennung und soziale Erwünschtheit. Bei einer Verletzung hingegen antizipieren wir die dramatischen seelischen Folgen des sozialen Ausschlusses. Eine rein rationale Überredung berührt diese emotionale Ebene der moralischen Norminternalisierung nicht, wo sie eine überzeugende Wirkung entfalten könnte. Bei Anil standen zwei wichtige Normen in Konflikt, zwischen denen er sich entscheiden musste. Auf der einen Seite seine starke Selbstwertbemessung anhand erbrachter Leistungen für seine Mandanten – wie Raj einer war – sowie die dadurch erhaltenen Lobpreisungen. Auf der anderen Seite die ebenfalls ein positives Selbstbild erhaltende Norm, sich pflichtbewusst und gesetzeskonform zu verhalten. Unabhängig von seiner Entscheidung – Leistung oder Gerechtigkeit – wäre Anils positive Selbsterzählung also in jedem Fall in Gefahr gewesen. Bei einer Entscheidung für die Leistung und damit auch für illegales Verhalten würde ihn die sogenannte Gewissensscham seelisch belasten. Gewissensscham entspringt der Diskrepanz zwischen unserem Ich-Ideal – so sollten wir sein – und unserem Ist-Ich – so handeln wir tatsächlich.[221] Unser Ich-Ideal hat allerdings nicht nur moralische Ansprüche (Gerechtigkeit), sondern kommt mit diversen Soll-Vorschriften daher, wie wir unser Leben zu leben haben. Bei Anil gehörte vor allem die hohe, selbst auferlegte Leistungsanforderung dazu. Er hätte also auch bei legalem Verhalten – womit er unter den Leistungsanforderungen seines Mandanten Raj geblieben wäre – die Kraft der Gewissensscham zu spüren bekommen. Das Ich-Ideal einer Person ist dabei höchst individuell. Unsere ganz persönlichen Triggerpunkte richten sich nach jenen Werten, Lebenszielen und Prinzipien, denen wir eine hohe Bedeutung beimessen. Bei Anil haben am Ende vor allem drei Aspekte dafür gesorgt, dass der innere Normenkonflikt zu Gunsten der Leistungsnorm ausgegangen und er in die Kriminalität abgedriftet ist.

Erstens, der sich auf leisen Füßen vollziehende Prozess von der anfänglich als in Ordnung und legal empfundenen Beratertätigkeit in die Illegalität. Denn in der Ausformulierung des Deals zwischen Anil und Raj handelte es sich um schlichte Beratungsleistungen, die Anil für Raj erbringen sollte. Ihm alle vier bis sechs Wochen per Telefon seine professionellen Marktbeobachtungen mitzuteilen, fühlte sich nicht kriminell an. In seiner Zeugenaussage vor Gericht sagte Anil, dass Raj ihn zu Beginn nach ganz legitimen Informationen befragte, die er jedem hätte mitteilen können. Es handelte sich nicht um Mandantengeheimnisse. Darüber hinaus hatte sich in der Beziehung zwischen Raj und Anil möglicherweise ein Reziprozitätseffekt eingestellt. Die hohe Summe, die Raj vor ihrem Deal in Anils Schule investiert hatte, führte bei Anil möglicherweise zu dem Gefühl, Raj etwas schuldig zu sein.

Zweitens, das starke Triggern von Anils Leistungsmotiven durch Raj, der ihn erst mit Lobeshymnen überschüttet und ihm später immer wieder seine Unzufriedenheit signalisiert hat. So inszenierte sich Raj zunächst als jemand, der die Kompetenz und die Ratschläge von Anil überaus wertschätzte. Gerade in Zeiten Anils beruflicher Ungewissheit bei McKinsey war es ein gutes Gefühl, gebraucht zu werden. Es war nicht nur das Geld, was Anil dazu veranlasst hatte, mit Raj ins Geschäft zukommen. Anil hatte ja auch nicht nach 500.000 US-Dollar pro Jahr gefragt, sondern Raj hatte ihm diese Summe ohne große Überlegungen angeboten. Er hatte das Geld darüber hinaus auch nicht nötig, denn als McKinsey Senior Partner war Anil bereits Einkommensmillionär. Anil beschreibt: „Es war nicht die monetäre, sondern die psychische Belohnung, dass jemand meine Ratschläge zu schätzen wusste."[222] Generell waren Anils Mandanten stets sehr zufrieden mit seiner Leistung, die ihre Erwartungen häufig weit übertrafen. Der daraufhin verkündete Dank und erwiesene Respekt seiner Mandanten waren die Segnungen, die Anil an seiner Arbeit erfüllten. Auch in der Zusammenarbeit mit Raj war Anil sehr leistungswillig und tat viel, um an die gewohnten seelischen Belohnungen zu gelangen. Er führte aus: „Ich war sehr stolz auf meine guten Investmentvorschläge, die ich Raj unterbreitet hatte."[223] Doch nach einiger Zeit wurde Anil mit etwas konfrontiert, was er als McKinsey Berater von seinen Mandanten nicht gewohnt war. Er konnte auf legale Weise keinen Mehrwert mehr für Raj generieren, der plötzlich genauso viel über AMD wusste wie er. Es blieben nicht nur die gewohnten Lobpreisungen aus, sondern Raj kritisierte Anil sogar für sein fehlendes Wissen und seine vagen Aussagen, mit denen Raj nichts anfangen konnte. Anil sagte: „Raj hat mir keine Fragen mehr gestellt. Er nannte mir Antworten."[224] Jene Antworten, die eigentlich von Anil hätten kommen und auf die übliche Mandantenbegeisterung treffen sollen. Raj sagte sogar einmal zu Anil: „Dein Wert für mich ist ein wenig gesunken."[225] Anil war es gewohnt, die Erwartungen seiner Mandanten zu übertreffen. Bei Raj hingegen schien er noch nicht einmal das Minimum an geforderter Beratungsleistung erfüllen zu können. Seine Ratschläge genügten nicht mehr. *Er* genügte nicht mehr. Nicht nur die ihm von Raj zugeschriebene Wertigkeit nahm ab. Vielmehr entwickelte Anil eigene Selbstabwertungstendenzen. Er verspürte den inneren Drang, Raj zu zeigen, was er draufhatte und dass er als Berater die Wünsche seiner Mandanten erfüllen kann. Raj hatte ihn durch Anmerkungen wie „Ich weiß ja deutlich mehr als Du [...]"[226] herausgefordert. „Ich habe versucht, ihm zu zeigen, dass ich mehr Informationen über AMD und andere Unternehmen hatte [...]"[227], sagte Anil in seiner Aussage. Und so kam es, dass Anil nach und nach jene sensible Informationen über den A.T.I. Unternehmenszukauf von AMD an Raj herantrug.

Ein *dritter Aspekt*, der in diesem Kapitel über Kultur noch Beachtung finden sollte, sind die Werte, die McKinsey seinen Beratern vermittelt. Marvin Bower, ehemaliger Managing Director von McKinsey, hatte gemeinsam mit dem Gründer James O. McKinsey fünf Prinzipen entwickelt, die jedem neuen Berater eindringlich vermittelt wurden. Zwei dieser Werte, die auch Anil stets in seiner Arbeit verwirklichte und seinen Leistungsdrang möglicherweise noch befeuerten, lauteten 1) Die Interessen des Mandanten stehen vor denen von McKinsey und 2) Überlegene Kompetenz.[228]

Manchmal sind es aber nicht nur die Werte und Normen eines einzigen Unternehmens, die kriminelles Verhalten ermöglichen, sondern jene einer größeren Wertegemeinschaft. In diesem Zusammenhang möchte ich Ihnen gerne den wohl größten Wirtschaftsskandal des Silicon Valley um das Unternehmen Theranos und dessen Gründerin Elizabeth Holmes vorstellen. Bei kaum einem anderen Wirtschaftsskandal haben sich Menschen aus der Außenperspektive so häufig die Frage gestellt, wie so ein umfassender Betrug über eine so lange Zeit unentdeckt bleiben konnte. Zur Beantwortung dieser Frage möchte ich in diesem Kapitel eine Hypothese wagen, die sich an der kulturellen Ausrichtung der genannten Wertegemeinschaft orientiert: des Silicon Valley.

Eine blutige Angelegenheit

Bereits als Kind hatte Elizabeth Holmes große Visionen.[229] Im Alter von sieben Jahren hatte das Mädchen mit den blonden Haaren, den auffallend großen, runden Kulleraugen und vollen roten Lippen den Prototypen für eine Zeitmaschine auf Papier entworfen. Dabei handelte es sich nicht etwa um eine typische Kinderkritzelei, welche man geschenkt bekommt und an den Kühlschrank klebt. Vielmehr war es eine detaillierte technische Zeichnung, die man so von einer Siebenjährigen nicht erwartet. Als Verwandte sie im Alter von neun Jahren danach fragten, was sie später einmal werden wolle, antwortete sie prompt: Milliardärin. Für diesen Wunsch war Elizabeth bereit, hart zu arbeiten. Als fleißige Schülerin brachte sie stets Bestnoten nach Hause und bekam im Jahr 2002 sogar ein Stipendium an der renommierten Stanford University. Das dortige Studium im Bereich Chemical Engineering brach Elizabeth allerdings nach nur 3 Semestern ab und gründete im Alter von 19 Jahren ein eigenes Unternehmen mit dem Namen Theranos. Elizabeth hatte kurz zuvor bei einem Praktikum in Singapur bei einer der weltweit führenden medizinischen Forschungseinrichtungen hunderte Blut- und Speichelproben von Patienten zur Untersuchung des ausgebrochenen SARS-Virus entnehmen müssen. Sie empfand die herkömmliche Blutabnahme via Spritze und die danach folgende Diagnose im Forschungslabor als derart kompliziert und patientenunfreundlich, dass sie den Drang verspürte, diesen Prozess zu revolutionieren. Nach nächtelangen Entwicklungen, technischen Zeichnungen und Patentanmeldungen hatte sie bereits 2004 nach nur einem Jahr nach der Gründung von Theranos etwa sechs Millionen US-Dollar von Investoren eingesammelt.[230] Es folgten weitere Milliarden US-Dollar an Finanzierungsgeldern, die die Investoren jedoch nie zurückbekommen sollten.

Die bahnbrechende Idee: von einem Tropfen Blut, der die Welt verändern kann

Elizabeth Holmes' erste medizinische Idee bestand 2004 in der Entwicklung eines Armpflasters, welches eine Krankheit sowohl diagnostizieren und gleichzeitig therapieren kann. Der Name Theranos setzt sich genau aus diesen beiden Komponenten zusammen = **Thera**pie und Diag**nos**e. Nach kurzer Zeit hatte sich allerdings herausgestellt, dass eine derartige Technologie nach aktuellem Stand der Wissenschaft nicht realisierbar war. Ihre zweite Produktidee – eine Art Echtzeit-Bluttest für jedermanns zu Hause – sollte hingegen weitaus größere Wellen schlagen. Mittlerweile hatte Elizabeth ein kleines Team von Biochemikern, mit dessen Hilfe sie ein Gerät entwickelte, dass sie *Edison* nannte – nach dem großen Erfinder Thomas Alva Edison. Edison war in etwa so groß wie ein kleiner, handelsüblicher Drucker und bestand aus zwei Teilen: der *Cartridge* und dem *Reader*. Die Cartridge ist ein nur wenige Zentimeter großes Plastikröhrchen. Nachdem sich der Patient mit einer kleinen Lanzette in den Finger gestochen hatte, würde er einen einzigen Tropfen Blut in dieses Plastikröhrchen geben. Anschließend würde man die Cartridge in den Reader einsetzen. Der Reader ist das Herzstück des Gerätes, welches von außen an einen stylischen Drucker mit Touchscreen und schlichtem, schwarzen Design erinnert. Der Reader würde das Blut des Patienten analysieren und die Ergebnisse an den behandelnden Arzt per Internetübertragung senden. Eine solche Technologie wäre bahnbrechend und würde ganze Labors mit riesigen Blutanalysemaschinen ablösen. Das Problem dabei war: Auch diese Idee von Elizabeth erwies sich – wie das entwickelte Diagnose-Therapie-Pflaster – als Science-Fiction.[231]

Die großzügigen Investoren, das prominente Board of Directors und die erfahrenen Manager

Wir schreiben das Jahr 2014 und mittlerweile versucht Theranos seit knapp zehn Jahren, eine funktionsfähige und gleichzeitig durchgestylte Blutanalysemaschine zu entwickeln, die in die Wohnzimmer der Menschen einkehren sollte. Vergeblich. Wie sehr sich das Forscherteam von Theranos auch bemühte: Edison spuckte regelmäßig ungenaue Ergebnisse der durchgeführten Blutanalysen aus. Sie waren schlicht unzuverlässig und konnten bei weitem nicht mit der Exaktheit der herkömmlichen Geräte von großen Herstellern wie Siemens mithalten. Trotz all dieser Schwierigkeiten und des Fehlens eines funktionierenden Gerätes hatte Theranos mittlerweile einen Börsenwert von sage und schreibe neun Milliarden US-Dollar.[232] Nur zum Vergleich: Die Marktkapitalisierung einiger DAX-Unternehmen liegt weit darunter. Zahlreiche bekannte Investoren, darunter der sehr erfahrene Risikokapitalgeber Tim Draper, der bereits sehr früh hohe Summen in Skype oder Tesla investiert hatte, oder Larry Ellison, Gründer von Oracle und einer der reichsten Menschen der Welt,[233] und viele weitere hatten in den Jahren zuvor jeweils mehrere Millionen US-Dollar in Theranos investiert und Elizabeth im Jahr 2014 schließlich ihren mit neun Jahren bereits ausgesprochenen Berufswunsch erfüllt: Sie wurde die jüngste Self-made-Milliardärin der USA.[234] Doch nicht nur bekannte Investoren scharten sich um Elizabeth. Auch das sogenannte Board of Directors, in dem der Vorstand und der Aufsichtsrat vereint ist, war mit prominenten – vor allem politischen – Gesichtern bestückt. Darunter der General James Norman Mattis, der unter anderem als Verteidigungsminister unter Donald Trump gedient hat, Henry Kissinger, ehemaliger Außenminister der USA, William Perry, ehemaliger Verteidigungsminister der USA, oder George Shultz, ehemaliger Finanz- und Außenminister der USA, der uns im nachfolgenden Unterkapitel über „Die Macht der Gruppe" noch einmal begegnen wird. Das Topmanagement von Theranos konnte sich ebenfalls sehen lassen und brillierte mit umfangreicher Erfahrung in der Biotech-Industrie. Darunter Channing Robertson, Chemieprofessor und stellvertretender Dekan der School of Engineering an der renommierten Stanford University mit über 40 Jahren Berufserfahrung, Tim Kemp, ehemaliger IBM-Manager mit über

30 Jahren Berufserfahrung oder John Howard, ehemaliger Leiter der Chipproduktion bei Panasonic.

2015, also nur ein Jahr später, haben Enthüllungsjournalisten des Wall Street Journal (WSJ) mit Hilfe eines Whistleblowers aufgedeckt, dass Holmes ihre Investoren und Kunden jahrelang betrogen hatte. Edison war zu keinem Zeitpunkt ein zuverlässiges Blutanalysesystem. Dessen Ergebnisse wurden über Jahre hinweg von unzähligen Mitarbeitern gefälscht und es wurden dabei Menschenleben aufs Spiel gesetzt. Theranos gab beispielsweise an, mit einem einzigen Tropfen Blut über 300 zuverlässige Bluttests[235] durchführen zu können – eine Lüge, wie sich später herausstellte. Im Jahr 2018 wurde Elizabeth Holmes angeklagt und Theranos meldete Konkurs an.[236] Es war einer der größten Wirtschaftsskandale im Silicon Valley.

Elizabeth Holmes und die Kultur des Silicon Valley

Wie kann so etwas vor den Augen der Öffentlichkeit passieren? Theranos hatte einige der vermögendsten Investoren, erfolgreichsten Rechtsanwälte und erfahrensten Fachspezialisten für Biochemie sowie einflussreichsten Politiker in den USA in ihren eigenen Reihen. Haben all diese Menschen nicht bemerkt, dass es Elizabeth und ihr Team trotz aller Bemühungen nie über die Anfertigung eines stylischen aber funktionsunfähigen Prototypen hinaus geschafft haben?

Die Antwort liegt möglicherweise in einer auf Geheimhaltung basierenden Unternehmenskultur, die auf eine Umgebung wie das Silicon Valley trifft, in der jene Geheimhaltung als spannendes Mysterium interpretiert, akzeptiert und sogar gefeiert wird. Tatsächlich wusste außerhalb von Theranos niemand so richtig, was in den internen Laboratorien vor sich ging. So wurden Besuchern – selbst den größten Investoren – oft nur spezielle, teilweise extra präparierte Räume vorgeführt. Damit sich niemand versehentlich in die tatsächlichen Entwicklungshallen verirrte, wurden Besucher selbst beim Toilettengang auf Schritt und Tritt begleitet. Außerdem musste jeder von ihnen beim Betreten des Unternehmensgeländes eine Verschwiegenheitserklärung unterzeichnen.[237] Aber auch intern unternahm Elizabeth große Anstrengungen, damit sich Mitarbeiter nicht zu viele Informationen aneignen konnten. So verhinderte sie mit dem Aufbau von Abteilungssilos, dass sich die Ingenieure, jene Mitarbeiter, die für die

Konstruktion des Edison-Gerätes zuständig waren, und Biochemiker, jene Mitarbeiter, die sich mit der Analyse und Reaktion biochemischer Substanzen befassten, untereinander austauschen konnten. Begründet hatte Elizabeth dieses Vorgehen damit, dass sich das Unternehmen noch im „Tarnmodus" befinde und verhindern wolle, dass Informationen über die bahnbrechenden Entwicklungen bei Theranos nach außen gelangen und kopiert werden können.[238] Es gab darüber hinaus keinerlei interne Chatprogramme oder sonstige soziale Netzwerke, über die sich die Mitarbeiter hätten austauschen können.[239] Selbst für die hochrangigen Manager im Board of Directors blieb das interne Geschehen intransparent. Erstens verfügten die meisten von ihnen nicht über ausreichende Kenntnisse der Biochemie und zweitens konterte Elizabeth aufkommende Anfragen mit der Aussage, dass sie aus Gründen von Betriebs- und Geschäftsgeheimnissen derzeit noch keine Auskunft erteilen könne und dürfe.[240] Wenn man sich also nicht selbst täglich mit der Konstruktion der fehlerhaften Geräte und den Bluttestanalysen beschäftigte, war es unmöglich zu erkennen, dass Elizabeth allen etwas vormachte. Der Inszenierung einer professionellen und visionären Außendarstellung schien Elizabeth grundsätzlich eine hohe Bedeutung beizumessen. In ihren medialen Auftritten erinnert Elizabeth Holmes tatsächlich ein wenig an den Apple Visionär Steve Jobs. Stets bekleidet mit einem schwarzen Rollkragenpullover, der einen starken Kontrast zu ihrem blassen Gesicht und ihren roten Lippen herstellt, hat sie den Investoren des Silicon Valley ihre angeblich hochgradig innovative Geschäftsidee mit enormer Begeisterungsfähigkeit und einer ungewöhnlich tiefen Stimme vorgetragen. Mitarbeiter berichten sogar, dass ihre tief klingende Stimme antrainiert und aufgesetzt sei, um männlicher zu klingen und damit ihrem Vorbild Steve Jobs ein Stück näherzukommen.[241]

Im Silicon Valley traf Elizabeth damit auf große Begeisterung. Im bekannten US-Wirtschaftsmagazin Inc. wurde sie als „The next Steve Jobs" und „The woman who could own the future"[242] bezeichnet. „Ich kann sie mit niemandem vergleichen, weil ich noch niemanden mit ihren speziellen Attributen gesehen habe"[243], sagte der ehemalige Außenminister der USA Henry Kissinger dem Fortune Magazin. Möglicherweise hatten Elizabeth und Theranos die perfekten Voraussetzungen für eine Erfolgsgeschichte im Silicon Valley. Sie – eine hochbegabte Studentin – bricht ihr Studium nach nur drei

Semestern ab, um mit ihrer Vision die Welt zu verbessern. Damit reihte sie sich in die Hall of Fame bekannter Studienabbrecher wie Bill Gates, Mark Zuckerberg oder Steve Jobs ein.

In diesem Zusammenhang ist der aus der Wahrnehmungspsychologie bekannte Halo-Effekt erwähnenswert (Halo = Heiligenschein): die menschliche Tendenz, eine als positiv empfundene Eigenschaft unseres Gegenübers als allgemeingültigen Beweis für dessen Kompetenz zu interpretieren. Forscher haben hier beispielsweise die Entdeckung gemacht, dass Soldaten mit einer aufrechten Körperhaltung von höherrangigeren Offizieren als intelligenter, schießfähiger und sogar musikalischer eingestuft wurden.[244] Der aufrechte Gang der Soldaten stellte für die Offiziere die besagte positive – alles überstrahlende – Eigenschaft dar, die den Soldaten die genannten Kompetenzen ohne auch nur die geringste Kausalität attestierte. In diesem Kontext könnte ein Studienabbruch, gepaart mit einer überdimensionierten Vision in einer Kultur des Silicon Valley ebenfalls eine alles überstrahlende und gleichzeitig verblendende Eigenschaft darstellen. Es gibt allerdings einen großen Unterschied zwischen den genannten Personen in der Hall of Fame der Studienabbrecher und Elizabeth Holmes. Bei Microsoft (Bill Gates), Facebook (Mark Zuckerberg), Apple (Steve Jobs) und Co. handelt es sich um IT-Firmen. Dass sich Menschen außerhalb ihres Studiums Programmiersprachen beibringen, Algorithmen und User-Interfaces entwickeln oder Websites aufbauen, mag möglich sein. In der Pharmaindustrie ist ein ähnliches Unterfangen aber ohne eine medizinische und wissenschaftliche Ausbildung nahezu unmöglich. Es braucht meist mehrere Jahre intensiver und fundierter Forschungsarbeit, um überhaupt kleinste Fortschritte erzielen zu können.[245] Im Silicon Valley hatte sich niemand an diesem Umstand gerieben. Im Gegenteil: In der Kultur des *Valley* wird ein Studienabbruch teilweise als Qualitätssiegel eines erfolgreichen und genialen Gründers betrachtet. In dieser Welt liegt der Wahnsinn, das Unmögliche, in unmittelbarer Nachbarschaft zur genialen Vision. Im Fall Theranos war es vor allem die fehlende Flexibilität in der Umsetzung der eigenen Vision, die am Ende zu zahlreichen Problemen führte. Genau wie ihr Vorbild Steve Jobs war auch Elizabeth Holmes davon überzeugt, die Welt verändern zu können. Vergleichbar mit Steve Jobs standen für

Elizabeth vor allem das Design und die Anwenderfreundlichkeit im Vordergrund. Beides war nicht verhandelbar. Es durfte nur *ein einziger Tropfen Blut* sein, den die Menschen sich *selbständig* aus der *Fingerspitze* entnehmen sollten. Und die Cartridge – das kleine Plastikröhrchen – durfte unter keinen Umständen größer werden. Sie sollte der iPod der Medizin werden und musste in jede Handfläche passen, so Elizabeths Vision.[246] Dabei war eines sehr schnell klar: Ein einziger Tropfen Blut würde niemals ausreichen, um eine fundierte Blutanalyse mit über 300 Tests durchführen zu können. Doch Elizabeth ließ nicht locker. Für die Umsetzung ihres Unterfangens warb sie sogar mehrere Apple-Mitarbeiter ab. Nachdem allerdings keiner der Ingenieure, Designer oder Biochemiker aus Elizabeths Team eine solide Lösung für das Bluttropfenproblem herbeiführen konnte, entschied man sich, das Blut mit einer Salzlösung zu verdünnen, was allerdings wiederum zu verfälschten Ergebnissen führte.[247] Ein weiteres Problem verursachte ebenfalls starke Ergebnisschwankungen und hatte mit dem Körperteil zu tun, aus dem die Blutabnahme erfolgte. Aus der Fingerspitze gelangt man lediglich an sogenanntes Kapillarblut, was im Gegensatz zu venösem Blut, welches aus dem Unterarm entnommen wird, salopp formuliert verunreinigter ist und stärkeren Schwankungen unterliegt.[248] Die dritte große Herausforderung, die Elizabeths Design-Forderung mit sich brachte, lag in der Anwendung der Bluttests selbst. Dabei war es gerade die Anwendung herkömmlicher Blutabnahmen, die Elizabeth erst dazu motivierten, erfinderisch zu werden und Theranos zu gründen. Man muss sich vorstellen, dass sich vorrangig ältere Menschen Blut abnehmen lassen. Dieses Unterfangen sollten sie nun mit den Edison-Geräten *selbstständig* zu Hause durchführen. Dazu mussten sie sich mit der winzigen Lanzette in den Finger stechen, einen einzigen Tropfen Blut herausquetschen, diesen Tropfen nun mit einem kleinen Behälter auffangen und in die nur wenige Zentimeter große Cartridge hineinführen. Darüber hinaus mussten die Patienten in der Lage sein, das User-Interface der Edison-Geräte bedienen zu können.[249] All die genannten Probleme und die von Elizabeth stets hochgehaltene Doktrin *Design vor Funktion* lösten in den Investoren scheinbar keine ausreichende Motivation aus, sich die Technologie hinter den Edison Geräten einmal genauer anzuschauen oder sich eine Experteneinschätzung von außen einzuholen. Am Ende wollte man im Silicon Valley einfach sehr gerne an ein neues Wunderkind glauben.

Erinnern Sie sich noch an die Frage danach, ob 50 km/h eine hohe oder niedrige Geschwindigkeit darstellt? Wir hatten gesagt, dass die Antwort mit Ihrer Umgebungsrealität variiert. Halten Sie 10.000 US-Dollar, 100.000 US-Dollar oder gar eine Million US-Dollar für eine hohe Investitionssumme? Für die meisten von uns sind 10.000 US-Dollar oder Euro bereits eine Menge Geld, die wir nicht ohne weiteres in ein Unternehmen investieren würden. Sowohl die Höhe der Investitionssummen als auch die Geschwindigkeiten, mit der Geld in vielversprechende Silicon-Valley-Start-ups investiert werden, bewegen sich für uns allerdings in nur schwer vorstellbaren Dimensionen. So gab es im Jahr 2013 – ein Jahr vor dem Höhepunkt von Theranos Marktkapitalisierung – neununddreißig Software-Start-ups in den USA mit einer Bewertung von über einer Milliarde US-Dollar.[250] Ein millionenschweres Investment erscheint unter diesem Aspekt nicht außergewöhnlich, selbst wenn das Unternehmen bislang noch keine nennenswerten Umsätze verzeichnen kann oder deren Technologie im Hier und Jetzt noch nicht ausgereift ist. Viele dieser Investitionen bewerten zunächst einmal eine Geschäftsidee und basieren auf der Annahme, dass die technischen Entwicklungen der Unternehmen zukünftig große Anwendung finden. Gewinnorientierte Privatinvestoren oder Vermögensverwalter möchten an diesen Entwicklungen partizipieren und sind von der Sorge getrieben, dass *nächste große Ding* verpassen zu können. Durch große Investorennamen und prominente Vorstandsmitglieder wurde Theranos möglicherweise eine Kompetenz, Vertrauenswürdigkeit und Verbindlichkeit unterstellt, die einen gewissen Mitläufereffekt bei anderen Investoren bewirkt hat. Dass Überbewertungen im Silicon Valley zur Tagesordnung gehören, zeigt auch ein Statement eines ehemaligen Theranos-Mitarbeiters. Er berichtet davon, dass erfahrene Investoren bereits damit rechnen, dass Unternehmensgründer ihre Umsatzprognosen bei einem Investoren-Pitch verdoppeln. Die Investoren würden die Umsätze sodann im Kopf halbieren, um ein realistischeres Bild vom Unternehmenswert zu bekommen.[251]

Wir alle bewegen uns in diversen Umwelten, in denen wir auf die unterschiedlichsten Anforderungen, Regeln und Erwartungen treffen. Zu Hause, im Supermarkt, im Getümmel einer Großstadt, im Fitnessstudio, im Straßenverkehr, in sozialen Netzwerken und am Arbeitsplatz. In jeder dieser Umwelten gibt es sowohl explizite Regeln, die direkt an unser Verhalten appellieren, als auch implizite, ungeschriebene Gesetze, die unser Verhalten gewissermaßen lenken und begrenzen – Stichwort Müll-Experiment in der Tiefgarage.

Ob Investitionssummen in Milliardenhöhe oder Überwachung auf Toilettengängen: Was für uns absurd erscheint, ist in einer anderen Umgebung kaum der Rede wert. Über die *Norm*alität der Investmentbeträge hatte ich bereits geschrieben. Aber selbst die Geheimhaltungspraktiken und der damit verbundene Versuch, Geschäftsgeheimnisse zu hüten, ist in einer Umgebung wie im Silicon Valley, dessen dort angesiedelte Unternehmen zu großen Teilen aus immens bedeutsamen immateriellen Vermögenswerten bestehen, zumindest keine ungewöhnliche Praxis.

In den vergangenen beiden Kapiteln haben wir uns verstärkt mit der Frage auseinandergesetzt, wie situative Kräfte durch Führung und kulturelle Normen Einfluss auf unser Verhalten nehmen können. Zwischen der induzierten Macht des einzelnen Führers und den Wirkmechanismen kultureller Normen gibt es noch eine weitere Kraft, die scheinbar dazu in der Lage ist, alles erdenklich Gute aus den Menschen heraus zu motivieren als auch alle bösen Triebe zu aktivieren. Diese Kraft hat einen maßgeblichen Einfluss darauf, ob in Betrug involvierte Mitarbeiter zu Whistleblowern werden oder sich mit der Hinweisabgabe zurückhalten. Ich spreche von der Kraft der Gruppe.

Die Macht der Gruppe

Wir haben in den vergangenen Fällen immer wieder erlebt – und das ist sehr häufig so –, dass nicht eine Person allein unternehmerische Abläufe in die Kriminalität hinein orchestriert hat, sondern mehrere Personen bewusst oder unbewusst involviert waren.[252] Zwei vielfach diskutierte Fragen in diesem Zusammenhang lauten:

a) Wie und ob es sein kann, dass keiner der Mitarbeiter aus den eigenen Reihen des Unternehmens, die in der unmittelbaren Sphäre der kriminellen Machenschaften ihrer täglichen Arbeit nachgegangen sind, etwas bemerkt haben und

b) warum niemand dieser Menschen vorgetreten ist und die kriminellen Aktivitäten hat auffliegen lassen.

Ich möchte mich diesen drängenden Fragen in den nachfolgenden Ausführungen gerne von der anderen Seite nähern und den Blick auf diejenigen richten, die genau jenen vermissenden Hinweis zur Aufdeckung eines Skandales abgegeben haben: Whistleblower. Möglicherweise lassen sich aus den psychologischen Erklärungsversuchen dieser Heldentaten auch Antworten für das Unterlassen eben solcher Hinweise ableiten. Dabei lautet das zentrale Stichwort unserer angehenden Analyse *Konformität*. Was bewegt Whistleblower, sich von der Gruppe zu distanzieren, der sie sich eben noch zugehörig fühlten? Welche Dilemmata erleben Sie auf dem Weg zur Hinweisabgabe? Und warum entscheiden sich Menschen trotz illegaler Handlungen und dem daraus entstehenden schlechten Gewissen weiterhin für die Gruppe? Den Weg zur Hypothesenbildung, die uns bei der Beantwortung der genannten Fragen helfen soll, beginnen wir mit der Geschichte einer der bekanntesten Whistleblower der vergangenen zehn Jahre. Sein Name: Tyler Shultz.

Der lebensrettende Hinweisgeber

Mit seinen leicht zerzausten Haaren und locker sitzendem, grauen T-Shirt wirkt Tyler Shultz an jenem Tag im Herbst 2018 wie ein entspannter, dynamischer junger Mann, der auf dem Weg zum nächstgelegenen Surf-Hotspot ist. Tatsächlich geht es an diesem Tag allerdings um ein ernstes Thema. Das Zentrum für angewandte Ethik der Santa-Clara-Universität in Kalifornien hatte Tyler eingeladen, um über seine Erlebnisse als Whistleblower in einem der damals florierendsten Silicon-Valley-Unternehmen zu berichten. Am Ende seiner Rede ergreift eine im Publikum sitzende Frau namens Mara das Wort. Mit leicht zittriger Stimme bedankt sie sich bei Tyler für seine Courage, durch die er wahrscheinlich nicht nur ihr, sondern auch das Leben hunderter anderer Menschen gerettet hat. Sie berichtet von ihrer krankheitsbedingten Einnahme von blutverdünnenden Medikamenten und den damit verbundenen regelmäßigen Bluttests. Bei einer fehlerhaften Diagnose und dementsprechend zu hohen oder niedrigen Medikamentenverabreichung würde sie entweder ausbluten, oder es würden sich Blutgerinnsel in ihrem Körper bilden, die zu einem Herzinfarkt führen könnten.[253] Vielleicht ahnen Sie bereits, dass es sich bei der Hinweisabgebe von Tyler um das uns bereits bekannte Unternehmen Theranos unter der Leitung von Elizabeth Holmes handelt. Elizabeth hatte angegeben, mit ihrer Innovation Namens Edison mit einem einzigen Tropfen Blut über 300 Blutanalysen durchführen zu können. Ein großer Schwindel, wie nach einigen Jahren bekanntgeworden war. Die Testergebnisse waren regelmäßig sehr ungenau und führten im schlimmsten Fall zu einer falschen Einschätzung der medikamentösen Dosis für einen Patienten. Einer dieser Patienten hätte Mara, die Frau aus dem Publikum, sein können, da die Theranos-Bluttests damals unter anderem in einem lokalen Drogeriemarkt nahe ihrer Wohnung angeboten wurden.

Über Ambitionen eines jungen Studenten und das Hineinwachsen in die Kriminalität

Die ersten Begegnungen mit Elizabeth und Theranos hatte der junge, intelligente Tyler während seines Maschinentechnikstudiums an der renommierten Stanford University gemacht. Während eines studentischen Praktikums bei Theranos vermittelte Elizabeth ihm und der Belegschaft immer wieder sehr eindringlich, an welch großartiger Vision sie alle arbeiten würden. Tyler war beeindruckt vom Enthusiasmus und Engagement der Theranos-Gründerin. Sie hatte die Fähigkeit, die Menschen in ihrer Umgebung durch ihre visionäre Kraft in ihren Bann zu ziehen. In direkten 1:1-Kontakten blickte sie ihre Gesprächspartner mit ihren großen Augen so eindringlich und aufmerksamkeitsgebend an, dass man den Eindruck hatte, sich im wohligen Zentrum ihres Daseins zu befinden.[255] Es war jene Begeisterungs- und Einnahmefähigkeit von Elizabeth sowie die bahnbrechend erscheinende Innovation von Theranos, die Tyler dazu veranlasst haben, seinen Studienschwerpunkt weg von Maschinentechnik hin zu Biologie zu verlagern. Nach seinem Studium heuerte Tyler schließlich bei Theranos an. Seine Aufgabe bestand im Wesentlichen darin, die Genauigkeit und Zuverlässigkeit der Blutanalysen zu messen, die mit der Edison-Apparatur durchgeführt wurden. Dazu wiederholten Tyler und seine Kollegen die Bluttests mit der Blutprobe eines Patienten diverse

Male, um mögliche Abweichungen in den Testergebnissen festzustellen.[256] Zu seinem Bestürzen stellte Tyler fest, dass der Variationskoeffizient (VK) – ein statistischer Wert zur Ermittlung dieser Abweichungen – regelmäßig deutlich über dem damals von Theranos angegebenem Schwellenwert von zehn Prozent gelegen hatte. Statt jedoch die hohen Abweichungen zu notieren und zu melden, wurden Tyler und seine Kollegen zu einer anderen Problembeseitigung angehalten. Erstens sollten sie sogenannte statistische Ausreißer eliminieren und zweitens die Tests erneut durchführen – und zwar solange, bis man einen VK unter zehn Prozent erreichte. Diese statistische Logik ist in etwa damit vergleichbar, einen Würfel solange zu werfen, bis dieser zehn Mal eine drei anzeigt, um dann zu behaupten, dass man mit diesem Würfel immer eine drei werfen würde.[257] Obwohl Tyler erkannte, dass diese Vorgehensweise nicht die Anforderungen einer statistisch-wissenschaftlichen Analyse erfüllte, ging er den Weg zunächst mit. Vergleichbar mit den neuen Mitarbeitern von HealthSouth wurde auch Tyler in die merkwürdigen Herangehensweisen von Theranos hineingeboren und eingearbeitet. Es schien bei Theranos gängige Praxis zu sein, und wenn sein Team aus hochausgebildeten Wissenschaftlern keine Andeutungen einer Unregelmäßigkeit zum Ausdruck brachten, warum sollte er es tun. Diese gängige Praxis internalisierte Tyler schließlich zu einer Gewohnheit. Er sagte: „*And at first that seems kind of weird but then you eventually kind of like fall into the habit of doing that …*“[258]

Tylers Gewohnheit wurde allerdings kurze Zeit später erschüttert. Als klinisches Labor war Theranos in den USA dazu verpflichtet, drei Mal im Jahr einen sogenannten Proficiency-Test durchzuführen und diesen den Behörden nachzuweisen. Dazu sendete die überprüfende Behörde eine Plasmaprobe an Theranos, mit der das Unternehmen einige vorgegebene Analysen durchführen sollte. Die Analyseergebnisse mussten anschließend an die Behörde zurückgesendet werden, die die Genauigkeit der Ergebnisse überprüfte. Der Proficiency-Test ist eine gängige Maßnahme in den USA, um Labore vom Markt zu nehmen, deren Analysen nicht exakt genug sind. Tyler hatte im Rahmen dieser gesetzlich verpflichtenden und genau definierten Leistungsüberprüfung mitbekommen, dass Theranos sich nicht an die Regeln gehalten hatte. Die Laboranten hatten die Analysen der Plasmaproben sowohl mit

Edison als auch mit den herkömmlichen Geräten bekannter Hersteller wie Siemens durchgeführt, deren Funktionstüchtigkeit bewiesen war. Bei der Auswertung der Ergebnisse ergaben sich wie erwartet enorme Abweichungen zwischen den Edison- und den Siemens-Analysen. Also sendete Theranos die Siemens-Ergebnisse an die Behörden und deklarierte sie so, als stammten sie aus der Theranos eigenen Edison-Maschine. Im Gegensatz zu den statistischen Abweichungsanalysen war sich Tyler dieses Mal sicher, dass der Theranos-Proficiency-Test ganz eindeutig gegen das Gesetz verstoße.[259] Diese Erkenntnis setzte möglicherweise den Hinterfragungsprozess in Gang, der auch die Gewohnheit um die Berechnung des Variationskoeffizienten infizierte und durchbrach.

Tyler wandte sich mit seinen Bedenken an Elizabeth und sagte ihr, dass er die Behauptung von Theranos eines VK unterhalb von zehn Prozent auf Basis seiner eigenen Tests nicht bestätigen könne. Elizabeth verwies ihn derweil auf den hochrangigen Theranos-Manager Daniel Young, der seine Bedenken sicherlich aus dem Weg räumen könne. Und tatsächlich versuchte Daniel Tyler kurze Zeit später zu erklären, dass seine Berechnungen nicht korrekt seien.[260] So verwende Tyler als statistischen Mittelwert das arithmetische Mittel, Theranos hingegen ziehe den Median heran. Dies ist in der Statistik erst einmal nichts Ungewöhnliches. Der Median ist ein geeignetes Mittel, um große und unregelmäßige Ausreißer in einer Stichprobe herauszufiltern und somit Ungenauigkeiten auszugleichen. Nehmen Sie einmal die folgenden Zahlen: 1,10,150,1000, 1500. Der Median (der sich in der Mitte befindende Wert der 5 angegebenen Zahlen) ist 150, das arithmetische Mittel (der Durchschnittswert aller fünf Zahlen) beträgt allerdings 532,2. Daraus ergeben sich massive Unterschiede in der weiteren Berechnung des VK. Wie gesagt werden mit dem Median üblicherweise große Ausreißer aus statistischen Berechnungen herausgefiltert. Wenn sich in den Berechnungen allerdings dauerhaft große Abweichungen befinden – dies also die Regel ist – dann ist die Herausrechnung dieser Werte sehr riskant, zumal wenn sie Einfluss auf die Zulassung von medizinischen Tests haben. Im Gespräch mit Elizabeth hatte Tyler neben der statistischen Auswertung noch Bedenken hinsichtlich der Aussage von Theranos geäußert, dass deren Blutanalysen schneller und genauer seien als bisherige Verfahren. Elizabeth entgegnete, dass Theranos dies nicht behaupte und dass – sofern er das irgendwo mitbekommen sollte – er Elizabeth gerne darüber informieren solle. Zurück an seinem Schreibtisch googelte er nach *Theranos* und erhielt prompt etliche Suchergebnisse mit Artikeln deren Inhalt im Kern lautete *„Theranos – schneller, effizienter, genauer"*.[261] In einem Artikel hatte Elizabeth diese Aussage im Rahmen eines Interviews mit dem Wall Street Journal selbst getätigt. Tyler fragte daraufhin Daniel Young, ob er die Theranos-Bluttests für die genauesten am Markt halte. Als auch Daniel nicht zu glauben schien, dass Theranos diese Behauptung anstellte, zeigte Tyler ihm den Artikel mit dem Interview von Elizabeth. Daniel schob die Aussage von Elizabeth darauf, dass sie in Interviews immer ein bisschen übertreiben würde.[262] Demnach sollte er das Statement um die Genauigkeit selbst nicht so genau nehmen. Aber was war mit den illegalen Proficiency-Tests, deren Ergebnisse aus herkömmlichen Siemens-Geräten und nicht aus den von Theranos entwickelten und umworbenen Edison-Geräten stammten? Auch dazu hatte Daniel eine Erklärung, die zumindest nicht unplausibel wirkte. Daniels Argument basierte auf der Besonderheit von Edison. So würden die Behörden mit den Proficiency-Tests Ergebnisse vergleichbarer Technologien analysieren wollen. Da es auf dem Markt aber keine Technologie gab, die mit den *innovativen* Edison-Geräten vergleichbar war, musste Theranos die herkömmlichen Siemens-Geräte in den Leistungstests der Behörden heranziehen. Alles würde mit rechten Dingen zugehen und Tyler brauche sich keine Sorgen zu machen. Doch Tyler blieb skeptisch. Schließlich führte Theranos bereits Patientenproben mit den Edison-Geräten durch, also mussten sie sich auch einem neutralen und unabhängigen Funktionstest vollziehen und die Ergebnisse an die Behörden zurückmelden, war sich Tyler sicher. Nachdem die theranos-internen Erklärungsversuche für ihn nicht zufriedenstellend waren, wandte er sich mit seinen Bedenken an die New Yorker Gesundheitsbehörde. Diese bestätigte ihm, dass die Vorgehensweise von Theranos bei den Proficiency-Tests sehr nach Betrug klingen würde. Fortan war sich Tyler sicher, dass Theranos auf diversen Ebenen betrügen und falsche Versprechen abgeben würde.[263]

Der steinige Weg zur Hinweisabgabe

Möglicherweise ist Ihnen die Namensparallele in der Theranos-Geschichte aus dem vorangegangenen Unterkapitel bereits aufgefallen: Tyler trägt denselben Nachnamen jenes Mannes, der in den USA als ehemaliger Arbeits-, Finanz-, und Außenminister unter mehreren Präsidenten gearbeitet hat und nun im Board of Directors bei Theranos saß. Jener Mann trägt den Namen George Shultz und ist der Großvater von Tyler. Als die New Yorker Gesundheitsbehörde Tylers Verdacht betrügerischer Handlungen von Theranos mit den Proficiency-Tests bestätigte, hatte er sofort den Impuls, seinen Großvater darüber in Kenntnis zu setzen. Tyler erzählte ihm alles, was er wusste: von den statistischen Methoden, den blutverdünnenden Maßnahmen, der eingeschränkten Funktionsweise der Edison-Geräte und den Proficiency-Tests. Die Reaktion seines Großvaters hatte sich Tyler allerdings gänzlich anders vorgestellt. George glaubte ihm nicht. Er konnte sich nicht vorstellen, dass Elizabeth – die er selbst häufig als den nächsten Steve Jobs bezeichnet hatte – der Welt den ganzen bisherigen Erfolg von Theranos nur vorgegaukelt haben soll. George bat ihn, sich mit Elizabeth in Verbindung zu setzen und ihr seine Bedenken gut ausformuliert mitzuteilen. Tyler willigte ein. In einer langen E-Mail fasste er seine Bedenken und Erkenntnisse sowie seine Gespräche mit Daniel Young zusammen. Tyler wollte das Unternehmen nicht verlassen, bevor er nicht zumindest eine Stellungnahme von der Unternehmensleitung bekam.[264] In seiner E-Mail äußerte er seine Bedenken im Zeichen seiner Zugewandtheit zu Theranos: „Ich bin von der langfristigen Vision dieser Firma überzeugt, mache mir aber Sorgen, dass uns einige unserer derzeitigen Praktiken daran hindern werden, unsere höheren Ziele zu erreichen."[265]

Als Tyler nach einigen Tagen eine Antwort erhielt, wurde ihm klar, dass es an der Zeit war, seinen Job bei Theranos zu kündigen. Sunny Ballwani, der Lebensgefährte und Sparringspartner von Elizabeth, schrieb Tyler eine bitterböse Nachricht, die im Kern vermittelte, dass Tyler zu jung und unerfahren sei, über keine ausreichenden statistischen oder labortechnischen Kenntnisse verfüge, das Unternehmen mit seiner Ignoranz beleidigt habe und er für sein Verhalten zur Rechenschaft gezogen werden würde, wäre er nicht der Enkel von George Shultz. Tyler hatte das Unternehmen noch am gleichen Tag nach insgesamt acht Monaten wieder verlassen.[266] Dass er sich einige Monate später mit einem Enthüllungsjournalisten des Wall Street Journal treffen und einen der größten Skandale des Silicon Valley offenlegen würde - das wusste Tyler zu diesem Zeitpunkt noch nicht.

Das Dilemma der Whistleblower

Wenn man sich die Geschichten um Tyler Shultz und vieler anderer Whistleblower durchliest, könnte sich einem die Frage aufdrängen, warum sich solche Menschen für diesen enorm belastenden Weg der Hinweisabgabe entscheiden. Schließlich hatte es Tyler mit einem der aufstrebendsten Unternehmen in den USA zu tun. Theranos hatte einige der einflussreichsten und finanziell wohlhabendsten Menschen der USA in ihrem Board of Directors vereint und scharrte die erfolgreichsten Anwälte des Landes um sich. Mit Elizabeth Holmes hatte er nicht nur eine medial in den höchsten Tönen gelobte Gründerin gegen sich aufgebracht, sondern auch eine Person, die seiner Familie sehr nahegestanden hatte. Elizabeth feierte mit der Familie Shultz Thanksgiving, nahm an Geburtstagsfeiern teil und war regelmäßiger Gast bei Tylers Großvater George.[267] Nochmal: Warum ging Tyler das Risiko eines Rechtsstreites mit einem derart mächtig erscheinenden Unternehmen ein und darüber hinaus noch gewichtiger – das Risiko, mit seiner Familie zu brechen?

Um das innere Hin- und Hergerissensein von Menschen in Situationen, wie Tyler sie erlebt hat, besser nachvollziehen zu können, möchte ich Sie einmal mehr dazu einladen, sich in die nachfolgende Situation hineinzuversetzen:

Stellen Sie sich vor, Sie nehmen an einem wissenschaftlichen Experiment zur Einschätzung der menschlichen Sehfähigkeit teil. Im Labor angekommen, treffen Sie auf weitere Probanden, die sich genauso wie Sie dafür entschlossen haben, Ihre Sehkraft im Dienste der Wissenschaft untersuchen zu lassen. Der Experimentleiter begrüßt Sie freundlich und stellt Ihnen den Versuchsaufbau vor, der Ihnen relativ unkompliziert erscheint. Und zwar wird man Ihnen und den sieben anderen Probanden, die sich mit Ihnen im Raum befinden, nacheinander drei schwarze Linien zeigen, die senkrecht nebeneinander auf einem Pappschild aufgemalt sind. Sie müssen keine großen Anstrengungen unternehmen, um zu erkennen, dass die Linien unterschiedlich lang sind. Es gibt eine kurze, eine mittellange und eine lange Linie auf dem Pappschild. Neben das Pappschild mit den drei Linien hält der Experimentleiter ein weiteres Schild hoch, auf das nur eine einzige Linie gezeichnet ist, die sogenannte Referenzlinie. Ihre einzige Aufgabe besteht nun darin, Ihre Einschätzung darüber abzugeben, welche der drei Linien auf dem ersten Pappschild in der Länge exakt der Referenzlinie entspricht. Insgesamt gibt es achtzehn Durchgänge, in denen Sie Ihre Sehkraft unter Beweis stellen sollen. Nachdem jeder der sieben Probanden seine Einschätzung laut und deutlich abgegeben hat, sind Sie als Letzter an der Reihe. Die Aufgabe erscheint Ihnen und den anderen Probanden anfänglich sehr leicht zu fallen und Ihre Einschätzung deckt sich komplett mit denen der anderen Gruppenmitglieder. Doch plötzlich verändert sich etwas. Die Teilnehmer vor Ihnen – die übrigens allesamt Komplizen des Experimentleiters sind – fangen an, Einschätzungen abzugeben, die sich nicht mehr mit Ihren decken. Diese sagen beispielsweise, dass die kurze Linie genauso lang ist wie die Referenzlinie, obwohl Ihr Sehsinn Ihnen eindeutig mitteilt, dass die Referenzlinie der längsten Linie auf dem Pappschild entspricht. Jeder der sieben Probanden ist sich sicher: Es ist die kurze Linie. Sie alle signalisieren ihre Einschätzung mit hoher Selbstsicherheit und ohne großes Zögern an den Experimentleiter. Nun sind Sie an der Reihe. Die anderen sieben Teilnehmer beobachten Sie, während Sie die Linien noch einmal kritisch betrachten. Welche Antwort geben Sie? Verteidigen Sie Ihren Sehsinn oder gehen Sie mit der Gruppenmeinung?[268]

Wahrscheinlich haben Sie bereits gemerkt, dass mit dem Experiment – welches erstmalig von dem bekannten Psychologen Solomon Asch im Jahr 1958 durchgeführt wurde – nicht Ihre Sehstärke, sondern Ihr Verhalten innerhalb einer Gruppe untersucht werden sollte.[269] Warum habe ich Ihnen dieses Experiment vorlegt, und was hat das mit Tyler Shultz zu tun? Nun, Whistleblower wie Tyler erleben auf dem Weg zur Hinweisabgabe, währenddessen und auch danach in der Regel enorme seelische Belastungen.[270] Diese Belastungen begründen sich im Wesentlichen in der Verletzung zweier moralischer Kernwerte, die sich am ehesten mit *Gerechtigkeit* und *Loyalität* bezeichnen lassen. Als soziale Wesen folgen viele unserer Verhaltensweisen unserem natürlichen Drang nach einem fairen Ausgleich untereinander. Gerechtigkeit spielt in unserer Sozialisation eine große Rolle. Dinge zu teilen, Menschen zu helfen,

Ungerechtigkeiten zu verhindern sind jene Tugenden, die uns bereits in den Kinderschuhen beigebracht werden. Auf der anderen Seite zeichnen wir uns durch ein intensives Bedürfnis nach Bindung und Zugehörigkeit zu einer Peergroup aus, in der wir uns willkommen fühlen und einen sicheren Platz haben. Um die Segnungen dieser Gruppe beizubehalten, sind wir bereit, gewisse Entscheidungen dieser in Kauf zu nehmen – *loyal* gegenüber der Gruppe zu sein –, auch wenn wir bestimmte Verhaltensweisen einzelner Mitglieder oder gar der Gesamtgruppe nicht zu einhundert Prozent befürworten. Ähnlich wie Tyler sind die meisten Whistleblower im Bereich Wirtschaftskriminalität Mitarbeiter aus den betreffenden Unternehmen selbst. Wie die meisten von uns, haben auch sie sich ihren Arbeitgeber, ihre damit verbundenen Tätigkeiten und zu verwirklichenden Rollen nach dem Passungsverhältnis mit ihrer eigenen Identität ausgesucht. „Kann ich mich mit dem Unternehmen/der Tätigkeit identifizieren?" ist eine nicht selten vorkommende Leitfrage bei der Berufsauswahl. Einmal angeheuert, tun wir viel dafür, um in dieser neuen Gruppe von Menschen – mit denen wir uns ja aufgrund der gemeinsamen Berufswahl gut identifizieren können – Fuß zu fassen, akzeptiert zu werden, dazuzugehören. In der Gruppe sind wir manchmal bereit, Dinge zu tun oder zu akzeptieren, die wir als Einzelperson so nie getan hätten. Und manchmal – so scheint es – folgen wir einer Masse bedingungslos und opfern sämtliche Selbstständigkeit zugunsten der Gruppenzugehörigkeit. Im Asch-Experiment haben sich die Probanden in sechsundsiebzig Prozent der Fälle mindestens einmal der offensichtlich falschen Gruppenmeinung angeschlossen, statt ihren Standpunkt offen zu vertreten. Dabei hatten die Versuchsteilnehmer bis auf die Tatsache, dass sie alle die Rolle der Probanden einnahmen, nicht einmal einen Grund für eine intensive Identifikation mit der Gruppe. Auch wurde den Teilnehmern keine Zeit eingeräumt, um sich kennenzulernen und somit Meinungsführer zu entwickeln oder eine Gruppenidentität zu bilden, wie wir es in Abteilungen oder kleinen Teams aus dem Unternehmenskontext kennen.

Nonkonformität scheint uns extrem schwer zu fallen, und tatsächlich gibt es neurobiologische Erkenntnisse, die belegen, dass wir bei bewusster Nichtentsprechung der Gruppenerwartung einen physischen Preis bezahlen – doch dazu mehr im nächsten Unterkapitel.[271] Sich von der eigenen Gruppe zu lösen

– selbst, wenn wir rational betrachtet wissen, dass es aus Gerechtigkeitsgründen richtig ist –, fällt uns nicht leicht. Für Whistleblower könnte man vereinfacht formulieren, dass je geringer das Bedürfnis nach Zugehörigkeit und Loyalität zu unserer Arbeitspeergroup ist, desto eher gewinnt unser Streben nach Gerechtigkeit den Kampf im Dilemma der beiden moralischen Kernwerte. Auch bei Tyler lassen sich dieser Kampf und die damit verbundenen inneren Dynamiken erkennen. Zunächst einmal könnte man argumentieren, dass Tyler durch die familiäre Nähe von Elizabeth zu seinem geschätzten Großvater George eine inhärente Verbundenheit und ein Identitätserleben verspürte, ohne je bei Theranos gearbeitet zu haben. Nach seinem ersten Praktikum war er von Elizabeths begeisternder Strahlkraft sowie der innovativen Idee von Theranos so eingenommen, dass er sogar seinen Studienschwerpunkt änderte und für eine Karriere bei Theranos ausrichtete. Sie erinnern sich – Stichwort Identifikationsmacht. Gleichzeitig gab es dieses enorme mediale Echo über die weltverändernde Innovationskraft von Theranos, an der Tyler als intelligenter Wissenschaftler und Absolvent einer der renommiertesten Universitäten verständlicherweise nur zu gerne teilhaben wollte. Für die Zugehörigkeit einer solchen Gruppierung und das Vorantreiben einer derart großen Sache ist man bereit, ein großes Stück an Loyalität zuzusichern, auch wenn dies bedeutet, Dinge zu tun, die man für nicht ganz richtig hält. So hatte Tyler wochenlang die Testergebnisse der Edison-Geräte manipuliert, um einen akzeptablen Variationskoeffizienten nachweisen zu können. Es schien, als wäre der Sinn für Gerechtigkeit zwar bereits auf dem Vormarsch, während das Bedürfnis nach Zugehörigkeit aber noch auf Platz 1 lag und Tylers Verhalten dirigierte. Dieses Verhältnis kehrte sich Zug um Zug um, als Tyler von den gefälschten Proficiency-Tests erfahren hatte und die New Yorker Gesundheitsbehörde seinen Verdacht auf Betrug untermauerte. Er empfand diese Vorgehensweise als derart verachtenswert, dass das anfängliche Identitätsgefühl mit dem Unternehmen und dessen Praktiken langsam schwand. Als er weder von Elizabeth Holmes noch von Daniel Young eine für ihn zufriedenstellende Erklärung bekam – im Gegenteil: Elizabeth log ihm sogar ins Gesicht –, wollte er dieser Gruppe fortan nicht mehr angehören. Trotzdem blieb er auf Bitte seines Großvaters noch im Unternehmen und versuchte in einem letzten

Akt, Elizabeth eine Erklärung abgeben zu lassen und mehr noch: bot ihr an, gemeinsam an Lösungen zu arbeiten, die solche Praktiken unnötig machten. Man könnte sagen, es stand 1:1 zwischen Gerechtigkeit und Loyalität. Erst die bitterböse E-Mail von Elizabeths Lebensgefährten und Sparringspartner Sunny Ballwani brachte den Punktsieg für die Gerechtigkeit – 2:1! Ein 2:1 reicht allerdings noch nicht aus, um jemanden zu einer Hinweisabgabe mit allen Konsequenzen zu bewegen.

Loyalität ist ein aus psychologischer Perspektive existenzieller Wert für das gesellschaftliche Zusammenleben, der unsere Gruppenzugehörigkeit sichert. Obwohl Tyler strikt gegen die betrügerischen Praktiken von Theranos war, hatte er in seiner achtmonatigen Unternehmenszugehörigkeit ihm zugewandte und intelligente Menschen erlebt und kennengelernt, die ihre Arbeit nach bestem Wissen und Gewissen verrichtet haben. Es braucht sehr viel – einen eindeutigen Punktsieg für die Gerechtigkeit sozusagen –, um jegliche Loyalitätsbedürfnisse gegenüber unserer Peergroup abzustellen. Tyler fühlte sich möglicherweise immer noch mit jenen treu und hart arbeitenden ehemaligen Kollegen verbunden, die weiterhin an die Vision von Theranos glaubten. Gefangen in diesem Loyalitäts- und Gewissenskonflikt, entscheiden sich viele Menschen für eine der beiden folgenden Optionen, um dem Dilemma Herr zu werden: Entweder sie kündigen ihren Job und entfernen sich damit nicht nur seelisch, sondern auch räumlich aus dem Kosmos ihrer Belastungsursache. Oder sie bedienen sich eines anderen moral-psychologischen Tricks. Und zwar geben sie einen kleinen und sehr unkonkreten Hinweis ab, der weder Personen noch detaillierte Handlungsbeschreibungen der kriminellen Aktivitäten beschreibt. Anstatt also zu sagen „Der und der haben im großen Stil dann und dann Korruption in jenem Umfang betrieben“ verfassen solche Hinweisgeber schlicht eine kurze anonyme Meldung „Da läuft was nicht ganz richtig“. Psychologisch wird dadurch das Gefühl des empfundenen Verrates gegenüber der eigenen Gruppe reduziert, weil a) die Verantwortung der konkreten Aufklärung an eine dritte Stelle abgegeben wird – derjenige hat ja keine Namen genannt und erlebt dementsprechend auch keinen Loyalitätskonflikt, und b) wird damit dem eigenen Wunsch nach Gerechtigkeit und Prinzipientreue nachgegangen – derjenige hat ja immerhin auf die Missstände aufmerksam gemacht.

Tyler hatte sich für die erste Variante entschieden und bei Theranos gekündigt. Zu diesem Zeitpunkt hatte er allerdings noch nicht in Erwägung gezogen, einen Hinweis abzugeben. Wir erinnern uns – es steht 2:1 für die Gerechtigkeit. Der weitere Abnabelungsprozess von Elizabeth und Theranos erfolgte erst nach seiner Kündigung.

Als Tyler am Tag seines Ausscheidens auf dem Weg nach Hause war, bekam er einen Anruf seiner Mutter, die ihm mit erregter Stimme sagte, dass er *damit* aufhören solle. Tyler nahm an, seine Mutter habe Angst um seinen Job, würde sich Tyler weiter so kritisch gegenüber Theranos äußern. Er sagte ihr, dass es zu spät sei und er bereits gekündigt habe. Doch seine Mutter wollte auf etwas anderes hinaus. Sein Großvater George Shultz hatte sie kurz zuvor darüber informiert, dass Elizabeth bei George angerufen hatte und ihm ganz eindringlich klarmachte, dass Tyler verlieren würde, sollte er weiterhin versuchen, Theranos zu schaden. Mit anderen Worten: Theranos würde rechtlich gegen Tyler vorgehen, würde er auch nur ein Sterbenswörtchen über die *angeblichen* Dinge, die er meint gesehen zu haben, nach außen preisgeben.[272] In den nachfolgenden Monaten wurde Tyler von Privatdetektiven ausspioniert und von den Theranos-Anwälten eingeschüchtert. George Shultz' Verhältnis zu Elizabeth bestand weiter und festigte sich, während sich Tyler immer weiter von seinem Großvater distanzierte. Im Frühjahr 2015 bekam Tyler schließlich eine Nachricht über die Netzwerkplattform LinkedIn von einem Journalisten des Wall Street Journal, der mit Tyler über Theranos sprechen wollte.[273] Nachdem er etwa einen Monat nicht darauf reagiert hatte, rief er den Journalisten namens John Carreyrou an. Die beiden trafen sich im Mai 2015 in einem überfüllten Biergarten, wo Tyler seine Erlebnisse bei Theranos an John herantrug. Trotz aller Bemühungen von Tyler und John, ihr Treffen möglichst geheim zu halten, hatte Theranos davon mitbekommen. Drei Wochen nach ihrem Gespräch fragte Tylers Vater ihn beim Abendessen, ob er mit irgendwelchen Investigativjournalisten gesprochen hatte. Tyler bejahte, worauf sein Vater die Fassung verlor. „Wie blöd kann man nur sein?“[274], brüllte er. Kurz zuvor hatte sich Tylers Großvater George bei seinen Eltern gemeldet und sie darüber informiert, dass Theranos wisse, dass sich Tyler mit einem Journalisten des Wall Street Journals getroffen hatte und bat um ein Treffen mit seinem Enkel. Tyler willigte unter der Bedingung ein, dass keine Theranos-Anwälte bei dem Treffen dabei sein dürfen. George stimmte zu. Kurze Zeit später trafen sich die beiden bei George zu Hause. Tyler konnte es nicht fassen. Sein Großvater hatte sich nicht an die Vereinbarung gehalten. Zwei sehr dominant auftretende Rechtsanwälte von Theranos bemühten sich, Tyler unter enormer Druckausübung zur Unterzeichnung einer Verschwiegenheitserklärung zu bewegen.[275] Tyler lehnte die Unterzeichnung der Dokumente ab. Er war äußerst enttäuscht von seinem Großvater und wütend auf Elizabeth, die Rechtsanwälte und Theranos. Am Ende war die Identitätsverbindung zwischen Tyler und Theranos komplett aufgelöst. Nichts war mehr übrig von der anfänglichen Euphorie, die ihn damals zum Wechsel seines Studienschwerpunktes veranlasst hatte. Der Wille unbedingter Zugehörigkeit transformierte sich zu reinen Flucht- und Kampfimpulsen. Er fühlte Verachtung für Elizabeth, Theranos und dessen juristische Gefolgschaft und war wütend darüber, dass sie seine Familie benutzten, um ihn zu beeinflussen. Es war soweit. Die Gerechtigkeit siegte auf ganzer Linie. Mit diesem eindeutigen Ergebnis war Tylers Abkopplungsprozess von Theranos endgültig vollzogen. Tyler konnte sich endlich aus der unkomfortablen Situation des Spagats zwischen den beiden Stühlen Loyalität und Gerechtigkeit befreien. Er stand nun mit beiden Beinen fest und sicher auf dem Stuhl der Fairness, Prinzipientreue und Gerechtigkeit. Dieser Moment bewegte Tyler endgültig dazu, seine Erlebnisse vollumfänglich mit dem Journalisten John Carreyrou und dem Wall Street Journal zu teilen, und wenn nötig, in einen langen Rechtsstreit mit Theranos zu gehen.

Der hohe Preis für Konformität und Nonkonformität

Erinnern Sie sich noch daran, wann Sie sich das letzte Mal entschieden gegen die Meinung einer Gruppe gestellt haben, der Sie sich zugehörig fühlen? Wie ist es Ihnen dabei ergangen? Welche Gedanken gingen in Ihnen vor? Ist Ihnen die Verkündung Ihrer eigenen Meinung leichtgefallen? Haben Sie sie einfach gerade heraus an die Gruppenmitglieder herangetragen? Oder haben Sie gezögert? Im Konformitätsexperiment von Asch haben wir gesehen, dass Menschen in den überwiegenden Fällen eines Gruppendiskurses die eigene Meinung zugunsten der Gruppenerwartung unterdrücken. Auch Tyler Shultz hatte sich nicht sofort gegen die Arbeitsmethoden bei Theranos aufgelehnt, sondern erst im Rahmen eines sich vollziehenden Abnabelungsprozesses von der Gruppe. Es gab bei Theranos – wie bei anderen großen Wirtschaftsskandalen auch – einige Mitarbeiter, die ebenfalls Zeuge von illegalen Praktiken wurden, aber nie etwas gesagt haben. Im Jahr 2006 wurde CEO Elizabeth Holmes beispielsweise vom großen Schweizer Pharmakonzern Novartis eingeladen, um die Funktionsweise der Edison-Geräte live zu demonstrieren. Da die Geräte jedoch nicht zuverlässig arbeiteten, hatten Mitarbeiter im Vorfeld an das Treffen Bluttestergebnisse aufgezeichnet und diese – statt die Ergebnisse live und vor Ort durchgeführter Tests – präsentiert. Tim Kemp – ein Theranos-Manager – hatte die aufgezeichneten Ergebnisse während der Präsentation ad hoc in die Schweiz zu Elizabeth gemailt.[276] Als der damalige Theranos-Finanzchef Henry Mosley davon unterrichtet wurde, sprach er Elizabeth sogar darauf an. Kurze Zeit später war er nicht mehr im Unternehmen.[277] Einen Hinweis an die Behörden oder Journalisten hatte er aber nie abgegeben. Beinahe wären die untauglichen Edison-Blutanalysegeräte sogar bei Walgreens, eine der größten Apothekenketten in den USA, oder bei Safeway, eine der größten Supermarktketten in den USA, installiert worden. Der ehemalige CEO von Safeway, Steve Burd, veranlasste sogar den Umbau von 1.700 Filialen für 350 Millionen US-Dollar, um Kunden in einem separaten Bereich des Supermarktes Bluttests mit den Edison-Geräten anzubieten.[278] Wie konnten die Mitarbeiter von Theranos ein solches Unterfangen und die damit verbundenen Risiken mittragen und verantworten? Zahlreiche Menschen, wie die eingangs im Kapitel erwähnte Mara, hätten auf Basis der fehlerhaften Diagnosen lebensgefährliche Medikamenttherapien erhalten können.

Es scheint, als würde zumindest ein Teil der Wahrheit auf die Frage „Wie konnten die nur..?!“ in der psychologischen Dynamik von Gruppen liegen. Möglicherweise hilft es, den Einzeltäter vom Täter der Masse zu unterscheiden. Der bekannte Sozialpsychologe Gustave Le Bon schreibt dazu, dass die Verbrechen der Masse Teil einer starken Suggestion sind. Diese Suggestion könnte beispielsweise darin bestehen, etwas Gutes, Ehrbares zu tun, für die Sache zu kämpfen und Teil einer großen Vision zu sein. Die Täter der Masse sind dann hinterher schlicht davon überzeugt, ihrer Pflicht nachgekommen zu sein.[279]

In der Masse scheinen Menschen bereit zu sein, grausame Dinge zu tun, die die Schadensintensität wirtschaftskrimineller Handlungen und unsere moralische Vorstellungskraft bei Weitem übersteigen. Eines der mir bekanntesten Beispiele dafür liefern die Erkenntnisse um das Hamburger Reserve-Polizeibataillon 101, welche in dem Buch *Ganz normale Männer* von dem Historiker Christopher R. Browning analysiert und aufbereitet wurden.[280]

Ganz normale Männer

Als die Männer des Hamburger Reserve-Polizeibataillon 101 im Juni 1942 in die polnische Kleinstadt Józefów geschickt wurden, hatten sie noch keine Ahnung, was sie dort erwarten würde. Ihnen wurde lediglich gesagt, dass sie in den von den Nazis besetzten Gebieten die Sicherheitslage stabilisieren sollten. Vor Ort angekommen, trat der damalige Berufspolizeioffizier Major Wilhelm Trapp vor seine 500 Mann starke Truppe und verkündete, dass er den Männern einen furchtbaren Befehl zu übermitteln habe.[281] Die Reservepolizisten sollten das Deutsche Reich bei der sogenannten *Endlösung der Judenfrage* unterstützen. Das Nazi-Regime hatte kurz zuvor beschlossen, in den kommenden Monaten elf Millionen Juden zu ermorden. Da man allerdings bereits zahlreiche Männer an der Front verloren hatte, standen nicht genügend Kriegsdiener zur Verfügung, um dieser Gräueltat Herr zu werden. Hier sollte das Reserve-Polizeibataillon aushelfen. Jeder mit jüdischer Abstammung sollte exekutiert werden, egal ob Männer, Frauen oder Kinder. Als der damalige Major Wilhelm Trapp den Auftrag an jenem Tag in Józefów aussprach, fügte er hinzu: „Wer sich das nicht zutraut, muss nicht mitmachen."[282] Die Aussage war aufrichtig ernst gemeint.[283] Seine Männer waren keine kaltblütigen Mörder. Nur ein Drittel von ihnen war in der NSDAP und vier Prozent in der SS.[284] Unter ihnen waren Bäcker, Handwerker, Schreiner und Kaufleute – es handelte sich um einen Querschnitt der durchschnittlichen Hamburger Bevölkerung.[285] Nun standen diese Männer in Polen, bekanntgemacht mit diesem schrecklichen Auftrag und mit der Chance, sich diesem *ohne Konsequenzen* zu widersetzen. Was glauben Sie: wie viele Männer sind vorgetreten, bereit diesen Auftrag abzulehnen, abzureisen und nicht zum Mörder zu werden?

Langsam, aber sicher meldete sich einer, dann zwei. Plötzlich wurden Rufe aus der Masse laut „Kameradenschweine“, „Weicheier“! Am Ende haben von 500 Männern lediglich etwa ein Dutzend den Auftrag verweigert.[286] Die anderen von ihnen haben in den nächsten Tagen und Wochen insgesamt etwa 38.000 jüdische Männer, Frauen, Kinder und Babys auf brutalste Art und Weise erschossen. Sie wurden zu tausendfachen Mördern.

Das konforme Verhalten der Reservepolizisten – sich für die Gruppe und deren Auftrag zu entscheiden – hatte an jenen Tagen also das Leben tausender Menschen gekostet. Die große Frage lautet: Warum haben die da mitgemacht, obwohl sie doch alle die Gelegenheit hatten auszusteigen? Man kann wohl davon ausgehen, dass es sich bei den verbliebenen etwa 490 Männern nicht um allesamt empathielose Psychopathen handelte. Sie waren auch keine ausgebildeten Killer, die speziell auf die Ermordung von Juden herangezüchtet wurden. Womöglich haben die Männer deshalb mitgemacht, weil sie den Preis für Nonkonformität – sich also abweichend von der prognostizierten Gruppenerwartung zu verhalten – in der speziellen Situation als höher empfunden haben, als sich der Gruppe anzuschließen. Mit anderen Worten: Für die Männer war es in der Situation psychologisch schwieriger, im Hier und Jetzt vor den Kameraden als Feigling dazustehen als in naher Zukunft Frauen und Kinder umzubringen. Es scheint, als hätten die ganz normalen Männer im Moment der Entscheidungsfindung weniger über Moral nachgedacht als vielmehr darüber, was die anderen von ihnen denken.[287]

Der Preis für nonkonformes Verhalten lässt sich mittels moderner Messmethoden aus der Neurobiologie sogar nachweisen. Entscheiden sich Menschen in strittigen Situationen für Konformität – also *für* die Gruppenmeinung –, wird interessanterweise lediglich der Sulcus intraparietalis aktiviert – jene Region im Gehirn, die für die visuelle und räumliche Sinnesverarbeitung zuständig ist. Konformes Verhalten und die damit einhergehende Veränderung in diesem Gehirnareal bedeutet, dass wir das sehen, „[…] was die Gruppe uns glauben machen will“, so die Forscher.[288] Diese Erkenntnis muss man sich noch einmal vor Augen führen. Was die Forscher salopp formuliert herausgefunden haben, ist nicht weniger, als dass der Gruppenkonsens und die daraus entstehende Gruppenmeinung einen direkten Einfluss auf unsere

Wahrnehmung der Welt hat. Entscheiden wir uns in jenen Situationen hingegen für unsere Unabhängigkeit – also *gegen* die Gruppe –, wird der Mandelkern aktiviert – jene Region im Gehirn, die für die Emotionssteuerung und vor allem unsere Angstempfindungen zuständig ist. Sich von der Gruppenmeinung abzuwenden, sprich: nicht mehr beim Manipulieren von Bilanzen, Fälschen von Verträgen, Betrügen bei Bluttestanalysen, oder der Ermordung von Menschen mitzumachen, hat einen physischen und psychischen Preis.[289] Dieser Preis in Form einer direkt spürbaren seelischen Belastung wird von uns stärker gewichtet als das Leid, welches die Opfer unserer Handlungen erleben, oder gar die Sanktionen, die wir in Zukunft zu fürchten haben.

Zusammenfassung: Führung, Kultur, Gruppen

Zur Erklärung einer Wirtschaftsstraftat scheint offenkundig mehr zu gehören, als das Abstellen auf die blanke Gier von Managern. Wir haben gesehen, dass Macht, kulturelle Normen und Gruppenkonstellationen uns zu erschreckenden Verhaltensweisen bewegen können, von denen wir aus dem sicheren Hafen der Beobachterperspektive behaupten würden, dass wir so etwas niemals tun würden. Dabei werden wir nicht plötzlich zu Wirtschaftskriminellen oder gar Mördern, sondern aus einem Prozess der Kleinschrittigkeit heraus. Die Menschen haben im Jahr 1933, als sie Adolf Hitler gewählt haben, nicht gleichzeitig den Holocaust gewählt. Die allermeisten von ihnen hätten sich zu jenem Zeitpunkt solche Gräueltaten wahrscheinlich nicht im Entferntesten vorstellen können und schon gar nicht, dass sie aktiv dabei mitwirken. Der Weg bis zur millionenfachen Ermordung von Juden in den 1940er-Jahren hatte sich langsam vollzogen. Wir erinnern uns: *shifting baselines*. Selbst für ganz normale Männer wurde das Umbringen tausender Kinder jüdischer Abstammung irgendwann zur reinen Routine. Die gleiche Kleinschrittigkeit beschreiben auch Weston Smith und Aaron Beam von HealthSouth, bei denen alles mit einer kleinen Bilanzkorrektur von 40.000 US-Dollar angefangen hatte. Was sich anfangs noch wie ein moralischer Mount Everest anfühlt, den man zur Begehung der ersten kriminellen Tat mit einem enormen Rationalisierungsequipment überwinden muss, wird später nur noch als eine kleine Erhebung wahrgenommen, die man beim Umherwandern im Unternehmenskontext kaum noch mitbekommt und für die man keine Rechtfertigungsanstrengungen mehr aufbringen muss. Hätte man Weston Smith und Aaron Beam zu Beginn ihrer Tätigkeit sofort mitgeteilt, man würde in den kommenden Jahren Milliarden US-Dollar an Umsätzen fälschen; hätte man Anil Kumar direkt zu Beginn seiner Partnerschaft mit Raj Rajaratnam Insiderinformationen abverlangt; hätte, hätte, hätte ... dann wären jene darauf folgenden Entwicklungen wahrscheinlich niemals in dieser Form möglich gewesen.

Neben diesem Weg in die Kriminalität auf leisen Füßen sind es Gruppenprozesse, die die Kraft haben, uns zu scheinbar anderen Menschen werden zu lassen. Hatten Sie schon einmal die Gelegenheit, an einem sogenannten Escape-Room-Spiel teilzunehmen? Bei einer solchen Veranstaltung wird eine Gruppe von Menschen in speziell angefertigten und oft mysteriös wirkenden Räumen eingesperrt. In diesen Räumen müssen die Teilnehmer unter Zeitdruck bestimmte Rätsel lösen sowie Gegenstände und Hinweise entdecken, die ihre Flucht ermöglichen. Riaz Patel, der TV Produzent und Erfinder der Fernsehshow *Race to Escape* formuliert zutreffend: „The person who enters the room may not be the person who emerges once the door is locked. People who think they are leaders quickly end up being followers.“ [290] Diese These deckt sich mit der sozialpsychologischen Forschung von Rollenidentitäten, die in einem bekannten und sehr folgenreichen psychologischen Experiment unter Beweis gestellt wurden. In dem sogenannten Stanford-Prison-Experiment sollten Menschen unter der Leitung des US-Forschers Philip Zimbardo über einen Zeitraum von zwei Wochen in einem Gefängnis verbringen.[291] Die Gefängnisräume wurden speziell für das Experiment angefertigt und befanden sich im Keller der renommierten Stanford University. Alle Teilnehmer wurden in zwei Gruppen eingeteilt und waren fortan entweder Wärter oder Häftlinge. Nach einer Woche musste das Experiment abgebrochen werden. Die Teilnehmer – allesamt psychisch gesunde Studenten – hatten ihre Rollen derart internalisiert, dass die Schikanen der Wärter zu erheblichen seelischen Belastungen der Häftlinge führten. Auch hier hatte sich binnen weniger Tage in kleinen Schritten eine Gewohnheit unmoralischer Normalität eingestellt. So entschuldigten sich die Wärter zu Beginn des Experiments noch dafür, wenn sie einen der Häftlinge gestoßen hatten. Am vierten Tag hatten sie sich hingegen schon gar nichts mehr beim Herumschubsen der Häftlinge gedacht. Die absurdeste Form der Über-Spielung und Über-Identifikation der Rollen erlebte Zimbardo in einer Situation, in der ein Wärter mit einem Häftling in sein Büro kam. Zimbardo sagte dem Wärter, dass es nicht notwendig sei, dem Häftling Handschellen anzulegen und ihm die Augen zu verbinden, wenn sie sich in seinem Büro befinden. Der Wärter entgegnete Zimbardo wütend, dass dies sehr wohl notwendig sei und es ihn außerdem nichts angehe. Zimbardo, der dieses Experiment ins Leben gerufen und die Rollen verteilt hatte, der dieses Gesamtexperiment orchestrierte und wissenschaftlich begleitete, wurde nun von einem der Wärter zurechtgewiesen, einem Studenten, den er selbst für das Experiment rekrutiert und ihm die Rolle des Wärters zugeteilt hatte. In dem Gefängnis waren allerdings keine Studenten oder Versuchspersonen mehr. Sie waren längst in ihrer Rolle aufgegangen. Sie *spielten* keine Wärter oder Häftlinge mehr – sie *waren* Wärter und Häftlinge. Scheinbar lassen sich Menschen situativ in jede Art von Rolle hineinsozialisieren.[292] Und mit jeder Rolle verändert sich auch unsere Perspektive auf die Sicht der Dinge. Denken Sie beispielsweise an Menschen, die plötzlich vom fachlichen Mitarbeiter zur Führungskraft befördert werden. Wo man vorher noch auf die Ansichten und Verhaltensweisen des vorherigen Vorgesetzten geschimpft hat, erkennt man in der gleichen Rolle plötzlich den Druck, den Stress und die Anforderungen, die damit einhergehen. Ein System der hierarchischen Rollenverteilung scheint ein Nährboden für die bereits beschriebenen Machtdynamiken zu sein. Um als Mitarbeiter kein passiver Täter krimineller Handlungen durch diese Über- und Unterordnungsverhältnisse zu werden, ist es wichtig zu verstehen, dass Rollen reine Konstrukte unserer Wirklichkeit sind. So entfaltet sich die Sinnhaftigkeit einer Rolle erst mit der Existenz einer anderen. Überspitzt formuliert braucht ein Täter also ein Opfer, um die Rolle des Täters ausführen zu können. Eine Führungskraft braucht Mitarbeiter, oder wie im Stanford-Prison-Experiment braucht der Wärter ein Häftling. Damit also jemand die Rolle des machtausnutzenden Täters in Form einer überdominanten Führungskraft überhaupt spielen kann, muss sich jemand bereit erklären, die Rolle des unterwürfigen Mitarbeiters zu spielen.

Manches Mal – so scheint es – ist allerdings gar keine offensichtliche Täter-Opfer-Dynamik unter Machtinduzierung notwendig, um Wirtschaftskriminalität entstehen zu lassen. Teilweise folgen wir der Gruppe einfach bedingungslos, ohne deren Taten oder Absichten zu hinterfragen. Gustav Le Bon schreibt dazu: „Die bewusste Persönlichkeit schwindet (in der Gruppe)[293], die Gefühle und Gedanken aller einzelnen sind nach derselben Richtung orientiert".[294] Ein witziges wie eindrucksvolles Beispiel dieser unhinterfragten Gleichförmigkeit stellt ein Kurzfilm der Fernsehshow Candid Camera dar, die von dem Psychologen und TV-Produzenten Alan Funt ins Leben gerufen wurde und in Deutschland unter dem Namen „Versteckte Kamera" bekannt ist. Für den Film hatte Funt eine Stellenausschreibung für einen gutbezahlten Job veröffentlicht, auf die sich zahlreiche Menschen beworben haben. Funt hatte einige Bewerber zu einem persönlichen Bewerbungsgespräch eingeladen. In dem Film sieht man immer die gleiche Szene: Ein Bewerber kommt in einen Raum, in dem bereits vier Personen sitzen, die zu Funts Team gehören und seine Komplizen darstellen. Ohne, dass es ein Signal gegeben hatte, fangen die vier Komplizen von Funt nach einiger Zeit an, ihre Kleidung auszuziehen. Nachdem die echten Bewerber zunächst geschockt dreinschauen, fingen auch sie an, sich ihrer Kleidung zu entledigen. Am Ende standen die vier Komplizen sowie der jeweils echte Bewerber nackt in dem Raum.[295]

Wie ist das zu erklären? Der bekannte Psychologe Prof. Robert Frank führt folgende Hypothese dazu an. Zunächst müssen wir uns in die Perspektive des echten Bewerbers hineinversetzen. Er selbst weiß, dass er der letzte Bewerber war, der im Raum angekommen war. Die anderen – so denkt er – haben einen Wissensvorsprung und wissen definitiv mehr als er. Wahrscheinlich hat er was verpasst. Wenn einer was weiß, dann die Vier, die vor ihm da waren. Alle vier Personen haben sich gleichzeitig und ohne zu zögern ausgezogen. Dahinter muss schließlich irgendeine Logik stecken, so denkt er. Blitzschnell musste auch er eine Entscheidung treffen. Sich auszuziehen war nicht irrational, sondern eine als notwendig empfundene Anpassung, um in der Bewerbung um den lukrativen Job im Rennen zu bleiben.[296]

Gruppen wie diese oder Teams in Unternehmen bieten große Spielräume für Interpretationen. Ich frage Sie noch einmal: Wie oft haben Sie selbst in

Teammeetings eine Frage nicht gestellt oder Vorgänge im Unternehmen nicht hinterfragt, obwohl Sie das Wissen darum persönlich als wichtig empfunden haben? Wenn sich niemand anders meldet – so interpretieren wir – kann unser Anliegen schon nicht so wichtig sein, oder aber wir sind die Einzigen, die den Sachverhalt nicht begriffen haben. Unsere Angst, sich in der Gruppe zu blamieren, kann lähmend wirken. Der Forscher Dr. Stefan Marks definiert diese Angst als Anpassungs-Scham und bezeichnet damit die Sorge, den Erwartungen der Gruppe nicht zu entsprechen.[297] Durch unseren halluzinierten Ausschluss aus der Gemeinschaft – sollten wir uns nicht fügen – entwickeln wir eine erschreckende Anpassungsmotivation.

Als Präventionsstrategie zur Verhinderung von Wirtschaftskriminalität könnte man nun vorbringen, dass sich die Menschen in ihren Gruppen nur ausreichend sicher vor Beschämungen fühlen müssen, damit sie sich zutrauen können, Dinge offen anzusprechen, auch wenn diese von der Gruppenmeinung abweichen. Und tatsächlich kommen Forschungsarbeiten zu dem von der Psychologin Amy Edmondson maßgeblich geprägten Konzept der psychologischen Sicherheit zu dem Ergebnis, dass Mitarbeiter, die sich psychologisch sicher fühlen – also im Kern keine Angst davor haben, von ihren Teammitgliedern beschämt oder blamiert zu werden –, die kreativsten Ideen vorbringen.[298] Theoretisch würde man davon ausgehen, dass jene Mitarbeiter mit der gleichen Unbeschränktheit Fehlverhalten ansprechen und somit unterbinden. In Studien hat man allerdings herausgefunden, dass eine hohe empfundene psychologische Sicherheit genau Gegenteiliges bewirken kann.[299] In psychologischen Experimenten machten die Forscher Matthew Pearsall und Aleksander Ellis die Entdeckung, dass Mitglieder von Teams mit einer hohen empfundenen psychologischen Sicherheit eher bereit waren, ihren Teammitgliedern betrügerische Handlungen vorzuschlagen, als Mitglieder von Teams, die jene Sicherheit nicht empfunden haben. Als Ursache sehen die Forscher jene empfundene Sicherheit der Teammitglieder, von den anderen nicht verurteilt oder verraten zu werden.[300] Die Mitglieder bringen also kriminelle Ideen mit der gleichen Unbeschwertheit in die Teams, mit denen sie ordentliche und kreative Ideen vorbringen. Die Hürde, potenzielle Mitverschwörer zu rekrutieren, die für das Ausarbeiten *kreativer* Ideen am Rande der Legalität notwendig sind, sinkt dadurch drastisch. Dabei könnte gerade jene genannte Hürde eine stark präventive Wirkung auf die Initiatoren krimineller Taten entfalten. Denn die Rekrutierung von Mittätern ist nicht nur aus strategisch-logistischen Gründen zur Tatverwirklichung notwendig, sondern aus psychologischen Gründen der Rationalisierung.

In einem psychologischen Experiment dazu, hatten Forscher einen Snackautomaten in einem Studentenwohnheim so präpariert, dass der Automat bei jedem Kauf nicht nur die erworbene Süßigkeit herausgab, sondern irrtümlicherweise auch das Geld, welches die Studenten zuvor in den Automaten eingeworfen hatten. Die Studenten hätten also die Möglichkeit gehabt, mit dem Geld, welches eigentlich nur für eine einzige Süßigkeit ausreicht, den kompletten Automaten zu entleeren. Die Studenten taten aber etwas anderes. Mit der ersten Erstattung kauften sie erneut eine Süßigkeit. Nach der zweiten Geldausgabe brachen sie den erneuten Kauf allerdings ab und gingen stattdessen zu einem befreundeten Studenten, dem sie von dem kaputten Automaten erzählten. Sie erleichterten und rationalisierten sich ihren Diebstahl fortan damit, einen Komplizen anzuheuern, der es ihnen gleichtut und die kaputte Maschine ebenfalls ausnutzt. Durch die gemeinsame Tat verringerte sich erstens das individuelle Verantwortungsgefühl der Studenten und zweitens erhöhte sich deren empfundene Akzeptanz für ein derartiges Vergehen, da ein Freund – ein unmittelbares Mitglied der eigenen Peergroup – die Tat für sozialverträglich hält und mitmacht.[301] Das Ausbleiben einer solchen Komplizenschaft hätte also möglicherweise auch das Ausbleiben weiterer Diebstähle zur Folge gehabt, da die moralische Last zu schwer für die Schultern eines Einzelnen gewesen wäre.

Die situationsbedingen Wirkkräfte innerhalb von Führungskonstellationen, kulturellen Bedingungen und Gruppendynamiken verdeutlichen einmal mehr die Komplexität der menschlichen Psyche. Diese Uneindeutigkeit zeigt sich im genannten Beispiel um die psychologische Sicherheit, wo demonstriert wurde, dass selbst offensichtlich erscheinende Interventionen nicht immer den gewünschten Verhaltenseffekt erzielen.

Dass die Mitarbeiter aus den eigenen Reihen skandalträchtiger Unternehmen nichts von den illegalen Machenschaften mitbekommen haben, erscheint neben den bereits genannten Aspekten aus einem weiteren, ganz banalen Grund logisch: dem Arbeitsalltag. Der ehemalige Projektleiter von Wirecard, Stefan Götz, berichtet davon, dass er mit Sorge einen Bericht der WirtschaftsWoche gelesen hatte, in dem Investigativjournalisten die Wirecard Geschäftsräume in Asien nicht haben ausfindig machen können. Dabei war der asiatische Markt der angeblich größte Umsatztreiber von Wirecard. Warum aber hatten er und seine Kollegen daraufhin nicht weiter recherchiert, sind der Sache nicht weiter nachgegangen? Was war passiert? Seine Antwort fällt schlicht aus: Der Alltag ist passiert. Meetings, Deadlines, Stress, Familie mit drei Kindern und so weiter. In diesem ganzen Trubel geraten solche Meldungen schnell wieder in Vergessenheit. Insbesondere, wenn die Meldungen das eigene Unternehmen betreffen, dem man zugehörig ist. Schließlich bedeutet das Infragestellen des eigenen Arbeitgebers, seinen eigenen Job und damit auch sich selbst infrage zu stellen. Zudem kommt, dass Wirecard – wie alle skandalösen Unternehmen – nie nur kriminell agieren, sondern über ein echtes Geschäftsmodell verfügen. Stefan Götz arbeitete an realen Produkten, die von echten, anfassbaren Mitarbeitern an einem florierenden Markt auf ganz legale Art und Weise an echte, sichtbare Kunden verkauft wurden. Die externen Anschuldigungen gegen das Unternehmen wurden dadurch in der Wahrnehmung der eigenen Mitarbeiter weiter diskontiert.[302]

Abschließend möchte ich noch einmal auf das von Cressey entwickelte *Fraud Triangle* zurückkommen, dessen wesentliche Bestandteile aus einer Druckerfahrung, Gelegenheit und Rationalisierung bestehen. Wie beschrieben, wohnt dem Faktor Druck eine *non-shareable information* inne, deren Kern ein schambehaftetes Element zugrunde liegt. Irgendein Bedürfnis wird von den Tätern als derart beschämend empfunden, dass sie es sich nicht zutrauen, es mit anderen zu teilen. Unabhängig davon, ob es sich um Führungs-, Kultur-, oder Gruppenphänomene handelt, die zu kriminellen Verhaltensweisen führen: Sie alle haben gemein, dass sich die darin verwickelten Personen sehr stark darum bemühen, dem belastenden Gefühl der Scham auszuweichen. Dass es *gerade* diese Bemühungen sind, die sie zu kriminellen Taten motivieren, die bei Aufdeckung ein noch viel intensiveres Schamerlebnis zur Folge haben, können die Täter in der spezifischen Situation nicht erkennen. Gleichzeitig lassen sich den beschriebenen Rollenerwartungen, Führungs- oder Gruppenprozessen auch entsprechende Rationalisierungsstrategien zuordnen, die wir im Bereich Wirtschaftskriminalität immer wieder erleben. Jemand, der sich in der Rolle des CEO verhaftet sieht, rechtfertigt sich beispielsweise so: „Es war eben mein Job, das Unternehmen nach vorne zu bringen und nach Lösungen zu suchen. Meine Rolle hat mir diese Aufgabe zugeteilt. Ich kann doch nicht einfach zuschauen, wenn die Konkurrenz uns überholt…" Ein Mitarbeiter, der den Anweisungen zu kriminellen Handlungen seiner Führungskraft ohne nachzufragen gefolgt ist, wendet ein: „Ich habe nur die Anweisungen meines Chefs befolgt. Also trage ich doch keine Verantwortung dafür." Innerhalb von Kultur- und Gruppenphänomenen appellieren Mittäter häufig an die Gemeinschaft: „Jeder hat da mitgemacht. Das war völlig normal bei uns im Team."

Trotz der dargestellten Bedeutung der Faktoren Druck, Scham und Rationalisierung scheinen Unternehmen sich vor allem auf den dritten Faktor des Fraud Triangles zu fixieren: die Gelegenheit. Aus der vorrangig zahlengetriebenen Welt der Betriebswirtschaft und der gesetzesgetriebenen Welt der Juristen ergibt diese Konzentration auf diesen am ehesten greifbaren Aspekt auch Sinn. Unter der Analogie „Gelegenheit macht Diebe" ist eine entsprechende Implementierung von mehr und mehr Kontrollen natürlich auch zielführend. Allerdings zeigen Forschungen, dass Gelegenheit in der Regel keine Diebe erzeugt. Diebe im Sinne krimineller Manager entstehen aus einem sich langsam vollziehenden Prozess, aus unterschwelligen oder offensichtlichen Machtinduzierungen, der Bildung sozialunverträglicher Normen sowie belastender Gruppenprozesse und manchmal auch aus festem Glauben daran, etwas Gutes, Ehrbares zu tun. Unternehmen stehen nun vor der großen Aufgabe, sich nicht nur dem Faktor Gelegenheit des Fraud Triangles zu widmen, sondern sich mit gleichem Fokus den beiden anderen, bislang vernachlässigten und als diffus empfundenen Faktoren Druck und Rationalisierung zuzuwenden.

Urteil: Was ist ausschlaggebender? Person vs. Situation

Nach den Ausführungen über Psychopathen, Narzissten, Führung, Macht, Kultur und Gruppen könnte unser Drang nach Orientierung und Ergebnissen abschließend nach einer klärenden Antwort auf die Frage verlangen: Was wiegt denn nun mehr bei der Durchführung von Wirtschaftsstraftaten – Persönlichkeitseigenschaften oder Umgebungsfaktoren? Die etwas ernüchternd erscheinende Antwort lautet, dass auf der Basis der aktuellen Forschungserkenntnisse keine eindeutige Gewichtung vorgenommen werden kann. Forscher im Bereich der Persönlichkeitspsychologie finden regelmäßig Beweise dafür, dass der individuelle Charakter für wirtschaftskriminelles Verhalten ausschlaggebend ist. In der Sozialpsychologie wird diese Tendenz, die Ursache für menschliches Handeln innerhalb des Charakters einer Person ausfindig machen zu wollen, hingegen als fundamentaler Attributionsfehler[303] bezeichnet. Sie vertreten die Meinung, dass man gute Menschen nur in böse Unternehmen versetzen muss, um Wirtschaftskriminalität zu erzeugen. Es gibt zwar mittlerweile eine große Anzahl an kriminologischen Theorien und Modellen, von denen aber keine den Anspruch eines allgemeingültigen Erklärungsansatzes für Kriminalität per se und schon gar nicht für das Phänomen Wirtschaftskriminalität zu erfüllen scheint. Dies wird aus Gründen der Vielfalt wirtschaftskrimineller Handlungen und der Komplexität der Handlungsdynamiken wahrscheinlich auch in Zukunft ausbleiben. Wie ein Forscher einmal zutreffend ausführte: Das Einzige, was alle kriminellen Handlungen gemeinsam haben, ist, dass sie illegal sind.[304]

Der historische Pfad für die Erklärung krimineller Handlungen begann bei den Äußerlichkeiten einer Person, schlängelte sich durch die Komplexität des Innenlebens der Täter und durchdrang zunehmend die situativen Umgebungen einer Person. Neue Erklärungsmodelle aus der Forschung versuchen, die Faktoren Person und Situation miteinander zu verbinden. Aufstrebende Modelle sind beispielsweise die Situation Action Theory des schwedischen Kriminologen und Professors an der Cambridge Universität Per-Olof H. Wikström[305] sowie das Modell der Frame Selektion[306] der deutschen Forscher Hartmut Esser und Clemens Kroneberg. Nun möchte ich Sie als Leser dieses populärliterarischen Werkes mit den Details dieser beiden wissenschaftlichen Modelle nicht abschrecken. Die Integration von Person und Situation möchte ich Ihnen dennoch kurz und vereinfacht am Beispiel von Corona und Verschwörungstheoretikern darstellen. Da der Macht der Situation in diesem

Buch bisweilen deutlich mehr Aufmerksamkeit geschenkt wurde als dem Faktor Person, habe ich bewusst ein Beispiel gewählt, welches situative Kräfte wieder etwas relativiert.

Sozialwissenschaftler könnten die These vorbringen, dass Corona eine sehr belastende *Situation ist*, die die Menschen aufgrund diverser Freiheitsbeschränkungen und dem Vermissen von Bindungs- und Näheerfahrungen in depressive Zustände versetzt. Aus persönlichkeitspsychologischer Sicht ist diese These so ohne weiteres aber nicht haltbar, denn es gibt tausendfache Beispiele von Personen, die äußerst kraftvoll durch die Coronazeiten gekommen sind. Sie haben kreative Geschäftsmodelle entwickelt, humanitäre Hilfe geleistet und physische Bindungseinschränkungen als Chance für das Voranschreiten digitaler Begegnungstechnologien genutzt. Nach den genannten Modellen stellt Corona also keine belastende Situation *per se* dar. Sie sendet aber – da durch Corona offenbar ein Großteil der Menschen eher Belastungs- als Stärkungstendenzen ausgebildet haben – einen sehr verführerischen Einladungsanreiz zur Empfindung von Ohnmachtsgefühlen. Ob wir diese *Einladung* nun annehmen („OK, ich fühle mich ohnmächtig, klein und hilflos“) oder ablehnen („Krise? Nicht mit mir. Ich lasse mich nicht unterkriegen!“) hängt von unserem gesamten Erlebnisrepertoire ab, welches wir in der Vergangenheit für einen Zustand einer sogenannten Krise entwickelt haben. Auf der einen Seite kann Erleben also nur von innen heraus erzeugt werden. Das ist eine erfreuliche Nachricht, denn sie besagt, dass uns keine Situation der Welt zu einem bestimmten Verhalten zwingen kann. Auf der anderen Seite kann unser Verhalten nur im situativen Kontext erklärt werden. Unabhängig davon, ob wir uns stark oder schwach fühlen, diese Empfindungen und das daraus resultierende Verhalten wurde durch die Einladungsanreize einer Situation aktiviert. Bei manchen Menschen treffen diese Anreize der Situation *Corona* auf internalisierte Situationsdefinitionen und Handlungsprogramme von Krise, die ausschließlich auf Ohnmacht ausgerichtet sind. Aus diesem erlittenen und äußerst belastenden Kontrollverlust möchte man um alles in der Welt aussteigen. Schnellstmöglich versuchen sich diese Menschen ein inneres Ordnungssystem zu schaffen, dass die Umstände in der Welt erklärt und ihnen Orientierung verschafft. Die Wissenschaft ist dazu nicht geeignet, denn sie bringt mit ihren relativierenden Abwägungen, ständigen Forschungsergebnissen und deren Widerlegungen nicht die gewünschte Klarheit und Eindeutigkeit, die zur Wiederherstellung einer Handlungsmacht vonnöten wäre. Folglich werden Informationen gesucht, die scheinbar logisch und simpel erscheinende, lineare Ursache-Wirkungszusammenhänge mit bösen Absichten einzelner Weltbestimmer gegen die arme Bevölkerung belegen.[307]

Unabhängig davon, ob wir es mit Verschwörungstheoretikern, Massenmördern oder kriminellen Managern zu tun haben. Das, was sie tun oder getan haben, ist ein Produkt aus ihrer Individualität – ihren Genen, Erfahrungen, ihrer Sozialisation oder kurz: ihres Charakters – und den Einladungsanreizen einer Situation – ausgesendet durch Führungs-, Macht-, oder Gruppenkonstellationen sowie den ungeschriebenen Gesetzen, die sich zu Normen innerhalb einer Kultur ausgebildet haben.

Obwohl Sie bereits viel über die Ursachen wirtschaftskrimineller Handlungen – Person und Situation – gelesen haben, wurde noch nicht geklärt, *wie* letztendlich der Weg zur Entscheidungsfindung hin zu (il-)legalem Verhalten erfolgt. Wirtschaftskriminellen Managern unterstellen wir häufig, dass sie genau gewusst haben, was sie tun und mehr oder weniger eine strategisch abgewogene Entscheidung unter Berücksichtigung aller Faktoren getroffen haben. Ob diese These Bestand hat, wo und ob kriminelle Manager die Moral in ihren Entscheidungsprozess miteinbeziehen und was eigentlich mit den Opfern dieser Taten ist – diesen Fragen gehen wir im folgenden Kapitel genauer nach.

4. Moralische Entscheidungen

Wir haben gesehen, dass Menschen auf dem Weg zur Entwicklung eines großen Wirtschaftsskandals eine Fülle an Entscheidungen treffen müssen. Es sind jene Entscheidungen, die uns auf einen neuen Pfad geleiten und die Auswahl zukünftiger Pfade auf ein beschränktes Maß limitieren. Auch die in diesem Buch beschriebenen Wirtschaftsskandale sind nicht über Nacht entstanden, sondern haben sich auf leisen Sohlen in kleinen Schritten zu einem großen, schier unumkehrbaren Ereignis geformt. In diesem Zusammenhang halte ich es für notwendig, dass wir den Blick in den folgenden Unterkapiteln darauf richten, wie wir Entscheidungen treffen und welchen Stellenwert wir der Moral bei jenen Entscheidungen beimessen.

Zwischen Rationalität und Bauchgefühl: wie wir Entscheidungen treffen

Bitte versuchen Sie einmal, die folgende einfache Rechenaufgabe in etwa 20 Sekunden zu lösen:

Ein Ball und ein Schläger kosten zusammen 1,10 Euro. Der Schläger ist exakt 1 Euro teurer als der Ball. Nun die Frage: Welchen Preis hat der Ball? Die 20 Sekunden laufen ab jetzt.[308]

Einer der bekanntesten Forscher über menschliches Entscheidungsverhalten ist der Psychologe und Wirtschaftsnobelpreisträger Daniel Kahneman. Gemeinsam mit seinem Forschungspartner Amos Tversky hat Kahneman Beweise für das Vorhandensein zweier menschlicher Denksysteme vorgebracht, die unseren Entscheidungsprozess beeinflussen. Er nennt diese Denksysteme schlicht System 1 und System 2. Was hat es mit diesen Systemen auf sich? System 1 bezeichnet Kahneman als einen schnellen und automatisch ablaufenden Entscheidungsprozess, der auf der Basis unserer Erfahrungen und Intuitionen unbewusst abläuft. System 2 hingegen agiert analytisch, rational und verleiht uns die Fähigkeit, zwischen mehreren Optionen abzuwägen. Kahneman führt an, dass unser System 1 auf der Basis unserer Erfahrungen zunächst versucht, jede Entscheidung möglichst schnell für uns zu fällen. Oft verlassen wir uns dabei auf diese Intuitionen und akzeptieren die Entscheidung unseres System 1. Manchmal allerdings schaltet sich unser träges und langsam denkendes System 2 dazu und überprüft die von System 1 getroffenen Hypothesen.

Was haben diese unterschiedlich agierenden Denksysteme mit der obigen Rechenaufgabe und Wirtschaftskriminalität zu tun? Nun, bei der oben genannten Aufgabe könnte Ihnen Ihr System 1 zunächst vorgegaukelt haben, dass der Ball 10 Cent kostet. Dies erscheint auf Basis der beiden genannten Zahlen 1,10 Euro und 1 Euro auch logisch. Unsere Intuition vermittelt uns schnell und eindringlich, dass der Unterschied zwischen 1,10 Euro und 1 Euro 10 Cent betragen muss. Erst bei genauerem Hinsehen fällt uns auf, dass der Ball nicht 10, sondern 5 Cent kosten muss, damit der Schläger exakt um einen Euro teurer ist als der Ball – und folglich 1,05 Euro kostet. Für diese Erkenntnis muss Ihr trägeres analytisches Denksystem 2 allerdings erst einmal aktiviert werden, was aus zwei Gründen wahrscheinlich nicht der Fall war. Erstens hatten Sie lediglich 20 Sekunden Zeit, um die Aufgabe zu lösen, so dass für einen detaillierten Rechenweg schlicht keine Zeit übrig war. Zweitens habe ich die Aufgabe als *einfach* beschrieben, was Ihr System 2 schlicht als Beweis dafür betrachtet haben könnte, dass eine weitere Überprüfung nicht nötig ist und dass es sich auf System 1 verlassen kann.

Dass System 1 unsere Entscheidungen gerne zügig treffen möchte, macht vor allem aus Effizienzgründen Sinn. Der Mensch hat schließlich nur eine begrenzte Energiemenge zur Verfügung, die er sorgfältig einzuteilen versucht. Eine rationale und bewusste Entscheidung unter System 2 kostet Kraft – wir müssen uns Informationen einholen, diese interpretieren, bewerten, kalkulieren und schließlich eine abgewogene Entscheidung treffen. Wo immer es uns möglich ist, versuchen wir diese Kraftanstrengung zu vermeiden. Unter den vorhandenen Entscheidungsoptionen akzeptieren wir folglich jene, die uns am wenigsten Energie abverlangt und kommen vorschnell zu einem Ergebnis von 10 Cent. Diese Denkabkürzungen nennt man in der Psychologie *Biases*, *Heuristiken* oder *kognitive Verzerrungen*.

Eines der bekanntesten und zugleich erschreckendsten Ergebnisse für das Vorhandensein kognitiver Verzerrungen lieferten Forscher in einem Experiment mit Richtern. Die Juristen sollten in dem Experiment über das Strafmaß einer Ladendiebin entscheiden. Vor der Urteilsabgabe wurden ihnen zwei Würfel vorgelegt, die sie werfen sollten. Die Würfel waren gezinkt und ergaben in Summe entweder immer eine 3 oder eine 9. Obwohl die gewürfelte Zahl nichts mit dem Vergehen und der Verurteilung der Ladendiebin zu tun hatte, orientierten sich die Juristen unbewusst an der zuvor gewürfelten Augenzahl. So setzten die Richter, die eine 3 gewürfelt hatten, das Strafmaß auf durchschnittlich fünf Monate auf Bewährung, wohingegen die Richter mit einer gewürfelten Augenzahl von 9 das Strafmaß auf durchschnittlich acht Monate setzten.[309] Fragt man die Beteiligten im Nachhinein, ob sie sich in ihrer Entscheidung haben beeinflussen lassen, so wollen die allermeisten glauben, dass ihre Entscheidung auf rationalen, abgewogenen, objektiven und gut durchdachten Fakten beruht.

Nun könnte man den Einwand vorbringen, dass Sie nur sehr wenig Zeit für die obige Aufgabe zur Verfügung hatten und sich Manager in der Regel mehr als 20 Sekunden Zeit nehmen, um eine Entscheidung zu fällen. Diesem Argument kann man entgegenhalten, dass die Entscheidungen im Unternehmenskontext auch deutlich komplexer sind, als die beschriebene Rechenaufgabe. Zudem sind die Entscheidungen des Managements in die umtriebige und durchgetaktete Dynamik täglicher Arbeitsabläufe eingebettet. Sie hingegen konnten die Aufgabe losgelöst von jeglichen Stressoren in einer ruhigen Atmosphäre bearbeiten. In diesem Zusammenhang sind einige Faktoren erwähnenswert, die eine vorrangige Entscheidungsfindung unter System 1 begünstigen:[310]

1. Zeitdruck,
2. Lösungs- und Erfolgsdruck,
3. fehlende Ressourcen,

4. eigene Interessen,
5. unsichere Bedingungen,
6. Erfahrung.

Sie ahnen es möglicherweise bereits: Die meisten der genannten Aspekte treffen in hohem Maß auch auf Menschen zu, die im Topmanagement arbeiten. Niemand von uns würde abstreiten, dass Topmanager eine Vielzahl von Entscheidungen unter *Zeitdruck* treffen müssen und unter einem enormen Erfolgsdruck stehen. Viele dieser Entscheidungen werden unter *unsicheren Bedingungen* getroffen und nur selten stehen dem Management alle notwendigen personellen und technischen *Ressourcen* zur Verfügung, um diese Entscheidungen abgewogen zu fällen. Gleichzeitig verfolgen Manager – wie wir alle – neben den Unternehmenszielen auch immer *eigene Interessen*, was zu einer selbstwertdienlichen Verzerrung innerhalb eines Entscheidungsprozesses führen kann. Zu guter Letzt benötigt man in der Regel eine langjährige Arbeits*erfahrung*, um überhaupt eine Position im Topmanagement bekleiden zu können.

Wir werden einige diese Aspekte auf dem Weg von der Entscheidung zu einer *moralischen* Entscheidung noch detaillierter aufgreifen und im Rahmen diverser Mythen, die sich hartnäckig an kriminelle Manager zu heften scheinen, psychologisch analysieren.

Mythos 1: Kriminelle Manager sind unmoralische Menschen

Eine Empfindung, die mir oft zugetragen wird, lautet, dass kriminelle Manager schlichtweg unmoralische Menschen *sind*. Dies würde implizieren, dass es auf der einen Seite stets moralische Gutmenschen gibt – die also zu jedem Zeitpunkt integer handeln – und auf der anderen Seite unmoralische Kriminelle stehen – die gar nicht anders können, als immer gegen das Gesetz zu handeln. Moral wird damit als feste Charaktereigenschaft definiert, die man entweder hat oder nicht hat. Jemand, der also einmal vom rechten Weg abgekommen ist – wie es bei kriminellen Managern der Fall ist –, muss demzufolge zu den *Bösen* gehören. Dass diese These nicht haltbar ist, zeigt sich an den bereits beschriebenen soziodemografischen Merkmalen eines typischen Wirtschaftsstraftäters, der im Rahmen seiner langen Unternehmenszugehörigkeit bereits zahlreiche moralisch gut vertretbare Entscheidungen getroffen hat. Wenn es ein solches Schwarz oder Weiß – Gut oder Böse in dieser Reinform nicht zu geben scheint, wie gestalten sich dann die Graustufen zwischen diesen Polen, oder anders ausgedrückt: Was empfinden wir wann als moralisch und was beeinflusst unseren Entscheidungsweg hin zur Moral oder zur Kriminalität?

Moral, oder anders ausgedrückt: eine Sache der Perspektive

Stellen Sie sich bitte einmal vor, ein guter Freund teilt Ihnen beim gemeinsamen Abendessen mit, er habe in den vergangenen Jahren mehrmals falsche Angaben beim Finanzamt gemacht. Dies habe er tun müssen, da er spielsüchtig sei und in den letzten Jahren große Schulden angehäuft habe. Durch die Falschangaben in seinen Steuererklärungen hatte er die einzige Möglichkeit gesehen, diesen Schulden irgendwie Herr zu werden. Im Nachhinein bereue er die Entscheidung, und obwohl er nicht vom Finanzamt erwischt wurde, fühle er sich sehr schlecht. Halten Sie einmal kurz inne: Was denken Sie nun von Ihrem Freund? Was sagen Sie ihm? Dass er ein Betrüger ist, der ins Gefängnis gehört? Oder er gar ein schlechter Mensch ist, der eine lange und intensive Strafe verdient? Wohl kaum. Wir würden unserem Freund wahrscheinlich gut zureden, es bedauern, dass er in eine solch missliche Lage gekommen ist. Wir werden ihn fragen, warum er denn nicht früher etwas gesagt hat und ihm dann jede erdenkliche Hilfe anbieten.

Stellen Sie sich jetzt in Abwandlung folgendes vor: Sie schlagen die Zeitung auf und blicken auf eine große, fett gedruckte Überschrift mit dem Titel:

„Reicher Fußballmanager wegen Steuerhinterziehung verklagt – wie er den Staat um mehrere Millionen Euro betrogen hat."

Im Artikel lesen Sie darüber hinaus, dass der Fußballmanager spielsüchtig sei und seine Entscheidung im Nachhinein bereue. Halten Sie noch einmal inne: Wie bewerten Sie dieses Ereignis? Was halten Sie von dem Fußballmanager?

Würden wir die Hintergründe seines Handelns verstehen, seine Perspektive einnehmen und uns Informationen einholen wollen, die uns dabei helfen, sein Verhalten zu begreifen und auf der Basis aller eingeholten Informationen ein Urteil treffen? Und selbst wenn wir herausfinden sollten, dass er tatsächlich eine Suchtkrankheit oder er in der jüngsten Vergangenheit mehrere tragische Erlebnisse in seinem nahen Lebensumfeld erlitten hätte – würde unser Urteil dann mit gleichem Einfühlungsvermögen und Verständnis wie bei unserem Freund ausfallen? Oder würden wir möglicherweise sogar seine Entschuldigung und Reue als strategisches Kalkül bewerten, um in der Öffentlichkeit gut dazustehen und eventuell auf ein strafmilderndes Urteil zu hoffen? Was meinen Sie?

Grundsätzlich sind alle Szenarien möglich. Wir können sowohl für unseren Freund als auch für den Fußballmanager das gleiche (Un-)Verständnis aufbringen. Wahrscheinlicher ist es jedoch, dass wir die beiden Personen und Situationen unterschiedlich bewerten. Obwohl wir durch unsere Sozialisation Werte und Prinzipien verinnerlicht haben, die sagen, „Man darf und sollte auch nicht stehlen", erlaubt es uns unser Verstand, dass wir diese Werte entweder als in drastischer Weise verletzt empfinden oder sie kurzfristig etwas ausdehnen, um beispielsweise einem Freund gut zuzureden.

Konkurrenzdenken: Über die Fähigkeit, uns von der Moral abzukoppeln

Kriminelle Manager berichten häufig von dem Erwartungsdruck, besser als die Konkurrenz sein und die Prognosen der Analysten erfüllen zu müssen. Gleichzeitig empfinden sie aber auch eine gewisse Erregung und freudige Anspannung bei diesem Kampf um Platz 1 auf einem hart umkämpften Markt. Der ehemalige Enron-CFO Andrew Fastow beschreibt, wie hart er und sein Team an der Entwicklung *innovativer* Buchhaltungspraktiken im Zuge diverser Unternehmenskäufe gearbeitet haben:

„It was exciting stress. You are working twenty-four hours a day on a deal. Everything we were doing was breakthrough, so no one quite counted on it until it happened."

„After we figured out how to solve the problem [...] everyone was ecstatic [...] People were having parties and high-fiving."

„It was very hard stuff [...] This was rock star stuff in the corporate finance world [...] As we got deals done, everyone in my group got very high levels of recognition. My group solved company problems.“ [311]

Dass diese Buchhaltungspraktiken zu großen Teilen illegal waren, wurde im Entscheidungsprozess nicht berücksichtigt. Im Zuge der unternehmerischen Hektik und dem Drang danach, Lösungen zu finden, wurden Fastows Entscheidungen ohne moralische Komponente getroffen. Es ging vorrangig darum, besser zu sein als die Konkurrenz und den bisherigen Erfolgskurs des Unternehmens aufrecht zu erhalten. Handlungen, für die wir andere – vor allem unsere Konkurrenten – verurteilen würden, scheinen innerhalb der eigenen Gruppe überhaupt kein Gegenstand selbstreflexiver Vorgänge zu sein. Sie fühlen sich im Eifer des Gefechts als OK, notwendig und absolut gerechtfertigt an. Die Grenzen dessen, was man tun sollte oder nicht, scheinen je nach Situation, persönlicher Involviertheit und Zugewandtheit mal enger und mal breiter auszufallen. Wir würden einem geschätzten Freund wahrscheinlich niemals einen gebrauchten Gegenstand für mehr Geld verkaufen, als er tatsächlich wert ist. Wie verkaufen wir nun den exakt selben Gegenstand an jemanden, der sich in einem mit uns rivalisierenden Umfeld bewegt: einer Stadt, einem Verein, einer Partei, einem Unternehmen etc.? Wahrscheinlich würden wir den Preis in die Höhe treiben, unseren *Sieg* unter Gleichgesinnten feiern und uns über die Naivität des Rivalen belustigen, der einen viel zu hohen Preis bezahlt hat.[312]

Dass unsere Moral kein absolutes Konzept ist, sondern mit der Situation variiert, belegen zahlreiche Experimente des bekannten Psychologen Albert Bandura. In seinen Forschungen hatte er nachweisen können, dass Menschen ihre eigene Moral in Entscheidungsprozessen quasi wie einen Knopf an und ausschalten können. Er betitelte dieses Phänomen als Theorie der moralischen Abkopplung.[313]

Der ehemalige Wirecard-Manager Jörn Leogrande beschreibt mit seiner Antwort auf die Frage, warum er und die Mitarbeiter eigentlich beim Aufbau illegaler Payment-Systeme bei Wirecard mitgemacht haben, unbewusst ebenfalls eine Art der moralischen Abkopplung. Er schreibt, es war ihm möglich „[...] die Technologie der Zahlungsabwicklung innerlich von der eigentlichen Leistung, vom Content, zu trennen."[314] Nach dieser Inhaltslogik kann an der Entwicklung eines technischen Tools schließlich nichts verwerflich sein. Ähnlich verhält es sich mit Waffenverkäufen in Länder, die damit Kriege bestreiten. Die Waffenexporteure schießen ja schließlich nicht selbst auf Menschen oder zetteln Kriege an. Schauspieler oder Influencer, die für fragwürdige Produkte werben, verorten sich auf der Seite moralischer Unversehrtheit mit der Begründung, die Produkte schließlich nicht zu produzieren oder zu verkaufen. Und überhaupt: „Wenn ich es nicht mache, macht es doch eh jemand anders."

Es ist an der Stelle erwähnenswert, dass persönliche Abneigungen oder Konkurrenzsituationen nicht zwangsläufig zu illegalen Taten führen, sondern auch moralische Verhaltensweisen verstärken können. Dies wurde in einer eindrucksvollen Studie der Harvard-Professorin Francesca Gino demonstriert.[315] In dem Experiment sollten Studenten der Universität in Pittsburgh 20 mathematische Aufgaben lösen, wofür sie fünf Minuten Zeit hatten. Für jede korrekte Antwort erhielten die Teilnehmer 50 Cents, so dass sie maximal 10 US-Dollar gewinnen konnten. Am Ende sollten die Studenten den Forschern mitteilen, wie viele Aufgaben sie korrekt gelöst haben. Die Forscher variierten die Prüfungssituation dabei folgendermaßen.

1. Die Studenten und deren Ergebnisse wurden während der gesamten Zeit überwacht.
2. Die Studenten konnten bei der Ergebnisübermittlung schummeln.
3. Analog zu Punkt 2. Darüber hinaus schleusten die Forscher einen Komplizen mit einem neutralen weißen T-Shirt ein, der nach nur einer Minute vortrat, verkündete alle Aufgaben korrekt gelöst zu haben und folglich 10 US-Dollar erhielt.
4. Analog zu Punkt 3, bis auf einen kleinen Unterschied. Der Komplize trug statt eines neutralen weißen Oberteils nun ein T-Shirt mit dem Logo und der Aufschrift einer konkurrierenden Universität.

In der Variante mit der Nr. 1 – in der schummeln also nicht möglich war – gaben die Studenten im Durchschnitt an, sieben Aufgaben korrekt gelöst zu haben. Im zweiten Szenario – schummeln möglich – erhöhte sich diese Zahl auf 12 und im dritten Versuchsaufbau – schummeln möglich + gleichgesinnter Student – sogar auf 15. Dass Menschen die Tendenz haben, anderen Gleichgesinnten zu folgen und schlicht das zu tun, was die anderen tun, haben wir bereits in Kapitel drei unter dem Aspekt der Normen betrachtet. Nun kommt ein weiterer interessanter Teil dazu. In der vierten Variante – schummeln möglich + rivalisierender Student – gaben die Studenten an, lediglich acht Aufgaben korrekt gelöst zu haben. Diese Zahl ist bemerkenswerter Weise geringer als im zweiten Szenario – wo schummeln zwar möglich war, aber kein Komplize das Schummeln vormachte.

Die beschriebene Art der moralischen Abkopplung und der erwähnten moralischen Flexibilität kann zu einer teilweise absurden Doppelmoral führen, wie das Beispiel um steuerliche Beratungsleistungen der großen Wirtschaftsprüfungsgesellschaft PwC zeigt. Seit 2006 hatte der deutsche Fiskus damit begonnen, Steuersünder-CDs unter anderem von Schweizer Banken aufzukaufen, um etwaige deutsche Steuerhinterzieher ausfindig zu machen. Durch dieses enorm erhöhte Entdeckungsrisiko fürchteten sich viele Menschen und Unternehmen vor langen Strafverfahren. Um diese zu umgehen, nutzten manche von ihnen das Instrument der Selbstanzeige, für dessen Umsetzung sie allerdings rechtliche und steuerliche Beratung ersuchten – unter anderem bei PwC. Die Steuerexperten von PwC hatten ihre Mandanten zwischen 2012 und 2017 also nun dabei beraten, wie sie aus dem Schlamassel der Steuerhinterziehung möglichst unbeschadet hervorgehen. In diesem Zusammenhang – so der Verdacht der Staatsanwaltschaft – soll PwC ihre Mandanten bei einer Selbstanzeige in Deutschland beraten haben, die aus diesem Beratungsgeschäft entstandenen Umsätze allerdings über ihre Schweizer Niederlassungen abgerechnet und damit anfallende Umsatzsteuer in Deutschland in Höhe von elf Millionen Euro hinterzogen haben.[316] Mit anderen Worten: PwC soll Steuerhinterzieher zur Selbstanzeige beraten und im selben Atemzug selbst Steuern hinterzogen haben.

Ob Bilanzen zu fälschen, beim Verkauf gebrauchter Gegenstände zu schwindeln oder bei Tests zu schummeln: Wir scheinen eine Art moralischen

Flexibilitätsmechanismus in uns zu haben, der es uns erlaubt, Moral situationsbedingt unterschiedlich zu interpretieren. Die Zugehörigkeit zu einer Gruppe und die damit verbundene Abgrenzung von einer anderen können die Moral in Entscheidungssituationen sowohl verstärken als auch schwinden lassen. Die Studenten der Universität Pittsburgh in Francesca Ginas Experiment wollten besser sein als der unmoralisch handelnde Student der rivalisierenden Universität und grenzten sich durch moralisches Handeln von ihm ab.

Insgesamt scheint das Konzept von Moral in jeder Hinsicht zu komplex zu sein, als das wir uns anmaßen können, Menschen entweder als stets moralisch oder unmoralisch kategorisieren zu können. Wir alle erleben jeden Tag diverse Situationen, in denen wir Entscheidungen zugunsten oder zu ungunsten der Moral treffen. Haben Sie beispielsweise jemals eine Falschangabe in Ihrer Steuererklärung getätigt – und sei sie noch so klein? Was ist mit zu hohem Wechselgeld, welches die Bedienung im Café Ihnen fälschlicherweise ausgehändigt hat? Bringen Sie den zu hohen Betrag zurück? Diese Antwort hängt möglicherweise wiederum davon ab, wie sympathisch Sie die Bedienung fanden, ob das Café einer großen Kette angehört (die ein paar Euro weniger in der Kasse schon vertragen wird) oder ein kleines inhabergeführtes Lokal ist (das sich ohnehin kaum über Wasser halten kann), wie freundlich die Bedienung zu Ihnen war, wie weit Sie sich bereits räumlich vom Café entfernt haben, als Sie das zu hohe Wechselgeld bemerken und, und, und … Nun könnte man natürlich argumentieren, dass ein paar Euro Wechselgeld nicht mit den Millionenschäden wirtschaftskrimineller Handlungen zu vergleichen sind. Für uns – die sich nicht in der Sphäre des Topmanagements großer Unternehmen aufhalten – weisen kleine Vergehen von ein paar Euro verglichen mit Millionenbeträgen selbstverständlich einen enormen Unterschied in der moralischen Intensität und den damit verbundenen belastenden Gefühlen der kognitiven Dissonanz auf. Wenn Sie sich jedoch tagtäglich mit strategischen Entscheidungen beschäftigen, die den Zu- oder Abfluss von hunderten Millionen oder gar Milliarden von Euro bewirken, verändert sich langsam aber sicher Ihr Verhältnis zu etwaigen Gelddimensionen. Wir hatten dieses Phänomen der sich langsam aber sicher bewegenden Grenzen dessen, was für uns *normal* ist in Kapitel drei bereits unter dem Terminus *shifting baselines* beschrieben.

In diesem Zusammenhang möchte ich auf einen weiteren Mythos krimineller Manager zu sprechen kommen, den wohl die meisten Menschen für logisch und normal halten. Es handelt sich um die Annahme, dass kriminelle Manager ihre Taten ihm Rahmen einer sorgfältig durchgeführten, rationalen Kosten-Nutzen-Analyse strategisch planen, kalkulieren und im Ergebnis dazu kommen, die kriminelle Tat durchzuführen.

Mythos 2: Kriminelle Manager wägen Kosten gegen Nutzen ab

Produzieren wir selbst oder verlagern wir unsere Produktion ins Ausland? Nehmen wir einen Kredit zur Finanzierung neuer Maschinen auf, oder bemühen wir uns um das Geld von Investoren? Kaufen wir unsere Produkte preisgünstig in großen Mengen ein und nehmen dabei höhere Lagerhaltungskosten in Kauf oder kaufen wir geringe Mengen ein, die zwar teurer sind, dafür aber eine Just-in-Time-Lieferung möglich machen und Lagerkosten sparen? Es klingt zunächst einmal durchaus plausibel: Rational und strategisch denkende Topmanager, bei denen es in jeder Entscheidung um die Abwägung von Kosten und Nutzen und die unternehmerische Gewinnmaximierung zu gehen scheint, fällen auch eine strategisch-kalkulierte Entscheidung zur Kriminalität unter Abwägung aller Kosten und Nutzen. Dieses Bild wird nicht selten gezeichnet. Der kriminelle Manager, der monatelang in detaillierten Analysen jedes erdenkliche Szenario errechnet und sich dann ganz bewusst für die kriminelle Handlung entscheidet, weil sie lohnender erscheint als alle legalen Handlungsoptionen. Aber ist diese Annahme tatsächlich zutreffend? Haben wir es bei kriminellen Topmanagern tatsächlich mit derart berechnenden Menschen zu tun? Und welche Faktoren sollen kriminelle Manager eigentlich bei der Kosten-Nutzen-Berechnung berücksichtigen? Diesen Fragen gehen wir im Folgenden auf den Grund.

Der rationale Verbrecher – die Rational-Choice-Theorie der Kriminalität

Stellen Sie sich bitte einmal folgende Situation bildhaft vor: Sie nehmen an einem Spiel teil, bei dem es um die Verteilung von Geld geht. Ihnen gegenüber sitzt Ihr Spielpartner. Dieser erhält 100 Euro vom Spielleiter und hat die Aufgabe, Ihnen einen beliebigen Teil dieses Geldes auszuhändigen – es also mit Ihnen zu teilen. Er kann sich aber auch dafür entscheiden, Ihnen keinen Cent der 100 Euro zu geben und alles für sich zu behalten. Allerdings haben Sie auch noch ein Wort mitzureden. Und zwar können Sie die Entscheidung ihres Spielpartners entweder akzeptieren oder ablehnen. Akzeptieren Sie, erhalten Sie und Ihr Spielpartner exakt die Geldsummen, die ihr Spielpartner zuvor aufgeteilt hat. Lehnen Sie ab, gehen Sie beide leer aus. Wie reagieren Sie, wenn Ihr Spielpartner Ihnen von den 100 Euro

a) 1 Euro
b) 15 Euro
c) 30 Euro
d) 50 Euro

gibt? Welche der Szenarien akzeptieren Sie, welche lehnen Sie ab?[317] Ich komme darauf zurück.

Vertreter der sogenannten Rational-Choice-Theorie gehen davon aus, dass Menschen sich stets für die Handlungsoption entscheiden, die ihnen den größten erwarteten Nutzen bringt. Die Anwendung des Rational-Choice-Ansatzes als ökonomischen Erklärungsversuch für kriminelle Handlungen entstammt der Logik, dass – wenn Menschen alle Entscheidungen nach der maximalen Nutzenausschöpfung treffen – auch kriminelles Handeln eine bewusste Entscheidung zur Nutzenmaximierung sein muss. Demnach wägen Menschen alle Kosten und Nutzen ihrer Entscheidungsmöglichkeiten ab und entscheiden sich am Ende für diejenige mit dem größten Nutzengewinn. Die Rechnung lautet: Nutzen aus der kriminellen Tat *minus* Kosten aus der kriminellen Tat > 0 = Entscheidung für kriminelles Handeln.

Dementsprechend plädieren nicht wenige dafür, dass doch nur die Kosten hoch genug sein müssten, damit Manager sich gegen Korruption, Betrug oder

Bilanzmanipulation entscheiden. Doch wie macht man das? In diesem Zusammenhang finden sich immer wieder Forderungen nach härteren Strafen für Wirtschaftskriminelle. „They lie they cheat they steal and they've been getting away with it for too long"[318] lautete eine Schlagzeile des Fortune Magazins aus dem Jahr 2002, kurz nach dem Enron – eines der wertvollsten Unternehmen in den USA – durch einen der weltweit größten Bilanzskandale insolvent geworden war. Der Aufruf der Fortune-Journalisten war eindeutig: Manager sollten für ihre kriminellen Taten härter bestraft werden.[319] Und tatsächlich hat die amerikanische Regierung mit dem sogenannten Sarbanes-Oxley Act (SOA) im Jahr 2002 höhere Gefängnisstrafen für Bilanzmanipulationen ermöglicht.[320] Ziel war, dass rationale Manager die ihnen drohenden Strafen als Kosten in ihre Berechnung einfließen lassen würden. Doch haben Bestrafungen tatsächlich die Wirkkraft, die wir ihnen häufig beimessen? Die große Frage lautet, inwiefern solche Strafandrohungen eine abschreckende Wirkung auf Manager entfalten. Die USA haben beispielsweise vom Strafmaß ausgehend die härtesten gesetzlichen Sanktionen für Straftäter moderner Industrienationen und trotzdem eine der höchsten Kriminalitätsraten der westlichen Welt.[321]

Wir gehen jetzt zunächst einmal davon aus, dass Manager tatsächlich eine Kosten-Nutzen-Abwägung durchführen und Bestrafungen in diese Berechnung einfließen lassen. Sollte dies der Fall sein – so ist sich die kriminologische Forschung einig –, muss man zwischen der Wahrscheinlichkeit und der Schwere einer Bestrafung – also dem Strafmaß – unterscheiden. Die Wahrscheinlichkeit der Strafe ist eine Funktion daraus, für wie wahrscheinlich es eine Person hält, entdeckt und danach auch sanktioniert zu werden.[322] Die empirische Bestrafungsforschung geht ferner davon aus, dass die wahrgenommene Wahrscheinlichkeit, erwischt zu werden, eine höhere Abschreckungswirkung hat, als die Schwere der Strafe.[323] Basis dieser These ist, dass ein Krimineller grundsätzlich nicht erst kalkuliert, wie hoch die Strafe sein könnte, wenn er erwischt wird, sondern ihn lediglich interessiert, *ob* er erwischt wird.[324] Allerdings scheint es, dass selbst diese Abschreckungswirkung bei Wirtschaftsstraftätern marginal bis nicht vorhanden ist. In einigen Studien über die sozialen Bezüge krimineller Manager haben die befragten Wirtschaftsstraftäter zum Zeitpunkt ihrer Taten keinen Gedanken daran verschwendet, ob sie erwischt und bestraft werden könnten.[325] Warum ist das so? Ein Grund könnte darin liegen, dass Topmanager zu selten oder erst sehr spät nach ihrer Tat sanktioniert werden.[326] Bei dem ehemaligen Volkswagen-CEO Martin Winterkorn liegen zwischen der erstmaligen Enthüllung der Dieselskandal-Vorwürfe 2015 und dem tatsächlichem Prozess ein Zeitraum von über sieben Jahren. Diese zeitliche Distanz lässt auch die empfundene Bestrafungswahrscheinlichkeit der Manager in weite Ferne rücken.

Weitere Gründe haben wir bereits in den vorherigen Kapiteln näher beschrieben. Ich meine die Entwicklung dessen, was man als *Banalität des Bösen*[327] bezeichnen kann: die *Norm*alität risikoreicher, unternehmerischer Praktiken, die Einbettung krimineller Taten in einen sonst funktionierenden wirtschaftlichen Betrieb, das gewöhnliche Arbeiten in der Grauzone unter Ausnutzung bilanzieller Handlungsmöglichkeiten, das *kreative* Lösen von Problemen und die Gestaltung von *innovativen* Geschäftsideen am Rande der (Il-)Legalität. Es erscheint paradox, aber möglicherweise investieren die als Strategen bezeichneten kriminellen Manager sogar deutlich weniger Aufwand in eine Kosten-Nutzen-Abwägung als Täter anderer Kriminalitätsdelikte. Im Gegensatz zu kriminellen Hochstaplern beispielsweise, deren Ziel in der Manipulation und der monetären Ausbeutung ihrer Opfer besteht, lag allen in diesem Buch aufgeführten Fällen zunächst einmal eine ordentliche Geschäftsidee zugrunde. Billy McFarland aus Kapitel zwei stellt in diesem Zusammenhang eine Besonderheit dar. So hatte er mit der Fyre-App und dem Fyre-Festival zwar zunächst eine Geschäftsgrundlage, deren Dynamik sich nach und nach zu einem Betrug entwickelte. Kurz nach dem abrupten Ende des Fyre-Festival hatte er sich jedoch fernab jeder legalen Geschäftsidee nur noch für betrügerische Aktivitäten entschieden. Er verkaufte beispielsweise exklusive Tickets für Victoria's-Secret-Shows, Grammy-VIP-Tickets oder private Treffen mit der Star-Musikerin Taylor Swift für mehrere tausend US-Dollar: Tickets, die es nie gab. Die Ironie liegt hier vor allem darin, wie er an seine Kunden kam. Die einfache Antwort: Er benutzte den E-Mail-Verteiler des Fyre-Festivals. Bei vielen anderen Unternehmenskriminellen ist hingegen nicht der Betrug das Ziel, sondern die Verwirklichung großer Geschäftsideen und die Erfüllung äußerer Erwartungen. Dabei sind Unternehmer und

Manager nicht selten damit beschäftigt, Gesetzeslücken zu identifizieren und auszunutzen, um ihre Geschäftsidee umsetzen und ihre Produkte und Dienstleistungen überhaupt am Markt anbieten zu dürfen, wie das folgende Beispiel um eines der aufstrebendsten und gleichzeitig fragwürdigsten Start-ups der letzten zehn Jahre zeigt.

Kreative Geschäftsideen und die Normalität von Rechtsstreitigkeiten

Stellen Sie sich vor, Sie sind derzeit arbeitssuchend und ziehen an die Westküste der USA. Da Sie sich alleine keine Wohnung leisten können, suchen Sie über eine Vermittlungsplattform WG-Mitbewohner. Nach einiger Zeit werden Sie fündig und leben fortan in einer WG mit zwei anderen Personen. Kurz darauf entschließt sich einer Ihrer Mitbewohner allerdings dazu, aus der WG auszuziehen. Da die Miete für Sie und den anderen Mitbewohner zu teuer ist, entscheiden Sie sich dafür, das freistehende Zimmer temporär an Berufspendler oder Touristen unterzuvermieten. Nachdem die ersten Gäste bei Ihnen zu Besuch waren und Sie das erste Geld verdient haben, kommt Ihnen eine Idee. Wenn das Zimmer in Ihrer WG auf ein derart hohes Interesse bei Besuchern trifft, dann besteht hier möglicherweise eine generelle Nachfrage temporär zu vermietender Zimmer. Das ist die Geburtsstunde von Airbnb im Jahr 2008.[328] Zehn Jahre später findet man auf Airbnb mehr als fünf Millionen Unterkünfte auf der ganzen Welt, in denen insgesamt über 300 Millionen Gäste übernachtet haben.[329] Was hat Airbnb nun mit Wirtschaftskriminalität zu tun? Nun, das Geschäftsmodell von Airbnb ist alles andere als unumstritten und in manchen Ländern sogar illegal. Der Weg zum Erfolg glich bei Airbnb einem nicht enden wollenden Hindernisparkour voller Rechtsstreitigkeiten. Wie komplex die Durchdringung gesetzlicher Regelungen sein kann, zeigt das Beispiel um Airbnb in Deutschland. Statt auf Landesebene, entscheidet hier jede Stadt für sich, ob private Personen ihre Wohnungen oder Zimmer für Geld vermieten dürfen. Was also in Hamburg möglich ist, gilt eben lange noch nicht für Berlin, wo Airbnb-Vermieter eine spezielle Lizenz und Registriernummer benötigen. Wenn das vermietete Zimmer darüber hinaus mindestens halb so groß ist wie die gesamte Wohnung, benötigen Vermieter eine weitere Genehmigung.

Ohne die erwähnte Registrierungsnummer sollen in Berlin zukünftig keine Vermietungsangebote mehr auf Airbnb veröffentlicht werden dürfen.[330] Auch in anderen Ländern wie Spanien versuchen Städte vehement gegen Airbnb vorzugehen.[331]

Angenommen, Sie selbst hätten eine bahnbrechende Geschäftsidee. Würden Sie vor der Gründung eines dafür notwendigen Unternehmens in jedem Fall die einhundertprozentige, weltweite Legalität ihrer Idee sicherstellen? Oder würden Sie versuchen, Ihre Leistung – die für Sie völlig in Ordnung erscheint – zunächst einmal am Markt zu platzieren, Geld zu verdienen und erst dann zu reagieren, wenn tatsächlich ein gesetzliches Verbot ausgesprochen wird? CEOs müssen sich ständig die Frage stellen, wie sie mit gesetzlichen Vorgaben umgehen, die die von ihnen favorisierte Geschäftstätigkeit einschränken. Befolgen Sie das Gesetz, schränken sie möglicherweise Ihren Unternehmenserfolg ein. Also versuchen sie, um das Gesetz herum zu manövrieren, es zu umgehen, Schlupflöcher zu finden oder schlicht, Gesetze anders zu interpretieren. Uber – ebenfalls ein umstrittenes Unternehmen – und Airbnb sehen sich beispielsweise selbst nicht als Taxiunternehmen oder Hotel, sondern als Technologieplattformen.[332] Daher werden die gesetzlichen Regelungen für Taxiunternehmen oder Hotels von ihnen selbst als nicht oder nur eingeschränkt für sie geltend interpretiert. Fakt ist, dass das Eingehen von Risiken zum Tagesgeschäft von Topmanagern gehört und sich diese häufig am Rande der Grauzone bewegen. Im Dschungel diverser Anforderungen und Gesetze ist es nicht immer klar ersichtlich, ab wann wir die Grauzone übertreten und illegal handeln. Manager stellen sich dabei nicht die Frage, wie hoch wohl die Gewinne aus einer möglichen illegalen Handlung im Vergleich zu der Intensität des Leides sein wird, welches sie durch eine Bestrafung erfahren würden. Sie fragen sich möglicherweise schlicht, wie man dieses und jenes Problem effizient lösen kann, weil genau dies von ihnen verlangt wird. Aufgrund ihrer Rolle und Außendarstellung eines völlig bei Sinnen erscheinenden, gesunden, strategisch-denkenden Menschen unterstellen wir ihnen jenes blanke Kalkül auch in der Durchführung wirtschaftskrimineller Taten. Dabei sind sowohl moralische Heldentaten als auch verwerfliche unternehmerische Praktiken oft absichtsloser und undurchdachter, als wir meinen. Der Psychologe Gustave Le

Bon formuliert es treffend: „Wollte man nur die mit kalter Überlegung ausgeführten Großtaten [oder Straftaten][333] auf das Aktivkonto der Völker schreiben, so würden in den Weltannalen nur wenige verzeichnet sein.“[334]

Kommen wir noch einmal zurück auf das oben aufgeführte Spiel zur Aufteilung zufällig erhaltener Geldbeträge. Akzeptieren Sie es, wenn Sie von Ihrem Spielpartner 1, 15, 30 oder 50 von den 100 Euro bekommen, die dieser erhalten hat? Unter der Annahme des Rational-Choice-Ansatzes eines stets rational kalkulierenden Menschen würden Sie jede der obigen Entscheidungen Ihres Spielpartners akzeptieren. Sogar der Alternative a) hätten Sie zugestimmt, denn einen Euro zu haben, stellt einen größeren Nutzen für Sie dar, als leer auszugehen. Das aufgeführte Spiel ist in der wissenschaftlichen Welt als Ultimatumspiel bekannt. Forschungen haben ergeben, dass Spieler in der Regel Angebote unterhalb von zwanzig Prozent der Ausgangssumme ablehnen, in Ihrem Fall also alles unter 20 Euro. Selbst bei der Erweiterung des Ultimatumspiels, des sogenannten Diktatorspiels, bei dem ein Spieler jedes Angebot des anderen akzeptieren *muss*, wurden ähnliche Befunde registriert. Unter dem Prinzip der Nutzenmaximierung hätte der erste Spieler im Diktatorspiel das komplette Geld – in Ihrem Fall die 100 Euro – für sich behalten. Trotz dieser absolut sicheren Möglichkeit zur egoistischen Nutzenmaximierung lagen die durchschnittlichen Aufteilungsbeträge bei zwanzig bis dreißig Prozent der Ausgangssumme.

Heute ist die engführende Betrachtung rein ökonomischer Ansätze zur Erklärung wirtschaftskrimineller Handlungen unter seriösen Wissenschaftlern weitestgehend überholt.[335] Verhaltensweisen anhand einer einfachen Kalkulation von Kosten und Nutzen erklären zu können, erscheint zwar aufgrund eindeutig berechenbarer Zahlen und der damit verbundenen Klarheit verführerisch. Eine solche Herangehensweise vernachlässigt jedoch einen wichtigen Punkt: den emotionalen Menschen mit seinem Bedürfnis nach Kooperation und fairem Ausgleich. Wir orientieren unser Handeln nicht immer an dem, was uns nützt, sondern an dem, was wir als fair und gerecht empfinden. Ähnliches gilt für die Wirksamkeit von Sanktionen. Wir legimitieren unsere Handlungen nicht zwingend durch das, was gesetzlich erlaubt ist, sondern durch das, was wir persönlich als anständig empfinden; was sich für uns OK anfühlt. So konsumieren hunderttausende Menschen in Deutschland Cannabis trotz eines gesetzlichen Verbotes. Diejenigen unter uns, die keine Drogen konsumieren, keine Menschen umbringen oder keine Bilanzen fälschen unterlassen jene Handlungen in der Regel nicht, weil sie aufgrund einer Kosten-Nutzen-Abwägung zu dem gut durchdachten Ergebnis kommen, dass sich solche Taten nicht lohnen. Sie unterlassen etwaige illegale Handlungen zu einem Großteil deshalb, weil sie sie persönlich nicht akzeptieren, weil sie sich nicht richtig anfühlen. Gerade weil Moral ein intuitives Konzept ist, das wir im Laufe unseres Lebens eindringlich beigebracht bekommen haben und unbewusst abrufen, entstehen Entscheidungen, die jeglicher Kosten-Nutzen-Rationalität entgegenstehen. So scheinen sich Menschen sogar dann an moralischen Werten zu orientieren, wenn sie selbst Schaden daraus erleiden oder wie im Beispiel um das Ultimatumspiel: leer ausgehen.[336]

Diese moralische Irrationalität zeigt sich auch in diversen Wirtschaftskriminalfällen, bei denen die Täter rein analytisch genau hätten wissen müssen, dass ihre Tat auffliegen wird. Beim Fyre-Festival lag die Entdeckungs- und Sanktionierungswahrscheinlichkeit bei einhundert Prozent, sollten Billy und sein Team die Gäste tatsächlich anreisen lassen. Trotzdem taten sie es und sind nicht vorher von ihrer Vision abgerückt. Tatsächlich gibt es zahlreiche psychologisch sinnhafte Gründe, kriminelles Verhalten aufrecht zu erhalten. Einer davon ist die Hoffnung, dass am Ende doch wieder alles gut werden wird, wie ich es bei einigen Tätern in selbst aufgeklärten Wirtschaftskriminalfällen erlebt habe. Einen dieser Täter und seine unbewusste Entscheidungsdynamik möchte ich Ihnen gerne vorstellen.

Über Risikofreudigkeit und Verlustängste

Im Juli 2019 war ich mit der Durchführung einer forensischen Sonderuntersuchung beauftragt, die wie gewohnt der höchsten Dringlichkeitsstufe zuzuordnen war. Die Geschäftsleitung unseres Auftraggebers – ein in Deutschland ansässiges Energieunternehmen – hatte Grund zur Annahme, dass ein hochrangiger Manager in betrügerische Handlungen verwickelt war. Konkret ging es um die Beschaffung von Energiemengen, die üblicherweise folgendermaßen abläuft: Unternehmen und öffentliche Einrichtungen benötigen für ihre betrieblichen Gebäude und Lagerhallen große Mengen an Strom und Gas.

Zur Beschaffung dieser Energiemengen tätigen die Organisationen öffentliche Ausschreibungen, in denen der ermittelte Energiebedarf sowie der Zeitraum, in dem die Energiemengen benötigt werden, aufgeführt sind. Energieunternehmen bewerben sich als Lieferanten auf diese Ausschreibungen und unterbreiten den ausschreibenden Unternehmen ein Angebot. Bevor der Energielieferant (unser Mandant) allerdings ein Angebot erstellen kann, muss er zunächst einen adäquaten und verbindlichen Preis pro kW/h ermitteln, den es dem potenziellen Kunden anbieten kann. Wie auch in unserem Fall kaufen die Energielieferanten Strom und Gas an den Strombörsen zunächst ein, bevor sie es dann wieder an die Kunden verkaufen. Die Preiskalkulation ist dabei sehr risikoreich. Erstens unterliegen die Energiepreise an den Märkten starken Schwankungen und zweitens liegen zwischen Angebotserstellung durch den Energielieferanten und Angebotsannahme durch den Kunden mehrere Tage. Der strategische Beschaffungsleiter unseres Mandanten war aufgrund der Volatilität des Strommarktes verpflichtet, die Energiemengen binnen drei Tagen nach Angebotsannahme durch den Kunden einzukaufen. Er musste also bei der Preiskalkulation darauf achten, dass sich der Preis, den er im Angebot verbindlich garantierte, auch noch einige Tage später als gewinnbringend erweist. Genau hier lag das Dilemma des hauptbeschuldigten Beschaffungsleiters. Aus Konkurrenzgründen – schließlich wollte er die Ausschreibungen für sein Unternehmen gewinnen – hatte er den Energieverkaufspreis für zwei große potenzielle Kunden sehr niedrig angesetzt. Zu niedrig, wie sich herausstellte. Einige Tage nach Angebotsunterzeichnung ist der volatile Energiepreis an den Börsen derart in die Höhe gestiegen, dass ein jetziger Einkauf der Energiemengen verlustbringend gewesen wäre. Trotz eines möglichen Verlustes wäre der Manager verpflichtet gewesen, Strom und Gas schnellstmöglich nach Angebotsunterzeichnung einzukaufen. Da die Energiemengen allerdings erst in etwa fünfzehn Monaten für die Kunden bereitgestellt werden mussten, hatte er eine andere Idee. Und zwar hatte er die Hoffnung, dass sich die Energiepreise in den kommenden Tagen schon wieder einpegeln werden. Ein Trugschluss, wie sich herausstellte. Der Preis für Strom und Gas kannte in den darauffolgenden Wochen nur eine Richtung – nach oben. Sie müssen sich vorstellen, dass aufgrund der hohen zu beschaffenden Energiemenge von mehreren Millionen kW/h für einen Großkunden bereits geringe Preisschwankungen im Cent-Bereich über enorme Gewinne oder Verluste des Energielieferanten entscheiden. Nach sage und schreibe elf Monaten hatte der Manager die Energiemengen immer noch nicht eingekauft und einen Schaden im hohen einstelligen Millionenbereich verursacht.

Mir geht es in dem Fall des Energiemanagers vor allem darum, unter welchen Prämissen wir bereit sind, Risiken einzugehen. Managern, insbesondere kriminellen Managern, wird häufig eine hohe Risikobereitschaft im Sinne einer Charaktereigenschaft zugeschrieben. In wissenschaftlichen Studien hat man allerdings festgestellt, dass das Eingehen von Risiken – eine von uns vorrangig unter analytisch-rationalen Abwägungsprozessen einzuordnende Handlung – mit der unbewussten Definition einer Situation schwankt. Was ist damit gemeint?

Wovon ich spreche, nennt man der Psychologie einen Frame – eine Rahmung. Je nachdem, wie wir ein Problem definieren – in welchem *Rahmen* wir es betrachten –, verändern sich unser Denken, Fühlen und folglich auch unsere Lösungsversuche zur Bewältigung dieses Problems.

Stellen Sie sich vor, Sie hätten die folgenden beiden Entscheidungsherausforderungen zu bewältigen. Bitte lesen Sie sich erst beide Entscheidungen und dessen Optionen durch, bevor sie entscheiden.

Entscheidung 1: Bitte wählen Sie zwischen den beiden folgenden Optionen:
A) ein sicherer Gewinn von 240 EUR
B) eine 25%ige Chance auf 1.000 Euro und eine 75%ige Chance leer auszugehen
Entscheidung 2: Bitte wählen Sie zwischen den beiden folgenden Optionen:
A) ein sicherer Verlust von 750 EUR
B) eine 75%ige Chance 1.000 Euro zu verlieren und eine 25%ige Chance nichts zu verlieren

Wie ist Ihre Antwort ausgefallen? Diese Entscheidungssituation stammt aus einem der zahlreichen Experimente des bereits erwähnten Wirtschaftsnobelpreisträgers und Psychologen Daniel Kahneman.[337] Bei der ersten Entscheidung haben sich vierundachtzig Prozent für Möglichkeit A entschieden und damit den sicheren Gewinn bevorzugt. Bei der zweiten Entscheidung haben sich siebenundachtzig Prozent für Möglichkeit B und sich damit gegen den sicheren Verlust entschieden. Was hat das nun mit den genannten Frames zu tun? Nun, die erste Entscheidung wurde so formuliert, dass sie etwas gewinnen können – ein sogenannter Gewinnframe. Bei der zweiten konnten Sie hingegen etwas verlieren – ein Verlustframe. Im Gewinnframe sind die meisten Menschen deutlich risikoscheuer. Obwohl der statistische Erwartungswert beider Wahlmöglichkeiten von A) und B) etwa gleich hoch ist, entscheiden wir uns meist für die risikolose Variante und nehmen das sichere Geld. Unter dem Verlustframe sieht die Sache jedoch etwas anders aus. Hier neigen wir zu einer hohen Risikobereitschaft und entscheiden uns zwischen zwei Optionen mit dem gleichen statistischen Erwartungswert eher für die risikoreichere Variante B).

In unserer forensischen Sonderuntersuchung hatte sich der Energiemanager ebenfalls für die risikoreiche Variante entschieden. Warum? Ein maßgeblicher Grund könnte eben jener erwähnte Verlustframe sein. Er hatte die Möglichkeit im Hier und Jetzt einen geringen, aber zu einhundert Prozent sicheren Verlust einzufahren. Oder – und dafür hatte er sich entschieden – er würde analog zu unserer Handlung B) im Verlustframe die risikoreichere Variante wählen, in der eine Verhinderung des Totalverlustes immerhin noch mit einer geringen Wahrscheinlichkeit möglich gewesen wäre. Doch wie immer in diesem Buch ist auch dieses menschliche Verhalten des Energiemanagers zu vielschichtig, um es mit einem einzigen Frame erklären zu können. In den zahlreichen Befragungen, die wir mit den Mitarbeitern des Auftraggebers geführt hatten, haben wir zudem erfahren, dass der Manager vor kurzem einen ihm nahestehenden Menschen verloren hatte. Im Zuge traumatischer Erfahrungen können Menschen bereits kleine Fehler als existenzielle Krisen erleben, die unbedingt vermieden oder verschleiert werden müssen. Gleichzeitig kommt es auf die Konstruktion des Fehlerbegriffes als solchen an. In dem Energieunternehmen wurden Fehler als etwas gänzlich Unheilvolles, Unprofessionelles, Unmögliches, Schreckliches definiert, was nicht passieren darf. Unter einer solchen Rahmung wird ein kleiner Fehler als etwas betrachtet, was die eigene psychologische Sicherheit gefährdet und folglich jedes Eingeständnis oder jede Verbesserungsdiskussion abwürgt. Möglicherweise waren es die Zusammenkunft mehrerer Frames, die im Gesamtkonstrukt zu einer äußerst bedrohlichen Situationsdefinition und am Ende zu einem Millionenschaden geführt haben. Dieser Fall unterstreicht noch einmal die Kraft der Unbewusstheit und Irrationalität in Entscheidungssituationen. Obwohl es auf rationaler Ebene absolut sicher war, dass die Verschleierung am Ende auffliegen *muss*, hatte sich der Energiemanager genau für jene Option entschieden. Mein Empfinden damals war und ist immer noch, dass ihn keine etwaigen gesetzlichen Bestrafungen von seiner Tat hätten abhalten können. Zu intensiv waren die zu befürchtenden sozialen Sanktionen in Form einer prognostizierten Abwertung durch seine Peergroup im Hier und Jetzt.

Wir haben den Fokus in diesem Buch bislang auf die Gruppe der Täter gelegt, die all diese großen Skandale mitentwickelt haben. Das folgende Unterkapitel möchte ich gerne jenen widmen, die durch wirtschaftskriminelle Handlungen viel Geld verloren haben: die Opfer. Obwohl diese Menschen teilweise ihre ganzen Ersparnisse verloren und dramatische Schicksale erlitten haben, möchte ich weiterhin ungerne in eine Verteufelungsspirale oder Stigmatisierungen gegenüber den Tätern verfallen. Meine Hauptmotivation, mit der ich dieses Buchprojekt gestartet habe, liegt in einem Begreifen wirtschaftskrimineller Handlungen und vor allem der Sensibilisierung von Mitarbeitern, damit diese nicht in die Sogwirkung krimineller Gruppen, Kulturen oder Einzelakteure geraten.

Mythos 3: Kriminelle Manager scheren sich nicht um ihre Opfer

Neben dem kritisch betrachteten Mythos einer rationalen Kosten-Nutzen-Kalkulation vor der Durchführung wirtschaftskrimineller Taten gibt es die verbreitete Meinung, dass kriminelle Manager eben aufgrund dieser unterstellten strategischen Vorgehensweise auch die Opfer in ihre Berechnung einbeziehen. Dementsprechend stellt die kriminelle Tat ein Beweis für die Kaltblütigkeit der Manager dar. Schließlich würden jene die Tat ja trotz des Wissens um die zahlreichen Opfer und deren zum Teil tragische Schicksale durchführen. Aber trifft diese Darstellung eines kriminellen Managers, der das Leid seiner Opfer ohne Rücksicht auf Verluste nicht nur billigend in Kauf nimmt, sondern in vollem Bewusstsein sogar noch fördert, wirklich zu?

Von der Entscheidung zur moralischen Entscheidung

Dass Menschen Entscheidungen zu einem erheblichen Teil mit ihrem schnellen, intuitiven, automatischen System 1 fällen, hatte der Wirtschaftsnobelpreisträger Daniel Kahneman hinlänglich beweisen können. Wir hatten einige Facetten dieser tendenziell unbewusst ablaufenden Dynamik innerhalb menschlicher Entscheidungsprozesse bereits weiter oben aufgeführt. Auch hatten wir dargestellt, dass sich Topmanager in einem Umfeld bewegen, dass bestens dazu geeignet ist, eine alleinige Aktivierung des schnelldenkenden Systems 1 unter Ausschluss des ressourcenaufwendigeren Systems 2 zu bewirken. In den folgenden Seiten möchte ich den Fokus nun verstärkt auf moralische Dilemmata und die Bedeutung der Moral in Entscheidungsprozessen verlagern.

Eine drängende Frage in diesem Zusammenhang lautet, ob wir und natürlich auch kriminelle Manager moralische Entscheidungen ebenfalls aus einer vorrangig intuitiven Tendenz oder aus einer analytischen Abwägung heraus fällen. Ich möchte Sie gerne dazu einladen, sich den folgenden Text durchzulesen und ein Urteil über das, was sie gelesen haben, zu fällen:

> Mark und Julia sind Bruder und Schwester. In den schulischen Sommerferien reisen sie mit einer Ausflugsgruppe zusammen nach Frankreich. An einem der Abende übernachten sie allein in einer Ferienwohnung in Strandnähe. Ihnen kommt der Gedanke, miteinander zu schlafen. Julia nimmt bereits die Antibabypille ein und Mark benutzt sicherheitshalber zusätzlich ein Kondom. Sie haben es zwar sehr genossen, miteinander zu schlafen, beschließen aber, es nicht wieder zu tun. Sie behalten diese Nacht als ein besonderes Geheimnis für sich, wodurch sie sich einander noch näher fühlen.

Was denken Sie über jene Nacht von Mark und Julia und deren Entscheidung? War es die richtige Entscheidung, miteinander zu schlafen?

Die Entscheidungssituation um Mark und Julia wurde von dem Psychologen Johnathan Haidt in einer Forschungsarbeit über das Treffen moralischer Entscheidungen konstruiert. Der Großteil der befragten Studienteilnehmer kam zügig zu dem Urteil, dass das Verhalten von Mark und Julia falsch war. Schließlich schläft man nicht mit seinem Bruder oder seiner Schwester. Dabei führten die Befragten eine Reihe an Argumenten auf, die gegen geschwisterlichen Sex sprachen, beispielsweise dass Inzucht gefährlich sei oder sie sich ineinander verlieben und folglich den Drang verspüren könnten, weiterhin miteinander zu schlafen. Allerdings geht aus dem Text hervor, dass eine Schwangerschaft durch die Doppelverhütung mit Pille und Kondom sehr unwahrscheinlich ist. Außerdem haben die beiden klar für sich beschlossen, dass es sich um etwas Einmaliges handelt, wovon niemals jemand etwas erfahren wird. Nachdem die Befragten sich ihre als logisch erscheinenden Argumente eines nach dem anderen selbst widerlegt hatten („Eine Schwangerschaft durch Inzucht ist gefährlich…" „… ach, Moment – die haben ja verhütet…" etc.) und erneut danach gefragt wurden, warum sie das Verhalten der beiden nicht gut fanden, reduzierte sich die Argumentation häufig auf „Ich weiß es auch nicht. Ich kann es nicht erklären. Ich weiß einfach, dass es falsch ist."[338] Dieses und viele weitere Experimente belegen, dass wir moralische Urteile im Sinne von richtig und falsch mit unserer Intuition fällen statt mit einer wohlüberlegten Abwägung aller uns zugänglichen Gründe, die für oder gegen ein bestimmtes Verhalten sprechen. Denn interessanterweise blieben die Befragten selbst dann bei ihrer intuitiven Ansicht „Marks und Julias Entscheidung ist falsch", wenn sie ihre vorgebrachten, rationalen Argumente eines nach dem anderen widerlegten. Wie die Teilnehmer in der Studie glauben wir häufig, dass unsere moralischen Urteile auf gut durchdachten Fakten beruhen. Bei einer tiefergehenden Diskussion und Widerlegung jeglicher Argumente wie im Fall von Mark und Julia bleiben wir tendenziell bei dem, was sich für uns richtig an*fühlt* und verweisen auf eine allgemeine, fast schon gesetzliche Gültigkeit mit den normativen Worten „Man macht so etwas nicht … weil es sich schlicht nicht gehört. Punkt!"

Sie mögen sich nun zurecht fragen, was das Experiment mit der Überschrift des Unterkapitels über die Opferwahrnehmung krimineller Manager zu tun hat. Nun, zunächst einmal ist es bedeutsam zu verstehen, dass moralische Urteile in der Regel durch unsere intuitiven Glaubenssätze gefällt, statt rational abgewogen werden. Die anschließende Frage lautet daher nicht mehr *ob*, sondern *wie* unsere unbewusste Intuition, unser System 1 – wie auch immer Sie es nennen mögen –, die Opferwahrnehmung krimineller Manager beeinflusst.

Out of sight – out of mind: Die übersehenen Opfer

Stellen Sie sich bitte folgende Situation vor: Bei einem Spaziergang entlang der Eisenbahnschienen fallen Ihnen ein paar technische Mitarbeiter der Bahn auf, die Reparaturen auf den Schienen durchführen. In der Ferne sehen Sie, wie sich ein Zug mit rasanter Geschwindigkeit genau auf die Mitarbeiter zubewegt. Die Mitarbeiter, die genau auf dem Gleis stehen, auf dem auch der Zug rollt, bekommen von all dem nichts mit. Sie blicken allesamt in die entgegengesetzte Richtung und tragen darüber hinaus Lärmschutz-Kopfhörer, was dazu führt, dass sie den heranfahrenden Zug weder sehen noch hören können. Auch Ihre Warnrufe verpuffen. Ihnen ist klar: Sollte niemand den Zug stoppen, würden die Mitarbeiter – insgesamt fünf Menschen – von dem Zug überrollt werden und sterben. Auf einem anderen Gleis sehen Sie hingegen, wie ein einzelner Mitarbeiter seine Arbeit verrichtet. Da Sie öfter an dieser Strecke spazieren gehen, wissen Sie, dass sich ein paar Meter vor Ihnen eine Weichenstellung befindet – ein Hebel – mit dem Sie den Zug umlenken können. Die Umlenkmöglichkeit beschränkt sich jedoch auf jenes Gleis, auf dem der einzelne Mitarbeiter steht. Die Frage lautet nun: Würden Sie den Hebel betätigen? Falls ja, würden Sie ein Menschenleben opfern, um fünf zu retten. Wie würden Sie sich entscheiden?

Das genannte Experiment um den einfahrenden Zug würde ich gerne rein gedankenexperimentell um eine Abwandlung erweitern. Und zwar haben Sie in der gleichen Ausgangssituation nicht mehr die Möglichkeit, den Zug umzulenken. Jedoch bietet sich eine andere Alternative, den Zug aufzuhalten. Über das Gleis, auf dem der Zug rollt und die fünf Mitarbeiter stehen, führt eine Brücke. Auf dieser Brücke steht ein sehr korpulenter Mann. Sie wüssten – wenn Sie den dicken Mann von der Brücke auf das Gleis hinunterschubsen würden –, dass der Zug durch das Gewicht des Mannes zum Stoppen gebracht werden würde. Wieder haben Sie die Möglichkeit, ein Menschenleben zu opfern, um fünf andere zu retten. Was würden Sie tun?

Das ausformulierte Gedankenexperiment ist in der Ethik und Philosophie auch unter dem Namen *Trolley-Problem* bekannt und erfährt in der aktuellen Debatte um autonomes Fahren neue Aufmerksamkeit. In zahlreichen wissenschaftlichen Arbeiten untersuchen Forscher, ob Menschen es für akzeptabel halten, wenige Menschenleben zu opfern, um das Leben vieler Menschen zu retten. Wie soll sich ein selbstfahrendes und *-denkendes* Auto entscheiden, wenn es die Möglichkeit hat, einen Unfall mit fünf Menschen zu verhindern, dafür aber das Leben eines nicht involvierten Fußgängers zu opfern? Aber zurück zum Experiment und dessen interessanten Ergebnissen. Forschungen zeigen, dass die allermeisten Menschen in Deutschland und den meisten anderen Ländern dieser Welt den Hebel in der ersten Variante betätigen würden, um die fünf Menschen zu retten. Ganz anders sieht es jedoch mit der zweiten Variante aus, bei der sie den dicken Mann von einer Brücke schubsten müssten, um die fünf Menschen auf dem Gleis zu retten. Hier antworten die meisten Menschen, dass sie dies nicht tun würden, auch wenn dadurch die auf dem Gleis stehenden fünf Personen von dem heranfahrenden Zug überrollt und ihr Leben verlieren würden.[339]

Die Frage der Forscher lautete, warum wir zwischen den beiden Varianten einen solch drastischen Unterschied in unserer Verhaltensabsicht machen. Schließlich ist das Ergebnis gleich: ein Mensch wird geopfert, um fünf andere vor dem Tod zu bewahren. Um dies herauszufinden, untersuchte der Psychologe und Harvard-Professor Joshua Green die Hirnaktivität der Studienteilnehmer mittels fMRT, während sie mit dem Trolley-Problem konfrontiert wurden.[340] Green fand heraus, dass der Unterschied in der Beurteilung der beiden Szenarien vor allem mit den damit einhergehenden unterschiedlichen emotionalen Reaktionen der Studienteilnehmer begründet werden kann. Im zweiten Szenario (dicker Mann; Brücke) waren die Teile des Gehirns, die für die Emotionsverarbeitung zuständig sind, deutlich aktiver als im ersten (Hebel). Anderen Menschen keinen Schaden zuzufügen ist ein urmoralisches Prinzip. Wir *wissen* also intuitiv, dass wir anderen nicht wehtun sollen. Und dennoch *fühlt* es sich in manchen Situationen OK und sogar richtig an, dies zu tun, vor allem dann, wenn ein anderes wichtiges moralisches Prinzip auf dem Spiel steht: Schaden minimieren.[341] Und so mussten die Teilnehmer im ersten Szenario nicht lange darüber nachdenken, den Hebel zu betätigen, um fünf Menschen zu retten, auch wenn dies bedeutet, ein Menschenleben zu opfern. Allerdings scheint es darauf anzukommen, *wie* wir jemandem Schaden zufügen müssten, um den Gesamtschaden gering zu halten. Im ersten Szenario reichte die Betätigung eines Hebels aus, was einen weitestgehend anonymen und unpersönlichen Akt darstellt. Im zweiten Szenario wäre Ihr Part deutlich aktiver. Statt einen Hebel in Bewegung zu setzen, haben Sie es mit einem lebendigen Menschen aus Fleisch und Blut zu tun. Möglicherweise würde sich der dicke Mann auf der Brücke zur Wehr setzen, d. h., Sie müssten ihn vor dem Sturz überwältigen, gegebenenfalls sogar umbringen. Sie würden sich dadurch zu einem aktiven Täter machen, wohingegen Sie Ihre gefühlte Verantwortung im ersten Szenario im wahrsten Sinne des Wortes auf den Hebel umlenken könnten. Sie hätten bei der Betätigung des Hebels überhaupt keinen Nähebezug zu dem Menschen, dessen Leben für das der anderen fünf geopfert worden wäre.

Eine ähnliche Entfernung potenzieller Opfer erleben wir auch zunehmend bei Wirtschaftsstraftätern. Was damit gemeint ist, lässt sich am ehesten mit dem betriebswirtschaftlichen Ausdruck *Prinzipal-Agent*[342] erklären. Der sogenannte Prinzipal ist der Eigentümer eines Unternehmens. Dieser stellt einen Agenten an, der seine Unternehmung in seinem Interesse managen soll – den CEO, Geschäftsführer, Managing Director oder wie auch immer man diesen nennen mag. Die Prinzipal-Agent-Theorie ist ein relativ junges Phänomen, denn noch vor einigen Jahrzehnten gab es keine Trennung von Prinzipal und Agent. Der Prinzipal, also der Inhaber einer Firma, war auch gleichzeitig der Geschäftsführer und leitete das operative Geschäft. In dieser Konstellation sind inhabergeführte Familienunternehmen entstanden. Mit der Entwicklung der Aktienmärkte und der zunehmenden Kapitalisierungsnotwendigkeit der Unternehmen gab es plötzlich aber nicht mehr nur einen einzigen

Prinzipal, sondern mehrere, die dann einen neutralen Manager einstellten, der die Geschäfte im Sinne aller Anteilseigner leiten sollte. Die Interessen dieser kleinen Menge meist wohlhabender Prinzipale konnte der Agent noch gut überblicken. Vor allem hatten die Geschäftsführer damals noch ein vermehrt persönliches Verhältnis zu den Anteilseignern. Man kannte sich, man wusste genau wann von wem wie viel Geld in die Unternehmung investiert werden würde. Das investierte Geld stammte also von wenigen sichtbaren Personen im Umfeld der Geschäftsführer. Folglich wusste der Agent auch, wen er im Fall krimineller Absichten betrügen – und vor wem er sich konkret verantworten müssen würde. Dieser Bezug zueinander wurde im Rahmen globaler Märkte zunehmend aufgeweicht. Durch den Abbau von Handelshemmnissen wurden die globale Produktion, der weltweite Vertrieb und grenzüberschreitende Investitionen möglich. Plötzlich gab es nicht mehr nur ein paar lokale Kunden und Anteilseigner reicher Familien aus der gewohnten Umgebung, sondern tausende, dann hunderttausende und Millionen von Prinzipalen und Kunden eines Unternehmens, die über die ganze Welt verstreut sind.[343] Es begann ein Abbau der persönlichen Beziehung zwischen den operativen Managern und den Anteilseignern der Unternehmen.[344] Heute besteht ein zunehmender physischer als auch psychischer Abstand zwischen den Agenten – den CEOs – und den Prinzipalen – den Aktionären. Mittlerweile liegt die Marktkapitalisierung der DAX40-Unternehmen in Deutschland bei über 1,5 Billionen (1.500 Mrd.) Euro[345], und alleine die Mercedes Benz Group AG hat per Jahresabschluss 2021 über eine Milliarde Aktien im Umlauf, die von tausenden Aktionären gehalten werden, davon etwa siebzig Prozent im Ausland.[346]

In den erwähnten Forschungsarbeiten zum Trolley-Problem haben wir gesehen, dass wir mit einer physischen Distanz zu potenziellen Opfern auch eine psychische, emotionale Distanziertheit erleben. Vereinfacht gesagt: Je weiter die Menschen von uns weg sind, desto weniger berührt uns deren persönliches Schicksal und desto weniger geraten sie in unseren emotionalen Blickwinkel.[347] Den meisten CEOs begegnen die zahlreichen Anteilseigner und Kunden nicht persönlich. Ähnlich zum ersten Szenario des Trolley-Problems (Hebel) werden die Opfer wirtschaftskrimineller Handlungen möglicherweise ebenfalls als eine Art unschöner Nebeneffekt betrachtet, den wir nicht auf unsere eigenen Handlungen zurückführen und den wir nur begrenzt wahrzunehmen vermögen.[348] Es gibt zahlreiche Vergleiche, in denen sich diese eingeschränkte Wahrnehmungs- und Empathiefähigkeit auch in unserem Alltag vollzieht. So wissen wir zwar, dass unsere Kleidung unter extrem belastenden Arbeitsbedingungen auf Baumwollplantagen angebaut und in asiatischen Fabriken hergestellt werden. Aber wie nah gehen uns diese teilweise sklavischen Lebensrealitäten der Arbeiter und deren Kinder wirklich? Oder ganz aktuell: Wie sehr berührt uns ein barbarischer Krieg in entfernten Ländern im Vergleich zum russischen Angriffskrieg in der Ukraine, der quasi in unserer europäischen Nachbarschaft stattfindet? Für wie schlimm erachten wir eine Naturkatastrophe in Südamerika mit 10.000 Opfern im Vergleich zu einem Hauseinsturz in unserer Straße, bei dem eine Person ihr Leben verliert.[349]

Das Verspüren einer emotionalen Distanz ist nicht nur auf eine körperliche Begegnung und menschliche Nähe begrenzt, sondern findet sich in weitaus simpleren Szenarien wieder. So macht es für Betrüger beispielsweise einen enormen moralischen Unterschied, ob sie Geld oder Gutscheine ergaunern. In einem Forschungsexperiment sollten Studenten beispielsweise innerhalb von fünf Minuten so viele Matheaufgaben lösen, wie sie konnten. Für jede korrekt gelöste Aufgabe bekamen die Studenten einen US-Dollar. Bei der Ergebnisübermittlung hatten die Studenten die Möglichkeit zu schummeln, was einige von ihnen auch taten. *Dass* die Studenten schummelten, überraschte die Forscher nicht. Als deutlich interessanter gestaltete sich die Abwandlung des Experimentes, als die Studenten kein Geld mehr für die gelösten Aufgaben erhielten, sondern Gutscheine. Diese scheinbar winzige und unbedeutende Änderung – von Geld zu Gutscheinen – bewirkte eine Verdoppelung der Schummelquote.[350] Die daraus ableitbaren Erkenntnisse für eine Gesellschaft, in der zunehmend bargeldlos bezahlt wird, finden hoffentlich in der Kriminalitätsprävention dieser neuen Realität Berücksichtigung. Aber zurück zu unserer oben aufgeführten Opferanonymität wirtschaftskrimineller Taten.

Die beschriebe Ferne geschädigter Personen ist ein zentraler Punkt in der Unterscheidung zwischen Straßenkriminalität und Wirtschaftskriminalität. Wenn ich jemanden auf der Straße überfalle, dann muss ich mich meinem Opfer physisch nähern, es möglicherweise in einem persönlichen Kampf überwältigen und dessen leidvollen Blick ertragen, nachdem ich ihm körperlichen Schaden zugefügt habe.[351] Dieser höchst persönliche und aktive Akt ist mit dem zweiten Szenario des Trolley-Problems vergleichbar, bei dem wir einen dicken Mann von einer Brücke schubsen und dadurch töten müssen. Wirtschaftskriminelle Taten sind hingegen weitestgehend unemotional und opferanonym. Die kriminelle Handlung als solche beschränkt sich in vielen Fällen auf das Verändern von Zahlen in einer Excel-Tabelle oder in einem Buchhaltungsprogramm sowie das Anpassen oder Fälschen von Rechnungen und Verträgen etc. Es bleibt nicht nur die aktive und emotionale Opferüberwältigung aus, die ein Täter in einem Raubüberfall vollziehen muss. Die Opfer sind den meisten Managern überhaupt nicht bekannt, sondern im Dickicht von Millionen Anteilseignern und Kunden verborgen. Sie sind im Vergleich zu dem nahen, anfassbaren, konkreten Opfer des Raubüberfalles weit weg und abstrakt. Dass die Opfer aus Wirtschaftsverbrechen im Vergleich zu jenen, die aus Gewalttaten hervorgehen, weniger Empathie in uns hervorrufen, zeigt sich nicht nur anhand der Äußerungen von Tätern. Auch der Gesetzgeber scheint die seelischen Belastungen der Wirtschaftsopfer nicht in gleicher empathischer Intensität nachvollziehen zu können. So würden Staatsanwaltschaft und Polizei ein Gewaltverbrechen von unmittelbarer Lebensbedrohlichkeit niemals stattfinden lassen, nur um die Täter danach *in flagranti* zu erwischen und festnehmen zu können. Aktienbetrügereien, bei denen tausende Kleinanleger ihre Ersparnisse verlieren, hatte man in der Vergangenheit hingegen von Seiten der Behörden geschehen lassen, um die Täter auf frischer Tat zu ertappen und Beweise vorbringen zu können, die eine Verhaftung rechtfertigen.[352]

Ich hatte bereits das intensive und bedrohliche Gefühl der Scham angesprochen. Die sogenannte Gewissensscham ist es, die wir spüren, wenn wir anderen Menschen einen Schaden zugefügt haben. Gewissensscham ist dafür verantwortlich, dass nicht nur die Opfer, sondern auch Täter aus einer Gewalterfahrung beschädigt hervorgehen. Schließlich haben sie gegen ihr eigenes Ich-Ideal gehandelt und damit etwas getan, wovon sie wissen, dass sie es eigentlich nicht hätten tun dürfen.[353] Die Gewissensscham ist nicht nur ein intensives Gefühl, sondern hat auch einen handlungsleitenden Charakter. Weil sie so unangenehm ist, unternehmen wir viel dafür, sie und die damit einhergehenden Selbstabwertungen nicht spüren zu müssen. Folglich bemühen wir uns um konformes und sozialverträgliches Verhalten. Allerdings muss sich eine zukünftige Handlung zunächst einmal als schädigend und falsch an*fühlen*, damit die Gewissensscham Alarm schlägt und ihre präventive Wirkung entfalten kann. Möglicherweise sind es gerade der unemotionale Akt einer Bilanzfälschung verbunden mit der Anonymität der Opfer, die die entsprechenden Gewissensbisse krimineller Manager reduzieren oder gar ausbleiben lassen. Die Rechtfertigungen jener Manager „Wir haben nur unseren Job gemacht"; „Wir haben alles Notwendige getan um Arbeitsplätze zu retten"; „Wir wollten den Aktionären doch nicht schaden. Im Gegenteil: wir haben alles dafür getan, um den Aktienkurs weiter hoch zu halten [...]" spiegeln die Verbindung zum ersten Szenario des Trolley-Problems wider, in dem die meisten Menschen dazu bereit sind, den Hebel zu betätigen, um den Gesamtschaden zu minimieren, solange kein persönlicher Opferkontakt zustande kommt.

Eine Studie des MIT und der Harvard Universität kam zu dem Ergebnis, dass die Abgasmanipulationen von VW zu einem verfrühten Tod von etwa sechzig Menschen in den USA geführt hat.[354] Ich lehne mich nicht zu weit aus dem Fenster, wenn ich behaupte, dass wahrscheinlich keiner der an der Manipulation mitgewirkten Manager und Ingenieure je damit gerechnet hätte, durch ihre Taten indirekt zum Massenmörder zu werden, noch wären sie wahrscheinlich im Stande, in einer körperlichen Konfrontation auch nur einen einzigen Menschen zu töten. Mit anderen Worten: Sie würden – wie die meisten von uns – sich nicht zutrauen, den dicken Mann von der Brücke zu schubsen.[355]

Ich möchte an dieser Stelle darauf hinweisen, dass ich die Verantwortung für kriminelle Taten einzelner Manager mit den aufgezeigten Erkenntnissen nicht herunterspielen möchte. Im Gegenteil, ich möchte sogar ausdrücklich auf deren Verantwortungspflicht hinweisen. Die Pflicht zur Verantwortung gegenüber den Opfern scheint sich allerdings nur einstellen zu können, wenn die Opfer und deren Leiden überhaupt wahrgenommen werden. Zu *wissen*, dass meine Handlungen Opfer hervorbringen können, ist zwar ein guter, erster Schritt. Aber Wissen allein genügt noch nicht. Wir haben gesehen, dass Menschen selbst dann bei ihrer intuitiven Meinung bleiben, wenn sie sich wie bei dem Beispiel von Mark und Julia all ihre eigenen Argumente nach und nach selbst widerlegt haben. Unsere schnellen, automatischen und intuitiven System-1-Reaktionen sind jenen der bewussten Abwägung immer vorgelagert. Und selbst wenn Menschen nach dem ersten intuitiven Impuls ihre Ratio einschalten, so dient diese oftmals vielmehr einer Rationalisierung und Untermauerung des ersten Impulses, statt einer ausgewogenen Für-und-Wider-Überlegung. Unsere Ratio agiert also eher wie ein Strafverteidiger, der seinen Klienten – die Intuition – verteidigen muss, als wie ein Richter, der die objektive Wahrheit sucht.[356] Es gilt für Topmanager also nicht nur, an der Stellschraube der *wissenden* Ratio zu drehen, sondern auch ihre *(mit-)fühlende* Intuition für die Geschädigten zu sensibilisieren.

In diesem Zusammenhang versuchen Unternehmen häufig, ihre Manager durch Ethik-Schulungen für ethische Werte und Normen zu sensibilisieren.[357] Dieses Unterfangen ist durchaus nachvollziehbar. Schließlich ist das Moralbewusstsein eine Funktion daraus, wie lebendig und ausgeprägt moralische Dilemmata im Gedächtnis einer Person verankert sind und wie dazugehörige Handlungskonzepte zur Bewältigung dieser Dilemmata abgerufen werden können.[358] Wenn ihr Chef Sie also darum bittet, doch die Zahlen einmal kurzfristig *anzupassen*, dann müssen Sie zunächst einmal das Dilemma in dieser Situation erkennen und zweitens eine erwachsene und abgewogene Entscheidung fällen. Mit entsprechenden Trainings – so die Hypothese – könnte man die Manager für derartige Dilemmasituationen sensibilisieren und ihnen gute Handlungsmöglichkeiten vermitteln, die sie in der konkreten Situation am Arbeitsplatz anwenden können. Leider orientieren sich viele solcher Trainings vornehmlich an rechtlichen Verhaltensverboten und vermitteln lediglich, wie sich Manager verhalten sollten. Dass Problem mit dieser Trainingsgestaltung ist, dass eine rein inhaltliche Vermittlung von Soll-Vorschriften lediglich an unser logisches Denken anknüpft, moralische Urteile aber vorrangig in den Gehirnregionen gefällt werden, die für die Verarbeitung emotionaler Informationen zuständig sind. Zweitens könnte sich bei den Managern durch das kognitive Erlernen aller Soll-Vorschriften die Illusion einer inneren Sicherheit und Zuversicht breit machen, zukünftig schon alle Entscheidungen unter ethischen Aspekten treffen zu können. Dadurch könnte sich ein gegenteiliger Effekt der beabsichtigten reflektierten Entscheidung von Managern einstellen. Um eine echte Wirkung erzielen zu können, sollten Seminare nicht als kognitive Lerneinheit konzipiert werden, sondern an den bereits erwähnten Intuitionen anknüpfen und einen reflexiven Prozess in Gang setzen. Dadurch bekämen die potenziellen Opfer wirtschaftskrimineller Handlungen und die damit einhergehende Gewissensscham möglicherweise auch wieder die Chance, konkreter in den Wahrnehmungsfokus von Managern zu fallen.

„Natürlich bin ich integer": Von der Überschätzung der eigenen Moral

Wenn ich Sie fragen würde, für wie integer Sie sich selbst auf einer Skala von 1 bis 10 einschätzen, auf welcher eine 1 für überhaupt nicht integer und eine 10 für absolut immer integer steht und auf welcher der Durchschnittsmensch in Ihrer Lebensumgebung auf einer 5 einzustufen wäre: Wo verordnen Sie sich auf dieser Skala?

Meine Hypothese lautet, dass Sie sich für mindestens durchschnittlich integer halten, tendenziell sogar eher darüber einordnen, etwa bei einer 7. Wie komme ich zu dieser Annahme? Zunächst einmal unterliegen wir Menschen einer Heuristik, die sich selbstwertdienliche Verzerrung nennt und die mit der bereits erwähnten Rationalisierung des Fraud Triangles einhergeht. Zur Erhaltung eines positiven Selbstbildes entwickeln wir viele Gründe, die unser schlechtes Verhalten rechtfertigen. Gleichzeitig nehmen wir im Rahmen eines Informationsselektionsprozesses vorrangig jene Informationen über uns wahr, die auf unseren Selbstwert einzahlen und uns eine positive Selbsterzählung ermöglichen.[359] Neben diesen Selbstaufwertungstendenzen gibt es auch Fremdabwertungstendenzen. Wo wir eigene Fehler eher auf situative Faktoren schieben („Ich stand unter Druck, hatte keine andere Wahl …"), ordnen wir die Fehler anderer eher dessen Charakter zu („Der ist halt so …"). Insbesondere bei Aspekten, die die allermeisten Personen mit der Wertigkeit eines Menschen verbinden und die die Frage klären, „Bist du ein guter oder ein schlechter Mensch?", schreiben wir uns regelmäßig zu hohe Punktwerte zu. Alles andere würde der Aufrechterhaltung unseres positiven Selbstbilds zu belastend entgegenwirken. Diese moralische Identitätsbedrohung[360] stellt eine Gefahr dar, die nicht nur für Topmanager wenig erträglich erscheint. Daher ändern wir eher unsere Ansichten dessen, was wir als gutes oder schlechtes Verhalten definieren, als unsere Ansicht über uns selbst, wenn wir planen, etwas zu tun, was unsere positive Selbsterzählung gefährden könnte.[361]

Die genannte Selbstüberschätzung der eigenen Fähigkeiten wird in der Psychologie auch als Overconfidence Bias[362] bezeichnet und reiht sich in die kognitiven Verzerrungen unseres Systems 1 ein. Psychologische Studien zeigen allerdings, dass unser moralisches Verhalten weniger vom eigenen Charakter, sondern mehr von situativen Faktoren abhängt. In einem spannenden Experiment haben die Forscher John Darley und Daniel Batson im Jahr 1970 dies eindrucksvoll demonstriert. Sie luden 47 Theologiestudenten der Universität Princeton in den USA zu einer Studie ein, in der es angeblich um die theologische Ausbildung ging. Die Forscher teilten den Studierenden mit, dass sie einen Vortrag vorbereiten sollten. Die eine Hälfte sollte über Karrierechancen in der Theologie, die andere über die Geschichte des barmherzigen Samariters aus der Bibel referieren. Nachdem die Studierenden ihre Referate vorbereitet hatten, sollten sie diese in einem anderen Gebäude auf dem Universitätsgelände vortragen. Dabei gab es drei Abwandlungen mit unterschiedlicher Stressinduzierung. Manchen Studierenden sagte man, dass sie schon spät dran seien, man sie bereits seit einigen Minuten in dem anderen Gebäude erwarten würde und sie sich nun beeilen müssen. Einer zweiten Gruppe signalisierte man neutral, dass der zuständige Assistent in dem anderen Gebäude bereitstünde und einer dritten Gruppe sagte man, dass keine Eile besteht und man möglicherweise vor dem anderen Gebäude noch etwas warten müsse. Auf dem Weg, den die Studierenden in das andere Gebäude queren mussten, platzierten die Forscher einen offensichtlich hilfsbedürftigen Mann, der zusammengekauert vor einem Hauseingang saß und stöhnende Geräusche von sich gab. Die Frage lautete, ob 1) das zuvor ausgearbeitete Referat über den barmherzigen Samariter bei jenen Studenten zu größerer Hilfsbereitschaft führte als bei denen, die lediglich über die Karrierechancen referierten, und ob 2) die Hilfsbereitschaft durch den Faktor Zeit beeinflussbar ist. Im Ergebnis hat sich herausgestellt, dass Letzteres – zeitlicher Stress – einen erheblichen Einfluss auf die individuelle Hilfsbereitschaft der Studierenden hatte, wohingegen die Geschichte um den barmherzigen Samariter kaum Wirkung erzeugte. Studierende, die unter großem Zeitdruck standen, halfen in nur zehn Prozent der Fälle. Ohne Zeitdruck waren es immerhin fünfundvierzig Prozent und Studierende mit viel Zeit halfen in dreiundsechszig Prozent der Fälle.[363] Ob wir uns moralisch verhalten oder nicht, hängt also nicht nur von Persönlichkeitseigenschaften und unseren inneren Einstellungen ab, sondern vor allem von den situativen Kräften unserer Umwelt.

In diesem Zusammenhang möchte ich den Fokus auf die Umgebungsrealität von Topmanagern richten. Dass zeitlicher Druck ein erheblicher Treiber für automatisches System-1-Denken ist und Topmanager diesem Druck in ihrem Arbeitskosmos regelmäßig ausgesetzt sind, dürfte einleuchten. Ich möchte den Faktor der Selbstüberschätzung vielmehr in den systemischen Beziehungskontext zwischen Topmanagern auf der einen Seite und den Mitarbeitern auf der anderen Seite richten. Die Selbstüberschätzung eigener Fähigkeiten und das damit verbundene Ausbleiben einer Hinterfragung eigener Handlungen entstammt nicht nur einer intrapsychischen Dynamik, sondern kann durch die positive Zusprechung von außen verstärkt werden. Was ist damit gemeint? Stellen Sie sich bitte vor, Sie fahren 140 km/h auf einem Streckenabschnitt der Autobahn, auf dem die maximal zulässige Höchstgeschwindigkeit 130 km/h gilt. Alle anderen Autos fahren ebenfalls 140 km/h. Der Verkehr läuft flüssig, und Sie kommen gut voran. Denken Sie nun kontinuierlich darüber nach, dass Sie sich gesetzeswidrig verhalten? Vermutlich nicht. Es sei denn, irgendein Impuls von außen erinnert Sie an die gesetzlichen Rahmenbedingungen: Ihr Beifahrer, starker Wind oder heftiger Regen, ein Blitzer am Straßenrand, die Polizei, die Sie im Rückspiegel sehen, usw. Was auch immer es ist – in diesem Moment fühlt sich das, was gerade noch normal und gut war, falsch an. Sie werden mit dem unbehaglichen Gefühl der kognitiven Dissonanz konfrontiert und bemühen sich, mit angepasstem Verhalten wieder in die rechte Spur zu kommen.[364] Die genannten Impulse in Form eines Korrektivs sind wichtig, um uns in einer gewohnten Situation, in der wir mit dem Autopiloten unterwegs sind, daran zu erinnern, was richtig und falsch ist. Geschäftsführer oder CEOs haben dieses Korrektiv regelmäßig nicht. Sie bekommen häufig nicht das aufrichtige, ehrliche und realistische Feedback, dass eine entsprechende Dissonanzwirkung erzielen und einen Korrekturkurs einleiten könnte. Mitarbeiter tendieren dazu, nur positive und stimmige Informationen weiterzuleiten und ermöglichen damit einen Realitätsverlust etwaiger Topmanager.[365] Der verurteilte Ex-CEO des Unternehmens Tyco International Dennis Kozlowski formulierte einmal: „When the CEO is in the room, directors – even independent directors – tend to want to try to please him"[366], und fügte hinzu: „The board would give me anything I wanted. Anything."[367] Der deutsche Psychologe Professor Fritz Westermann bringt es auf den Punkt: „Produziert ihr soziales Umfeld idealisierende Spiegeleffekte, welche sie (die Manager)[368] gern übernehmen, so entstehen regelrechte ‚Scheinriesen' infolge maßloser Selbst- und Fremdüberschätzung, die unfähig zu selbstkritischer Selbstprüfung sind."[369]

Das Fehlen notwendiger Korrektive wird auch in den diversen unter Kapitel zwei aufgeführten Täterprofilen als Grund für das Hineindriften in kriminelle Aktivitäten genannt. Wenn Manager nur noch für das Unternehmen leben und sich von anderen Lebensrealitäten wie der Familie oder Freunden abschneiden, werden sie auch in ihrer Sichtweise beschnitten.[370] Die einst erfolgsgekrönte CEO von Theranos, Elizabeth Holmes, hatte eine Arbeitsumgebung geschaffen, in der die Mitarbeiter aufgefordert wurden, rund um die Uhr zu arbeiten. Wer nicht mitmache, den könne man austauschen, sagte sie.[371] Tyler Shultz, der Whistleblower im Fall Theranos, bestätigte diese Arbeitskultur und sagte ein Kernwert von Theranos lautete: „Work really hard and not necessarily work smart but work a long time."[372] Der ehemalige CFO von Enron Andrew Fastow sagte: „You are working twenty-four hours a day on a deal."[373] In solchen Verhältnissen können Subkulturen entstehen, deren krimineller Charakter von den einzelnen Mitgliedern selbst kaum noch wahrgenommen wird.[374] So berichtet der Biochemiker und hochrangige Manager Mark Whitacre, dass seine Frau eine der wahrscheinlich größten kartellrechtswidrigen Preisabsprachen in der Geschichte der USA verhindert hatte. Whitacre hatte seiner Frau – ohne die kleinste moralische Verwerflichkeit zum Ausdruck zu bringen – beim Abendessen von geheimen Treffen mit Wettbewerbern erzählt, bei dem sie Preise abgesprochen und anschließend die Spesen- und Reisekostenabrechnungen gefälscht hatten, damit ihnen niemand auf die Schliche kommen kann.

Völlig schockiert ermahnte ihn seine Frau zur Selbstanzeige. Kurz darauf stellte er sich dem FBI.[375]

Möglicherweise ist das Fehlen solcher aufrichtiger Korrektive im Unternehmenskontext auch für das Unterlassen aktiver Kulturarbeit verantwortlich. So könnten Topmanager durch aus Ausbleiben kritischer Feedbacks gar keine Notwendigkeit darin sehen, ihre Unternehmenskultur auf den Prüfstand zu stellen. Studien belegen regelmäßig, dass der Großteil des Topmanagements davon überzeugt ist, dass in ihren Unternehmen die von Mitarbeitern gewünschte Kultur sehr gut oder gut gelebt wird.[376] Von den Mitarbeitern selbst sind allerdings nur etwa ein Drittel dieser Meinung, tragen diesen Unmut aber oft nicht direkt an die Führungsetage heran. Dabei sind diese Korrektive speziell für Topmanager mit viel Erfahrung bedeutsam. Wir erinnern uns – der typische Wirtschaftsstraftäter kommt aus dem gehobenen Management, hat in der Regel einen langen Karriereweg hinter sich und weist eine mehrjährige Unternehmenszugehörigkeit auf.

Erfahrung ist Futter für unser schnell denkendes System 1. Denken Sie einmal daran, wie Sie zum allerersten Mal selbst Auto gefahren sind. Damals werden Sie noch ganz bewusst über alle möglichen Abläufe nachgedacht haben. Zunächst einmal die Sitzposition richten, dann die Spiegel einstellen und sich anschnallen. Bevor Sie die Zündung betätigen, den linken Fuß auf dem Kupplungspedal durchdrücken und den rechten Fuß auf die Bremse. Nun den Zündschlüssel rumdrehen, den ersten Gang einlegen (wo war nochmal der erste Gang?) und die Kupplung langsam kommen lassen, dabei behutsam Gas geben. Bei jedem Abbiegemanöver Blick in den Rückspiegel, Schulterblick und Seitenblick etc. Alles, was Sie tun, tun Sie bewusst. Nach einiger Zeit haben sich die Abläufe automatisiert, sie sind fest in Ihnen verankert und beanspruchen keine aufwendigen kognitiven Kapazitäten mehr. Sie können beruhigt Ihrem System 1 vertrauen und Ihre Aufmerksamkeit auf die Nachrichten im Radio oder die Textnachrichten auf Ihrem Handy richten. Manchmal – analog zur Wirtschaftskriminalität – allerdings mit fatalen Folgen.

Nochmal einen Schritt zurück: Gibt es einen Funken Wahrheit in den erwähnten Mythen?

Angenommen, Sie würden ein Produkt produzieren, von dem Sie wüssten, dass es in der Zukunft mit hoher Wahrscheinlichkeit Menschenleben kosten würde: Würden Sie es zulassen, dass man dieses Produkt am Markt anbietet?[377] Die allermeisten würden wohl verneinen und vorschlagen, dass man dann eben noch mehr Zeit und Geld in die weitere Entwicklung des Produktes stecken müsse – und zwar solange, bis das Produkt absolut sicher wäre und keine Menschenleben mehr riskieren würde. Aber würden sie das tatsächlich?

Im Jahr 2013 untersuchte die US-Verkehrssicherheitsbehörde National Highway Traffic Safety Administration (NHTSA) die Ursache für zahlreiche Todesfälle, die sich bei Verkehrsunfällen ereignet hatten. Im Fokus der Untersuchung stand insbesondere ein Fahrzeugmodell des Automobilherstellers Chrysler: der Jeep Grand Cherokee. Die NHTSA hatte Grund zu der Annahme, dass die Bauweise dieses Jeeps dafür verantwortlich war, dass zahlreiche Menschen in selbst weniger gefährlichen Verkehrsunfällen ums Leben gekommen waren. So wurde der Kunststofftank des Autos, der hinter der Hinterachse montiert war, bei einem Crash regelmäßig durchbohrt, wodurch Gas ausgetreten ist und das Auto in Flammen aufging. Laut der amerikanischen Verkehrssicherheitsbehörde NHTSA seien auf diese Weise einundfünfzig Menschen ums Leben gekommen.[378] Die NHTSA verlangte, dass 2,7 Millionen Jeeps im wahrsten Sinne des Wortes aus dem Verkehr gezogen werden sollen. Chrysler begegnete den Anschuldigungen der NHTSA unter anderem mit dem Statement: „Wenn eine Million Autos ein Jahr lang betrieben würden, dann passiere so ein Vorfall weniger als einmal."[379] Mit anderen Worten: Wir wissen, dass unsere Autos Menschenleben gefährden können. Aber die Umrüstung und der damit verbundene Aufwand ist im Vergleich zu den geringen Opferfallzahlen viel zu teuer.

Sie mögen sich nun denken, dass die genannte Abwägung zwischen Menschenleben und Entwicklungskosten absurd ist und doch völlig eindeutig zugunsten des Lebens getroffen werden muss. Tatsächlich ist diese Art der gerichtlichen Auseinandersetzung zwischen Behörden und Automobilherstellern um die beiden Themen Sicherheit und Kosten keine Seltenheit. Der wohl bekannteste Fall ereignete sich in den 1970er-Jahren um den US-Automobilhersteller Ford Motor Company und dessen Fahrzeugmodell Ford Pinto. Der Ford Pinto war damals ein sehr beliebtes Auto, das vor allem den Kleinwagen der damaligen Konkurrenz japanischer Automobilhersteller Einhalt gebieten sollte. Ähnlich zu der Bauweise des Chrysler Jeeps waren auch im Pinto die Tanks hinter der Hinterachse verbaut. In den durchgeführten Crashtests hatte Ford festgestellt, dass die Tanks der Pintos bei den simulierten Unfällen regelmäßig durchbohrt werden und sich endzünden können.[380] Trotz dieser Erkenntnisse hatte Ford damals nicht von einer Marktzulassung abgesehen. Wie lässt sich ein solches Verhalten psychologisch erklären? Wie rechtfertigten die damaligen Manager ihr Verhalten?

In dem bekannten gerichtlichen US-Präzedenzfall aus dem Jahr 1942 „United States vs. Carroll Towing" legte das Gericht eine Grunddefinition für den ökonomischen Fahrlässigkeitsbegriff fest. Der damalige Richter urteilte, dass keine Fahrlässigkeit vorliege, wenn die Kosten der Schadenverhinderung (K) größer sind als die Wahrscheinlichkeit des Schadenseintritts (P) multipliziert mit der Schadenshöhe (H).[381]

Die reduzierte Formel lautet also K > P * H = keine Fahrlässigkeit = verringerte oder keine Schuldlast.[382]

Bezogen auf den Fall um den Ford Pinto würde dies bedeuten: Wenn Ford beweisen kann, dass die Kosten für den Rückruf oder den Umbau der Fahrzeuge (K) größer sind, als die prognostizierten Schäden durch die Verkehrsunfälle (P * H), dann kann zumindest nicht von einer Fahrlässigkeit ausgegangen werden. Dieses Urteil und die daraus resultierende Logik hatte Ford als eigene Richtschnur genutzt. Eine intern durchgeführte Kosten-Nutzen-Berechnung ergab, dass die Kosten zur Behebung der Sicherheitslücke (K) 136 Millionen US-Dollar kosten würde, wohingegen der Nutzen daraus im Sinne einer Schadensverhinderung (P * H) bei lediglich 49,5 Millionen US-Dollar läge. Auf der Basis dieser Kosten-Nutzen-Entscheidung hatte sich Ford entschieden, die Fahrzeuge ohne weitere Sicherheitsvorkehrungen zu bauen und zu verkaufen.[383] Was ist in diesem Fall mit den Opfern? Belegt dieser Fall nicht eindeutig, dass Manager sehr wohl eine überlegte

Kosten-Nutzen-Kalkulation inkl. Opfer anstellen (Mythos 2 und 3)? Und beweist dieses Vorgehen nicht gleichzeitig, dass kriminelle Manager unmoralische Menschen seien müssen (Mythos 1)?

Möglicherweise liegt die Beantwortung all jener Fragen unter anderem in einer Mischung aus gesellschaftlicher Erfolgsdefinition und den Anpassungsmechanismen unseres Gehirns. Was ist damit gemeint? Die Kriminologen Messner und Rosenfeld haben in ihren Forschungen unter anderem untersucht, warum die USA im Vergleich zu anderen Industrienationen eine relativ hohe Kriminalitätsrate aufweisen. Im Ergebnis kamen die Forscher zu dem Schluss, dass dem *American Dream* eine tragende Komponente für das Zustandekommen von Kriminalität beigemessen werden kann. Der amerikanische Traum bestehe im Kern darin, vom berüchtigten Tellerwäscher zum Millionär aufzusteigen und im Leben möglichst viel Geld anzuhäufen. Diese gesellschaftliche Erfolgsdefinition legt den Fokus also verstärkt auf persönlichen finanziellen Reichtum und weniger darauf, *wie* dieser Reichtum erwirtschaftet werden soll. Diese Definition – schnell viel Vermögen aufbauen – vernachlässigt den Umstand, dass lediglich legale Mittel zur Zielerreichung verwendet werden dürfen.[384]

In den vorangegangenen Unterkapiteln hatten wir bereits das Phänomen des Framings beschrieben. Wie wir eine Situation für uns definieren – welchen Rahmen wir ihr geben –, hat enormen Einfluss auf unsere Denk-, Gefühls-, und Verhaltensweisen. Unter der Definition und gesellschaftlichen Akzeptanz des American Dream mit rein ökonomischen Erfolgskriterien scheinen wir die Möglichkeit zu haben, Menschenleben zu monetarisieren. Die Opfer gestalteten sich in den Augen der Ford-Manager nicht als Menschen aus Fleisch und Blut, sondern als Kosten. Die Manager haben sich nicht die Frage gestellt, wie es wohl den Verwandten der zahlreichen Todesopfer ergehen würde. Der ökonomische Definitionsrahmen beschränkte die Sicht jener Akteure auf die Frage, wie hoch wohl die Gerichtskosten sein werden, wenn sie von den Familienangehörigen der Todesopfer verklagt werden würden. Da dieser Schaden niedriger prognostiziert wurde, als die Umbaukosten der Pintos, entschied sich Ford schlicht dafür, den *Schaden* und die *Kosten* in Kauf zu nehmen. Damit komme ich zu meinem zweiten Punkt: den Anpassungsmechanismen unseres Gehirns.

Was hier beschrieben wird, ist in der Forschungsliteratur unter dem Begriff „Ethical Fading“ bekannt. Darunter versteht man den sich langsam, aber sicher vollziehenden Prozess, bei dem ethische Gesichtspunkte aus einer Entscheidung mehr und mehr verdrängt werden.[385] In Kapitel zwei hatte ich bereits beschrieben, dass je öfter wir lügen, desto weniger intensiv fällt die negative Reaktion unseres Gehirns aus, die uns ein psychisches Unbehagen beschert, das uns von weiteren Lügen abhalten könnte. Unter ständigem Ausgesetztsein des Definitionsrahmens American Dream könnten Entscheidungen also lediglich unter ökonomischen Gesichtspunkten getroffen und mögliche Opfer entmenschlicht und verökonomisiert werden. Dadurch werden ethische Entscheidungen vom Gehirn zu Kosten-Nutzen-Entscheidungen *reframed* – also neu- oder umgerahmt. Unser Gehirn vermittelt uns folglich, dass es sich bei einer solchen Entscheidung lediglich um eine Art strategische Kosten-Nutzen-Analyse handelt und verkennt dabei das darin enthaltene ethische Dilemma. Im Fall des Ford Pinto hatte diese tragische Wahrnehmung zum Tod von etwa 500 Menschen zwischen den Jahren 1971 und 1978 geführt.[386]

Warum bleiben Wirtschaftsskandale solange unentdeckt?

Eine der häufigsten Fragen, die mir gestellt und auch immer wieder in den Medien aufgeworfen wird, lautet: „Warum wurden diese großen Skandale eigentlich nicht eher aufgedeckt?“ „Warum hat niemand etwas bemerkt?“ Schließlich seien die illegalen Machenschaften irgendwann ja so groß und eindeutig, dass man schon ganz schön blind sein müsse, um in all den Jahren nichts davon mitbekommen zu haben. Nun muss man zunächst entgegenhalten, dass große Skandale nicht schon immer groß waren, sondern ihren Ursprung in der Regel in kleinen Vergehen hatten, die sich über Jahre hinweg zu dem entwickelt haben, was man am Ende einen Wirtschaftsskandal nennt. Doch selbst zu dieser Hochzeit krimineller Aktivitäten kommen nicht plötzlich dutzende Personen hervor, die nun glasklare Indizien für unsauberes Verhalten erkannt haben wollen. Die von außen und im Nachhinein entflammenden Aufschreie über die absolute Eindeutigkeit machen psychologisch betrachtet zunächst einmal Sinn. Man nennt dieses Phänomen *Hindsight Bias*.[387] Es handelt sich um eine kognitive Verzerrung, die man umgangssprachlich mit den Worten „Ich habe es die ganze Zeit gewusst!" bezeichnen könnte. Tatsächlich ist man allerdings erst immer im Nachhinein und vor allem als Beobachter schlauer als ein Akteur in der konkreten Situation.

Trotzdem dürfen und sollten wir die Frage nach dem langen Zeitraum des Unentdecktseins nicht abwerten. Es ist ein berechtigtes Anliegen der Gesellschaft zu erfahren, warum niemand etwas bemerkt hat. Schließlich haben viele Menschen in als sauber empfundene Unternehmen investiert und ihr hart erarbeitetes Geld verloren. Dennoch möchte ich einen Versuch starten, die Dynamiken hinter der Unentdecktheit aufrichtig zu begreifen, statt darüber zu urteilen. Ich werde mich der Frage des *warum* zunächst aus der Perspektive des *wer* nähern. Denn der Frage danach, *warum* Delikte nicht früher entdeckt wurden, muss die Frage vorausgehen, *wer* diese Handlungen denn überhaupt entdecken soll und kann. In diesem Zusammenhang fokussieren wir uns insbesondere auf eine Gruppe, denen meines Erachtens das größte mediale und gesellschaftliche Interesse und auch die größte Kritik im Rahmen großer Skandale gilt. Sie steht in direktem Kontakt zu den in Rede stehenden Unternehmen und hat darüber hinaus sogar die Pflicht, die Bilanzen jener Firmen unter die Lupe zu nehmen: die Wirtschaftsprüfer. Ist es möglich, die Finanzkennzahlen eines Unternehmens professionell zu prüfen und gleichzeitig nichts von deren kriminellen Aktivitäten mitzubekommen? Dabei hat das nun folgende Kapitel allerdings nicht das Ziel, die medialen Unterstellungen schlampiger oder korrupter Prüferarbeit zu bestätigen oder weiter aufzublähen. Vielmehr geht es mir um ein aufrichtiges Bemühen, prüferische Verhaltensweisen und Vorgänge im Rahmen einer psychologischen Perspektivenerweiterung besser begreifen zu können.

5. Wirtschaftsprüfung: Warum gute Prüfer manchmal schlecht prüfen[388]

Im größten Wirtschaftsskandal der deutschen Nachkriegszeit um Wirecard hatte die Wirtschaftsprüfungsgesellschaft EY unter anderem nicht oder zu spät bemerkt, dass in der Bilanz ausgewiesene Bankkontobeträge in Höhe von 1,9 Mrd. Euro in der Realität nicht vorhanden waren. Im Fall FlowTex um Big Manni hatte die Wirtschaftsprüfungsgesellschaft KPGM nicht bemerkt, dass ein Großteil der etwa 3.000 in den Bilanzen ausgewiesenen Horizontalbohrmaschinen nicht existierten. Beide Wirtschaftsprüfungsgesellschaften gehören zu den sogenannten Big Four: den vier größten Wirtschaftsprüfungsgesellschaften weltweit. Die berechtigte Frage lautet nun, wie es sein kann, dass die renommiertesten Prüfer von solchen Machenschaften nichts mitbekommen haben. Auf der Suche nach Antworten richten sich die meisten Erklärungsversuche auf eine mögliche korrupte Involviertheit der Prüfer selbst oder auf eine schlichtweg unprofessionell durchgeführte Prüfungsarbeit. Demnach haben die Prüfer entweder bewusst weggeguckt oder nur schlampig hingeguckt und deshalb nichts gesehen. In diesem Zusammenhang fällt auch immer das Wort *Unabhängigkeit*. Wirtschaftsprüfer sind nach den Berufsgrundsätzen dazu verpflichtet, die Prüfung unabhängig, objektiv und mit einer kritischen Grundhaltung durchzuführen. Die Vorwürfe lauten, dass EY aufgrund seiner langen Prüfzeit bei Wirecard – seit 2009 – ein zu enges Verhältnis zum Mandanten aufgebaut habe. EY könne demnach ja gar kein unbeeinflusstes Urteil mehr abgegeben haben, welches sich auf objektiven Maßstäben begründet. Und was sagen die Prüfer? EY hatte in seinem Statement ausdrücklich mitgeteilt, dass sie sich selbst als Opfer konspirativen Betrugs sehen und Wirecard große Anstrengungen unternommen habe, um die Prüfer von EY in die Irre zu führen.[389] Aber was stimmt nun? Wer sind die Opfer von Wirecard? War die Unabhängigkeit von EY tatsächlich eingeschränkt? Was bedeutet Unabhängigkeit aus psychologischer Perspektive eigentlich genau? Und hätte EY den Wirecard-Skandal nicht verhindern können?

Wirecard-Skandal: „Das hätten die Wirtschaftsprüfer von EY doch erkennen müssen"

Auf dem Bahnhofsvorplatz steht eine Gruppe nordafrikanischer Männer. Marie hat ein mulmiges Gefühl.[390]

Bitte halten Sie kurz inne. Was haben Sie beim Lesen dieser zwei Sätze gedacht? Was ist in Ihnen vorgegangen? Ich lasse Sie einen kurzen Augenblick mit Ihren Gedanken ruhen und komme gleich darauf zurück. Zunächst wenden wir uns dem Argument zu, dass die Wirtschaftsprüfer von EY die offensichtlich illegalen Praktiken bei Wirecard hätten bemerken müssen.

In einem bekannten Fachmagazinen für Wirtschaft und Finanzen steht geschrieben: „Der Skandal kam keineswegs aus heiterem Himmel."[391] Das Argument bezieht sich im Wesentlichen auf die zahlreichen Anschuldigungen von diversen Medienhäusern und Skeptikern, die es in der Vergangenheit gegen Wirecard gegeben hatte und die von den Wirtschaftsprüfern hätten ernst genommen werden müssen. Wenn man sich die Historie von Wirecard anschaut, so gab es tatsächlich immer wieder Hinweise zu Fehlverhalten im Unternehmen. 2008 hatte beispielsweise die Schutzgemeinschaft der Kapitalanleger (SdK) Vorwürfe wegen irreführender Bilanzpraktiken gegen Wirecard erhoben. Die SdK ist eine der führenden Anlegervereinigungen, in deren Zentrum die Interessen von Kapitalanlegern, insbesondere Kleinanlegern, stehen.[392] Im Jahr 2010 gab es darüber hinaus einen Artikel des Finanznachrichtendienstes Goldman, Morgenstern & Partner, der über mögliche kriminelle Aktivitäten der Wirecard-Bank berichtete.[393] 2016 veröffentlichte das Research-Unternehmen Zatarra einen über 100 Seiten langen Report über Geldwäsche, Betrug, und die Beteiligung an illegalem Glücksspiel der Wirecard AG.[394] Am 31. Januar 2019 erschien ein Artikel in der renommierten britischen Wirtschaftszeitung Financial Times, in dem über gefälschte Verträge und nicht vorhandene Umsätze berichtet wurde. Eine Woche später, am 7. Februar 2019, legte die Financial Times nach. In dem Artikel mit dem Titel „Innenansichten eines Accounting-Skandals" wurden die Vorwürfe konkreter und intensiver.[395] Auch wird erstmalig Jan Marsalek als Strippenzieher erwähnt, der bis dahin noch keine große Bekanntheit hatte.

Vor dem Hintergrund dieser Berichtsflut über kriminelle Aktivitäten erscheint es nahezu peinlich, dass gestandene Wirtschaftsprüfer diesen Vorwürfen nicht nachgegangen sind, oder? Bevor Sie jedoch selbst urteilen, muss ich Ihnen gestehen, dass ich einige Bestandteile der Geschichte zunächst ausgelassen habe. Lassen Sie uns noch einmal einen Blick zurück werfen. Was passierte eigentlich mit den ganzen Vorwürfen, die erhoben wurden? Nach den Vorwürfen der SdK im Jahr 2008 setzt sich Wirecard zur Wehr und behauptet, dass die SdK negative Schlagzeilen über das Unternehmen verbreiten möchte, weil dessen Vorstände auf fallende Kurse von Wirecard gesetzt haben und demnach ein Interesse an sinkenden Aktienkursen von Wirecard haben. Nun passierten zwei Dinge: Erstens ermittelte die BaFin wegen Marktmanipulation gegen die SdK. Zweitens wurde eine Wirtschaftsprüfungsgesellschaft – Sie ahnen es – namens EY mit einer Sonderprüfung von Wirecard beauftragt, um die Vorwürfe der SdK zu untersuchen. Und was haben die beiden Ermittlungen der BaFin und von EY ergeben? Tatsächlich hatte die BaFin herausgefunden, dass die SdK-Vorstände auf fallende Wirecard-Aktienkurse gewettet hatten.[396] Gleichzeitig bescheinigt EY, dass es bei Wirecard keine Unregelmäßigkeiten gab. Ein Jahr später wurde EY erstmalig als Wirtschaftsprüfer von Wirecard bestellt. Was passierte mit den weiteren Vorwürfen? Nach dem Artikel von Goldman, Morgenstern & Partner im Jahr 2010 dementiert Wirecard die Vorwürfe.[397] Daraufhin ermittelt die BaFin erneut wegen Marktmanipulation – und wird fündig. Sechs Jahre später – im Jahr 2016 wurde der bis dahin umfangreichste Bericht über kriminelle Aktivitäten bei Wirecard veröffentlicht: der Zatarra-Report. Auch hier klagte Wirecard wegen Marktmanipulation. Die Staatsanwaltschaft München nimmt sich des

Falls an, ermittelt – und wird fündig. In den Medien wurde der Zatarra-Report zum Zeitpunkt der Veröffentlichung im Jahr 2016 übrigens als dubioser Report bezeichnet, der von einem fragwürdigen Analysehaus verfasst wurde. So schreibt Business Insider beispielsweise in einem Artikel: „Schnell wird klar: Dahinter scheint eine Attacke von Shortsellern zu stehen.“[398] Nun gut, Zatarra Research war ein unbekanntes Unternehmen mit geringer Reputation. Aber was ist mit den detaillierten Darstellungen im Artikel „Innenansichten eines Accounting-Skandals“, der am 7. Februar 2019 von der renommierten Financial Times veröffentlicht wurde? Auch hier beklagte Wirecard, dass diverse Investoren – wie die Jahre zuvor – nicht müde werden, auf fallende Wirecard-Aktienkurse zu wetten. Die Financial Times würde die Reputation von Wirecard bewusst schädigen, damit Shortseller viel Geld verdienen. Erneut schaltet sich die BaFin ein. Sie ermittelt nicht nur wegen Marktmanipulation, sondern sie zeigt auch Autoren der Financial Times an. Die Vorwürfe lauteten, dass sich etwa ein Dutzend Journalisten mit diversen Investmentfonds abgesprochen und auf fallende Wirecard-Kurse gewettet haben sollen.[399] Kurze Zeit später, am 18. Februar 2019, ergriff die BaFin eine Maßnahme, die in der Geschichte der Finanzwelt bis dato einmalig war. Gegen die damaligen Empfehlungen der Bundesbank verhängte sie ein sogenanntes Leerverkaufsverbot in Wirecard-Aktien.[400] Ab sofort war es Shortsellern also nicht mehr möglich, auf fallende Wirecard-Kurse zu wetten.

Kommen wir zurück auf den Bahnhofsvorplatz mit nordafrikanischen Männern und zu Marie, die ein mulmiges Gefühl beschleicht. Welche Bilder haben sich in Ihnen beim Lesen der beiden Sätze aufgetan? In Kapitel vier haben wir gesehen, wie unser schnell denkendes System 1 an der Verarbeitung und Interpretation von Informationen beteiligt ist und unsere Wahrnehmung verzerren kann. Wahrscheinlich haben Sie die beiden Sätze gedanklich nicht getrennt voneinander einsortiert, sondern ineinander verwoben und eine logische Geschichte kreiert, die mit Ihren Erfahrungen und Ihrem Wissen konsistent ist. Unser System 1 ist ohne weiteres dazu in der Lage, anhand weniger Informationen eine scheinbar logische und kausale Geschichte zu formen. In den beiden Sätzen steht nirgends, dass sich Marie auf dem Bahnhofsvorplatz befindet, auf dem sich die nordafrikanischen Männer aufhalten. Es gibt auch keine Information darüber, was die Ursache für Maries mulmiges Gefühl ist. Die für Sie als kausal erscheinende Geschichte entspringt Ihrer eigenen Wahrnehmung, und System 1 gaukelt Ihnen vor, dass diese Geschichte wahr sein muss. Diese kognitive Verzerrung nennt man *What you see is all there is (WYSIATI).*

Was haben der Bahnhofsvorplatz und Marie nun mit Wirecard und EY zu tun? Zunächst einmal ist niemand vor den schnellen, automatischen und unbewussten Denkmustern von System 1 gefeit – auch gestandene Wirtschaftsprüfer nicht. Zweitens hatte sich für EY seit Beginn ihrer Tätigkeit bei Wirecard immer wieder die gleiche Geschichte aufgetan: Jemand berichtete über Unregelmäßigkeiten bei Wirecard. Diese Unregelmäßigkeiten erwiesen sich jedes Mal als *unwahr.* Es folgten Ermittlungen gegen Shortseller wegen Marktmanipulation. Wirecard hatte eine weiße Weste. An dieser Stelle ist es wichtig zu erwähnen, dass unser System 1 Informationen nach der Konsistenz bewertet und nicht nach der faktischen Qualität dieser Informationen. Je widerspruchsfreier eine Information mit unserer Meinung und Erfahrung ist, je eher dringt sie in unsere Sphäre einer tieferen Wahrheit. *Unserer* Wahrheit. Jedes Mal, wenn also eine neue Information über irreführende Bilanzpraktiken, gefälschte Verträge oder illegales Glücksspiel auftauchte, könnte es also sein, dass nicht etwa die kritische Grundhaltung der Wirtschaftsprüfer zugenommen hatte, sondern System 1 die kausale Geschichte über das gute Wirecard und die bösen Shortseller erzählte. Ich selbst erinnere mich an einen sehr erfahrenen Forensiker, der mir zu Beginn der Wirecard-Sonderuntersuchung durch KPMG genau diese Geschichte erzählte und sogar noch weiter ausschmückte. Demnach solle England durch den Brexit und die damit einhergehende Verlagerung des europäischen Finanzzentrums von London nach Frankfurt ein Interesse daran haben, den Finanzplatz Deutschland zu schwächen. Als Opfer habe man sich den Zahlungsdienstleister Wirecard ausgesucht, den aktuellen deutschen Stern am Aktienhimmel. Zur Ausführung solcher Attacken brauchte es nur noch eine Institution, die die Durchschlagskraft besitzt, um ein DAX-Unternehmen zu Fall zu bringen: die renommierte britische Finanzzeitung Financial Times. Trotz des sehr verschwörungstheoretischen Charakters klang diese Geschichte damals auch für mich zumindest nicht abwegig. Dass sie am Ende frei erfunden war, ist mittlerweile bekannt.

Zu guter Letzt ist auch die systemische Beziehungshistorie zwischen Wirecard und EY interessant. So wurde EY im Jahr 2008 als Sonderprüfer eingesetzt, um die Vorwürfe der SdK zu untersuchen. Damals konnte EY keine Unregelmäßigkeiten feststellen. Die Beziehung zwischen EY und Wirecard begann also damit, dass EY Wirecard eine weiße Weste bestätigte. Wie gesagt bewerten wir Informationen nach ihrer Konsistenz mit unserer Erfahrung. Für EY wäre eine Abweichung vom alten Kurs nicht nur inkonsistent, sondern käme auch einer Selbstkritik an den eigenen, vorangegangenen Prüfungen und Sonderuntersuchungen gleich.

Das Problem mit der Unabhängigkeit

„The real Problem isn't conscious corruption. It's unconscious bias"[401]

Wirtschaftsprüfer sind dazu angehalten, unabhängige Entscheidungen zu fällen, Tatsachen objektiv zu bewerten und im Rahmen ihrer Prüfungsarbeit stets eine kritische Grundhaltung zu bewahren.[402] Und tatsächlich unternehmen Wirtschaftsprüfer große Anstrengungen, um diesen allgemeinen Berufsgrundsätzen nachzukommen. Obwohl ich in der forensisch-investigativen Einheit arbeitete, war auch ich als Teil einer Big-Four-Wirtschaftskanzlei verpflichtet, mindestens einmal im Jahr ein dreistündiges Unabhängigkeitstraining zu absolvieren. In dem Training wurden mir alle erdenklichen Gesetze, Standards, Ethik-Kodizes beigebracht, in denen die Regelungen zur berufsständigen Unabhängigkeit sehr umfangreich beschrieben wurden. Eine Gefährdung der Unabhängigkeit liegt bei Wirtschaftsprüfern beispielsweise vor

- bei zu starkem Eigeninteresse, d.h., wenn der Prüfer in Aktien des zu prüfenden Unternehmens investiert hat,
- bei Selbstprüfung, d.h., wenn der Prüfer einen Bereich des zu prüfenden Unternehmens gleichzeitig berät *und* prüft,
- oder etwa bei persönlicher Vertrautheit und Nähe zum Mandanten sowie bei Einschüchterung durch den Mandanten.[403]

Darüber hinaus füllen Wirtschaftsprüfer in der Regel – bevor Sie Teil eines neuen Prüfungsteams werden – eine Unabhängigkeitscheckliste aus, auf der Sie Ihre Unabhängigkeit von dem zu prüfenden Unternehmen bestätigen. Gewiss sind diese Schritte notwendig, um ganz offensichtliche Beeinflussungen und Abhängigkeiten zu unterbinden. Aber bedeuten sie auch, dass Wirtschaftsprüfer durch die Bestätigung dieser bewussten, nachprüfbaren Unabhängigkeitskriterien im Eifer des Gefechts tatsächlich unabhängigere Entscheidungen treffen, objektivere Urteile fällen und eine kritischere Grundhaltung einnehmen? Dazu möchte ich Ihnen gerne den Fall von Scott London vorstellen.

Scott London hatte bis zum Jahr 2013 einen sehr bemerkenswerten Karriereweg hinter sich gebracht. Er heuerte im Jahr 1984 bei der Big-Four-Wirtschaftsprüfungsgesellschaft KPMG an und hatte nach nur drei Berufsjahren im Jahr 1987 das Wirtschaftsprüferexamen in den USA bestanden.[404] Im Alter von 32 Jahren hatte er es bereits zum Partner – der hochrangigsten Position einer Wirtschaftsprüfungsgesellschaft – geschafft. 2013 erlebte Scott London dann schlagartig den Tiefpunkt seiner Karriere. Das FBI hatte ihn dabei fotografiert, wie er einen Geldumschlag mit 5.000 US-Dollar von seinem Freund Bryan Shaw entgegennahm.[405] London hatte Shaw zuvor mit Insiderinformationen seiner Mandanten versorgt und im Gegenzug Kickback-Zahlungen von Shaw erhalten.[406] Jetzt könnte man schnell auf die Idee kommen, die Gier habe London zu seinen Handlungen getrieben. Lassen Sie uns zum weiteren Verständnis seiner Handlungen einen Blick auf einige Passagen seiner Erklärung werfen, die er eine Woche nach seiner Verhaftung abgegeben hatte:

APPENDIX A

Scott London's April 9 Statement

Let me first say that I regret my actions in leaking non-public data to a third party regarding the clients I served for KPMG. Most importantly, and I cannot emphasize this enough, is that KPMG had nothing to do with what I did. The Firm bears no responsibility in this matter. These actions were by my choice and mine only. These leaks started a few years back in an effort to help out someone whose business was struggling. From time to time over the last couple of years, this third party would ask me how these clients were doing. On a few occasions over the past few years, this individual would ask if he should buy or sell a stock and I gave him my thoughts indicating whether the stock was a good buy or not. Never once did I pass any documents to him, but rather we spoke on the phone and the information I provided was in the form of a suggestion. He traded on the information, but to this day I am not aware of how much he profited from the information. Regardless, what I have done was wrong and against everything that had believed in. I spent nearly 30 years at KPMG and I dedicated my entire life to that Firm. This is the main reason why this is so difficult for me to go through. Knowing that I have caused harm and embarrassment to those that I respected and admired in the Firm has caused me tremendous grief.

Abbildung 3: Statement von Scott London[407]

„… in an effort to help out someone …"

Scott London erklärte, dass alles damit angefangen hatte, dass er seinem Freund Bryan Shaw helfen wollte. Shaw leitete eine Schmuckhändlerkette in den USA, deren Umsatz im Zuge der Wirtschafts- und Finanzkrise stark eingebrochen war, was ihn und seine Familie in finanzielle Schwierigkeiten brachte.

„… would ask me how these clients were doing …"

Weiterhin berichtet London in seinem Statement und darüber hinaus, dass sich die beiden zunächst beim Golfen oder beim Abendessen mit der Familie über allgemeine Arbeitsangelegenheiten ausgetauscht haben. Diese Gespräche glichen eher einem Smalltalk zwischen Freunden statt Investmentgesprächen zwischen Geschäftspartnern[408], ganz nach dem Motto: „Wie läuft es bei dir auf der Arbeit … Welche Unternehmen prüft ihr gerade … Haben die auch gerade so zu kämpfen wie wir, oder laufen die einigermaßen gut?"

„… ask if he should buy or sell a stock …"
Später konkretisierten sich die Fragen hin zu Investmententscheidungen. Gleichzeitig erwähnte Shaw immer wieder, dass sein eigenes Schmuckgeschäft in finanziellen Schwierigkeiten sei, nach dem Motto: „Seit der Finanzkrise geht es bei uns finanziell immer weiter bergab … hast du zufälligerweise einen guten Tipp, in welche Unternehmen sich ein Investment lohnt … was meinst du, wann ein guter Zeitpunkt wäre zu investieren …?"

„… information I provided was in the form of a suggestion …"
London beteuert, dass er niemals sensible Dokumente des Mandanten ausgehändigt hatte. Vielmehr sprach er mit Shaw über mögliche Investments am Telefon und die Informationen, die er Shaw gab, waren lediglich wage Vorschläge und Meinungen.

Alles in allem *fühlten* sich die die Telefonate für London nicht an wie Betrug, sondern wie Gespräche unter Freunden. Dass London für seine Tipps Geld in Form von Kickback-Zahlungen erhalten hatte, war überhaupt keine Vereinbarung zwischen den beiden gewesen. Nachdem Shaw allerdings erstmalig etwa 20.000 US-Dollar durch einen guten Tipp von London verdient hatte, gab er ihm als Dank einen kleinen Abschlag seines Gewinns ab.[409] Solche Kleinigkeiten häuften sich in der Zukunft weiter an und führten am Ende zu einer investigativen Untersuchung durch das FBI. Und so kam es, dass Bryan Shaw im April 2013 vom FBI als Informant mit einem Mikrofon verkabelt wurde und die Geldübergabe der 5.000 US-Dollar an London vom FBI mitgehört wurde. Am 5. April 2013 wurde London schließlich verhaftet. Eine Information ist im Zusammenhang mit der Überbewertung von Gier als begründendes Motiv noch erwähnenswert: Zwischen den Jahren 2010 bis 2013 hatte London etwa 50.000 US-Dollar in Bar und 20.000 US-Dollar an diversen anderen Zuwendungen wie Schmuck oder Tickets für bestimmte Events von Shaw erhalten.[410] Als KPMG-Partner verdiente er im gleichen Zeitraum etwa drei Millionen US-Dollar.[411]

Obwohl es sich bei dem Fall Scott London um Insiderhandel handelte, lässt sich das Geschehene doch gut auf die Wirtschaftsprüferpraxis übertragen – zumal London selbst über 25 Jahre Prüfungserfahrung hatte.

In den meisten großen Wirtschaftsskandalen hatten die Prüfer keine Anteile an den zu prüfenden Unternehmen und haben nicht ihre eigenen Beratungsleistungen geprüft. Demnach waren sie faktisch – auf dem Papier – unabhängig. Sie kannten die expliziten Unabhängigkeitskriterien, die es zu beachten gilt. Auch Scott London kannte sie. Er sagte später: „In an elevator, in a restaurant – in any public place – you don't talk about anything sensitive that's client related. Those rules were firmly ingrained [...] I knew those rules and I was expected to set an example for everyone that worked for me."[412]

Im Eifer des Gefechts persönlicher Befindlichkeiten und zwischenmenschlicher Beziehungsdynamiken scheint es jedoch auch hier eine Abweichung zwischen den gesetzlich-expliziten Regeln „wie wir uns verhalten sollen" und den (sozial-)psychologischen Regeln „nach denen wir uns tatsächlich verhalten" zu geben. Es erscheint paradox, dass ausgerechnet die Wirtschaftsprüfung – eine als fachlich-rational-analytisch, an Zahlen und Gesetzen orientierte Berufswelt – von impliziten, unbewussten psychologischen Dynamiken in ihren Entscheidungsprozessen beeinflusst werden soll. Doch tatsächlich ist die Prüferarbeit sogar prädestiniert für kognitive Verzerrungen.

In Kapitel vier haben wir uns bereits ausgiebig mit moralischen Aspekten innerhalb von Entscheidungsprozessen auseinandergesetzt. Rufen wir uns noch einmal in Erinnerung, unter welchen Bedingungen wir besonders stark dazu tendieren, die Antworten unseres schnell denkenden Systems 1 ungeprüft zu akzeptieren:

1. Zeitdruck,
2. Lösungs- und Erfolgsdruck,
3. fehlende Ressourcen,
4. eigene Interessen,
5. unsichere Bedingungen,
6. Erfahrung.

Dass Wirtschaftsprüfer einem hohen Zeit-, Lösungs-, und Erfolgsdruck ausgesetzt sind, erscheint ebenso wenig erklärungsbedürftig wie der in der Prüferbranche vorherrschende Fachkräftemangel. Daher richten wir den Blick auf diejenigen Aspekte, die auf den ersten Blick nicht ganz eindeutig und teilweise sogar paradox erscheinen: eigene Interessen, unsichere Bedingungen, Erfahrung.

Handelt der Prüfer nicht zum Zwecke der Allgemeinheit? Eigene Interessen

In der öffentlichen Diskussion bekommt man oft den Eindruck, als würden Wirtschaftsprüfer im Auftrag des Staates agieren. Und tatsächlich sind Organisationen, die bestimmte Größenkriterien erfüllen – beispielsweise ein bestimmtes Umsatzvolumen, eine bestimmte Mitarbeiteranzahl oder eine entsprechend hohe Bilanzsumme aufweisen –, per Gesetz dazu verpflichtet, ihren Jahresabschluss von einer Wirtschaftsprüfungsgesellschaft prüfen zu lassen. Allerdings darf man nicht vergessen, dass Wirtschaftsprüfungsgesellschaften privatwirtschaftlich organisierte Unternehmen mit einer Gewinnerzielungsabsicht sind. Sie müssen sich am mittlerweile hart umkämpften Prüfermarkt gegen Konkurrenten behaupten und nicht nur mit Qualität, sondern auch im Preis überzeugen, um ein Prüfmandat zu gewinnen. Am Ende steht ein Vertrag zwischen der Wirtschaftsprüfungsgesellschaft und dem Prüfmandanten, in dem ein klarer Auftrag sowie ein festgelegtes Budget zur Prüfungsdurchführung vereinbart wird. Die Öffentlichkeit sieht also in den Prüfungsunternehmen eine hoheitliche, staatliche Gewalt, die sie faktisch nicht besitzen. Entgegen der Polizei oder den Steuerprüfern des Finanzamtes sind Wirtschaftsprüfer an vertragliche Vereinbarungen gebunden. Sie haben schon allein aus unternehmerischen und finanziellen Gründen ein starkes Interesse daran, ihre Mandanten über mehrere Jahre zu behalten. Wie man Kunden langfristig an sich bindet, dazu findet man in sämtlichen Management-Handbüchern eine einfache Formel: Das A und O ist demnach eine enge, vertraute, intensive Kundenbeziehung. Dass diese Art der üblichen Geschäftsbeziehung bei Wirtschaftsprüfern und ihren Mandanten aus Gesichtspunkten der Unabhängigkeit nicht möglich ist, haben wir bereits weiter oben ausgeführt.

Die mitunter einzige Möglichkeit für Wirtschaftsprüfer, ihre Mandanten zufriedenzustellen, beschränkt sich demnach darauf, zumindest nicht zu ungemütlich zu werden, nicht zu viele Fragen zu stellen, nicht zu viele Ressourcen des Mandanten in Anspruch zu nehmen und am Ende natürlich ein uneingeschränktes Testat abzugeben. Und genau hier passiert etwas, was in der Psychologie als *Attachment*[413] bezeichnet wird. Attachment bedeutet, dass zwei Parteien ihre Interessen gleichsetzen, so dass diese quasi aneinanderkleben – *to be attached*. Wirtschaftsprüfer haben ein nachvollziehbares geschäftliches Interesse daran, die Bilanzen des Mandanten zu bestätigen. Das gleiche Interesse hat auch der Mandant – auch er möchte, dass seine Bilanzen testiert werden. Diese Gleichförmigkeit der Interessen kann zur Folge haben, dass Wirtschaftsprüfer die ihnen zur Verfügung gestellten Belege und Informationen mandantenförderlich interpretieren. Ein solches Aneinanderhaften von Interessen begünstigt System-1-Denken und fördert kognitive Verzerrungen wie beispielsweise die Confirmation Bias.

Unter der Confirmation Bias versteht man die Tendenz, Informationen so zu suchen, zu interpretieren und zu bewerten, dass die eigenen Annahmen bestätigt werden.[414] Das gemeinsame Interesse an der Richtigkeit der Bilanzen des Mandanten könnte so von Wirtschaftsprüfern unbewusst in eine Hypothese umgewandelt werden, die lautet: „Der Jahresabschluss ist frei von wesentlichen Fehlern." Durch die Confirmation Bias beschränkt sich der Such- und Bewertungsprozess nun auf Belege und Hinweise, die diese Annahme bestätigen. Dieses Phänomen konnte beispielsweise in einem Experiment mit Steuerberatern nachgewiesen werden. In dem Experiment teilte man den Steuerberatern mit, dass ein fiktiver Mandant ein aggressives Steuerkonstrukt bilanzieren möchte, um Steuern zu sparen. Die Steuerberater sollten nun einschätzen, ob diese Art der Bilanzierung rechtlich in Ordnung sei. Zur Bewertung bekamen alle Steuerberater den gleichen Datensatz an gerichtlichen Präzedenzfällen zu ähnlichen Steuersachverhalten. Die Forscher stellten fest, dass die Steuerberater vorrangig nach jenen Präzedenzfällen suchten, die mit der gewünschten Bilanzierung des Mandanten übereinstimmten. Obwohl genauso viele Fälle gegen das Steuerkonstrukt des Mandanten gesprochen hätten, bewerteten die Steuerberater die Bilanzierung als rechtlich in Ordnung.

Darüber hinaus überschätzten die Steuerberater die Wahrscheinlichkeit dafür, dass ein Gericht im Falle einer Klage zugunsten des Mandanten entscheiden würde. Auch Steuerberater haben als privatwirtschaftliche Unternehmer ein Interesse, auf die Bedürfnisse ihrer Mandanten einzugehen und Lösungen für deren Probleme zu finden. Die Präferenz ihrer Mandanten hatte in dem Experiment entsprechend die Such- und Bewertungsprozesse der Steuerberater stark beeinflusst und zu teilweise fragwürdigen Empfehlungen geführt.[415]

Umsatz ist gleich Umsatz, Gewinn ist gleich Gewinn: Unsichere Bedingungen

Was kommt Ihnen in den Sinn, wenn Sie an Wirtschaftsprüfung denken? Meine Hypothese ist, dass Sie Wirtschaftsprüfer nicht in der Kunstszene verordnen und schon gar nicht als Künstler bezeichnen würden. Stimmen Sie zu? Kunst – das ist ja eher ein kreativer Bereich mit viel Spielraum für Interpretationen, mit endlosen Wahlmöglichkeiten in der Ausgestaltung eigener Werke. Wirtschaftsprüfung hingegen ist doch diese an glasklaren Gesetzen, Bilanzierungsregeln und Zahlen orientierte Disziplin, die an Objektivität, Klarheit und Eindeutigkeit kaum zu überbieten ist. Ein Umsatz ist eben gleich Umsatz, Gewinn ist gleich Gewinn, und für die Prüfung selbst gibt es schließlich zahlreiche Standards, die eine hinreichende Prüfungsqualität sicherstellen. Dass die Prüferwelt so eindeutig ist, das hätte sich auch Joseph Beradino, der ehemalige CEO der Wirtschaftsprüfungsgesellschaft Arthur Anderson, gewünscht. Arthur Anderson gehörte einmal zu den Big Five – den fünf größten Wirtschaftsprüfungsgesellschaften der Welt und hatte sich zu Beginn der 2000er-Jahre im Zuge des Enron-Skandals auflösen müssen. Danach gab es nur noch die Big Four, darunter KPMG, PwC, EY und Deloitte. Beradino sagte damals folgendes über die Accounting Praxis:

„Many people think accounting is a science, where one number, namely earnings per share, is the number, and it's such a precise number that it couldn't be two pennies higher or two pennies lower. I come from a school that says it really is much more of an art."[416]

Ob man Wirtschaftsprüfung nun als kreative Kunst oder objektivierbare Wissenschaft bezeichnet: Fakt ist, dass Wirtschaftsprüfer trotz Gesetzen, Regeln und Standards viele subjektive Entscheidungen unter unsicheren Bedingungen treffen. Um dies adäquat nachvollziehen zu können, muss man ein Stück verstehen, wie die Prüferpraxis funktioniert. Ich verspreche an dieser Stelle nicht zu tief in die Sphären von Gesetzestexten oder Prüfungshandlungen abzudriften. Zunächst ist wichtig zu verstehen, dass Wirtschaftsprüfer keine 100%ige Prüfungssicherheit garantieren, sondern aus Zeit- und Kostengründen lediglich risikoorientiert prüfen. Vereinfacht gesagt nimmt man sich diejenigen Geschäftsbereiche des Mandanten vor, die als besonders risikobehaftet erscheinen und prüft diese ab. Dabei müssen Prüfer eine 95%ige Prüfsicherheit erreichen oder im Prüfersprech ausgedrückt: „Mit einer Wahrscheinlichkeit von 95 % ist der Jahresabschluss frei von wesentlichen Fehlern." Die Formel zur Berechnung der Prüfsicherheit lautet:

Prüfungsrisiko (max. 5 %) = Inhärentes Risiko x Kontrollrisiko x Entdeckungsrisiko[417]

Das Prüfungsrisiko bezeichnet jene Gefahr, dass vom Wirtschaftsprüfer ein uneingeschränkter Bestätigungsvermerk erteilt wird, obwohl der Jahresabschluss wesentliche Fehler enthält. Der Super-GAU für die Wirtschaftsprüfer also, der sich beispielsweise im Fall Wirecard ereignet hatte. Aus diesem Grund darf dieses Risiko nicht zu hoch sein und ist deshalb in dieser Gleichung vorgegeben. Um eine Prüfsicherheit von 95 % zu garantieren, darf es maximal 5 % betragen. Das inhärente Risiko bezeichnet das Risiko, dass in der Buchhaltung des Mandanten Fehler innerhalb eines Prüffeldes auftreten. Das Kontrollrisiko bezeichnet das Risiko, dass eben diese Fehler durch interne Kontrollsysteme des Mandanten nicht entdeckt werden. Am Ende steht noch das Entdeckungsrisiko – die Gefahr, dass selbst der Prüfer diese vom Mandanten unentdeckten Fehler nicht identifiziert. Das Entdeckungsrisiko ist die einzige Stellschraube, an die der Prüfer drehen kann. Je höher das inhärente Risiko und das Kontrollrisiko des Mandanten eingeschätzt werden, je geringer muss das Entdeckungsrisiko sein. Um das Entdeckungsrisiko gering zu halten, muss der Prüfer entsprechend mehr dafür tun, um die Fehler des Mandanten finden zu können, ergo: mehr und intensiver prüfen.

Sie haben wahrscheinlich schon bemerkt, dass die Einschätzung der Risiken nicht nur sehr komplex ist und zahlreiche Parameter berücksichtigen muss. Sie ist darüber hinaus auch subjektiv. Es ist eine Entscheidung unter unsicheren Bedingungen. Für die Berechnung der Risiken gibt es keine wissenschaftlich-fundierte, objektivierbare Kriterien. Der Prüfer muss sich auf sein sogenanntes *professional judgement* verlassen. Und Sie wissen es bereits – wo subjektive Entscheidungen getroffen werden, ist unser System 1 nicht weit entfernt und verführt uns mit zahlreichen Abkürzungen auf dem Weg zu einer gefühlt fundierten Entscheidung. *Ambiguität*[418] heißt der Fachbegriff aus der Psychologie, den man auch mit Mehrdeutigkeit beschreiben könnte. Je vielfältiger und subjektiver die Wahlmöglichkeiten, je komplexer die Welt, je eher versucht uns das schnelle System 1, mit komplexitätsreduzierenden Entscheidungen zu unterstützen. Die Einschätzung der Risiken ist dabei nicht die einzige Ambiguität in der Welt der Prüfer. Neben der Risikoeinschätzung bestimmen Prüfer selbst, welche Prüfungshandlungen durchgeführt werden sollen, welche Belege und Informationen als Beweise taugen und welche Erklärungen des Mandanten als Verifizierung eines Sachverhaltes ausreichen. Darüber hinaus bieten die Rechnungslegungsgesetze selbst zahlreiche Ambiguitäten. Neben handelsgesetzlichen Bilanzierungswahlrechten[419] sorgen Schätzungsmöglichkeiten über Rückstellungen und Wertberichtigungen sowie Fragen zur Umsatzrealisierung für innere Hin- und Hergerissenheiten in der Diskussion um die Korrektheit des Jahresabschlusses. Auf dem Spielfeld dieser inneren Hin- und Hergerissenheiten reißen sich die kognitiven Verzerrungen des System 1 geradezu darum, die Spielführung zu übernehmen. Eine von ihnen ist die sogenannte *Substitution Question*.[420]

Erinnern Sie sich noch an die letzte Bundestagswahl? Sicherlich erinnern Sie sich auch noch daran, wen Sie gewählt haben. Aber erinnern Sie sich auch noch an die Gründe für Ihre Wahl und wie Sie eine abgewogene Entscheidung hinsichtlich Ihrer favorisierten Partei vorgenommen haben? Wahrscheinlich werden Sie jetzt zwei bis drei Punkte anführen, mit der Sie Ihre Wahl zu einer wohl überlegten Entscheidung rationalisieren. Tatsächlich ist eine Wahlentscheidung – soll es denn eine absolut abgewogene sein – eine sehr komplexe. Sie müssten sich nicht nur die Wahlprogramme aller Parteien durchlesen. Sie müssten sich auch über Ihre eigenen Bedürfnisse klar werden. Anschließend müssten Sie eine Gewichtung der für Sie bedeutsamsten Aspekte vornehmen, diese in den Wahlprogrammen identifizieren, sie zu einer Liste zusammenführen und am Ende mit einer Punkteskala bewerten. Um diesen aufwendigen Prozess zu umgehen, hat System 1 für uns die erwähnte *Substitution Question* im Repertoire. Dabei ersetzt unser System 1 eine komplexe Frage mit einer einfacheren. Statt zu fragen, welches Wahlprogramm am besten zu unseren Bedürfnissen passt, bekommen wir die Frage aufgetischt, welchem Kandidaten wir den Posten des Staatsoberhauptes zutrauen oder noch einfacher – welchen der Kandidaten wir am sympathischsten finden. Trotz aller standardisierten Prozessschritte zur Risikoidentifizierung könnten auch Wirtschaftsprüfer die komplexen Fragen nach der Bewertung einzelner Risiken mit leichteren Fragen ersetzen, wie beispielsweise:

- Halte ich den Mandanten für integer /sympathisch /gewissenhaft?
- Ist das Unternehmen bislang negativ aufgefallen?
- Hatte das Unternehmen in der Vergangenheit stabile Umsätze?

Insbesondere bei zeitlichem Druck und Stressempfindungen könnten Wirtschaftsprüfer ein besonders starkes Bedürfnis verspüren, Dinge vom Tisch zu bekommen, um einem psychologischen Unbehagen eines Kontrollverlustes entgegenzuwirken. Statt sich ausgewogen über das Unternehmen zu informieren oder Prüfungshandlungen anzupassen, wird einfach in die Dokumentation der Prüfungshandlungen des Vorjahres geguckt. Statt zu überlegen, welche Prüfungshandlung dieses Jahr adäquat ist, fragt System 1 einfach danach, ob die Prüfungshandlung vom letzten Jahr effektiv war. Ich selbst habe als Student während eines Praktikums bei einer Big-Four-Wirtschaftsprüfungsgesellschaft genau diese Erfahrung gemacht. Die häufigste Antwort auf etwaige Fragen über die Wahl und Durchführung einer Prüfungshandlung bestimmter Bilanzpositionen lautete: „Schau einfach ins Vorjahr." Wie wir im folgenden Kapitel sehen werden, scheint unsere Tendenz, Denkabkürzungen zu nehmen, mit steigender Erfahrung auch bei Wirtschaftsprüfern zuzunehmen.

Natürlich bin ich als Wirtschaftsprüfer unabhängig: Erfahrungen

Mit der Gründung des Institutes für Governance & Psychologie im Jahr 2021 habe ich mir unter anderem zum Ziel gesetzt, überprüfende Berufe, wie es die

Wirtschaftsprüfung einer ist, mit Erkenntnissen aus der Psychologie anzureichern. Ein großer Meilenstein ist uns gelungen, als wir im Jahr 2022 gemeinsam mit dem Institut der Wirtschaftsprüfer – das ist die Berufsvereinigung für Wirtschaftsprüfer in Deutschland – ein Seminar zur Psychologie der Unabhängigkeit in dessen Seminarkatalog integriert haben. Neben der bislang rein fachlich geprägten Konzentration auf Regelwerke und Gesetze wollten wir nun erstmalig über die tatsächliche Unabhängigkeitskompetenz von und mit Wirtschaftsprüfern sprechen. Zu Beginn der Veranstaltung stellten wir den fünfzehn teilnehmenden Wirtschaftsprüfern die folgende Frage:

Auf einer Skala von 1 bis 10: Für wie unabhängig halten Sie sich? Eine eins würde bedeuten, man hält sich für überhaupt nicht unabhängig. Im Gegenteil: man erlebt sich als überaus abhängig und trifft Entscheidungen immer unter Einfluss der Meinung anderer Menschen. Eine zehn hingegen bedeutet, man erlebt sich in jeder beruflichen Situation als absolut unabhängig – eine unanfechtbare Unabhängigkeit also. Darüber hinaus gab ich den Teilnehmenden die fiktive Information, dass der durchschnittliche Wirtschaftsprüfer bei einer fünf anzusiedeln ist. Rein statistisch hätte man also einen Mittelwert von fünf erwarten können.

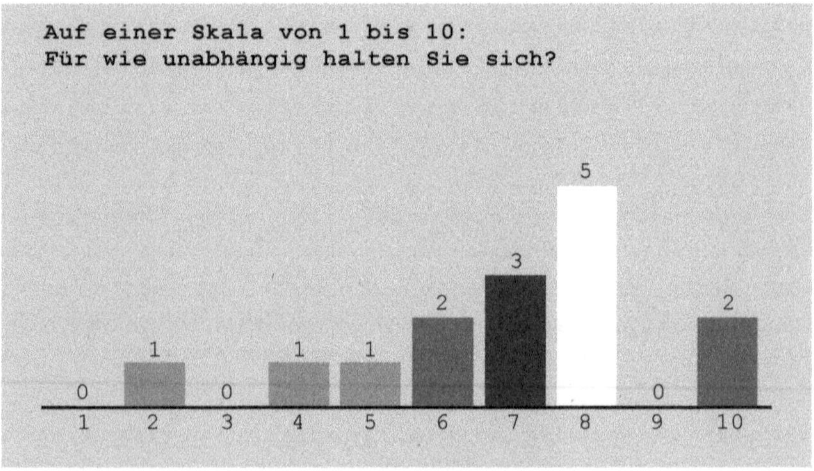

Abbildung 4: Ergebnisse der anonymen Umfrage zur eigenen Unabhängigkeit

Tatsächlich haben sich unsere Teilnehmenden im Schnitt allerdings eher auf einer knappen sieben von zehn möglichen Punkten eingeordnet. Zwei der fünfzehn Teilnehmenden haben sich sogar die unanfechtbare Unabhängigkeit zugesprochen. Die meisten Wirtschaftsprüfer in unserer kleinen Stichprobe hielten sich also für überdurchschnittlich unabhängig. Wie gesagt bekamen die Teilnehmer im Vorfeld die Information, dass die Unabhängigkeitskompetenz des durchschnittlichen Wirtschaftsprüfers bei einer fünf liegt. Diese Art der Selbstüberschätzung nennt man *Overconfidence Bias* und beschränkt sich nicht nur auf Wirtschaftsprüfer.[421] Wir alle überschätzen regelmäßig unsere Fähigkeiten. In Kapitel vier habe ich dieses Phänomen auch bereits bei Geschäftsführern beschrieben. Die Teilnehmer in unserem Seminar waren bestellte Wirtschaftsprüfer mit mindestens fünf Jahren Berufserfahrung. Dementsprechend hatten Sie bereits etliche Unabhängigkeitschecklisten abhaken und rechtliche Unabhängigkeitstrainings absolvieren müssen. Die Krux an solchen Checklisten und Unabhängigkeitstrainings zu expliziten, faktischen Unabhängigkeitskriterien ist, dass sie auf die Wirtschaftsprüfer wie eine Art Schutzpanzer wirken können. Sie können sich das in etwa so vorstellen: Sie nehmen als Wirtschaftsprüfer einmal im Jahr an einem mehrstündigen Unabhängigkeitstraining teil. Wenn Sie dieses Training erfolgreich absolviert haben, wird Ihnen bescheinigt, dass Sie alle Unabhängigkeitsvorschriften kennen und anzuwenden wissen. Vor einem neuen Prüfmandat füllen Sie darüber hinaus eine Unabhängigkeitscheckliste aus, die Ihnen am Ende Ihre faktische Unabhängigkeit testiert. Wirtschaftsprüfer könnten nun unbewusst den Eindruck gewinnen, dass sie durch diese Bescheinigung der faktischen, expliziten Unabhängigkeit auch tatsächlich im Rahmen der gesamten, monatelang andauernden Prüfung beim Mandanten vor Ort unabhängig sind. Schließlich tragen sie ja den Schutzpanzer der zuvor testierten Unabhängigkeit. Die eigentliche Unabhängigkeitskompetenz wird allerdings erst in der Prüfungsarbeit selbst auf die Probe gestellt. Durch die zuvor ausgefüllte Checkliste könnte sich der Eindruck festigen, dass die faktische Unabhängigkeit vor allen Gefahren schützt, die situativ im Eifer des Gefechts auf die Wirtschaftsprüfer einwirken können. Und wie bereits beschrieben: Je mehr Erfahrung wir in etwas haben, desto mehr verlassen wir uns auf unser System 1 und neigen dazu, im

Autopiloten zu fahren. Je öfter mir also meine Unabhängigkeit bescheinigt wird, desto stärker erwächst mein Eindruck einer unanfechtbaren Unabhängigkeit und desto weniger denke ich an etwaige Einflussfaktoren, die meine Entscheidung und meine Urteilsfähigkeit beeinflussen könnten.

Die allgemeine Verzerrung von Überprüfungen

Neben den Faktoren *eigene Interessen*, *unsichere Bedingungen* und *Erfahrung* ist die Prüfertätigkeit per se von einer kognitiven Verzerrung betroffen. Dies möchte ich Ihnen anhand eines kurzen Beispiels verdeutlichen: Angenommen, Ihr Vorgesetzter kommt auf Sie zu und bietet Ihnen eine höhere Gehaltserhöhung an, als Sie – auch wenn es schwer vorstellbar ist – anhand der Faktenlage verdienen. Wie würden Sie reagieren?[422] Würden Sie Ihrem Chef verdeutlichen, dass Sie die Gehaltserhöhung eigentlich nicht verdienen? Meine Hypothese ist, dass Sie – wie die allermeisten Menschen – dem Urteil Ihres Vorgesetzten an dieser Stelle nicht widersprechen.

Bei einer Jahresabschlussprüfung wird letztlich die Bilanzierung des Mandanten bestätigt oder abgelehnt. Über die Bilanzierung der einzelnen Jahresabschlussposten haben die Mitarbeiter des Mandanten also bereits ein Urteil gefällt. Der Prüfer urteilt also am Ende über Urteile, die der Mandant bereits gefällt hat. Forschungsergebnisse belegen in diesem Zusammenhang, dass Menschen dazu neigen, Urteile anderer zu bestätigen, obwohl sie diese Urteile selbst in erster Instanz niemals gefällt hätten. Sie hätten also von sich aus wahrscheinlich keine Gehaltserhöhung erfragt oder verhandelt. Voraussetzung für diese verzerrte Urteilszustimmung ist, dass die Urteile des anderen mit unseren eigenen Interessen übereinstimmen. Das Urteil, Ihnen eine Gehaltserhöhung zuzusprechen, dürfte auch in Ihrem Interesse sein.[423] Was bedeutet das für den Prüferkontext? Zunächst einmal würde ein Prüfer in diesem Paradoxon eine aggressive Bilanzierung des Mandanten als in Ordnung absegnen, obwohl er eine solche Bilanzierungsart selbst niemals durchgeführt oder angeordnet hätte. Dass Wirtschaftsprüfer durchaus ein Interesse daran haben, die Bilanzen des Mandanten uneingeschränkt zu testieren, haben wir bereits weiter oben ausgeführt. Nun gibt es im Rahmen der Jahresabschlussprüfung einen Review-Prozess, d.h., jede durchgeführte Prüfungshandlung eines fachlichen

Prüfungsmitarbeiters wird noch einmal von einem erfahreneren Prüfungsmanager überprüft. Selbstverständlich ist dieser Prozess wichtig, um etwaige Unklarheiten zu beseitigen. In unreflektierter Form lässt sich unter den oben genannten Erkenntnissen aber auch hier eine eingeschränkte Wirkkraft verdeutlichen. Denn der Manager urteilt nun über das Urteil des Prüfungsmitarbeiters, der im Vorfeld das Urteil des Mandanten beurteilt hat. Er urteilt also über das Urteil eines Urteils. Hier dürfte sich der genannte Zustimmungseffekt noch einmal verstärken. Das wäre etwa so, als würde Ihr Vorgesetzter zunächst noch eine weitere Instanz über Ihre Gehaltserhöhung urteilen lassen, bevor Sie am Ende Ihre eigene Einschätzung dazu abgeben. Wenn Ihr Vorgesetzter und darüber hinaus noch eine weitere Person den Verdienst Ihrer Gehaltserhöhung bestätigen – dann gibt es schließlich auch für Sie keine Zweifel mehr. Sie werden sich sagen: „Diese Gehaltserhöhung ist korrekt".

Die irrationale Wirkkraft von rationalen Zahlen und Stichproben

Wie beschrieben heften wir Wirtschaftsprüfern – und Wirtschaftsprüfer sich möglicherweise selbst auch – häufig ein Image absoluter Rationalität an. Und tatsächlich gehören Tätigkeiten, denen wir analytisch-rationale Denkprozesse unterstellen, zum Tagesgeschäft eines Prüfers. Dazu gehören beispielsweise die rechnerische Überprüfung von Bilanzposten sowie das Ziehen von Stichproben. Obwohl solchen Berechnungen grundsätzlich mathematisch-statistische Parameter zugrunde liegen, gibt es auch hier diverse Spielräume für unbewusste Beeinflussungen. Wie passt das zusammen?

Bevor wir darauf eingehen, möchte ich Sie erneut zu einem kurzen Denkexperiment einladen. Der Stürmer ihrer Lieblingsmannschaft (denken Sie sich bitte eine Sportart aus, die Sie gerne betreiben oder sich gerne anschauen) schießt in den ersten beiden Spielen der neuen Saison jeweils vier Tore. Wie schätzen Sie die Leistung – also die Anzahl der Tore – des Stürmers in den restlichen 30 Spielen der Saison ein?[424]

Um zu verstehen, was dieses Beispiel mit Wirtschaftsprüfung zu tun hat, müssen wir noch einmal einen kurzen Blick in die Durchführung von Prüfungshandlungen wagen. Sie müssen sich vorstellen, dass einige Jahresabschlussposten – wie beispielsweise die Umsatzerlöse – erstens mit einem sehr

hohen Risiko bewertet werden und zweitens sehr viele Einzelposten beinhalten. Um dem Risiko und dem Umfang solcher Positionen Herr zu werden, bedient man sich des statistischen Mittels einer Stichprobenziehung. Nehmen wir einmal fiktiv an, der Posten der Umsatzerlöse enthält 1.000 einzelne Buchungen, also Rechnungen, die der Mandant an seine Kunden aufgrund eines verkauften Produktes oder einer erbrachten Dienstleistung gestellt hat. Um zu überprüfen, ob diese Umsatzerlöse auch tatsächlich existieren und richtig berechnet wurden, wird eine systemseitige Stichprobe von 50 dieser 1.000 Buchungen gezogen. Diese 50 Buchungen werden nun detailliert analysiert. Zu jeder Buchung werden beispielsweise das Angebot des Mandanten an den Kunden, die Bestätigung dieses Angebotes, der Lieferschein sowie die Ausgangsrechnung etc. eingeholt und abgeprüft. Soweit so gut. Nun stellen Sie sich folgende Situation vor: Sie als Prüfer analysieren nun eine Buchung nach der anderen und haben bereits die ersten 15 der insgesamt 50 Buchungen abgeprüft. Ergebnis: keine Beanstandungen, alles in bester Ordnung in der Rechnungslegung des Mandanten. Nun kommt Ihr Vorgesetzter zu Ihnen und erkundigt sich, wie weit Sie mit der Prüfung der Umsatzerlöse vorangekommen sind. Er signalisiert Ihnen, dass Sie nicht mehr allzu viel Zeit für diese ohnehin kognitiv nicht sehr anspruchsvolle Aufgabe benötigen sollten. Nun gut, denken Sie sich und schauen auf Ihre bisherigen Ergebnisse: Alles in Ordnung beim Mandanten, der seine Buchungen sehr gewissenhaft durchzuführen scheint. „Kein Problem“, sagen Sie also zu Ihrem Vorgesetzten und fügen hinzu, „die buchen hier sehr gewissenhaft. Dementsprechend bin ich bald fertig mit der Prüfung.“ Was in diesem Moment passiert, ist, dass Sie als Prüfer ein statistisches Gesetz erfunden haben, das es in Wirklichkeit nicht gibt: *Das Gesetz der kleinen Zahlen.*[425] Lassen Sie mich das an einem Beispiel erklären: Wenn Sie einen Würfel sechs Mal werfen und davon drei Mal eine drei gewürfelt haben, wie hoch ist dann die Wahrscheinlichkeit dafür, mit diesem Würfel eine drei zu werfen?
6 x geworfen
davon 3 x eine 3
Wahrscheinlichkeit für eine 3 = 3/6 = 50 %?

Aber können wir wirklich darauf schließen, dass wir – nur weil wir in den ersten drei Würfen eine drei gewürfelt haben – zukünftig in fünfzig Prozent der Fälle eine drei würfeln werden? Die kurze wie einfache Antwortet lautet: nein. Genauso wenig können wir darauf schließen, dass – nur weil die ersten 15 Buchungen absolut anstandslos waren – alle weiteren 35 Buchungen ebenfalls korrekt eingebucht worden sind. Wir verwechseln hier das nichtexistierende Gesetz der *kleinen* Zahlen mit dem statistischen Gesetz der *großen* Zahlen. Das Gesetz der großen Zahlen besagt, dass der Durchschnittswert der aus einer großen Stichprobe gewonnenen Ergebnisse nahe am „wahren" erwarteten Wert der Grundgesamtheit liegen sollte. Die Wahrscheinlichkeit, mit einem Würfel eine drei zu werfen, liegt – genau wie bei allen anderen Zahlen des Würfels – bei 1/6, was etwa siebzehn Prozent entspricht. Das Gesetz der großen Zahlen bedeutet, dass – wenn Sie einen Würfel nicht nur drei Mal, sondern 1.000 Mal werfen – Sie nah an diesen erwarteten Wert von siebzehn Prozent herankommen oder anders formuliert: Jede der sechs Zahlen auf dem Würfel wäre in etwa gleich häufig gewürfelt worden. Unser Verstand lässt uns glauben, dass – weil es ein Gesetz der großen Zahlen gibt – es auch ein Gesetz der kleinen Zahlen geben kann. Die vier geschossenen Tore unseres Stürmers, die 15 korrekten Buchungen des Mandanten und das dreimalige Würfeln einer drei, so glauben wir, liefern uns glasklare Indizien für eine glaubhafte Prognose zukünftiger Tore, Buchungen oder gewürfelter Zahlen. Wir unterstellen dem Würfel oder den Buchungen sozusagen ein statistisches Erinnerungsvermögen, was sie nicht besitzen. Im Glauben an die korrekte Prognose der restlichen Buchungen (alles in bester Ordnung) und unter zeitlichem Druck könnten Wirtschaftsprüfer also geneigt sein, sich in ihrer Prüfungshandlung unbewusst an ihrer Erfindung zu orientieren: am Gesetz der *kleinen* Zahlen. Daraufhin werden Buchungen möglicherweise schneller und weniger genau analysiert. Darüber hinaus könnten Prüfer bei Auffälligkeiten eher unbewusst solange nach Erklärungen suchen, die jene Auffälligkeiten rationalisieren, statt sich Auskunft beim Mandanten einzuholen.

Was ist mit den ganzen Anlegern, die ihr Geld verloren haben: Wirtschaftsprüfer und die Opfer

Neben den eigentlichen Hauptbeschuldigten in großen Wirtschaftsskandalen werden auch Wirtschaftsprüfern häufig mittäterähnliche Vorwürfe angelastet.

Einer davon lautet, dass Wirtschaftsprüfer den Auftrag haben, das Vertrauen in die Kapitalmärkte sicherzustellen und vor allem das Geld kleiner, privater Anleger vor Wirtschaftskriminalität innerhalb der Unternehmen zu schützen. Haben Wirtschaftsprüfer denn keine Sekunde an all diejenigen gedacht, die ihr hart erarbeitetes Geld in kapitalmarktorientierte Unternehmen investiert haben, als Sie ihrer Pflicht zur Prüfung nicht ordnungsgemäß nachgekommen sind? Vergleichbar mit den vielen Wirtschaftsstraftaten sind auch Wirtschaftsprüfer von der in Kapitel vier genannten Opferferne und den damit einhergehenden psychologischen Abwägungsprozessen betroffen, die wir in diesem Kapitel noch einmal aufgreifen und unter den psychologischen Fachbegriffen Familiarity, Discounting und Escalation erklären.[426]

Familiarity

Es ist ein psychologisches Urprinzip, dass wir Menschen, die uns nahe sind, nicht schädigen wollen. Dies gilt umso mehr, wenn diese Menschen unsere Mandanten sind, die uns für unsere Leistung bezahlen. Wenn ein Wirtschaftsprüfer also eine fragwürdige Buchung entdeckt, muss er sich – bewusst oder unbewusst – entscheiden, ob er seinem Mandanten (und damit auch sich selbst) schadet, indem er die Bilanzierung aufrichtig anzweifelt, oder ob er gesichtslosen Anlegern schadet, indem er eine Beanstandung unterlässt. In diesem Spannungsfeld könnten Prüfer unbewusst dazu neigen, den zweiteren Weg zu favorisieren und eine zweifelhafte Rechnungslegung zu billigen. Forschungserkenntnisse belegen, dass Wirtschaftsprüfer umso stärker nach dem Prinzip der *Familiarity* agieren, je intensiver und länger ihre persönlichen Bindungen zu ihren Mandanten sind. Um einer zu engen Bindung zwischen Wirtschaftsprüfer und Mandant vorzubeugen, hat der Gesetzgeber eine Rotationspflicht eingeführt. Dementsprechend dürfen Wirtschaftsprüfungsunternehmen bestimmte Mandate für maximal zehn Jahre hintereinander prüfen. Gleichzeitig gilt es an der Stelle zu überlegen, wie viel Wettbewerb man dem Prüfermarkt zumuten kann. Auf der einen Seite ist die Prüferrotation zwar gut gemeint und wirkt sicherlich einer Betriebsblindheit der Prüfer entgegen. Auf der anderen Seite verstärkt sich dadurch möglicherweise der Druck auf die Prüfer, bei potenziellen Neukunden einen guten Eindruck machen zu müssen.

Dieser empfundene Druck kann sich in einer verstärkten Gutstellung mit dem bisherigen Mandanten verwirklichen. Schließlich möchte man nach außen signalisieren, dass man ein gern gesehener Gast in den großen und angesehenen Unternehmen ist.[427]

Discounting

Wir haben in Kapitel vier bereits gesehen, dass wir für zeitlich spätere Konsequenzen unserer Handlungen nicht so sensibel sind, wie für sofortige Bestrafungen. Analog zu wirtschaftskriminellen Handlungen vergehen auch zwischen fahrlässigen Prüfungen und den daraus entstehenden Anzeigen und Reputationsschäden viele Jahre. Die potenziellen Sanktionen in der Zukunft werden von uns also – je weiter sie für uns in der Ferne erscheinen – diskontiert, also psychologisch abgewertet. Menschliches Verhalten orientiert sich ganz salopp formuliert an Bestrafungen und Belohnungen. Nochmal: Wir meiden jene Verhaltensweisen, für die wir bestraft werden und neigen zu Verhaltensweisen, für die wir eine Belohnung erfahren. Nun ist die Verweigerung eines Testates für Wirtschaftsprüfer nicht ohne Bedenken. Das heftige Signal, das durch ein eingeschränktes oder versagtes Testat an den Kapitalmarkt ausgesendet wird, kann zu starken Kursverlusten führen, Banken könnten ihre Kredite mit sofortiger Wirkung fällig stellen, und das betreffende Unternehmen könnte in große Liquiditätsengpässe geraten.[428] Zudem können sich die Prüfer bei einem falschen Versagungsurteil schadensersatzpflichtig machen.[429] Experten führen dazu in Zusammenhang mit dem Wirecard-Skandal das Argument an, dass diese Sorge von den Prüfern (in diesem Fall EY) absurd erscheint, vor dem Hintergrund der immensen Schadenersatzforderungen von Banken und Rechtsanwälten, die nach Bekanntwerden des Skandals nun durch EY beglichen werden müssen. An dieser Stelle sei noch einmal auf unsere Verhaltensmotivation weg von Bestrafungen und hin zu Belohnungen verwiesen. Auch hier muss zum Verständnis noch einmal auf die Prüferpraxis eingegangen werden. Im Prüfersprech gibt es zwei große Prüfungsrisiken, die in diesem Zusammenhang erwähnenswert sind: den sogenannten *Alpha-Fehler* und den *Beta-Fehler*. Lassen Sie mich diese beiden Risiken einmal erläutern.

Der *Alpha-Fehler* beschreibt das Risiko, dass ein Testat durch den Prüfer eingeschränkt, abgelehnt oder versagt wird, obwohl der Jahresabschluss des Mandanten keine wesentlichen Fehler enthält.

Der *Beta-Fehler* beschreibt die Gefahr, dass ein uneingeschränkter Bestätigungsvermerk erteilt wird, obwohl der Jahresabschluss wesentliche Fehler enthält – wie im Fall Wirecard.[430]

Der überwiegende Teil der Wirtschaftsprüferzunft hält den Beta-Fehler prinzipiell für schwerwiegender und folgenschwerer als den Alpha-Fehler. Er beschreibt genau jene Situation, die im Fall des Wirecard-Skandals eingetreten ist. Demnach würden die meisten Wirtschaftsprüfer der Expertenaussage von oben zustimmen, dass die Sorgen vor dem Alpha-Fehler im Vergleich zu den Folgen des Beta-Fehlers absurd erscheinen. Faktisch kann man dem zustimmen. Allerdings gibt es hier aus psychologischer Sicht zwei Dinge zu berücksichtigen. Erstens erinnern wir uns noch einmal an den bereits angesprochenen *Hindsight Bias*. In der Situation des aktiven Handelns, des mittendrin Dabeiseins, unterscheidet sich unsere Wahrnehmung von jenem gesicherten Ort des zukünftigen Beobachters, der die Situation gemütlich in seinem Ohrensessel zu einem späteren Zeitpunkt mit Abstand bei einem Glas Wein noch einmal Revue passieren lassen kann. Der Beobachter (die Gesellschaft, Experten etc.) weiß zu diesem späteren Zeitpunkt ja bereits, dass etwas Schlimmes passiert ist. Er versucht sich zwar in die Lage des Handelnden aus der Vergangenheit zu versetzen, scheitert jedoch an seinem Wissen um die bereits eingetretene Situation. Zweitens sind sich Faktisches und Gefühltes nicht immer einig. Faktisch macht es Sinn – vor allem im Nachhinein –, den Beta-Fehler als sorgenvoller wahrzunehmen als den Alpha-Fehler. In der spezifischen Prüfersituation fühlt sich der Alpha-Fehler allerdings deutlich intensiver, klarer, näher und bedrohlicher an, oder mit anderen Worten: Die Bestrafungen des Alpha-Fehlers wirken unmittelbar: Konflikte und Diskussionen mit dem Mandanten, Verlust der Prüfertätigkeit für diesen Mandanten, Anerkennungsverlust, Schadensersatz usw. Die empfundenen Bestrafungen des Beta-Fehlers werden hingegen diskontiert, sie sind nicht greifbar, liegen irgendwann in der Zukunft – wenn überhaupt. Denn wer sagt denn, dass jemals irgendwer einen fälschlicherweise erteilten uneingeschränkten Bestätigungsvermerkt bemerken oder anklagen wird. Darüber hinaus werden nicht nur zukünftige Sanktionen, die die Prüfer selbst treffen könnten, diskontiert, sondern auch die Opfer. Sie erscheinen im Gegensatz zum konkreten Schaden des Mandanten bei einer Versagung des Testates im Hier und Jetzt sehr weit weg. Sie sind abstrakt, nicht greifbar. Wirtschaftsprüfer *wissen* zwar, dass wohl ein paar Menschen, die auf der Basis eines fälschlicherweise uneingeschränkt erteilten Bestätigungsvermerkes der Prüfer, ein Investment in das geprüfte Unternehmen getätigt haben, Geld verlieren werden. Aber sie können sich in dieses Szenario nicht in aller Tiefe *einfühlen*. Wer genau wie viel Geld verlieren wird und welche dramatischen Schicksale sich dadurch zukünftig ereignen können – all das erscheint zu weit weg und zu abstrakt für unser Empathievermögen.[431]

Escalation

Escalation beschreibt die menschliche Tendenz, hin und wieder kleine Vergehen zu verschleiern, um einer *Eskalation* vorzubeugen. Vergleichbar mit Wirtschaftskriminellen sind auch Wirtschaftsprüfer – da sie nun mal auch Menschen sind – nicht frei von dieser Neigung. Am besten lässt sich dieses Phänomen anhand des uns bereits bekannten Fraud Triangle (Druck, Gelegenheit, Rationalisierung) beschreiben. Nehmen wir einmal an, ein junger Prüfungsassistent kommt in die schambehaftete Situation, eine Erklärung des Mandanten nicht verstanden zu haben (Druck). Als innere Begründung macht er an dieser Stelle nicht die unzureichenden Erklärungsfähigkeiten des Mandanten dafür verantwortlich, sondern gibt seinen eigenen Unzulänglichkeiten die Schuld an der Unbegreiflichkeit. Aus Scham und Sorge vor der Herabwürdigung des Mandanten oder seiner Kollegen sucht er sich eine Möglichkeit, um diese Information zu verschleiern. Im Prüfprogramm überlegt er sich eine entsprechende Dokumentation anhand dessen, was er verstanden hat und schreibt es so hin, dass es auch für seinen Vorgesetzten plausibel erscheint (Gelegenheit). Anschließend begründet er sein Tun damit, dass die Berechnungen des Mandanten in den vergangenen drei Jahren immer in Ordnung waren, dieser einen stets kompetenten und zuverlässigen Eindruck macht und er sich die Sache eben im kommenden Jahr noch einmal genauer anschauen werde (Rationalisierung). Neben dem beschriebenen Szenario gibt es diverse Möglichkeiten für Wirtschaftsprüfer, kleine Unkorrektheiten des Mandanten vorrübergehend zu akzeptieren, z. B.[432]

- Der Ansprechpartner war (mal wieder) nicht erreichbar.
- Der Ansprechpartner ist sehr dominant, unangenehm, einschüchternd.
- Der Fehler bewegt sich sehr nah an der noch zulässigen Grenze (Wesentlichkeitsgrenze).
- Es ist einfach lästig, immer und immer wieder Daten beim Mandanten einzufordern.
- Die Deadline rückt immer näher, und die Prüfer haben keine Zeit mehr.
- Der Prüfer trifft die verführerische aber oft falsche Annahme, dass er im kommenden Jahr mehr Zeit hat, um sich den kritischen Posten genauer anzuschauen.

Zusammenfassung: Psychologie der Wirtschaftsprüfung

Obwohl Wirtschaftsprüfer eines der wohl anspruchsvollsten und umfangreichsten Examen in Deutschland bestehen müssen und fachlich überaus qualifiziert für die Ausübung Ihrer Tätigkeit sind, unterliegen auch sie – wie wir alle – bestimmten (sozial-)psychologischen Regeln. Die vorangegangenen Kapitel sollen dabei weder als Plädoyer für Prüfer, die ihre fachliche Arbeit nicht ordnungsgemäß verrichten, verstanden werden, noch sollen sie in der Art eines pädagogischen Zeigefingers mögliche Unzulänglichkeiten der prüferischen Arbeit aufzeigen. Ziel war es vielmehr, die Vielschichtigkeit (zwischen-)menschlicher Dynamiken zu veranschaulichen, die der Komplexität der fachlichen Prüfertätigkeit wahrscheinlich in nichts nachstehen. Sie verdeutlichen, dass hinter einer langen Skandalgeschichte nicht zwangsläufig eine bewusste und absichtliche korruptionsähnliche Beziehung zwischen Prüfer und Mandant stehen muss. Vielmehr können Prüfer unbewusst und im Rahmen eines sich vollziehenden Prozesses dazu geneigt sein, Unklarheiten nicht sofort nachzugehen. Es gilt analog zu Wirtschaftsstraftätern: So sehr wir auch zu eindeutigen Schuldzuweisungen und glasklaren Erklärungen neigen, so sehr kann diese rosa-rote Brille der Eindeutigkeit zu falschen und undifferenzierten Annahmen führen.

Beispielsweise wurde das Drittpartnergeschäft von Wirecard als ein sogenanntes Key Audit Matter (KAM) in der Prüfung von EY klassifiziert. Das Drittpartnergeschäft war jener dubiose Geschäftsbereich von Wirecard, der vom derzeit auf der Flucht befindenden Jan Marsalek geleitet wurde. Unter einem KAM wird ein sehr bedeutsames Prüfungsgebiet verstanden, dem im Rahmen der Jahresabschlussprüfung besondere Aufmerksamkeit geschenkt wird. Experten kritisieren hier beispielsweise, dass – obwohl ein solches Prüfgebiet besonders kritisch begutachtet werden sollte – EY diesen betrügerischen Geschäftsbereich von Wirecard in seinen Prüfungsberichten 2017 und 2018 als einwandfrei bestätigt hatte.[433] Hier muss es doch bewusst mit unrechten Dingen zugegangen sein, oder? Interessanterweise zeigen neue Forschungserkenntnisse aus dem Bereich der Verhaltensökonomie, dass die Bezeichnung eines Prüfgebietes als KAM zu mehr Zugeständnissen seitens der Prüfer führt.[434] So sind Prüfer unbewusst dazu bereit, sich der Meinung des Mandanten bei den identifizierten KAM sowohl in der Anzahl als auch in der Höhe der Einwände des Mandanten anzunähern. Prüfer scheinen die Klassifizierung eines KAM als eine Art moralische Lizenz zu werten, um eben nicht so genau hinschauen zu müssen. Moralische Lizenzierung beschreibt die menschliche Fähigkeit, eine schlechte Tat mit einer guten Tat gedanklich und vor allem gefühlt ausgleichen zu können. Wir bilden dabei ein moralisches Konto. Tun wir etwas Gutes, zahlen wir quasi eine Art Guthaben auf dieses Konto ein. Unsere Schuldgefühle aus einer tendenziell unerwünschten Handlung halten sich demnach solange in Grenzen, wie das Konto einen positiven Saldo aufweist. Möglicherweise haben Sie diese unbewusste Ausgleichshandlung einmal bei sich selbst erlebt, z.B. indem Sie nach einer sportlichen Einheit Süßigkeiten oder Fast Food gegessen und dann zu sich gesagt haben: „Das habe ich mir aber jetzt auch wirklich verdient."[435] Die Klassifizierung des Wirecard-Drittpartnergeschäftes als KAM könnte bei den Prüfern eine ähnliche, unbewusste Erlebnisdynamik ausgelöst haben. „Wir haben den Bereich als KAM klassifiziert" – Kontostand geht herauf. „Wir erwähnen das Drittpartnergeschäft und dessen Bedeutung als KAM im Prüfungsbericht" – Kontostand geht herauf. „Damit wird den Investoren die Bedeutung dieses

Geschäftes signalisiert" – Kontostand geht herauf. Etwaige Zugeständnisse der Prüfer wie: „Eure Berechnungen reichen uns in dieser Form aus. Belege könnt ihr uns nächstes Jahr nachreichen, wenn ihr eure Dokumentation nachgezogen habt", würden das moralische Konto zwar belasten, den Kontostand aber möglicherweise noch nicht ins Minus drängen, wodurch die Prüfer lediglich eine reduzierte Schuldlast empfinden. Darüber hinaus wird den Prüfern bereits durch die reine Benennung eines KAM bewusst, dass eben jener Geschäftsbereich nicht nur für die Prüfung relevant ist, sondern dieser gerade aus Gründen der Prüferrelevanz auch eine besondere Bedeutung für das Mandantengeschäft darstellt, bei dem man folglich nicht zu hart ins Gericht gehen möchte: „Das ist der wichtigste Geschäftsbereich für den Mandanten. Da müssen wir auch mal Zugeständnisse machen ..."

Nicht der individuelle Prüfer, sondern bestimmte verpflichtende Prüfbestandteile sollten demnach stärker begutachtet und auf ihre Effektivität überprüft werden. Wo Menschen aufeinandertreffen, müssen darüber hinaus auch immer die zwischenmenschlichen Wirkkräfte innerhalb auftretender Beziehungsgeflechte betrachtet werden. Ein Wirtschaftsprüfer ist trotz fachlicher Kompetenz und Professionalität zu Teilen eben auch nur so gut, wie sein Mandant es ihm erlaubt. Der ehemalige hochrangige Manager bei Wirecard, Jörn Leogrande, schreibt in seinem *Buch Bad* Company wie er *das Problem Wirtschaftsprüfer* beseitigt:

„Ich löse das Problem proaktiv. Zu Beginn des jeweiligen Audits gehe ich in einer langatmigen Präsentation alle Dimensionen meines technischen Schaffens durch. Im Deep Dive vor den Damen und Herren Auditoren spare ich nicht mit Spezialbegriffen und unverständlichen Akronymen." Danach „[...] sind die Prüfer meist so erschlagen, dass die anstehende Fragestunde relativ kurz ausfällt."[436]

Neben all den genannten Punkten könnte man das *trotz* in der Frage „Wie kann das *trotz* all der fachlichen Kompetenz von Wirtschaftsprüfern passieren" ebenfalls kritisch betrachten. Möglicherweise sind es ja *gerade* die hohen fachlichen Anforderungen, die moralische Aspekte der Entscheidungsfindung sowie Appelle zur Einhaltung der Unabhängigkeit auf der Bühne so zahlreicher fachlicher Hauptdarsteller als unnötige Requisite abstempeln. So besteht ein nicht unerheblicher Teil des Wirtschaftsprüferexamens allein darin, die mittlerweile

6.000 Seiten an Verlautbarungen des Institut der Wirtschaftsprüfer auswendig zu lernen – neben zahlreichen anderen Themengebieten. Manche argumentieren, dass die Stoffmenge und die rasche Zunahme komplexer Prüfungsstandards schlicht nicht mehr beherrscht werden kann.[437] In diesem Zusammenhang erscheint es nur allzu menschlich, dass man den Prüfern die Psychologie als zusätzliches Gebiet nicht auch noch zumuten möchte. Allerdings ist auch erwähnenswert, dass die Seminarteilnehmer in unserer Veranstaltung zur Psychologie der Unabhängigkeit den psychologischen Teil als relevanter bewertet haben, als den regelerklärenden fachlichen Teil. Möglicherweise bekommt die Psychologie im Rahmen zukünftiger Prüfergenerationen einen höheren Stellenwert als bislang. Neben Seminaren sind an dieser Stelle auch moderierte Supervisionen mit Wirtschaftsprüfergruppen ein wirkungsvolles Instrument zur Selbstreflexion aktueller Fälle. Ein ähnliches Konstrukt wird bereits bei Richtern angewendet, deren Alltag – analog zu Wirtschaftsprüfern – zu einem nicht unerheblichen Teil aus der Abwägung von Sachverhalten, Konfrontation mit sensiblen Informationen und dem Fällen wichtiger Urteile mit großer Tragweite besteht. In jedem Fall wäre es wünschenswert, wenn Wirtschaftsprüfern nicht nur eindringlich erklärt wird, wie sie sich verhalten sollten, sondern sie darüber hinaus die Möglichkeit erhalten, in Eigenreflexion zu begreifen, wie sie sich tatsächlich verhalten.

Der Gesetzgeber reagiert auf den Wirecard-Skandal unter anderem mit einer Vervierfachung des Strafmaßes für die Prüfer, dessen Wirkung aus den bereits genannten Gründen und kriminologischen Erkenntnissen zumindest fragwürdig ist. Schließlich handelt es sich bei den meisten Fehltritten von Wirtschaftsprüfern nicht um bewusste Gesetzesübertretungen. Vielmehr passieren sie im Eifer des Gefechts des druckbehafteten Prüferalltags. Da diese Handlungen von den Prüfern nicht als kriminelle Taten empfunden werden, denkt üblicherweise auch niemand über etwaige Bestrafungen nach. Analog zu wirtschaftskriminellen Handlungen ist auch schädliches Prüferverhalten meist das Ergebnis einer fehlgeleiteten Intuition statt eines rational-analytischen Abwägungsprozesses.[438]

Ihr Fazit

Nachdem Sie sich ausführlich mit den Motiven von kriminellen Managern, den psychologischen Dynamiken von Mitarbeitern, die zu Mittätern wurden, den Dilemmata von Whistleblowern, der Unbewusstheit in der moralischen Urteilsfällung und den Herausforderungen von Wirtschaftsprüfern beschäftigt haben, interessiert mich nach wie vor, wie Sie nun über all das denken und fühlen? Wie haben Sie zu Beginn des Buches auf jene geblickt, die schon alles zu haben scheinen und trotzdem kriminell werden? Hat sich Ihre Ansicht beim Lesen der Lektüre verändert? Was ist mit dem Hauptmotiv Nr. 1: der Gier? In diesem Zusammenhang freue ich mich ganz aufrichtig über jedes Feedback von Ihnen, Anregungen, Vorschläge und eigene Erlebnisse. Sie finden mich und unser Institut im Internet unter www.institutgp.de und können uns gerne eine Nachricht über das Kontaktfeld hinterlassen oder uns direkt über die E-Mail Adresse info@institutgp.de kontaktieren.

Literatur

A

ACFE (Hrsg.), Occupational Fraud 2022: A Report to the nations, Austin/Texas, 2022

Ahmed, Murad/Vasagar, Jeevan/Bradshaw, Tim, Uber: Backseat driver, Financial Times, 2015, https://www.ft.com/content/c5fb29b8-5796-11e5-9846-de406ccb37f2

Albrecht, Chad/Albrecht, Conan C./Dolan, Simon, Financial fraud: the how and why. Understanding the conditions in which fraud occurs is the key to its detection and prevention, in: European Business Forum, 2007, Heft 29, S. 34-39

Amelang, Manfred/Kohlmann, Dorothea/Schahn, Joachim, Techniken der Neutralisierung, Eine modelltestende Untersuchung auf der Basis offizieller und selbstberichteter Delinquenz. in: Monatsschrift für Kriminologie und Strafrechtsreform, 1988, S. 178-190

Arendt, Hannah, Eichmann in Jerusalem: A Report on the Banality of Evil, New York, 1963

Ariely, Dan, The Honest Truth About Dishonesty: How We Lie to Everyone-Especially Ourselves, New York, 2012

Artun, Lale/Malcher, Ingo, „Es gibt kaum ein intensiveres und bedrohlicheres Gefühl als Scham." Ein Interview mit dem Wirtschaftsforensiker Benjamin Schorn, Die Zeit, 2021, https://www.zeit.de/zeit-verbrechen/2021/12/wirtschaftskriminalitaet-benjamin-schorn-wirtschaftsermittler-cum-ex-wirecard

Asbahr, Karsten/Ruhnke, Klaus, Real effects of reporting key audit matters on auditors' judgment and choice of action, in: International Journal of Auditing, 2019, Band 23, Nr. 2, S. 165-180

Asch, Solomon E., Opinions and Social Pressure, in: Scientific American, 1955, Band 193, Nr. 5, S. 31-35

Asendorpf, Jens B., Persönlichkeitspsychologie für Bachelor, Berlin, 2015

Asherman, Ira G., 50 Activities to teach negotiation, Amherst, 1996

Audi, Tamara, Former KPMG Partner Scott London Gets 14 Months for Insider Trading, The Wall Street Journal, 2014, https://www.wsj.com/articles/SB10001424052702303380004579521870879321240#:~:text=London's%20%24900%2C000%20annual%20salary

Awad, Edmond/Dsouza, Sohan/Shariff, Azim, Universals and variations in moral decisions made in 42 countries by 70,000 participants, PNAS, 2020, Band 117, Nr. 5, S. 2332-2337

B

Baetge, Jörg, Begleitunterlagen zum Universitätskurs „Prüfungstheorie“, Grundlagen der Jahresabschlussprüfung, Sommersemester 2010, Universität Wien, https://extrw.univie.ac.at/fileadmin/user_upload/ord_extrw/Unterlagen_Lehre_SS_2010/Skript_LV_Baetge_Pruefungstheorie_SS_2010.pdf

Bandura, Albert/Underwood, Bill/Fromson, Michael E., Disinhibition of Aggression Through Diffusion of Responsibility and Dehumanization of Victims, in: Journal of Research in Personality, 1975, Band 9, Nr. 4, S. 253-269

Bannenberg, Britta, in: Netzwerk Recherche/Transparency International/Bund der Steuerzahler (Hrsg.), Korruption: Schatten der demokratischen Gesellschaft. Fakten – Trends – Gegenstrategien, 2002, S. 13-29

Bannenberg, Britta, Korruption in Deutschland und ihre strafrechtliche Analyse, Neuwied, 2002

Bartels, Till, Tod im Nebel von Teneriffa: Der schwärzeste Tag der Luftfahrt, Der Spiegel, 2022, https://www.stern.de/reise/europa/flugzeugkatastrophe-von-teneriffa--der-schwaerzeste-tag-der-luftfahrt-7386322.html

Baumgartner, Christine, Der geborene Verbrecher, gestern und heute, science.ORF.at, 2011, https://sciencev2.orf.at/stories/1672087/index.html

Bazerman, Max H./Morgan, Kimberly P./Loewenstein, George F., The Impossibility of Auditor Independence, in: Sloan Management Review, Sommer 1997, Band 38, Nr. 4, S. 89-94

Bazerman, Max H./Loewenstein, George F./Moore, Don A., Why Good Accountants Do Bad Audits, Harvard Business Review Online, https://hbr.org/2002/11/why-good-accountants-do-bad-audits

Beehr, Terry A./Drexler Jr., John A./Faulkner, Sonja, Working in small family businesses: empirical comparisons to non-family businesses, in: Journal of Organizational Behavior, 1997, Band 18, Nr. 3, S. 297-312

Bercovici, Jeff, Why (Some) Psychopaths Make Great CEOs, Ein Interview mit dem Journalisten Jon Ronson, Forbes, 2011, https://www.forbes.com/sites/jeffbercovici/2011/06/14/why-some-psychopaths-make-great-ceos/?sh=264552ac261a

Berns, Gregory S./Chappelow, Jonathan/Zink, Caroline F./Pagnoni, Giuseppe/Martin-Skurski, Megan E./Richards, Jim, Neurobiological Correlates of Social Conformity and Independence During Mental Rotation, in: Biological Psychiatry, 2005, Band 58, Nr. 3, S. 245-253

Blickle, Gerhard/Schlegel, Alexander/Fassbender, Pantaleon/Klein, Uwe, Some personality correlates of business white-collar crime, in: Applied Psychology, 2006, Band 55, Nr. 2,

S. 220-233

Bluhm, Florian, WYSIATI – What you see is all there is, https://blick-heben.com/kognitives/wysiati-what-you-see-is-all-there-is/

Boll, Angela, Verbrechen im Quadrat: Der Flowtex-Skandal, Mannheimer Morgen, 2020, https://www.mannheimer-morgen.de/orte/mannheim_artikel,-mannheim-verbrechen-im-quadrat-der-flowtex-skandal-_arid,1721189.html

Bösch, Holger, Black Stories Kartenspiel, Moses Verlag

Browning, Christopher R., Ganz Normale Männer, Das Reserve-Polizeibataillon 101 und die „Endlösung" in Polen, Hamburg, 2020

Burg, Susanne, Psychopath sein heißt nicht, dass man Verbrecher wird, Ein Interview mit dem Hirnforscher Niels Birbaumer, Deutschlandfunk, 2012, https://www.deutschlandfunkkultur.de/psychopath-sein-heisst-nicht-dass-man-verbrecher-wird-100.html

Buschmann, Georg, Wirecard-Skandal: EY sieht sich als Opfer und Aufklärer, WirtschaftsWoche, 2020, https://www.wiwo.de/my/finanzen/geldanlage/zahlungsdienstleister-wirecard-skandal-ey-sieht-sich-als-opfer-und-aufklaerer/26257026.html?ticket=ST-372206-LSpT1shLMAs9SVh3uKZT-cas01.example.org

Bussmann, Kai-Detlef/Salvenmoser, Steffen, Internationale Studie zur Wirtschaftskriminalität, Neue Zeitschrift für Strafrecht, 2006, Heft 4, S. 203 – 209

C

Carreyrou, John, Bad Blood, Die wahre Geschichte des größten Skandals im Silicon Valley, München, 2019

Carucci, Ron, Why Ethical People Make Unethical Choices, Harvard Business Review, 2016, https://hbr.org/2016/12/why-ethical-people-make-unethical-choices

Christensen, Clayton M./Allworth, James/Dillon, Karen, How will you measure your Life? London, 2012

Chu, Jennifer, Study: Volkswagen's emissions cheat to cause 60 premature deaths in U.S, Massachusetts Institute of Technology, News Office, 2015, https://news.mit.edu/2015/volkswagen-emissions-cheat-cause-60-premature-deaths-1029

Cialdini, Robert B./Reno, Raymond R./Kallgren, Carl A., A Focus Theory of Normative Conduct: Recycling the Concept of Norms to Reduce Littering in Public Places, Journal of Personality and Social Psychology, Band 58, Nr. 6, 1990, S. 1015-1026

Claassen, Laura, Neutralisierungstechniken und kognitive Dissonanz, Ein Beitrag zur Prävention von Wirtschaftskriminalität, Marburg, 2012

Cleff, Thomas/Luppold, Lisa/Naderer, Gabriele/Volkert, Jürgen, Wirtschaftskriminalität –

Eine Analyse der Motivstrukturen, hrsg. von PricewaterhouseCoopers, 2009

Cloyd, C. Bryan/Spilker, Brian C, The Influence of Client Preferences on Tax Professionals' Search for Judicial Precedents, Subsequent Judgments, and Recommendations, in: The Accounting Review, 1999, Band 74, Nr. 3, S. 299–322

Cressey, Donald R., Other People's Money: A Study in the Social Psychology of Embezzlement, Glencoe, 1953

Cressey, Donald R., The Criminal Violation of Financial Trust, in: American Sociological Review, 1950, Band 15, Nr. 6, S. 738-743

D

Dahms, Martin, So kämpfen Spaniens Städte gegen Airbnb, Stuttgarter Zeitung, 2019, https://www.stuttgarter-zeitung.de/inhalt.ferienapartments-so-kaempfen-spaniens-staedte-gegen-airbnb.72eb1616-0735-4d54-b744-bfd92322f992.html

Darley, John M./Batson, C. Daniel, From Jerusalem to Jericho: A study of situational and dispositional variables in helping behavior, Journal of Personality and Social Psychology, 1973, Band 27, Nr. 1, S. 100-108

Dehne-Niemann, Jan/Dehne-Niemann, Till E./Lingnau, Volker, Aus der Not eine Tugend machen? Ethische, juristische und praktische Implikationen funktionaler Psychopathen in Wirtschaft und Gesellschaft, in: Führungsverantwortung und Führungsversagen, Hrsg. von Schank, Christoph/Reiter, Stefanie/Quandt, Jan Hendrik/Offenwanger, David J./Burger, Sebastian, 2020, S. 45-68

Dicken, André J., 150 Jahre Krisen, Bilanzskandale und Reformbedarf, 2021, https://bilanzrecht.uni-koeln.de/sites/gesellschaftsrecht-bilanzrecht/downloads/BilR/150_Jahre_16.04.2021.pdf

Diesteldorf, Jan/Schreiber, Meike, Verdacht der Steuerhinterziehung, Ermittler durchsuchen Beratungsfirma PwC, Süddeutsche Zeitung, 2021, https://www.sueddeutsche.de/wirtschaft/pwc-razzia-steuerhinterziehung-1.5476747

Dollinger, Bernd/Rudolph, Matthias/Schmidt-Semisch, Henning/Urban, Monika, Konturen einer Allgemeinen Theorie der Kriminalität als kulturelle Praxis (ATKAP). Poststrukturalistische Perspektiven, in: Kriminologisches Journal, 2014, 46 Jhrg., S. 67-88

Dorminey, Jack W./Fleming, Arron S./Kranacher, Mary-Jo/Riley, Richard A. Jr., Beyond the Fraud Triangle, Enhancing Deterrence of Economic Crimes, in: The CPA Journal, 2010, Band 80, Heft 7, S. 16-23

Duhigg, Charles, What Google Learned From Its Quest to Build the Perfect Team, New research reveals surprising truths about why some work groups thrive and others falter,

The New York Times Magazine, 2016, https://www.nytimes.com/2016/02/28/magazine/what-google-learned-from-its-quest-to-build-the-perfect-team.html?_r=0

E

Englich, Birte/Bernhardt, Madeleine, Urteil mit Schlagseite, Spektrum, 2012, https://www.spektrum.de/news/urteil-mit-schlagseite/1142596

Erlei, Mathias, Prinzipal-Agent-Theorie, Gabler Wirtschaftslexikon, https://wirtschaftslexikon.gabler.de/definition/prinzipal-agent-theorie-42910

Externbrink, Kai/Keil, Moritz, Narzissmus, Machiavellismus und Psychopathie in Organisationen. Theorien, Methoden und Befunde zur dunklen Triade, Wiesbaden, 2018

F

Falkai, Peter/Wittchen, Hans-Ulrich (Hrsg.), Diagnostisches und Statistisches Manual Psychischer Störungen DSM-5, Deutsche Ausgabe, American Psychiatric Association, 2., korrigierte Auflage, Göttingen, 2018

Festinger, Leon, A Theory of Cognitive Dissonanz, Stanford, 1968

Fischhoff, Baruch, Hindsight ≠ foresight: Effect of outcome knowledge on judgment under uncertainty, in: Journal of Experimental Psychology: Human Perception and Performance, 1975, Band 1, Nr. 3, S. 288-299

Fisher, Lawrence M., Accusation Of Fraud At Sears, The New York Times, 1992, https://www.nytimes.com/1992/06/12/business/accusation-of-fraud-at-sears.html

Fisher, Roger/Ury, William/Patton, Bruce, Das Harvard Konzept, Die unschlagbare Methode für beste Verhandlungsergebnisse, München, 2018

Fradera, Alex, Psychology can explain why wildly successful teams get tempted to the dark side, QUARTZ, 2016, https://qz.com/820763/psychological-safety-is-crucial-for-great-teamwork-but-it-has-a-dark-side/

Frank, Robert, Under the Influence: Putting Peer Pressure to Work, Transkript zur Rede von Prof. Robert Frank zu seinem gleichnamigen Buch an der Henry Jackson Society, März 2020, https://henryjacksonsociety.org/members-content/under-the-influence-putting-peer-pressure-to-work/

French, John R. P./Raven, Bertram, The Bases of Social Power, in: Studies in Social Power, hrsg. von Cartwright, Dorwin/Arbor, Ann, 1959, S. 259-269

Fromm, Erich, Haben oder Sein. Die seelischen Grundlagen einer neuen Gesellschaft, München, 2019

G

Garrett, Neil/Lazzaro, Stephanie C./Ariely, Dan/Sharot, Tali, The brain adapts to dishonesty, in: Nature Neuroscience, 2016, Band 19, Nr. 12, S. 1727-1732

Gassmann, Michael, Wenn die nette Führungskraft ein Betrüger ist, Die Welt, 2013, https://www.welt.de/wirtschaft/article121536769/Wenn-die-nette-Fuehrungskraft-ein-Betrueger-ist.html

Gigerenzer, Gerd, Vortrag Entscheiden unter Ungewissheit, Max-Planck-Institut für Bildungsforschung, https://www.siwf.ch/files/pdf19/Gigerenzer_Bern-Entscheiden-unter-Unsicherheit.pdf

Gino, Francesca/Ayal, Shahar/Ariely, Dan, Contagion and differentiation in unethical behavior: The effect of one bad apple on the barrel, in: Psychological Science, 2009, Band 20, Nr. 3, S. 393-398

Gneezy, Uri/Rustichini, Aldo, A fine is a price, in: The Journal of Legal Studies, 2000, Band 29, Nr. 1, S. 1-17

Gowers, Andrew, Der Mann, der die Welt in die Knie zwang, Die Welt, 2008, https://www.welt.de/wirtschaft/article2910162/Der-Mann-der-die-Welt-in-die-Knie-zwang.html

Greene, Joshua D., The Terrible, Horrible, No Good, Very Bad Truth about Morality and What to Do About it, Dissertation von Joshua D. Greene, Department of Philosophy, Princeton University, June 2002

Greene, Joshua D./Sommerville, R. Brian/Nystrom, Leigh E./Darley, John M./Cohen, Jonathan D., An fMRI Investigation of Emotional Engagement in Moral Judgment, in: Science, 2001, Band 293, S. 2105-2108

Groll, Tina, Auffällig viele Psychopathen werden Chef, Ein Interview mit dem Psychologen Jens Hoffmann, Die Zeit, 2014, https://www.zeit.de/karriere/beruf/2014-05/psychopathen-interview-psychologe-jens-hoffmann

Grötker, Ralf, Ein Spiel fürs Leben, in: MaxPlanckForschung, 2009, Heft 1, S. 80-85, https://www.mpg.de/792374/W006_Kultur-Gesellschaft_080-085.pdf

Grünewald, Ulrich, Der barmherzige Samariter, in: Binsack, Carsten/Grünewald, Ulrich/Wenzel, Silvio/Wolff, Tilman, Helfen oder wegsehen? Warum wir so oft versagen, Quarks & Co, 2008, S. 5

H

Haidt, Jonathan, The emotional dog and its rational tail: A social intuitionist approach to moral judgment, in: Psychological Review, 2001, Band 108, Nr. 4, S. 814-834

Haidt, Jonathan, The emotional dog and its rational tail: A social intuitionist approach to moral judgment, nicht publiziertes Manuskript, University of Virginia, 2000

Harrendorf, Stefan/Geng, Bernd, Der rational kalkulierende Verbrecher? Zu Entwicklung, Stand und Zukunftsperspektiven ökonomischer Kriminalitätstheorien, in: Recht trifft Wirtschaft, Festschrift zur Ringvorlesung anlässlich der Wiedereröffnung der Rechts- und Staatswissenschaftlichen Fakultät der Ernst-Moritz-Arndt-Universität Greifswald vor 25 Jahren, hrsg. von Körnert, Jan/Lege, Joachim/Grube, Klemens, Berlin, 2019

Hartmann, Corinna, Was du über Narzissmus wissen musst, Quarks, 2021, https://www.quarks.de/gesellschaft/psychologie/was-du-ueber-narzissmus-wissen-musst/

Hayes, Adam, Strong Buy, Investopia, 2021, https://www.investopedia.com/terms/s/strongbuy.asp

Hefendehl, Roland, Skript zur Vorlesung Kriminologie I im Sommersemester 2021, Institut für Kriminologie und Wirtschaftsstrafrecht, Albert-Ludwigs-Universität Freiburg

Heißner, Stefan, Erfolgsfaktor Integrität, Wirtschaftskriminalität und Korruption erkennen, aufklären, verhindern, Wiesbaden, 2014

Hermann, Dieter/Pohlmann, Markus, Grenzen formaler Regulierung: Wie informelle Normen und kriminogene Werte die Korruptionsbereitschaft von Managern beeinflussen, in: Monatsschrift für Kriminologie und Strafrechtsreform, 2019, Band 10, Nr. 2, S. 104-118

Hildebrand, Jan/Holtermann, Felix/Kröner, Andreas/Osman, Yasmin, Bundesbank sprach sich gegen Wirecard-Leerverkaufsverbot aus – Bafin verhängte es dennoch, Handelsblatt, 2019, https://www.handelsblatt.com/finanzen/banken-versicherungen/banken/finanzaufsicht-in-der-kritik-bundesbank-sprach-sich-gegen-wirecard-leerverkaufsverbot-aus-bafin-verhaengte-es-dennoch/26652100.html

Hofling, Charles K./Brotzman, Eveline/Dalrymple, Sarah/Graves, Nancy/Pierce, Chester M., An Experimental Study in Nurse-Physician Relationships, in: Journal of Nervous and Mental Disease, 1966, Band 143, Nr. 2, S. 171-180

Hofmann, Alex, Der Airbnb-Gründer über die Geschichte hinter seinem Milliarden-Start-up, Ein Interview mit Nathan Blecharczyk, Businessinsider, 2016, https://www.businessinsider.de/gruenderszene/allgemein/nathan-blecharczyk-airbnb-interview/

Hood, Bret, Twisted Rationalization, ACFE Fraud Magazine, July/August 2020, S. 42-49

Hooton, Earnest A., Crime and the Man, Cambridge, MA: Harvard University Press, 1939

Hubert, Martin, Neustart für die Diagnosen der Psychiatrie, Deutschlandfunk, 2022, https://www.deutschlandfunk.de/psychiatrie-diagnosen-icd-100.html

Huntington, Ian/Davies, David, Wirtschaftskriminalität im Unternehmen, Betrug erkennen und bekämpfen, Deutsche Bearbeitung von Dieter Lohse, KPMG (Hrsg.), Frankfurt am Main/New York, 1999

Hupertz, Heike, Sie gewöhnten sich ans Massenmorden, Frankfurter Allgemeine Zeitung, 2022, https://www.faz.net/aktuell/feuilleton/medien/wie-in-der-ns-zeit-maenner-zu-taetern-wurden-zdf-doku-17748502.html

I

Iwersen, Sönke, Finanzaufsicht untersucht Kursachterbahn bei Wirecard, Handelsblatt, 2010, https://www.handelsblatt.com/finanzen/maerkte/boerse-inside/marktgeruechte-finanzaufsicht-untersucht-kursachterbahn-bei-wirecard/3406252.html?ticket=ST-4569273-zRPIUPsKihMLGYPigrNi-ap5

J

Jiménez, Fanny, So erkennen Sie einen Psychopathen, Die Welt, 2014, https://www.welt.de/gesundheit/psychologie/article131221937/So-erkennen-Sie-einen-Psychopathen.html#:~:text=Psychopathen%20sind%20oft%20hoch%20funktional,nie%20etwas%20Verd%C3%A4chtiges%20aufgefallen%20war.

Jones, Thomas M., Ethical decision making by individuals in organizations: An issuecontingent model, in: Academy of Management Review, 1991, Band 16, Nr. 2, S. 366-395

K

Kahneman, Daniel, Thinking, Fast and Slow, London, 2011

Kampmeyer, Christoph, Vorsicht vor der „Egal-wie-Kultur“, KPMG Klardenker, 2019, https://klardenker.kpmg.de/integres-verhalten/

Kienbaum Management Consultants GmbH, Harvard Business Manager, Sackmann, Sonja (Hrsg.), Unternehmenskultur, Ihre Rolle und Bedeutung – Studie 2011

KPMG (Hrsg.), Global profiles of the fraudster, white-collar crime – present and future, 2013

Kroneberg, Clemens, Das Modell der Frame Selektion, Grundlagen und soziologische Anwendung einer integrativen Handlungstheorie, Inauguraldissertation zur Erlangung des akademischen Gerades eines Doktors der Sozialwissenschaften der Universität Mannheim, 2009

L

Larcker, David F./O'Reilly, Charles A./Tayan, Brian/Zakolyukina, Anastasia A., Are Narcissistic CEOs All That Bad?, Rock Center for Corporate Governance at Stanford University, 2021

Le Bon, Gustave, Psychologie der Massen, Hamburg, 2021

Leaf, Clifton, Enough Is Enough, WHITE-COLLAR CRIMINALS: THEY LIE THEY CHEAT THEY STEAL AND THEY'VE BEEN GETTING AWAY WITH IT FOR TOO LONG, Fortune Magazine, 2018, entnommen aus CNN Money, https://money.cnn.com/magazines/fortune/fortune_archive/2002/03/18/319921/

Lee, Aileen, Welcome To The Unicorn Club: Learning From Billion-Dollar Start-ups, TechCrunch, 2013, https://techcrunch.com/2013/11/02/welcome-to-the-unicorn-club/?guccounter=1&guce_referrer=aHR0cHM6Ly93d3cuZ29vZ2xlLmNvbS8&guce_referrer_sig=AQAAAJBEcUepcKcyc9CGET3iYKpR_mRTWblQf1pY2wNdWmr7iyo_ORdPUYIl4gv8jHRzqD6KZuhEov92ZTnAzX-vUf2GeWd5SMVBg0RlI5n6GZp3pwjUgYB1v41WrTGpRU_EM0_kL8c00vFiNIpRmzTrCJ3R5RBDatsognDJn_9bh1N_

Leogrande, Jörn, Bad Company, Meine denkwürdige Karriere bei der Wirecard AG, München, 2021

Levin, Aaron, Goldwater Rule's Origins Based on Long-Ago Controversy, Psychiatry Online und featured auf der Seite der American Psychiatric Association, 2016, https://www.psychiatry.org/newsroom/goldwater-rule

Lightle, Susan S./Baker, Bud/Castellano, Joseph F., Assessment of Tone at the Top, The Psychology of Control Risk Assessment, in: The CPA Journal, 2015, Band 85, Heft 6, S. 50-55

Lindemann, Holger, Die große Metaphern-Schatzkiste, Band 1: Grundlagen und Methoden, Göttingen, 2016

Lohr, Steve, Jack Welch, G.E. Chief Who Became a Business Superstar, Dies at 84, The New York Times, 2020, https://www.nytimes.com/2020/03/02/business/jack-welch-died.html

Löw, Melanie, Studie deckt Zusammenhang zwischen Psychopathen in Unternehmen und Wirtschaftskriminalität auf, Informationsdienst Wissenschaft, 2017, https://idw-online.de/de/news678401

M

MacKinnon, James B., The Strange Brain of the World's Greatest Solo Climber, Nautilus, 2016, https://nautil.us/the-strange-brain-of-the-worlds-greatest-solo-climber-5011/

Malcher, Ingo, Norman's Cay, Die Schatzinsel, brand eins, 2014, https://www.brandeins.de/magazine/brand-eins-wirtschaftsmagazin/2014/spass/die-schatzinsel

Marks, Stephan, Scham – die tabuisierte Emotion, Ostfildern, 2018

Martin-Joy, John, Fact Magazine Takes on Barry Goldwater, The clash of free speech and libel law, Psychology Today, 2020, https://www.psychologytoday.com/us/blog/politics-psychiatry-and-psychoanalysis/202008/1964-fact-magazine-takes-barry-goldwater

McCann, David, Two CFOs Tell a Tale of Fraud at HealthSouth, CFO, 2017, https://www.cfo.com/accounting-tax/2017/03/two-cfos-tell-tale-fraud-healthsouth/

McCrum, Dan, Wirecard: the timeline, Financial Times, 2020, https://www.ft.com/content/284fb1ad-ddc0-45df-a075-0709b36868db

McKenna, Christopher D., The World's Newest Profession: Management Consulting in the Twentieth Century, Cambridge, 2006

Merrick, Amy, State Files Suit Against Sears, Alleging Auto-Repair Fraud, The Wall Street Journal, 2002, https://www.wsj.com/articles/SB1034552645872176876

Milgram, Stanley, Behavioral Study of Obedience, Journal of Abnormal Psychology, November 1963, Band 67, Nr. 4, S. 371-378

Müller, Henning E., Die PCL-R von Hare aus kriminologischer und strafprozessrechtlicher Sicht, Vortrag zum 3. Tag der Rechtspsychologie, Bonn, 2012, https://www.rechtspsychologie-bdp.de/wp-content/uploads/vortraege3tag/Mueller.pdf

Murphy, Pamela R./Dacin, M. Tina, Psychological Pathways to Fraud: Understanding and Preventing Fraud in Organizations, in: Journal of Business Ethics, 2011, Band 101, Heft 4, S. 601-618

Mussel, Patrick/Reiter, Andrea M. F./Osinsky, Roman/Hewig, Johannes, State- and trait-greed, its impact on risky decision-making and underlying neural mechanisms, in: Social Neuroscience, 2015, Band 10, Nr. 2, S. 126-134

N

Nasher, Jack, In Verhandlungen siegen. Die Macht hat, wer davon überzeugt ist, Focus, 2013, https://www.focus.de/wissen/experten/nasher/in-verhandlungen-siegen-die-macht-hat-wer-davon-ueberzeugt-ist_id_2629162.html

Nguyen-Kim, Mai Thi, Die kleinste gemeinsame Wirklichkeit, Die größten Streitfragen wissenschaftlich geprüft, München. 2021

Nickerson, Raymond S., Confirmation bias: A ubiquitous phenomenon in many guises, in: Review of General Psychology, 1998, Band 2, Nr. 2, S. 175-220

O

O. V., Was ist das Prüfungsrisiko als Teil des risikoorientierten Prüfungsansatzes eines Wirtschaftsprüfers?, Accura-Audit, 2018, https://www.accura-audit.de/hrf_faq/pruefungsrisiko-audit-risk-wirtschaftspruefung-wirtschaftspruefer/

O. V., „Harry-Potter-Phänomen", Manager Magazin, 2001, https://www.manager-magazin.de/unternehmen/karriere/a-171009.html

O. V., 10 Jahre Airbnb, Unternehmenswebsite Airbnb, 2018,

https://news.airbnb.com/de/10-jahre-airbnb/

O. V., Attributionsfehler, fundamentaler, Spektrum Lexikon der Psychologie, https://www.spektrum.de/lexikon/psychologie/attributionsfehler-fundamentaler/1590#:~:text=Attributionsfehler%2C%20fundamentaler%2C%20die%20Tendenz%2von,gleichzeitiger%20Unterbewertung%20von%20situationalen%20Faktoren.

O. V., Begriffsdefinition Größenwahn, Spektrum Lexikon der Psychologie, https://www.spektrum.de/lexikon/psychologie/groessenwahn/6082

O. V., Bestätigungsfehler, Wikipedia, https://de.wikipedia.org/wiki/Best%C3%A4tigungsfehler#:~:text=Ein%20Best%C3%A4tigungsfehler%20(auch%20Best%C3%A4tigungstendenz%20oder,eigenen%20Erwartungen%20erf%C3%BCllen%20(best%C3%A4tigen)

O. V., Corporate Ethics Case Analysis: Ford Pinto Explosion, GeradesFixer, 2022, https://geradesfixer.com/free-essay-examples/corporate-ethics-case-analysis-ford-pinto-explosion/Corporate Ethics Case Analysis: Ford Pinto Explosion

O. V., Daimler AG, Aktionäre der Mercedes-Benz Group AG im Überblick, https://group.mercedes-benz.com/investoren/aktie/aktionaersstruktur/

O. V., Die letzten 15 Minuten vor der Flugzeug-Katastrophe von Teneriffa, Die Presse, 2017, https://www.diepresse.com/5188658/die-letzten-15-minuten-vor-der-flugzeug-katastrophe-von-teneriffa

O. V., Die Massenmörder vom Polizeibataillon 101, Die Welt, 2007, https://www.welt.de/kultur/article1341613/Die-Massenmoerder-vom-Polizeibataillon-101.html

O. V., Die SdK – der unabhängige Verband der Kapitalanleger, Profil der SdK, https://sdk.org/ueber-uns/profil/

O. V., Duden | Gier | Rechtschreibung, Bedeutung, Definition, Herkunft, https://www.duden.de/rechtschreibung/Gier?msclkid=45eaf2e8b5b211ecaa032089f4a70219

O. V., Elizabeth Holmes' Milliardenvermögen auf null korrigiert, Die Welt, 2016, https://www.welt.de/wirtschaft/article155893043/Elizabeth-Holmes-Milliardenvermoegen-auf-null-korrigiert.html

O. V., Ermittler durchsuchen SdK, Manager Magazin, 2008, https://www.manager-magazin.de/finanzen/artikel/a-568926.html

O. V., Ex-Wirecard Chef ringt Münchner Justiz nieder – und bekommt 6,6 Millionen Euro zurück, Focus, 2021, https://www.focus.de/finanzen/boerse/markus-braun-wirecard-ex-chef-markus-braun-bekommt-6-6-millionen-eingefrorene-euro-zurueck_id_13567411.html

O. V., Former McKinsey director admits leaking AMD-ATI deal info to Rajaratnam, The Hindu Business Line, 2011, https://www.thehindubusinessline.com/markets/stock-markets/Former-McKinsey-director-admits-leaking-AMD-ATI-deal-info-to-Rajaratnam/article20109455.ece

O. V., Gabler Wirtschaftslexikon, Definition und Entwicklung der Soziologie, 2018, https://wirtschaftslexikon.gabler.de/definition/soziologie-45671/version-268960

O. V., Illegale Ferienwohnungen – Berlin verhängt Bußgelder in Millionenhöhe, Der Spiegel, 2021, https://www.spiegel.de/wirtschaft/service/berlin-illegale-ferienwohnungen-bussen-in-millionenhoehe-gegen-airbnb-und-co-a-9359b04b-838a-41e0-9ba0-4679b13f7bbd

O. V., Jagd auf Millionen von „Big Manni", Frankfurter Allgemeine Zeitung, 2015, https://www.faz.net/aktuell/wirtschaft/flowtex-skandal-jagd-auf-millionen-von-big-manni-13839854.html

O. V., Kein Rückruf trotz gefährlicher Tanks? 51 Tote bei Feuer-Crashs: Jeep unter Druck, Focus Online, 2013, https://www.focus.de/auto/ratgeber/sicherheit/kein-rueckruf-trotz-gefaehrlicher-tanks-51-tote-bei-feuer-crashs-jeep-unter-druck_id_2711403.html

O. V., Leaked information to Raj Rajaratnam after he taunted me: Anil Kumar, The Economic Times, 2021, https://economictimes.indiatimes.com/news/international/leaked-information-to-raj-rajaratnam-after-he-taunted-me-anil-kumar/articleshow/13864420.cms

O. V., Manhattan U.S. Attorney Files Additional Charges Against Raj Rajaratnam and Danielle Chiesi, SEC, 2010, https://archives.fbi.gov/archives/newyork/press-releases/2010/nyfo020910a.htm

O. V., Moral Licensing, Stangl, Online Lexikon für Psychologie und Pädagogik, 2022, https://lexikon.stangl.eu/16141/moral-licensing

O. V., Narzissmus und die dunkle Seite von Leadership, Bericht über einen Vortrag von WU-Professor Günter Stahl und Prof. Stephan Doering, Vorstand der Universitätsklinik für Psychoanalyse und Psychotherapie am AKH Wien, 2020, https://executiveacademy.at/de/news/detail/narzissmus-und-die-dunkle-seite-von-leadership

O. V., Narzisstische Menschen werden oft Führungskräfte, Die Welt, 2008, https://www.welt.de/gesundheit/psychologie/article2551285/Narzisstische-Menschen-werden-oft-Fuehrungskraefte.html

O. V., Psychopathen in Nadelstreifen neigen zur Kriminalität, mdr Wissen, 2017, https://www.mdr.de/wissen/mensch-alltag/psychopathen-wirtschaftskriminalitaet-100.html

O. V., SEC Charges Former KPMG Partner and Friend with Insider Trading, SEC Pressemitteilung, 2013, https://www.sec.gov/news/press-release/2013-2013-58htm

O. V., SEC Complaint, Case Nr. CV13-02558, United States District Court, Central District of California, 2013, https://www.sec.gov/litigation/complaints/2013/comp-pr2013-58.pdf

O. V., Statista, Marktkapitalisierung der DAX-Unternehmen in Deutschland, https://de.statista.com/statistik/daten/studie/322374/umfrage/die-groessten-deutschen-dax-unternehmen-nach-marktkapitalisierung/

O. V., Statista, Wahlergebnisse der US-Präsidentschaftswahlen nach Wahlmännern in den Jahren von 1828 bis 2016, https://de.statista.com/statistik/daten/studie/1076486/umfrage/wahlergebnisse-us-praesidenten/

O. V., Undercover Audio Reveals Rajaratnam's Frantic Calls After Goldman-Buffett Tip, CNBC, 2011, https://www.cnbc.com/id/42361159

O. V., United States v. Carroll Towing Co., Wikipedia, https://de.wikipedia.org/wiki/United_States_v._Carroll_Towing_Co.

O. V., Volkswagen AG schließt unabhängiges Compliance Monitorship im Rahmen der Vereinbarungen mit den US-Behörden erfolgreich ab, VW Unternehmensseite, 2020, https://www.volkswagenag.com/de/group/end-of-monitorship.html

O. V., Wiki Kriminologie der Universität Hamburg, Edwin Sutherland, https://www.kriminologie.uni-hamburg.de/wiki/index.php/Edwin_Sutherland

O. V., Wirecard und Zatarra: Ermittler sehen Manipulation als erwiesen an, Boerse Online, 2018, https://www.boerse-online.de/nachrichten/aktien/wirecard-und-zatarra-ermittler-sehen-manipulation-als-erwiesen-an-1027795167

O. V., Wirecard-Affäre – Finanzaufsicht Bafin zeigt FT-Journalisten an, Manager Magazin, 2019, https://www.manager-magazin.de/finanzen/boerse/wirecard-aktie-im-plus-finanzaufsicht-bafin-erstattet-anzeige-gegen-ft-journalist-a-1263186.html

O. V., Wirecard Corporate News, Vision 2025, 9. Oktober 2018, https://www.wirecard.com/uploads/tx_nenews/CN_2018_10_09_EN_Vision2025.pdf

O. V., Wirecard-Skandal jährt sich: Wie die Justiz um Aufarbeitung kämpft, RedaktionsNetzwerk Deutschland, 2021, https://www.rnd.de/wirtschaft/wirecard-skandal-ein-jahr-nach-der-insolvenz-kaempft-die-justiz-um-aufarbeitung-IPRT73FYT6K2P7HNHGESEALRHY.html

O. V., Wirtschaftspsychologie: In den Chefetagen sind Psychopathen und Narzissten häufig, Psychologie-Aktuell.com, https://www.psychologie-aktuell.com/news/aktuelle-news-psychologie/news-lesen//wirtschaftspsychologie-in-den-chefetagen-sind-psychopathen-und-narzissten-haeufig.html

Oenning, Lisa, Wirtschaftskriminalität, Der Psychopath in meinem Unternehmen, Handelsblatt, 2017, https://www.handelsblatt.com/karriere/the_shift/wirtschaftskriminalitaet-der-psychopath-in-meinem-unternehmen/20107666.html

Ogger, Günter, Nieten in Nadelstreifen. Deutschlands Manager im Zwielicht, München, 1992

P

Packer, George, A Dirty Business, New York City's top prosecutor takes on Wall Street crime, The New Yorker, 2011, https://www.newyorker.com/magazine/2011/06/27/a-dirty-business

Palazzo, Bettina, Warum ist ethische Führung so schwer?, EQS Blog, 2022, https://www.eqs.com/de/compliance-wissen/blog/warum-ist-ethische-unternehmensfuehrung-schwer/

Paternoster, Raymond/Saltzman, Linda E./Waldo, Gordon P./Chiricos, Theodore G., Perceived Risk and Social Control, Do Sanctions really deter?, in: Law and Society Review, 1983, Band 17, Nr. 3, S. 457-480

Paulas, Rick, The rise of escape room games, Pacific Standard, 2017, https://psmag.com/social-justice/there-are-spikes-and-snakes-please-help-me

Pearsall, Matthew/Ellis, Aleksander, Thick as thieves: The effects of ethical orientation and psychological safety on unethical team behavior, in: Journal of Applied Psychology, 2011, Band 96, Nr. 2, S. 401-411

Pentzek, Thomas, Die Macht der Medien am Beispiel von Wirecard – Teil 2, 2019, Aktienboard, https://www.aktienboard.com/news/die-macht-der-medien-am-beispiel-von-wirecard-teil-2/

Petermann, Jan-Henrik/Hoenig, Andreas, Porträt Martin Winterkorn, „Da scheppert nix“, Manager Magazin, 2015, https://www.manager-magazin.de/unternehmen/personalien/da-scheppert-nix-portraet-martin-winterkorn-a-1030732.html

Pierenkemper, Toni, Wirtschaftsgeschichte, Die Entstehung der modernen Volkswirtschaft, Berlin/Boston, 2015

Q

Queen, Stuart A., In Memoriam, Edwin Hardin Sutherland, 1883-1950, in: American Journal of Sociology, 1950, Band 56, Nr. 4, S. 359f., https://www.asanet.org/about/governance-and-leadership/council/presidents/edwin-h-sutherland

R

Raghavan, Anita, The Billionaire's Apprentice: The Rise of The Indian-American Elite and The Fall of The Galleon Hedge Fund, New York/Boston, 2015

Ramamoorti, Sridhar, The Psychology and Sociology of Fraud: Integrating the Behavioral Sciences Component Into Fraud and Forensic Accounting Curricula, in: Issues in Accounting Education, 2008, Band 23, Nr. 4, S. 521-533

Rau, Kristin, So werden Psychopathen im Chefsessel nicht zum Risiko, WirtschaftsWoche, 2017, https://www.wiwo.de/erfolg/management/managertypen-so-werden-psychopathen-im-chefsessel-nicht-zum-risiko/20683454.html

Rosling, Hans/Rosling, Ola/Rosling Rönnlund, Anna, Factfulness, Ten reasons we're wrong about the world – and why things are better than you think, London, 2018

Rudnick, Hendrikje, Mehr Schein als Sein: Was Megalomanie genau ist — und wie ihr erkennt, ob jemand an Größenwahn leidet, Business Insider, 2021, https://www.businessinsider.de/wissenschaft/gesundheit/wie-aeussert-sich-groessenwahn-so-erkennt-ihr-megalomanie-c/

S

Sackmann, Christoph, „Big Manni“: Wie ein Karlsruher Milliardär mit Maschinen wurde, die es gar nicht gab, Focus, 2020, https://www.focus.de/finanzen/boerse/wirtschaftskriminalfall-big-manni-wie-karlsruher-milliardaer-mit-maschinen-wurde-die-es-nicht-gab_id_12141443.html

Samuels Jack/Eaton, William W./Bienvenu, Oscar J./Brown, Clayton H./Costa, Paul/Nestadt Gerald, Prevalence and correlates of personality disorders in a community sample, in: British Journal of Psychiatry, 2002, 180, S. 536-542

Satir, Virginia, Familienbehandlung, Kommunikation und Beziehung in Theorie, Erleben und Therapie, Freiburg, 1979

Saum-Aldehoff, Thomas, Durchtriebene Verführer, Psychologie Heute, 2019, https://www.psychologie-heute.de/gesellschaft/artikel-detailansicht/39836-durchtriebene-verfuehrer.html

Schadwinkel, Alina, Flugzeugkatastrophe von Teneriffa, 3,74 Sekunden führten zum Inferno, Die Zeit, 2017, https://www.zeit.de/wissen/geschichte/2017-03/flugzeugkatastrophe-teneriffa-1977-klm-panam

Schmitt, Julia, Prüferversagen, Finance Magazin, September/Oktober 2020, S. 10-15

Schmitt, Julia, Wird es jetzt richtig ernst, Finance Magazin, Juli/August 2022, S. 58-60

Schmitz, Hannah, „Tribunal“? – Winterkorns „Qualitätsfetischismus“ am Schadenstisch, Braunschweiger Zeitung, 2019, https://www.braunschweiger-zeitung.de/politik/article227949041/Tribunal-Winterkorns-Qualitaetsfetischismus-am-Schadenstisch.html

Schneider, Hendrik, Leipziger Verlaufsmodell wirtschaftskriminellen Handelns, Ein integrativer Ansatz zur Erklärung von Kriminalität bei sonstiger sozialer Unauffälligkeit, in: Neue Zeitschrift für Strafrecht, 2007, Heft 10, S. 555-562

Schneider, Hendrik, Person und Situation, Über die Bedeutung personaler und situativer Risikofaktoren bei wirtschaftskriminellem Handeln, in: Albert Löhr und Eckhard Burkatzki (Hrsg.), 2008, S. 135-153

Schneider, Hendrik/John, Dieter/Hoffmann, Bernd, Der Wirtschaftsstraftäter in seinen sozialen Bezügen, Aktuelle Forschungsergebnisse und Konsequenzen für die Unternehmenspraxis, hrsg. von Rölfs WP Partner AG Wirtschaftsprüfungsgesellschaft, Köln, 2009

Schorn, Benjamin, Group dynamics can breed reluctant fraudsters, ACFE Fraud Magazine, März/April 2020, S. 10-13

Schuchter, Alexander, Persönlichkeitsprofile von Wirtschaftsstraftätern, Bedeutung für die Prävention dieser Handlungen in Unternehmen, Zeitschrift für Risk, Fraud & Compliance, 2010, Heft 2, S. 80-83

Schuchter, Alexander, Perspektiven verurteilter Wirtschaftsstraftäter, Gründe ihrer Handlungen und Prävention in Unternehmen, Wiesbaden 2012

Schuler, Marcus, Der tiefe Fall einer Silicon-Valley-Ikone, Tagesschau, 2022, https://www.tagesschau.de/wirtschaft/unternehmen/holmes-theranos-schuldspruch-101.html

Schürmann, Lukas, Die blutige Karriere von Amerikas jüngster Selfmade-Milliardärin, Manager Magazin, 2014, https://www.manager-magazin.de/finanzen/artikel/elizabeth-holmes-amerikas-juengste-selfmade-milliardaerin-a-998431.html

Schütz, Dirk, Gierige Chefs: Warum kein Manager 20 Millionen wert ist, Zürich, 2005

Schwertfeger, Bärbel, Von Psychopathen lernen, Ein Interview mit dem britischen Forscher Kevin Dutton, der im Jahr 2011 eine groß angelegte Umfrage zur Psychopathie mit dem Titel „Great British Psychopath Survey“ startete, Haufe, 2013, https://www.haufe.de/personal/hr-management/fuehrung-von-psychopathen-lernen_80_187042.html

Shiv, Baba/Loewenstein, George/Bechara, Antoine/Damasio, Hanna/Damasio, Antonio. R., Investment Behavior and the Negative Side of Emotion, in: Psychological Science, Band 16, Nr. 6, S. 435-439.

Silke, Andrew, Analysis: Ultimate Outrage, The Times, London, 2003

Simon, Fritz B., Meine Psychose, mein Fahrrad und ich, Zur Selbstorganisation der Verrücktheit, Heidelberg, 2000

Smith, Weston L., Lessons of the HealthSouth Fraud: An Insider's View, in: Issues in Accounting Education, 2013, Band 28, Nr. 4, S. 901-912

Soga, Masashi/Gaston, Kevin J., Shifting baseline syndrome: causes, consequences, and implications, in: Frontiers in Ecology and Environment, 2018, Band 16, Nr. 4, S. 222–230

Soltes, Eugene, Why It's So Hard to Train Someone to Make an Ethical Decision, in: Harvard Business Review, 2017, https://hbr.org/2017/01/why-its-so-hard-to-train-someone-to-make-an-ethical-decision

Soltes, Eugene, Why They Do It, Inside the Mind of the White-Collar Criminal, New York, 2016

Sonnenmoser, Marion, Narzisstische Persönlichkeitsstörung: Erkrankung mit vielen Facetten, Deutsches Ärzteblatt, Dezember 2014, Heft 12, S. 567-568

Stark, Florian, Die größte Flugkatastrophe kostete 583 Menschenleben, Die Welt, 2017, https://www.welt.de/geschichte/article163140933/Die-groesste-Flugkatastrophe-kostete-583-Menschenleben.html

Stieg, Cory, What Is The "Dark Triad" & How Can You Tell If Someone Has It, Refinery29, 2019, https://www.refinery29.com/en-gb/2019/01/222496/dark-triad-personality-billy-mcfarland-con-artist-psychology

Storbeck, Olaf, Wenn Ökonomen in den Kindergarten gehen, Handelsblatt, 2005, https://www.handelsblatt.com/politik/konjunktur/oekonomie/wissenswert/behavioral-economics-wenn-oekonomen-in-den-kindergarten-gehen/2587402.html?ticket=ST-18406839-RvyDeaf3SlPnseAhQbm0-ap2

Sutherland, Edwin H., Crime and Business, in: Annals of the American Academy of Political and Social Science, 1941, Band 217, Nr. 1, S. 112-118

Sykes, Gresham M./Matza, David, Techniques of Neutralization: A Theory of Delinquency, in: American Sociological Review, 1957, Band 22, Nr. 6, S. 664-670

T

Tayan, Brian, Are Narcissistic CEOs All That Bad?, Harvard Law School Forum on Corporate Governance, 2021, https://corpgov.law.harvard.edu/2021/10/25/are-narcissistic-ceos-all-that-bad/

Thorndike, Edward L., A Constant Error in Psychological Ratings, Journal of Applied Psychology, 1920, Band 4, Nr. 1, S. 25–29

Thorborg, Heiner, Psychopathen in der Chefetage, Zeitbomben mit Schlips, Der Spiegel, 2015, https://www.spiegel.de/karriere/fuehrungskraefte-heiner-thorborg-ueber-psychopathen-chefs-a-1001377.html

Torgersen, Svenn/Kringlen, Einar/Cramer, Victoria, The Prevalence of Personality Disorders in a Community Sample, Archives of General Psychiatry, 2001, Band 58, Nr. 6, S. 590–596

Tversky, Amos/Kahneman, Daniel, The Framing of Decisions and the Psychology of Choice, in: Science, 1981, Band 211, Nr. 4481, S. 453-458

V

van der Velden, Peter/Pecoraro, Mauro/Houwerzijl, Mijke/van der Meulen, Erik, Mental health problems among whistleblowers: A comparative study, in: Psychological Reports, 2018, Band 122, Nr. 2, S. 632-644

W

Wachtel, Katya, FBI Agent Diane Wehner First To Testify In The Raj Trial, Plus We Hear Raj's Voice For The First Time, Business Insider, 2011, https://www.businessinsider.com/first-witness-testifies-in-raj-trial-and-the-audio-recordings-begin-2011-3

Warren, Danielle E./Gaspar, Joseph P./Laufer, William S., Is Formal Ethics Training Merely Cosmetic? A Study of Ethics Training and Ethical Organizational Culture, in: Business Ethics Quarterly, 2015, Band 24, Nr. 1, S. 85-117

Weld, Leonard G/Bergevin, Peter M./Magrath, Lorraine, Anatomy of a Financial Fraud, A Forensic Examination of HealthSouth, The CPA Journal, 2004, http://archives.cpajournal.com/2004/1004/essentials/p44.htm#:~:text=Anatomy%20of%20a%20Financial%20Fraud&text=A%20forensic%20audit%20conducted%20by,%2Dridden%20health%2Dcare%20concern.

Wells, Jane, Former KPMG Partner Scott London: I Got About $70,000 in Kickbacks, CNBC, 2013, https://www.cnbc.com/id/100822499

Wells, Joseph T., New Approaches to Fraud Deterrence, in: Journal of Accountancy, 2004, Band 197, Nr. 2, S. 72-76

Wells, Joseph T., Principles of Fraud Examination, Hoboken, 2014

Wells, Jospeh T., The Real Secret to Fraud Deterrence, in: The CPA Journal 2008, Band 78, Nr. 6, S. 6

Wieland, Josef/Steinmeyer, Roland/Grüninger, Stephan, Handbuch Compliance-Management, Konzeptionelle Grundlagen, praktische Erfolgsfaktoren, globale Herausforderungen, Berlin, 2014

Wikström, Per.-Olof H., Why crime happens: A situational action theory, in: Manzo, Gianluca (Hrsg.), Analytical Sociology, Chichester, 2014, S. 74-94

Wirminghaus, Niklas, Wie ein dubioser Report die Wirecard-Aktie in den Keller schickte, Businessinsider, 2016, https://www.businessinsider.de/gruenderszene/allgemein/wirecard-zatarra/

Wolff, Philip, Psychopathen-Test: Die Bestie in mir, Fokus Online, 2015, https://www.focus.de/gesundheit/ratgeber/psychologie/krankheitenstoerungen/best-of-playboy-psychopathen-test-das-tier-in-mir_id_2539742.html

Wolfsgruber, Axel, Mobile Kommandos töteten Hunderttausende Juden – Täter waren „ganz normale Deutsche", Focus, 2022, https://www.focus.de/kultur/kino_tv/tv-kolumne-ganz-normale-maenner-mobile-kommandos-toeteten-hunderttausende-juden-taeter-waren-ganz-normale-deutsche_id_43965342.html

Z

Zimbardo, Philip, Der Luzifer-Effekt. Die Macht der Umstände und die Psychologie des Bösen, Heidelberg, 2008

Zimbardo, Philip/Haney, Craig/Banks, W. Curtis/Jaffe, David, The Stanford Prison Experiment: A Simulation Study of the Psychology of Imprisonment, August 1971, Stanford University

Endnoten

1. Stellvertretend für viele: Gassmann, Wenn die nette Führungskraft ein Betrüger ist; KPMG, Global profiles of the fraudster, white-collar crime – present and future, S. 13.

2. Dieses Rätsel wurde mir selbst vor einigen Jahren an einem wunderbaren Spieleabend mit Freunden gestellt. Es stammt aus dem genialen Kartenspiel „Black Stories" von Holger Bösch und wurde für die Zwecke dieses Buches abgewandelt.

3. Alle Namen, die innerhalb von persönlich erlebten und aufgeklärten Fällen in diesem Buch aufgeführt werden, wurden aus Gründen des Datenschutzes sowie der Verschwiegenheitspflicht geändert.

4. Beispielsweise das DiSG Modell mit den vier Grundtypen Dominanz, Initiative, Stetigkeit und Gewissenhaftigkeit. Siehe dazu: https://www.disg-modell.de/ueber-disg/einfuehrung/

5. Beispielsweise das Persönlichkeitsstil- und Störungsinventar (PSSI). Das PSSI umfasst 140 Items, die 14 Skalen zugeordnet sind: eigenwillig-paranoid, zurückhaltend-schizoid, ahnungsvoll-schizotypisch, spontan-borderline, liebenswürdig-histrionisch, ehrgeizig-narzisstisch, selbstkritisch-selbstunsicher, loyal-abhängig, sorgfältig-zwanghaft, kritisch-negativistisch, still-depressiv, hilfsbereit-selbstlos, optimistisch-rhapsodisch, selbstbehauptend-antisozial. Siehe dazu: https://www.testzentrale.de/shop/persoenlichkeits-stil-und-stoerungs-inventar.html

6. Die Physiognomie ist aus heutiger Sicht natürlich keine echte Wissenschaft mehr.

7. Baumgartner, Der geborene Verbrecher, gestern und heute.

8. Soltes, Why They Do It, S. 52; Originalquelle: Hooton, Crime and the Man, S. 98. Zitat wurde übersetzt. Generelle Anmerkung: Zitate, die aus englischen Werken stammen und in diesem Buch in deutscher Sprache wiedergegeben werden, wurden nach bestem Sprachwissen und Gewissen übersetzt.

9. Ebd.

10. Diese soziodemografischen Merkmale lassen sich in zahlreichen Untersuchungen über den typischen Wirtschaftsstraftäter ablesen. Eine gute Zusammenfassung liefern Cleff u. a., Wirtschaftskriminalität – Eine Analyse der Motivstrukturen, S. 20.

11. Bussmann u. a., Internationale Studie zur Wirtschaftskriminalität, S. 206.

12. Schuchter, Persönlichkeitsprofile von Wirtschaftsstraftätern, S. 80.

13. Beispielsweise Darstellungen aus Nachrichten und Magazinen: Oenning, Wirtschaftskriminalität, Der Psychopath in meinem Unternehmen; Gassmann, Wenn die nette Führungskraft ein Betrüger ist; Wolff, Psychopathen-Test: Die Bestie in mir; Im Spiegel steht unter der Rubrik Wirtschaftskriminalität „Getrieben von Gier verzocken sie Millionen […]", siehe: https://www.spiegel.de/thema/wirtschaftskriminalitaet/p3/. Darüber hinaus sind wertende Buchtitel zu nennen, wie etwa: Schütz, Gierige Chefs: Warum kein Manager 20 Millionen wert ist; Ogger, Nieten in Nadelstreifen.

14. Diese und weitere Ausführungen über die Szenerie um das Fyre-Festival entstammen – sofern nicht anders gekennzeichnet – den beiden sehr sehenswerten TV-Dokumentationen Fyre – The Greatest Party That Never Happened von Chris Smith sowie Fyre Fraud von Jenner Furst und Julia Willoughby Nason aus dem Jahr 2019.

15. Imagefilm „Announcing Fyre Festival", YouTube, 2017, https://www.youtube.com/watch?v=mz5kY3RsmKo&ab_channel=FyreFestival.

16. Malcher, Norman's Cay, Die Schatzinsel.

17. Stieg, What Is The "Dark Triad" & How Can You Tell If Someone Has It.
18. Hartmann, Was du über Narzissmus wissen musst.
19. Saum-Aldehoff, Durchtriebene Verführer.
20. Dehne-Niemann, J. u. a., Aus der Not eine Tugend machen?, S. 47. Die Autoren verweisen unter anderem auf Externbrink u. a., Narzissmus, Machiavellismus und Psychopathie in Organisationen.
21. TV-Dokumentation Fyre – The Greatest Party That Never Happened.
22. Ebd.
23. Imagefilm „Announcing Fyre Festival", YouTube, 2017, https://www.youtube.com/watch?v=mz5kY3RsmKo&ab_channel=FyreFestival.
24. TV-Dokumentation Fyre – The Greatest Party That Never Happened.
25. TV-Dokumentation Fyre – The Greatest Party That Never Happened.
26. Ich möchte an dieser Stelle betonen, dass die dargestellten „dunklen" Eigenschaften von den erwähnten Psychologen nicht anhand einer professionellen, psychiatrischen Begutachtung bei Billy diagnostiziert, sondern als Hypothesen aus der Ferne formuliert wurden. Auf die Gefährlichkeit solcher Ferndiagnosen gehe ich zu einem späteren Zeitpunkt dieses Buches ein.
27. Ein weiteres, bekanntes Diagnose- und Messinstrument für Psychopathie ist das Psychopathic Personality Inventory-Revised, kurz PPI-R. Im Gegensatz zur PCL-R nach Hare handelt es sich beim PPI-R um einen Fragebogen, den der Patient selbst ausfüllt. Es stellt im Gegensatz zur objektiven und datengetriebenen Fremdermittlung des PCL-R ein sogenanntes Selbstberichtsverfahren dar. Siehe dazu: https://www.testzentrale.de/shop/psychopathic-personality-inventory-revised.html.
28. Müller, Die PCL-R von Hare aus kriminologischer und strafprozessrechtlicher Sicht.
29. Ebd.
30. Cleff u. a., Wirtschaftskriminalität – Eine Analyse der Motivstrukturen, S. 20.
31. Dehne-Niemann, J. u. a., Aus der Not eine Tugend machen?, S. 45.
32. Ebd., S. 48-50. Die beiden genannten Dimensionen – primäre und sekundäre Psychopathie – lassen sich jeweils in zwei weitere Faktoren aufteilen. Die erste Dimension (Primär) wird in die Bereiche interpersonelle Manipulation und mangelnder Affekt, die zweite Dimension (Sekundär) in die Bereiche erratischer Lebensstil und antisoziales Verhalten unterteilt. Bei sogenannten funktionalen Psychopathen überwiegt die Vorkommnis der interpersonellen Manipulation und des mangelnden Affektes, wohingegen ein erratischer Lebensstil und antisoziales Verhalten gering bis gar nicht ausgeprägt sind.
33. Jiménez, So erkennen Sie einen Psychopathen.
34. Cover des Sunday Times Magazines mit dem Titel: Kiss of Death – Is the Pill doomed, Ausgabe vom November 1995.
35. Zu den Daten in diesem Abschnitt siehe: Gigerenzer, Vortrag Entscheiden unter Ungewissheit sowie die Rede von Gigerenzer zur ärztlichen Risikokompetenz, Max-Planck-Institut für Bildungsforschung, 2016, https://www.youtube.com/watch?v=zdOBJW2zlKU&t=536s&ab_channel=AG-Risikokompetenz.
36. Groll, Auffällig viele Psychopathen werden Chef; Thorborg, Psychopathen in der Chefetage, Zeitbomben mit Schlips.

37. Vgl. dazu insbesondere die regelmäßigen, medienwirksamen Ausführungen von Mark T. Hofmann, z.B. in einem Interview im Hessischen Rundfunk aus dem Jahr 2021 „[…] d. h. wir haben im Topmanagement eine sechshundert Prozent höhere Psychopathendichte als in der Allgemeinbevölkerung und das könnte ein wesentlicher Teil der Erklärung (Anm. d. V.: für Wirtschaftskriminalität) sein […].“ In diesem Zusammenhang muss relativierend erwähnt werden, dass Mark T. Hofmann ebenfalls ausführt, dass der Anteil von Psychopathen im Topmanagement je nach Studie zwischen 2 – 6 % und der Anteil von Psychopathen in der Allgemeinbevölkerung bei etwa 1 % liegt. Den Zuschauern wird dabei allerdings unter Ausnutzung des Mystikpotenzials von Psychopathen regelmäßig der Eindruck vermittelt, dass große Skandale ausschließlich das Produkt psychopathischer Manager sind. https://www.youtube.com/watch?v=e7UVZi6qJYo; vgl. darüber hinaus o. V., Psychopathen in Nadelstreifen neigen zur Kriminalität, Beitrag von mdr Wissen, hier wird darauf verwiesen, dass der amerikanische Psychopathieforscher Robert D. Hare ebenfalls von einer Psychopathie-Quote von sechs Prozent im Management ausgeht.

38. Vgl. zu unterschiedlichen Forschungsarbeiten Dehne-Niemann, J. u. a., Aus der Not eine Tugend machen?, S. 52; siehe auch: Bercovici, Why (Some) Psychopaths Make Great CEOs, Ein Interview mit dem Journalisten Jon Ronson, exemplarisches Beispiel für eine erwähnte CEO-Psychopathendichte innerhalb der Bandbreite von 2 bis 6 % (hier ist von 4 % die Rede).

39. Burg, Psychopath sein heißt nicht, dass man Verbrecher wird.

40. Dehne-Niemann, J. u. a., Aus der Not eine Tugend machen?, S. 53.

41. Stellvertretend für viele: Gowers, Der Mann, der die Welt in die Knie zwang. Der Titel und der verfasste Text könnten den Eindruck erwecken, dass Richard Fuld, der ehemalige CEO der Bank Lehman Brothers, die Weltwirtschaftskrise im Jahr 2008 alleine orchestriert hat.

42. Zu den Ausführungen der drei folgenden Herausforderungen siehe auch Schuchter, Persönlichkeitsprofile von Wirtschaftsstraftätern, S. 80.

43. Ausführungen von Hossiep/Ringelband/Westermann, in: O.V., Wirtschaftspsychologie: In den Chefetagen sind Psychopathen und Narzissten häufig.

44. Schwertfeger, Von Psychopathen lernen, Ein Interview mit dem britischen Forscher Kevin Dutton, der im Jahr 2011 eine groß angelegte Umfrage zur Psychopathie mit dem Titel „Great British Psychopath Survey“ startete.

45. Dehne-Niemann, J. u. a., Aus der Not eine Tugend machen?, S. 62; Verweis auf die Originalstudie von Shiv u. a., Investment Behavior and the Negative Side of Emotion.

46. Exklusives Wirecard-Video: "Wie Live-Bilder von der Titanic" | Der Spiegel, YouTube, 2021, https://www.youtube.com/watch?v=80ShTnsGm3I&ab_channel=DERSPIEGEL.

47. O. V., Wirecard-Skandal jährt sich: Wie die Justiz um Aufarbeitung kämpft.

48. O. V., Narzissmus und die dunkle Seite von Leadership, Bericht über einen Vortrag von WU-Professor Günter Stahl und Prof. Stephan Doering, Vorstand der Universitätsklinik für Psychoanalyse und Psychotherapie am AKH Wien.

49. Die Ausführungen über die Kletterszenerie von Alex Honnold und wörtliche Zitate entstammen soweit nicht anders gekennzeichnet aus der sehr sehenswerten TV-Dokumentation Free Solo von Jimmy Chin und Elizabeth Chai Vasarhelyi aus dem Jahr 2018.

50. MacKinnon, The Strange Brain of the World's Greatest Solo Climber.

51. Ebd.

52. Ebd.

53. Ebd.

54. Ebd.

55. TV-Dokumentarfilm Free Solo, 2018; MacKinnon, The Strange Brain of the World's Greatest Solo Climber.

56. Schneider u. a., Der Wirtschaftsstraftäter in seinen sozialen Bezügen, S. 4. Die Autoren schreiben: „So konnte Schlegel auf der Grundlage des Inventars von Schwartz bei inhaftierten Wirtschaftsstraftätern im Verhältnis zu einer Kontrollgruppe höhere Scores im Werttypus „power" (sozialer Status, Prestige, Kontrolle, Dominanz über Personen und Ressourcen) sowie bei den Leistungswerten (persönlicher Erfolg durch Demonstration von Kompetenz, entsprechend den sozialen Standards erfolgreich, fähig, ehrgeizig und einflussreich) und – erwartungswidrig – auch höhere Scores bei den Konformitätswerten (Gehorsam, Selbstdisziplin, Höflichkeit, Ehrerbietung gegenüber Eltern und älteren Menschen) und bei den „benevolence"-Werten (Freundschaft, Loyalität, Ehrlichkeit, Hilfsbereitschaft) feststellen."; Verweis auf die Originalstudie: Blickle u. a., Some personality correlates of business white-collar crime.

57. So argumentieren z. B. Schneider u. a., Der Wirtschaftsstraftäter in seinen sozialen Bezügen, S. 4.

58. Tayan, Are Narcissistic CEOs All That Bad?, Harvard Law School Forum on Corporate Governance, Ergebniszusammenfassung einer durchgeführten Studie zu Persönlichkeitsmerkmalen von CEOs. Originalstudie von Larcker u. a., Are Narcissistic CEOs All That Bad?.

59. Hood, Twisted Rationalization, S. 44. Originalstudie von Garrett u. a., The brain adapts to dishonesty.

60. Löw, Studie deckt Zusammenhang zwischen Psychopathen in Unternehmen und Wirtschaftskriminalität auf. Die Autorin zitiert in ihrem Beitrag Volker Lingnau, Professor an der TU Kaiserslautern.

61. Rau, So werden Psychopathen im Chefsessel nicht zum Risiko. Die Autorin verweist auf eine Studie von Günter Stahl, Professor an der Wirtschaftsuniversität Wien. Originalstudie liegt allerdings nicht vor.

62. Soltes, Why They Do It, S. 2. Originalzitat aus: Christensen, How will you measure your Life?, S. 3.

63. Zimbardo, Der Luzifer-Effekt, S. 283. Zimbardo verweist auf Silke, Analysis: Ultimate Outrage.

64. Rau, So werden Psychopathen im Chefsessel nicht zum Risiko.

65. Die Ausführungen zu den Erlebnissen von Reinhard Hofmann stammen im Wesentlichen aus: Boll, Verbrechen im Quadrat: „Der FlowTex-Skandal" und dem dazugehörigen Podcast, in dem Angela Boll und Julia Wadle Reinhard Hofmann interviewen.

66. Boll, Verbrechen im Quadrat: Der FlowTex-Skandal und der dazugehörige Podcast, in dem Angela Boll und Julia Wadle Reinhard Hofmann interviewen.

67. Ebd.

68. O. V., Jagd auf Millionen von „Big Manni"; Sackmann, „Big Manni": Wie ein Karlsruher Milliardär mit Maschinen wurde, die es gar nicht gab.

69. Ab dem Jahr 2022 wird die NPS nicht mehr als separate Persönlichkeitsstörung im ICD-11 aufgeführt. Eine Störung wird demnach nicht mehr nach Typ, sondern anhand von fünf Dimensionen klassifiziert (Negative Affektivität, Dissozialität, soziale Distanziertheit, Hemmungsschwäche, Zwanghaftigkeit). Siehe dazu: Hubert, Neustart für die Diagnosen der Psychiatrie.

70. Falkai u. a. (Hrsg.), Diagnostisches und Statistisches Manual Psychischer Störungen DSM-5, Deutsche Ausgabe, ab S. 883 unter dem Oberbegriff Persönlichkeitsstörungen.

71. O. V., "Harry-Potter-Phänomen".

72. O. V., Begriffsdefinition Größenwahn.

73. Rudnick, Mehr Schein als Sein: Was Megalomanie genau ist.

74. Eine umfassende und äußerst spannende Erzählung des FlowTex-Skandals liefern Solveig Gode und Kayhan Özgenc in ihrem Wirtschafts-True-Crime-Podcast Macht&Millionen, Folge 16.

75. O. V., "Harry-Potter-Phänomen".

76. Sonnenmoser, Narzisstische Persönlichkeitsstörung: Erkrankung mit vielen Facetten, S. 567.

77. Hartmann, Was du über Narzissmus wissen musst.

78. Ebd.

79. Boll, Verbrechen im Quadrat: Der FlowTex-Skandal und dem dazugehörigen Podcast, in dem Angela Boll und Julia Wadle Reinhard Hofmann interviewen.

80. Hubert, Neustart für die Diagnosen der Psychiatrie.

81. Martin-Joy, Fact Magazine Takes on Barry Goldwater.

82. Levin, Goldwater Rule's Origins Based on Long-Ago Controversy.

83. Statista, Wahlergebnisse der US-Präsidentschaftswahlen nach Wahlmännern in den Jahren von 1828 bis 2016.

84. Gassmann, Wenn die nette Führungskraft ein Betrüger ist.

85. KPMG, Global profiles of the fraudster, white-collar crime – present and future, S. 13. Abweichend zum Artikel von Gassmann sind es laut KPMG Studie 42 % Gier, 47 % persönlicher Vorteil, 36 % Überlegenheitsgefühle, 31 % betrügerische Absprachen mit anderen und 18 % weil ich es kann.

86. Mussel u. a., State- and trait-greed, its impact on risky decision-making and underlying neural mechanisms, S. 126-134.

87. O. V., Duden | Gier | Rechtschreibung, Bedeutung, Definition, Herkunft.

88. Begriffe „defizitäre Triebverarbeitung" und „niedrige Selbstkontrolle" übernommen aus: Hefendehl, Skript zur Vorlesung Kriminologie I im Sommersemester 2021, §4, S. 60.

89. Die Theorie von Gottfredson und Hirschi wird in zahlreichen Kriminologie-Lehrbüchern auch als General Theory of Crime bezeichnet. Zu den Ausführungen siehe: Hefendehl, Skript zur Vorlesung Kriminologie I im Sommersemester 2021, §4, S. 60 f.

90. Rosling, H. u. a., Factfulness, S. 19 ff.

91. Artun u. a., „Es gibt kaum ein intensiveres und bedrohlicheres Gefühl als Scham", Ein Interview mit Wirtschaftsforensiker Benjamin Schorn. Rechtschreibung und Grammatik wurden in dem aufgeführten Zitat angepasst.

92. Detaillierte Ausführungen dazu in: Fromm, Haben oder Sein.

93. Cleff u. a., Wirtschaftskriminalität – Eine Analyse der Motivstrukturen, S. 15.

94. Samuels u. a., Prevalence and correlates of personality disorders in a community sample, S. 536–542; Torgersen u. a., The Prevalence of Personality Disorders in a Community Sample, S. 590–596.

95. Tayan, Brian, Are Narcissistic CEOs All That Bad?; O. V., Narzisstische Menschen werden oft Führungskräfte.

96. Tayan, Brian, Are Narcissistic CEOs All That Bad?

97. Schuchter, Persönlichkeitsprofile von Wirtschaftsstraftätern, S. 81 ff.; Narzissmus wird als wesentliches Unterscheidungsmerkmal zwischen dem White-Collar-Manager und White-Collar-Criminal aufgeführt.

98. Ebd., S. 81.

99. Nguyen-Kim, Die kleinste gemeinsame Wirklichkeit, S. 52 f.

100. Boll, Verbrechen im Quadrat: Der FlowTex-Skandal und der dazugehörige Podcast, in dem Angela Boll und Julia Wadle Reinhard Hofmann interviewen.

101. Fünf Grundtypen von Wirtschaftsstraftätern nach Cleff u. a., Wirtschaftskriminalität – Eine Analyse der Motivstrukturen, S. 25.

102. Vier Risikotypen nach Schneider u. a., Der Wirtschaftsstraftäter in seinen sozialen Bezügen, S. 14 ff. Hier wird ebenfalls ein „Abhängiger Typ" ausfindig gemacht, der aufgrund der Doppelung zur vorgenannten Studie nicht in die obige Aufzählung aufgenommen wurde.

103. Wieland, in Wieland u. a., Handbuch Compliance-Management, S. 75 f. Der Autor verweist bei den beiden Korruptionstypen (Die Betrügerpersönlichkeit und der unauffällige Täter) auf Bannenberg, Korruption: Schatten der demokratischen Gesellschaft, sowie Bannenberg, Korruption in Deutschland und ihre strafrechtliche Analyse.

104. Ebd., S. 81 ff.

105. Sechs Tätertypen nach Heißner, Erfolgsfaktor Integrität, S. 61 ff.

106. Vier Typen in: Huntington u. a., Wirtschaftskriminalität im Unternehmen, S. 36 ff.

107. Ebd., S. 37.

108. Schneider u. a., Der Wirtschaftsstraftäter in seinen sozialen Bezügen, S. 9 ff.

109. Dazu zählen die Autoren beispielsweise den „Frustrierten Visionär", siehe Cleff u. a., Wirtschaftskriminalität – Eine Analyse der Motivstrukturen, S. 25. In Studien zur Motivergründung kommen Forscher darüber hinaus zu dem Ergebnis, dass Mitarbeiter eher dazu bereit sind, für die Gruppe/für das Unternehmen zu korrumpieren, statt aus persönlichen Bereicherungszwecken. Siehe dazu beispielsweise: Hermann u. a., Grenzen formaler Regulierung: Wie informelle Normen und kriminogene Werte die Korruptionsbereitschaft von Managern beeinflussen.

110. Die prozentuale Angabe beruht auf den Ergebnissen von: Cleff u. a., Wirtschaftskriminalität – Eine Analyse der Motivstrukturen. Von insgesamt 73 untersuchten Wirtschaftsstraftätern entfallen 12 auf die Täterprofile des „Narzisstischen Visionärs" und „Egozentrischen Visionärs". Die restlichen 61 Täter entfallen auf die Profile „Der Abhängige", „Der Naive" und „Der Frustrierte Visionär".

111. Wieland, in Wieland u. a., Handbuch Compliance-Management, S. 81.

112. Ebd., S. 77 f.

113. Larcker, Are Narcissistic CEOs All That Bad?

114. Schuchter, Persönlichkeitsprofile von Wirtschaftsstraftätern, S. 80 ff.

115. Leogrande, Bad Company, S. 208 f.; O. V., Wirecard Corporate News vom 9. Oktober 2018.

116. Begriff Nachbarskinder: inspiriert durch das Gedicht „Nachbarskinder“ von Wilhelm Busch.

117. O. V., Wiki Kriminologie der Universität Hamburg, Edwin Sutherland.

118. O. V., Gabler Wirtschaftslexikon, Definition und Entwicklung der Soziologie.

119. O. V., Wiki Kriminologie der Universität Hamburg, Edwin Sutherland.

120. Sutherland, Crime and Business, S. 112, Definition von white-collar crime: „A white-collar crime is defined as a violation of the criminal law by a person of the upper socioeconomic class in the course of his occupational activities. The upper socioeconomic class is defined not only by its wealth but also by its respectability and prestige in the general society.“

121. Queen, In Memoriam, Edwin Hardin Sutherland, 1883-1950, S. 359.

122. Cressey, Other People's Money, S. 30. Sein Konzept zu den Trust Violators beschreibt er wie folgt: „Trusted persons become trust violators when they conceive of themselves as having a financial problem which is non-shareable, are aware this problem can be secretly resolved by violation of the position of financial trust, and are able to apply to their own conduct in that situation verbalizations which enable them to adjust their conceptions of themselves as trusted persons with their conceptions of themselves as users of the entrusted funds or property.”

123. In der Literatur wird dieser Teil des Betrugsdreiecks auch häufig „Motivation“ bezeichnet, die aus einem Druck und/oder einem Anreiz erwächst.

124. Cressey, The Criminal Violation of Financial Trust, S. 742-743.

125. Beehr u. a., Working in small family businesses, S. 305-308. Eine non-shareable information muss indes nicht finanzieller Natur sein. Als Beispiel sei hier die wahrgenommene, unfaire Behandlung des Vorgesetzten zu nennen. Hieraus entsteht ein völlig anderer Anreiz zu einer kriminellen Tat als durch finanzielle Knappheit, vgl. Wells, Principles of Fraud Examination, S. 14.

126. Wells, Principles of Fraud Examination, S. 17.

127. Vgl. zu dieser Aussage die Ausführungen im gesamten Buch „Scham“ von Dr. Stephan Marks.

128. Wells, Principles of Fraud Examination, S. 17.

129. Vgl. zu den vorherigen Ausführungen Cressey, The Criminal Violation of Financial Trust, S. 743.

130. Murphy u. a., Psychological Pathways to Fraud, S. 604.

131. Albrecht u. a., Financial fraud: The how and why, S. 36.

132. Wells, The Real Secret to Fraud Deterrence, S. 6.

133. Ebd.

134. Vgl. zu den vorherigen Ausführungen Schuchter, Perspektiven verurteilter Wirtschaftsstraftäter, S. 169, 176-177; Dorminey u. a., Beyond the Fraud Triangle, S. 20-21.

135. Die Wahrnehmung einer Situation als kriminogen im Sinne einer Sicherheitslücke oder günstigen Gelegenheit hängt von diversen Faktoren ab, insbesondere davon, wie eine Person eine Situation für sich definiert. Vgl. dazu Cleff u. a., Wirtschaftskriminalität – Eine Analyse der Motivstrukturen, S. 17 f. Die Autoren verweisen dabei auf das Leipziger Verlaufsmodell. Siehe dazu: Schneider, Leipziger Verlaufsmodell wirtschaftskriminellen Handelns sowie Schneider, Person und Situation, Über die Bedeutung personaler und situativer Risikofaktoren bei wirtschaftskriminellem Handeln.

136. Cleff u. a., Wirtschaftskriminalität – Eine Analyse der Motivstrukturen, S. 21.

137. Ebd., S. 44.

138. Ebd., S. 21.

139. Marks, Scham, S. 35.

140. Claassen, Neutralisierungstechniken und kognitive Dissonanz, S. 39.

141. Vgl. zur Studie: Amelang u. a., Techniken der Neutralisierung, S. 178.

142. Ramamoorti, The Psychology and Sociology of Fraud, S. 525.

143. Festinger, Theory of Cognitive Dissonanz, S. 1-2.

144. Claassen, Neutralisierungstechniken und kognitive Dissonanz, S. 66.

145. Ebd., S. 39.

146. Festinger, Theory of Cognitive Dissonanz, S. 2-6.

147. Claassen, Neutralisierungstechniken und kognitive Dissonanz, S. 32.

148. TV-Dokumentation Big Manni – Big Money

149. Für eine umfangreiche Darstellung von Rationalisierungstechniken siehe: Sykes und Matza, Techniques of Neutralization.

150. Die folgenden Ausführungen über das Flugzeugunglück von Teneriffa stammen – soweit nicht anders angegeben – aus diversen Medienberichterstattungen, insb.: Schadwinkel, Flugzeugkatastrophe von Teneriffa; Stark, Die größte Flugkatastrophe kostete 583 Menschenleben; O. V., Die letzten 15 Minuten vor der Flugzeug-Katastrophe von Teneriffa.

151. Vgl. IAA 2011, Hyundai new generation i30 and Martin Winterkorn (Chariman of the Volkswagen AG), YouTube, 2011, https://www.youtube.com/watch?v=YpPNVSQmR5c&t=139s&ab_channel=Sidacla; Petermann u. a., Porträt Martin Winterkorn.

152. Die Zitate von Martin Winterkorn stammen aus: IAA 2011, Hyundai new generation i30 and Martin Winterkorn (Chariman of the Volkswagen AG), YouTube, 2011, https://www.youtube.com/watch?v=YpPNVSQmR5c&t=139s&ab_channel=Sidacla; Petermann u. a., Porträt Martin Winterkorn.

153. Rekonstruktion zitiert aus: Schadwinkel, Flugzeugkatastrophe von Teneriffa.

154. Ebd.

155. Ebd.

156. O. V., Ex-Wirecard Chef ringt Münchner Justiz nieder.

157. Zimbardo, Der Luzifer-Effekt, S. 266; Originalstudie von: Hofling u. a., An Experimental Study in Nurse-Physician Relationships.

158. O. V., Volkswagen AG schließt unabhängiges Compliance Monitorship im Rahmen der Vereinbarungen mit den US-Behörden erfolgreich ab.

159. Bartels, Tod im Nebel von Teneriffa: Der schwärzeste Tag der Luftfahrt.

160. Vgl. zum Modell der einzelnen Machtformen und den Ausführungen: French u. a., The Bases of Social Power, S. 262-268.

161. Lohr, Jack Welch, G.E. Chief Who Became a Business Superstar.

162. Eine detaillierte Beschreibung zum Vorfall Jack Welch findet sich in: Soltes, Why They Do It, S. 146 ff.

163. Schmitz, „Tribunal"? – Winterkorns „Qualitätsfetischismus" am Schadenstisch.

164. Milgram, Behavioral Study of Obedience.

165. Die Idee, das Milgram Experiment als Gedankenexperiment an den Leser heranzutragen, entstammt aus: Zimbardo, Der Luzifer-Effekt, S. 257 ff., wo eine noch detailliertere Beschreibung zum Experiment nachgelesen werden kann.

166. Für eine umfangreiche Darstellung von Rationalisierungstechniken siehe: Sykes und Matza, Techniques of Neutralization.

167. Satir, Familienbehandlung. S. 117.

168. Die folgende Geschichte findet sich in zahlreichen Werken zur Verhandlungsführung wieder, beispielsweise in: Asherman, 50 Activities to teach negotiation, S. 31 ff.

169. Nasher, In Verhandlungen siegen.

170. Ebd.

171. Diverse Beispiele zu der unterschiedlichen Wahrnehmung von Machtsituationen in Verhandlungen finden sich in: Fisher u. a., Das Harvard Konzept.

172. Nasher, In Verhandlungen siegen.

173. Carucci, Why Ethical People Make Unethical Choices.

174. Siehe zu dieser und anderen Rationalisierungstechniken: Sykes und Matza, Techniques of Neutralization.

175. Ebd., S. 668.

176. Kampmeyer, Vorsicht vor der „Egal-wie-Kultur".

177. HealthSouth operiert heute unter dem Namen EncompassHealth und ist immer noch auf das Betreiben von Rehabilitationskliniken spezialisiert.

178. Smith, Lessons of the HealthSouth Fraud, S. 901 f.

179. McCann, Two CFOs Tell a Tale of Fraud at HealthSouth.

180. Hayes, Strong Buy.

181. McCann, Two CFOs Tell a Tale of Fraud at HealthSouth.

182. Smith, Lessons of the HealthSouth Fraud, S. 903.

183. Anm. d. V.

184. Ebd., S. 903. Weston Smith zitiert darin den ehem. CEO Richard Scrushy. Diese Zitate wurden hier übernommen und entsprechend gekennzeichnet.

185. Ebd., S. 901 f.

186. HealthSouth erfüllte bis Mitte 1998 die Erwartungen der Analysten in 48 aufeinanderfolgenden Quartalen. Siehe dazu: Weld, u. a., Anatomy of a Financial Fraud.

187. McCann, Two CFOs Tell a Tale of Fraud at HealthSouth.

188. Ebd.

189. Ebd.

190. Ebd.

191. Ebd.

192. Smith, Lessons of the HealthSouth Fraud, S. 901 f.

193. Ebd., S. 901 ff.

194. Ebd., S. 902.

195. Soga u. a., Shifting baseline syndrome: causes, consequences, and implications, S. 222.

196. Le Bon, Psychologie der Massen, S. 82.

197. Ebd.

198. Rückstellungen sind erwartbare, aber in der Höhe noch ungewisse Ausgaben in der Zukunft.

199. Diese Definition habe ich im Rahmen eines Vortrags zum Thema Kultur am Münchner Institut für Systemische Weiterbildung (MISW) erfahren. Als Urheber dieses Zitates wurde die Autorin Christa Wolf genannt.

200. Cialdini u. a., A Focus Theory of Normative Conduct: Recycling the Concept of Norms to Reduce Littering in Public Places.

201. Schorn, Group dynamics can breed reluctant fraudsters, S. 10 f.

202. Carucci, Why Ethical People Make Unethical Choices.

203. Le Bon, Psychologie der Massen, S. 85 f.

204. Smith, Lessons of the HealthSouth Fraud, S. 907.

205. Ebd., S. 908.

206. Kampmeyer, Vorsicht vor der „Egal-wie-Kultur".

207. Gneezy u. a., A fine is a price.

208. Storbeck, Wenn Ökonomen in den Kindergarten gehen.

209. Fisher, Accusation Of Fraud At Sears.

210. Merrick, State Files Suit Against Sears, Alleging Auto-Repair Fraud.

211. Die Informationen über Raj Rajaratnam, Anil Kumar und den Fall Insidertrading stammen – soweit nicht anders gekennzeichnet – aus den folgenden Quellen:
Wachtel, FBI Agent Diane Wehner First To Testify In The Raj Trial, Plus We Hear Raj's Voice For The First Time; Packer, A Dirty Business. In diesem Artikel wird umfangreich über die zwischenmenschliche Beziehung zwischen Anil Kumar und Raj Rajaratnam sowie detailliert über den Fall berichtet; O. V., Former McKinsey director admits leaking AMD-ATI deal info to Rajaratnam; O. V., Leaked information to Raj Rajaratnam after he taunted me; O. V., Undercover Audio Reveals Rajaratnam's Frantic Calls After Goldman-Buffett Tip. Der Artikel enthält interessante Insights zum Fall sowie die Original Abhörtapes des FBI, u. a. mit Gesprächen zwischen Anil Kumar und Raj Rajaratnam; O. V., Manhattan U.S. Attorney Files Additional Charges Against Raj Rajaratnam and Danielle Chiesi. Pressemitteilung der SEC mit Informationen des US-Justizministeriums; Raghavan, The Billionaire's Apprentice, Kapitel 19: Moonlighting at McKinsey; Die Idee, diesen Fall in Verbindung mit sozialen Normen zu bringen, sowie zahlreiche Zitate (separat gekennzeichnet) entstammen aus Soltes, Why They Do It,

S. 139 ff. Eugene Soltes beschreibt den Entscheidungsprozess von der legalen Beratertätigkeit zum illegalen Insidertrading als Überschreibung der Intuition, die sich bei Anil Kumar vollzogen hatte.

212. Soltes, Why They Do It, S. 141, Zitat in der Übersetzung etwas abgewandelt.

213. Ebd.

214. Ebd.

215. Ebd.

216. Ebd., S. 142.

217. Ebd., S. 143.

218. Ebd.

219. O. V., Undercover Audio Reveals Rajaratnam's Frantic Calls After Goldman-Buffett Tip

220. Ebd., S. 145.

221. Marks, Scham, S. 33 ff.

222. Soltes, Why They Do It, S. 142.

223. Ebd.

224. Ebd., S. 143.

225. Packer, A Dirty Business.

226. Soltes, Why They Do It, S. 143.

227. O. V., Leaked information to Raj Rajaratnam after he taunted me.

228. Soltes, Why They Do It, S. 139. Der Autor zitiert einen Ausschnitt eines McKinsey Archivdokumentes „Meeting of Members“, welches in McKenna, The World's Newest Profession, S. 205 aufgeführt wird.

229. Die Informationen über Elizabeth Holmes und Theranos stammen – soweit nicht anders gekennzeichnet – aus dem sehr lesenswerten Buch über den Theranos-Skandal: Carreyrou, Bad Blood, Die wahre Geschichte des größten Skandals im Silicon Valley.

230. Carreyrou, Bad Blood, S. 18 ff.

231. Ebd., S. 25 ff.

232. O. V., Elizabeth Holmes' Milliardenvermögen auf null korrigiert.

233. Zu diesen und den noch folgenden bekannten Gesichtern der Theranos Investoren und Manager siehe: Carreyrou, Bad Blood, S. 12 ff.

234. Schürmann, Die blutige Karriere von Amerikas jüngster Selfmade-Milliardärin.

235. Interview mit Tyler Shultz, In His Own Words: The Theranos Whistleblower, Markkula Center for Applied Ethics. Der Link zum Video wird in den nachfolgenden Fußnoten nicht mehr erwähnt. Link: https://www.youtube.com/watch?v=9wf_2KYRPWQ&ab_channel=MarkkulaCenterforAppliedEthics.

236. Schuler, Der tiefe Fall einer Silicon-Valley-Ikone.

237. Carreyrou, Bad Blood, S. 41.

238. Ebd., S. 176.

239. Ebd., S. 50.

240. Interview mit Tyler Shultz, In His Own Words: The Theranos Whistleblower.

241. Carreyrou, Bad Blood, S. 16.

242. Cover des Magazins Inc. vom Oktober 2015.

243. Schürmann, Die blutige Karriere von Amerikas jüngster Selfmade-Milliardärin.

244. Siehe dazu eine der ersten und bekanntesten Studien zum Halo-Effekt: Thorndike, A Constant Error in Psychological Ratings.

245. Carreyrou, Bad Blood, S. 266 f.

246. Ebd., S. 47.

247. Ebd., S. 33 ff.

248. Ebd., S. 275.

249. Ebd., S. 67.

250. Lee, Welcome To The Unicorn Club.

251. Interview mit Tyler Shultz, In His Own Words: The Theranos Whistleblower.

252. ACFE, Occupational Fraud 2022, S. 56. Laut Studie werden 58 % der Fälle von zwei oder mehr Personen begangen.

253. Interview mit Tyler Shultz, In His Own Words: The Theranos Whistleblower.

254. Ebd.

255. Carreyrou, Bad Blood, S. 16.

256. Interview mit Tyler Shultz, In His Own Words: The Theranos Whistleblower.

257. Carreyrou, Bad Blood, S. 227. Der Autor nennt hier einen ähnlichen Vergleich mit Münzen.

258. Interview mit Tyler Shultz, In His Own Words: The Theranos Whistleblower.

259. Carreyrou, Bad Blood, S. 234 ff.

260. Ebd., S. 232 ff.

261. Interview mit Tyler Shultz, In His Own Words: The Theranos Whistleblower.

262. Carreyrou, Bad Blood, S. 234.

263. Ebd., S. 226 f., 235 f.

264. Ebd., S. 236 f.

265. Ebd., S. 237.

266. Ebd., S. 237 f.

267. Ebd., S. 238.

268. Die Idee, die Durchführung des Asch-Experimentes als Gedankenexperiment an den Leser heranzutragen, wurde inspiriert durch: Zimbardo, Der Luzifer-Effekt, S. 253 ff.

269. Asch, Opinions and Social Pressure.

270. In einer Untersuchung von: van der Velden u. a., Mental health problems among whistleblowers: A comparative study, kamen die Forscher zu dem Ergebnis, dass eine Hinweisabgabe mit sehr starken seelischen Belastungen wie Angststörungen, Panikattacken und depressiven Episoden einhergehen kann.

271. Zimbardo, Der Luzifer-Effekt, S. 255.

272. Carreyrou, Bad Blood., S. 238.

273. Ebd., S. 276.

274. Ebd., S. 284.

275. Ebd., S. 285 ff.

276. Ebd., S. 11 ff.

277. Ebd., S. 18.

278. Ebd., S. 139.

279. Le Bon, Psychologie der Massen, S. 150. Der Autor spricht von der Besonderheit der „verbrecherischen Massen".

280. Browning, Ganz normale Männer, Das Reserve-Polizeibataillon 101 und die „Endlösung" in Polen.

281. Wolfsgruber, Mobile Kommandos töteten Hunderttausende Juden – Täter waren „ganz normale Deutsche".

282. Ebd.

283. Hupertz, Sie gewöhnten sich ans Massenmorden.

284. O. V., Die Massenmörder vom Polizeibataillon 101.

285. Wolfsgruber, Mobile Kommandos töteten Hunderttausende Juden – Täter waren „ganz normale Deutsche".

286. Browning, Ganz normale Männer, Das Reserve-Polizeibataillon 101 und die „Endlösung" in Polen, Zusammenfassung auf dem Buchrücken.

287. Die Idee, das Phänomen um die Ganz normalen Männer mit Gruppenverhalten und der Verschiebung von Grenzen in Verbindung zu bringen, wurde durch die Ausführungen von Markus Lanz und Richard David Precht im ZDF Podcast Lanz und Precht, Ausgabe Einundzwanzig, inspiriert.

288. Zimbardo, Der Luzifer-Effekt, S. 256. Zimbardo zitiert hier den Neurobiologen Gregory Barns, der diese Erkenntnisse in seinen Forschungen identifiziert hat. Originalstudie: Berns u. a., Neurobiological Correlates of Social Conformity and Independence During Mental Rotation.

289. Ebd.

290. Zitat und Ausführungen über den Escape Room stammen aus: Paulas, The rise of escape room games.

291. Zimbardo u. a., The Stanford Prison Experiment.

292. Zimbardo, Der Luzifer-Effekt, S. 211 ff.

293. Anm. d. V.

294. Le Bon, Psychologie der Massen, S. 29.

295. Die Informationen zu dem erwähnten Filmausschnitt stammen aus: Frank, Under the Influence.

296. Ebd.

297. Marks, Scham, S. 14 ff.

298. Duhigg, What Google Learned From Its Quest to Build the Perfect Team.

299. Fradera, Psychology can explain why wildly successful teams get tempted to the dark side.

300. Pearsall u. a., Thick as thieves.

301. Hood, Twisted Rationalization, S. 45. Der Artikel verweist dabei auf: Ariely, The Honest Truth About Dishonesty, S. 194 f.

302. Siehe dazu die Aussagen von Stefan Götz sowie die weiterführenden Gedanken der Moderatorin Laura Terberl im Podcast „Wirecard: 1,9 Milliarden Lügen" von Spotify in Zusammenarbeit mit der Süddeutschen Zeitung.

303. O. V., Attributionsfehler

304. Dollinger u.a., Konturen einer Allgemeinen Theorie der Kriminalität als kulturelle Praxis, S. 67 ff.

305. Zur Situational Action Theorie vgl. Wikström, Why crime happens: A situational action theory.

306. Zum Modell der Frame Selektion vgl. Kroneberg, Das Modell der Frame Selektion.

307. Die Corona-Ausführungen und Unterscheidungen zwischen Person und Situation, insbesondere die Verwendung des Wortes „Einladungsanreiz" wurden inspiriert durch den bekannten Arzt und Begründer der hypnosystemischen Psychotherapie Gunther Schmidt, beispielsweise im sysTelios Podcast vom März 2021 „Interview mit Dr. med. Gunther Schmidt: Vom Umgang mit dem eigenen Erleben in Corona Zeiten.

308. Das Rätsel und die Ausführungen über die beiden Denksysteme entstammen aus dem sehr erkenntnisreichen Buch „Thinking, Fast and Slow" (dt.: Schnelles Denken, langsames Denken) des Psychologen und Wirtschaftsnobelpreisträgers Daniel Kahneman, in dem Kahneman einige seiner bahnbrechendsten Forschungsergebnisse zum menschlichen Wahrnehmungsprozess und Entscheidungsverhalten zusammenfasst.

309. Für eine Zusammenfassung des Experimentes vgl. Englich u. a., Urteil mit Schlagseite.

310. Die genannten Kriterien lassen sich u. a. durch die unterschiedlichen Studien, die im Buch „Thinking, Fast and Slow" von Daniel Kahneman beschrieben werden, ableiten.

311. Die Zitate von Andrew Fastow wurden entnommen aus: Soltes, Why They Do It, S. 237 ff.

312. Ebd., S. 310

313. Eine gute Beschreibung zum Konzept der moralischen Abkopplung sowie eines dazugehörigen Experimentes von Bandura findet sich in: Zimbardo, Der Luzifer-Effekt, S. 16 und 298 ff. Zimbardo verweist dabei auf das Originalexperiment: Bandura u. a., Disinhibition of Aggression Through Diffusion of Responsibility and Dehumanization of Victims.

314. Leogrande, Bad Company, S. 49.

315. Gino u. a., Contagion and differentiation in unethical behavior.

316. Diesteldorf, Verdacht der Steuerhinterziehung.

317. Das sogenannte Ultimatumspiel geht auf den Forscher Werner Güth zurück. Entnommen aus: Grötker, Ein Spiel fürs Leben, S. 80.

318. Leaf, Enough Is Enough.

319. Ebd.

320. Lightle u. a., Assessment of Tone at the Top, S. 51.

321. Wells, New Approaches to Fraud Deterrence, S. 33.

322. Paternoster u. a., Perceived Risk and Social Control, S. 457 f.

323. Harrendorf u. a., Der rational kalkulierende Verbrecher?, S. 190.

324. Wells, The Real Secret to Fraud Deterrence, S. 6.

325. Beispielsweise in der Studie von Schneider, u. a., Der Wirtschaftsstraftäter in seinen sozialen Bezügen.

326. ACFE, Occupational Fraud 2022, S. 63. Nach dieser umfassenden Studie zur Ermittlung sozio-demografischer Daten von Wirtschaftsdelikten werden lediglich 40 % der Topmanager für delinquentes Verhalten bestraft – im Vergleich zu 73 % der Mitarbeiter.

327. Der Ausdruck „Banalität des Bösen" wurde von der Autorin Hannah Arendt in ihrem Buch „Eichmann in Jerusalem: A Report on the Banality of Evil." geprägt, in dem sie u. a. über die Gräueltaten des Nationalsozialisten und SS-Obersturmbannführers Adolf Eichmann sowie dessen normalen Charakter berichtet.

328. Hofmann, Alex, Der Airbnb-Gründer über die Geschichte hinter seinem Milliarden-Start-up.

329. O. V., 10 Jahre Airbnb.

330. O. V., Illegale Ferienwohnungen – Berlin verhängt Bußgelder in Millionenhöhe.

331. Dahms, Martin, So kämpfen Spaniens Städte gegen Airbnb.

332. Ahmed u. a., Uber: Backseat driver.

333. Anm. d. V.

334. Le Bon, Psychologie der Massen, S. 39.

335. In der Medienlandschaft scheint man der Theorie des rein rational kalkulierenden Wirtschaftsverbrechers überraschenderweise immer noch eine hohe Bedeutung beizumessen. In einem YouTube-Video der Deutschen Welle mit dem Titel „Warum wird man Wirtschaftskrimineller?" aus dem Jahr 2018 erklären die Journalisten bei der Vorstellung ihres typischen Wirtschaftsstraftäters: „Joe kalkuliert den Betrug nüchtern. Er ist ein homo oeconomicus. Abwägung erwischt zu werden gegen Geld." Link: https://www.youtube.com/watch?v=xfm2-w9fZa4&ab_channel=DWDeutsch

336. Vgl. zu den vergangenen Ausführungen zur Legimitation illegaler Handlungen, Ultimatumspiel und Diktatorspiel: Harrendorf u. a., Der rational kalkulierende Verbrecher?, S. 194 ff.

337. Tversky u. a., The Framing of Decisions and the Psychology of Choice, S. 453.

338. Das Zitat sowie die Geschichte von Mark und Julia stammen aus: Haidt, The emotional dog and its rational tail, nicht publiziertes Manuskript, S. 2 f.

339. Siehe zu den zusammengefassten Erkenntnissen des Trolley-Problems aus einer groß angelegten Studie mit über 70.000 Probanden aus 42 Ländern: Awad u. a., Universals and variations in moral decisions made in 42 countries by 70,000 participants.

340. Greene u. a., An fMRI Investigation of Emotional Engagement in Moral Judgment.

341. Greene, The Terrible, Horrible, No Good, Very Bad Truth about Morality and What to Do About it, S. 166.

342. Zum Begriff der Prinzipal-Agent-Theorie siehe: Erlei, Prinzipal-Agent-Theorie.

343. Zur Wirtschaftsgeschichte und der Entwicklung großer, globaler Konzerne siehe: Pierenkemper, Toni, Wirtschaftsgeschichte, S. 159 ff.

344. Eine ähnliche Ausführung zur Distanziertheit zwischen CEOs und Anteilseignern findet sich in: Soltes, Why They Do It, S. 121 ff.

345. O. V., Statista, Marktkapitalisierung der DAX-Unternehmen in Deutschland.

346. O. V., Daimler AG, Aktionäre der Mercedes-Benz Group AG im Überblick.

347. Bazerman u. a. sprechen von rein „statistischen Opfern", zu denen man keinen Bezug hat. Siehe: Bazerman u. a., The Impossibility of Auditor Independence, S. 92.

348. Soltes, Why They Do It, S. 125.

349. Die Idee, die empfundene Opferferne von Wirtschaftsstraftätern mit dem Trolley-Problem zu beschreiben, wurde inspiriert durch Soltes, Why They Do It, S. 115 ff.

350. Hood, Bret, Twisted Rationalization, S. 46. Verweis auf die Originalquelle: Ariely, The Honest Truth About Dishonesty, S. 33 f.

351. Soltes, Why They Do It, S. 125 f.

352. Eugene Soltes führt ein solches Beispiel in seinem Buch „Why They Do It" auf den S. 125 ff. aus.

353. Marks, Scham, S. 33 ff.

354. Chu, Study: Volkswagen's emissions cheat to cause 60 premature deaths in U.S.

355. Soltes, Why They Do It, S. 124 ff.

356. Haidt, The Emotional Dog and its rational tail, Psychological Review, S. 814.

357. Warren u. a., Is Formal Ethics Training Merely Cosmetic?, S. 88.

358. Jones, Ethical decision making by individuals, S. 380-383, 391-392.

359. Asendorpf, Persönlichkeitspsychologie für Bachelor, S. 109 ff.

360. Der Begriff der moralischen Identitätsbedrohung wurde entnommen aus: Palazzo, Warum ist ethische Führung so schwer?

361. Soltes, Why They Do It, S. 321. Der Autor zitiert hier den Verhaltensökonomen David Solomon.

362. Der Begriff Overconfidence Bias wurde maßgeblich durch Daniel Kahneman und dessen Forschungen mit Amos Tversky geprägt, die er in seinem Werk „Thinking, Fast and Slow" zusammengefasst hat.

363. Ergebnisse und Beschreibung zur Studie stammen aus der Zusammenfassung von: Grünewald, Der barmherzige Samariter, S. 5. Originalstudie: Darley u. a., From Jerusalem to Jericho: A study of situational and dispositional variables in helping behavior.

364. Das km/h-Beispiel stammt aus: Soltes, Why They Do It, S. 315 f.

365. O. V., Wirtschaftspsychologie: In den Chefetagen sind Psychopathen und Narzissten häufig.

366. Soltes, Why It's So Hard to Train Someone.

367. Ebd.

368. Anm. d. V.

369. O. V., Wirtschaftspsychologie: In den Chefetagen sind Psychopathen und Narzissten häufig.

370. Zimbardo, Der Luzifer-Effekt, S. 220.

371. Carreyrou, Bad Blood, S. 35.

372. Interview mit Tyler Shultz, In His Own Words: The Theranos Whistleblower.

373. Soltes, Why They Do It, S. 237.

374. Schneider u. a., Der Wirtschaftsstraftäter in seinen sozialen Bezügen, S. 6.

375. Soltes, Why They Do It, S. 317.

376. Bspw. Kienbaum u. a. (Hrsg.), Unternehmenskultur, Ihre Rolle und Bedeutung.

377. Hood, Twisted Rationalization, S. 42 f.

378. O. V., Kein Rückruf trotz gefährlicher Tanks?

379. Ebd.

380. O. V., Corporate Ethics Case Analysis: Ford Pinto Explosion.

381. Hood, Twisted Rationalization, S. 43; O. V., United States v. Carroll Towing Co.

382. O. V., United States v. Carroll Towing Co.

383. Hood, Twisted Rationalization, S. 43.

384. Zu den Ausführungen des American Dreams siehe: Hefendehl, Skript zur Vorlesung Kriminologie I im Sommersemester 2021, § 5, S. 89. Hefendehl verweist dabei auf die Institutional Anomie Theory von Steven F. Messner und Richard Rosenfeld.

385. Hood, Twisted Rationalization, S. 44.

386. O. V., Corporate Ethics Case Analysis: Ford Pinto Explosion.

387. Geprägt wurde der Begriff der Hindsight Bias durch den Forscher Baruch Fischhoff. Siehe dazu: Fischhoff, Hindsight ≠ foresight: Effect of outcome knowledge on judgment under uncertainty; siehe ebenfalls: Kahneman, Thinking, Fast and Slow, S. 202 ff.

388. Titel inspiriert durch Bazerman u. a., Why Good Accountants Do Bad Audits. Wurde hier ins Dt. übersetzt.

389. Buschmann, Wirecard-Skandal: EY sieht sich als Opfer und Aufklärer.

390. Gedankenexperiment entnommen aus der sehr guten Übersicht zum sogenannten WYSIATI-Effekt von Florian Bluhm, WYSIATI – What you see is all there is; vgl. zum WYSIATI-Effekt auch Kahneman, Thinking, Fast and Slow, S. 201.

391. Schmitt, Prüferversagen, S. 11.

392. O. V., Die SdK – der unabhängige Verband der Kapitalanleger, Profil der SdK.

393. Iwersen, Finanzaufsicht untersucht Kursachterbahn bei Wirecard.

394. O. V., Wirecard und Zatarra: Ermittler sehen Manipulation als erwiesen an.

395. McCrum, Wirecard: the timeline.

396. O. V., Ermittler durchsuchen SdK.

397. Eine Übersicht zu den Vorwürfen findet sich u. a. unter: Pentzek, Die Macht der Medien am Beispiel von Wirecard.

398. Wirminghaus, Wie ein dubioser Report die Wirecard-Aktie in den Keller schickte.

399. O. V., Wirecard-Affäre – Finanzaufsicht Bafin zeigt FT-Journalisten an.

400. Hildebrand u. a., Bundesbank sprach sich gegen Wirecard-Leerverkaufsverbot aus.

401. Zitat entnommen aus Bazerman u. a., Why Good Accountants Do Bad Audits.

402. Siehe dazu die Berufsgrundsätze für Wirtschaftsprüfer, beispielsweise die Wirtschaftsprüferordnung (WPO), §43 Abs. 4.

403. Die genannten Punkte zur Gefährdung der prüferischen Unabhängigkeit stellen lediglich einen Auszug dar. Weitere Aspekte sind in den zahlreichen Berufsgrundsätzen für Wirtschaftsprüfer aufgeführt.

404. O. V., SEC Complaint, Case Nr. CV13-02558, United States District Court, S. 3.

405. Soltes, Why They Do It, S. 15.

406. Wells, Former KPMG Partner Scott London: I Got About $70,000 in Kickbacks.

407. O. V., SEC Complaint, Case Nr. CV13-02558, United States District Court, S. 18.

408. Soltes, Why They Do It, S. 14 f.

409. Soltes, Why They Do It, S. 14.

410. O. V., SEC Charges Former KPMG Partner and Friend with Insider Trading.

411. Audi, Former KPMG Partner Scott London Gets 14 Months for Insider Trading.

412. Soltes, Why They Do It, S. 16.

413. Bazerman u. a., Why Good Accountants Do Bad Audits.

414. O. V., Bestätigungsfehler, Wikipedia. Vgl. zur Untersuchung und Beschreibung der Confirmation Bias beispielsweise: Nickerson, Confirmation bias: A ubiquitous phenomenon in many guises.

415. Zur Studie mit den Steuerberatern siehe: Cloyd u. a., The Influence of Client Preferences on Tax Professionals' Search for Judicial Precedents.

416. Bazerman u. a., Why Good Accountants Do Bad Audits.

417. Baetge, Begleitunterlagen zum Universitätskurs „Prüfungstheorie", Grundlagen der Jahresabschlussprüfung, S. 151.

418. Bazerman u. a., Why Good Accountants Do Bad Audits.

419. Durch Bilanzierungswahlrechte können Unternehmen selbst entscheiden, ob sie bestimmte Aktiv- oder Passivposten in der Bilanz ansetzen möchten. Die Bilanzierungswahlrechte sind im Handelsgesetz geregelt.

420. Daniel Kahneman beschreibt in seinem Buch „Thinking, Fast and Slow“ unsere Tendenz, eine schwierige Frage durch eine leichtere zu ersetzen. Neben seinen Forschungserkenntnissen berichtet er beispielsweise von einer Begegnung mit einem Fondsmanager, der vor kurzem mehrere Millionen US-Dollar in Ford-Aktien investiert hatte. Statt sich die Frage zu stellen „Ist die Ford-Aktie derzeit tatsächlich unterbewertet, fußte seine Entscheidung lediglich auf einem Besuch einer Automobilausstellung, bei der einige Ford-Autos begutachtet werden konnten. Ford beeindruckte ihn: „Boy, do they know how to make a car.“ Dies bildete die intuitive Grundlage für eine Investmententscheidung in Millionenhöhe. Vgl. Kahneman, Thinking Fast and Slow, S. 12.

421. Es ist anzumerken, dass es sich dabei nicht um eine repräsentative Umfrage handelt und die Ergebnisse selbstverständlich nicht als allgemeingültig für alle Wirtschaftsprüfer gewertet werden dürfen. Ansonsten würden wir den gleichen Fehler machen, der entsteht, wenn wir das Gesetz der kleinen Zahlen anwenden. Zum Gesetz der kleinen Zahlen siehe bitte die nachfolgenden Seiten des Buches.

422. Bazerman u. a., Why Good Accountants Do Bad Audits.

423. Ebd.

424. Dieses Beispiel stammt aus den Forschungen und Beschreibungen der sogenannten Gambler's fallacy. Die Gambler's fallacy beschreibt die menschliche Tendenz, einen Erwartungswert in der Zukunft auf der Basis von vergangenen Ereignissen bestimmen zu wollen. Würde man beispielsweise einem dazu gekommenen Spieler am Roulette-Tisch mitteilen, dass die vergangenen zehn Kugeln auf einem roten Feld gelandet sind, würde dieser (wie die allermeisten Spieler) davon ausgehen, dass die nächste Kugel auf einem schwarzen Feld landen muss. Die Kugel selbst (genauso wie der Würfel in unserem Beispiel) hat allerdings kein Erinnerungsvermögen. Jede erneute Wahrscheinlichkeit beträgt etwa 50/50 beim Roulette und 1/6 beim Würfel.

425. Für eine umfangreiche Beschreibung des Gesetzes der kleinen Zahlen (orig. Law of small numbers) vgl. Kahneman, Thinking, Fast and Slow, S. 109-118.

426. Vgl. zu den Begriffen Familiarity, Discounting und Escalation sowie dessen Zusammenhang mit der Wirtschaftsprüfertätigkeit: Bazerman u. a., Why Good Accountants Do Bad Audits.

427. Schmitt, Prüferversagen, S. 14.

428. Ebd., S. 12.

429. Ebd., S. 13.

430. O. V, Was ist das Prüfungsrisiko als Teil des risikoorientierten Prüfungsansatzes eines Wirtschaftsprüfers?; zu beachten ist, dass die Definitionen von Alpha-Fehler und Beta-Fehler in der Literatur nicht einheitlich sind, sondern von der sogenannten Nullhypothese abhängen. Vgl. dazu Baetge, Begleitunterlagen zum Universitätskurs „Prüfungstheorie“, Grundlagen der Jahresabschlussprüfung, S. 137.

431. Bazerman u. a., The Impossibility of Auditor Independence, S. 92.

432. Bazerman u. a., Why Good Accountants Do Bad Audits.

433. Schmitt, Prüferversagen, S. 11 f.

434. Asbahr u. a., Real effects of reporting key audit matters on auditors' judgment and choice of action.

435. Zum Begriff der moralischen Lizenzierung sehe: O. V., Moral Licensing, Stangl, Online-Lexikon für Psychologie und Pädagogik.

436. Leogrande, Bad Company, S. 254.

437. Zu diesem Statement sowie dem Prüfungsumfang (6.000 Seiten) vgl. Dicken, 150 Jahre Krisen, Bilanzskandale und Reformbedarf, S. 4 f.

438. Die vorangegangenen Ausführungen zu den Prüfer-Sanktionen habe ich bereits in einem Interview mit Julia Schmitt beschrieben, dass in der Juli/August 2022-Ausgabe vom Finance Magazin unter dem Titel: „Wird es jetzt richtig ernst?“ auf S. 60 erschienen ist.

Der Autor

Benjamin Schorn ist Forensic-Investigation-Spezialist und besitzt mehrjährige Erfahrung in der Durchführung forensischer Sonderuntersuchungen in Kriminalverdachtsfällen, zuletzt bei der KPMG AG in München, wo er u. a. an der Aufklärung des Wirecard-Skandals mitgewirkt hat. Er ist Träger des einzigen weltweit anerkannten Titels im Bereich Forensik und Wirtschaftskriminalität und wurde 2021 in die Expertendatenbank der europäischen Strafverfolgungsbehörde EUROPOL aufgenommen. Er ist Gründer und Leiter des Institutes für Governance & Psychologie.

L'ATTESA

MICHAEL CONNELLY

L'ATTESA

Traduzione di
ALFREDO COLITTO

PIEMME

Questo romanzo è un'opera di fantasia. Personaggi e situazioni sono invenzioni dell'autore e hanno lo scopo di conferire veridicità alla narrazione e sono quindi utilizzati in modo fittizio. Qualsiasi analogia con fatti, eventi, luoghi e persone, vive o scomparse, è puramente casuale.

Pubblicato per

PIEMME

da Mondadori Libri S.p.A.

ISBN 978-88-566-8794-1

I Edizione novembre 2024

Anno 2024-2025-2026 - Edizione 2 3 4 5 6 7 8 9 10

A Mary «Meme» Mercer,
grazie davvero.

LUNEDÌ, ORE 7.28

1

Le piaceva più aspettare l'onda che cavalcarla. Di fronte alle scogliere, a cavalcioni sulla tavola, con i fianchi che man mano si adattavano al ritmo della superficie dell'acqua. Montarla, come faceva con Kaupo Boy quando era bambina. La solennità dell'attesa, un momento prima che arrivasse la nuova serie di onde e bisognasse ricominciare a pagaiare.

Controllò l'orologio. Poteva aspettarne un'altra. Le avrebbe cavalcate tutte, se avesse potuto. Ma assaporò il momento e si lasciò galleggiare, chiudendo gli occhi e inclinando la testa verso l'alto. Il sole era appena sopra le scogliere e le scaldava il viso.

«Non ti ho mai vista qui, prima.»

Ballard aprì gli occhi. Era il tizio sulla tavola One World. Uno della vecchia scuola, senza muta, senza cordicella di ritenzione, con la pelle brunita color legno scuro. Si preparò a ciò che sarebbe seguito: un atteggiamento da maschio alfa, desideroso di marchiare il territorio.

«Di solito vado a Topanga» disse. «Ma stamattina non c'erano onde.»

Non rivelò di aver consultato un'applicazione per controllare dov'era meglio andare. Quelli della vecchia scuola non guardavano mai le app.

Lui si trovava sei metri alla sua sinistra, e cavalcava le onde basse di lato, in modo da tenerla d'occhio. A Staircases era insolito trovare delle donne. Era un posto da uomini, per giunta molto esperti. Con la bassa marea emergevano tanti scogli. Bisognava sapere cosa si stava facendo, e Ballard lo sapeva. Non aveva attraversato il territorio di nessuno, non era uscita da un'onda troppo presto. Se quel tizio voleva provare a fare il maestrino, lo avrebbe messo a tacere in fretta.

«Sono Van» disse lui.

«Renée» rispose.

«Ti va di fare colazione allo Shoreline, dopo?»

Un po' troppo diretto, ma ci stava.

«Non posso. Un ultimo set di onde, poi devo andare al lavoro. Ma grazie dell'invito.»

«Magari la prossima volta» disse Van.

Prima che la conversazione si facesse più imbarazzante, qualcuno avanti nella fila iniziò a pagaiare, allineando la sua tavola a un'onda in arrivo. Fu come un uccello che dà il segnale al resto dello stormo di alzarsi in volo e partire. Ballard si voltò indietro e vide che stava arrivando la serie di onde successiva. Si girò di nuovo e portò le gambe sulla tavola. Iniziò a remare con le mani. Colpi profondi, con le dita unite, per prendere velocità. Non voleva perdere l'onda, non davanti a Van.

Guardò alla sua sinistra e lo vide remare colpo su colpo con lei. Voleva incalzarla, per farle vedere chi comandava, da quelle parti.

Ballard pagaiò più forte, le spalle che le bruciavano. La tavola iniziò a sollevarsi con l'onda e lei fece la sua mossa, salendoci sopra e accovacciandosi sulla linea centrale. Mise il piede sinistro dietro e si alzò in piedi proprio mentre l'onda formava la cresta. Spinse in basso la punta della tavola e iniziò a tagliare l'acqua.

Sentì la voce di Van alle sue spalle, che la chiamava «*goofy foot*», un termine per indicare chi surfava con il piede destro in avanti.

Allargò le braccia per mantenere l'equilibrio, inclinò la tavola per curvare e salì sul muro d'acqua, prima di tagliarlo di nuovo e percorrere l'onda fino in fondo. Per otto secondi tutto il mondo scomparve. C'erano solo lei e l'oceano. L'acqua. Nient'altro.

Stava navigando sulla schiuma quando si ricordò di Van e si voltò a cercarlo. Non lo si vedeva da nessuna parte, ma a un tratto la testa spuntò tra le onde insieme alla sua tavola rossa. Alzò la mano e Ballard gli fece un cenno di saluto. Poi sollevò la tavola e uscì dall'acqua.

Sulla strada per il parcheggio, si era già abbassata la muta fino ai fianchi. La combinazione di sole e vento le stava asciugando la pelle molto rapidamente. Appoggiò la tavola alla fiancata del Defender e cercò la scatoletta delle chiavi sotto il vano della ruota posteriore.

Non c'era più.

Si accovacciò e cercò la scatola magnetica sull'asfalto intorno allo pneumatico.

Niente.

Si chinò a guardare dietro la ruota, sperando di aver sistemato la scatola nel punto sbagliato.

Ma non c'era più.

«Cazzo.»

Si alzò rapidamente e tirò la maniglia della portiera, che si aprì, non essendo stata bloccata.

«Cazzo, cazzo, cazzo.»

Sul sedile del conducente c'erano la chiave e la scatola magnetica. Vide che il vano portaoggetti era aperto. Si chinò, allungò la mano sotto il sedile di guida e la passò avanti e indietro sulla moquette.

Il telefono, la pistola, il portafoglio e il distintivo erano spariti. Cercò ancora sotto il sedile e tirò fuori le manette e una piccola Ruger a sette colpi che il ladro non aveva apparentemente notato.

Si alzò e si guardò intorno nel parcheggio. Non c'era nessuno. Solo la fila di auto e camper dei surfisti ancora in acqua.

«Porca puttana» imprecò.

2

Visto che la carta d'identità era nel portafoglio rubato, Ballard non poteva superare il tornello all'ingresso all'Ahmanson Center della polizia di Los Angeles, quindi si fermò nel parcheggio secondario dietro il centro di addestramento e chiamò Colleen Hatteras con il cellulare nuovo. Hatteras rispose con un tono urgente.

«Renée, dove sei? La riunione dell'unità non era alle nove?»

«Sono nel parcheggio sul retro. Fammi entrare dall'uscita di sicurezza, Colleen.»

«Sei sicura? Se il capitano...»

«Sono sicura. Apri la porta e al capitano ci penso io. Ci sono ancora tutti?»

«Ehm, sì. Credo che Anders sia andato a prendersi un caffè, ma non ha detto che poi andava via.»

«Bene, di' a Tom o a Paul di chiamarlo mentre tu mi apri la porta. Sarò lì tra due minuti.»

«Cosa è successo? Non hai telefonato e non hai risposto alle nostre chiamate. Iniziavamo a preoccuparci.»

Ballard scese dal Defender e si diresse verso la porta posteriore del complesso. Era già esasperata da Colleen e la giornata non era ancora iniziata.

«Calmati» disse. «È tutto a posto. Ho perso il cellulare

e il portafoglio in spiaggia. Sono dovuta tornare a casa a prendere una carta di credito e poi andare all'Apple Store per comprare un nuovo telefono. Quindi, per favore, apri la porta. Sono quasi arrivata, ora riattacco.»

Chiuse la comunicazione prima che Colleen potesse ribattere, cosa che di sicuro avrebbe fatto. Si avvicinò all'uscita antincendio, chiudendo la giacca per evitare di far notare che non aveva il distintivo agganciato alla cintura.

Colleen aprì la porta e scattò un allarme da spaccare i timpani. Ballard entrò in fretta, chiuse la porta e il suono si interruppe.

«Come hai fatto a perdere telefono e portafoglio? Te li hanno rubati?»

«È una lunga storia, Colleen. Ci sono tutti?»

«Tom è andato a prendere Anders.»

«Bene. Inizieremo non appena saranno tornati.»

L'uscita di sicurezza si trovava dietro l'archivio dei fascicoli sugli omicidi. Precedendo Colleen, Ballard percorse la fila di scaffali e arrivò alla sala riunioni dell'Unità Casi Irrisolti. Il centro della sala era dominato dalla «zattera»: otto scrivanie separate da pannelli divisori. Le pareti laterali erano coperte da schedari e lavagne bianche su cui erano riportate le indagini in corso.

«Scusate il ritardo» annunciò Ballard quando raggiunse la sua scrivania, in fondo alla zattera. «Non appena arrivano Tom e Anders, cominciamo.»

Si sedette e si collegò al terminale del municipio. Inserì la password del portale del dipartimento e aprì il database contenente i rapporti sui reati dell'intera contea. Cercò quelli sui furti da veicoli sulle spiagge e ne trovò parecchi. Stilò un elenco di quelli avvenuti nelle spiagge più frequentate dai surfisti. Da Trestles a Dockweiler, surfava sulla costa della California meridionale da quando aveva sedici anni. Le spiagge le conosceva tutte, e si accorse che i furti ai danni di auto che erano stati segnalati erano avvenuti in luoghi in cui le aree di parcheggio non erano visibili dall'oceano.

Questo le suggerì tre cose. Primo, probabilmente i responsabili erano gli stessi. Secondo, avevano familiarità con il surf, magari erano loro stessi surfisti. Terzo, nessuno aveva notato il possibile collegamento tra i reati perché erano avvenuti in aree sparse su e giù per la costa, in diverse giurisdizioni di polizia.

Iniziò a leggere i sommari dei rapporti per scoprire se qualche testimone avesse visto qualcosa di utile, se fossero state trovate impronte digitali di qualche sospettato o se ci fosse stato un seguito alle denunce iniziali dei crimini. Nessuno dei furti era abbastanza importante da giustificare un grande interesse da parte delle forze dell'ordine. Le cose rubate erano soprattutto portafogli, telefoni, contanti e tavole da surf. Considerati separatamente, erano casi destinati a morire con la prima denuncia. Come prevedeva il protocollo, sarebbero finiti su una scrivania dell'ufficio competente, ma senza una descrizione del ladro, un'impronta digitale o almeno la targa parziale dell'auto con cui si era allontanato, i rapporti sarebbero finiti nel grande vortice dei crimini minori che non meritavano molta attenzione da parte dell'apparato giudiziario. Era un classico. Le denunce venivano fatte soprattutto per riscuotere l'assicurazione. Per le forze dell'ordine lavorarci su era soltanto uno spreco di carta.

Colleen sporse la testa oltre il divisorio che separava la scrivania di Ballard dalla sua. Da quell'angolazione, non poteva vedere il suo computer. «Allora, a cosa stai lavorando?» chiese.

Ballard chiuse le finestre di ricerca. «Sto soltanto controllando la posta» rispose. «Sono arrivati tutti?»

«Anders è tornato» disse Colleen.

Ballard si alzò per rivolgersi alla squadra.

3

A parte Ballard, che era una poliziotta a tempo pieno, i membri dell'Unità Casi Irrisolti erano tutti volontari. Due anni prima, i dipartimenti di polizia di tutto il Paese, in difficoltà di bilancio, avevano cominciato a utilizzare detective in pensione per indagare su vecchi casi irrisolti. Ballard era stata nominata capo di quell'unità del LAPD, precedentemente messa in naftalina. Si occupava anche del reclutamento, il che significava che doveva convincere le persone a contribuire a quel nobile sforzo almeno un giorno alla settimana, con un rimborso spese di cinquanta dollari al mese. Adesso, finalmente, aveva raggiunto un punto in cui era soddisfatta della squadra che aveva creato.

Intorno alla zattera erano seduti Tom Laffont, agente dell'FBI in pensione, Lilia Aghzafi, che aveva lavorato vent'anni nella polizia metropolitana di Las Vegas, e Paul Masser, ex pubblico ministero dell'ufficio del procuratore distrettuale. Colleen Hatteras non era mai stata una poliziotta. Era una casalinga che si era appassionata alla genealogia genetica e aveva seguito corsi online sulla sua applicazione nell'ambito delle investigazioni. Era un'implacabile guerriera informatica e tendeva a intromettersi nella vita privata degli altri membri della squadra, con un'attenzione particolare verso Ballard. Millantava anche di essere dotata di eccezionale empatia e non si tratteneva mai dall'esprimere le sensazioni che le persone le trasmettevano. Ballard la sopportava con riluttanza, solo perché Colleen era davvero competente nel suo campo.

L'acquisizione più recente dell'unità era Anders Persson, il quale era ancora più anomalo di Hatteras. La sua esperienza nelle forze dell'ordine si limitava al volontariato svolto presso la polizia svedese nella sua città natale, Stoccolma. Ma Persson, appena ventottenne, di notte gestiva un'azienda di software con sede a Los Angeles e di giorno assisteva la squadra dell'UCI. Mentre Hatteras era l'esperta nella ricerca di storie familiari e collegamenti genetici, Persson era l'uomo di riferimento quando si trattava di navigare su internet e scovare persone che facevano di tutto per non essere trovate. Insieme, Hatteras e Persson costituivano una squadra formidabile, in grado di dare man forte ai membri dell'unità che avevano una reale esperienza investigativa. Sebbene l'unità si stesse ancora riprendendo da un duro colpo alla sua reputazione, dovuto a un caso andato storto, Ballard sentiva che la squadra ora aveva un motore ben oliato, che funzionava a dovere. Nella zattera c'era spazio per altri due volontari, ma lei era già soddisfatta così dei risultati ottenuti. L'unità risolveva, in media, tre casi freddi al mese. Era una goccia nel mare rispetto ai seimila casi di omicidio irrisolti conservati negli scaffali dell'archivio alle loro spalle, ma era un ottimo inizio.

Ballard si avvicinò alle lavagne per iniziare la riunione. Normalmente avrebbe lasciato la giacca del tailleur sulla sedia, ma quel giorno la tenne addosso per nascondere il fatto che non aveva il distintivo.

Quattro lavagne affiancate servivano a tenere traccia dei casi in corso. Ogni lunedì mattina, il team si riuniva per discutere dei progressi compiuti. Sulla prima lavagna c'era l'elenco di tutti i casi con prove da sottoporre ad analisi forensi e tecnologiche. Si trattava principalmente di esami di campioni di dna o di impronte digitali e, talvolta, di approfondimenti balistici. L'utilizzo del dna nei procedimenti penali era stata approvata dai tribunali californiani solo all'inizio degli anni Novanta, mentre l'analisi genetica aveva fatto passi da gigante negli ultimi anni. Questo rendeva i casi irrisolti degli ultimi tre decenni del Ventesimo secolo un terreno fertile per nuove indagini. Anche i database delle impronte digitali si erano notevolmente ampliati. I database balistici, invece, erano rimasti indietro rispetto a quei progressi e non erano altrettanto utili, ma nel riesame dei casi non potevano comunque essere ignorati.

A mettere sabbia nel serbatoio del motore ben oliato dell'unità era il fatto che molti dei loro casi erano così vecchi che gli assassini che riuscivano a identificare spesso erano già morti o in carcere. Questo serviva a dare delle risposte alle famiglie ancora in lutto, ma dava l'impressione di una giustizia amministrata troppo poco e troppo tardi. Inoltre, ai membri del team veniva negato ciò che ogni investigatore desidera e di cui ha bisogno alla fine di un caso: l'opportunità di affrontare il male che si cela dietro l'omicidio. Per questo motivo, le indagini su cui si concentravano erano i cosiddetti «casi vivi», in cui si riteneva che l'assassino fosse vivente e ancora in circolazione. Sebbene l'archivio contenesse registrazioni di casi irrisolti che risalivano fino ai primi anni del Novecento, Ballard aveva dato istruzioni di lavorare solo sui casi registrati a partire dal 1975.

Scrutò il primo tabellone per vedere se erano stati aggiunti nuovi casi. Ogni membro della squadra aveva l'incarico di estrarre fascicoli dall'archivio e di esaminarli per un eventuale approfondimento, quando non stava lavorando a un'indagine in corso.

«Allora, qualcuno ha aggiunto qualcosa di nuovo alla nostra lista?» chiese. Dopo un giro di risposte negative, Laffont alzò la mano. «Credo che questa settimana ne aggiungerò uno io» disse. «Aspetto notizie da Darcy oggi, se sono fortunato.»

Darcy Troy era il tecnico del dna che si occupava dei casi dell'unità. Era un bene avere una persona di riferimento al laboratorio, ma Troy non era assegnata esclusivamente ai casi dell'Unità Casi Irrisolti. Le indagini in corso sui casi più recenti erano sempre prioritarie e Troy doveva dar loro la precedenza. A volte l'attesa per i membri della zattera poteva essere snervante. «Qual è il caso?» chiese Ballard.

«Una violenza sessuale con omicidio del '91» rispose Laffont. «Una brutta storia. Non che ce ne siano di belle, ma l'uomo l'ha violentata più volte prima di strangolarla. Ha eiaculato fuori dal corpo ma ha lasciato residui sui suoi vestiti. Darcy ha i campioni. Mi ha detto che avrebbe avuto qualcosa per me questa settimana.»

«Bene» disse Ballard. «Come si chiama la vittima?»

«Shaquilla Washington. Un caso della zona sud. Non ha ricevuto molta attenzione all'epoca.»

Ballard annuì. Non c'era bisogno di spiegare che gli archivi erano pieni di casi che non avevano ricevuto molta attenzione perché riguardavano minoranze etniche delle zone sud ed est della città. Ciò poteva essere dovuto in parte al fatto che in quelle aree si verificavano più omicidi e i detective dei dipartimenti competenti erano i più oberati della città. Ma poteva anche essere spiegato con una mancanza di impegno nei confronti di quelle comunità e un'assenza di empatia nei confronti delle vittime. Ballard non aveva notato simili carenze in Laffont. Anzi, quando aveva il tempo di andare in archivio e prendere in esame dei casi, spesso cercava rapporti che arrivavano dai quartieri a sud. Era bianco, aveva più di cinquant'anni e, come agente dell'FBI assegnato al dipartimento di Los Angeles, aveva lavorato raramente in quell'area; ora sembrava sforzarsi di riequilibrare in parte la bilancia. Ballard lo rispettava per questo.

«Speriamo che Darcy riesca a fare qualcosa» commentò.

Continuò a esaminare i casi con la squadra, arrivando infine all'ultima lavagna, che elencava quelli più attivi in termini di arresti, procedimenti giudiziari o possibili soluzioni. L'ultimo della lista era di Masser.

Si trattava dell'omicidio di una commessa di un minimarket di Hollywood nel 1997. Un uomo con un passamontagna era entrato nel negozio, le aveva detto di mettere sul bancone tutti i contanti che c'erano in cassa e le aveva sparato un colpo al petto, uccidendola all'istante. Poi era salito su un'auto in attesa ed era fuggito. Secondo diversi testimoni, all'interno e all'esterno del negozio, al volante c'era una donna bianca con lunghi capelli neri. L'auto era stata descritta come una berlina marrone e un testimone aveva fornito le prime due cifre della targa.

Nel negozio c'era una telecamera e dall'esame del video era emerso che la pistola aveva sparato mentre il rapinatore stava raccogliendo i contanti che la donna aveva messo sul bancone. Si era trattato di un incidente, che aveva scioccato persino l'uomo armato, il quale si era girato ed era uscito di corsa dal negozio, lasciandosi dietro metà del denaro.

Le cifre della targa e la descrizione dell'auto avevano infine condotto gli investigatori, attraverso l'esame dei registri automobilistici, a un uomo di nome Donald Russell, proprietario di una Honda Accord marrone con una targa che iniziava con quelle due cifre. Russell era disoccupato e aveva un passato di arresti per droga. Viveva con la moglie, anche lei con precedenti per droga ma che, però, aveva i capelli corti e biondi. Entrambi erano stati interrogati ma avevano negato ogni coinvolgimento nella rapina e nell'omicidio. Avevano fornito un alibi che gli investigatori non erano riusciti né a confermare, né a smentire. Il caso era finito all'ufficio del procuratore distrettuale, ma i magistrati si erano rifiutati di presentare le accuse, dicendo che non c'erano prove sufficienti per convincere una giuria e portare a casa un verdetto di colpevolezza. Non erano mai emerse altre prove e il caso era diventato freddo, fino a quando Paul Masser non aveva tirato fuori il quaderno dell'omicidio da uno scaffale dell'archivio dei casi irrisolti.

Riesaminando la vicenda, Masser aveva capito subito che mancavano gli elementi in grado di far ripartire le indagini. Non c'erano impronte digitali o dna sulla scena del crimine. Il proiettile era stato estratto dal corpo della commessa, ma non si prestava alla moderna tecnologia balistica perché si era appiattito quando aveva colpito la colonna vertebrale, il che lo rendeva inutilizzabile per il confronto con i proiettili presenti nel NIBIN, il database balistico nazionale. Inoltre, non era mai stata recuperata un'arma con cui confrontare il proiettile.

Tuttavia, Masser aveva rintracciato i sospettati, che vivevano ancora a Los Angeles, e aveva appreso due cose che potevano ancora rivelarsi utili, un quarto di secolo dopo l'omicidio. La prima era che la coppia non era più tale: i due avevano divorziato cinque anni dopo l'omicidio. La seconda, che aveva scoperto attraverso i social media, era che l'ormai ex moglie, Maxine Russell, era una tossicodipendente in via di recupero e aveva recentemente festeggiato vent'anni di astinenza dalla droga, secondo la sua pagina Facebook.

Dalla sua esperienza come pubblico ministero, Masser sapeva che il divorzio della coppia significava che il privilegio coniugale previsto dalla legge non era più in vigore.

La norma prevedeva che una moglie o un marito non potessero testimoniare contro il coniuge senza l'approvazione di quest'ultimo. Ma la protezione era limitata agli anni del matrimonio, il che significava che c'era l'opportunità di mettere gli ex coniugi l'uno contro l'altro. Masser, basandosi sulla sua esperienza con un familiare tossicodipendente in fase di disintossicazione, sapeva anche che la maggior parte dei programmi di riabilitazione incoraggiava i partecipanti a tenere dei diari come parte del loro percorso verso la guarigione.

Con le informazioni raccolte durante l'indagine originale, aveva richiesto un mandato di perquisizione per l'appartamento in cui ora viveva Maxine Russell e aveva convinto un giudice a firmarlo. Il mandato comprendeva tutti i diari e i documenti scritti dalla sospettata, nonché una serie di foto di famiglia che mostravano Maxine con lunghi capelli scuri. Durante la perquisizione, Masser aveva trovato su una mensola del soggiorno diversi diari che Maxine aveva tenuto negli anni del suo percorso di disintossicazione. C'era un paragrafo che descriveva la rapina finita male e un altro esprimeva il senso di colpa per essere stata coinvolta nell'uccisione di una persona, anche se sosteneva che si era trattato di un incidente. Inoltre, un album fotografico trovato in un armadio conteneva foto di Maxine che risalivano a quando era bambina. In molte di esse aveva lunghi capelli scuri. Maxine era stata arrestata due settimane prima ed era ancora in carcere, non potendo permettersi una cauzione di due milioni di dollari. Il dipartimento aveva minimizzato la notizia dell'arresto, che finora era sfuggito all'attenzione dei media.

Adesso era il momento per Masser di procedere con la seconda parte della strategia.

«Oggi pomeriggio vedrò John» disse al gruppo. «Andremo dall'avvocato di Maxine e vedremo se lei vuole un accordo. Dopo due settimane, probabilmente avrà capito che il carcere non è il posto in cui vuole passare il resto della sua vita.»

John era John Lewin, il sostituto procuratore distrettuale incaricato di seguire i casi dell'unità. Grazie alla copertura giornalistica che la chiusura dei casi irrisolti spesso portava, i media locali lo avevano soprannominato «il re dei casi irrisolti».

«Ha chiamato il suo ex marito dal carcere?» chiese Ballard.

«Non sulle linee registrate» rispose Masser. «Dubito che lui sappia che lei è stata arrestata.»

«Che cosa le offrirà John?» chiese Laffont.

«Non so cosa le proporrà all'inizio, ma mi ha detto che è disposto ad arrivare all'immunità totale» disse Masser. «Se lei ci consegnerà il suo ex.»

«E tu pensi che lo farà?»

«Sì, direi di sì. Ho cercato di recuperare il fascicolo del divorzio, ma è sigillato. Tuttavia, per due volte dopo il divorzio, lei ha chiesto ordini restrittivi contro l'ex marito. Non credo che ne senta la mancanza. Secondo me accetterà.»

«Lo spero anch'io» disse Ballard. «Tienimi aggiornata.»

«Benissimo» replicò Masser.

«Okay, abbiamo finito» concluse Ballard. «Scusate il ritardo e grazie di essere rimasti tutti qui. Ora diamoci dentro.»

Concludeva sempre la riunione settimanale con lo stesso slogan, tratto da una canzone dei Muse che amava: *Dig down*. Diamoci dentro, fino in fondo. Quelle parole erano scritte su un cartello appeso alla parete del suo cubicolo. Era il suo motto, sia per le indagini, sia per la vita.

4

Tornata alla sua scrivania, Ballard tirò fuori uno dei rapporti che aveva esaminato in precedenza. Si trattava di un furto da un'auto avvenuto sulla spiaggia di Topanga qualche mese prima. Ad attirarla fu l'annotazione dell'agente: nel parcheggio dove era avvenuto il furto c'era un venditore ambulante di frutta, il quale aveva dichiarato di non aver visto nulla. L'agente, tuttavia, aveva scritto nel rapporto nome e numero di telefono, per un eventuale controllo. Ballard copiò i dati del fruttivendolo e della vittima del furto in un taccuino. La vittima si chiamava Seth Dawson. Oltre al suo iPhone 15 nuovo di zecca, gli era stato sottratto un orologio Breitling del valore di tremila dollari, regalo di suo padre. Quei due oggetti facevano sì che il crimine andasse oltre il piccolo furto e si spingesse nel territorio dei reati più seri.

Mentre riponeva il taccuino nella tasca della giacca, Colleen alzò di nuovo la testa oltre il divisorio.

«Hai dimenticato qualcosa, oggi?» chiese.

Ballard pensò subito alla riunione e si domandò cosa si fosse scordata di affrontare. «Non credo» rispose. «A cosa ti riferisci?»

Colleen abbassò la voce, fino quasi a un sussurro: «Al tuo distintivo, per esempio».

Ballard si portò la mano al fianco destro come per cercare il distintivo alla cintura.

«Cazzo, hai ragione» disse. «È in macchina, sotto il sedile. Lo prenderò quando esco. Grazie di avermelo fatto notare, Colleen.»

«Non c'è di che.»

Una delle due linee fisse iniziò a lampeggiare. «Puoi rispondere tu?» chiese ad Hatteras.

«Certo.»

Colleen si abbassò per rispondere al telefono. Poi parlò senza sporgere la testa oltre il divisorio. «È Darcy Troy, sulla linea uno» disse. «Sembra importante.»

Ballard pigiò il tasto e prese il telefono. «Darcy, fammi indovinare. Shaquilla Washington?»

«Shaquilla Wa... no, si tratta di altro. Abbiamo appena fatto un bel colpo con lo stupratore delle federe.»

Ballard non disse nulla. Sentì una scia fredda correrle giù lungo la schiena.

«Renée?»

«Sì, scusa, sono qui. Dove l'hanno portato?»

«Non l'hanno arrestato. È una corrispondenza con la ricerca familiare che tu hai inserito nel sistema l'anno scorso.»

«Dimmi tutto.»

«La Divisione West Valley ha arrestato un tizio per un reato domestico. Gli è stato prelevato un tampone, che abbiamo inviato al dipartimento di Giustizia. È risultata una corrispondenza familiare utile per il caso di Abby Sinclair.»

Era uno dei primi casi che Ballard aveva sottoposto all'analisi genetica comparativa dopo aver riavviato l'unità, due anni prima. Lo stupratore delle federe aveva terrorizzato la città per cinque anni, a partire dall'inizio del nuovo secolo. Decine di donne erano state aggredite nelle loro case, mentre dormivano. Si svegliavano di colpo con la federa di un cuscino sulla testa, senza poter vedere nulla. Dopo lo stupro, l'uomo soffocava le vittime fino a far loro perdere i sensi, le legava con fascette di plastica e fuggiva.

Era stata formata una task force, ma non aveva mai effettuato alcun arresto. Il regno del terrore era culminato con l'omicidio di Abby Sinclair, l'ultima vittima nota, nel 2005. In quel caso l'uomo si era spinto troppo oltre, soffocando fino alla morte la vittima dopo la violenza sessuale. In seguito, le aggressioni si erano interrotte e lo stupratore delle federe era scomparso.

«Una corrispondenza familiare quanto stretta?» chiese Ballard.

«Molto» rispose Troy. «Il ragazzo arrestato probabilmente è il figlio dello stupratore.»

Ballard annuì. Sentiva il battito cardiaco aumentare mentre l'adrenalina le saliva nel sangue. «A quando risale l'arresto?»

«A nove settimane fa.»

«Mica poco!»

«È il tempo che ci vuole per elaborare i tamponi e inserirli nella banca dati del dipartimento di Giustizia. Non hanno la stessa priorità del dna proveniente dalle scene dei delitti. Grazie a Dio, avevi inserito quella ricerca familiare.»

Ballard era entrata nel dipartimento, aveva frequentato l'accademia e poi era stata di pattuglia in uniforme durante gli anni in cui lo stupratore delle federe aveva terrorizzato la città. Lei e il suo partner erano stati i primi a intervenire sulla scena dell'omicidio di Abby Sinclair. Era la prima che Ballard avesse mai visto e, sebbene ne fossero seguite molte altre, l'immagine del corpo nudo di Abby nel suo letto, con la federa tirata sopra la testa, le era rimasta impressa. Era il primo caso che aveva preso dallo scaffale della biblioteca delle anime perdute, l'archivio dei quaderni degli omicidi.

«Bene, Darcy» disse. «Dimmi quello che sai sull'arresto per violenza domestica.»

Annotò le informazioni, ringraziò Troy per la chiamata e riattaccò. Si alzò per vedere chi era rimasto nella zattera. Sebbene le riunioni del lunedì mattina fossero obbligatorie, gli investigatori erano tenuti a lavorare solo un giorno alla settimana e spesso se ne andavano dopo la riunione, scegliendo di adempiere al loro impegno in altri giorni. Vide solo Hatteras e Persson. Sapeva che Aghzafi preferiva lavorare il giovedì o il venerdì, e probabilmente Masser era uscito per incontrarsi con il pubblico ministero e l'avvocato difensore per il caso di Maxine Russell. Laffont non si vedeva da nessuna parte, ma Ballard sperava che fosse uscito solo per prendere un caffè o per andare in bagno, perché aveva bisogno di lui.

«Anders, Colleen, ascoltate» disse. «Abbiamo un caso grosso su cui voglio che concentriamo le nostre risorse.»

Prima di continuare, guardò i suoi appunti.

«Dovete rintracciare un certo Nicholas Purcell, nato il 29 gennaio 2000. È stato arrestato per un reato domestico circa nove settimane fa a West Valley. Voglio sapere tutto su di lui: dove vive, dove lavora, la violenza domestica di cui è accusato, tutto.»

«Qual è il caso?» chiese Persson.

«Circa vent'anni fa, c'era un criminale seriale chiamato lo stupratore delle federe» disse Ballard. «Ha aggredito parecchie donne per un periodo di cinque anni. Si parla di decine di vittime. Alla fine ne uccise una e poi sparì dalla circolazione. Non è mai stato preso. Quell'omicidio è il nostro caso.»

«Ma aspetta» disse Hatteras. «Se Nicholas Purcell è nato nel 2000...»

«Non può essere il nostro uomo» finì la frase Ballard. «E infatti non lo è. È suo figlio. Abbiamo una corrispondenza familiare. Il padre di Purcell è lo stupratore delle federe. Noi dobbiamo trovarlo attraverso il figlio, prendiamo il suo dna e partiamo da lì.»

«Figo» disse Persson.

Ballard lo guardò per un attimo, non sapendo quale aspetto di questa storia potesse essere definito «figo». Forse era solo il fatto che l'inglese non era la sua lingua madre. Annuì e si avviò verso gli archivi, ascoltando Hatteras e Persson che discutevano su come dividersi il lavoro.

I casi negli archivi erano organizzati prima per anno e poi in ordine alfabetico, secondo il cognome delle vittime. Dovette spostare alcuni scaffali per accedere ai casi del 2005. Il quaderno dell'omicidio di Abby Sinclair era in realtà una scatola. Conteneva i documenti dell'indagine sull'omicidio e quelli delle quarantasei aggressioni sessuali, la prima del 2000. La scatola di cartone aveva due maniglie. Ballard la tirò via dallo scaffale e la trascinò fino alla sua scrivania.

Hatteras e Persson erano entrambi voltati verso di lei quando uscì dall'archivio. Non riusciva ancora a capire bene Persson, dopo due anni di lavoro insieme. Con Hatteras era più facile, e la sua espressione le disse che qualcosa non andava.

«Cosa c'è?» chiese.

«Abbiamo trovato Nicholas Purcell» rispose Hatteras. «Pensiamo di aver trovato anche suo padre.»

«Siete stati velocissimi. Qual è il problema?»

«Da' un'occhiata.» Hatteras si alzò per consentirle di accedere al suo computer. Ballard posò la scatola sulla sedia e ci si appoggiò sopra per guardare lo schermo. Era una foto sulla pagina Facebook di Nick Purcell: una famiglia riunita intorno a una torta di compleanno.

«Sono dovuta andare indietro di tre anni per trovarla» disse Hatteras.

«Cosa sto guardando?» domandò Ballard.

«Leggi la didascalia. È il ventunesimo compleanno di Nick. Quello a destra è suo padre.»

Ballard osservò il padre. Le sembrò quasi di riconoscerlo, ma non sapeva dove l'avesse incontrato. Sembrava un cinquantenne in forma, con un viso rubizzo e una folta chioma di capelli scuri. Indossava una camicia a righe con i bicipiti che tendevano la stoffa delle maniche.

«Chi è?»

«Un giudice» rispose Persson, battendo Hatteras sul tempo.

«È il presidente dell'Alta Corte di Los Angeles» precisò Hatteras. «L'onorevole Jonathan Purcell.»

Ora Ballard capì come mai le sembrava di conoscerlo. «Avete scaricato il rapporto sull'episodio di violenza domestica?» chiese.

«Ce l'ho qui» disse Persson. «Ma ti dico subito che non ha avuto seguito.»

«È stato rifiutato dall'ufficio del procuratore» spiegò Hatteras. «Forse il giudice ci ha messo lo zampino.»

Ballard le scoccò un'occhiata per avvertirla che era pericoloso dire cose del genere.

Si avvicinò alla scrivania di Persson e si chinò per guardare il monitor. Lui si alzò per farla sedere e lesse in fretta il rapporto sommario scritto dall'agente che aveva effettuato l'arresto. Stava cercando i dettagli della presunta lite domestica e cosa l'avesse aggravata fino a farla diventare un reato. La vittima era identificata come Sara Santana, ventunenne. Aveva detto che, quando era tornata tardi dal lavoro, il suo fidanzato, Nicholas Purcell, si era arrabbiato e l'aveva soffocata fino a farle perdere i sensi. Ballard continuò a leggere per vedere quali prove erano state raccolte, se ce n'erano. L'agente aveva scattato foto del collo e della mano sinistra della vittima, che aveva detto di essersi rotta due unghie mentre lottava per staccare le mani di Purcell dal suo collo.

«Le foto non sono incluse nel rapporto?» chiese.

«Non ce ne sono» rispose Persson.

«Non dovrebbero esserci?» domandò Hatteras.

«Se l'agente le ha scattate con il suo telefono, dovrebbero essere allegate» disse Ballard. «Fa parte del protocollo per le chiamate domestiche.»

«Mi chiedo se l'abbia fatto e se il procuratore le abbia viste» disse Hatteras.

«Me lo chiedo anch'io» commentò Ballard. Si alzò, prese la scatola di cartone e tornò alla sua scrivania. «State a sentire» disse. «Non parlate di questo caso al di fuori di questa stanza. Nessun altro deve saperne nulla. Capito?»

Hatteras e Persson annuirono con aria seria.

«Bene» disse Ballard. «Anders, mandami quel rapporto.»

Appoggiò la scatola sulla scrivania e ne sollevò il coperchio. Conteneva sei raccoglitori di plastica, con il dorso rivolto verso l'alto, le date segnate e in ordine cronologico. Da una veloce occhiata che aveva dato a quella scatola due anni prima, ricordava che all'interno di cinque raccoglitori erano archiviati i rapporti della task force sulla serie di aggressioni attribuite allo stupratore delle federe. Il sesto era dedicato all'ultimo caso, l'omicidio di Abby Sinclair. Lo tirò fuori dalla scatola e si sedette per riprendere confidenza con l'indagine.

Prima di affrontare il raccoglitore, però, aprì la rubrica dei contatti sul cellulare e chiamò Laffont.

«Che c'è, Renée?»

«Sei andato via?»

«Sì, credevo avessimo finito. Vado a pranzo con un

amico. Pensavo di tornare quando avrò notizie sul mio caso da Darcy. Poi farò le mie ore di lavoro.»

«Ho bisogno che torni qui dopo pranzo. Abbiamo un caso importante su cui voglio cominciare a lavorare oggi stesso.»

«Va bene. Posso anche tornare adesso. Sono solo a dieci minuti da lì. Mi sono fermato a parlare con il capitano LaBrava. Mi ha visto nel parcheggio e mi ha chiesto come mai è scattato l'allarme della porta, stamattina.»

LaBrava era il comandante delle operazioni all'Ahmanson Center. Era il capo dell'edificio, ma non dell'Unità Casi Irrisolti, che era sotto il comando della Divisione Rapine e Omicidi.

«Gesù, è fissato con la porta sul retro» sbottò Ballard. «Non ha cose più importanti di cui preoccuparsi?»

«Dovrebbe averne» disse Laffont. «Ma credo di aver sistemato le cose. Ho detto che c'era una lucertola negli archivi e abbiamo cercato di salvarla portandola fuori nel modo più veloce possibile.»

«Una lucertola? E l'ha bevuta?»

«Non lo so, ma ha lasciato perdere. Non credo che ne parlerà ancora.»

«Vedremo.»

«Allora, di che si tratta?»

Ballard gli spiegò che era uno dei primi casi in cui, come capo dell'unità, aveva inviato dei campioni al laboratorio per la comparazione del dna familiare. Disse che il caso aveva appena prodotto una corrispondenza, la quale a sua volta riconduceva al presidente dell'Alta Corte di Los Angeles.

Laffont fece un fischio così forte che dovette allontanare il cellulare dall'orecchio.

«Tu ti sei mai trovata in aula davanti a Purcell?» le chiese.

«Mi sembra di no. Credo che si occupasse soprattutto

di cause civili. Ora ha una posizione importante, certo, ma penso sia più che altro amministrativa.»

«Peccato che non vada più in aula. Mi piacerebbe dargli un'occhiata.»

«Be', ne avrai la possibilità. Voglio prelevare un campione del suo dna il prima possibile.»

«In modo surrettizio?»

«A meno che tu ne conosca un altro. Non credo che funzionerebbe se andassimo a bussare alla porta del suo studio chiedendo: "Giudice, le dispiace se le facciamo un tampone?"»

«No, non credo neanch'io. Allora, cos'hai in mente?»

Con quella traccia tra le mani, Ballard non voleva ritardare l'indagine nemmeno di un giorno, anzi, nemmeno di un'ora o di un minuto. Era un caso troppo importante.

«Ecco, non ci ho ancora pensato bene, ma i giudici possono parcheggiare in un garage sotto il tribunale. Penso che dovremmo seguirlo quando esce a fine giornata, partiamo da lì.»

«Mi sembra un buon piano. Sei sicura che posso andare a pranzo e tornare in ufficio dopo? Non dovremo essere in centro prima delle quattro o giù di lì, giusto?»

«Sì, ma torna qui con un po' di anticipo: voglio che ti familiarizzi con il caso. Ho appena ritirato la scatola.»

«Torno per le due, che ne dici?»

«Bene. Anch'io ho un appuntamento a pranzo. Ci vediamo oggi pomeriggio.»

«Non ci muoveremo da soli, vero?»

«No, cercherò di far rientrare anche Paul e Lilia.»

«Bene. Ci vediamo alle due.»

«A dopo.»

Ballard riattaccò e guardò l'orologio. Aveva mezz'ora prima di uscire per il suo appuntamento. Aprì il portatile e andò a controllare gli acquisti recenti sulle carte di credito che le avevano rubato. Sperava che almeno una di esse fosse stata usata e che le avrebbe permesso di risalire al ladro, ma non risultavano movimenti su nessuna delle due.

Si appoggiò allo schienale e ci pensò su. Di solito le carte di credito rubate e i loro numeri venivano venduti rapidamente dai ladri a un altro giro di criminali che lavoravano in corsa contro il tempo prima che la vittima del furto bloccasse i prelievi. A quanto pare non era ancora successo. Delusa, rifletté sulla questione e si domandò se annullare le carte o lasciarle in uso sperando nella possibilità che generassero una pista da seguire.

Hatteras alzò la testa oltre il divisorio, ma non disse nulla.

«Cosa c'è, Colleen?»

«C'è qualcosa che posso fare?»

«No, esco per un appuntamento. Non c'è bisogno che resti.»

«Sicura?»

«Sì.»

«Va bene.»

Ballard guardò di nuovo lo schermo e avviò la procedura per denunciare il furto delle carte di credito e richiederne di nuove.

5

Lo studio della dottoressa Cathy Elingburg si trovava a nord dell'aeroporto, a Playa Vista, una zona conosciuta come Silicon Beach per via di tutte le aziende tecnologiche e le start-up che vi si trovavano. I clienti della dottoressa Elingburg erano in gran parte giovani tecnici con ansie dovute all'eccessiva competitività e disturbi del sonno. Per quanto ne sapeva Ballard, lei era l'unica poliziotta tra i suoi pazienti, e ne era contenta. Non voleva che nessuno del suo ambiente di lavoro sapesse che andava da una psicologa ogni settimana. In pieno ventunesimo secolo, ricorrere alla psicoterapia era ancora considerato un segno di debolezza per un poliziotto.

Arrivò in anticipo e si sedette in sala d'attesa, studiando i certificati di laurea incorniciati delle università Chapel Hill ed Elon, entrambe in North Carolina. Erano a nome di Helen Catherine Sharpe: Elingburg era chiaramente il cognome del marito. Nei circa otto mesi da quando Ballard aveva cominciato ad andare lì, non aveva avuto modo di chiedere come mai una persona che aveva studiato in North Carolina fosse finita a Silicon Beach. A mezzogiorno, sentì la porta d'uscita aprirsi e chiudersi. Lo studio era progettato in modo che un cliente che andava via non dovesse riattraversare la sala d'attesa, dove era seduto il cliente successivo. Era un dettaglio che apprezzava.

Qualche istante dopo, la porta dello studio si aprì e la dottoressa la fece entrare nella stanza rettangolare. A sinistra c'era una scrivania; a destra c'era un'area salotto con due divani su entrambi i lati lunghi di un tavolino, e poltrone sui lati corti. La loro abitudine era di sedersi l'una di fronte all'altra sui divani, e Ballard occupò il suo solito posto.

«Acqua?» chiese Elingburg. «Un caffè?»

«No, sto bene così» rispose Ballard.

La dottoressa si mise a parlare del fatto che il lunedì successivo lo studio sarebbe stato chiuso per il Presidents' Day. Le disse che avrebbero potuto spostare il loro appuntamento a un altro giorno o vedersi tramite Zoom, in collegamento ciascuna da casa sua. Decisero per un appuntamento in studio il martedì successivo e si misero al lavoro.

«Bene, cominciamo. Come sta andando la sua giornata?»

«Non è iniziata bene. O meglio, stamattina presto era okay, ero in acqua; ma poi è andato tutto in malora.»

«Cosa è successo? Un problema di lavoro?»

«No, quello va bene. Ma sono stata derubata mentre ero in mare. Sono andata a Staircases perché le app dicevano che c'erano buone onde. Ma lassù si parcheggia dietro la scogliera. Non puoi vedere la macchina dall'acqua e qualcuno doveva essere lì a guardare. Per forza. Mi ha visto nascondere la chiave. Quando sono tornata, il distintivo, il portafoglio e la mia pistola erano spariti.»

«Oh, mio Dio.»

«Già, e anche il telefono. Ho passato parte della mattina all'Apple Store. Quindi direi: brutta giornata.»

«E adesso cosa succede? Informerà il suo capo e loro indagheranno?»

«Non l'ho detto a nessuno. Dovrei denunciare il furto, ma se lo facessi potrei perdere il lavoro.»

«Cosa? Ma non è stata colpa sua.»

«Non importa. Se fossi un uomo, rischierei al massimo un richiamo per negligenza. Ma per me potrebbe non andare così. Ne abbiamo già parlato, sono sul filo del rasoio. Ci sono persone che non aspettano altro che io faccia un passo falso per trasferirmi chissà dove o sbarazzarsi completamente di me. Il lavoro che ho adesso è quello che voglio. È dove so di poter fare la differenza. Quindi non posso denunciare il furto, perché potrebbe essere l'occasione che aspettano per dire: "Sapete una cosa? È arrivato il momento di effettuare un cambiamento".»

«Ma non può andare in giro senza pistola e distintivo.»

«Ho un'arma di riserva e una pistola da stivale che il ladro non ha trovato nell'auto.» Ballard aprì la giacca per mostrare l'arma di riserva che teneva sul fianco.

«E il distintivo?»

«Be', devo recuperarlo.»

«Come?»

«Rintracciando chi me l'ha rubato.»

Elingburg si limitò ad annuire, come se stesse valutando la bontà di quel piano.

«Comunque, le cose sono andate meglio dopo» riprese Ballard. «Abbiamo un buon caso per le mani.»

«E cos'è per lei un buon caso?» chiese la dottoressa.

«Be', per esempio un omicidio o un reato grave per cui abbiamo prove solide, ma in cui il sospettato non ha la minima idea che gli stiamo addosso. A volte si conclude con un arresto in flagrante.»

«E una conclusione del genere le darebbe la carica.»

«Sì, cazzo. È ciò che dà senso a tutto.»

Elingburg annuì di nuovo e cambiò argomento. «Ci sono novità su sua madre?»

«No. Niente.»

L'ultima volta che ne aveva avuto notizie, sua madre viveva da qualche parte a Maui, l'isola hawaiana dove l'aveva abbandonata all'età di tredici anni, finché sua nonna Tutu non l'aveva trovata e portata in California.

Sei mesi prima, Maui era stata devastata dagli incendi. La città di Lahaina era stata distrutta e finora tra le ceneri erano stati recuperati i resti di quasi un centinaio di persone. Molti non erano stati ancora identificati. Si riteneva che Makani Ballard vivesse sul lato est dell'isola, lontano dagli incendi, ma probabilmente frequentava Lahaina per fare acquisti e cercare lavoro. Al momento era stata inserita tra i dispersi.

«Ho chiamato Dan, il mio contatto a Maui, la scorsa settimana, ma non hanno novità» disse Ballard. «Hanno ancora così tanti CNI che andranno avanti per mesi.»

«CNI?»

«Corpi non identificati.»

«Ah.»

«Noi poliziotti tendiamo ad abbreviare tutto. Il mio uomo laggiù lavora per una cosa chiamata TINO.»

«Che significa?»

«Task force per l'Identificazione e Notifica agli Obitori. È un nome orribile, quindi lo abbreviamo e lo trasformiamo in un acronimo accattivante.»

«È comprensibile. Il fatto di non sapere nulla di sua madre, se è ancora viva, ha attenuato quello che prova nei suoi confronti?»

Sulla parete dietro il divano dov'era seduta la dottoressa, c'erano scaffali pieni di libri, statuette e soprammobili vari. C'era anche uno specchio incorniciato su un supporto che Elingburg usava nelle sedute di terapia con clienti che avevano problemi con il loro aspetto fisico. Ballard poteva vedersi riflessa in quello specchio mentre considerava la domanda. Vide lo stress nei suoi occhi scuri e si rese conto che quella mattina era stata così preoccupata per il furto del distintivo e della pistola che si era dimenticata di legare i capelli schiariti dal sole in una coda di cavallo per andare al lavoro. Le ricadevano sulle spalle, arruffati e non spazzolati.

«Ha attenuato quello che provo...» ripeté. «Non esattamente. So solo che, se mia madre è morta, ho perso la possibilità di avere una risposta da lei.»

«Una risposta su cosa?»

«Lo sa, sul perché ha tagliato la corda e mi ha lasciata lì.»

«Sul perché l'ha abbandonata, vuol dire.»

Ballard annuì. «Immagino sia un po' difficile dirlo quando si tratta di tua madre.»

«È l'autocolpevolizzazione di cui stiamo parlando da quando è venuta da me per la prima volta» disse Elingburg. «Non è colpa sua, Renée. È stata sua madre a farle questo. E lei non ha fatto nulla per meritarlo.»

«Ma non capisco perché non abbia visto in me qualcosa per cui valesse la pena restare. Voglio dire, avevamo una casa, avevamo il mare, avevamo un cavallo. Lei aveva me, ma in qualche modo... non era abbastanza.»

Elingburg teneva un quaderno e una penna sul tavolino. Per la prima volta durante la seduta, li prese in mano e scrisse qualcosa.

«Che cos'ha scritto?»

«Trauma vicario.»

«Che significa?»

«È quando si condivide il trauma di qualcun altro. Le persone che lavorano in ambiti in cui vedono continuamente tragedie e traumi – poliziotti, vigili del fuoco, operatori del pronto soccorso, soldati – sperimentano su di sé un effetto di secondo livello.»

«E i terapeuti? Succede anche a loro?»
«È possibile, sì.»
«Cosa c'entra con mia madre?»
«Ecco... Credo che forse inconsciamente lei abbia mascherato il dramma della perdita di suo padre e dell'abbandono di sua madre con il trauma vicario del suo lavoro. Assumersi il dolore degli altri le consente di camuffare il suo. E questo è stato il suo scudo per molti anni, fino a quando la morte di sua nonna non le ha lasciato nessuno, se non la madre perduta da qualche parte là fuori. Ora la cosa sta affiorando in superficie ed è questo che causa la sua insonnia. Sta emergendo tutto a livello cosciente.»
Ballard ci pensò su. Era vero che aveva sentito il bisogno di aprirsi con qualcuno poco dopo la morte di Tutu. Era ironico il fatto che, mentre parlava a Elingburg di sua madre durante i loro incontri settimanali, gli incendi avevano devastato Maui e forse le avevano tolto la vita. Era quasi come se la rabbia e il dolore che aveva sputato fuori durante le sedute avessero innescato le fiamme.
«Allora» disse infine. «Cosa devo fare?»
«Come le ripeto, deve smetterla di incolparsi per le scelte di sua madre» rispose la dottoressa. «Deve ricordare che entrambe siete state abbandonate da suo padre. Il suo...»
«Aspetti un attimo. Lui è annegato. Non ci ha abbandonate.»
«Ha ragione. Non è stato un abbandono intenzionale. Non è stata una scelta, come quella di sua madre. È annegato. Ma è morto perseguendo uno stile di vita che sapeva essere pericoloso. Quindi la sua dipartita è stata come un abbandono per voi due. Sua madre l'ha gestita male, ma si sa, alcune persone non sono forti come altre. Lei è forte, Renée. Ha sopportato questo peso nella sua mente, ma a volte la mente si stanca e abbassa le difese, e le questioni salgono a galla.»

Ballard rifletté in silenzio. Era arrivata in quello studio un mese dopo che Tutu si era spenta pacificamente in ospedale. L'insonnia era iniziata subito dopo la sua morte e una ricerca su Google aveva indicato la dottoressa Elingburg come esperta di disturbi del sonno.

«E so che oggi è stata una brutta giornata per il furto delle sue cose in spiaggia» disse Elingburg. «Ma non si lasci scoraggiare. L'acqua è la sua salvezza. Deve uscire in mare il più possibile.»

«Non si preoccupi. Lo farò.»

6

Alle cinque del pomeriggio, Ballard era appostata nel suo Defender di fronte al PAB, l'edificio amministrativo della polizia, in First Street. Aveva una visuale chiara sulla leggera pendenza di Spring Street, all'altezza del cancello di uscita dal garage sotto il tribunale. Tom Laffont era nella sua auto personale in cima alla salita tra Spring e Temple. Paul Masser era posizionato su una delle sedie rosa in Grand Park, accanto al tribunale. In questo modo era il più vicino all'uscita del garage dove parcheggiavano i giudici. La sua angolazione gli consentiva di vedere le targhe dei veicoli che uscivano. Stavano cercando una Mercedes C 300 coupé che apparteneva a Jonathan Purcell. Era nera come la toga di un giudice, secondo Anders Persson, che aveva ottenuto la targa dal dipartimento della Motorizzazione.

Lilia Aghzafi era appostata nella sua auto su Temple, in modo da poter girare l'angolo e prendere a bordo Masser, una volta individuata la macchina di Purcell, per iniziare a seguirlo.

Ballard prese il suo rover e premette il pulsante di invio. «Avete gli occhi aperti?»

Ricevette un *clic* del microfono da ciascuno degli altri. Soddisfatta, prese il cellulare e chiamò un numero che aveva scritto nel suo taccuino. Mise il telefono in viva voce per non dover distogliere lo sguardo dall'uscita del garage del tribunale.

La chiamata passò immediatamente alla segreteria telefonica. «Questo messaggio è per Seth Dawson» disse Ballard. «Sono la detective Renée Ballard del dipartimento di polizia di Los Angeles. Sto riesaminando il furto avvenuto a novembre in un'auto sulla Pacific Coast Highway, a Topanga. Ho alcune domande da farle. Sono raggiungibile in qualsiasi momento a questo numero. Le sarei grata se mi richiamasse.»

Riattaccò e rifletté su ciò che aveva detto. Dawson avrebbe avuto una registrazione di lei che parlava di un'indagine che non le spettava, il che poteva essere un problema se le cose non fossero andate come sperava. Ma il modo in cui aveva formulato il messaggio le dava una via d'uscita plausibile, perché non aveva mai detto che stava conducendo un'indagine, ma solo che voleva fargli delle domande.

Dal rover uscì la voce di Masser. «Mercedes nera in arrivo sulla rampa.»

Ballard prese il binocolo dal cruscotto e lo puntò sull'uscita del garage. La Mercedes nera apparve subito e rimase ferma mentre il conducente aspettava di svoltare. Era una strada a senso unico. Doveva per forza andare a destra e venire verso di lei.

Era impaziente di ricevere un aggiornamento da Masser. Senza scostare gli occhi dal binocolo, afferrò il rover.

«Abbiamo la targa?»

Aspettò e poi spostò lo sguardo leggermente a sinistra per osservare Masser. Lo vide uscire dal parco e parlare accostando le labbra alla manica, ma non lo sentì sul rover.

«Qualcuno sta ricevendo un audio da Paul?» abbaiò nel rover. «Sta parlando, ma non riesco a sentirlo.»

«Nessun audio da Paul» disse Laffont.

«Non lo sento» riferì Aghzafi.

Ballard doveva pensare in fretta. La Mercedes aveva svoltato su Spring e stava arrivando al semaforo di First Street. Il fatto che Masser fosse uscito dal Grand Park e si trovasse sul marciapiede indicava che la Mercedes nera era quella che stavano cercando. Disse al microfono: «Lilia, va a prendere Paul e informaci sulla targa. Ricevuto?»

«Ricevuto.»

All'altezza di First Street la Mercedes svoltò a destra e si diresse verso Broadway. Ballard si allontanò dal marciapiede e si spostò sulla corsia di sinistra. Doveva fare un'inversione a U e il traffico delle cinque era molto intenso. Riportò il rover alla bocca. «Tom, ti stai muovendo?»

«No, aspetto ordini.»

«Dannazione, vai. Io sono bloccata. Lui ha preso a nord su First verso Broadway. Vai.»

«Parto subito.»

Ballard vide un'apertura nel traffico e posò il rover sul cruscotto, in modo da poter usare entrambe le mani per girare il volante e fare inversione. Si diresse verso l'incrocio con Spring, cercando la Mercedes un isolato più avanti. La vide su Broadway. Pensò che si stesse dirigendo verso l'ingresso della 101. Da lì, l'autostrada raggiungeva rapidamente uno svincolo in cui avrebbero rischiato seriamente di perdere di vista Purcell.

Fu costretta a inchiodare quando l'auto davanti a lei si fermò a un semaforo giallo. Diede una manata sul volante. «Stronzo!»

Poi vide la Hyundai bianca di Laffont svoltare e dirigersi verso Broadway. Era seguita dalla Volvo di Aghzafi. Afferrò di nuovo il rover. «Lilia, Paul ha confermato la targa?» Aspettò.

«Sì, confermata.»

Ballard annuì.

«Bene. Tom, hai l'obiettivo? Ho beccato un rosso.»
«Affermativo. Agganciato.»

Scattò il verde e Ballard attese che l'auto davanti a lei si muovesse. La voce di Lilia arrivò sul rover.

«E noi siamo subito dietro. Abbiamo l'obiettivo in vista» disse.

«Bene, continuate a seguirlo a distanza» disse Ballard. «Credo che ci stiamo dirigendo verso l'autostrada.»

Il Defender aggirò il lento veicolo davanti e svoltò su Broadway. Laffont iniziò una telecronaca via rover.

«Siamo sulla rotonda dell'autostrada. Al momento stiamo girando verso nord.»

Ballard imprecò quando prese un altro rosso su Temple. Immaginava che la Mercedes fosse già in autostrada e che si stesse avvicinando rapidamente al primo svincolo della 110.

«Tom, da che parte andiamo?» chiese alla radio.

«Sulla 110 a nord» rispose Laffont. «Sembra diretto a Pasadena.»

Niente conclusioni affrettate, pensò Ballard. La 110 a nord confluiva sia nella Glendale che nella Golden State Freeway. Purcell, sempre che la macchina che stavano seguendo fosse effettivamente la sua, poteva andare ovunque. Attivò il microfono.

«Qualcuno è riuscito a vedere l'autista? Abbiamo confermato l'obiettivo?» Aspettò.

Lilia doveva aver passato il suo rover a Masser perché fu lui a dire: «È lui. L'ho visto quando ha abbassato il finestrino per parlare con la guardia al garage».

Avevano varie foto di Purcell prese dalla pagina Facebook del figlio e da un profilo che Hatteras aveva trovato online. Era stato pubblicato sul *Los Angeles Legal Journal* quando Purcell era stato nominato presidente dell'Alta Corte. Forniva alcuni particolari su di lui, ma non rivelava dove vivesse. Dalla sua patente di guida non avevano potuto ricavare né la foto né l'indirizzo di residenza, perché la Motorizzazione li aveva bloccati. Si trattava di una pratica comune per membri delle forze dell'ordine e della magistratura. Anche la registrazione dell'auto riportava come indirizzo una casella postale.

Alla fine Ballard entrò in autostrada e iniziò ad avanzare. Dopo un po', vide la Volvo di Aghzafi. Stava per dire loro che li aveva raggiunti, quando squillò il telefono. Era Hatteras. «Colleen, che succede?»

«Come sta andando?»

«Siamo in piena azione. Cosa ti serve?»

«Volevo solo informarti che ho iniziato a lavorare sul modello di ereditarietà del dna di Purcell.»

«E cosa significa?»

«È un albero genealogico genetico.»

«Capisco... hai trovato niente di buono?»

«Ho appena iniziato.»

«Be', allora che ne dici di farmi sapere se trovi qualcosa che possiamo usare come pista investigativa?»

«Certo. Senz'altro. State seguendo il giudice adesso? Sento che sei in macchina.»

«Sì, e ho bisogno di concentrarmi, Colleen. Quindi, se non c'è altro, devo lasciarti.»

«Bene, buona fortuna. Fammi sapere come va.»

«Verrai domani?»

«Certo. Voglio continuare a costruire questo albero.»

«Allora ne parliamo domani.»

Ballard riattaccò. Hatteras aveva la capacità di portare la sua pazienza al limite. Eppure era brava in quello che faceva, se solo manteneva la concentrazione. Più di una volta aveva pensato di dirle che la collaborazione non stava funzionando e che doveva toglierla dalla squadra. Ma la genealogia genetica investigativa era il campo in cui spesso andavano a sfociare i casi irrisolti, e tutte le cose che rendevano Hatteras fastidiosa (il fatto che sentisse le «vibrazioni», che facesse troppe domande, che oltrepassasse i limiti, che ficcasse il naso ovunque) erano le stesse che la rendevano brava nel suo campo. Ballard la sopportava perché ne valeva la pena.

Ed era paziente anche perché sapeva come mai il lavoro sui casi freddi fosse così importante per lei, in quel periodo. A settembre aveva visto partire per l'università la seconda delle sue due figlie e suo marito, dopo ventitré anni di matrimonio, se n'era subito andato di casa e aveva chiesto il divorzio. Per Colleen non era stata esattamente una sorpresa, dato che il loro matrimonio non funzionava già da anni ed era per lo più una facciata che tenevano in piedi per le figlie. Ma tutto il tempo libero che adesso si trovava forzatamente ad avere si traduceva in un aumento della sua attività all'Ahmanson Center.

Purcell rimase sulla 110, superando gli svincoli per Glendale e Golden State, finché prese l'uscita per Orange Grove a Pasadena. Laffont, che lo seguiva più da vicino, segnalò la svolta e tutte le auto dell'unità lo seguirono. Era l'ora di punta e il traffico era così intenso che era molto difficile che Purcell si accorgesse di essere pedinato. I loro sforzi erano anche camuffati dal calare della notte. Se il giudice avesse guardato nei retrovisori, avrebbe visto dei fari dietro di sé ma nessun veicolo identificabile.

Dopo l'uscita, Purcell fece un paio di curve a destra e presto si trovò su Arroyo Drive, un vecchio quartiere benestante con case sulla destra e il fiume Arroyo Seco sulla sinistra. C'era poco traffico e Ballard ordinò alla sua squadra di rallentare e distribuirsi. Un minuto dopo Laffont riferì via radio che Purcell si era fermato in un vialetto all'angolo di Hermosa. «Io ho proseguito» aggiunse.

Ballard pensò a un piano e ne parlò via radio. «Tom,

accosta. Torna indietro a piedi sul lato ovest. Lilia, tu vai a destra su Hermosa e fai da palo. Tom, ti raggiungo tra un minuto.»

Mentre terminava di dare gli ordini, vide Lilia che metteva la freccia a destra mezzo isolato più avanti. La Volvo svoltò su Hermosa. Ballard proseguì dritto e, passando davanti alla casa all'angolo, vide un garage aperto e illuminato alla fine del vialetto. La Mercedes nera era nel posto a sinistra, accanto a un SUV, e Purcell stava scendendo con una valigetta in mano.

Continuò a guidare finché non vide l'auto di Laffont parcheggiata accanto al marciapiede tre case più in là. Si fermò dietro di lui, davanti a una casa in stile Craftsman senza luci accese e con un cartello immobiliare sul prato, con la scritta VENDESI. Scese e attraversò la strada verso il lato del fiume. C'era un sentiero tra gli alberi che costeggiava il pendio superiore dell'Arroyo Seco. Non vide Laffont finché non fu quasi tornata su Hermosa e trasalì quando lui uscì dall'ombra.

«Stai cercando di spaventarmi?» disse.

«No» rispose Laffont. «Cerco solo di non dare nell'occhio.» Parlavano sottovoce anche se erano a più di trenta metri di distanza dalla casa di Purcell.

«L'hai visto?» chiese Ballard.

«Non dopo che ha chiuso il garage. In casa le luci erano già accese. Credi che si fermerà per la notte?»

«Può darsi. Non lo so.» Ballard aveva il rover in mano. Sussurrò al microfono: «Lilia, dove ti trovi? Vedi qualcosa?»

Abbassò il volume prima della risposta. Quando sentì la voce di Aghzafi, alzò la radio e inclinarono entrambi la testa per ascoltare.

«Vedo alcune finestre posteriori. Sembra la cucina. Ci sono due persone che parlano, un uomo e una donna.»

Ballard guardò Laffont. Cominciava a pensare che il pedinamento fosse fallito.

«Preparano la cena?» disse lui.

«È probabile» rispose Renée. «Senti, ho paura che non usciranno più, possiamo riprovarci domani. Torna a casa, e dirò a Lilia di fare lo stesso. Io e Paul restiamo ancora un po'.»

«Non mi dispiace rimanere. Perché non mandi a casa loro due? Sono già nella stessa macchina.»

«No, voglio Paul qui, in caso succeda qualcosa.»

Non disse altro, ma nelle dinamiche della squadra, stabilite in altri prelievi surrettizi di dna, Masser, un ex magistrato che conosceva bene le regole relative alle prove, era il miglior elemento per testimoniare riguardo alla metodologia messa in pratica. Poteva tenere testa a qualunque avvocato difensore, in merito alle procedure seguite nella raccolta e nella conservazione del materiale genetico.

Ballard chiese via radio a Lilia di accompagnare Masser alla sua auto e di tornare a casa dopo avergli dato il suo rover. Laffont se ne andò poco dopo, dicendole di richiamarlo se il giudice avesse deciso di uscire.

Ballard e Masser si sistemarono nell'ombra del bosco di fronte alla casa dei Purcell. Due volte, durante la sorveglianza, un residente del quartiere passò a portare a spasso il cane e li osservò con diffidenza. Ma nessuno chiese loro cosa stessero facendo.

«Aspettiamo un'altra mezz'ora, poi ce ne andiamo» disse Ballard. «È un lunedì sera. La gente non esce il lunedì sera a Pasadena.»

Masser indicò verso l'altro lato della strada. «Non esserne tanto sicura» disse.

Seguì il suo dito e vide che la porta del garage si stava alzando e la luce all'interno si era accesa. Vide le gambe di due persone e, quando la porta finì di alzarsi, apparve

Purcell che teneva aperta la portiera del passeggero della Mercedes a una donna in tailleur pantalone viola.

«Le calde notti di Pasadena» disse. «Vado a prendere la macchina. Tu resta qui e guarda da che parte vanno.»

«Va bene» replicò Masser.

7

Seguirono la Mercedes attraverso il quartiere Old Town di Pasadena, finché dopo un quarto d'ora si trovarono davanti a un ristorante chiamato Parkway Grill. Un parcheggiatore prese la macchina e la coppia entrò. Ballard si era fermata in divieto di sosta accanto al marciapiede, da dove potevano vedere la porta d'ingresso del ristorante.

«Cosa ne pensi?» chiese.

«Sarà un ambiente ricco di dna» disse Masser. «La questione è come prelevarlo senza farci notare.»

«Giusto. Allora entriamo e vediamo come fare.»

«Sei sicura?»

«Se non ci riusciamo, domani ci proviamo di nuovo.»

«Chiediamo rinforzi?»

Ballard pensò se richiamare Laffont e Aghzafi, ma decise di non farlo. «Possiamo riuscirci da soli.»

«Sei tu il capo.»

Si scostò dal marciapiede e spostò il Defender nella corsia davanti al ristorante. I parcheggiatori si avvicinarono all'auto da entrambi i lati e aprirono le portiere. Ballard disse a quello dal suo lato che doveva prendere qualcosa dal retro. Da una scatola di plastica prelevò due sacchetti di cellophane per le prove e li infilò nella tasca della giacca.

Sapeva che avrebbero probabilmente avuto più di un'occasione per prelevare il dna di Purcell, all'interno del ristorante. Prese anche dei guanti di lattice e li mise nell'altra tasca.

Entrarono nel ristorante. C'era un bar a destra e una sala da pranzo affollata a sinistra. Il maître stava accompagnando Purcell e quella che doveva essere sua moglie a un tavolo nella parte anteriore della sala. Un gruppo di giovani donne in eleganti abiti neri si trovava dietro il banco della reception. Una di loro chiese come poteva aiutarli, con un tono che lasciava intendere il suo potere supremo nell'assegnare i tavoli per la cena.

«C'è posto per due?» chiese Ballard.

«Avete prenotato?» rispose la donna.

«No.»

«L'attesa per un tavolo senza prenotazione è di quarantacinque minuti circa. Posso farvi accomodare al bar, dove il servizio è in ordine di arrivo. Anche lì offriamo il menu completo.»

«Perfetto.»

Entrarono nel bar e trovarono due posti all'estremità del bancone più vicina alla sala da pranzo. Da lì, Ballard poteva vedere chiaramente il tavolo dei Purcell nello specchio dietro l'esposizione di bottiglie di bourbon.

«Allora, ordiniamo?» chiese Masser.

«Tanto vale» rispose Ballard. «Qui si viene per mangiare e daremmo nell'occhio se non lo facessimo.»

Studiarono i menu. Quando arrivò il barista, Ballard ordinò il branzino e una tonica con lime e una spruzzata di succo di mirtillo, che poteva sembrare una bevanda alcolica. Masser ordinò la stessa cosa. Nello specchio guardarono il tavolo dei Purcell, dove una bottiglia di vino veniva versata in un decanter. Ballard si preparò a quella che poteva essere una lunga notte. Sperava che il cibo fosse buono. Aveva sentito parlare di quel ristorante, ma raramente andava a Pasadena per mangiare.

«Ti dispiace molto passare la serata così?» chiese a Masser. «Come sta tua moglie?»

«Sta bene. Le ho mandato un messaggio per avvisarla. Non ci sono problemi.» Sorseggiarono le bevande analcoliche che il barista mise loro davanti e Ballard iniziò a pensare al caso. «Colleen dice che sta già costruendo un albero genealogico genetico.»

«Perché? Se lui è il nostro uomo, non ci serve un albero genealogico.»

«È vero, ma costruirlo la terrà occupata.»

Masser rise. «È vero. Ehi, guarda.»

Ballard controllò lo specchio. La donna – presumibilmente la signora Purcell, forse la madre di Nicholas Purcell – si era alzata dal tavolo e si stava dirigendo verso il bar.

«Siamo stati scoperti» bisbigliò Masser, con una vena di panico nella voce. «Cosa facciamo?»

«Aspetta. Vediamo cosa...» La donna svoltò in fondo al bancone e imboccò un corridoio a sinistra.

«Sta andando alla toilette» disse Ballard.

«C'è mancato poco» commentò Masser.

«Tu tieni d'occhio lui. Io seguo lei.»

«Sicura?»

«Certo.»

Ballard si alzò, lasciando il tovagliolo sulla sedia, percorse il corridoio ed entrò nella toilette. C'erano quattro bagni e due lavandini. Tre delle porte erano leggermente aperte, mentre la quarta era chiusa. Ballard chinandosi leggermente riuscì a intravedere l'orlo dei pantaloni viola. Si avvicinò a uno dei lavandini, abbottonò la giacca per evitare di esporre la pistola, prese un fazzoletto da una scatola e si appoggiò al lavandino, davanti allo specchio.

Attese.

Sentì lo sciacquone nel quarto bagno.

Iniziò a tamponare l'occhio sinistro con il fazzoletto. La porta del bagno si aprì, la donna uscì e andò all'altro lavandino. Ballard continuò a tamponarsi e la donna iniziò a lavarsi le mani.

«Spero che la paghi» disse a un tratto.

«Mi scusi?» disse Ballard.

«Quello che le ha spezzato il cuore. Spero che qualcuno spezzi anche il suo.»

«Oh. No, sto solo cercando di sistemare una lente a contatto.»

«Errore mio.»

«Non c'è problema.»

La donna finì di lavarsi e chiuse il rubinetto. Prese delle salviette di carta da un distributore, si asciugò le mani e le gettò in un contenitore per la spazzatura appoggiato sul piano dei lavandini. Frugò in una tasca del tailleur, tirò fuori un rossetto con un astuccio dorato e si ritoccò le labbra, poi prese un fazzoletto di carta. Dopo essersi tamponata le labbra, lo lasciò cadere nella spazzatura.

Ballard si allontanò dal lavandino e si sistemò i capelli guardandosi allo specchio. La donna si voltò verso la porta.

«Buona serata» disse.

«Anche a lei» rispose Ballard.

Quando tornò al bar, due minuti dopo, il suo branzino la stava aspettando. Masser stava già mangiando.

«Scusa, non ti ho aspettata. Era troppo invitante. Cos'è successo nella toilette?»

«Ho un fazzoletto con il suo rossetto» disse Ballard. Si tastò la tasca della giacca.

«Ma perché?»

«Perché non so chi sia.»

«Cosa vuoi dire?»

«Ho avuto l'opportunità e l'ho colta. Non sappiamo chi sia. È la madre di Nicholas Purcell? La sua matrigna? Dobbiamo sapere chi sono le persone coinvolte, e avevo due buste da prove. La domanda è: riusciremo a usare la seconda?»

«Be'... guarda un po', se ne stanno andando.»

Ballard fissò lo specchio. «Hanno fatto in fretta» osservò. «Ma hanno mangiato o no?»

«Solo antipasti e zuppa» disse Masser. «Poi il giudice ha ricevuto una chiamata sul cellulare e hanno chiesto il conto.»

«Deve essere successo qualcosa.»

«Già.»

Guardando lo specchio, Ballard vide un cameriere avvicinarsi al tavolo dei Purcell e consegnare al giudice una borsa da asporto.

Tirò fuori dalla tasca la seconda busta per prove genetiche e la porse a Paul sotto il bancone. «Hai i guanti?» chiese.

«Ne ho già infilato uno» disse Masser.

«Bene. Come pensi di muoverti?»

«Prima di ricevere la telefonata, ha mangiato la zuppa. Cerco di prendere il cucchiaio.»

Ballard annuì. Masser fece per scendere dallo sgabello. Ballard gli posò una mano sul braccio per fermarlo. «Aspetta» disse. «Lascia prima che escano.»

«Ma potrebbero sparecchiare» protestò Masser. «C'è gente che aspetta.»

Ballard gli tenne la mano sul braccio. Attraverso lo specchio osservò la coppia dirigersi verso la porta. Guardò il tavolo vuoto con il tovagliolo del giudice appallottolato. Si girò sullo sgabello per assicurarsi che stessero andando via.

Ma non successe.

Il giudice si fermò davanti al trio di giovani hostess per

intavolare una conversazione. Era un cliente abituale e probabilmente stava spiegando perché se ne stava andando prima del previsto. Le ragazze annuivano comprensive. Ballard controllò il tavolo. Un cameriere vi si soffermò per un attimo, poi prese il conto e i soldi.

Ballard guardò di nuovo il giudice. Stava ancora parlando.

«Dobbiamo farlo adesso» la esortò Masser.

«Merda. E va bene. Cerca di non farti vedere.»

«Sì, certo.»

«Sai cosa voglio dire.»

Masser entrò in sala proprio mentre un cameriere si stava dirigendo verso il tavolo di Purcell. Estrasse di tasca il telefono con la mano non guantata e camminò a testa bassa, guardando lo schermo. Davanti al tavolo, inciampò e ci finì contro, appoggiandosi alla sedia del giudice per non cadere. Si tirò indietro, scusandosi e mostrando il telefono al cameriere, per giustificarsi e per distogliere la sua attenzione dall'altra mano. Poi tornò al bar e si sedette.

«Hai imparato quella mossa alla scuola di magia?» chiese Ballard.

«Esatto. Una mano distrae mentre l'altra nasconde il coniglio.»

Ballard abbassò lo sguardo e vide che Masser aveva la busta da prove aperta tra le gambe e vi stava mettendo dentro il cucchiaio da minestra. Controllò lo specchio e vide il giudice e la moglie che finalmente uscivano dalla porta. Attirò l'attenzione del barista e con un gesto chiese di pagare.

Guardò la cena intatta. Il branzino era stato spennellato con una salsa al *beurre blanc* e sembrava grigliato alla perfezione.

«Abbiamo quello che ci serve» disse Masser. «Non penserai mica di andar via senza cenare, vero?»

«Voglio capire perché se ne sono andati così di fretta.»

«Allora dammi il biglietto del parcheggio. Mangia almeno qualche boccone mentre io prendo la macchina.»

Ballard mise una mano in tasca e gli diede il biglietto. Il barista le portò il conto e lei pagò in contanti. Poi mangiò tre bocconi di pesce – era delizioso – e uscì. La sua auto la stava già aspettando.

Seguirono la Mercedes del giudice e restarono sorpresi vedendola tornare a casa in Arroyo Seco. C'era un'auto ferma in strada. Aveva i fari accesi e i gas di scarico del motore si disperdevano nell'aria frizzante della notte. Ballard la riconobbe subito come un'auto senza insegne della municipalità, il veicolo di un detective. Mentre si avvicinavano, le portiere si aprirono e scesero due uomini. I fari del Defender li illuminarono e Ballard riconobbe l'uomo a lato del conducente.

«Va' avanti» disse a Masser.

«Ovvio. Non pensavo di fermarmi a salutare.»

«Scusa.»

«No problem. Chi sono?»

«Uomini della DRO.»

«Rapine e Omicidi? Perché gli hanno interrotto la cena?»

«Per un mandato di perquisizione, direi. Deve essere un caso che non può aspettare.»

«Cosa facciamo?»

«Ce ne torniamo a casa. Probabilmente Purcell non uscirà di nuovo, e noi abbiamo già quello che ci serve.»

«Hai riconosciuto quei due, vero?»

«Solo uno. Gil Perado. È della vecchia guardia.»

«Hai dei precedenti con lui?»

Ballard non rispose, così lo fece Masser. «Sicuro. Hai dei precedenti con tutti.»

«Avevo. Torniamo in centro. Alla tua macchina. Voglio che porti i campioni a Darcy Troy come prima cosa domani mattina.»

«Va bene. Ma di solito lo fai tu.»

«Domattina ho altri impegni. E non voglio ritardi con il laboratorio. Chiamerò Darcy. Si farà trovare pronta.»

«Ci penso io.»

«Dopodiché, ho bisogno che controlli il certificato di nascita di Nicholas Purcell. Dobbiamo coprire tutte le basi, assicurarci che sia davvero il figlio del giudice. Forse dovrai andare a Norwalk. Ci serve la data in cui è stato redatto il certificato di nascita, per essere sicuri.»

Gli uffici centrali dell'anagrafe della contea si trovavano a Norwalk, a sud. Ballard sapeva per esperienza che era molto complicato superare le barriere per poter esaminare i registri delle adozioni, ma scoprire quanti giorni dopo la nascita era stato depositato il certificato poteva aiutare a capire se fosse avvenuta o meno un'adozione.

«Certo, ci andrò direttamente dal laboratorio» disse Masser.

«Grazie. Forse arriverò tardi in ufficio, ma fammi sapere subito cosa trovi.»

«Naturalmente.»

MARTEDÌ, ORE 00.14

8

Ballard si svegliò al suono del cellulare che vibrava sul comodino. Guardò il numero ma non lo riconobbe. Rispose comunque.

«Ballard.»

«Sono Seth.»

«Seth chi?»

«Dawson. Mi hai lasciato un messaggio, dicendo di chiamare a qualunque ora. Ho appena finito di lavorare.»

Ballard fece mente locale. Quel tono informale l'aveva spiazzata. «Oh, giusto, sì. Scusami, lascio molti messaggi a molte persone. Volevo farti qualche domanda sul furto...»

«Li hai presi?»

«No, non ancora. Ma perché parli al plurale?»

Si mise seduta sul letto e appoggiò i piedi sul pavimento. Accese la luce del comodino e prese il taccuino posato lì accanto.

«Doveva essere più di uno» disse Dawson. «Per svaligiare tutte quelle auto in una mattina. Almeno, così ha detto il poliziotto.»

«Aspetta un attimo» disse Ballard. «C'è stato più di un furto? Io ho letto solo il rapporto di quello che riguarda te.»

«Sì, vedi, sono stato l'unico che ha aspettato l'arrivo della polizia. Ci è voluta almeno un'ora. Ma avevo bisogno di una denuncia per l'assicurazione. Gli altri si sono stancati di aspettare e se ne sono andati.»

«Quanti altri sono stati derubati?»

«Eravamo in quattro, compreso me.»

«Ricordi cosa è stato portato via?»

«Credo solo telefoni, forse un po' di contanti.»

«Conosci gli altri tre?»

«Non proprio. Li avevo visti in acqua, ma non abbiamo parlato. Abbiamo mantenuto le distanze.»

«Seth, il rapporto della polizia dice che vivi a Venice. Vai spesso a Topanga?»

«Quasi mai. E dopo quella storia, mai più. La mia assicurazione aveva una franchigia di cinquecento dollari, quindi ci ho perso parecchio.»

«Capisco. Hai perso un telefono e un orologio, giusto?»

«Sì, il Breitling era un regalo di mio padre. Era costato tremila dollari.»

«Immagino avesse anche un grande valore sentimentale per te.»

«Esatto.»

«Se non frequentavi quasi mai la spiaggia di Topanga, come mai ci sei andato quella mattina?»

«A Venice c'era calma piatta. Così ho guardato l'app e diceva che quella mattina le onde erano a Topanga. Allora ci sono andato.»

«Quale app usi?»

«Usavo Dawn Patrol, ma poi sono passato a Surf's Up. Se non ricordo male... sì, ero già passato a Surf's Up.»

Era la stessa applicazione che usava Ballard e che l'aveva condotta a Staircases il giorno prima. Lo annotò sul suo taccuino, anche se non lo avrebbe dimenticato. Era una pista solida. Se i ladri usavano un'applicazione per determinare quali erano i punti migliori per surfare, lei poteva fare la stessa cosa per cercare chi le aveva rubato il distintivo e la pistola.

«Hai detto che hai appena finito di lavorare» disse. «Dove lavori, Seth?»

«Alla FedEx dell'aeroporto. Sono un coordinatore delle merci. Mi assicuro che i pacchi giusti finiscano sugli aerei giusti diretti negli aeroporti giusti. È un lavoro come un altro.»

«Fai i turni di notte così di giorno puoi surfare?»

«Esatto.»

«Ti capisco perfettamente. Senti, ti sarei grata se questa conversazione rimanesse tra noi. È un'indagine in corso, quindi sarebbe meglio se nessun altro sapesse cosa stiamo facendo.»

«Va bene.»

«Grazie di avermi chiamata. Mi farò sentire quando li avremo presi.»

«Ottimo.»

Ballard riattaccò e rimase un attimo a riflettere. L'idea dell'app per il surf le aveva dato la carica. Si sdraiò di nuovo sul letto. Le bastarono trenta secondi per capire che non si sarebbe riaddormentata. Si alzò per fare una doccia.

9

Secondo Surf's Up, per il secondo giorno consecutivo le onde migliori della zona sud erano a Staircases. Sebbene Ballard non credesse che i ladri che stava cercando fossero i criminali più intelligenti a cui avesse mai dato la caccia, probabilmente erano abbastanza furbi da non tornare nello stesso punto il giorno dopo aver rubato pistola e distintivo a un'agente di polizia. Si diresse ugualmente, però, verso la Pacific Coast Highway, solo per poterla osservare con maggiore cognizione di causa.

Aveva passato buona parte della notte a lavorare online, confrontando le denunce di furto con la cronologia delle onde sull'app Surf's Up. Con una sola eccezione, tutti i furti denunciati da surfisti nei dodici mesi precedenti si erano verificati sulle spiagge in cui l'app diceva che quel giorno si trovavano le onde migliori. Al termine dell'analisi era risultato chiaro che i ladri (ormai anche lei era convinta che i colpevoli fossero più di uno) usavano Surf's Up per pianificare i loro furti.

E ora stava guidando nell'oscurità prima dell'alba verso Staircases, nella remota ipotesi che i ladri non fossero così furbi come credeva. Quando arrivò, il parcheggio era vuoto. Scese e lo percorse per tutta la sua lunghezza, osservando la cresta della scogliera alle sue spalle. Doveva esserci un punto di osservazione da cui controllare sia il mare, sia il parcheggio. Solo così i ladri avrebbero potuto tenere sotto controllo le mosse delle proprie vittime e sapere quando agire.

Il punto più alto si trovava all'estremità nord del parcheggio. Ballard capì subito che sarebbe stato il luogo migliore per osservare. Accese una mini torcia che aveva recuperato dalla borsa dell'equipaggiamento e salì sul pendio sabbioso. In cima trovò una piccola radura tra la vegetazione da cui si vedevano benissimo il parcheggio e la spiaggia. Il mucchio di lattine, bottiglie e altri rifiuti sembrava la prova che aveva ragione.

La maggior parte dei rifiuti era stata gettata a casaccio sulla sabbia o tra l'erba. Ma una lattina di Red Bull era rimasta in piedi. La cenere intorno al foro del tappo indicava che era stata usata come posacenere. Le sembrò insolito, visto che il luogo era all'aperto e la cenere poteva essere facilmente dispersa nel vento.

Si infilò i guanti di lattice e prese la lattina per il bordo, usando due dita per non rovinare eventuali impronte. La scosse delicatamente. Dentro non c'era più del liquido, ma c'era qualcosa. Forse un mozzicone di sigaretta o il filtro di uno spinello. Tirò fuori dalla tasca un sacchetto per le prove e vi infilò la lattina. Era possibile che fosse stata maneggiata dai ladri che avevano svaligiato la sua auto, certo, ma era comunque un'eventualità remota. Tuttavia, nel corso degli anni aveva imparato a seguire le sue intuizioni. A volte davano frutto.

Guardando il mare, vide un surfista già in acqua alle prime luci dell'alba. Non indossava la muta e capì che si trattava di Van, quello che l'aveva invitata a colazione.

Avrebbe voluto essere anche lei là fuori invece che in piedi su una scogliera con la possibile prova di un crimine in mano. Si chiese se sarebbe mai arrivato un momento in cui non avrebbe più portato con sé guanti di lattice e buste da prove.

Scese di nuovo fino al parcheggio e vide che c'era un altro veicolo, un furgone Volkswagen d'epoca blu chiaro con finiture bianche. Finestrini su tutte le fiancate e portatavola sul tettuccio. Doveva essere di Van. Si domandò se quello fosse davvero il suo nome o un soprannome derivato da quel suo *van* della Volkswagen. In ogni caso, il furgone glielo rendeva più simpatico, era un simbolo vintage della cultura del surf.

Risalì sul Defender e prese la Pacific Coast Highway fino alla superstrada 10, che l'avrebbe portata in centro e poi fino alla California State University, dove si trovava il laboratorio forense del dipartimento.

Durante il tragitto si fermò alla spiaggia di Topanga e si guardò intorno, ma non c'erano surfisti e non c'era molto movimento. Cercò il venditore di frutta menzionato nel verbale di Dawson, ma non lo vide e non aveva intenzione di aspettare per vedere se si sarebbe fatto vivo. La lattina di Red Bull nella busta da prove sul sedile accanto era la cosa più importante, e voleva portarla in laboratorio senza ulteriori ritardi.

La PCH curvava a est attraverso il tunnel di Santa Monica e si immetteva sulla 10. Venti minuti dopo, aveva attraversato il centro e preso l'uscita per il complesso di laboratori che il LAPD condivideva con il dipartimento dello sceriffo. L'Unità per le Impronte Latenti si trovava al primo piano e, come nel laboratorio del dna tre piani più su, anche qui l'Unità Casi Irrisolti aveva un tecnico incaricato di gestire le richieste di analisi delle impronte. Ma il criminologo Federico Beltran non era accomodante come Darcy Troy. Ballard sperava che, passando di persona a consegnare una prova da esaminare, avrebbe potuto contenere le tempistiche.

Dopo aver parcheggiato, prese il telefono e chiamò Paul Masser. Non voleva incontrarlo nell'edificio e dovergli spiegare il motivo per cui voleva far analizzare la lattina di Red Bull. Quando Masser rispose, capì che era su un'auto in movimento.

«Ciao, sei già stato al laboratorio?» chiese.

«Sono appena uscito. Darcy ha detto che invierà i campioni entro oggi. Entrambi. Come hai detto ieri sera, è meglio identificare anche la donna e ottenere la sua firma genetica.»

Ballard annuì, pur sapendo che lui non poteva vederla. «Darcy non sarà rallentata dal fatto di avere due campioni da inviare al dipartimento di Giustizia?»

«Non vedo perché, ma se vuoi la richiamo per dirle di lasciar stare per ora il campione di rossetto.»

«No, non importa. Mi sto preoccupando troppo.»

«Ha detto che sarebbe stata veloce.»

«Bene. Dove sei diretto, ora?»

«A Norwalk per ottenere il certificato di nascita di Nicholas Purcell, sempre che sia nato in questa contea. Dopodiché, torno al fienile.»

«Bene, ci vediamo lì tra un po'. Stamattina ho una commissione da fare. Di' a Colleen di non farsi prendere dal panico se faccio tardi.»

«Sono sicuro che andrà in panico lo stesso.»

Ballard riattaccò e si rese conto di avere un problema: le serviva un documento d'identità per entrare nell'edificio. Era stata al laboratorio così tante volte nel corso della sua carriera, che conosceva tutti gli addetti alla sicurezza che presidiavano l'ingresso. Più di una volta l'avevano lasciata passare senza che dovesse mostrare il documento, ma lo aveva sempre con sé. Sperava proprio che quel giorno non ci fosse di turno una guardia nuova e le chiedesse di identificarsi.

Pensò per qualche istante alle possibili soluzioni, poi scese e aprì la porta posteriore del Defender. Lì aveva una scatola di plastica che conteneva il suo equipaggiamento per le scene del crimine: tute, calzari, stivali di gomma, guanti, cappelli, pennarelli, quaderni da appunti e una macchina fotografica. La maggior parte di quegli oggetti non le era servita durante il periodo trascorso nell'Unità Casi Irrisolti, perché non c'era più la possibilità di visitare le scene del crimine. Ma ora ne vedeva l'utilità. Mise la borsa contenente la lattina di Red Bull sopra la scatola, chiuse la portiera del Defender con un calcio e portò il tutto nell'edificio.

Attraversò le porte automatiche muovendosi come se la scatola pesasse moltissimo, e si diresse in fretta al banco del check-in, dove sedeva una guardia giurata. L'aveva già incontrata, ma lavorava lì da poco e avrebbe potuto non riconoscerla. Mentre passava, lesse rapidamente la targhetta con il cognome Eastwood e le venne in mente il suo ovvio soprannome.

«Ehi, Clint» disse. «Ballard, Casi Irrisolti, devo vedere Rico alle Impronte Latenti. Puoi segnarmi?»

«Certo» rispose Eastwood. «Numero di distintivo?»

«Sette-sei-cinque-otto.»

«Ti manca solo un nove.»

«Cosa?»

«Per chiudere una scala a poker.»

Ballard fece una finta risata. «Oh, sì, hai ragione. Puoi aprire la porta?»

«Subito. Hai bisogno di aiuto con quella scatola? Sembra pesante.»

«No, ce la faccio. Grazie.»

Eastwood premette un tasto e la porta automatica si aprì con un ronzio. Ballard entrò. Percorse il corridoio fino all'Unità delle Impronte Latenti e posò la scatola accanto alla porta. Entrò con la borsa da prove contenente la lattina.

Federico Beltran era già nel suo cubicolo a controllare impronte digitali affiancate su un grande schermo. Ballard sapeva che era l'ultima fase dello studio delle impronte. Il computer stabiliva delle corrispondenze consultando un database nazionale e il compito del tecnico era quello di verificare la precisione delle corrispondenze e riferire ai detective.

«Rico, il mio esperto di impronte preferito» lo salutò Ballard. «Come stai in questa bella mattina?»

Beltran alzò gli occhi; Ballard era appoggiata alla mezza parete a destra del suo computer. «Ballard» disse. «Sono molto impegnato, in questa bella mattina.»

«Be', dovrò aggiungere qualcosa al tuo piatto già pieno» disse Ballard. Alzò la mano da dietro il muro in modo che lui potesse vedere la busta da prove contenente la lattina. Beltran gemette, proprio come si aspettava.

«Dai, non fare così» scherzò lei. «Su con la vita. Ti ho portato solo una cosa. Poteva andare molto peggio.»

«Lascia tutto sulla scrivania e me ne occupo appena posso» disse Beltran.

«In realtà, ne avrei bisogno subito, Federico. Aspetto qui.»

«Niente da fare. Sono nel bel mezzo di un caso.»

«Ma vedo che sei alla fine, quindi concludi pure e poi analizza questa lattina. Sei l'uomo chiave per risolvere il caso. Potresti diventare un eroe e non dimenticheremo di citarti nel comunicato stampa.»

«Giusto. Non riceviamo mai riconoscimenti. Voi vi prendete tutta la gloria.»

«Ma non questa volta. Ho solo bisogno che tu dia un'occhiata alla lattina. Ci vorranno due ore al massimo e, se ci sarà qualche riconoscimento da distribuire, il tuo nome sarà il primo della lista.»

«Sì, l'ho già sentito dire, credo proprio da te.»

In ogni caso si voltò e prese la busta di Ballard. Lei seppe di avercela fatta.

«Qual è il numero del caso?» chiese Beltran. «Devo vedere se c'è un vaper libero.»

Il vaper era la teca di vetro dove piccoli oggetti venivano esposti ai vapori di cianoacrilato, che cristallizzavano sulle creste delle impronte digitali, sollevandole e facendole diventare bianche. Le impronte potevano poi essere raccolte con un nastro adesivo o fotografate e confrontate con quelle presenti nei database.

Ma il problema immediato di Ballard non era il vaper. Tutti gli elementi presentati all'Unità delle Impronte Latenti per elaborazione e confronto dovevano essere archiviati con il numero di protocollo di un caso. Il problema era che lei non aveva quel numero, perché non c'era un'indagine ufficiale sul furto del suo distintivo, della pistola e degli altri oggetti. Avrebbe dovuto fornire il numero di un caso in corso, ma doveva fare attenzione. Se un giorno fosse stato risolto, la sua richiesta di analisi di impronte sarebbe diventata parte delle prove da usare in tribunale, mettendo a rischio l'integrità del caso.

Per questo era venuta preparata, con il numero di un caso di omicidio che non sarebbe mai stato risolto. Fornì a Beltran il numero 88-0394, e il nome, Jeffrey Haskell. Il tecnico annotò le informazioni e si rese conto che l'omicidio risaliva a oltre trent'anni prima.

«Un caso dell'88?» disse. «Come può essere una priorità?»

«Semplice» replicò Ballard. «Quella lattina di Red Bull è stata toccata da un sospettato che abbiamo tenuto d'occhio ieri; devo scoprire la sua identità e vedere se si collega a qualche altro caso.»

La verità era che il caso del 1988 era stato riesaminato dai membri dell'Unità Casi Irrisolti all'inizio dell'anno e lei aveva firmato la valutazione secondo cui non sarebbe stato risolvibile con gli strumenti forensi attuali. Niente dna. Niente balistica. Niente impronte digitali. Niente testimoni e niente arma del delitto. Si trattava dell'omicidio di un ventiduenne di Malibu, Jeffrey Haskell, che si era recato in una zona malfamata di South Central per acquistare droga in dei casermoni di case popolari. Ma era stato rapinato, pugnalato con uno strumento sconosciuto e lasciato morire dissanguato nell'auto che aveva preso in prestito dalla madre dicendole che stava andando a comprare dei libri. Più di trent'anni dopo, non c'erano né indiziati, né piste da seguire. Era un caso destinato a rimanere per sempre su uno scaffale dell'archivio all'Ahmanson Center.

Non tutti i casi potevano essere risolti. Ma anche quelli impossibili potevano essere utili a ottenere giustizia per qualcun altro. Aveva memorizzato il nome e il numero del caso di Jeffrey Haskell. Sapeva che non sarebbe mai riuscita a ottenere giustizia per quel giovane ma, in un modo di cui solo lei sarebbe stata consapevole, quel caso avrebbe potuto contribuire a risolvere un altro crimine.

«Capisco» disse Beltran. «Ho il tuo cellulare. Ti chiamo se trovo qualcosa.»

«No, aspetto qui» rispose Ballard. «Così non lo metterai in fondo alla pila appena uscirò dalla porta.»

«Non lo farò.»

«Chi lo sa.»

«Per una volta fidati. Io vado a mettere nel vaper questa lattina.»

Si alzò, prese la busta da prove e si diresse verso le porte del laboratorio in fondo alla stanza. Ballard sapeva che non poteva seguirlo. Esistevano protocolli rigorosi per garantire che le prove in laboratorio non fossero contaminate o alterate da personale non essenziale. Decise quindi di fidarsi, lì avrebbe perso solo del tempo.

«Bene, allora mi fai sapere quando avrai qualcosa?» gli gridò dietro. La irritò notare che aveva un tono quasi di supplica.

«Ti ho già detto di sì» rispose Beltran, senza fermarsi e senza voltarsi verso di lei.

Ballard lo guardò attraversare le porte e poi controllò l'ora sul suo telefono. Erano solo le 8.20 e, se fosse uscita ora, avrebbe potuto raggiungere l'Ahmanson Center prima che qualcuno, a parte Colleen Hatteras, si accorgesse del suo ritardo.

10

Hatteras la fece entrare in ufficio dall'uscita d'emergenza e Ballard andò dritta al telefono della sua scrivania, in fondo alla zattera. Mentre era in macchina aveva chiamato Beltran al cellulare ma lui non aveva risposto. Probabilmente aveva visto il numero sullo schermo e aveva deciso di ignorarla.

Compose il numero dalla sua linea fissa e cercò di calmare il respiro. Era seccata con lui, ma sapeva che non era il momento di contraddirlo. Si trattava di un'indagine non ufficiale su cui non voleva attirare l'attenzione. Stavolta Beltran rispose al primo squillo. Ballard ingoiò la propria irritazione e assunse un tono da telefonata di lavoro.

«Rico, sono Ballard. Volevo solo sapere se hai qualcosa per me.»

«Sì, quello che ho, Ballard, è una completa perdita di tempo.»

«Davvero? In che senso?»

«Non è possibile che questo sia il tuo uomo per quel caso dell'88. Nell'88 non era nemmeno nato.»

Ballard ricordò di avergli detto che la lattina di Red Bull era stata maneggiata da un sospettato dell'omicidio. Era stato un passo falso. Cercò di nascondere la discrepanza con una domanda. «Allora chi è?»

«Le impronte sulla lattina sono di un certo Dean Delsey, di ventidue anni. Cazzo, non puoi distogliermi dalle cose importanti che ho da fare per chiedermi analisi inutili.»

Ballard fece uno sforzo per non ribattere.

«Ballard, ci sei?»

«Sì, ci sono. Dammi la sua data di nascita e qualsiasi altra cosa tu abbia trovato, per favore.»

Beltran le fornì a malincuore la data di nascita di Delsey e aggiunse che aveva precedenti per reati minori e aggressioni. Non era in prigione, ma era attualmente in libertà con la condizionale per una condanna per furto d'auto.

«Grazie» disse Ballard, seccata. «Parlerò con Doreen e le chiederò di affidare i nostri casi irrisolti a un altro tecnico, d'ora in poi.»

Sentiva di dover far pesare a Beltran quel suo atteggiamento polemico: a lungo andare avrebbe potuto danneggiare l'unità. Doreen era Doreen Hudson, direttrice di lunga data del laboratorio criminale della polizia di Los Angeles; era una donna che aveva indubbiamente dovuto affrontare la sua parte di ostruzionismo maschile durante la sua ascesa da criminalista di primo livello, quasi quattro decenni prima. Riferendosi a lei con il suo nome di battesimo, Ballard voleva far capire a Beltran che la conosceva bene e che la solidarietà tra donne non era da sottovalutare. La verità, tuttavia, era che non la conosceva abbastanza da chiamarla direttamente per lamentarsi di Beltran o per chiedere l'assegnazione di un nuovo tecnico. Contava sul fatto che Beltran non lo sapesse.

«Oh, be', non è necessario» disse subito Beltran. «Possiamo...»

«Non è un problema» lo interruppe Ballard in tono dolce. «Se pensi che quello che facciamo qui sia una completa perdita di tempo, vuol dire che la collaborazione non funziona. Ci penso io, intanto buona giornata!»

Prima che Beltran potesse rispondere, premette il pulsante per interrompere la chiamata.

«Chi era?» chiese Hatteras.

Ballard alzò lo sguardo e la vide affacciata oltre il divisorio, come al solito.

«Non importa, Colleen. Solo un cretino. Paul è già tornato?»

«Eccomi» disse Masser.

Ballard si girò sulla sedia e lo vide entrare. Si avvicinò alla sua postazione con un documento in mano.

«Ho il certificato di nascita» disse.

Posò il documento sulla scrivania e indicò la data di nascita di Nicholas Purcell e una seconda data in una casella con la dicitura «registrato». Il certificato di nascita era stato registrato due giorni dopo la nascita al St. Joseph Medical Center di Burbank.

«Cosa significa?» chiese Hatteras.

«Che Nicholas Purcell non è stato adottato» disse Masser. «Per adottare, un giudice emette un decreto e viene creato un nuovo certificato di nascita. Il problema è che di solito passano settimane tra la data di nascita e la data di registrazione presso l'anagrafe della contea. Due giorni tra una data e l'altra significano niente adozione. Nicholas è figlio di Jonathan e Vivian Purcell.

«Quindi significa che... il giudice è sicuramente il nostro uomo?» chiese Hatteras.

Masser annuì. «Sembra di sì.»

«Ma seguiamo la procedura» disse Ballard. «Aspettiamo la conferma del dna.»

«Dovremmo averla entro venerdì.»

«Poi ci muoveremo» disse Ballard.

Scese un silenzio solenne per un lungo momento, in cui

rifletterono sulla pericolosità di mettersi contro un giudice dell'Alta Corte. Masser ruppe finalmente il silenzio, ma solo per aggiungere un altro peso ai loro pensieri.

«Le ripercussioni saranno enormi» disse. «Ogni caso su cui si è pronunciato sarà passibile di appello. È una fortuna che si sia sempre occupato solo di diritto civile. Ma, comunque, i ricorsi che ne deriveranno intaseranno il tribunale per anni.»

«È una cosa che non ci riguarda» osservò Ballard. «Se è il nostro uomo, abbiamo il dovere di arrestarlo.»

«Sono d'accordo» disse Masser.

Hatteras si schiarì la voce per attirare l'attenzione di Ballard.

«Cosa c'è, Colleen?»

«Ecco, volevo dirti che ho costruito un modello di ereditarietà usando...»

«Intendi un albero genealogico?»

«Sì, l'albero genealogico genetico, a partire dalla sequenza di dna che abbiamo ottenuto da Darcy.»

«Il dna di Nicholas.»

«Esatto. E la cosa strana è che finora non ho trovato alcun collegamento con il giudice.»

«Cosa vuoi dire? Che stiamo abbaiando sotto l'albero genealogico sbagliato?»

«È strano, ma sì, qualcosa non quadra. Sento che dovrei trovare dei collegamenti, ma per ora non ce ne sono.»

«Continua a cercarli, Colleen. Comunque, dobbiamo attendere venerdì, prima di sapere qualcosa di certo sul dna.»

«Va bene, capo.»

«E non chiamarmi capo.»

«Va bene, Renée.»

«Così va meglio.»

Hatteras si abbassò dietro il divisorio per rimettersi al lavoro e anche Masser andò al suo cubicolo. Ballard guardò gli appunti che aveva preso durante la telefonata con Beltran.

Aprì il link della Motorizzazione e digitò nome e data di nascita di Dean Delsey. Sapeva che la ricerca sarebbe rimasta nella cronologia della Motorizzazione e qualcuno avrebbe potuto usarla contro di lei, se la sua indagine non ufficiale le fosse scoppiata in faccia. Il dipartimento monitorava assiduamente le ricerche presso la Motorizzazione, a causa di abusi passati in cui erano stati coinvolti agenti che conducevano indagini a pagamento, per conto di investigatori privati e avvocati. Ma Delsey era l'unica pista al momento ed era disposta a rischiare. Era sicura che, se fosse stata interrogata in merito, sarebbe stata in grado di inventare una storia di copertura adeguata.

L'indirizzo riportato sulla patente di guida di Delsey era a Park Court, vicino alla Speedway di Venice. Delsey era un piccolo criminale che viveva vicino alla spiaggia e a stretto contatto con la cultura del surf di cui stava approfittando. Anche la foto sulla patente di guida lo confermava. Era bianco, con i capelli schiariti dal sole e il colorito rubizzo di un surfista. Corrispondeva all'idea che si era fatta del colpevole.

Il fatto che Delsey avesse lasciato le sue impronte digitali su una lattina trovata in una radura su una scogliera, in alto sopra una spiaggia frequentata da surfisti, non era una prova di nulla. Ma l'istinto le diceva che si stava avvicinando al suo obiettivo.

Le venne in mente una cosa e alzò il telefono fisso, poi ci ripensò e usò il cellulare. Era un piccolo test. Chiamò la linea diretta di Beltran e questa volta lui rispose immediatamente.

«Felice di risentirti. Hai già parlato con la direttrice?»

«No, non ancora. Lo farò più tardi. Ma ho dimenticato

di chiederti una cosa, prima: hai scoperto cosa c'era nella lattina di Red Bull?»

«Sì, stavo giusto scrivendo il rapporto. C'erano due mozziconi di sigaretta e il filtro di uno spinello. Li ho conservati. Vuoi che li mandi al laboratorio genetico?»

«No, tienili lì e prima o poi passo a ritirare tutto.»

«Troverai qui il pacchetto quando ne avrai bisogno.»

«Grazie, Rico.»

Riattaccò. Non sapeva se preferiva il vecchio Rico risentito o il nuovo tutto ossequioso, ma sapere che c'era una canna nella lattina di Red Bull si sarebbe rivelato utile quando avrebbe affrontato Delsey.

«Paul?» chiamò.

Masser sporse la testa sopra il divisorio. «Sì?»

«Grazie di tutto quello che hai fatto stamattina. Puoi mandare avanti la baracca per un po'? Vado a fare una commissione.»

«Non c'è problema. Voglio fare ulteriori controlli legali sul giudice Purcell.»

«Che tipo di controlli?»

«Voglio dare un'occhiata ai processi che ha gestito, alle sue sentenze. Sono intrigato da questa storia. Voglio dire, una pazzesca doppia vita, ammesso che sia il nostro uomo. Sai che è stato nominato giudice lo stesso anno in cui lo stupratore delle federe è scomparso dalla circolazione?»

«Sì, l'avevo letto.»

«Comunque, voglio sapere il più possibile su di lui.»

«Bene. Quando ti sentirai pronto, faremo una riunione con tutti i membri della squadra per parlare di quello che avrai scoperto.»

«Benissimo.»

Ballard si alzò in piedi. «Ora esco. Torno presto.»

Stava per allontanarsi quando suonò il telefono fisso. Si risedette e rispose. «Casi Irrisolti.»

«Sono Landry, alla reception. Ha una visita. Bosch.»

Ballard si bloccò per un attimo. «Bosch... maschio o femmina?»

«Una donna. Madeline Bosch. Devo mandarla via?»

«No, arrivo.»

«Ora glielo dico.»

Ballard riattaccò e rimase a fissare il telefono.

«Cosa c'è?» chiese Hatteras. Si era alzata di nuovo in piedi. «Hai l'aria di aver visto un fantasma.»

Ballard scosse la testa. «No, va tutto bene.»

Si diresse verso l'uscita, con la trepidazione che aumentava a ogni passo. Percorse il lungo corridoio centrale fino all'ingresso, dove c'erano un banco di accettazione e una fila di sedie. L'Ahmanson Center era il principale centro di addestramento della polizia di Los Angeles e spesso quelle sedie erano occupate da candidati che volevano indossare il distintivo.

Maddie Bosch era venuta in borghese. Il suo viso non mostrava segni di stress o dolore.

«Maddie, Harry sta bene?» chiese subito Ballard. Maddie si alzò in piedi.

«Sì, per quanto ne so» disse. «Non lo sento da un paio di giorni. Hai saputo qualcosa?»

«No. Ho solo pensato che se eri venuta da me di persona, forse c'era un problema.»

«No, scusami se ti ho spaventata, non è per questo che sono qui. Per quanto ne so, sta bene. È sempre Harry.»

«Meno male.»

Harry Bosch era stato un mentore per Ballard e aveva lavorato all'Unità Casi Irrisolti agli inizi. Ora era malato di cancro e lei non aveva ricevuto sue notizie di recente.

«Sono qui perché voglio fare volontariato» disse Maddie.

Ballard non se lo aspettava. «Vuoi dire per l'unità?»

«Sì, per l'unità. Alla Divisione Hollywood ho un orario quattro su tre, tre giorni liberi ogni quattro di lavoro, e dal venerdì al lunedì mi fanno fare i turni pomeridiani. Questo significa che ho molto tempo libero durante la settimana e ho pensato che fosse una buona idea fare volontariato qui. Voglio diventare una detective, un giorno, e qui potrei accumulare esperienza.»

«Ne hai parlato con Harry?»

«No. Lui è in pensione e prendo le mie decisioni da sola.»

«Giusto. Scusami, non volevo...»

«Non c'è problema. È solo che non ho bisogno del suo permesso. E vorrei aiutare la tua unità. Possiamo parlarne? Hai tempo?»

«Sì, certo. Andiamo a sederci nella caffetteria. Qui non c'è molta privacy.»

Percorsero il corridoio principale e svoltarono a destra in un corridoio più piccolo che conduceva alla caffetteria. Ballard prese un caffè e Maddie un tè caldo. Il locale era in gran parte deserto perché era la pausa tra la colazione e il pranzo. C'erano molti tavoli vuoti e si sedettero a uno che offriva la massima privacy per la loro conversazione.

«Non tornavo qui da quando ero in accademia» disse Maddie Bosch.

«Il mio addestramento è stato nella vecchia sede di Chavez Ravine» disse Ballard.

«Lì non ci vado quasi mai.»

«Bene, immagino tu sappia cosa facciamo qui.»

«Lavorate ai casi irrisolti. Soprattutto omicidi. Da quello che so, avete tutti i quaderni degli omicidi archiviati proprio qui. Li esaminate per vedere se la moderna tecnologia forense può essere usata per identificare i colpevoli e dare un po' di pace ai familiari che hanno perso delle persone care.»

«Risolviamo casi, ma non so se riusciamo a dare pace ai familiari. Diamo risposte, ma queste non mettono fine al dolore che le persone si portano dentro.»

«Harry ha sempre detto la stessa cosa.»

«Quindi lo sai. Molte persone che vogliono offrirsi volontarie per l'unità vengono con un caso specifico in mente. Un amico o un familiare, qualcuno del quartiere in cui sono cresciuti. Hai una motivazione simile anche tu?»

«No, non è il mio caso.»

«Bene. Io però due parole con Harry dovrò farle.»

«Preferirei di no. Non voglio ricevere spinte. La decisione è tua.»

«Ti capisco, ma Harry è mio amico e sarebbe strano se non gli dicessi almeno che lavoreremo insieme.»

«Puoi farlo dopo aver deciso? Senza consultarlo. Ti ho portato questo.» Estrasse di tasca un foglio stampato e lo aprì.

«Qui ci sono nomi e numeri dei miei supervisori» disse. «Compresa la mia responsabile dell'addestramento, anche se non sono più una recluta. Ma potrà confermarti che imparo in fretta e che reggo bene la pressione.»

Ballard prese il foglio e lo guardò. Non c'era nessun nome che conosceva, anche se fino a pochi anni prima aveva lavorato alla Divisione Hollywood come detective del turno di notte.

«Sembra che ci sia stato un completo ricambio del personale di comando, da quando c'ero io» disse.

«Sì, sono quasi tutti nuovi» ribatté Maddie. Ballard annuì e continuò a fissare il foglio.

«Allora, cosa ne pensi?» chiese Maddie.

Ballard alzò gli occhi a guardarla. «Be', prima di tutto voglio che tu sappia un paio di cose» disse. «Mi aspetto che i membri dell'unità dedichino al lavoro un giorno alla settimana. Due sarebbe ancora meglio, ma mi accontento di uno. Non devono essere per forza turni di otto ore, ma voglio vederti qui almeno una volta alla settimana. È un problema?»

«No, per niente. Come ho detto, ho molto tempo libero. Tranne quando devo andare in tribunale. Ma non capita spesso. Che altro?»

«Se hai un caso in corso, o lo porti avanti o lo passi a qualcun altro. E se non stai seguendo un caso, voglio che ne cerchi dei nuovi in archivio, guardando i vecchi fascicoli. Abbiamo tutta una procedura per capire come sceglierli, perché ci sono seimila crimini irrisolti nel nostro archivio. Al momento tendiamo a scegliere casi degli anni Ottanta e dei primi Novanta. Abbastanza recenti da far pensare che il colpevole sia ancora vivo ma vecchi a sufficienza da poter essere riesaminati con tecniche sconosciute all'epoca.»

«Capisco.»

«Hai delle domande?»

«I crimini irrisolti risalgono anche a prima degli anni Ottanta?»

«Sì, a molto più indietro. Ma abbiamo deciso di non affrontare indagini aperte prima del 1975. Sarebbe improbabile che le persone coinvolte fossero tutte ancora vive, dai colpevoli ai parenti delle vittime.»

«Certo, è logico.»

«Già. C'è altro a cui posso rispondere?»

«Solo una cosa: quando deciderai se prendermi a bordo?»

«Prima devo fare un paio di cose. Devo parlare con il mio capitano e chiedergli se approva l'assunzione di una persona che lavora già a tempo pieno nel dipartimento. Non è mai successo prima. Ma ti dico, e lo dirò anche a lui, che sarebbe bello avere nell'unità qualcun altro con un distintivo: mi toglierebbe un bel peso. Ci sono molte cose che solo un poliziotto può fare, dall'effettuare arresti a rendere testimonianza in tribunale. E io qui sono l'unica. Sarebbe bello averti con noi. Proprio bello.»

«Bene. Spero che tu riesca a convincere il capitano.»

«Lo spero anch'io.»

Ballard sollevò il foglio. «Queste persone sanno che potrei chiamarle?»

«No» rispose Maddie. «Devo avvisarle?»

«Meglio di no. Vuoi vedere il posto dove lavorerai se la cosa andrà in porto? Oggi ci sono altri due volontari.»

«Certo.»

«Allora andiamo.»

11

Ballard parcheggiò sulla Speedway, davanti alla porta di un garage, sul retro di una casa circondata da un muro di cinta. Tre cartelli sulla porta grigia intimavano di non bloccare l'uscita. Ma non aveva intenzione di lasciare l'auto lì. Da quel punto aveva una buona vista sull'appartamento di Dean Delsey, al secondo piano di un edificio fatiscente, costruito settantacinque anni prima e progettato per somigliare a una barca. Le finestre erano rotonde come oblò e all'angolo anteriore esterno del muro di cinta erano attaccate delle ancore, come se fosse la prua di una nave. Prima di sistemarsi lì in osservazione, Ballard aveva fatto un giro esplorativo e aveva stabilito che l'indirizzo sulla patente di Delsey corrispondeva all'appartamento all'estremità est del secondo piano.

C'era un balcone che affacciava sulla Speedway. Contro il muro erano accatastate tre o quattro tavole da surf. La portafinestra scorrevole era aperta e ne usciva una musica a basso volume, che non riuscì a riconoscere.

In casa c'era qualcuno.

Si preparò a una lunga sorveglianza. Non sapeva bene quale sarebbe stata la sua prossima mossa, ma sperava almeno di riuscire a dare un'occhiata a Delsey, prima di andare via.

Le venne in mente una cosa che avrebbe dovuto fare prima di lasciare l'ufficio e decise di correre il rischio di coinvolgere Hatteras nella sua indagine non ufficiale. La chiamò al cellulare.

«Renée, tutto bene?»

«Sì. Ma ho bisogno che tu faccia una cosa per me.»

«Certo.»

«Va' al mio terminale. Dovrebbe essere ancora aperto.»

«Va bene.»

Attese finché Colleen si fu seduta al suo posto, confermandole che era ancora connessa alla rete del dipartimento. Dopodiché le chiese di accedere al database della motorizzazione e inserire l'indirizzo di Delsey nel motore di ricerca, per verificare se lo stesso indirizzo fosse presente sulla patente di qualcun altro.

«Vengono fuori due nomi» disse Hatteras.

«Uno è Dean Delsey. Dimmi l'altro.»

«Robert Delsey. Deve essere suo fratello. Oppure, aspetta, no, forse è suo padre. È più anziano.»

«Qual è la sua data di nascita?»

Hatteras le diede una data del 1981. Robert aveva il doppio degli anni di Dean. Questo raddoppiò anche l'interesse di Ballard per la coppia. Un altro caso con al centro un padre e un figlio, il secondo in due giorni. Ballard non dava molta importanza alle cosiddette coincidenze (glielo aveva insegnato Harry Bosch), ma pensò che quella fosse significativa.

Disse ad Hatteras di avviare una ricerca nell'indice dei registri penali del dipartimento. Colleen le riferì che Robert Delsey aveva precedenti penali molto più seri di quelli di Dean, tra cui nove anni di prigione per aggressione con arma letale. Nove anni significavano che non si trattava di una rissa da bar o di una scaramuccia su una spiaggia.

Significava che Delsey doveva essere andato vicino a uccidere qualcuno, quindi era un uomo pericoloso.

Chiese ad Hatteras di scattare con il telefono una foto di Robert Delsey sul computer e di inviargliela sul cellulare.

«Di cosa si tratta?» chiese Hatteras.

«È solo un vecchio caso a cui ho lavorato prima di arrivare all'unità» rispose Ballard, che si aspettava la domanda. «Nulla di cui tu debba preoccuparti. Mandami la foto e grazie, Colleen.» Riattaccò prima che Hatteras potesse farle un'altra domanda.

La foto arrivò ed esaminò la faccia di Robert Delsey. Il legame genetico con Dean era evidente. Molto probabilmente erano padre e figlio. Il viso e la pelle di Robert erano consumati da più anni di sole e sale. Ballard pensò a suo padre e alle rughe profonde e abbronzate intorno ai suoi occhi castano scuro; quegli occhi così simili a quelli del suo attore preferito, Charles Bronson.

Rimase a riflettere sul da farsi per una ventina di minuti, prima di chiamare finalmente un nome dalla sua lista dei contatti preferiti. Harry Bosch rispose con il suo solito saluto.

«Tutto bene?»

«Sì, Harry. E tu?»

«Non posso lamentarmi.»

«Ti tieni occupato?»

«Non troppo. Sto guardando tutte le puntate di *Avvocato di difesa*, se riesci a crederci.»

«Lavori ancora con quell'avvocato lì?»

«Ogni tanto, quando ha bisogno di me.»

«E come va la tua salute, Harry?»

«Resisto. Le ultime TAC sono state buone.»

«Sono felice di sentirlo.»

«Allora, cosa c'è?»

«Volevo solo sapere come stai. È da un po' che non ho tue notizie e c'è qualcosa di cui devo parlarti.»

«Dimmi pure.»

«Riguarda Maddie ed è un po' imbarazzante.»

«Che le è successo?»

«Ecco, è venuta qui e si è offerta volontaria per la squadra.»

«I casi irrisolti?»

«Sì, la mia unità.»

«Capisco. Qual è la parte imbarazzante?»

«Non voleva che te lo dicessi perché... sta affermando la sua indipendenza e probabilmente non è sicura di come la prenderesti. Ma questo mi mette in una situazione imbarazzante perché non è una cosa che posso tenerti nascosta. Non voglio mettermi tra voi due. Sono sicuro che te lo dirà. Se il capitano approverà la sua domanda, intendo.»

«Ti ha detto perché vuole entrare all'UCI?»

«Be', credo sia ovvio. Vuole essere come te, Harry. Vuole diventare una detective, e lavorare qui non le danneggerà certo la carriera. Potrebbe addirittura accelerarla.»

Bosch tacque e Ballard lo immaginò seduto nella sua casa sulla collina, pensando a sua figlia.

«Harry, sei ancora lì?»

«Sono qui. E tu cosa ne pensi? La vuoi nell'unità? È giovane. Deve ancora imparare tante cose.»

«È vero, ma egoisticamente sarei felice di averla in squadra. Sono mesi che dico al capitano che ho bisogno di un'altra persona con un distintivo. Devo occuparmi di troppe questioni burocratiche. Leggere i diritti ai sospettati, raccogliere le testimonianze, chiedere i mandati di perquisizione. Mi portano via troppo tempo. Quindi, sì, la prenderei. Ma se tu non vuoi chiudo la pratica subito.»

Bosch esitò, ma solo per un attimo. «No, non è una decisione che spetta a me, ma a lei. Deve seguire la sua stella. Non è così che dicono i bambini?»

«Basta che tu ne sia certo.»

«Sì, lo sono. Veglia su di lei, Renée. Proteggila. E non parlo solo dei proiettili, ma di tutto il resto. Del rischio di entrare nell'oscurità. È un rischio forte lì, in quei casi irrisolti a cui lavori.»

«Lo so e lo farò, Harry.»

«Grazie.»

Scese un silenzio imbarazzato.

«Sei sicuro di stare bene?» chiese Ballard alla fine.

«Al cento per cento» rispose Bosch.

«Bene, allora vediamoci presto a pranzo o a cena.»

«Certo.»

Riattaccò. Sapeva che Bosch, a modo suo, si era sforzato di proteggere la figlia dall'oscurità che in alcuni momenti si era insinuata dentro di lui. Ma era una battaglia senza fine. Pensò a ciò che la dottoressa Elingburg aveva detto sul trauma vicario. A volte non era vicario. A volte era proprio sotto gli occhi di tutti.

Non appena mise il telefono nel portaoggetti dell'auto, emise un segnale acustico. Pensò che fosse Bosch che richiamava per qualcosa, ma lo schermo mostrò che si trattava del suo capo alla Divisione Rapine e Omicidi, il capitano Gandle. Per un attimo pensò di non rispondere, ma sapeva che qualsiasi cosa volesse il capitano, avrebbe dovuto inevitabilmente occuparsene. Accettò la chiamata.

«Capitano.»

«Ballard, ma che cazzo? Ha seguito il presidente dell'Alta Corte per ottenere un campione di dna?»

«Chi gliel'ha detto?»

«Non è importante. Non ha pensato di chiedermi il permesso?»

«Capitano, lei mi ha incaricato di seguire i casi ovunque ci portino. Si ricorda di avermelo detto?»

«Sì, ma non può mettere sotto sorveglianza il presidente dell'Alta Corte senza almeno avvisare il suo comandante. Ha idea di che tipo di merda ci pioverà addosso se la cosa dovesse andare storta?»

«È il principale sospettato di un omicidio e diversi stupri. Se il dna dovesse corrispondere, lo arresteremo, non faremo certo un'eccezione per lui.»

«Ballard...» Gandle s'interruppe.

Doveva scoprire come aveva ottenuto quelle informazioni. Se c'era una talpa nell'unità, doveva scovarla.

«Senta» rispose con più calma Ballard. «Non so cosa le abbiano riferito, ma abbiamo un riscontro familiare sullo stupratore delle federe. Sono sicuro che ricorda il caso: un violentatore seriale che ha finito per uccidere una donna. Due mesi fa un uomo è stato arrestato in seguito a una chiamata per violenza domestica. È stato sottoposto a un tampone, i dati genetici sono stati inseriti nel CODIS e hanno indicato che suo padre è lo stupratore delle federe. Abbiamo il certificato di nascita di quell'uomo e suo padre è il giudice Purcell. Non è stato adottato. Abbiamo dovuto indagare. La questione era troppo grossa, cazzo.»

«No, lei avrebbe dovuto chiamarmi non appena fosse venuto fuori il nome del giudice e dirmi: "Capitano, abbiamo una situazione delicata". E insieme, io e lei, avremmo deciso come andare avanti.»

«Ma non c'era nulla da decidere. È un sospettato, il fatto che sia un giudice non significa che non possa essere anche uno stupratore e un assassino. Abbiamo fatto esattamente quello che dovevamo: abbiamo il suo dna ed entro venerdì sapremo se è lui il colpevole. Quello che voglio sapere ora è chi l'ha informata.»

«Perché le interessa?»

«Perché devo sapere di chi posso fidarmi nella mia unità. Se questa faccenda uscirà dal dipartimento e arriverà al giudice prima di venerdì, avremo un problema.»

«È stata Kelly Latham.»

Il capo del laboratorio del dna e la superiore diretta di Darcy Troy. Ballard capì subito che Paul Masser aveva dato a Troy troppe informazioni quando aveva portato i campioni di dna al laboratorio. Questo la sollevò. Masser non doveva aver pensato che le cose che aveva detto a Darcy sarebbero arrivate al suo capo e da lì al capitano che sovrintendeva all'Unità Casi Irrisolti.

«Mi ha messo in una brutta situazione, Renée» disse Gandle. «Sono informazioni che vorrei non avere. Perché ora la cosa da fare sarebbe passarle subito al decimo piano.»

Al decimo piano del PAB si trovavano gli uffici del capo della polizia e della maggior parte del personale di comando del dipartimento. Una delle cose che Ballard amava di più del suo attuale lavoro era che, all'Ahmanson Center, era lontana da tutto questo. Lì doveva avere a che fare con un solo comandante, che si preoccupava più degli allarmi delle uscite di sicurezza che di altro.

«Faccia quello che crede, capitano» rispose. «Ma se fossi in lei, aspetterei di avere notizie dal dipartimento di Giustizia perché, quando avremo il riscontro, dovremo elaborare una procedura d'arresto e a quel punto sì che sarà utile coinvolgere il decimo piano.»

Gandle esitò. «Entro venerdì ce la potremmo fare, secondo lei?»

«Il nostro referente al laboratorio ci ha dato la priorità» disse Ballard, evitando di fare il nome di Darcy Troy.

«Va bene, ma voglio essere informato di ogni mossa che farà da ora in poi.»

«È semplice: non faremo più niente finché non avremo i

risultati. La mia esperta di GGI sta costruendo un albero genealogico genetico, ma è tutto lavoro via internet. Non andremo a bussare a nessuna porta.»

«Sta parlando di Hatteras? Le dica di fermare tutto e di non fare altro finché non ci saranno i risultati. Capito?»

«Sì, ho capito.»

«Cosa sta facendo in questo momento?»

«Sono seduta in macchina a fare telefonate riguardo a una potenziale volontaria. Le farò sapere se si dimostrerà all'altezza e se vorrò prenderla in squadra.»

«Una donna... va bene. Si assicuri solo che sia in grado di sfondare una porta a calci.»

«So già che può farlo, capitano.»

«Bene. Mi tenga informato.»

Riattaccò e Ballard rimase a guardare fuori dal parabrezza, ricapitolando la telefonata e sperando di aver evitato di compromettere il suo rapporto con il capitano. Passò un lungo momento prima che si rendesse conto che c'era un uomo in piedi sul balcone dell'appartamento di Delsey.

Afferrò il binocolo sul cruscotto e lo mise a fuoco.

Era Dean. Indossava una camicia hawaiana bianca e blu. Sembrava più vecchio della foto sulla patente e i capelli erano più corti, ma aveva poco più di vent'anni, non quaranta. Aveva in mano una bottiglia di birra e fumava uno spinello, soffiando il fumo verso la Speedway. Ballard lo guardò, aspettando di vedere se il padre o qualcun altro lo avrebbe raggiunto sul balcone. Ma non uscì nessuno.

Dean Delsey finì di fumare e gettò il filtro della canna sulla Speedway. Poi scomparve di nuovo all'interno.

Ballard fece qualche rapido calcolo da detective. Sembrava che Dean fosse solo nell'appartamento. Se il padre e il figlio erano responsabili della serie di furti, era logico che, tra i due, il figlio fosse quello più facile da far crollare. Aveva precedenti, ma il sistema gli aveva dato più volte una seconda possibilità. Il padre era stato in prigione. Dean era libero con la condizionale, Robert in libertà vigilata. Dean era l'anello debole.

Allungò una mano sotto il sedile e afferrò le manette, poi abbassò l'aletta parasole e scese dall'auto.

12

Ballard si avvicinò furtiva alla porta dell'appartamento 211 e appoggiò l'orecchio destro allo stipite. Sentì della musica all'interno, ma nulla che conoscesse.

Fece un passo indietro e controllò che non ci fosse uno spioncino o una telecamera a circuito chiuso. Via libera. Batté forte il pugno sulla porta.

«Polizia, apra!»

Accostò di nuovo l'orecchio alla porta, ma non sentì alcun movimento all'interno: lo sciacquone, o i passi di qualcuno che si affrettava a nascondere la droga. Bussò ancora, questa volta più forte.

«Dipartimento per la libertà vigilata. Apra la porta o la sfondiamo.»

Ora sentì la musica interrompersi e dei passi avvicinarsi.

Sfoderò la pistola e la tenne lungo il fianco.

La porta si aprì e apparve l'uomo che aveva visto sul balcone. «Lui non è in casa» disse.

«Un passo indietro» disse Ballard.

Dean Delsey vide la pistola e alzò le mani, indietreggiando.

«Ehi, non c'è bisogno di quella» disse. «Bobby non c'è.»

«Sei Dean Delsey?»

«Sono io, ma...»

«Contro il muro. Forza.»

«Va bene, va bene.»

Delsey si girò, allargò le mani all'altezza delle spalle e le appoggiò al muro, una mossa che evidentemente aveva già fatto in passato. Ballard con un piede gli distanziò le gambe. Mise la pistola nella fondina e gli appoggiò una mano sulla schiena per tenerlo in posizione, mentre con l'altra lo perquisiva in cerca di armi.

«Dov'è tuo padre?»

«Non lo so. È uscito, non mi ha detto dove andava.»

«Quando torna?»

«Non l'ha detto.»

«Allunga la mano destra dietro la schiena.»

«Senta, non c'è bisogno di...»

«Mano destra dietro la schiena.»

Lui ubbidì. Ballard sganciò le manette dalla cintura e gli ammanettò il polso.

«Ora la sinistra.»

Delsey ubbidì di nuovo, ma non senza lamentarsi. «Sto solo dicendo che se è venuta per lui, non è obbligata ad ammanettarmi» disse.

«Chi ha detto che sono qui per lui?» domandò Ballard. «Forza.»

Lo staccò dal muro e lo accompagnò al centro del soggiorno. C'erano un divano logoro, una poltrona La-Z-Boy malconcia con la finta pelle screpolata e spaccata sui braccioli e un televisore a schermo piatto sintonizzato su un canale musicale, ma senza audio.

«In ginocchio» disse Ballard.

«Oh, andiamo» protestò Delsey.

«In ginocchio.»

«Ma che cazzo.»

Delsey cadde in ginocchio sul pavimento senza moquette. Ballard afferrò con una mano la catena che univa le manette e con l'altra il colletto della camicia hawaiana.

«Ora ti stenderò a pancia in giù. È per la mia e la tua sicurezza.»

«Stronzate.»

Ballard lo spinse e lui si abbassò sul pavimento.

«Ora posso sapere di che si tratta?» protestò. «È qui per me o per lui?»

«Per te, Dino» rispose Ballard. «E posso arrestarti per violazione della condizionale e metterti in cella. Ti ho visto bere e fumare sul balcone dieci minuti fa.»

«Ho una notizia per lei: ho più di ventun anni e l'uso ricreativo della marijuana è legale.»

«E io ne ho una per te: leggi i termini della tua libertà condizionata. Niente alcol e niente droghe, anche quelle legali, senza il permesso del tribunale. Vuoi mostrarmi il permesso del tribunale per sballarti?»

Aspettò. Delsey restò zitto.

«Come pensavo. Sei fottuto, amico mio. Ti tengo in pugno».

«Vaffanculo. Voglio vedere subito un documento, cazzo.»

«È buffo. Anch'io voglio vedere un documento. Il mio. Me l'hai preso tu.» Delsey voltò la testa a guardarla. Lei capì che l'aveva riconosciuta, dalla foto sul tesserino della polizia che le aveva rubato.

«Sì, non mi ci è voluto molto a trovarti» disse Ballard.

«Non so di cosa parla.»

«Sì che lo sai. Ma questo è il tuo giorno fortunato, Dino. Se fai la cosa giusta, non andrai in prigione. Altrimenti, aspettiamo qui che il caro papà torni a casa e vediamo se lui vuole stringere un accordo. Ha ancora cinque anni di libertà vigilata da scontare. Tu hai diciotto mesi di sospensione della pena. Secondo me per evitare di tornare al carcere di Soledad sarà disposto a gettarti sotto un treno.»

Delsey non disse nulla. Ballard aspettò.

«Cosa vuole?» domandò infine.

Ballard si spostò, si sedette sul divano e si chinò verso di lui. Il suo viso era sul pavimento, girato di lato.

«Voglio indietro la mia roba» disse. «Tutta.»

«Impossibile.»

«Perché?»

«Perché non conserviamo la refurtiva, va bene? Voglio dire, ho ancora il portafoglio e la carta d'identità, ma tutto il resto è sparito da tempo, quindi è stata sfortunata, agente.»

«Se è così, sei tu lo sfortunato. Hai una sola possibilità, Dino. Dimmi dov'è la mia roba e ti lascio libero. Non lo saprà nessuno, nemmeno tuo padre.»

Delsey ci pensò su. Dopo un attimo Ballard lo incalzò. «Il tempo corre. L'accordo salta nel momento in cui papà entra da quella porta. Cosa scegli, Dino?»

«Odio quel nome» rispose Delsey. «La smetta di chiamarmi così, cazzo.»

«Bene. Cosa scegli, *Dean*? Ti tolgo le manette o ti porto in prigione? Sto esaurendo la pazienza.»

«Merda.»

«Sì, lo so. La vita è una merda. Ma le cose stanno così, Dean. Quindi prendi una decisione.»

«E va bene. Portiamo tutto da un tizio sulla spiaggia. Lui ci paga in contanti. Non ho altro da dire.»

«Chi è?»

«Si chiama Lionel, ma si fa chiamare Lion. Non so il cognome. Ha contatti con gente seria. Mio padre ha conosciuto il suo a Soledad.»

«Dove lo trovo?»

«All'Eldorado. Vive in una stanza e tratta gli affari in un'altra dal lato opposto del corridoio.»

Ballard conosceva l'Eldorado. Era un hotel di infimo livello a circa dieci isolati dalla Speedway. «Come si fa per contattarlo?» chiese.

«Mio padre gli manda un messaggio quando abbiamo qualcosa» rispose Delsey. «Tutto qui.»

«Gli hai portato della roba ieri dopo avermi derubato a Staircases?»

«Gliel'ha portata Bobby, sì.»

«Che tipo di sistema di sicurezza ha questo Lion?»

«Penso che abbia un uomo di guardia. Ma non lo so per certo. Da lui ci va sempre mio padre.»

«Qual è il suo numero?»

«Non lo so. Non gli ho mai mandato un messaggio.»

«Allora dovremo aspettare qui che torni Bobby. Ma poi saprà che hai parlato. È un problema?»

«Non conosco il numero perché cambia continuamente. Ma so dove trovare il numero di lunedì.»

«Dove?»

«Nella stanza di Bo... di mio padre. C'è un comodino accanto al letto. Ha un blocco nel cassetto e ogni volta cancella il vecchio numero e scrive quello nuovo.»

«E hai detto di avere ancora il portafoglio con la mia carta d'identità. Dov'è?»

«In camera mia. Nel comodino.»

La maggior parte dei criminali non era intelligente. Ballard sapeva che di solito era la stupidità di chi delinqueva, piuttosto che il lavoro di un detective, a portare alla soluzione dei casi. Delsey e figlio non erano certo due geni del crimine.

Si guardò intorno e vide una bottiglia di Corona sul bancone della cucina. La prese e la portò in soggiorno. La posò con cura sulla schiena di Delsey, tra le scapole.

«Se ti muovi, lo saprò» disse. «Ti consiglio di non farlo.»

Entrò in un breve corridoio che conduceva a due camere da letto con un bagno in mezzo. Nella prima trovò il portafoglio con la carta d'identità nel cassetto superiore del comodino. Fu sorpresa dal sollievo che provò nel ritrovarlo. Il distintivo era la cosa più importante ed era ancora là fuori da qualche parte, ma la carta d'identità le serviva per superare i controlli di sicurezza in tutte le strutture municipali. Poteva tornare a usare l'ingresso principale dell'Ahmanson Center. Le carte di credito che erano nel portafoglio erano sparite, ma la patente era ancora dietro la finestra trasparente. Questo le risollevò l'umore.

Guardò in soggiorno per assicurarsi che Delsey non si fosse mosso, poi andò nell'altra camera da letto, aprì il cassetto del comodino e trovò il blocco. Bobby Delsey aveva scritto sette numeri di telefono; sei erano cancellati. Mentre digitava il settimo nel suo telefono, si chiese da quanto tempo i due Delsey derubassero i surfisti, rivendendo la refurtiva a Lion. Strappò la pagina dal blocco e la infilò in tasca, sperando di interrompere le comunicazioni tra Lion e i Delsey.

Quando rimise il blocco nel cassetto, notò un orologio con un cinturino di metallo; era nascosto dietro il taccuino. Lo tirò fuori e ne studiò il quadrante. C'era un marchio: Breitling. Capì che probabilmente era l'orologio rubato a Seth Dawson. Quello che gli aveva regalato suo padre. Lo girò e sul retro c'era un'iscrizione: *A Seth da papà. 25-12-21.*

Se lo mise al polso.

Quando tornò in soggiorno, vide la bottiglia di birra ancora al suo posto tra le scapole di Delsey.

«Tu e tuo padre usate l'applicazione Surf's Up per scegliere i luoghi» disse.

«È una domanda?»

«No. Ti sto solo informando che ho capito il vostro gioco. C'è un codice da usare quando si manda un messaggio a Lion?»

«Non lo so. Se ne occupa sempre mio padre.»

«Non muoverti.» Si chinò su di lui e con la chiave aprì le manette.

«Avresti dovuto guardare meglio sotto il sedile» disse. «Così mi avresti preso anche le manette.»

«Non sono stato io» disse Delsey. «È stato mio padre. Io ero solo di vedetta.»

«Che squadra. Immagino che tu conoscessi alcuni dei surfisti che sono stati derubati.»

Delsey non disse nulla. Forse si sentiva in colpa, ma Ballard ne dubitava. «Non dire a tuo padre o a nessun altro di me. Se avverti Lion tornerò a cercarti. Non ti conviene.»

«Starò zitto.»

«E dirò a Lion che sei stato tu a fare la spia. Non ti conviene nemmeno questo.»

«Starò zitto.»

«E non deruberai altri surfisti. Leggerò i rapporti sulla criminalità ogni giorno. Un altro furto in una spiaggia da surf e ti ritroverai in tribunale, te lo assicuro.»

«Come faccio a dire a mio padre che dobbiamo smettere, senza raccontargli cosa è successo?»

«Di' solo che è passato il tuo agente di sorveglianza e ha fatto domande sui furti nelle spiagge. Convinci tuo padre che è ora di cambiare gioco.»

«Non è così facile.»

«Sono un po' a corto di compassione per te, Dino. Anzi, vorrei mettere te e tuo padre in galera e buttare via la chiave. Questa volta sei stato fortunato. Con me non succederà più.»

Uscì dall'appartamento. Era a metà delle scale quando sentì la bottiglia di vetro della birra rotolare sul pavimento.

Quando tornò alla Speedway e si diresse verso la sua auto, vide un carro attrezzi che si preparava a portarla via. Un uomo con i capelli bianchi legati in un codino si trovava tra l'auto e la porta del garage che bloccava. Indossava degli occhiali da sole e aveva le braccia incrociate sul petto, mentre guardava l'operatore del carro attrezzi abbassare il gancio. Ballard si avvicinò prima che il suo Defender venisse agganciato.

«Ehi, aspettate!» urlò, sopra il rumore del camion. «Lo sposto subito.»

«Troppo tardi!» urlò di rimando l'uomo con le braccia conserte. «C'è scritto chiaramente DIVIETO DI SOSTA. Perché la gente ignora i cartelli?»

Ballard si mise davanti all'auto. L'uomo aprì le braccia e alzò le mani per fermarla.

«Mi dispiace» disse. «Ha ignorato i cartelli e ora deve pagare la multa alla Venice Tow se rivuole la sua auto.»

Ballard gli mostrò la carta d'identità che aveva appena recuperato. «Ero in servizio» disse. «A proposito di cartelli, non ha visto quello sull'aletta parasole?»

«Quale?»

«Vada a vedere.»

L'uomo si recò sul lato anteriore del Defender e allungò il collo per vedere il cartello LAPD: IN SERVIZIO DI POLIZIA attaccato all'aletta. Ballard lo seguì e sbloccò le portiere con il telecomando.

«È troppo piccolo» disse l'uomo. «Nessuno l'avrebbe notato.»

Ballard aprì la portiera dal lato guida e l'uomo le mise una mano sul braccio per impedirle di salire. Lei reagì rapidamente, in parte per istinto e in parte per la rabbia di aver dovuto lasciare liberi i Delsey. Afferrò il polso dell'uomo con la mano sinistra, gli bloccò il gomito con la destra e lo mandò a sbattere contro la portiera.

«Vuol finire dentro per aver aggredito un'agente di polizia?»

«Aggredito? Non è stata un'aggressione. *Lei* ha aggredito *me*.»

«Mi ha toccato, contro la mia volontà. Ci sono gli estremi per una denuncia.»

«Stia a sentire...»

«No, stia a sentire lei. Risalga sul suo carro attrezzi e prepari la sua trappola della sosta vietata per qualcun altro.»

L'uomo rimase a bocca aperta.

«Esatto» disse Ballard. «Lo so. La ditta di rimozione le dà una percentuale.»

Lo lasciò andare. Lui si voltò e si avvicinò in silenzio all'operatore del carro attrezzi, scuotendo la testa.

Ballard salì sul Defender e mise in moto.

13

Ballard osservava l'ingresso dell'Eldorado da un posto in divieto di sosta tra Paloma e la Speedway. C'era un gran traffico di pedoni, per lo più giovani, che entravano e uscivano da quell'hotel economico. Ballard intuì che all'Eldorado si svolgevano altre attività, oltre a quella di Lion. Se lui pagava in contanti per la merce rubata, probabilmente lì vicino c'era anche un posto dove spendere quel denaro. I prodotti in vendita erano quasi certamente droga e sesso.

Da fuori non capiva bene dove sarebbe dovuta andare e quali ostacoli avrebbe incontrato. Si sarebbe mossa alla cieca e per la prima volta si chiese se ne valeva la pena. Forse sarebbe stato meglio denunciare il furto di pistola e distintivo e accettarne le conseguenze.

Ma ormai era troppo tardi.

Vide un ragazzo bianco e magro entrare nell'hotel con una borsa per computer. Probabilmente il laptop era di uno dei suoi genitori e lui era venuto a venderlo per quattro soldi, pur di potersi fare una dose di fentanyl o metamfetamina. L'Eldorado era il fondo del barile.

Prese il telefono e scrisse un messaggio a Lion.

Lion, sono Bobby D. Telefono nuovo. Ti mando la mia ragazza. Oggi abbiamo fatto un colpo grosso: iPhone 15 e

GoPro Hero 12. Nuovi di zecca. Stupidi turisti tedeschi. Sta arrivando. In quale stanza deve andare?

Restò in attesa e la risposta arrivò due minuti dopo.

Se sei Bobby, cosa mi hai dato l'ultima volta?

Lion non era uno sprovveduto. Ballard doveva solo sperare che i Delsey non avessero rubato altro, dopo il furto a Staircases. Digitò quello che sapeva.

Glock e distintivo.

Attese ancora e il via libera arrivò dopo un minuto circa.

Stanza 11. Porta l'iPh, niente gopro. Ne ho troppe.

Ballard pensò di aver superato l'esame. Scese dal sedile anteriore dell'auto e salì su quello posteriore. Lì teneva una scatola piena di abiti che usava per i pedinamenti e i prelievi surrettizi di dna.

I finestrini posteriori del Defender erano oscurati e si cambiò senza doversi preoccupare di essere vista dai passanti. Indossò jeans strappati e una camicetta con ricami in stile messicano intorno alla scollatura. Infilò un paio di stivali Old Gringo che erano larghi al polpaccio e le facevano le gambe storte, ma lo spazio in più le serviva per la Ruger. Sapeva che probabilmente gli uomini di Lion l'avrebbero perquisita, ma forse non avrebbero notato la pistola nello stivale.

Completò il nuovo look con un cappellino dei Dodgers scolorito dal sole. Prima di scendere dall'auto chiamò Tom Laffont. Lui rispose subito.

«Ciao, cosa c'è?»

«Devo chiederti un favore.»

«Va bene.»

«Prendi nota di questo indirizzo. Se non ricevi una mia chiamata entro trenta minuti, voglio che tu chiami la Divisione Pacific e invii dei rinforzi.»

«Bene. Vuoi dei rinforzi subito? In mezz'ora sono da te.»

«No, è solo una precauzione. Devo fare un colloquio

su un vecchio caso di quando lavoravo alla Rapine e Omicidi. È in un motel malfamato, ma credo che me la caverò senza problemi. Tra mezz'ora dovrei essere di nuovo fuori.»

«Sicuro?»

«Sicuro.»

Gli dettò l'indirizzo dell'Eldorado e il numero di stanza che le aveva dato Lion. Dopo aver riattaccato, impostò il timer del telefono su ventinove minuti. Sapeva che Laffont sarebbe stato preciso e avrebbe contattato la Divisione Pacifico allo scoccare dei trenta minuti esatti, se lei non lo avesse richiamato prima.

Scese dall'auto, la chiuse e si diresse verso l'ingresso del motel. L'atrio dell'Eldorado non era fatto per bighellonare. Non c'erano sedie o panche e nemmeno banconi su cui appoggiarsi. La reception era chiusa da un vetro con una fessura per carte di credito e contanti. L'uomo al banco stava leggendo un libro e sembrò non fare caso a lei quando entrò.

Vide un unico ascensore a sinistra e un corridoio a destra. Un cartello appeso alla parete la informò che le stanze da 1 a 12 erano lungo il corridoio. Si diresse da quella parte, ma dovette scostarsi per lasciar passare il ragazzo che aveva visto prima, ora a mani vuote. Aveva venduto il computer.

Il corridoio era poco illuminato; i numeri delle stanze salivano man mano che camminava. Vide un uomo seduto in fondo al corridoio, tra la stanza 11 e la 12. Si alzò prima che lei arrivasse. Era nero, alto più di un metro e ottanta, con la pancia e vestito completamente di nero. Aveva una pistola in una fondina, in bella vista per chiunque si avvicinasse.

«Sono qui per vedere Lion» disse Ballard.

L'uomo alzò le mani, per indicarle di sollevare le braccia. Ubbidì e lui la perquisì senza alcun riguardo. Le passò le mani sulle gambe, ma non sopra gli stivali perché con quella pancia gli era difficile piegarsi e arrivare con le mani fin laggiù. Quando ebbe finito, bussò alla porta della stanza 11 e si fece da parte.

La porta si aprì e Ballard si trovò davanti un tizio sorridente. Era magro, con i capelli biondi tinti e acconciati in treccine. Non dimostrava più di venticinque anni. Indossava una maglia dei Dodgers con il numero di Ōtani, pantaloncini, calzini bianchi e scarpe nere. Al collo, appeso a una spessa catena d'oro, portava un medaglione di dimensioni eccessive, raffigurante una testa di leone con occhi di smeraldo.

«Sei la ragazza di Bobby D?» chiese. «Io sono Lion.»

«Posso entrare?»

«Certo, fa' come se fossi a casa tua.»

Ballard entrò in quella che sembrava una semplice stanza di motel: quattro metri per quattro e adattata per un uso non previsto dal progetto. Il letto era stato alzato e appoggiato alla parete di fondo, per fare spazio a dei tavoli pieghevoli su cui era impilata la merce della settimana. C'erano cellulari, computer portatili, macchine fotografiche, console per giochi elettronici e vaschette di plastica piene di oggetti vari. Una conteneva flaconi di medicinali. Un'altra aveva il coperchio chiuso, ma le forme delle pistole erano visibili attraverso la plastica bianca. Su un tavolo c'erano pile di borse e jeans firmati, con i cartellini del prezzo ancora attaccati. In quella stanza si ricettava merce rubata e taccheggiata da tutta la città.

Lion chiuse la porta e Ballard sentì lo scatto della serratura.

«Se vedi qualcosa che ti piace» disse «è tua. Gratis.»

Ballard si girò a guardarlo. Lui tese il braccio come il presentatore di un gioco a premi, e indicò il tesoro sui tavoli. La camicia si alzò sul fianco destro e Ballard vide spuntare dai pantaloncini l'impugnatura in madreperla di una pistola.

«Sono sicuro che troveremo un accordo, noi due» disse Lion. «Non credo che a Bobby dispiacerebbe troppo, vero? Voglio dire, io adoro le donne più grandi. Sanno esattamente di cosa ha bisogno un uomo.»

«Be', lui mi ha detto solo di fare uno scambio con te» disse Ballard.

Lion allargò entrambe le braccia e fece scorrere gli occhi sul corpo di Ballard.

«Io vedo solo una cosa che hai da scambiare, cara. Perciò, che ne dici se andiamo nella stanza qui di fronte, nel mio appartamento privato, per un po' di delizie pomeridiane?»

«Io voglio fare solo un accordo commerciale» disse Ballard. «Ho il telefono che mi ha dato Bobby nello stivale.»

Si abbassò e tirò su la gamba dei jeans.

«Ehi, aspetta» disse Lion, avvertendo il pericolo.

Ma era troppo tardi. Allungò una mano per prendere la pistola, ma Ballard si avvicinò con la Ruger in mano e gli spinse la canna nel collo.

«Non farlo.»

Lion alzò le mani. Ballard vide la paura insinuarsi nei suoi occhi.

«Va bene, va bene» disse. «Sta' calma.»

«Zitto» ribatté lei. «Se fai un rumore, ti farai ammazzare.» Con la mano libera gli estrasse la pistola dai pantaloncini.

«Dai su» disse lui. «Non ti arrabbiare.»

Ballard fece un passo indietro e gli puntò al petto la pistola grande e quella piccola.

«A terra» disse. «Subito.»

Tenendo le mani in alto, Lion piegò prima un ginocchio, poi l'altro.

«Lionel, eh?» disse Ballard. «Qual è il tuo cognome?»

«Perché t'interessa? Cosa vuoi?»

«Bella domanda. Bobby D. ti ha portato una pistola e un distintivo, ieri. Dove sono?»

Lion spalancò gli occhi.

«Oh, merda! Eri tu! Era il tuo distintivo! Bobby mi ha detto che l'avevano preso a una surfista della polizia.»

Fece una breve risata acuta. In un impeto di rabbia, Ballard lo spinse, facendolo cadere a terra. Si mise sopra di lui e stavolta gli spinse nel collo la canna della sua stessa pistola.

«Ti ho fatto una domanda, Lionel. Se vuoi uscire vivo da questa stanza, è meglio che inizi a dirmi quello che...»

«Va bene, va bene, va bene. Calma, calma. Possiamo trattare.»

«Non m'interessa un accordo. Dov'è il distintivo? Dov'è la pistola?»

Si tirò indietro e trascinò l'arma lungo il busto fino alla coscia.

«Parla. O perderai una gamba.»

«Sì, va bene, la pistola è nella cassetta delle armi» disse Lion. «Proprio dietro di te. Prendila, è tua.»

«Il distintivo.»

«Quello l'ho già venduto. Ma possiamo riaverlo.»

«L'hai venduto a chi?»

«A un tizio. Un cliente che compra armi da me. Mi aveva detto che stava cercando un distintivo da poliziotto e così quando ne è arrivato uno l'ho avvisato.»

«Perché lo voleva?»

«Non lo so. Non sono affari miei. Probabilmente voleva rapinare degli spacciatori, capisci? Fingersi un poliziotto e fregargli la roba.»

Ballard si raddrizzò e gli fece segno di tornare in ginocchio. «Non muoverti» disse.

Si avvicinò alla cassetta delle armi e ne sollevò il coperchio. Guardò tra le pistole fino a quando non vide una Glock 17 in acciaio blu. Appoggiò la Ruger sul tavolo e tirò fuori la Glock. Controllò il carrello e vi trovò le sue iniziali, che aveva fatto incidere nel negozio d'armi dell'accademia il giorno in cui l'aveva acquistata.

Poi fece cenno a Lion di girarsi. «Faccia al muro, Lionel.»

Lui non si mosse. «Perché?» disse. «Non mi ucciderai. Sei una poliziotta.»

«Ho detto faccia al muro, cazzo. Ora!»

«Sì, va bene, va bene.»

«Forza.»

Si girò, restando in ginocchio, e si mise di fronte al muro. Ma Ballard aveva fatto troppo rumore. Si udì un colpo secco alla porta, poi la voce soffocata dell'addetto alla sicurezza.

«Tutto bene lì dentro, capo?» chiese l'uomo.

«Digli di sì» sussurrò Ballard.

«Va tutto bene» lo rassicurò Lionel a voce alta. «Siamo a posto.»

Ballard ripose nella scatola la pistola che gli aveva tolto, poi espulse il caricatore della sua Glock, controllò che fosse pieno e ricaricò l'arma.

«Hai detto che sai come recuperare il distintivo» disse. «Come?»

«Facile. Il tizio che l'ha comprato mi ha anche detto che stava cercando una SIG mini.»

«Che cosa?»

«SIG Sauer MPX. Una mini mitragliatrice. Utilizza caricatori da trenta colpi e può fare grossi danni.»

«Gli serve per derubare gli spacciatori?»

«Quella era solo una mia ipotesi. Non so a cosa gli serva. Non sono affari miei.»

Ballard era certa che l'uomo con il suo distintivo avesse in mente qualcosa di più grosso che rapinare degli spacciatori. Cercando di recuperare ciò che le avevano rubato, era finita nel bel mezzo di qualcosa che adesso non poteva ignorare. Prese una decisione.

Si avvicinò al tavolo con le borse firmate e scelse una tracolla di Prada. Prima di toccarla, controllò la posizione di Lionel.

«Poggia la fronte contro quel muro, Lionel» disse. «Subito.» Il ricettatore ubbidì. Lei aprì la cerniera della borsa e tirò fuori tutta l'imbottitura di carta. Infilò la tracolla sulla spalla, mise la pistola nella borsa, continuando a impugnarla.

«Bene, ora ce ne andiamo» disse.

«Cosa?»

«Io e te usciremo di qui e tu dirai al tuo uomo là fuori che è tutto a posto e che deve badare al negozio finché non torni. Se aggiungi qualcos'altro, qualcuno finirà ammazzato, Lionel, e non sarò io.»

«Perché non te ne vai e basta? Farò in modo che non cerchi di fermarti.»

«Sarebbe bello, ma avrò bisogno di te quando saremo fuori.»

«Per cosa?»

«Ne parliamo dopo. Hai con te il telefono?»

«Sì.»

«Bene. Andiamo. Fai strada. Di' al tuo uomo che mi stai solo accompagnando fuori.»

«Come vuoi.»

Lion aprì la porta e il suo uomo si alzò dalla sedia in corridoio.

«Torno subito» disse Lion. «Accompagno fuori la signora.» Si avviò lungo il corridoio. Ballard sorrise all'uomo e lo seguì. Il percorso fino in fondo al corridoio sembrò durare un'eternità, ma sapeva che se si fosse voltata per controllare cosa faceva l'uomo della sicurezza, avrebbe potuto fargli capire che qualcosa non andava.

Attraversarono l'atrio e uscirono in strada.

«E adesso?» chiese Lionel.

«Ho qualcosa in macchina che voglio mostrarti» disse Ballard. «È qui vicino.»

Si avvicinarono alla Speedway, dove era parcheggiato il Defender. Ballard aprì la portiera del conducente, estrasse la pistola dalla borsa e la tenne lungo il fianco. Si sporse nell'auto, gettò dentro la borsa e cercò le manette sotto il sedile. Si girò verso Lionel, il quale spalancò gli occhi quando le vide.

«Ma che cazzo?»

«Metti le mani sulla macchina.»

«Aspetta, mi stai arrestando? Sto cercando di aiutarti.»

Si voltò per fuggire, ma Ballard se l'aspettava. Afferrò il colletto della camicia e la spessa catena d'oro che portava al collo. Lo strattonò all'indietro e lo fece cadere a terra. Appoggiandogli un ginocchio sulla spina dorsale, infilò la pistola nella cintura dei jeans. Gli tirò il braccio destro dietro la schiena, lo ammanettò e poi passò al sinistro.

«Quali sono le accuse?» gridò Lionel.

Ballard non poté fare a meno di ridere.

«C'è davvero bisogno di chiederlo? Cominciamo con il possesso di oggetti rubati. Quella borsa di Prada ha ancora il cartellino del prezzo di Nordstrom. Duemila dollari, Lionel. È un reato da galera.»

Gli perquisì le tasche e tirò fuori un mazzo di chiavi, un rotolo di contanti e il cellulare. Aveva bisogno di quel telefono perché il suo piano funzionasse.

«Ora ci alziamo» disse. «Se mi aiuterai, potrai evitare guai maggiori.»

«Vaffanculo. Non ti aiuto a fare un cazzo.»

«Vedremo se cambierai idea, dopo una notte in cella.»
«Ho un avvocato. Mi farà uscire entro un'ora. Hai sentito parlare dell'Avvocato sulla Lincoln, stronza?»
«Sì, ne ho sentito parlare. Ma il problema con gli avvocati è che devono essere in grado di trovarti, per farti uscire.»
Lion non seppe cosa ribattere.
«Andiamo» disse Ballard. «Alzati.»

14

Ballard bussò alla porta della casa in Woodrow Wilson. Era buio, ma dietro le finestre le luci erano accese. Stava alzando il pugno per bussare una seconda volta quando la porta si aprì e apparve Harry Bosch.

«Renée, tutto bene?»

«Adesso sì. Ho bisogno di aiuto, Harry. E credo che tu sia l'unico di cui mi possa fidare.»

«Si tratta di Maddie?»

«No, niente a che fare con lei.»

«Okay.»

Si fece da parte e Ballard entrò.

MERCOLEDÌ, ORE 11.15

15

L'uomo che aveva comprato il suo distintivo era in ritardo di un quarto d'ora. Ballard cominciava a preoccuparsi. Controllò ancora una volta la posizione di Bosch con il binocolo. Lo vide a bordo del suo Cherokee, che tamburellava le dita sul volante. Anche lui era in ansia. Se il tizio non si fosse presentato, non avevano un piano B.

Il Cherokee era fermo in un'area libera nel vasto parcheggio della spiaggia di Ocean Park a Santa Monica. Era un mercoledì mattina nuvoloso e in acqua c'era solo un gruppetto di appassionati. Il parcheggio era così vuoto che una squadra locale di hockey su pista aveva sistemato lì le porte, tracciato i confini del campo con dei coni arancioni e stava giocando una partita.

Ballard vide aprirsi la portiera del Cherokee. Bosch scese, attento a non guardare nella sua direzione. Lei era parcheggiata su Ocean Boulevard, con una vista dall'alto sul parcheggio. Avevano scelto il luogo dell'incontro proprio per via di quel punto di osservazione e anche perché il parcheggio aveva un'unica via d'entrata e uscita.

Bosch aveva in mano il cellulare usa e getta che avevano usato per contattare l'acquirente del distintivo. Lionel Boden le aveva fornito il numero dopo aver deciso che collaborare era la mossa migliore. Bosch si appoggiò di schiena all'auto, alzò una gamba e poggiò il tallone sopra la ruota anteriore.

Iniziò a digitare sul telefono. Ballard capì che era sceso dal veicolo per farle vedere cosa stava facendo: stava inviando un messaggio al loro uomo, probabilmente per chiedergli dove diavolo fosse.

Ma prima che Bosch finisse di scrivere il messaggio, un furgone Ford bianco attraversò le strisce bianche sull'asfalto vuoto e puntò dritto verso Bosch. Non era appena entrato nel parcheggio, ma si trovava già lì, fermo vicino ai veicoli dei giocatori di hockey. Ballard aveva pensato che fosse il furgone delle attrezzature della squadra, ma chiaramente si sbagliava.

Con il binocolo, osservò il mezzo girare intorno al Cherokee e fermarsi davanti a Bosch. Non c'erano scritte sulle fiancate e riuscì a dare solo una breve occhiata alla targa. Notò che era di un colore giallo brillante, con un disegno o una scritta rossa. Se non ricordava male, l'unico Stato con targhe gialle era il New Mexico.

I parasole del furgone erano abbassati e Ballard poteva vedere solo la parte inferiore del viso barbuto del conducente. L'uomo rimase nel veicolo e parlò con Bosch attraverso un finestrino aperto.

Bosch rispose aprendosi la giacca a vento verde militare, per mostrare la sua maglietta, che pubblicizzava un'organizzazione impegnata nella prevenzione dei suicidi dei veterani. L'aveva scelta pensando che l'acquirente del distintivo fosse un veterano esperto di armi. Poi la tirò su per mostrare che non era armato. Attraverso il binocolo, Ballard vide le sue costole e si rese conto di quanto fosse dimagrito a causa delle cure per il cancro. Provò un immediato senso di colpa per avergli chiesto aiuto.

La conversazione nel parcheggio continuò brevemente,

poi Bosch si staccò dall'auto e fece un passo verso il furgone.

«Non salire, Harry» disse Ballard ad alta voce. Bosch tese il cellulare verso l'autista e Ballard lasciò andare il fiato. Gli stava solo mostrando le foto delle mitragliette che avevano scaricato sul telefono per ingannarlo. Bosch gli offrì il telefono perché potesse guardare da solo. Si trattava di una mossa per ottenere le sue impronte digitali, ma l'uomo era troppo intelligente per farlo o aveva già visto abbastanza foto, e si tirò indietro.

La conversazione si concluse presto. Attraverso il binocolo, Ballard vide Bosch fare un cenno all'autista. Era il segnale per lei che stavano per concludere un accordo.

Il furgone partì. Bosch si voltò verso il Cherokee. Ballard spinse il pulsante di accensione e mise in moto il Defender, pronta a seguire il mezzo una volta uscito dal parcheggio. Anche Bosch si sarebbe mosso, ma rimanendo a distanza per non farsi notare.

Ballard aveva un auricolare bluetooth inserito e coperto dai capelli sciolti. Quando Bosch la chiamò, rispose senza distogliere lo sguardo dal furgone.

«Com'è andata?» chiese.

«Ha detto che vuole comprare» rispose Bosch. «Ne vuole quattro. Ma potrebbero anche essere solo cazzate. Vuole organizzare un incontro domani per lo scambio.»

«Sei riuscito a dare un'occhiata all'interno del furgone? Era solo?»

«Non volevo insospettirlo. Ma credo che fosse solo.»

«Ho visto che hai cercato di prendergli le impronte.»

«Sì. Non ha funzionato.»

Il furgone bianco uscì dal parcheggio e svoltò a sinistra su Ocean. Ballard attese un'apertura nel traffico, poi si scostò dal marciapiede, fece un'inversione a U e lo seguì.

«Lui com'era?» chiese. «Voglio dire, ti ha colpito? Ti è sembrato un osso duro?»

«Forse» rispose Bosch. «Sui quaranta, quarantacinque, bianco, barba folta. Sembrava in forma, niente pancia, ma potrebbe anche avere una sedia a rotelle nel retro del furgone, per quanto ne so. È rimasto sempre seduto al volante.»

«Ha detto come si chiama?»

«No, niente nomi.»

«Quando è andato via ho visto che non sei risalito subito sul Cherokee. Hai preso la targa?»

«Non ha una targa. Al suo posto ha messo una bandiera di Gadsden della rivoluzione americana. Sai, quella con il serpente a sonagli.»

«E la scritta NON CALPESTARMI.»

«Esatto.»

Questo le fece capire che l'uomo o era un sovranista o si spacciava per tale. Dai bollettini dell'FBI e dagli avvisi del LAPD, sapeva che i cittadini sovranisti erano considerati estremisti antigovernativi, che non riconoscevano alcuna tassa, licenza o autorità di polizia. L'ultimo bollettino che ricordava affermava che il numero di sovranisti nel Paese era cresciuto notevolmente dopo i due terremoti ideologici della pandemia e della fallita insurrezione a Capitol Hill. Il bollettino si concludeva con l'avvertimento che tutti i sovranisti dovevano essere sospettati di avere addosso un'arma e che le forze dell'ordine dovevano avvicinarli con estrema cautela.

Guardò il furgone e accelerò per raggiungerlo e non rimanere indietro al semaforo.

«Ha anche un adesivo sul paraurti» disse Bosch. «IL VACCINO È UN'ARMA BIOLOGICA.»

«Bello» commentò Ballard.

«A quei pazzi piace accumulare armi e parlare tanto,

ma di solito sono soltanto persone che non vogliono pagare le tasse, che siano sul reddito, sulla proprietà o sulle auto.»

«Temo che questa volta ci sia sotto di più. Quello per me ha in mente qualcosa di serio.»

«Ne sei sicura?»

«No, ma perché comprare armi illegalmente, se non hai intenzione di usarle? Se fosse per protezione o collezionismo useresti dei canali legali. E poi, se sei uno che non riconosce l'autorità della polizia, perché decidi di acquistare un distintivo ufficiale?»

«Questo è vero.»

Entrambi rimasero in silenzio per un lungo momento, riflettendo su quell'uomo e su ciò che poteva avere in mente. Alla fine Bosch disse: «Ora sono fuori dal parcheggio. Dimmi dove ti trovi, ti seguo a distanza.»

«A nord su Ocean. Sto arrivando a Broadway.»

«Capito. Sono a cinque minuti, ma voglio ridurli a due.»

«Va bene. E rimaniamo in linea.»

Ballard teneva d'occhio il furgone bianco, che ora si trovava a un paio d'isolati davanti a lei. Controllava i semafori e manteneva l'andatura giusta per evitare di restare bloccata da un rosso.

Vide il veicolo immettersi nella corsia di svolta a sinistra e si preparò a seguirlo. «Harry, sta scendendo lungo la California Incline.»

«Ho capito.»

Sulla corsia di svolta si formò una fila e Ballard si ritrovò a tre sole auto di distanza dal suo uomo. Nello specchietto laterale del furgone lo intravide al volante. Portava degli occhiali da sole.

Il semaforo passò al verde e il furgone svoltò. Ballard lo seguì, mantenendo il distacco di tre auto. Il traffico diminuì e la strada confluì nella Pacific Coast Highway. Il furgone si spostò sulla corsia interna, facendole capire che non avrebbe svoltato a breve.

«Ora mi trovo sulla PCH, in direzione di Malibu.»

«Sono rimasto bloccato al semaforo sull'Incline. Per ora sei sola.»

«Non è un problema.»

Pensò a dove potesse essere diretto quel tizio. Sapeva che i sovranisti avevano dei punti in comune con la maggior parte degli altri gruppi estremisti attuali, dalla Nazione Ariana ai Custodi del Giuramento e agli altri gruppuscoli che avevano assaltato il Campidoglio tre anni prima. Malibu non era una località dove prosperavano, ma andando più avanti, nella contea di Ventura, c'erano cittadine come Oxnard e Fillmore che invece erano centri di aggregazione piuttosto importanti per questi movimenti estremisti.

Tuttavia il furgone giunse a destinazione molto prima di arrivare alla contea di Ventura o anche solo a Malibu. Appena superata Sunset Beach, sempre entro i confini di Los Angeles, si fermò sul ciglio della strada, di fronte alla spiaggia di Castle Rock. Prese posto dietro un grande camper, sotto la scogliera di Pacific Palisades.

Sembrava che qualcuno lo stesse aspettando e avesse spostato un cono arancione che era servito per riservare il posto.

Ballard proseguì senza rallentare, per non farsi notare.

«Harry, ha appena accostato sul lato est di Castle Rock. Io sono andata avanti e ora devo trovare un modo per tornare indietro.»

«Ho capito. Cercherò un posto dove fermarmi lì vicino. Quando saprai dove possiamo incontrarci, dimmelo.»

Ballard entrò nella corsia di svolta a sinistra e approfittò di una pausa nel traffico per infilarsi nel parcheggio sulla spiaggia accanto alla PCH. Lo esplorò fino a trovare un posto da dove poteva vedere il veicolo dall'altra parte delle quattro corsie dell'autostrada.

«Sono entrata nel parcheggio della spiaggia» disse a Bosch. «Vedo il furgone ma non il nostro uomo.»

Lui non rispose. Probabilmente stava facendo manovra e voleva avere le mani libere. Non era un tipo da Bluetooth e auricolari. Prese il binocolo e cercò di guardare dentro il furgone attraverso il parabrezza, ma dietro i sedili anteriori c'erano delle tende. Non le aveva notate prima e pensò che l'uomo si fosse spostato nel retro e avesse chiuso le tende.

«Harry, dove sei?»

Bosch rispose bussando al finestrino dal lato del passeggero. Ballard aprì la portiera e lo fece salire.

«L'hai visto?» chiese Bosch.

«No, credo sia nel retro del mezzo. Ci sono delle tende dietro i sedili anteriori. Le hai viste quando hai parlato con lui?»

«Non le ho notate.»

«Mi è sembrato che conoscesse il posto. Come se lo stessero aspettando.»

«Lo hai visto parlare con qualcuno?»

«No, ma credo che qualcuno abbia spostato un cono arancione per farlo parcheggiare. Ma non mi sono fermata e quindi non sono riuscita a vedere altro.»

«Quello è un parcheggio riservato ai camper?»

«Non credo. Probabilmente si tratta solo di persone senza fissa dimora.»

Il comune di Los Angeles non era molto rigido sull'applicazione delle norme per ridurre il numero delle persone che vivevano per strada. Nonostante il coprifuoco e le norme sull'ostruzione dei marciapiedi, gli accampamenti proliferavano. Si era venuta a creare una popolazione di senzatetto che viveva in furgoni e camper e che si fermava lungo le strade di notte.

«Ottimo» commentò Bosch. «Ora abbiamo dei terroristi senzatetto.»

«Pensi davvero che sia un terrorista?» chiese Ballard.

«Non lo escluderei. Se crede a tutte quelle stronzate sovraniste, potrebbe esserlo. Un sacco di gente di quel tipo ha preso d'assalto il Campidoglio.»

Ballard non disse nulla. Continuò a guardare dall'altra parte della strada, con la vista del furgone ripetutamente interrotta dalle auto di passaggio.

«Tu cosa ne pensi?» chiese Bosch.

«Penso che ci siano buone probabilità che il mio distintivo sia in quel furgone» rispose Ballard. «E che mi stia aspettando.»

16

Trascorsero quattro ore, prima che l'uomo aprisse le tende e scendesse dal furgone. Nel frattempo, Ballard controllò la webcam del centro diurno dove lasciava il suo cane Pinto quando era al lavoro. Inoltre rispose alle chiamate di Colleen Hatteras, Tom Laffont e Maddie Bosch. Disse ad Hatteras e Laffont che stava lavorando a qualcosa che non aveva a che fare con i casi freddi e che non sarebbe tornata in ufficio fino a giovedì. A Maddie Bosch disse che il suo ingresso nel team dei casi irrisolti era stato approvato e poteva iniziare dal giorno dopo. Poteva recarsi all'Ahmanson, prendere la scrivania che suo padre aveva usato l'anno precedente e iniziare a esaminare i casi.

Ballard si guardò bene dal definirla una volontaria, perché non lo era. Il capitano Gandle le aveva dato il via libera per portare in squadra la giovane Bosch, a patto che il sindacato di polizia desse la sua approvazione. Questo era stato il punto più difficile, perché il sindacato, che rappresentava il personale del dipartimento, non era solito permettere ai suoi membri di svolgere un lavoro di polizia non retribuito e si opponeva a creare un precedente. Ballard aveva risolto il problema accettando di pagare a Madeline Bosch quattro ore di straordinario alla settimana, come membro dell'unità. Se avesse scelto di lavorare più di quelle quattro ore, ne avrebbe dovuto rispondere lei con il sindacato. Ballard poteva coprire le ore di straordinario con una sovvenzione del National Institute of Justice, che aveva ricevuto per riesaminare i casi irrisolti. Si trattava di denaro che poteva usare a sua discrezione e decise che avere nell'unità un poliziotto in attività come Maddie Bosch era sicuramente un buon investimento. I fondi avrebbero coperto ben cinque anni di permanenza nell'unità.

«Si è cambiato d'abito» disse Bosch. Lo stava osservando con il binocolo di Ballard.

«Probabilmente ha schiacciato anche un pisolino. Cosa sta facendo?»

«Sta parlando con il tizio del camper davanti» rispose Bosch. «Sembra che si conoscano bene.»

«Perché no? Sono vicini di casa. Probabilmente sono accampati lì da mesi, senza che le autorità facciano nulla.»

«Quanto pensi che costi una casa sulla spiaggia, qui? Un paio di milioni?»

«Come minimo. Forse anche il doppio.»

«I residenti saranno felici di avere dei tizi del genere nei dintorni.»

«Harry, è un modo senza cuore di riferirsi a chi non ha una casa.»

«Mi sa che non sono politicamente corretto.»

«Sul serio? Non l'avrei mai detto.»

Ballard sapeva che Bosch non era senza cuore. Ma, come molti a Los Angeles, stava perdendo la pazienza e l'empatia, vedendo la città che amava scivolare nel caos a causa di problemi per cui il governo sembrava non avere soluzioni valide.

Restarono in silenzio. Ballard pensava al prezzo della villetta che aveva comprato l'anno prima a un isolato dalla spiaggia di Paradise Cove. Le era servita tutta l'eredità della nonna e il ricavato della vendita della sua casa a Ventura per comprare casa in quello che era conosciuto come il parco roulotte più costoso del mondo.

Tuttavia, non era pentita. I tramonti valevano da soli il prezzo del biglietto.

«Allora, qual è il piano?» chiese a un tratto Bosch.

«Non c'è un piano. Guardare e aspettare. Se avrò una possibilità di entrare in quel furgone, ne approfitterò. Ma è una cosa mia. Non sei obbligato a fermarti, Harry. Grazie per il tuo aiuto.»

«No, voglio restare. Voglio sapere cosa combina questo tizio. Ho solo pensato che magari stasera avevi in programma un appuntamento galante, ti avrei detto che di guardia ci rimanevo io.»

«Un appuntamento galante?»

«È San Valentino. Credevo che...»

«No, nessun appuntamento galante. Sei tu il mio cavaliere, se resti.»

«Volentieri. Vorrei averti portato dei fiori.»

Passò un'oretta di chiacchiere intermittenti. Ballard controllò di nuovo Pinto e inviò un messaggio al centro diurno per avvisare che probabilmente lo avrebbe lasciato anche per la notte.

Il sole scese dietro l'oceano. Il loro uomo entrò e uscì varie volte dal furgone, per socializzare con le persone degli altri veicoli parcheggiati lungo la strada. Ballard e Bosch si alternarono per andare ai bagni pubblici sulla spiaggia, e la loro postazione divenne sempre meno nascosta, man mano che i frequentatori della spiaggia se ne andavano. Ben presto il Defender si trovò a essere una delle ultime auto nel parcheggio.

«Dobbiamo muoverci» disse Ballard. «Siamo troppo visibili.»

«Dove andiamo?»

«È questo il punto. Non vedo un'angolazione migliore per sorvegliare il furgone. Potremmo spostarci dall'altro lato della strada, ma non lo vedremmo.»

«Allora, forse, ci conviene restare qui.»

Ballard rifletté per qualche istante.

«Facciamo così» disse poi. «Vado a fare un giro laggiù, vediamo cosa riesco a scoprire.»

«Sei sicura?» chiese Bosch. «Se ti vede, dovrai stargli lontana per almeno un paio di giorni.»

«Ho qui alcune cose che mi aiuteranno.»

«Va bene. Come vuoi.»

Il tono di Bosch lasciava intendere che la considerava una scelta sbagliata, ma Ballard scese lo stesso e aprì la portiera posteriore per prendere la sua scatola dei travestimenti. Si tolse la giacca e indossò una vecchia felpa grigia con cappuccio. Aggiunse il berretto dei Dodgers con il bordo sfilacciato che aveva indossato nell'Eldorado e tirò su il cappuccio. Sganciò la Glock e la fondina dalla cintura e le mise nella scatola.

«Vai disarmata?» chiese Bosch.

«Ho la pistola nello stivale» disse Ballard. «Mi dirigo a nord per un isolato, poi attraverso e torno indietro come se stessi facendo una passeggiata. Ho l'auricolare inserito e ti chiamo quando sto per arrivare.»

«Okay. Fa' attenzione.»

«Sempre.»

Ballard si diresse verso l'estremità nord del parcheggio, che distava almeno un centinaio di metri dal furgone bianco. Aspettò cinque minuti abbondanti prima che ci fosse una pausa nel traffico tale da permetterle di attraversare. Poi tornò a sud verso la fila di veicoli parcheggiati. Teneva la testa bassa e le mani nelle tasche anteriori della felpa, dove aveva messo anche il telefono.

Mentre si avvicinava, tirò fuori il cellulare e chiamò Bosch. Lui rispose subito.

«Ti vedo» disse. «Ci hai messo un bel po'.»

«Ho dovuto aspettare un sacco per attraversare. Hai visto il nostro uomo da qualche parte?»

«Il furgone è buio. Credo che lui sia in uno dei camper più grandi.»

«Vediamo se scopro qualcosa di interessante.»

Attraverso i parabrezza dei camper parcheggiati, Ballard poteva vedere qualcosa delle attività all'interno. Passò davanti a due roulotte e a un grande camper, tutti bui. Il mezzo successivo aveva le luci interne accese ma sembrava vuoto.

Poi vide dov'erano tutti. Due veicoli più in là, un camper era fermo in un punto in cui la scogliera offriva uno slargo dove erano state sistemate delle sedie pieghevoli attorno a un fuoco con sopra una griglia. Le fiamme illuminavano i volti di vari uomini e donne seduti, tra cui un tizio barbuto che sembrava proprio l'acquirente del suo distintivo.

Riferì tutto questo a Bosch a bassa voce, mentre si avvicinava al cerchio.

«Hanno acceso un falò dietro uno dei camper» spiegò. «Credo che il nostro uomo sia tra loro.»

«Bene» disse Bosch. «Cos'hai intenzione di fare?»

«Vado a vedere se il furgone è aperto.»

«Non credo sia una buona idea.»

Ballard era ormai troppo vicina al gruppo per rischiare di rispondere. Tenne la testa bassa e passò a poca distanza da loro. Non c'era un marciapiede. Doveva passare tra la fila di camper e la scogliera, altrimenti si sarebbe trovata sulla strada in mezzo al traffico. Contò cinque uomini e due donne seduti intorno al fuoco. Non stavano cucinando nulla, si stavano solo riscaldando. Uno degli uomini la chiamò vedendola passare.

«Ehi, tesoro, vuoi una birra?»

Ballard non riuscì a capire chi di loro fosse stato.

«No, grazie» rispose.

Proseguì senza voltarsi verso il gruppo.

«Allora ti va di farti un giro?»

Ballard non rispose.

«Sulle mie ginocchia» aggiunse l'uomo.

La battuta fu accolta da una risata corale. Anche le donne si unirono agli uomini, e una lanciò una risatina acuta che si levò al di sopra del rumore del traffico.

Ballard passò accanto a due pick-up camperizzati, tappezzati di adesivi. Si trattava in gran parte di slogan sarcastici che deridevano le ideologie liberali o il presidente in carica o entrambi. Passò davanti a un camper di dieci metri, con un nome dipinto a caratteri cubitali sulla fiancata: ROAD WARRIOR. Le scappò una risatina, ricordando che, da piccola, quando andava in autostrada con Tutu, ripeteva ad alta voce tutti i nomi dei camper, spesso ridicolmente feroci, e li storpiava.

«Che hai da ridere?» chiese Bosch.

«Lascia stare, te lo spiego dopo. Ora vado a controllare il furgone.» Ballard passò davanti al camper e iniziò a camminare dall'altro lato della fila di veicoli. Ormai si trovava a pochi metri dal traffico, illuminata dal bagliore accecante dei fari delle auto di passaggio.

Arrivata al furgone bianco, vide che all'interno era completamente buio. Si avvicinò alla portiera del conducente e provò la maniglia.

«Non è chiusa a chiave» disse. «Ora entro. Mi ricevi?»

«Sì» rispose Bosch. «Ma non è una buona idea.»

«Lui non può vedermi dal punto in cui si trova e dobbiamo sapere cosa sta tramando.»

«Continuo a pensare che non sia una buona idea.»

«Dai, Harry. Sai che al mio posto faresti lo stesso.»

Ballard si sedette al posto di guida e guardò cautamente attraverso il parabrezza verso il falò. Da quell'angolazione riusciva a vedere solo una delle persone sedute, una donna su una sedia pieghevole con un portabicchieri incorporato per la birra.

Diede una rapida occhiata al vano portaoggetti e agli altri spazi nella parte anteriore. Non trovò il suo distintivo, ma in un portabicchieri c'era un portachiavi con due chiavi e un telecomando. Sopra c'era la scritta YOU-STORE-IT e un indirizzo su Lincoln Boulevard a Santa Monica. Sulle chiavi erano impressi i numeri 22 e 23.

Scostò le tende dietro i sedili anteriori e passò nel retro. I finestrini posteriori erano oscurati e all'interno era buio pesto. Il suo viso entrò in contatto con qualcosa di umido e spugnoso.

«Merda.»

Cercò a tastoni di accendere la torcia del telefono.

«Cosa c'è?» chiese Bosch. «Qualcosa non va?»

Accese la luce. C'era un telo da spiaggia umido appeso a una corda tesa in diagonale da un angolo all'altro. Il peso dell'asciugamano a righe bianche e grigie curvava la corda al centro.

«Renée, cosa c'è che non va?» ripeté Bosch, alzando la voce.

«Niente. Mi sono imbattuta in un asciugamano bagnato su una corda da bucato. Che schifo. Sono sul retro del furgone e ho la luce del telefono accesa. Dimmi se la vedi attraverso le tende.»

Mosse rapidamente la luce qua e là. «Allora?»

«Non vedo niente» disse Bosch. «Ma sono molto più lontano delle persone intorno al fuoco.»

«Farò in fretta.»

«Cosa vedi?»

Ballard puntò il telefono in giro, lentamente.

«Materasso matrimoniale» disse. «Sembra poggiato sopra una cassa di compensato in cui riporre oggetti. Il letto è disfatto. Ci sono dei vestiti appesi a dei ganci sulle pareti.»

Si spostò verso il fondo. Il lenzuolo pendeva oltre il materasso e il bordo della cassa di legno. Lo scostò per vedere se c'era un chiavistello o una maniglia per aprire la cassa.

C'era un lucchetto.

«Merda.»

«Cosa c'è?» domandò subito Bosch, con il panico nella voce.

«Il letto è appoggiato su una specie di cassone. Ma ha un lucchetto.»

«Hai portato dei grimaldelli?»

«No, ma è a combinazione.»

«Vedi delle cerniere?»

«Aspetta.»

Posò il telefono sul pavimento in moquette e si avvicinò di più al letto. Il materasso era spesso solo una decina di centimetri.

Fu facile spingerlo verso l'alto e all'indietro, in modo da poter esaminare la parte superiore della cassa di legno.

C'era una giuntura a metà e due cerniere in metallo. Avvicinando la luce a una di esse, vide che erano fissate con tre viti per lato.

«Due cerniere, tre viti ciascuna» disse. «Mi serve un cacciavite a croce.»

«Ci vorrà troppo tempo» protestò Bosch. «Esci. Troveremo un'altra soluzione.»

Ballard illuminò tutto il vano posteriore del furgone. Sul pavimento, sotto lo schienale del sedile del conducente, c'era una cassetta di metallo rossa per gli attrezzi o per il pronto soccorso. Si avvicinò, la estrasse e aprì il coperchio. Conteneva attrezzi e c'era un cacciavite a croce agganciato alla parte superiore.

«Ho trovato un cacciavite, per gentile concessione del nostro amico.»

«Fa' in fretta, Renée, capito? Sto per cambiare posizione per vedere se riesco a dare un'occhiata al gruppo intorno al fuoco.»

Ballard sorrise. «Ho sei viti da rimuovere» disse. «Farò il più in fretta possibile.»

Si chinò sulla cassa di legno e si mise al lavoro. Era un mobile fatto in casa e le viti che ancoravano le cerniere al compensato si erano allentate nel tempo a causa delle ripetute aperture e chiusure del coperchio. Girarono facilmente e le tolse tutte e sei in meno di cinque minuti.

«Come andiamo?» disse al telefono. «Ho tolto le viti e sto per aprire il coperchio.»

«Sto guardando il gruppo» rispose Bosch. «Non riesco a vedere tutti, ma dovrei accorgermi se qualcuno si alza e va verso il furgone.»

«Bene.»

«Ma non perdere tempo. Vedi cosa c'è e vattene.»

Ballard non rispose. Con una mano puntò la luce del telefono e con l'altra sollevò il coperchio e lo abbassò dall'altro lato, sopra il lucchetto.

La cassa era piena fino all'orlo di vestiti piegati a casaccio. Passò la luce da una parte all'altra. C'erano diverse paia di jeans, giacche e scarpe. Sempre tenendo la luce alzata, iniziò a prendere i vestiti e a tirarli fuori, frugando fino in fondo.

Ben presto vide un luccichio di metallo e scoprì le armi. C'erano fucili, pistole, scatole di munizioni, coltelli da combattimento e altro ancora.

«Qui ci sono abbastanza armi per scatenare una piccola guerra» disse «ma gli servono ancora quattro mitragliette. Questo tizio...»

S'interruppe quando prese un giubbotto d'assalto con

piastre metalliche e vide la scritta LAPD stampigliata davanti e dietro.

«Cos'hai trovato?» disse Bosch.

«Ha un giubbotto d'assalto della polizia di Los Angeles. Che cazzo sta combinando?»

«Lo scopriremo. E il tuo distintivo?»

«Non è qui, per quanto posso vedere.»

«Allora perché non te ne vai subito, Renée?»

«Non posso lasciare tutto così. Capirà che gli stiamo addosso. Ho bisogno di rimettere tutto a posto come l'ho trovato.»

«Mi farai venire un infarto.»

«Va tutto bene, Harry.»

«Per ora. Basta che ti sbrighi.»

«Sì, papà.»

Posò il telefono accanto al ginocchio, per poter rimettere ogni cosa nella cassa. Dovette ripiegare con cura alcuni vestiti per farli apparire come li aveva trovati. Chiuse il coperchio e iniziò a riavvitare le cerniere.

Era appena passata al secondo cardine quando sentì la voce di Bosch nell'auricolare.

«Renée, ascoltami. Sta venendo al furgone, accompagnato da un altro tizio. È troppo tardi per uscire. Devi nasconderti.»

«Nascondermi? È un furgone, Harry.»

«Lo so, ma loro sono già lì. Nasconditi. *Ora!*»

Ballard abbandonò la cerniera e rimise a posto il materasso. Afferrò il telefono e spense la luce, poi salì sul materasso, appallottolò una coperta isolante e appoggiò i due cuscini ai suoi lati. Si infilò tra quel riparo improvvisato e i portelli posteriori del furgone. Nell'oscurità cercò una maniglia da usare per aprire le porte e fuggire, se fosse stata scoperta, ma non vide nulla. La maniglia evidentemente si trovava più in basso rispetto alla cassa di legno.

Si abbassò, tirò in alto la gamba sinistra dei jeans e prese la Ruger dalla fondina alla caviglia.

Sentì le voci di due uomini fuori dal furgone. Le portiere anteriori si aprirono e i due salirono a bordo.

17

Non sembravano avere idea della presenza di Ballard sul furgone. Nessuno dei due aprì la tenda per guardare. Il motore si accese e il veicolo partì con un sussulto. Si immise sulla litoranea e iniziò a dirigersi verso nord. Ballard sentì nelle orecchie la voce di Bosch, agitatissima.

«Renée, sono proprio dietro di te nel Defender» disse. «Riesci a parlare? Probabilmente no. Puoi mandare un messaggio? Ho bisogno di un qualche tipo di segnale da parte tua o dovrò fermare tutto. Troverò il modo di farlo. Se non ho tue notizie entro tre minuti, fermerò il furgone, anche se per farlo dovrò mandarlo fuori strada.»

Ballard alzò leggermente la testa e guardò oltre le lenzuola appallottolate verso la parte anteriore del furgone. Le tende erano ancora chiuse e, a giudicare dalle battute tra l'autista e il passeggero, nessuno sospettava che lì dentro potesse esserci un intruso. Tirò fuori il telefono dalla tasca e controllò che fosse impostato in modalità silenziosa, poi inviò a Bosch un messaggio per dirgli che era tutto a posto.

Codice 4. Non fermare il furgone.

Aspettò la risposta.

«Ho ricevuto il messaggio» disse lui. «Ma se pronunci

il mio nome, sarà il segnale per me di intervenire. Se qualcosa va storto, di' soltanto il mio nome. Non so se riesci a vedere dove stanno andando, ma sono diretti a nord, anzi, ora più a ovest, in realtà, sulla PCH attraverso Malibu.»

Ballard sapeva cosa intendeva. La maggior parte della costa di Malibu era esposta a sud, con le scogliere protese verso l'esterno. Era questo che rendeva molte delle sue spiagge ottime per il surf.

Le venne in mente una cosa e mandò un altro messaggio a Bosch.

Li sento benissimo. Invia loro un messaggio sulla SIG e falli parlare.

Ben presto sentì un avviso acustico e gli uomini seduti davanti iniziarono a parlare.

«Leggi questo, io sto guidando. È del tizio delle armi.»

«Dice: "Ho un'altra offerta. Te ne servono ancora quattro?" Questo stronzo sta solo cercando di alzare il prezzo.»

«Non importa, tanto non pagheremo. Rispondi che sì, ce ne servono quattro e che possiamo organizzare la consegna domani. Digli che ci servono anche le tracolle da spalla e i caricatori di scorta.»

Poi rimasero in silenzio; Ballard immaginò che il passeggero stesse digitando il messaggio. Poco dopo Bosch le comunicò la risposta: volevano concludere l'affare per quattro mitragliette il giorno successivo.

«Vogliono tracolle e caricatori extra» disse. «Non so cos'abbiano in mente, ma sembra che armi e munizioni non gli bastino mai.»

Il furgone si fermò e Ballard sentì il suo cuore perdere un battito, chiedendosi se avessero sentito un rumore nel retro.

«Sei a un semaforo» disse Bosch al telefono. «Canyon Las Flores.»

Ballard sapeva esattamente dov'era. Percorreva quella

strada ogni giorno per andare e tornare dal lavoro e anche quando si dirigeva a sud per fare surf. Erano a La Costa Beach, e in poco tempo sarebbero arrivati a Carbon, quindi al porticciolo e infine alla laguna di Malibu.

Il furgone ripartì. Pensò a ciò che aveva sentito e capì che, se non avevano intenzione di pagare le mini Sig Sauer, significava che volevano rapinare o uccidere il venditore. Ma visto che era in gioco la riuscita del loro piano, sembrava improbabile che si limitassero a rapinarlo.

Ben presto il furgone rallentò, poi accostò a destra e si fermò. Ballard intuì che si erano infilati in un parcheggio.

«Lunedì sarà affollato» disse il conducente.

«Perfetto» commentò l'altro.

«Torniamo indietro?»

«Facciamo un salto da McDonald's. È sulla strada.»

Il furgone riprese a muoversi e quasi subito fece un'inversione di marcia. Ballard non era pronta e la forza centrifuga la scaraventò contro la fiancata con un tonfo. Si irrigidì e poi espirò lentamente, cercando di sgonfiare il corpo e di abbassarsi il più possibile dietro la pila di coperte e cuscini.

La luce cambiò e capì che qualcuno stava guardando attraverso la tenda. Poi tornò il buio.

«Devi legare la tua roba, amico.»

«Hai ragione. Credo sia la ruota di scorta. È sotto e si allenta.»

Meno di un minuto dopo, il furgone fece una curva a novanta gradi e Bosch le sussurrò all'orecchio che si trovavano nella corsia drive-through di un McDonald's.

Ballard ascoltò mentre ordinavano sette menu di vario tipo. Pagarono e restarono ad aspettare la consegna. Ballard non vedeva nulla, ma poteva immaginarlo. Poi gli uomini davanti ripresero a parlare.

«Questo farà sembrare quella storia a Las Vegas un gioco da ragazzi» disse uno. «Per il livello di precisione, voglio dire.»

«Sono d'accordo» disse l'altro.

Presto arrivarono le ordinazioni e si rimisero in marcia; uscirono dal McDonald's e girarono a sinistra sulla PCH. L'odore del cibo riempiva il furgone e la voce di Bosch disse, attraverso l'auricolare: «Sembra che stiano tornando alla loro carovana con il cibo». Ma Ballard lo sentì a malapena. Stava pensando a ciò che aveva sentito, al suo significato.

Dieci minuti dopo ci fu un'altra inversione a U e il furgone si fermò. Ballard capì che erano tornati al posto originario nella fila di camper. Non fu scoperta perché gli uomini scesero subito dal furgone, per non far raffreddare il cibo, senza indagare sul suono che avevano sentito nel retro.

«Via libera?» sussurrò.

«Stanno tornando al falò con la roba da mangiare» disse Bosch. «Esci subito.»

«Non posso. Devo finire di riavvitare le cerniere.»

«Allora sbrigati. Hai già sfidato troppo la fortuna.»

«Hai ragione.»

Ballard si alzò dal suo nascondiglio e spostò indietro il materasso per accedere alla parte superiore della cassa e ai cardini. Aveva lasciato lì viti e cacciavite, e il peso del materasso li aveva tenuti in posizione. Le ci vollero meno di cinque minuti per rimettere tutto a posto.

«Com'è la situazione fuori?» domandò.

«Via libera» rispose Bosch. «Scendi dal lato del guidatore e non ti vedranno.»

«Perfetto. Dove sei?»

«Nel parcheggio dall'altra parte della strada.»

«Arrivo.»

Cinque minuti dopo, aveva attraversato la strada senza essere vista. Bosch era ancora al volante del Defender, quindi salì dal lato del passeggero.

«Prima di fare la prima inversione a U e andare al McDonald's, si sono fermati per circa un minuto» disse. «Dov'eravamo?»

«Sì, ho dovuto sorpassarli» disse Bosch. «Erano di fronte a un negozio sfitto. Sembrava un ex fast food, tipo KFC.»

La descrizione non diceva nulla a Ballard. «Cosa c'era dall'altra parte della strada?» chiese.

«Il molo di Malibu.»

«Merda.»

«Cosa c'è?»

«Parlavano di come sarebbe stato affollato lunedì.»

«Lunedì è festa. È il Presidents' Day. Molte persone vanno in spiaggia se il tempo è bello. E sul molo ci sono due ristoranti. Cosa vogliono fare?»

«Qualunque cosa sia, hanno detto che "farà sembrare quella storia a Las Vegas un gioco da ragazzi".»

«La strage al concerto?»

«Penso si riferissero a questo. Hanno già un arsenale e ora vogliono mitragliette e munizioni extra? Dev'essere una cosa del genere. Hanno parlato di "precisione". Un cecchino, forse... oppure un assalto ravvicinato, visto la tipologia delle armi scelte... Non saprei dire.»

Bosch restò in un silenzio scioccato.

«Almeno sappiamo quando hanno intenzione di agire» disse Ballard.

«Già.»

Bosch stava fissando dall'altra parte della strada la fila di veicoli che aveva definito «la carovana».

Il camper più grande bloccava la vista del falò, ma il bagliore saliva lungo la parete rocciosa della scogliera.

«Quanti di loro sono coinvolti in questa faccenda, secondo te?» chiese poi.

«Non lo so» rispose Ballard. «Hanno ordinato sette pasti da McDonald's. Quando sono passata vicino a loro, prima, sembravano tutti amici. Erano cinque uomini e due donne. Forse ci sono dentro tutti, o forse sono solo i due nel furgone.»

Bosch annuì. «Vogliono le SIG. Tutte e quattro. Forse è lì che dobbiamo preparare l'arresto.»

«Ne hanno parlato dopo il tuo messaggio» disse Ballard. «E non hanno intenzione di pagare le armi.»

Bosch annuì di nuovo. Sapeva cosa significava.

«Questa storia è diventata troppo grande» disse Ballard. «Io cercavo solo il ladro che mi aveva rubato il distintivo, e ora stiamo parlando di possibile terrorismo. Non possiamo restare con le mani in mano.»

«Più grande è la cosa, maggiori saranno le conseguenze per te» disse Bosch. «Se i media ne vengono a conoscenza e scoprono che il tuo distintivo è finito in mano a dei terroristi che progettavano un attentato al molo...»

«Lo so, lo so, sarò fortunata se mi rimetteranno al turno di notte a Hollywood.»

«Sarai fortunata se ti rimetteranno di pattuglia nel Devonshire.»

«Grazie per il sostegno, Harry.»

«Mi dispiace, ma non sono favorevole al suicidio professionale. Non quando si tratta della tua carriera.»

«Allora cosa suggerisci?»

«Non lo so, ma la cosa positiva è che abbiamo un po' di tempo. Li hai sentiti, no? Vogliono agire lunedì. Abbiamo quattro giorni per elaborare un piano.»

«E se non ci riuscissimo?»

«Allora ti toccherà far intervenire chi di dovere.»

Ballard annuì. «Va bene» disse. «Ma non aspetterò fino a domenica sera. Due giorni, Harry. O risolviamo la questione in due giorni o la porto al CTSOB e al dipartimento dello sceriffo.»

Il Counter-Terrorism and Special Operations Bureau si occupava di tutte le minacce alla sicurezza pubblica. Il dipartimento dello sceriffo aveva giurisdizione su Malibu e sul molo.

«Per me va bene» disse Bosch.

«Allora, qual è la nostra prossima mossa?»

Lui indicò la carovana dall'altra parte della strada. «Cerchiamo di scoprire chi sono queste persone» disse. «E perché gli serviva un distintivo.»

Ballard annuì. «Conosco il posto da cui possiamo iniziare» disse. «Nel furgone c'era un portachiavi con le chiavi di uno You-Store-It a Santa Monica. Credo che il nostro uomo abbia affittato un paio di container lì. Sulle chiavi c'erano dei numeri.»

«Sembra una buona pista» convenne Bosch. «Andiamo a controllare.»

18

Lo You-Store-It si trovava sulla Lincoln, a un isolato dall'ingresso est della superstrada 10 a Santa Monica. Quando Ballard e Bosch arrivarono, l'ufficio era già chiuso da tempo per la notte, ma la struttura offriva a coloro che affittavano spazi di stoccaggio un accesso ventiquattr'ore su ventiquattro. Tutto ciò che serviva per entrare attraverso le porte a vetri era il telecomando fornito con ogni unità affittata. In quel momento c'era un pick-up parcheggiato vicino all'ingresso e un uomo in piedi accanto al portellone aperto stava scaricando secchi di vernice da venti chili su un carrello. A Bosch venne un'idea.

«Che strumenti hai?» chiese.

«Vuoi dire qui in macchina?»

«Sì, che cos'hai?»

«In realtà niente.»

«Nemmeno un cric?»

«Sì, quello sì. Pensavo intendessi una cassetta degli attrezzi.»

«Prendimi la chiave per sbullonare la ruota. Mi servono anche il cappello e la felpa.»

«Cosa vuoi fare?»

«Voglio seguire quell'imbianchino quando entra, quindi sbrighiamoci.»

Entrambi scesero e andarono sul retro del Defender. La ruota di scorta e gli attrezzi per cambiare le gomme erano sotto il piano del portabagagli. Per accedervi, Ballard dovette tirare fuori il suo kit per la scena del crimine e la vaschetta di plastica contenente l'attrezzatura per il surf. Nel frattempo, Bosch posò a terra la scatola dei travestimenti e iniziò a frugarci dentro.

«Non so cos'hai in mente, ma ci saranno delle telecamere» disse Ballard.

«Lo so. Per questo mi servono il cappello e la felpa.» Sollevò il piano del portabagagli e afferrò una custodia di pelle arrotolata con dentro gli strumenti per il cambio gomme. «Vediamo» disse.

Ballard estrasse la chiave smontaruota dalla borsa e gliela porse. Era lunga quasi cinquanta centimetri, con una curva a un'estremità, dove c'era una presa tubolare che si adattava ai dadi delle ruote dell'auto, mentre l'altra estremità si assottigliava fino a un bordo piatto che poteva essere usato come leva per rimuovere i copricerchi.

«Perfetto» disse Bosch. «Dammi il cappello e la felpa.»

Mise l'attrezzo nella scatola dei travestimenti e prese il cappello dei Dodgers che Ballard gli porgeva. Lo indossò e abbassò la visiera sulla fronte. Lanciò un'occhiata al pick-up e lei seguì il suo sguardo. L'uomo stava chiudendo il portellone posteriore. Il carrello era pieno di secchi di vernice da riporre in attesa del prossimo lavoro.

«Forza, metti la felpa nella scatola» disse Bosch. Ballard se la tolse e la gettò dentro.

«Quali erano i numeri sulle chiavi che hai visto?» chiese Bosch.

«22 e 23. Cosa stai...»

«Perfetto. Devo andare.»

Si allontanò, portando la scatola con entrambe le mani.

«Aspetta, cosa vuoi che faccia io?» chiese Ballard.
«Resta qui. Ti chiamo appena sarò pronto.»
«Pronto per cosa?»
Bosch non rispose. Affrettò il passo e seguì l'uomo che spingeva il carrello verso le porte a vetri. L'imbianchino alzò una mano e tenne il portachiavi davanti a un lettore elettronico a lato dell'ingresso.
Le doppie porte si aprirono. L'uomo riprese a spingere il carrello e Bosch si mise alle sue spalle.
«Tenga la porta aperta, per favore» disse. Quando l'uomo si voltò per vedere chi aveva parlato, alzò la scatola in modo da coprire la metà inferiore del viso.
L'altro non si mostrò allarmato. Anzi, tolse una mano dal maniglione del carrello e fece segno a Bosch di entrare.
Ballard sorrise. Le ricordava la manovra che aveva fatto lei per entrare nel laboratorio. «Bravo, cazzo» disse a bassa voce.
Le porte automatiche si chiusero e Bosch scomparve all'interno. Ballard vide accendersi le luci interne della struttura, probabilmente attivate da sensori di movimento.
Chiuse il portabagagli, andò sul davanti dell'auto, si appoggiò al paraurti e aspettò. Passarono diversi minuti. Quando le porte automatiche si aprirono di nuovo, fu l'uomo del pick-up a uscire. Lo vide salire sul suo veicolo e allontanarsi. Dentro rimaneva solo Bosch e Ballard iniziò a preoccuparsi. Prese il telefono e lo chiamò, ma non ottenne risposta.
Chiamò altre due volte, con lo stesso risultato, e cominciò a temere che lo sforzo fisico della giornata avesse prostrato Bosch. Non poteva lasciarlo lì, ma non sapeva cosa fare. Alla quarta chiamata lasciò un messaggio: «Harry, che succede? Richiamami».
Non era più appoggiata con nonchalance contro il paraurti. Cominciò a camminare su e giù a testa bassa, pen-

sando a come chiamare la polizia di Santa Monica per segnalare l'emergenza. A prescindere dalla storia che avrebbe raccontato, far intervenire la polizia non sarebbe stato un bene, né per lei, né per Bosch.

Dava le spalle alle porte automatiche quando finalmente sentì la voce di Bosch che la chiamava. Si girò di scatto e lo vide in piedi dietro alla porta aperta, che le faceva cenno di entrare.

Si diresse a passo spedito verso l'ingresso, ma rallentò vicino alla soglia.

«Via libera» disse lui. «Puoi entrare.»

Ballard entrò lentamente. «Ma...»

«Le telecamere sono a posto, adesso.»

Indicò in alto, mentre entrava in un corridoio centrale su cui si aprivano vari corridoi con le unità di stoccaggio. Ballard alzò lo sguardo e vide il berretto dei Dodgers poggiato sopra una telecamera in cima al muro.

«Da questa parte» disse Bosch.

Lo seguì fino a che lui non girò a sinistra e si avviò lungo il corridoio senza esitare. Ballard gli andò dietro e vide il cappuccio della sua felpa drappeggiato su un'altra telecamera.

«Le unità 22 e 23 sono in fondo» disse Bosch. Seguendolo, Ballard notò che ogni unità di stoccaggio che avevano superato aveva una saracinesca in metallo, chiusa con un lucchetto che passava attraverso un anello imbullonato al pavimento di cemento. Quando raggiunse Bosch in fondo al corridoio, lo trovò davanti a due porte aperte affiancate. La chiave smontaruota era a terra accanto a uno dei due anelli divelti dal cemento.

«Harry, che cos'hai fatto?»

«Volevamo vedere cosa teneva qui il nostro uomo. Adesso possiamo farlo.»

«Ma i gestori del magazzino domani lo avviseranno delle porte scassinate e allora saprà che qualcuno gli sta addosso.»

«No, perché gli diranno che la sua è solo una delle tante unità colpite.»

Indicò l'altro lato del corridoio. Ballard vide che i lucchetti di altre tre unità e i relativi fermi erano stati strappati dal cemento. Si voltò verso Bosch e notò il sudore sulla fronte e sulle guance. Ci era voluto un gran lavoro muscolare, per svellere quegli anelli.

«Non c'è tempo da perdere» disse lui.

«No» convenne Ballard.

«Tu occupati della 22, io esploro la 23. Facciamo in fretta.»

«Va bene.»

Entrambi entrarono nelle rispettive unità. La 22 aveva le dimensioni di un'ampia cabina armadio, o di una cella. Su entrambi i lati c'erano scatole di cartone impilate e contrassegnate con liste dei contenuti. Ballard fece scorrere lo sguardo prima di sceglierne una, in cima a una pila di quattro scatole con la dicitura *Tasse 2012-2022*. La tirò giù sul pavimento. Era pesante. Quando tolse il coperchio, vide che era piena di fascicoli con anni diversi segnati sulle linguette. Tirò fuori l'ultimo, relativo al 2022, lo aprì e trovò la fotocopia di una dichiarazione dei redditi.

«Ho qui le dichiarazioni dei redditi» gridò a Bosch.

«Qual è il nome?» gridò lui di rimando.

«Thomas Dehaven.»

«Ho trovato quel nome anche qui. Deve essere l'uomo che ha comprato il tuo distintivo.»

«Sto guardando la dichiarazione dei redditi dell'anno scorso. Se questo è il nostro uomo, allora la targa sovranista e tutto il resto sono stronzate. È un impostore.»

«Qual è l'indirizzo?»

«Coeur d'Alene, Idaho.»
«Scatta una foto e andiamo avanti. Non possiamo restare qui tutta la notte.»
«Certo. Non sfidiamo la fortuna.»
«Esatto.»
Ballard fotografò la dichiarazione dei redditi con il cellulare. Rimise a posto il fascicolo e chiuse il coperchio della scatola. Alzandosi, contò le altre scatole. Ce n'erano sedici lungo un lato e tredici sulla parete opposta. La maggior parte era contrassegnata dalla dicitura *Libri*, divisi in narrativa e saggistica. Passò prima in rassegna tutte queste, aprendole e trovando in ciascuna una fila di libri con il dorso verso l'alto. Thomas Dehaven prediligeva gialli e horror contemporanei. Vide i nomi di diversi autori che riconobbe, compresi alcuni che aveva già letto: Child, Coben, Carson, Burke, Crumley, Grafton, Koryta, Goldberg, Wambaugh e molti altri.
«Il nostro uomo non legge Chandler» commentò.
«Cosa vuoi dire?»
«Qui c'è una collezione di libri, per lo più gialli e true crime. Ma niente Chandler.»
«Peggio per lui.»
«Tu cos'hai trovato?»
«Un sacco di cianfrusaglie. Vestiti, attrezzatura da sci, canne da pesca e...»
Ballard fu distratta dal rumore delle porte automatiche all'ingresso che si aprivano e chiudevano. Qualcuno era entrato.
Uscì dall'unità 22 e si fermò in corridoio. Bosch era già lì. Rimasero in ascolto e udirono voci soffocate. C'era più di una persona. Bosch tese la mano come per impedirle di parlare, anche se lei sapeva già di dover fare silenzio.
Si udì un botto metallico e poi il suono stridente di una saracinesca che veniva tirata su. I nuovi arrivati era-

no andati in un'unità che si trovava in uno degli altri corridoi.

«Certo che la stiamo mettendo a dura prova, la nostra fortuna» sussurrò Ballard.

«Quanto tempo ti serve ancora?» sussurrò Bosch.

«Mi restano quattro scatole.»

«Più o meno lo stesso per me. Diamoci da fare.»

«In silenzio.»

Tornarono alle rispettive unità. Ballard esaminò rapidamente le ultime quattro scatole. Contenevano oggetti per la casa, come pentole e padelle, utensili da cucina, stoviglie e soprammobili vari: saliere a tema Ringraziamento a forma di Padri pellegrini, una tazza con uno stemma presidenziale e la scritta PRESIDENTIAL MUG, e quattro sottobicchieri in ceramica con la scritta MANTIENI LA CALMA E GIRA ARMATO sopra la sagoma di una pistola, una pistola diversa su ognuno.

Ballard udì la saracinesca nell'altro corridoio chiudersi con un tonfo metallico. Uscì dal magazzino e si mise in ascolto. Sentì voci soffocate e passi che tornavano verso l'uscita.

Anche Bosch era fermo sulla soglia della sua unità ad ascoltare. Quando sentì le porte automatiche all'ingresso aprirsi e richiudersi, fece un cenno a Ballard e tornò al lavoro. Ballard lo raggiunse nell'unità 23. Non era ordinata come la 22, e non capì se si dovesse alla ricerca di Bosch o se fosse già così dall'inizio.

«C'è qualcosa nella 22?» chiese lui.

«Niente, a parte le dichiarazioni dei redditi nella prima scatola che ho aperto» rispose Ballard. «E qui?»

«Solo quelle.» Bosch indicò una pila di tre scatole di cartone.

Sopra c'era un portagioie bianco. Ballard si avvicinò e lo aprì. All'interno del coperchio c'era un piccolo specchio. Nel contenitore c'erano sezioni foderate di feltro contenenti braccialetti e orecchini d'oro e d'argento. Ballard indossava raramente gioielli e non era in grado di giudicare il valore di ciò che stava guardando.

«Perché hai tirato fuori queste cose?» domandò.

«Perché dobbiamo rubare qualcosa, se vogliamo convincerlo che si tratta di un furto e portarlo fuori strada.»

«Non se ne parla. Una cosa è scassinare le saracinesche, ma non voglio prendere niente. È un limite che non credo di poter superare.»

«Non è necessario che lo superi. Lo farò io.»

«Harry, noi...»

«Senti, questi stronzi hanno in mente qualcosa. Qualcosa di grosso. Un'ora fa l'hai detto anche tu. Qualcosa che richiederà quattro mitragliette. Quindi sono disposto a superare qualsiasi limite, se serve a impedire che accada qualcosa di brutto. E non esiterò nemmeno un secondo.»

Ballard comprese e annuì. «Va bene.»

«Io qui ho finito» disse Bosch. «Niente distintivo.»

«No, niente distintivo.»

«Comincio a pensare di sapere dove si trova.»

«Dove?»

Bosch chiuse il portagioie e lo mise sotto il braccio, pronto ad andare via. Diede un calcio alla pila di scatole.

«Agganciato alla cintura o a una catenella intorno al collo del nostro uomo» disse. «Forse fa parte del loro piano, ma è anche il suo jolly per evitare la galera.»

«In che senso?» chiese Ballard.

«Se lo fermano da qualche parte, per una cosa qualsiasi, mostra il distintivo» spiegò Bosch. «Dice che sta lavorando, magari sostiene di essere sotto copertura. E così evita le manette.»

Ballard pensava che lo avesse acquistato per qualcosa di più grosso.

«Forse» disse.
«Conosco un modo per scoprirlo» disse Bosch.
«Come?»
«Usciamo di qui e te lo spiego.»

GIOVEDÌ, ORE 8.39

19

Ballard e Bosch erano seduti fianco a fianco in un séparé della gastronomia Mary and Robbs di Westwood. L'altro lato del tavolo era vuoto.

Bosch guardò l'orologio. «Sei sicura che verrà?»

«Non mi ha mai dato buca prima d'ora. Probabilmente sta arrivando.»

«Vuoi dire che vi siete visti per appuntamenti romantici? Si tratta di questo?»

«No, Harry. È un rapporto strettamente professionale.»

«Ti fidi di lui?»

«Non l'avrei chiamato, se no. Gordon è un bravo ragazzo. Ha aiutato l'unità in molti casi. L'FBI ovviamente si muove molto più velocemente di noi con i mandati in altri Stati, perché ha agenti ovunque. Ed è un dato di fatto che le persone che pensano di averla fatta franca con un omicidio tendono a non rimanere nei paraggi. Se ne vanno, e avere un contatto di riferimento nell'FBI vale oro. So che tu hai avuto rapporti... faticosi con loro, ma si tratta del passato e noi dobbiamo guardare al presente.»

«Faticosi. Direi che è un eufemismo.» Il cameriere portò una tazza di caffè per Ballard e del tè per Bosch.

«Perché il tè?» volle sapere Ballard. «Sei sempre stato un tipo da caffè nero.»

«Non lo so» rispose Bosch, con un'alzata di spalle. «Le persone cambiano.»

Lei annuì e lo guardò da sopra l'orlo della tazza. Sembrava esausto e ancora una volta si sentì in colpa per avergli chiesto di darle una mano.

«Stai bene, Harry?»

«Sì.»

«Sembri stanco. Forse dovremmo...»

«Sto bene, ho detto. In caso contrario, te lo direi. Qual è il piano, ora? Passiamo tutto nelle mani del tuo amico e ci togliamo di mezzo?»

«Vedremo come vorrà gestire la cosa. Ma deve promettermi di ritrovare il mio distintivo, se no non se fa nulla e non otterrà niente. Per te va bene?»

«Benissimo. Pensavo solo che se riuscissi a prenderti una parte dei meriti per l'arresto del nostro uomo, ti aiuterebbe... sai, a consolidare la tua posizione nel dipartimento.»

Ballard scosse la testa. «Ha una sua logica» disse. «Ma probabilmente accadrebbe l'esatto contrario. Mi rimprovererebbero per essere uscita dal mio raggio d'azione.»

Da dove era seduta vedeva la porta d'ingresso, ma sapeva che c'era un ingresso posteriore, che si trovava a poca distanza a piedi dall'ufficio dell'FBI, tre isolati più in là lungo Wilshire Boulevard.

Sfogliò la cartellina sul tavolo e guardò la foto di Thomas Dehaven che aveva reperito dai registri della Motorizzazione dell'Idaho. Quando chiuse la cartellina e alzò lo sguardo, vide Gordon Olmstead avvicinarsi al loro tavolo. Non riuscì a capire da che parte fosse entrato.

Prima di sedersi, Olmstead le tese la mano. «Buon anno» disse.

«Buon anno a te, Gordon» rispose Ballard, stringendogli la mano. «Lui è Harry Bosch. Harry, l'agente Gordon Olmstead dell'FBI.»

I due uomini si strinsero la mano e Olmstead si sedette di fronte a loro. Era un agente anziano, a pochi anni dalla pensione. Lavorava nella Divisione Latitanti, dopo una lunga carriera a ricoprire incarichi in quasi tutte le sezioni dell'area di Los Angeles.

«Devo dire che sono molto incuriosito» disse subito. «Non abbiamo molti insurrezionisti da queste parti.»

Era così che Ballard lo aveva adescato. Gli aveva detto che poteva consegnargli un uomo ricercato con un mandato federale per le sue attività durante l'assalto a Capitol Hill nel 2021.

Spinse verso di lui la cartellina. Ma proprio quando Olmstead stava per metterci le mani, il cameriere si avvicinò al tavolo per chiedere se voleva un caffè. L'agente rifiutò e aspettò che l'uomo si allontanasse prima di aprire il fascicolo.

All'interno c'erano due fogli. Il primo era una fotocopia della patente di Thomas Dehaven, rilasciata quattro anni prima in Idaho. All'epoca aveva trentanove anni ed era rasato a zero. Ma Bosch aveva confermato l'identità. Dehaven era l'uomo con cui si era incontrato al parcheggio sulla spiaggia per parlare di mitragliette.

Olmstead studiò brevemente il foglio e passò al secondo, una fotocopia del manifesto di ricerca dell'FBI per Dehaven. Era accusato di omicidio, sedizione e aggressione alle forze dell'ordine. Sull'avviso campeggiava la stessa foto della patente dell'Idaho e altre due foto di Dehaven all'interno del Campidoglio degli Stati Uniti il 6 gennaio 2021. Una foto lo ritraeva in posa sul podio nell'aula del parlamento. L'altra era stata scattata all'ingresso del Campidoglio e mostrava Dehaven, evidenziato con un circoletto, mentre spruzzava una sostanza chimica sotto lo scudo di un agente di polizia.

«Mi stai dicendo che questo tizio è qui a Los Angeles?» chiese Olmstead.

«Sì» rispose Ballard.

«E tu puoi condurmi da lui?»

«Sì.»

Olmstead lesse il riepilogo dei reati di Dehaven.

«Da quello che so» disse Bosch «voi lo volete a tutti i costi. Ha ucciso la sua ex moglie perché lei ha chiamato l'FBI dopo averlo visto in tv al Campidoglio.»

«In qualche modo ha scoperto che era stata lei» intervenne Ballard. «L'ha ammazzata e da allora è scomparso.»

«E come vi siete imbattuti in lui?»

«Non mi crederesti se te lo dicessi» rispose Ballard.

«Se devo occuparmi di questo caso, devo saperlo.»

Ballard si voltò a guardare Bosch, per capire cosa ne pensasse. Lui annuì senza esitare.

«Potrei e dovrei passare il caso al reparto Antiterrorismo del LAPD» spiegò. «Quindi, se lo do a te, ho bisogno di due garanzie.»

«Sentiamo» disse Olmstead.

«Innanzitutto, il mio nome non deve comparire da nessuna parte. Il caso te l'ha segnalato un informatore o un cittadino preoccupato che aveva visto la foto del nostro uomo in un ufficio postale o su internet o altro.»

«Posso farlo, ma perché?»

«Per via della condizione numero due» spiegò Ballard. «Dehaven ha il mio distintivo. Lo arresti, prendi il distintivo e me lo restituisci. E la cosa non viene menzionata in nessun rapporto.»

«Aspetta, cosa?» disse Olmstead. «Ha il tuo distintivo? Come mai?»

«Questa è la storia a cui non crederesti se te la raccontassi» ribatté Ballard.

«Credo sia meglio se me la racconti comunque.»

«Mi hanno rubato il distintivo lunedì mentre facevo surf vicino a Dockweiler Beach» raccontò Ballard. «C'è una spiaggia per surfisti chiamata Staircases. Mentre ero in acqua, un paio di stronzi mi hanno scassinato la macchina. Li ho rintracciati, ma il distintivo l'avevano già venduto a un ricettatore, il quale poi l'ha venduto a Dehaven.»

«Non hai denunciato il furto? Non ti avrebbe creato grossi problemi, no?»

«Nel mio caso, sì» disse Ballard. «Ci sono persone nel dipartimento che lo userebbero contro di me. Sarebbe un biglietto di sola andata per il trasferimento e un bell'incarico terapeutico di pattuglia in autostrada. Il fatto è che amo il mio lavoro, Gordon, e sono brava a farlo. Voglio tenermelo.»

«Capisco» commentò Olmstead. «E so per esperienza che sei in gamba. Dehaven dove lo tiene, il tuo distintivo?»

«Addosso, pensiamo» rispose Ballard.

«Perché lo pensate?»

Ballard lanciò un'occhiata a Bosch. Non intendeva rivelare nessuno dei limiti che aveva superato, per quanto si fidasse di Olmstead.

«È una nostra idea» disse soltanto. «Ce l'avrà addosso o a portata di mano. Non ti serve sapere altro.»

Olmstead li guardò tutti e due, poi fissò di nuovo Ballard. «D'accordo, non voglio saperlo» disse. «Ma vediamo se ho capito bene. Dovrei arrestare quell'uomo, prendere il distintivo e consegnarlo a te. In pratica, dovrei prelevare una prova.»

«Non è una prova utile a provare ciò di cui è accusato» disse Ballard. «Ma c'è dell'altro. Dehaven voleva il distintivo perché sta progettando qualcosa. Ha delle armi e sta cercando di comprarne altre, delle mitragliette.»

«Che cos'ha in mente?»

«Non ne siamo sicuri.» Fu Bosch a rispondere. «Ma siamo a quattro giorni dal Presidents' Day e lui e uno dei suoi amici hanno fatto un sopralluogo sul molo di Malibu. Secondo le loro stesse parole, ciò che hanno in mente "farà sembrare quella storia a Las Vegas un gioco da ragazzi".»

«Volete dire una strage?» chiese Olmstead. Bosch e Ballard annuirono.

«E avete sentito queste parole con le vostre orecchie?»

I due annuirono di nuovo.

«E io sarò il tuo informatore confidenziale» disse Bosch.

Intorno agli occhi dell'agente si formarono delle zampe di gallina, mentre gli cadeva addosso tutto il peso di quello che aveva sentito.

«Va bene, dov'è Thomas Dehaven in questo momento?» domandò.

«Non è necessario che tu lo sappia» disse Bosch. «Quello che devi sapere è che vuole comprare delle mitragliette da me. Io organizzo l'incontro e tu lo arresti lì. Prima di lunedì.»

«Aspetta, no» intervenne Ballard.

Quello non faceva parte del piano che lei e Bosch avevano discusso prima di contattare Olmstead. Il piano era di dire all'agente della carovana sulla litoranea.

«È troppo pericoloso, Harry» proseguì. «Dobbiamo organizzare un arresto controllato in cui lui...»

«Lo vuoi il tuo distintivo?» ribatté Bosch. «Secondo me ce lo avrà addosso quando verrà a prendere le armi. Lo userà per fregarmi. Lo tirerà fuori, dirà che è della polizia e si prenderà le SIG mini senza pagarle.»

Ballard capì che Bosch forse aveva risolto l'enigma del motivo per cui Dehaven aveva comprato un distintivo. Nel momento stesso in cui aveva annunciato il suo piano, Ballard aveva capito che funzionava. Era il modo migliore per recuperare il distintivo e arrestare Dehaven.

«Harry, sei sicuro?» chiese.

«Sì, assolutamente.»

«Allora va bene» disse Ballard, guardando fisso Olmstead. «Ma deve essere un posto all'aperto, un luogo sicuro, dove nulla possa andare storto.»

«Lo troveremo» disse l'agente dell'FBI.

«Puoi procurarci quattro mini SIG Sauer MPX con i percussori rimossi?» chiese Bosch.

Olmstead esitò.

«Dai, sei dell'FBI» lo incalzò Bosch.

«Non prometto nulla» rispose Olmstead. «Ma posso provarci.»

20

Lilia Aghzafi, Paul Masser e Colleen Hatteras erano ai loro posti sulla zattera quando Ballard entrò. Si sentì in dovere di spiegare le sue lunghe assenze durante la settimana, senza però rivelare cosa avesse realmente fatto. Da un'estremità della zattera si rivolse al gruppo.

«Ciao a tutti» esordì. «Voglio solo dirvi che negli ultimi giorni non sono stata molto presente perché sono stata coinvolta in un caso che non riguarda questa unità. Ormai sta per concludersi e le cose dovrebbero tornare alla normalità.»

«Quale caso?» chiese Hatteras. «Forse possiamo aiutarti.»

«È un caso molto delicato, Colleen, quindi non posso parlarne. In pratica, ho ricevuto una soffiata da un informatore che conoscevo da prima di fondare questa unità. Ho dovuto seguire la pista, ma ora ho passato la palla in altre mani e sono di nuovo qui. E, a proposito, abbiamo un nuovo membro della squadra che doveva arrivare oggi. Qualcuno ha visto Maddie Bosch?»

«È qui» rispose Masser. «È nella stanza chiusa a guardare vecchi casi.»

La stanza chiusa era quella che chiamavano la «sala interrogatori» e che era stata convertita in magazzino per fascicoli e prove relative a casi sensibili.

Era chiusa a chiave, ma tutti nell'unità sapevano dove Ballard la nascondeva: sotto l'agenda nella sua scrivania.

«Chi l'ha fatta entrare?» domandò Ballard.

«Voleva vedere i vecchi casi» disse Hatteras. «Ho pensato che non ci fossero problemi, così le ho dato la chiave.»

«Va bene. Perché non vai a prenderla tu, Colleen, e andiamo a guardare le nostre lavagne? So che non è lunedì, ma lunedì prossimo è festa e non ci riuniremo e credo che a Maddie farà bene vedere come organizziamo il lavoro.»

Era anche un modo per passare del tempo con la squadra, per far sentire tutti che si era tornati alla normalità, ma la sua mente era altrove, occupata a pensare a questioni tutt'altro che normali.

Hatteras andò a chiamare Maddie. Ballard si rivolse a Masser. «Paul, abbiamo avuto notizie da Darcy o dal dipartimento di Giustizia?» chiese.

«Non ancora. Spero domani. È come quella vecchia canzone di Tom Petty.»

«Quale canzone?»

«*The Waiting*. Sai, la parte in cui dice che l'attesa è la parte più difficile.»

Cantò le parole, ma Ballard scosse la testa, come se non la conoscesse. «Oh, ma dai» protestò Masser. «È stato un grande successo.»

Cantò altri versi, ma si fermò quando comprese che Ballard lo stava prendendo in giro.

«Ma vaffanculo» disse.

Ballard e Aghzafi scoppiarono a ridere.

«Sai che ogni anno si tiene un talent show per tutte le unità nell'auditorium del PAB» disse Ballard. «Avresti buone possibilità di portare a casa un premio.»

«Come ho detto, vaffanculo» disse Masser.

Era arrossito e Ballard decise di lasciar perdere e cambiare argomento.

«Ho parlato con un tizio della task force sugli incendi a Maui» disse. «Sai, riguardo a tutte le vittime non identificate che hanno trovato. Mi ha detto che hanno un laboratorio mobile per il dna e se lo portano dietro nei campi di cenere che sono tutto ciò che resta di Lahaina. Mettono dentro i resti umani che riescono a trovare e in novanta minuti riescono a fare un esame del dna.»

«Caspita» commentò Masser.

«E noi invece ci mettiamo giorni o settimane per avere delle risposte» disse Ballard. «Ho intenzione di chiedere una sovvenzione per ottenere uno di quei laboratori mobili da utilizzare proprio qui.»

«Sarebbe fantastico» disse Aghzafi. «Inizieremmo davvero a spaccare i culi.»

«Be', io credo che lo facciamo già» commentò Masser.

Ballard annuì. Sentiva che Masser era sul punto di chiederle qualcosa di più sui suoi contatti con la polizia di Maui. Era l'unico dell'unità con cui si era confidata riguardo alla madre scomparsa.

Il momento d'imbarazzo finì quando Hatteras tornò con Maddie.

«Ciao, Maddie» disse Ballard. «Benvenuta nell'unità.»

«Sono felice di essere qui» rispose lei. «È emozionante.»

«Hai trovato qualche caso da risolvere, nella stanza chiusa?»

«Non ancora.»

«E hai già scelto una scrivania? Abbiamo due posti liberi sulla zattera.»

«La zattera?»

Ballard indicò le scrivanie modulari interconnesse. «È

così che chiamiamo questa configurazione» spiegò. «Tutte le scrivanie sono unite come una zattera.»

«Che galleggia in un mare di casi irrisolti» disse Masser.

Ballard accompagnò Maddie verso il lato dove c'erano due scrivanie libere.

«Una di queste due» disse. «Tuo padre usava questa quando lavorava qui. Così saresti di fronte a Colleen, che ti parlerà del lavoro di genealogia genetica investigativa che svolgiamo.»

«Capisco.»

Maddie guardò le due sedie ed esitò. Ballard capì qual era il problema e indicò la scrivania che Harry non aveva usato.

«Perché non inizi un percorso tuo?» disse.

Maddie annuì e la decisione fu presa. Entrò nel cubicolo e spostò la sedia per potersi accomodare.

«Il terminale è vecchio ma ci troverai lo stesso programma che usi alla stazione di polizia di Hollywood» continuò Ballard. «Puoi usare la stessa password. In queste prime settimane, mettiti d'accordo con Colleen per sapere quando sarete entrambe qui, in modo che possa iniziarti alle procedure della GGI. Secondo me avere due persone con queste competenze, di cui una con un distintivo, sarà fantastico.»

«Bene» disse Maddie. «Volevo anche chiederti una cosa.»

«Chiedi pure.»

«Sono appena stata nella stanza chiusa e ho notato che il caso di Elizabeth Short ha uno schedario dedicato, ma è chiuso a chiave.»

Ballard sorrise e annuì. Non era la prima volta che un membro dell'unità chiedeva informazioni sul caso della Dalia Nera. L'efferato omicidio di Elizabeth Short, avvenuto nel 1947, era il più famoso caso irrisolto della storia di Los Angeles.

«Sì, è chiuso a chiave perché i cassetti sono quasi vuoti» disse. «Nel corso degli anni molti fascicoli sono scomparsi. Anche la maggior parte delle prove è sparita. Credo che non abbia importanza. Quel caso non sarà mai risolto.»

«In che modo sono sparite le prove?» chiese Maddie.

«Rubate da poliziotti che avevano accesso a quei documenti. Le lettere originali, le dichiarazioni dei testimoni, non c'è più nulla. Nessuna prova fisica, tranne la valigia, che era sua e che teneva in un armadietto alla stazione degli autobus. Ma la maggior parte delle informazioni mancanti si possono trovare in rete. Ci sono molte più cose di quelle contenute nello schedario.»

«Oh.»

«Se vuoi ancora guardare, ti farò avere la chiave. Ma preparati a una delusione.»

«Darò comunque un'occhiata. Quel caso mi ha sempre affascinata. Anche mio padre ne era attratto.»

«Davvero? Harry non me ne ha mai parlato.»

«Credo che gli ricordasse un po' sua madre.»

«Capisco. Avrei dovuto pensarci.»

Seguì un silenzio imbarazzato, quando Maddie si rese conto di aver parlato troppo di suo padre davanti al gruppo.

Poi Ballard disse: «Stiamo per iniziare a esaminare i nostri casi in corso. Ho pensato che fosse utile per te vedere come ci organizziamo. Di solito lo facciamo il lunedì, ma oggi è il tuo primo giorno e il prossimo lunedì è festivo, quindi ho pensato di farlo ora».

«Buona idea» disse Maddie.

Ballard prese posizione davanti alle lavagne e iniziò la revisione dei casi su cui la squadra stava lavorando. Aggiornarono Maddie sul caso dello stupratore delle federe, ma non ci furono molte novità da riferire, soprattutto perché la ricerca del distintivo rubato da parte di Ballard aveva assorbito la maggior parte della settimana. L'unico punto interessante della riunione venne da Masser.

«Ho appena sentito John Lewin dell'ufficio del procuratore, e mi ha detto che l'ha contattato l'avvocato di Maxine Russell» disse Masser. «Vuole trattare.»

«È disposta a denunciare il suo ex per la sparatoria al minimarket?» chiese Ballard.

«Presumo di sì» rispose Masser. «L'accordo salta se non lo fa. Si incontreranno domani mattina.»

«Bene» disse Ballard. «Tienici al corrente.»

Il resto della riunione si svolse rapidamente. «Domani avremo i risultati del dipartimento di Giustizia sull'acquisizione del dna di lunedì» disse Ballard. «Se va come ci aspettiamo, dovremo mettere sotto sorveglianza il giudice mentre io vado al PAB a chiedere l'autorizzazione per l'arresto. Chi viene in ufficio?»

Tutti alzarono la mano. Nessuno voleva essere lasciato fuori. Anche Maddie Bosch alzò la mano, nonostante venerdì sera fosse di pattuglia. Ballard apprezzò l'entusiasmo della squadra, ma disse loro che era altamente improbabile che venissero coinvolti nell'arresto.

«Per una cosa del genere, un caso importante e un sospettato importante, ci diranno di ritirarci e la palla passerà al SIS, che si occuperà della sorveglianza ed effettuerà l'arresto» spiegò.

Questo suscitò una serie di fischi. Il SIS era la Sezione Investigativa Speciale, che veniva coinvolta nelle indagini più delicate.

«Non preoccupatevi, il merito sarà comunque nostro» disse Ballard. «È sempre un nostro caso.»

Ringraziò il team per la dedizione e il duro lavoro. Al termine della riunione, invitò Maddie a prendere un caffè.

La caffetteria era quasi vuota, c'era un solo tavolo occupato, da uomini che Ballard sapeva essere istruttori dell'accademia. Lei prese un caffè e Maddie una bottiglia d'acqua frizzante.

«Tuo padre sta passando dal caffè al tè» disse Ballard.

«Davvero? L'hai visto di recente?»

Ballard si rese conto del suo errore.

«Ah, sì, gli ho chiesto aiuto per un caso» spiegò. «Un consiglio. Tu gli hai detto che sei entrata nell'unità?»

«Non ancora» rispose Maddie. «Adesso che è ufficiale, lo chiamerò.»

«Bene. Fallo. Ma sento che c'è qualcos'altro in ballo, con te. Qualcosa di cui non mi hai parlato. E volevo darti la possibilità di dirmelo ora piuttosto che dopo.»

«Wow, sei proprio in gamba a capire le persone.»

«Fa parte del lavoro. Allora, che succede, Maddie?»

«Be', stammi prima a sentire, perché ti sembrerà... strano, credo. E non ridere, ma credo di aver risolto il caso della Dalia Nera.»

Ballard non aveva affatto voglia di ridere. La foga con cui Maddie l'aveva detto le aveva fatto capire che parlava sul serio.

«Dimmi tutto» la incoraggiò.

21

Ballard arrivò in anticipo al parcheggio dell'Echo Park Storage. Pensò allo You-Store-It di Santa Monica. In questo periodo sembrava che le sue attività si ripetessero, a due a due. La coincidenza era notevole.

Parcheggiò e lasciò l'auto accesa mentre faceva un'altra telefonata al numero diretto di Gordon Olmstead. Come prima, scattò la segreteria telefonica.

«Sono ancora Renée» disse. «Vorrei sapere cosa succede. Chiamami.»

Riattaccò. Forse si era espressa in un tono troppo implorante. Sentì un vuoto nel petto, mentre si domandava se aver coinvolto Olmstead e l'FBI nell'indagine su Thomas Dehaven fosse stata la mossa giusta. Cercò di allontanare la brutta sensazione chiamando Harry.

Lui rispose subito.

«Volevo solo sapere se hai avuto notizie da Olmstead.»

«Sì, ha chiamato poco fa. Ha detto che vogliono organizzare la consegna delle armi per sabato mattina.»

Ballard fu subito infastidita dal fatto che Olmstead avesse informato Bosch ma non lei. Allo stesso tempo, però, si rendeva conto che Bosch dovesse essere al corrente di tutto, poiché era lui il capretto legato che avrebbero usato come esca per prendere Dehaven.

«Per te va bene?» chiese.

«Prima è, meglio è, per quanto mi riguarda» rispose Bosch. «Ma hanno bisogno di tempo per organizzare tutto e scegliere le postazioni.»

«Dove avverrà?»

«Nello stesso posto in cui ci siamo visti la prima volta, quel parcheggio sulla spiaggia. Ho detto loro che sabato mattina si riempirà in fretta di gente diretta al mare. Ma a loro va bene perché così possono far arrivare i loro uomini in auto e quant'altro.»

«Ho capito. Hai mandato un messaggio a Dehaven per avvisarlo?»

«No, Olmstead e quelli del Bureau si sono appropriati della questione messaggi. Si metteranno in contatto con lui senza usare il mio telefono.»

«Okay. Quand'è stata l'ultima volta che hai parlato con Olmstead o con qualcuno dell'FBI?»

«Mi ha detto queste cose un paio d'ore fa. Probabilmente ti chiamerà quando saranno pronti.»

«Ti procurano le mini SIG con i percussori rimossi?»

«Mi ha detto di sì. Vogliono che prima dell'arresto concludiamo l'affare, perché sarà un'ulteriore imputazione a suo carico. Dehaven non uscirà mai più di galera.»

«Secondo me il fatto di aver ucciso la sua ex è già sufficiente per questo, ma capisco. Vogliono altre accuse federali, per seppellirlo in quel carcere di massima sicurezza in Colorado.»

Ballard vide un'auto infilarsi nella piazzola accanto a lei. Era Maddie Bosch.

«Sembra che Olmstead non mi abbia inserito nella lista delle persone da informare» disse. «Quindi tienimi al corrente tu, per favore.»

«Lo farò. Questo caso è tuo, che tu voglia prendertene il merito oppure no.»

«Non più. Ma è così che va. Ci sentiamo dopo, Harry.»

«Aspetta, stavo per chiamarti per chiederti se Maddie ha iniziato a lavorare nell'unità, oggi.»

«Sì. È andato tutto bene. Penso che si inserirà senza problemi nella squadra.»

«Ottimo.»

«Mi ha detto che ti avrebbe chiamato oggi.»

«Non l'ha ancora fatto, ma non c'è problema.»

«Ci vediamo, Harry.»

«Ciao.»

Bosch riattaccò e Ballard spense il motore. Mise il telefono in tasca e scese. Maddie l'aspettava controllando il telefono.

«Allora» disse Ballard. «*Affari al buio*, eh? Io ti credevo più una fan delle Kardashian.»

«Cosa? Le Kardashian? No. E non ho mai guardato nemmeno *Affari al buio*.»

Era un reality show televisivo in cui si facevano offerte all'asta per unità di stoccaggio i cui affittuari erano in ritardo di oltre tre mesi con i pagamenti. Secondo la legge della California, il contenuto di quei magazzini poteva essere buttato via o messo all'asta dal proprietario del magazzino. Lo show era fondamentalmente una caccia al tesoro, con gli offerenti che speravano di trovare contenuti di valore nelle unità di stoccaggio acquistate.

Maddie le aveva spiegato che aveva un'unità all'Echo Park Storage. L'aveva affittata quando si era trasferita nell'appartamento del suo ragazzo e aveva dovuto conservare mobili e altri oggetti di casa sua. Aveva preferito tenerseli, nel caso in cui la relazione non avesse funzionato. Un giorno, mentre si recava al lavoro, si era fermata alla sua unità per recuperare una lampada che voleva portare nella sua nuova casa. Non era in divisa, ma aveva il distintivo alla cintura. Il direttore, vedendo il distintivo, le aveva detto che stava sgomberando un'unità di un cliente in ritardo con i pagamenti e aveva trovato cose inquietanti al suo interno. Le aveva chiesto di dare un'occhiata.

Quello che Maddie aveva trovato nell'unità l'aveva convinta ad affittarla immediatamente, pagando al gestore cinquecento dollari per il suo contenuto. Aveva esaminato quel contenuto nel tempo libero. E aveva deciso di offrirsi come volontaria per l'Unità Casi Irrisolti dopo aver aperto un fascicolo intitolato *Betty*.

«Bene» disse Ballard. «Vediamo cos'hai trovato.»

Il deposito era un vecchio magazzino in mattoni che aveva in qualche modo superato la prova del tempo e dei terremoti. Ballard ipotizzava che un tempo fosse stato una fabbrica di qualche tipo. Poteva vedere i punti in cui le finestre erano state murate, creando una facciata di blocchi di cemento, calcestruzzo e mattoni.

«Quanti anni ha questo posto?» domandò.

«È stato costruito quasi cento anni fa» disse Maddie. «Ho chiesto al gestore, il signor Waxman. Mi ha detto che in origine qui si producevano pezzi per lo stabilimento della Ford che si trovava a Terminal Island. Negli anni Sessanta hanno portato qui tutti questi vecchi container, trasformando la fabbrica in un magazzino. La maggior parte dei container ha dei divisori all'interno, quindi puoi affittare anche mezzo container.»

«Il tizio che ha affittato l'unità di cui stiamo parlando, da quanto tempo ce l'aveva?»

«Dagli anni Sessanta, da quanto ho capito.»

«E cosa gli è successo?»

«È morto circa sette anni fa, ma l'affitto è sempre stato pagato attraverso un fondo fiduciario. Nel suo testamento c'era scritto di continuare a farlo, e ogni primo novembre arrivava il pagamento per tutto l'anno successivo. Ma credo che i soldi siano finiti e lo scorso novembre non è arrivato nulla. Dopo tre mesi, il signor Waxman è andato a sgombrarlo e quel giorno io sono passata per caso.»

Un'altra coincidenza, pensò Ballard. Entrarono attraverso una saracinesca aperta. All'interno, l'ampio spazio un tempo utilizzato per la produzione era riempito da file di container, davanti a una delle quali c'era un ufficio. Le luci pendevano dalle travi in alto, ma l'illuminazione non era sufficiente a disperdere le ombre. Il posto aveva un'aria inquietante. Minacciosa.

«È qui dietro» disse Maddie. Mentre passavano davanti all'ufficio, fece un cenno attraverso la finestra a un uomo seduto dietro una scrivania.

«È il tizio che te ne ha parlato?» chiese Ballard.

«Sì, il signor Waxman» rispose Maddie.

«Non è il proprietario?»

«No, è solo il gestore. La proprietaria è un'anziana signora che vive vicino al Greek Theatre. Waxman dice che forse si ricorda dell'uomo che ha affittato quell'unità.»

«Non ti fa venire i brividi questo posto?»

«Sì. Ma è vicino ed economico. Non passo molto tempo qui, o meglio, non lo facevo prima che venisse fuori questa faccenda.»

«Parlami del tizio che ha affittato l'unità.»

«Emmitt Thawyer. L'ho cercato nei nostri database ma non ho trovato nulla.»

«Sawyer?»

«No, la pronuncia è simile ma si scrive col *th*. Non ci sono molti Thawyer in giro. L'ho cercato su Google ma non ho trovato nulla. Il signor Waxman dice che la signora Porter, la proprietaria, gestiva il magazzino di persona, prima di assumere lui, e probabilmente ha avuto occasione di conoscere Emmitt Thawyer. Ai tempi era un fotografo, sembra.»

Le singole unità di stoccaggio non erano state modernizzate. Invece di saracinesche metalliche avvolgibili come quelle dello You-Store-It di Santa Monica, avevano le porte originali dei container da trasporto, bloccate da spranghe e lucchetti. Maddie si fermò davanti al 17 e staccò un portachiavi dalla cintura.

«Ci siamo» disse.

Tolse un grosso lucchetto, tirò su la spranga e aprì le pesanti porte di metallo. All'interno era buio pesto. Spinse un interruttore e si accese una fila di lampade a tartaruga al centro del soffitto. Ballard si aspettava mucchi di cianfrusaglie e rifiuti, ma il container era ordinato, con una fila di schedari metallici da un lato e vecchie attrezzature fotografiche dall'altro. C'erano supporti per luci, treppiedi con le gambe di legno. In fondo c'era un tavolo da lavoro con sopra vaschette, becher e altre attrezzature per lo sviluppo delle pellicole.

«All'inizio pensavo che fosse utilizzato per produrre metamfetamine o qualcosa del genere» disse Maddie. «Ma è un laboratorio fotografico. E questi schedari sono pieni di negativi e foto, contratti per lavori e fatture. Sembra che facesse molti cataloghi, riprese di prodotti e cose del genere. È tutto lavoro legale, tranne quello che si trova nell'ultimo armadietto. È quello che ha aperto il signor Waxman.»

«Vediamo.»

«Non sarà un bello spettacolo, ti avverto.»

Maddie si avvicinò al cassetto inferiore di uno schedario, ma Ballard la fermò.

«Aspetta. Hai indossato dei guanti, quando sei venuta la prima volta?»

«No. Mi dispiace.»

«Non c'è problema. Non sapevi cosa avresti trovato. Tieni.» Ballard prese di tasca dei guanti di lattice. «Ne ho solo un paio» disse. «Mettiamone uno ciascuna.»

Lo fecero, poi Maddie aprì il cassetto dello schedario,

con un forte cigolio che in qualche modo a Ballard sembrò appropriato.

Era pieno di fascicoli con nomi di donne sulle etichette. Erano in ordine alfabetico e il primo diceva *Betty*. Maddie lo estrasse con la mano guantata e lo diede a Ballard, che lo aprì sul tavolo da lavoro.

La cartellina conteneva otto foto in bianco e nero, alcune delle quali mostravano il corpo di una donna orribilmente torturata e uccisa. Ballard riconobbe immediatamente Elizabeth Short, la Dalia Nera.

«Oh, mio Dio» sussurrò sottovoce.

«Già» disse Maddie.

22

«È lei?» chiese Maddie.

«Sembra proprio di sì» rispose Ballard.

Impilò due vaschette per lo sviluppo delle pellicole per fare spazio alle otto foto sul tavolo. I bordi bianchi erano ingialliti, nonostante le foto fossero rimaste protette in uno schedario per decenni. Raffiguravano varie fasi della profanazione, tortura e omicidio di una giovane donna. Non erano in ordine cronologico, ma Ballard riuscì a metterle in sequenza sul tavolo, in base all'aspetto di lesioni e ferite. La prima immagine mostrava la donna prima che si rendesse conto di ciò che stava per accadere. Era seduta su uno sgabello, con un sorriso invitante sulle labbra e indossava solo reggiseno e mutandine. L'inquadratura successiva era un primo piano del suo volto, con entrambe le guance squarciate agli angoli della bocca, gli occhi spalancati dalla paura e dal dolore.

Da lì in poi la situazione peggiorava. La settima foto mostrava il corpo intero che giaceva insanguinato su un pavimento di cemento, accanto a un tombino. Era chiaramente morta. Le ferite sul corpo corrispondevano alla foto dell'autopsia, scomparsa da tempo dagli archivi e pubblicata su internet, un'immagine che Ballard aveva visto online e che le era rimasta impressa nella memoria. Nell'ultima foto, il corpo sul cemento era stato tagliato in due in corrispondenza dell'addome e il sangue scorreva nello scarico.

Ballard ebbe un attacco di nausea. Appoggiò le mani sul tavolo da lavoro e si chinò in avanti.

«Stai bene?» chiese Maddie.

Non rispose. Chiuse gli occhi e aspettò che la sensazione passasse.

Finalmente trovò la voce. «In questo lavoro vedi cose a cui non riesci a dare una spiegazione plausibile» disse.

Si raddrizzò e guardò Maddie. «Gli altri fascicoli lì dentro...» cominciò.

«Sì» disse Maddie. «Non così brutti, ma comunque tosti.»

«Quanti?»

«Sette, a parte questo.»

«Chi diavolo era questo tizio?»

«Un mostro.»

Ballard si scrollò di dosso la nebbia dell'orrore e indurì l'espressione. «Bene, dobbiamo prendere queste cartelline e portarle alla zattera» disse. «Per ora sigilliamo questo posto.»

«Va bene» disse Maddie.

«Andiamo a parlare con il signor Waxman.»

Maddie prese le altre cartelle dall'armadietto e le passò a Ballard mentre chiudeva il container. Lei sfogliò i materiali controvoglia, guardando le foto delle altre donne. Tutte erano andate incontro a una fine atroce. Faceva fatica a convincersi che il più famoso e orrendo omicidio della storia di Los Angeles non fosse un crimine a sé. La Dalia Nera era solo un fiore in un bouquet nero di omicidi.

Camminarono in silenzio fino all'ufficio, dove l'uomo che Ballard aveva visto prima era seduto dietro a una scrivania piena di scartoffie.

«Signor Waxman, le presento la detective Ballard» disse Maddie.

Lui indicò i fascicoli che teneva in mano. «È tutto vero?»

«Intende le foto?»

«Non ne abbiamo ancora la certezza» intervenne in fretta Ballard. «Le faremo analizzare. Ma vorremmo vedere tutti i documenti che ha sulla persona che ha affittato quel magazzino.»

«Il suo nome era Emmitt Thawyer» disse Waxman. «Ma è morto.»

«Ma avrà un fascicolo con le informazioni per contattarlo, la fatturazione, cose così.»

«Sì, ma non era lui a pagare» spiegò Waxman. «Era un fondo fiduciario a farlo. Spero che sia roba di Hollywood, sapete. Roba falsa da film.»

Ballard si rese conto che probabilmente non aveva riconosciuto Elizabeth Short, la Dalia Nera.

«Forse» disse. «Speriamo. Ma possiamo vedere i registri dei pagamenti del fondo fiduciario?»

«Certo. Devo andare in magazzino a prenderli.»

«Possiamo aspettare» disse Ballard.

Waxman si alzò e lasciò l'ufficio.

«Chi hai detto che è il proprietario di questo posto?» chiese Ballard.

«Nancy Porter» rispose Maddie.

«Avremo bisogno anche del suo indirizzo.»

«Ce l'ho già.»

«Te lo sei fatto dare da Waxman?»

«Sì, ho pensato che avrei, anzi, avremmo potuto averne bisogno, così gliel'ho chiesto dopo che mi ha mostrato il magazzino.»

«Ottima mossa. Magari dopo andiamo a trovarla. Se hai tempo.»

«Conta su di me. È molto più interessante del lavoro di pattuglia.»

Per un attimo Ballard pensò di metterla in guardia dal trauma vicario, ma decise di rimandare la discussione a un altro momento.

Waxman tornò qualche minuto dopo con un fascicolo; lo consegnò a Ballard e tornò dietro la scrivania. Conteneva diversi documenti, a partire da un modulo informativo ingiallito apparentemente compilato da Emmitt Thawyer e datato 1° novembre 1966. Riportava l'indirizzo di una casa in Kellam Avenue.

«Kellam Avenue» disse Maddie. «È ad Angelino Heights. Ricordo che quando ero piccola io e mio padre andavamo in giro in macchina a guardare le vecchie case. Adoro quel quartiere.»

«Be', sembra che un serial killer ci abbia vissuto.»

«Probabilmente era lì e noi siamo passati davanti a casa sua.»

«È possibile.»

Il modulo includeva anche il numero della patente di Thawyer e la data di nascita: 7 gennaio 1924.

«Avrebbe compiuto cent'anni il mese scorso» disse Ballard.

Fece i conti e determinò che Thawyer doveva avere ventitré anni quando Elizabeth Short era stata sequestrata e uccisa. Un po' troppo giovane per un serial killer, ma forse era la sua prima vittima.

«Pensi che l'abbia fatto apposta?» chiese Maddie. «Mettere abbastanza soldi nel suo fondo fiduciario per pagare la conservazione di questi documenti fino al suo centesimo compleanno?»

«Chi lo sa» rispose Ballard. «Ma mi piace come ragioni.» Non sapeva se dirle che le ricordava suo padre sarebbe stato preso come un complimento o meno, perciò se lo tenne per sé e tornò a guardare i documenti che aveva in mano.

Le altre pagine del fascicolo erano fatture annuali con il timbro PAGATO e la data del pagamento scritta a mano. Tutte le date risalivano alla fine di ottobre o al primo giorno di novembre, il che corrispondeva al momento in cui Thawyer aveva affittato per la prima volta l'unità di stoccaggio.

«Signor Waxman, dovremo tenere noi questo fascicolo per un po'» disse.

«Non c'è problema» rispose Waxman. «Io ho finito di occuparmene.»

«Parla spesso con la signora Porter?»

«No, non abbiamo bisogno di sentirci. Io gestisco l'attività per lei e lei è contenta di starne fuori.»

«Quanti anni ha?»

«Non lo so. È molto vecchia. Ha ereditato questa attività dal padre. Era lui a gestire il magazzino. Anche lei lo faceva, ma poi si è stancata e si è rivolta a me.»

«Le ha parlato di quello che ha visto nell'unità?»

«Gliel'ho detto, sì.»

«Si ricordava del signor Thawyer?»

«Non ne era sicura. Ha detto che il nome le era familiare, ma l'uomo non se lo ricordava.»

«E lei, signor Waxman? Si ricorda di lui?»

«Non credo che ci siamo mai incontrati.»

«Ha detto a qualcun altro quello che ha visto in quel container?»

«Solo alla signora Porter.»

«La prego di non dirlo a nessun altro, signor Waxman.»

«Mi creda, non è una storia che ho voglia di condividere. Ho visto quelle foto. Non le dimenticherò mai. Orrende.»

Uscirono e si diressero verso le loro auto. Ballard portava i fascicoli. Il suo telefono squillò. Era Olmstead che finalmente la richiamava.

«È una telefonata privata» disse a Maddie. «Andiamo prima a Kellam. Davanti alla casa dove viveva Thawyer.»

«Ci vediamo lì» rispose Maddie.

Ballard rispose al telefono mentre si metteva al volante del Defender e appoggiava i fascicoli sul sedile accanto.

«Gordon, dov'eri?»

«Scusa, non ho potuto chiamarti prima. Hai parlato con Bosch?»

Ballard sapeva che avrebbe ottenuto più informazioni comportandosi come se non sapesse nulla. «No, che succede?»

«Siamo pronti per sabato» disse Olmstead.

«Dove?»

«Nello stesso posto in cui Bosch ha incontrato il nostro uomo.»

«Preparerete tutto?»

«Ovvio. Abbiamo già una squadra tattica che sorveglia Dehaven. Osserveremo ogni sua mossa fino allo scambio.»

«E Harry?»

«Harry cosa?»

«Mi fa paura il fatto che non sia un agente.»

«Cosa vuoi dire?»

«Non può farsi male, Gordon. Non è sacrificabile.»

«Dovrei sentirmi offeso da queste parole, ma lascio perdere. Lo so che non è sacrificabile, Renée. Ma abbiamo la situazione sotto controllo. Andrà tutto bene.»

«Non gli farete indossare un microfono, vero?»

Era la parte più pericolosa del lavoro sotto copertura. Le cose potevano facilmente andare storte, con un microfono addosso.

«Non addosso. Lo metteremo nella sua auto. Avrà le armi nel bagagliaio e lì ci sarà la cimice. Se pensa di essere in pericolo, deve solo pronunciare una parola convenuta. Ma non ci saranno problemi.»

«Ti ho detto che non hanno intenzione di pagare le armi.»

«Lo sappiamo. Ma lo scambio avverrà in un parcheggio affollato. Non vorranno attirare l'attenzione.»

«Come puoi esserne sicuro? Non mi piace, Gordon. Dehaven è accusato di omicidio e sedizione. Non hai bisogno di altri capi d'accusa.»

«Senti, Renée, non si tratta delle accuse a suo carico. Se ha bisogno di quattro mitragliette vuol dire che non è solo. Lasciamo che porti le armi al suo gruppo e poi li prendiamo tutti insieme. Sai come funziona, no? Le armi sono come esche per le formiche. Lui le porta al formicaio e lo avvelena. Arrestiamo lui e tutti gli altri coinvolti.»

Ballard conosceva la strategia e sapeva che era giusta, ma troppe cose potevano andare storte.

«Continua a non piacermi» disse.

«A Bosch invece piace» ribatté Olmstead. «Ha accettato e si sente pronto. Voleva andare già domani, in realtà, ma abbiamo bisogno di un altro giorno per l'allestimento. Piazzeremo telecamere nascoste in tutto il parcheggio. Ci saranno cecchini sul tetto del condominio di fronte. Basta che Bosch dica una parola e fredderanno Dehaven in un secondo.»

«Tu dove sarai?»

«Avremo un posto di comando su Ocean. Ci apposteremo all'interno di un finto furgone per le consegne di Amazon.»

«Ci sarò anch'io.»

«Renée, non è possibile.»

«O mi lasci venire o entro nel parcheggio con la mia macchina e mi posiziono in un punto da dove posso vedere Bosch. Scegli tu.»

«Vuoi che questa storia vada in porto, vero? Vuoi riavere il tuo distintivo?»

«Fanculo il distintivo. Non voglio che Bosch si faccia male e non penso che a voi importi molto di lui.»

«E il fatto di lasciarti venire al posto di comando lo terrà al sicuro? La tua logica non mi torna...»

«Lì potrò assicurarmi che non facciate casini.» Ci fu un lungo silenzio e quando Olmstead parlò di nuovo aveva un tono rabbioso ma controllato.

«E va bene» disse. «Puoi stare nel posto di comando.»

«Grazie, Gordon. A che ora?»

«Abbiamo fissato l'incontro per le otto. Prima che il parcheggio diventi troppo affollato, ma quando ci sarà comunque abbastanza gente da far entrare le nostre auto e i nostri uomini senza dare nell'occhio. Saremo sul posto alle sei.»

«Ci sarò anch'io. Avete arrestato Lionel Boden?»

Olmstead aveva detto che Boden doveva essere tolto dalla circolazione, per evitare che avvertisse Dehaven. Dopo aver usato il telefono di Boden per organizzare l'incontro iniziale tra Dehaven e Bosch, Ballard aveva cancellato il contatto dal dispositivo e aveva permesso a Boden di tornare all'Eldorado. Era convinta che Boden non avrebbe contattato Dehaven, sarebbe stato solo un rischio per lui, ma Oldstead aveva sostenuto che alcune misure fossero necessarie. Per lui Boden doveva essere tenuto sotto chiave.

«Sì, l'abbiamo prelevato senza chiasso e trasferito nei nostri lussuosi alloggi in centro» disse. «Lo terremo lì finché non sarà tutto finito. E probabilmente anche dopo.»

«Bene» disse Ballard. «C'è altro?»

«Direi che è tutto. No, aspetta, un'ultima cosa.»

«Quale?»

«Ti ringrazio di avermi passato questa faccenda. Dopo che avremo tolto di mezzo il gruppo, sei sicura di non voler essere presente, quando terremo la conferenza stampa? Saremo felici di condividere il merito.»

«Lo apprezzo, Gordon, ma no, grazie. Ci vediamo sabato alle sei.»

«Benissimo.»

Ballard riattaccò e avviò il motore.

23

Dal magazzino, Ballard imboccò Sunset Boulevard per raggiungere Angelino Heights. I due quartieri distavano cinque minuti in macchina e un secolo dal punto di vista urbanistico. In cima a una ripida collina ai margini del centro, Angelino Heights era il quartiere antico meglio conservato di Los Angeles. Solo Bunker Hill era più vecchio, ma ormai era tutto vetro e cemento, il futuro aveva spazzato via il passato.

Angelino Heights non era cambiata affatto. L'area era stata stata da tempo designata dal comune come quartiere storico da preservare, quindi era congelata nel tempo, con le strade fiancheggiate da esempi di architettura risalenti alla prima Los Angeles. Case vittoriane e in stile Queen Anne di centocinquant'anni si affiancavano a capolavori in stile Craftsman e bungalow di inizio Novecento. Ballard parcheggiò dietro l'auto di Maddie Bosch davanti alla casa in Kellam Avenue indicata da Emmitt Thawyer, una villetta Craftsman a un piano con un vialetto d'ingresso che correva lungo il lato sinistro fino a un garage sul retro.

Maddie era appoggiata alla macchina e controllava i messaggi sul telefono, ma lo mise via quando Ballard la raggiunse.

«Hai già fatto un buon lavoro investigativo» disse Ballard. «Continuiamo così. Bussa alla porta, mostra il distintivo e vedi se riesci a convincere il proprietario a farci entrare.»

«Davvero?» disse Maddie. «Ma sei tu la detective.»

«Ti darò una mano. Se necessario.»

«Allora, stiamo cercando informazioni su un uomo che viveva qui, ma non sappiamo quando si sia trasferito.»

«È un inizio. Vogliamo entrare, dare un'occhiata in giro, vedere se qualcuno conosceva o si ricorda di Thawyer. E voglio vedere anche il garage sul retro.»

«Il garage? Perché?»

«Per vedere se c'è uno scarico.»

«Ah. Capisco.»

Mentre salivano i gradini verso l'ampio portico che correva lungo tutta la facciata della casa, Ballard prese il suo telefono e aprì l'applicazione Zillow. Aveva usato quel database immobiliare quando aveva cercato la sua casa a Malibu. Inserì l'indirizzo di Kellam Avenue e scorse la cronologia delle vendite. Così scoprì che la casa non cambiava proprietario dal 1996. L'applicazione non forniva l'identità dei proprietari attuali o precedenti.

Maddie bussò con vigore al vetro della porta d'ingresso.

«Il proprietario è lo stesso dal 1996» la informò Ballard, mostrandole il suo telefono.

«Okay» rispose Maddie.

Attraverso il vetro videro una donna che si avvicinava lentamente. Maddie esibì il suo distintivo e lei aprì con cautela la porta. Aveva almeno settant'anni, i capelli grigi e un ampio vestito da casa.

«Sì?»

«Salve, signora, siamo investigatori della polizia di Los Angeles» esordì Maddie. «Possiamo farle qualche domanda?»

«È successo qualcosa?»

«No. Stiamo indagando su un vecchio caso, un crimine che potrebbe essere avvenuto in questo quartiere. Vive qui da molto tempo?»

«Quasi trent'anni.»

«È un bel po'. Ha comprato lei questa casa?»

«No, l'ha acquistata mio marito. Ora è morto.»

«Mi dispiace. Per caso...»

«È stato molto tempo fa.»

«Capisco. Per caso sa chi era il precedente proprietario?»

«Ehm... Lo sapevo, ma non me lo ricordo. Sono passati tanti anni.»

«Il nome Emmitt Thawyer le suona familiare?»

«Sì, è lui. Me lo ricordo perché abbiamo ricevuto la sua posta per molto tempo. Mio marito gliela portava.»

«Dove?»

«Alla casa di riposo.»

«Ricorda quale?»

«Non credo di averlo mai saputo. Ricordo che andava a Boyle Heights a consegnare la posta.»

«Posso sapere il suo nome, signora?»

«Sally Barnes. Mio marito era Bruce.»

Ballard riconobbe il nome. Le sembrava che Sally Barnes fosse stata un'attrice di medio livello, un tempo. Maddie stava andando bene, ma non erano ancora entrati. Non era certa che ne avrebbero ricavato qualcosa, ma voleva farsi un'idea del posto e magari apprendere qualche informazione sul precedente occupante.

«Sa se il signor Thawyer aveva una famiglia, quando abitava qui?» chiese Maddie.

«No, viveva solo» rispose Sally. «Era un fotografo e viaggiava molto per lavoro. Non era una vita che permettesse di dedicarsi a una famiglia.»

«Suo marito ha mai detto qualcosa su di lui dopo avergli portato la posta?»

«Solo che il signor Thawyer gli era grato, ma gli diceva sempre che non ce n'era bisogno, che potevamo buttare via la sua posta. A un certo punto abbiamo seguito il suo consiglio. Devo andare a sedermi. Stare in piedi non mi fa bene. Cado.»

«Bene, lasci che l'aiuti.»

«Non è necessario. Va tutto bene. Potrei trasferirmi nella casa di riposo per attori nella San Fernando Valley, ma lassù fa troppo caldo. Non ci andrò finché non sarò costretta.»

«Le dispiace se entriamo? Il nostro capitano ci suggerisce sempre di effettuare un controllo di sicurezza in tutte le case a cui facciamo visita.»

«Be'... sì, va bene. Non si è mai troppo prudenti di questi tempi, con tutte le rapine e i furti in casa che si vedono al telegiornale.»

«Esattamente.»

Sally si fece da parte ed entrarono in casa. A destra c'era un soggiorno con un grande camino in pietra, a sinistra una sala da pranzo. Maddie posò una mano sul gomito dell'anziana signora e la condusse verso una poltrona del soggiorno.

«Bene, ora diamo un'occhiata in giro» disse poi. Ballard e Maddie si divisero e controllarono le finestre e le serrature di ciascuna delle stanze anteriori, mentre Sally Barnes rimaneva a guardare.

«Di che tipo di crimine si tratta?» chiese.

«Un omicidio» rispose Ballard.

«Qui, in questa casa?»

«Non ne siamo sicuri, ma probabilmente no.»

«Emmitt Thawyer è morto, se è lui il vostro uomo.»

«Sì, lo sappiamo. E lei come lo sa?»

«Credo sia stato il signor Mann della società storica a dirmelo. Ma è stato diversi anni fa.»

«Non sembra scioccata o sorpresa che Thawyer possa essere un assassino. Come mai?»

«Oh, per via dei vicini. Quando ci siamo trasferiti qui, ci hanno detto che erano felici di avere accanto una coppia normale. Dicevano che il signor Thawyer era un uomo strano, con le sue macchine fotografiche e le sue luci. Faceva orari strani, a volte lavorava tutta la notte. Vedevano i flash della macchina fotografica.»

«Dentro la casa?»

«Be', certo. Se non vi dispiace, torno in cucina, dove ho il mio lavoro.»

«Ha bisogno di aiuto?»

«No, sto bene.»

«Noi intanto finiamo il nostro controllo di sicurezza. Non ci metteremo molto.» Ballard e Maddie attraversarono rapidamente la casa, controllando porte e finestre, e finirono con la cucina, dove Sally Barnes era seduta a un tavolo con una serie di foto lucide in bianco e nero, venti per venticinque. Le stava firmando con un pennarello. Ballard si avvicinò e vide una Sally Barnes molto più giovane. Erano vecchie foto pubblicitarie.

«Mi sembrava di averla riconosciuta» disse. «Lavorava nel cinema?»

«In televisione» rispose Barnes. «Ho partecipato a *Pepper Anderson, agente speciale*, con un ruolo ricorrente. Ho fatto *Baretta*, *Agenzia Rockford*, *Barnaby Jones*, *McMillan e signora*, c'ero in tutte.»

«*Pepper Anderson*. È da lì che l'ho riconosciuta. Ho riguardato l'intera serie di recente. Angie Dickinson era un osso duro.»

«In molti sensi. Io interpretavo una prostituta che era la sua informatrice. Poi sono stata uccisa dal mio pappone quando Angie ha pensato che ricevessi troppa posta dai fan. Buttata fuori.»

«Cavolo, non è giusto.»

«Hollywood non è stata concepita per essere equa. Bruce scriveva per la televisione e quando ci siamo sposati mi sono ritirata. Sono diventata una specie di moglie trofeo. Ma Bruce guadagnava bene e ha fatto in modo che non ci mancasse nulla. Ha comprato questa casa con i suoi risparmi e ci abbiamo cresciuto due figli.»

Ballard annuì e fece un gesto verso le foto sul tavolo. «È ovvio che la gente si ricorda di lei.»

«Sì, è così. E li ringrazio per questo. Faccio pagare loro solo le spese di spedizione.»

«Quei vicini che dicevano che Emmitt Thawyer era strano... qualcuno di loro è ancora in giro?»

«No, sono tutti morti o si sono trasferiti.»

Ballard annuì di nuovo e Maddie li raggiunse in cucina. Scosse la testa, dicendo che non aveva notato nulla d'importante. Ballard guardò di nuovo Sally.

«Be', signora Barnes, la sua casa è a posto» la informò Ballard. «Ottimi infissi e serrature, un intruso non entrerebbe facilmente. Va bene se controlliamo il garage? Poi ci togliamo dai piedi.»

«Fate pure» disse Sally. «Non ho più la macchina. Ho gli occhi malandati.»

«L'apertura è automatica?» chiese Maddie.

«C'è un pulsante vicino alla porta sul retro» disse Sally.

Ballard e Maddie trovarono il pulsante e lo premettero. Uscirono e attraversarono un piccolo prato bruciato dal sole, mentre la doppia porta del garage si apriva cigolando. Lo spazio era per lo più spoglio. Niente macchina, niente banco da lavoro. Solo scatole di cartone con la scritta NATALE accatastate al centro di uno dei due posti auto.

Ballard scrutò il pavimento di cemento ma non vide

alcuno scarico. Si avvicinò alle scatole e le spinse da parte per vedere se ne coprivano uno; non era così.

«Peccato» disse. «Sembrava troppo bello.»

«Forse lui aveva un ufficio o un laboratorio da qualche parte» suggerì Maddie.

«Con un pavimento di cemento e un tombino di ferro? Ne dubito.»

«Merda.»

«Già. Torna dentro e ringrazia la signora. Ricordale di tenere le porte chiuse. Ci vediamo in strada.»

«Va bene.»

Si separarono; Maddie Bosch andò verso la porta sul retro della casa, Ballard s'incamminò sul vialetto verso la macchina. Tirò fuori il telefono per controllare i messaggi, ma non ce n'erano. Mentre lo riponeva, notò i tre bidoni della spazzatura allineati tra la casa e il vialetto. Dietro di essi vide una finestra a battente. Il suo primo pensiero fu che un flash proveniente da lì avrebbe potuto essere visto dai vicini di casa.

Si voltò e girò l'angolo a passo svelto, dirigendosi sul retro della casa. La porta era già chiusa a chiave, ma vide Maddie in cucina che parlava con la signora Barnes. Bussò al vetro e Maddie le aprì.

«C'è un seminterrato» disse Ballard. «Signora Barnes, dove sono le scale che portano in cantina?»

Sally alzò gli occhi dagli autografi. «Proprio dietro di lei.»

Le due poliziotte si voltarono. La parete dietro di loro era composta da armadi alti fino al soffitto. Ballard tirò la maniglia di una delle ante. Era un'entrata nascosta. L'intera struttura si aprì da cima a fondo, rivelando un ingresso e una scalinata che scendeva nel buio.

24

Ballard mise dentro una mano e la passò sul muro per trovare un interruttore.

«Avevo dimenticato di parlarvi della cantina» disse Sally. «La luce è a sinistra.»

Ballard cambiò lato, trovò l'interruttore e accese la luce che illuminava le scale.

«Questo mobile lo avete messo qui lei e suo marito?» chiese Maddie.

«Oh, no, c'era già quando abbiamo comprato la casa» rispose Sally. «L'ha costruito il signor Thawyer e Bruce pensava che fosse originale, così l'abbiamo lasciato. A Los Angeles non sono molte le case con un seminterrato.»

«Non ce l'ha quasi nessuno» osservò Ballard.

«Io non riesco più a fare le scale» disse Sally. «State attente alle ragnatele, laggiù.»

«Certo» la rassicurò Maddie.

Si scambiarono uno sguardo di eccitazione e timore. Poi Ballard iniziò a scendere i gradini, seguita da Maddie.

Alcune lampadine attaccate alle travi del soffitto erano fulminate. La luce grigia del giorno entrava ad angolo da quattro finestre a battente, due sul lato della strada e due sul lato opposto. Le serrande avvolgibili erano tirate su. La cantina era uno spazio aperto, senza pareti divisorie o ripostigli. Quattro spessi pilastri di quercia sostenevano le travi principali della casa.

Il pavimento era di cemento lisciato, in leggera pendenza verso un tombino con una grata di ferro al centro.

«Maddie, torna alla mia macchina e prendi quei fascicoli» disse Ballard. «Tieni.» Le consegnò il portachiavi. Maddie si girò e salì le scale senza una parola.

«Ah, e nel bagagliaio c'è un kit da scena del crimine che contiene un flacone spray con del luminol. C'è scritto sull'etichetta. Porta anche quello.»

«Va bene» replicò Maddie.

Rimasta sola, Ballard si accovacciò accanto allo scarico. Secondo lei, lì dovevano essere accadute cose orribili. Era passato molto tempo, ma in quel posto c'erano dei fantasmi che aspettavano di essere liberati, e quel compito spettava a lei.

Sentiva un dovere solenne nei loro confronti. Come per la biblioteca delle anime perdute negli archivi dell'Ahmanson, ne portava il peso.

Maddie tornò presto con le cartelline e il luminol. Ballard aprì il fascicolo con la dicitura *Betty* e tenne le foto sotto una lampadina per confrontarle con la stanza in cui si trovavano. La griglia di scarico corrispondeva. E anche la superficie ruvida del cemento e le tracce lasciate da una spatola.

«Senza dubbio quelle foto sono state scattate qui» disse Maddie.

«Puoi salire le scale e spegnere la luce?» chiese Ballard. «E fai attenzione, quando scenderai al buio.»

Mentre Maddie tornava su, Ballard si avvicinò a una delle finestre e tirò la cordicella di un avvolgibile. La corda si ruppe; la serranda si srotolò di colpo e cadde lungo il vetro, mentre una nuvola di polvere scendeva su di lei. Agitò la mano e tossì. Poi passò alla finestra seguente, mentre le lampadine si spegnevano.

Quando tutte le serrande furono abbassate, prese il flacone spray di luminol e cercò di rompere il sigillo di plastica con le unghie.

«Funzionerà, dopo tanti anni?» chiese Maddie.

«Non lo so. Una volta mi è capitato un caso in cui era stato trovato del sangue sul cemento ventitré anni dopo l'omicidio. Il tecnico che fece il test disse che più vecchio è il sangue, più intensa è la reazione. Ma qui di anni ne sono passati settantasette.»

Iniziò a staccare il sigillo di plastica dalla bottiglia. «Il problema è la pulizia» spiegò.

«La pulizia?»

Ballard si accovacciò di nuovo.

«Il luminol reagisce con i fosfori del sangue, il ferro dell'emoglobina. Ma anche la candeggina contiene alcune sostanze chimiche che si illuminano. Se Elizabeth Short è stata tagliata a metà su questo pavimento, ci sarà stato molto sangue e ciò avrà comportato una pulizia accurata, probabilmente con la candeggina.»

Azionò la pompa del flacone, spruzzando una nuvoletta di prodotto sul cemento intorno allo scarico.

«Non ci servirebbe una luce agli ultravioletti?» chiese Maddie.

«La usano solo in televisione» rispose Ballard.

Smise di spruzzare e aspettò, con gli occhi fissi sul cemento. Un bagliore bianco-bluastro cominciò a diffondersi sul pavimento. Sentì il respiro di Maddie accelerare. Riprese a spruzzare.

Il bagliore intorno allo scarico era troppo diffuso e troppo uniforme per essere dovuto a una scia di sangue.

«Ha lavato con la candeggina» disse.

«Aspetta, guarda come sta diventando intenso» disse Maddie. «Sempre a causa della candeggina?»

«Esatto. O almeno, è probabile.»

«Merda.»

«Non ci aiuta, ma non scoraggiamoci. Il luminol è solo un test presuntivo. In fondo i segni che suggeriscono che qualcuno ha pulito del sangue dal pavimento di uno scantinato sono sospetti quanto degli schizzi di sangue. Ma aspettiamo. A volte ci vuole un po' di tempo perché emergano tutte le tracce.»

Ballard spruzzò dell'altro luminol.

«E questo lato dello scarico?» Maddie indicò un'area che Renée non aveva ancora raggiunto.

«Non voglio contaminare tutto il pavimento, nel caso in cui dovessimo tornare per il dna» disse Ballard.

«Abbiamo dei campioni di dna della Dalia Nera?» chiese Maddie.

«Non tra le prove. Ma non si sa mai. Se il caso diventa importante, possiamo esumare il suo corpo per prelevarlo. È sepolta a Oakland.»

«Come fai a saperlo? Dov'è sepolta, voglio dire.»

«Perché è stato uno dei primi casi che ho esaminato quando ho iniziato a lavorare all'unità. Come te, ne ero affascinata e volevo capire perché non fosse mai stato risolto. E così sono perfino andata a cercare dove fosse sepolta Elizabeth Short. Cimitero di Mountain View. La gente porta ancora dei fiori sulla sua tomba.»

«Ci sei stata?»

«Sì. Dovevo andare da quelle parti per una riunione al dipartimento di Giustizia di Sacramento. Sono arrivata in aereo a Oakland e ho dato un'occhiata prima di arrivare.»

Il luminol intanto continuava a produrre una reazione sul pavimento, dove si manifestò una tonalità di blu più intenso. Era una forma lunga e sottile che assomigliava a un ruscello serpeggiante su una mappa.

«Accendi la luce del telefono» disse Ballard. Aprì il fascicolo *Betty*. La foto finale del corpo era in cima alla pila.

Maddie la illuminò e confrontò il flusso di sangue verso lo scarico nella foto con la striscia serpeggiante di colore blu intenso sul pavimento. La corrispondenza era quasi esatta.

«Ci siamo!» esclamò Maddie, entusiasta.

«Una corrispondenza quasi perfetta» disse Ballard. «Dammi gli altri fascicoli e vai ad accendere le luci.»

Attese che Maddie salisse di nuovo i gradini e accendesse le luci. Poi sfogliò i fascicoli fino a quello con la dicitura *Cecily*. Come il fascicolo di Betty, quello di Cecily conteneva otto lucidi venti per venticinque, che spaziavano da una foto di una donna completamente vestita, che si presumeva fosse Cecily, a un paio di nudi di buon gusto, fino alle foto della degradazione, della tortura e della morte della donna. Nella foto finale, la vittima era seduta su un pavimento di cemento, con la schiena appoggiata a un pilastro di legno quadrato. Come la Dalia, le sue guance erano tagliate agli angoli della bocca. Era l'elemento comune alle foto di tutte le vittime: l'orribile sorriso da clown inciso sulla pelle.

Le braccia di Cecily erano legate dietro il palo e una corda con un nodo scorsoio circondava il suo collo e il palo. Cecily era stata lentamente strangolata da quella garrota improvvisata.

Maddie scese le scale e la raggiunse.

«Guarda qui» disse Ballard.

Fece scorrere il dito sul pilastro di legno della foto. «È stato verniciato, ma si possono ancora distinguere le venature. C'è un nodo nel legno.»

«Lo vedo» disse Maddie. «Possiamo trovarlo.»

Si separarono e si misero a esaminare uno dei quattro pilastri di legno che sostenevano le traverse principali della casa. Utilizzando le luci dei cellulari, controllarono le venature del legno a circa novanta centimetri di altezza, spostandosi intorno al palo per controllare tutti e quattro i lati.

«Ci siamo» disse Maddie.

Ballard si avvicinò e confermò, confrontando la foto, che quello era il punto in cui Cecily era stata uccisa.

«Le ha uccise tutte qui» disse Maddie.

«Forse. Esaminiamo gli altri fascicoli.»

Ci volle mezz'ora per confrontare le foto delle altre cartelline con i marcatori fisici nel seminterrato: *Elyse*, *Sandy*, *Debra*, *Willa*, *Siobhan* e *Lorraine*.

Stavano controllando Lorraine quando la signora Barnes chiamò in cima alle scale: «Tutto okay?»

«Stiamo bene, signora Barnes» gridò Ballard di rimando. «Abbiamo quasi finito. Grazie per la pazienza.»

«Non capisco cosa stiate facendo, là sotto» rispose la donna.

«Appena torniamo su le spieghiamo tutto» disse Ballard.

Nelle foto della morte, il corpo di Lorraine era appoggiato a un muro di blocchi di cemento. Le era stata tagliata la gola e l'assassino aveva usato il suo sangue per dipingere le lettere BDA sull'addome. Lavorando insieme, Ballard e Bosch riuscirono a far corrispondere le imperfezioni nei blocchi di cemento che si notavano nella foto a un punto sotto una delle finestre.

«Tutte e otto» disse Ballard.

Il suo tono era cupo; non sembrava più entusiasta di ciò che avevano trovato in quella cantina. Si trattava di una scoperta tetra derivante da un lavoro tetro. Voleva solo uscire da quella casa e farsi scaldare dalla luce del sole. Avrebbe voluto trovarsi in mare sulla sua tavola ad aspettare le onde.

«BDA» disse Maddie. «Cosa significa, secondo te?»

«Black Dahlia Avenger» disse Ballard. «Durante le prime investigazioni sull'omicidio della Dalia Nera ai giornali erano arrivate delle lettere di scherno da una persona che affermava di essere l'assassino. E si definiva proprio così, Black Dahlia Avenger. Questo ci aiuta un po' a chiarire il quadro.»

«Non sono sicura di capire.»

«Be', sicuramente ci dice che almeno Lorraine è venuta... dopo Betty. Io avrei collocato la Dalia Nera per ultima, a causa della maggiore brutalità. Ma in realtà può essere invece vero il contrario: forse Elizabeth Short è stata la sua prima vittima, e con le altre ha imparato a controllare meglio la sua rabbia.»

«Elizabeth Short ha ricevuto moltissima attenzione dai media e dalla polizia» disse Maddie. «Forse lui ha affinato le sue tecniche di omicidio perché aveva paura di essere scoperto.»

Ballard annuì, colpita da quella riflessione.

«Ora chiamiamo la DSF?» chiese Maddie.

I tecnici della Divisione Scienze Forensi sarebbero stati in grado di analizzare la cantina e di trovare conferme su ciò che il luminol e le foto indicavano, ma era riluttante a procedere con le indagini.

«Non ancora. C'è dell'altro lavoro da fare. Li porteremo qui più avanti.»

«Allora cosa facciamo?» chiese Maddie.

«Dobbiamo saperne di più su Emmitt Thawyer. Portiamo il fascicolo di Betty a qualcuno che possa confermare che si tratta di Elizabeth Short. E cerchiamo di dare un nome e cognome alle altre donne.»

«E riguardo a Nancy Porter?»

«Andiamo a trovarla.»

VENERDÌ, ORE 9.21

25

Ballard arrivò con ventuno minuti di ritardo alla riunione della squadra che aveva convocato la sera prima. Tutti gli altri erano già lì.

«Scusate il ritardo» disse, posando la borsa sulla scrivania. «Stamattina sono dovuta andare in laboratorio e sono rimasta bloccata nel traffico. Grazie a tutti per essere venuti. Potrebbe essere una giornata importante. Abbiamo due cose in ballo. Una la conoscete già, quindi iniziamo da lì. Paul, si sa qualcosa del dna del giudice? È il padre biologico di Nick Purcell?»

Masser si schiarì la voce. «Ho parlato con Darcy qualche minuto fa e sta ancora aspettando una risposta da Sacramento» disse.

Laffont emise un gemito. «È il dipartimento di Giustizia» sottolineò. «Se la prendono comoda. Dovrebbe chiamarsi "Dilazionamento di Giustizia".»

«Darcy ha detto che li chiamerà, se non avrà notizie entro le dieci» aggiunse Masser.

«Ragazzi, sono passati solo tre giorni» osservò Ballard. «Anche se non ci daranno una risposta fino a lunedì, va bene lo stesso.»

«Lunedì è festa» disse Hatteras.

«Allora martedì. Comunque, finché non avremo notizie

da Darcy, andremo avanti. Abbiamo un altro caso di cui ho bisogno che vi occupiate tutti. Ma, prima di parlarne, voglio sottolineare che ciò che vi dirò non deve uscire da questa stanza. Non prima di aver chiuso il caso. Non dovete parlarne nemmeno con le vostre mogli o mariti. È chiaro?»

Li guardò negli occhi a uno a uno, assicurandosi di ricevere un cenno d'assenso da ciascun membro della squadra.

«Il caso ce lo ha portato Maddie Bosch» disse Ballard. «Quindi è meglio che sia lei ad aggiornarvi.»

Maddie si alzò e cominciò dall'inizio, da quando il signor Waxman le aveva chiesto di dare un'occhiata nell'unità di stoccaggio appartenuta a Emmitt Thawyer. Gli altri ascoltarono con la massima attenzione. Non c'era nessuno nelle forze dell'ordine di Los Angeles che non conoscesse la Dalia Nera. Anche al di fuori della polizia, erano pochissimi i cittadini che non avevano sentito parlare della donna tagliata in due e trovata in un terreno incolto a Leimert Park.

Maddie terminò riassumendo quello che avevano scoperto nella cantina della casa di Kellam Avenue. Poi cedette di nuovo la parola a Ballard.

«Abbiamo anche cercato di parlare con Nancy Porter, la proprietaria del deposito» disse Ballard. «Ma quando siamo passati ieri sera non c'era nessuno in casa. La contatteremo appena possibile.»

Aprì la borsa sulla scrivania e tirò fuori i fascicoli trovati nel magazzino di Thawyer.

«Possiamo vedere le foto che avete trovato della Dalia Nera?» chiese Laffont.

«Certo, ma non ora» rispose Ballard. «Stamattina ho consegnato quasi tutte le immagini al team di analisi digitale, in modo che possano confermare la mia identificazione visiva della vittima come Elizabeth Short. Ne ho date anche un paio al laboratorio fotografico per vedere se possono determinare a quando risale la carta Kodak su cui sono state stampate. Nel corso degli anni si sono succedute varie bufale legate alla Dalia Nera: false confessioni, persone convinte che il loro padre, figlio, fratello, fratellastro o persino la madre fosse l'assassino. Non renderemo pubblico nulla di tutto questo finché non avremo definito ogni aspetto. Poi sarà Carol Plovc a decidere.»

Plovc era un sostituto procuratore distrettuale. Sebbene quello assegnato all'unità fosse John Lewin, lui si occupava di casi «vivi», cioè di casi in cui c'erano indiziati che potevano ancora essere perseguiti, indipendentemente dal fatto che fossero già in carcere o meno. La Plovc si occupava dei casi «morti». Aveva l'ultima parola per chiudere e liquidare quelli in cui il presunto colpevole non era perseguibile perché deceduto. La politica della polizia di Los Angeles prevedeva che non si potesse chiudere un caso senza l'approvazione dell'ufficio del procuratore distrettuale.

«Non appena riavrò le foto ve le farò vedere» disse Ballard. «Ma vi avverto, sono orribili. Non le dimenticherete facilmente.»

«Se sono reali» obiettò Laffont.

«Giusto» convenne Ballard. «Intanto ho qui i fascicoli con le foto delle altre donne. Voglio che ognuno di voi lavori su una vittima. Iniziate con nome e foto, perché è tutto ciò che abbiamo. Cercate di scoprire chi erano, quando sono scomparse e se sono stati trovati i corpi.»

«Ci stai chiedendo di tornare indietro di oltre settant'anni?» chiese Laffont.

«Esatto, e non ci saranno documenti da consultare, a meno che non siano proprio qui, nei nostri archivi» disse Ballard. «Ho dato un'occhiata stamat...»

«Nei nostri archivi non c'è nulla al riguardo» la interruppe Maddie.

«Come fai a saperlo?»

«Sono arrivata presto e ho controllato tutti i fascicoli precedenti al 1960» rispose Maddie. «Ho confrontato tutte le vittime femminili con la nostra lista di nomi. C'era solo una corrispondenza, una vittima di nome Elyse, ma era nera e la nostra foto è di una donna bianca. Quindi, no, negli archivi non c'è niente.»

«Ottima iniziativa» disse Ballard. «Questo supporta la teoria che gli altri omicidi sono avvenuti dopo quello di Elizabeth Short. Ha cambiato in corsa il *modus operandi*, evitando di lasciare anche gli altri cadaveri in bella vista.»

«Per evitare l'attenzione dei media e della polizia» disse Masser.

«Probabilmente le ha sepolte in quello scantinato» disse Laffont. «Come ha fatto Gacy a Chicago.»

«Quando coinvolgeremo i tecnici della Scientifica, sono sicura che lo esamineranno» disse Ballard. «Senza fascicoli utili nei nostri scaffali cosa ci rimane?»

«Gli archivi dei giornali» disse Hatteras.

«Giusto» convenne Ballard. «È un punto di partenza. Che altro?»

«Ci sono molti siti web che si dedicano a rintracciare le donne scomparse» disse Persson. «La domanda è quanto si spingono indietro nel tempo.»

«Già» convenne Ballard. «Ricordo di aver visto qualcosa sul *Times* a proposito di un sito finanziato da privati che rintracciava le persone scomparse a Los Angeles, ma non ricordo il nome.»

«*Lost Angels*» disse Aghzafi. «Me ne sono servita per un caso a Las Vegas. Un cadavere non identificato che pensavamo potesse essere di un tizio di Los Angeles. Mi è stato molto utile, ma non abbiamo mai trovato un riscontro.»

«Sai fino a che anno arrivano?» chiese Laffont.

«Non me lo ricordo» rispose Aghzafi. «Il sito è finanziato da un magnate della tecnologia che cercava sua madre, scomparsa quando lui era piccolo.»

«Ecco, sì, è proprio quello che avevo letto sul *Times*» disse Ballard. «Potrebbe essere un sito utile.»

Hatteras si alzò e fece il giro della zattera per raggiungerla.

«Colleen?»

«Posso scegliere un fascicolo?» chiese Hatteras.

Ballard le consegnò le cartelline. Ma invece di sfogliarle per fare la sua scelta, Hatteras si strinse la pila al petto. Chiuse gli occhi e rimase immobile per un lungo momento.

«Colleen?» disse Ballard. «Mi avevi promesso di non farlo più.»

«Lo so, lo so. Ma queste donne hanno aspettato così a lungo per avere giustizia. Voglio stabilire una connessione. Potrebbe esserci utile.»

«Senti, ne abbiamo già parlato. Scegli un fascicolo e passa la mano. Adesso.»

«Va bene, prendo questo. Willa.» Separò il fascicolo di Willa dagli altri e lo alzò come rivolgendosi al cielo. «Dio benedica questa giovane donna» disse.

«Forse è un po' tardi per questo» commentò Laffont.

Infastidita dal sarcasmo del collega, Hatteras gli passò alle spalle e consegnò le cartelline rimanenti a Masser.

«Devo dirvi che ho modificato i fascicoli» disse Ballard. «Ognuno contiene due foto. Una in vita e una dopo la morte. Per ora, non avete bisogno di vedere cosa è successo tra quei due momenti. Ultima informazione: i fascicoli non escono da qui. Come ho detto prima, non ne parliamo al di fuori di questa stanza. Siete tutti d'accordo?»

Ricevette un giro di cenni d'assenso. I fascicoli furono distribuiti e uno tornò nelle sue mani. Controllò la scheda e vide che le era toccata Cecily, la donna strangolata contro il pilastro della cantina. Guardò le due foto all'interno. Gli occhi della vittima erano aperti e fissavano il pavimento tra le sue gambe. Vide l'emorragia intorno agli occhi. Cecily era morta in un modo orribile e Ballard sapeva che ormai nessuno avrebbe potuto essere punito per l'omicidio. Tuttavia, sentiva il dovere di scoprire chi fosse Cecily e di far conoscere la sua storia.

26

Erano le due passate quando Darcy Troy si fece sentire riguardo al dna del giudice. A quel punto il team dei casi irrisolti aveva già identificato due delle donne presenti nei fascicoli di Thawyer. Willa Kenyon era stata data per dispersa nel 1950; il suo caso era uno dei più vecchi nel database di *Lost-Angels.net*. Elyse Ford era stata identificata attraverso una ricerca per parole chiave nel database dei giornali della Library of Congress. Mentre la sua scomparsa, avvenuta nel 1949, non era stata apparentemente riportata dai quotidiani di Los Angeles, lo era stata invece nella sua città natale. Una ricerca nel database con le parole chiave «Elyse», «scomparsa» e «Los Angeles» aveva prodotto tre articoli pubblicati sul *Wichita Eagle* nel corso di quattro mesi. Era una storia già sentita:

Giovane donna del Midwest va a Hollywood in cerca di fama e fortuna e sparisce senza lasciare tracce. La polizia di Los Angeles non sembra molto interessata a cercare l'ennesima donna scomparsa, ma i suoi genitori a Kechi sono molto preoccupati.

Tuttavia, anche il giornale di Wichita aveva abbandonato la storia, dopo quattro mesi e tre articoli.

Sia il *Wichita Eagle* che *Lost Angels* avevano pubblicato una foto delle due donne a corredo delle informazioni sulla loro scomparsa, e chiaramente erano le stesse delle foto archiviate da Thawyer. Ballard pensava che la sua squadra di investigatori volontari avrebbe presto avuto abbastanza prove da portare a Carol Plovc, presso l'ufficio del procuratore distrettuale, per chiedere l'autorizzazione a chiudere i due casi.

Ma mise da parte quei pensieri quando vide il nome sul suo cellulare.

«È Darcy» disse.

Attirò subito l'attenzione di tutti; Hatteras e Masser si alzarono e si avvicinarono al suo cubicolo mentre rispondeva.

«Ciao, Darcy, dammi delle buone notizie.»

«Non ne ho, purtroppo. Il padre di Purcell, lo stupratore delle federe, non è il giudice. Mi dispiace.»

Ballard rimase sbalordita. «Io non... come può essere?»

«Non so cosa dirti, se non che non c'è una corrispondenza. Anche la madre non è la moglie del giudice. Il dna non corrisponde. È ovvio che si tratta di un'adozione.»

«No. Abbiamo controllato il certificato di nascita. È stato depositato troppo in fretta per un'adozione.»

«Questo non cambia le cose, Renée. La scienza è la scienza.»

«Certo ma... Non so davvero cosa dire.»

«Fammi sapere se c'è altro che posso fare.»

«Certo, va bene.»

Ballard riattaccò e alzò lo sguardo. Tutta la squadra era riunita intorno al suo cubicolo.

«Non c'è corrispondenza» disse. «Nick Purcell non è parente del giudice o di sua moglie.»

«Merda!» esclamò Persson.

Masser voltò la testa di scatto e si allontanò dal gruppo come se fosse stato colpito da un proiettile.

«Lo sapevo» disse Hatteras.

«Lo sapevi?» Laffont aveva un tono d'accusa. «E perché non l'hai detto?»

«L'ho fatto, ma nessuno mi ha ascoltato» insistette Hatteras. «Ho detto che l'albero genetico che stavo costruendo non si collegava in alcun modo al giudice.»

«Sì, come no» disse Laffont.

«È la verità» insistette Hatteras. «Ma non ha importanza. Dobbiamo capire cosa fare ora.»

«Prima di tutto, calmiamoci» disse Ballard. «So che non è quello che ci aspettavamo. Ma riflettiamo.»

Avevano sbagliato qualcosa: ma cosa? Tutto era iniziato con il certificato di nascita che indicava che probabilmente non c'era stata alcuna adozione.

«Paul, possiamo dare un'altra occhiata al certificato di nascita?» chiese.

«Subito» rispose Masser.

Prese una stampa del certificato dalla sua scrivania e gliela passò. Ballard ebbe conferma di quello che già sapeva: era stato depositato presso la contea due giorni dopo la nascita. Poi notò un dettaglio di cui non si era accorta la prima volta.

«Nicholas Purcell è nato al County-USC» disse. «Forse i documenti dell'ospedale racconteranno una storia diversa.»

«Ma non possiamo consultarli senza un'ordinanza del tribunale» osservò Masser. «È un vicolo cieco.»

«Aspetta» disse Ballard. «Purcell non era ancora giudice quando è nato il bambino, ma doveva essere un uomo di un certo successo, no? Abbastanza da essere poi nominato o eletto giudice.»

«Direi di sì» rispose Masser. «Abbastanza ricco o apprezzato da ottenere un posto all'Alta Corte.»

«Il County-USC non è un ospedale di fascia alta. È una struttura pubblica. Fornisce persino assistenza agli indigenti. È il tipo di posto in cui secondo voi la moglie di Jonathan Purcell, avvocato in ascesa e presto giudice, avrebbe voluto far nascere il proprio figlio?»

«Avrei dovuto accorgermene» disse Masser, mortificato per non aver notato prima l'incongruenza.

«Quindi cosa facciamo?» chiese Hatteras.

«Per il momento voglio che torniate tutti alle vostre occupazioni» disse Ballard. «Cerchiamo di controllare altri nomi dai fascicoli di Thawyer. Quando ci sarà bisogno di voi per Purcell, ve lo farò sapere. Maddie, quando inizi il turno stasera?»

«L'appello è alle cinque» rispose Maddie.

«Allora è meglio se vai. Preparati per il lavoro.»

Maddie assunse un'aria sconfortata, come se si sentisse tagliata fuori dal proprio caso, e Ballard la capiva.

«Non preoccuparti» disse. «Sei ancora al comando. Il caso è tuo. Non ci muoveremo senza di te.»

«Fammi sapere quando hai bisogno di me» replicò lei. Mentre tutti tornavano a malincuore ai loro posti sulla zattera, Ballard si alzò dalla scrivania. «Paul, andiamo a prendere un caffè» propose.

Si girò e si diresse verso l'uscita prima che gli altri potessero reagire al fatto di essere stati esclusi. Non disse una parola finché non furono nella caffetteria, seduti a un tavolo con davanti due caffè da asporto. Masser iniziò subito a scusarsi.

«Mi dispiace molto» disse. «Se avessi notato l'incongruenza dell'ospedale, avremmo preso una nuova direzione già due giorni fa.»

«Non necessariamente» disse Ballard. «E non ti ho offerto il caffè per ricevere delle scuse.»

«Allora perché siamo venuti qui? Gli altri pensavano che volessi farmi un cazziatone.»

«Non mi interessa quello che pensavano. Dobbiamo

decidere la nostra prossima mossa. Ho già ricevuto un rimprovero per aver messo il giudice sotto sorveglianza. Ora che non è più sospettato, la situazione potrebbe davvero mettersi male per l'unità.»

«Be', credo che la cosa da fare sia ovvia. Dobbiamo andare dal giudice.»

Ballard annuì. «Lo penso anch'io. Ma lui potrebbe mandare all'aria tutto, soprattutto se gli diciamo che abbiamo raccolto il suo dna.»

«Il suo e quello della moglie. È molto probabile che si arrabbierà, ma potrebbe anche capire che non avevamo scelta. Che abbiamo fatto solo il nostro dovere.»

«Speriamo. Ma come faremo a farlo parlare, se l'adozione di suo figlio non è stata del tutto legale?»

«Pensi che sia andata così?»

«Forse. Ancora non capisco come sia stato possibile registrare la nascita così in fretta. Significa che qualcuno dell'ospedale si è impegnato per far andare tutto liscio.»

«C'è qualcosa che non sappiamo. Anche se potessimo accedere ai registri delle adozioni, ho la sensazione che non troveremmo nulla su Nicholas Purcell.»

«E dal giudice quando andiamo?»

«È una decisione che spetta a te. È per questo che tu ricevi uno stipendio e noi no.»

«Giusto.»

Ballard rimase in silenzio a rimuginare sulla questione. Tra i suoi pensieri si insinuò il ricordo che il capitano Gandle le aveva ordinato espressamente di tenerlo aggiornato. Sapeva che avrebbe dovuto informarlo dei risultati avuti dal dipartimento di Giustizia e dell'idea di affrontare il giudice. Ma così facendo rischiava che Gandle le imponesse di non muoversi finché non avesse ottenuto il via libera dal decimo piano. Era una mossa che poteva richiedere giorni e forse anche settimane. Ballard non voleva perdere tempo, mentre lo staff del comando decideva se fosse politicamente conveniente porre domande al presidente dell'Alta Corte sulla possibile adozione illegale di suo figlio.

«A cosa stai pensando?» chiese infine Masser.

«Se ci muoviamo adesso, potremmo arrivare dal giudice prima che smonti per il weekend.»

«Allora vuoi farlo oggi?»

«Perché no?»

«Perché se il giudice s'incazza e ci sbatte in cella, probabilmente non usciremo prima di lunedì»

«Direi martedì, visto che lunedì è festa.»

«Sì, martedì.»

«Dai, andiamo.»

«Guido io. Vado a prendere le chiavi sulla scrivania.»

«Non dire niente agli altri. Non voglio che Colleen mi chiami ogni dieci minuti.»

«Lo farà comunque, che sappia o no dove stiamo andando.»

«Ti aspetto nel parcheggio. Va' a prendere le chiavi.»

Mentre Ballard usciva dall'edificio, diretta verso i posti riservati alla sua unità, prese il telefono per chiamare il capitano Gandle. Poi ci ripensò. Chiamarlo ora, prima del viaggio verso il centro, che sarebbe durato un'oretta, era troppo rischioso. Lui avrebbe potuto bloccare il suo piano prima ancora che iniziasse.

Invece, usò il telefono per cercare su Google il numero della segreteria dell'Alta Corte. Quando Masser arrivò con le chiavi, le avevano già passato l'assistente di Purcell, il quale confermò che il giudice era ancora al lavoro.

«Purcell è ancora in aula» disse Ballard.

«Bene. Almeno spero.»

27

Ballard e Masser parcheggiarono nel garage del PAB e risalirono l'isolato a piedi fino a Spring Street per entrare in tribunale. Durante il tragitto, Ballard prese il telefono e chiamò Ashley Fellows, una delle ultime amiche che aveva nella Divisione Rapine e Omicidi.

«Ciao, che fai di bello?» disse Fellows.

«Aspetto il momento giusto» rispose Ballard.

Era il loro saluto di routine.

«Sei sempre alla stessa scrivania?» chiese Ballard.

«Sì, perché?»

«Puoi vedere l'ufficio del capitano, giusto?»

«Sì.»

«È lì, in questo momento?»

«No, ma è qui fuori a parlare con Manico di Scopa.»

Era il nomignolo con cui si riferivano all'assistente del capitano, una bulletta che sedeva alla scrivania fuori dall'ufficio con le pareti a vetri del capitano e lo sorvegliava come se fosse il punto di controllo tra Berlino est e ovest. In realtà si chiamava Hildy McManus.

«Devo chiamarlo ma non voglio che risponda» disse Ballard.

«Ah, è una di quelle volte» commentò Fellows. «Be', stamattina mi ha chiesto un aggiornamento su un caso a cui sto lavorando. Gli ho detto che mi servivano alcune ore. Posso chiedergli di venire a dare un'occhiata a quello che ho sulla scrivania. Ma ricordati di Hildy. Potrebbe rispondere lei.»

«Ho il numero diretto, Miss Manico di Scopa la bypasso.»

«Allora dammi tre minuti prima di chiamare. Lo faccio venire qui.»

«Grazie, Ash.» Ballard riattaccò.

«Di cosa si tratta?» chiese Masser.

«Se affrontiamo il giudice senza l'approvazione del capitano, possiamo metterci in un guaio serio. Ma non voglio aspettare che lui chieda il permesso al personale di comando. Perciò lo chiamo quando non può rispondere e gli lascio un messaggio per pararmi il culo.»

Arrivarono a Temple Street e Ballard fece la telefonata. Trattenne il respiro finché non partì la segreteria.

«Capitano, sono Renée. L'analisi del dna del giudice è risultata negativa: Nick Purcell non ha corrispondenze né con lui, né con sua moglie. Questo non ci lascia altra possibilità che andare da lui a parlargli di suo figlio. Devo farlo ora, prima che cominci il weekend. Sto andando in tribunale. La tengo informata come mi aveva chiesto.»

Riattaccò, sperando che il suo tono disinvolto lasciasse intendere che si trattava di un colloquio di routine, anche se sapeva che parlare con il presidente dell'Alta Corte di Los Angeles era tutto meno che routine.

Nell'edificio del tribunale penale, presero l'ascensore riservato alle forze dell'ordine, per risparmiare tempo. L'aula di Purcell si trovava al sesto piano, nella Divisione 101. Era praticamente al buio quando entrarono. C'era una sola luce accesa, sul banco del cancelliere, dove sedeva una donna dai corti capelli castani. Quando li sentì entrare, alzò lo sguardo.

«Oggi siamo al buio» spiegò. «Come posso aiutarvi?»

«Siamo dell'Unità Casi Irrisolti del LAPD» si presentò Ballard. «Vorremmo parlare con il giudice Purcell.»

«È molto occupato a firmare ordinanze prima del fine settimana» disse la donna. «Riceve solo su appuntamento e oggi pomeriggio non ha spazio in agenda. Se volete far firmare un mandato di perquisizione, vi suggerisco di rivolgervi al giudice Coen. Si occupa di questioni penali.»

«Si tratta di suo figlio, Nicholas» precisò Ballard. «Penso che farebbe meglio a chiedergli se vuole vederci.»

Senza risponderle, l'impiegata prese un telefono, premette un tasto e poi sussurrò coprendosi la bocca con una mano. Ballard riuscì a distinguere la parola «Nicholas», ma per il resto non riuscì a capire nulla. L'impiegata mise giù il telefono, si alzò e fece loro strada.

«Il giudice vi riceve» disse. «Entrate da quella porta laggiù e percorrete il corridoio. Il suo studio è il primo a destra.»

Ballard si incamminò per prima; le indicazioni della cancelliera furono superflue, perché il giudice era in piedi sulla soglia del suo studio. Indossava una camicia bianca e una cravatta, senza giacca o toga. Ballard lo guardò negli occhi, in cerca di un segno che avesse riconosciuto lei o Masser, per via del pedinamento al Parkway Grill.

Non vide nulla.

Lo seguirono in ufficio. Purcell sedette dietro una scrivania coperta di documenti. Indicò le due sedie di fronte e Ballard e Masser si accomodarono.

«Grazie di averci ricevuto, giudice» esordì Ballard.

«Non c'è problema. Cos'ha fatto mio figlio, questa volta?»

«Niente, per quanto ne sappiamo.»

«Allora c'entra forse con il fatto che la procura ha ritirato le accuse contro di lui? Non guardate me. Non ho fatto nemmeno una telefonata.»

«Non si tratta di questo.»

«Allora come mai siete qui di venerdì pomeriggio, prima di un weekend lungo? Cosa c'è di così importante su mio figlio?»

«Ecco, noi siamo dell'Unità Casi Irrisolti e pensiamo che suo figlio sia un elemento chiave per identificare e arrestare uno stupratore e assassino seriale.»

Purcell voltò la testa come se fosse stato schiaffeggiato.

«Ma che cazzo dice? Nick ha avuto le sue difficoltà, ma niente che si avvicini a un coinvolgimento in...»

«Non stiamo insinuando che sia in qualche modo coinvolto, giudice» lo interruppe Ballard. «È suo padre che stiamo cercando. Il suo vero padre. Il padre biologico.»

Il giudice rimase in un silenzio sconcertato. Ballard lo guardò alla ricerca di un segno che indicasse che sapeva del collegamento tra lo stupratore delle federe e Nicholas Purcell. Non vide nulla.

Sentì vibrare il telefono in tasca. Doveva essere il capitano Gandle che la richiamava, per dirle di non avvicinarsi al giudice senza l'approvazione dello staff di comando. Ma aveva una scusa perfetta per non rispondere: non potevi farlo se stavi parlando con il presidente dell'Alta Corte in persona. Sarebbe stato irrispettoso anche solo vedere chi stava chiamando.

«Come sarebbe a dire, il suo vero padre?» disse Purcell.

Ballard annuì. Quello era il momento.

«Giudice, ricorda il caso dello stupratore delle federe?»

«Certo. Ma è stato prima che mio figlio nascesse.»

«È il caso su cui stiamo lavorando. E voglio che lei sappia che è l'unica cosa che ci interessa. Non ci interessa nient'altro, né quello che lei ha fatto per adottarlo, né...»

«Vuole insinuare che Nicholas non è mio figlio?»

«Giudice, sappiamo che non è suo figlio.»

«È incredibile. Come potete...»

S'interruppe, colpito da un pensiero. «Avete parlato con mia moglie?» domandò. «Avete parlato con Vivian?»

«No, giudice» rispose Ballard. «Abbiamo preso il suo dna da un cucchiaio che ha lasciato sul tavolo di un ristorante.»

Con la coda dell'occhio, vide Masser voltarsi verso di lei, mettendo in dubbio la sua decisione di rivelare al giudice che lo avevano seguito di nascosto. Ballard tenne gli occhi fissi su Purcell, il quale cominciava a comprendere cos'era successo.

«Pensavate che fossi io» disse il giudice. «Pensavate che fossi lo stupratore delle federe?»

«Giudice, quando suo figlio è stato arrestato l'anno scorso, il suo dna è stato inviato al database del dipartimento di Giustizia dello Stato. L'analisi del campione ha rivelato una corrispondenza familiare con il dna raccolto da diverse scene del crimine che coinvolgevano lo stupratore delle federe. La scienza ci dice che il padre di Nicholas Purcell è lo stupratore. Abbiamo controllato il suo certificato di nascita e lei e sua moglie siete indicati come i genitori biologici. Può capire perché l'abbiamo messa sotto sorveglianza, effettuando un'acquisizione surrettizia del dna. Lo abbiamo fatto al Parkway Grill lunedì sera. Abbiamo prelevato anche il dna di sua moglie e abbiamo inviato i campioni al dipartimento di Giustizia tramite il nostro laboratorio. Oggi abbiamo ricevuto i risultati e questi confermano che nessuno di voi due è il genitore naturale di Nicholas Purcell.»

Ballard tacque, per lasciargli il tempo di digerire le sue parole. La pelle intorno agli occhi del giudice si fece più scura, indizio che la sua pressione sanguigna stava aumentando.

«Queste azioni sono state approvate dai suoi superiori?» chiese Purcell, facendo fatica a controllare la voce.

«Io dirigo l'unità, signore» rispose Ballard. «Ci piace dire che seguiamo i casi fin dove ci portano. Non avevo bisogno dell'approvazione dei superiori, ma ho messo al corrente il mio capitano.»

«Dovrei mettervi dentro entrambi per oltraggio alla corte» disse Purcell.

«Può farlo, giudice, ma diventerebbe un pasticcio di dominio pubblico» osservò Ballard. «Non credo che voglia questo per suo figlio, per la sua famiglia. C'è un modo per tenere Nicholas fuori da tutto questo, soprattutto quando la notizia arriverà ai media. Ma implica che lei collabori con noi e ci spieghi come è diventato suo figlio.»

La minaccia di finire in pasto al pubblico colpì Purcell. Nicholas poteva finire bollato come figlio di uno stupratore omicida.

Ballard aspettò, lanciando una rapida occhiata a Masser, il cui viso stava riprendendo colore, dopo che la minaccia del carcere da parte del giudice lo aveva reso bianco come un foglio di carta. Si rese conto che avrebbe dovuto spiegargli prima come aveva intenzione di giocare le sue carte.

«Abbiamo cercato di avere dei figli nostri» ammise il giudice. «Ma non è successo. Poi si è presentata un'opportunità.»

Si fermò. Ballard intuì che aveva bisogno di essere spinto, per rivelare un segreto che aveva custodito per quasi venticinque anni.

«Le hanno offerto un bambino?» chiese.

«Non esattamente. C'era una ragazza nel quartiere. Una liceale. Era rimasta incinta. La sua famiglia era molto religiosa. Lei aveva tenuto il segreto così a lungo che ormai era troppo tardi per fare qualcosa.»

«Cioè abortire.»

«Era troppo tardi. Ormai doveva avere il bambino. E i suoi genitori ci conoscevano. Sapevano dei... nostri tentativi infruttuosi. Eravamo aperti al riguardo. Vennero da noi e dissero che c'era un modo per... Vedete, non volevano che la figlia si rovinasse la vita dovendo crescere un bambino alla sua età. Loro avevano un figlio indesiderato in arrivo e noi ne volevamo tanto uno...»

«Così avete accettato la proposta.»

Purcell annuì.

«Sapevate chi era il vero padre?» chiese Ballard.

Il giudice scosse la testa. «No, lei non l'ha mai detto, né ai suoi genitori, né a noi. Voleva proteggerlo. Io volevo saperlo per proteggere noi, capisce? Volevo l'approvazione di tutti... ma lei non ha voluto rivelarlo.»

«Come avete fatto a registrare la nascita così in fretta?» chiese Ballard.

«Non è stato un problema. Un mio cliente in una causa di divorzio lavorava all'anagrafe e ci ha pensato lui. Non volevo che il bambino dovesse portare uno stigma, capisce? Che crescesse sapendo di essere stato adottato e ignorando chi fosse suo padre.»

«E la madre, non è mai stata coinvolta?»

«No, mai. La famiglia aveva una casa nel deserto. A Smoke Tree. Si trasferirono lì. Tennero la casa nel nostro quartiere, ma tutta la famiglia si trasferì lì. E ha funzionato. Nessuno ha mai saputo del bambino, tranne noi. Fino ad ora.»

«Dobbiamo contattarla, giudice. Come si chiama?»

«Non potete. È troppo tardi. Si uccise un anno dopo. Prese un sacco di pillole, si sedette in macchina nel garage e accese il motore. Fu una cosa tristissima. Pensavamo che, avendo perso la figlia, i genitori si sarebbero rivolti a noi per riavere il bambino. Eravamo pronti a lottare con tutti i possibili strumenti legali. Ma non si è mai arrivati a questo.»

Ballard lanciò un'occhiata a Masser. La porta che pensavano si fosse aperta con il dna ora si stava chiudendo. Vide il suo stesso disagio riflesso sul volto del collega.

Si voltò verso il giudice.

«E i genitori della ragazza?» chiese. «Ci sono ancora?»

«Robin sì» rispose Purcell. «Edward è morto e lei ha messo in vendita la casa sull'Arroyo.»

Ballard pensò alla casa con il cartello VENDESI davanti alla quale aveva parcheggiato, mentre seguiva il giudice lo scorso lunedì sera.

«Qual è il cognome di Robin?» domandò.

«Richardson» rispose Purcell. «Robin Richardson.»

«Ha il suo numero di telefono o un indirizzo email?»

«Ce l'ha Vivian. Posso procurarmelo.»

«Un'ultima cosa. Come si chiamava la figlia?»

«Mallory. Era una ragazza fantastica. Un errore ha cambiato tutto. Come ho detto, è stato triste. Molto triste.»

Ballard annuì e si rese conto di avere un'ultima domanda. «Che scuola frequentava quando viveva sull'Arroyo?»

«Se non sbaglio la St. Vincent di South Pasadena. Frequentavano anche la chiesa adiacente. Anche noi abbiamo mandato Nick alla St. Vincent per qualche anno.»

«Grazie, giudice. Se riesce a farci avere i contatti di Robin Richardson, la lasciamo tornare al lavoro.»

Purcell la guardò, preoccupato.

«Tenga Nick fuori da tutto questo. È un bravo ragazzo. Se sapesse chi... da dove viene, non la prenderebbe bene.»

«Capisco benissimo» disse Ballard. «Faremo del nostro meglio.»

SABATO, ORE 7.22

28

Ballard prese posto nella seconda fila di sedie pieghevoli, dietro a Gordon Olmstead e a un altro agente, Spencer, che indossava un'uniforme da fattorino di Amazon come copertura, perché era l'autista del furgone del posto di comando. Il furgone era parcheggiato su Ocean Boulevard, a un isolato di distanza dal parcheggio che appariva sui quattro schermi attaccati alla parete interna.

Olmstead era seduto davanti a un microfono a collo d'oca ed era in costante contatto con tutti gli agenti coinvolti nell'operazione. Gli altoparlanti montati sotto gli schermi permettevano a Ballard di ascoltare ogni cosa. L'unico della squadra a non trasmettere era Bosch, che si era rifiutato di indossare un auricolare. La sua auto era cablata per l'audio, ma non voleva parlare; se un complice di Dehaven lo avesse tenuto d'occhio da lontano, avrebbe potuto capire che era una trappola.

Alle 7.25, gli agenti che controllavano la carovana sulla PCH, dove Dehaven aveva parcheggiato il suo furgone durante la notte, riferirono che Dehaven e un altro uomo erano nel furgone e si stavano immettendo nel traffico. Stavano arrivando. Olmstead scosse la testa e disse al microfono: «Stanno già infrangendo le regole. Il soggetto doveva arrivare da solo. Tutti all'erta. Siamo fuori dal copione».

La tensione nel furgone aumentò. Ballard osservò gli schermi e vide Bosch aprire la porta del suo Cherokee.

«Sta scendendo» disse. «Perché?»

«Fa parte del piano, Renée» le spiegò Olmstead. «Calmati.»

Ballard era infastidita dal suo tono e dal fatto di essere stata esclusa dalla pianificazione, ma sapeva che non era il momento di litigare. Vide Bosch andare sul retro del Cherokee e sollevare il portellone posteriore. Aveva addosso una vecchia giacca mimetica dell'esercito che sembrava ingombrante.

«Indossa delle piastre?» chiese.

«No» rispose Spencer. «Ha rifiutato un giubbotto, delle piastre antiproiettile, qualsiasi cosa potesse far intuire che fosse un poliziotto.»

Bosch si sedette sul paraurti posteriore e incrociò le braccia sul petto. Accanto a lui, nel vano di carico del Cherokee, c'erano due borse da spiaggia chiuse da cinghie. Sembravano piene di teli da mare a righe, ma Olmstead le spiegò che gli asciugamani nascondevano le mini SIG, due in ogni borsa, con i percussori rimossi.

Gli aggiornamenti minuto per minuto sui progressi di Dehaven lungo la strada costiera giungevano via radio al posto di comando.

«Arriverà presto» disse Olmstead. «Tenetevi pronti.»

«C'è un modo per far arrivare il messaggio a Bosch?» chiese Ballard.

«No, a meno di non uscire allo scoperto» rispose Olmstead. «Comunque lui sa che deve essere pronto a tutto. Se quelli arrivano in anticipo o in ritardo, non cambia nulla.»

Ballard annuì. Sapeva che Bosch era pronto. Aveva parlato con lui quella mattina e gli aveva dato tutte le opportunità per tirarsi indietro, ma lui si era rifiutato. Le aveva detto che ormai non si trattava più solo di recuperare il distintivo rubato. Voleva far parte della squadra che avrebbe tolto Dehaven dalla circolazione.

Alle 7.46 il team di pedinamento riferì che il furgone di Dehaven era sulla California Incline e a tre, massimo cinque minuti dal parcheggio sulla spiaggia. La tensione nel petto di Ballard era insopportabile. Spinse la sedia all'indietro e si alzò in piedi. Era l'unico modo per gestire la scarica di adrenalina. Cominciò a spostare il peso da un piede all'altro, con gli occhi puntati sugli schermi.

«Renée, sei troppo nervosa» disse Olmstead. «Devi rilassarti. La situazione è sotto controllo.»

«Non posso rilassarmi. Non finché non sarà tutto finito e lui sarà al sicuro. L'ho coinvolto io in questa storia.»

Scrutò i monitor, che mostravano quattro immagini di Bosch da quattro diverse angolazioni. Era ancora seduto sul paraurti posteriore, con le braccia incrociate. Sembrava tranquillo, ma lei non lo era.

«Ho bisogno di essere laggiù con lui» disse.

«Troppo pericoloso. A questo punto non puoi nemmeno più uscire dal furgone. Non sappiamo quali altri occhi ci siano là fuori.»

«Lo so, lo so. Le inquadrature sono fisse? Sono troppo strette. Non si riesce a vedere cosa succede nel parcheggio.»

«Aspetta.»

Olmstead chiamò via radio una delle squadre di sorveglianza del parcheggio e chiese di allargare la visuale della telecamera all'angolo sud-ovest, che permetteva di vedere oltre il lato destro del Cherokee e la spalla sinistra di Bosch. L'angolo si allargò e Ballard poté vedere l'intero parcheggio, compresa la partita di hockey su pista che si stava giocando all'estremità nord.

«Così va meglio?» chiese Olmstead.

«Sì. Ma li lasciate giocare a hockey in una situazione simile?»

«Giocano ogni sabato mattina. Non sappiamo se Dehaven ne è al corrente. Cancellare la partita avrebbe potuto tradirci e far saltare l'intera operazione. Comunque non succederà nulla. Li seguiremo fino alla loro tana, ricordi?»

«Me lo ricordo. È solo che i piani non vanno sempre come previsto.»

In quel momento, vide il furgone di Dehaven scendere lungo la rampa ed entrare nel parcheggio. Poiché era presto e il parcheggio era quasi vuoto, il furgone tagliò le corsie, puntando dritto verso Bosch.

Ballard vide Harry alzarsi dal paraurti per andargli incontro.

«Ci siamo» disse Olmstead.

29

Il furgone si fermò ad angolo accanto al lato posteriore sinistro del Cherokee. Su uno degli schermi, Ballard vide che Dehaven era sul sedile del passeggero. La posizione delle telecamere e il leggero riflesso del parabrezza non consentivano di vedere chiaramente il conducente. Bosch si avvicinò direttamente al finestrino del passeggero. Le sue spalle erano rivolte al portellone aperto del Cherokee e le sue parole erano parzialmente smorzate dal suo corpo e dalla portata limitata della cimice. Ballard si chinò sulla spalla di Olmstead per avvicinarsi all'altoparlante.

«Tu... solo» disse Bosch.

«Rilassati» replicò Dehaven. «È...»

Bosch indicò il conducente all'interno del furgone. «Lui... il furgone» disse.

«Non è un prob...» disse Dehaven. «Tranquillo.»

Bosch si voltò verso il Cherokee, e la sua voce arrivò più chiara.

«Sarò tranquillo solo se lui resterà dentro quel cazzo di furgone» disse.

Dehaven aprì la portiera e scese. Bosch si mise in una posizione dove sapeva che le sue parole sarebbero state chiare e registrate.

Ballard controllò tutti gli angoli degli schermi alla ricerca di un puntino rosso o di un altro indicatore. «State registrando, vero?» chiese.

Olmstead non disse nulla. Spencer non disse nulla.

«Ma che cazzo?» gridò Ballard. «Non lo stai registrando?» La sua voce oscurò qualcosa detto da Bosch.

«Ballard, fai silenzio» abbaiò Olmstead. «Dobbiamo sentire. Sì, è tutto registrato.»

Lei non gli credette. Sapeva che poteva esserci un solo motivo per non registrare l'arresto.

«Se Bosch si fa male, non terrò la bocca chiusa» disse. Olmstead alzò la mano, chiedendo silenzio.

Sullo schermo, l'affare stava per essere concluso. Dehaven era sul retro del Cherokee accanto a Bosch e stava tirando fuori gli asciugamani da una delle borse da spiaggia. Li tenne sotto un braccio mentre guardava nella borsa. Si abbassò per ispezionare le armi senza sollevarle. Apparentemente soddisfatto, rimise a posto gli asciugamani e passò alla seconda borsa. Questa volta, quando tolse gli asciugamani, li lasciò cadere per avere le mani libere.

«E le tracolle? Le avevo ordinate, no?»

«Mi hai dato poco preavviso» disse Bosch. «Posso procurartele martedì o mercoledì.»

«Sarà troppo tardi.»

«Per cosa?»

«Eh?»

«Troppo tardi per cosa?»

«Non sono cazzi tuoi.»

«Hai ragione. Non voglio sapere i tuoi affari. Voglio solo finire i nostri. Dove sono i soldi?»

«Nelle tasche del tizio a cui hai detto di restare sul furgone. È lui il compratore. Io sono solo l'intermediario.»

«Allora va' a prendere i soldi da lui.»

«Ci vado subito.»

Dehaven prese le due borse per le cinghie, una per mano, e fece per allontanarsi.

«No, restano qui finché non mi porti i soldi» disse Bosch.

«Oh, andiamo, amico» protestò Dehaven. «Avrai i tuoi soldi.»

Cercò di passargli davanti per raggiungere il furgone, ma Bosch gli mise una mano sul petto. Dehaven indietreggiò.

«Non toccarmi, amico» disse.

«Se vuoi le armi, paga» intimò Bosch.

Ballard percepiva la tensione crescente tra i due. Rimasero a fissarsi per un lungo momento, poi Dehaven lasciò cadere a terra le borse.

«E va bene» disse. «Vuoi fare il duro? Ti darò i tuoi soldi.»

Passò davanti a Bosch per raggiungere il furgone. Allungò la mano attraverso il finestrino aperto e a Ballard sembrò che prendesse qualcosa dal conducente, anche se non riusciva a vedere bene..

Dehaven si voltò verso Bosch, mentre allontanava la mano dal finestrino. La mossa fu fluida e veloce. Fece un mezzo giro su sé stesso e lasciò cadere la mano sul fianco, nascondendola alla vista di Bosch.

Ballard spostò gli occhi da uno schermo all'altro per cercare un'angolazione sulla mano sinistra di Dehaven. Olmstead la precedette.

«Pistola!» gridò nel microfono. «Blu, blu, blu!»

«Blu» era la parola d'ordine. Nella postazione di comando, Ballard non sentì gli spari, ma quasi subito dopo che Olmstead aveva urlato quella parola, vide il corpo di Dehaven sussultare per l'impatto di almeno due proiettili sparati dai cecchini. Si inginocchiò e poi cadde all'indietro sull'asfalto, con una pistola accanto alla mano sinistra.

Ballard vide Bosch gettarsi a terra e strisciare verso la fiancata del Cherokee per mettersi al coperto.

Il furgone partì di scatto e vide il lampo degli spari mentre l'autista sparava a Bosch attraverso il finestrino aperto del lato passeggero. Ma Bosch era al sicuro contro lo pneumatico posteriore della sua auto. Poi ci fu un'esplosione di vetri, mentre i colpi dei cecchini perforavano il parabrezza del furgone e facevano fuori l'autista. Il furgone continuò a muoversi per circa venticinque metri e poi andò a sbattere contro il piedistallo di cemento di un lampione. Si fermò e Ballard non vide alcun movimento all'interno.

«Controllate il furgone!» latrò Olmstead. «Subito!»

Sullo schermo panoramico, Ballard vide le auto dell'FBI correre nel parcheggio verso il furgone. Bosch strisciò in direzione di Dehaven. Spinse via la pistola e gli mise una mano sul collo per controllare le pulsazioni. Si chinò sul corpo e ruotò un orecchio per ascoltare il respiro.

Si raddrizzò e guardò direttamente una delle telecamere. «Dehaven è fuori gioco per sempre» disse.

Gli agenti in tenuta d'assalto nera si stavano avvicinando a piedi al furgone, con le armi puntate sul posto di guida. Un agente si avvicinò alla portiera e la aprì. Il corpo dell'autista cadde a terra. Un altro agente aprì il portello laterale mentre un terzo lo copriva. Entrarono con le armi in pugno e un attimo dopo si tirarono indietro.

Ballard sentì il via libera alla radio.

«Spencer, portaci laggiù» disse Olmstead.

Spencer raggiunse la cabina anteriore del mezzo. Olmstead lo seguì e prese posto sul sedile accanto. Il motore partì con un tale scatto che Ballard fu scaraventata contro le portiere posteriori, che si aprirono di scatto, facendola cadere sull'asfalto.

Il furgone non si fermò. Da terra, lo guardò allontanarsi.

30

Quando Ballard arrivò al parcheggio, gli agenti stavano già stendendo del nastro giallo intorno alla scena della sparatoria, usando i lampioni come angoli di un'enorme area riservata. I curiosi, tra cui molti giocatori di hockey su pista, erano radunati lungo il perimetro. Ballard sollevò il nastro per passare sotto, ma un agente in divisa nera da commando la fermò. Lei si identificò, ma lui disse che non poteva lasciarla passare senza il permesso dei suoi superiori.

«Allora chiama Olmstead» esclamò Ballard. «Digli che Ballard vuole entrare.» Mentre l'agente sussurrava in un microfono sottile attaccato al suo auricolare, Ballard si massaggiò la spalla su cui era atterrata quando era caduta dal furgone.

«Ha detto che arriva» riferì l'uomo.

«Quando?»

«Adesso.»

Vide Olmstead staccarsi da un gruppo di agenti vicino al Cherokee e dirigersi verso di lei.

«Perché sei saltata fuori dal furgone?» le chiese.

«Non l'ho fatto» rispose Ballard.

«Cosa? Siamo arrivati qui e tu non c'eri più.»

«Lascia perdere. Puoi dire a questo tizio di farmi passare?»

«Non ti conviene restare qui, Renée. L'operazione non è andata come doveva e i media ci staranno addosso. Elicotteri, telecamere... Non credo che tu voglia essere ripresa in video.»

Era vero, ma non voleva andarsene. «Allora voglio parlare con Bosch. Mandalo qui.»

«Lo stanno interrogando.»

«Non m'interessa. Parlerai con lui per ore. A me servono solo cinque minuti per assicurarmi che stia bene.»

«Va bene, cinque minuti e poi te ne vai.»

Si voltò per tornare sulla scena del crimine, ma poi fece marcia indietro e tornò al nastro giallo. «Finora nessun distintivo» disse. «Abbiamo controllato il corpo. Dobbiamo ancora esaminare il furgone.»

«Va bene. Fammi sapere.»

«Certo.»

Si allontanò e venne immediatamente intercettato da un altro agente con in mano una cartellina. Cominciarono a discutere e Ballard pensò che si sarebbe dimenticato di mandarle Bosch. Ma una volta firmato qualcosa sulla cartellina, Olmstead andò direttamente al furgone del posto di comando, aprì la portiera posteriore da cui Ballard era caduta e fece segno a Bosch di uscire, indirizzandolo verso Ballard.

«Harry, stai bene?» chiese Ballard, avvicinandosi.

«Sì» confermò Bosch.

«Sicuro? Non sei obbligato a parlare con loro adesso, se...»

«Renée, sto bene.»

Ballard annuì. «Gesù, c'è mancato poco.»

«Sì, be'... Sono intervenuti in fretta.»

«Come sta la tua macchina?»

«Si è presa qualche proiettile, credo. Non ho ancora controllato bene.»

«Forse è ora di comprarne una nuova.»
«Questa l'ho presa dopo che l'ultima è stata crivellata di colpi.»
Ballard alzò lo sguardo al rumore di un elicottero e ne vide uno blu che stava sorvolando la spiaggia. Sulla fiancata c'era scritto FOX a lettere bianche.
«I media sono già qui» disse.
«È SkyFox» disse Bosch. «Stu Mundel.»
«Sul serio conosci i piloti degli elicotteri dei notiziari?»
«Conosco lui. È bravo. Mi piace guardare quegli inseguimenti in diretta in autostrada. Mi aiuta a dormire la notte.»
«Harry Bosch, l'uomo del mistero. Comunque, io non dovrei essere qui, quindi me ne vado. Mi chiami non appena ti lasciano andare? Magari ci vediamo.»
«Ti chiamo appena mi libero.»
Si avvicinò al nastro giallo e si allungò per abbracciarla. Ballard restò sorpresa, di solito Harry Bosch era poco portato per le manifestazioni d'affetto. Ma fece un passo avanti e lo strinse. Gli accarezzò la schiena e sentì una fitta di dolore alla spalla.
«Sono felice che tu stia bene, Harry» disse.
«Anch'io.»
Si separarono.
«Controlla le tasche, quando arrivi in macchina» disse Bosch.
«Ah... Va bene» rispose Ballard.
Mise le mani nelle tasche della giacca senza aspettare, e la destra si chiuse intorno a quello che sapeva essere il suo distintivo. Annuì.
«Quando ti sei chinato su di lui per capire se respirava» disse.
Bosch fece cenno di sì. «Era morto» disse. «Ma avevo capito che aveva il distintivo al collo quando non mi ha

permesso di toccargli il petto. Per tua fortuna non l'hanno trapassato con un proiettile.»

«Sì, una fortuna» ripeté Ballard. «Grazie, Harry.»

Bosch annuì e tornò indietro verso la scena del crimine. Lei si allontanò, tenendo la testa bassa mentre l'elicottero del telegiornale volteggiava nel cielo.

DOMENICA, ORE 13

31

Il viaggio verso il deserto durò due ore. Masser guidava mentre Ballard digitava un riassunto del caso sul portatile. Era molto indietro con la compilazione dei documenti sull'indagine sullo stupratore delle federe e sapeva che se avesse archiviato qualcosa entro la fine della giornata, avrebbe guadagnato tempo con il capitano Gandle. Una volta finito, si fermarono per un pranzo veloce in un In-N-Out a Cabazon. Ballard era tornata a mangiare carne dopo essere stata vegetariana per qualche tempo. Si fermarono in macchina e, mentre mangiava il suo hamburger, consultò il sito web del *L.A. Times* sul telefono e controllò le notizie sulla sparatoria a Santa Monica del giorno prima.

La morte violenta di due uomini, Thomas Dehaven e Frederic Standard, e l'arresto di quattro loro complici, erano diventati rapidamente una notizia nazionale quando l'FBI aveva annunciato che il gruppo stava pianificando una strage al molo di Malibu per il Presidents' Day. Finora Ballard non aveva ricevuto alcuna chiamata da parte dei media, quindi Olmstead doveva aver mantenuto la sua promessa. Lei aveva un asso nella manica: se Olmstead avesse fatto trapelare qualcosa e lei fosse stata trascinata nella frenesia dei media, avrebbe potuto rivelare cose non coerenti con la versione che i federali stavano propinando al pubblico.

Diede un'occhiata agli articoli più importanti e vide che c'erano già due servizi di approfondimento sugli eventi del giorno prima. Uno era un profilo di Thomas Dehaven, il leader del gruppo giunto a Los Angeles con una carovana di furgoni e camper.

SOSPETTO TERRORISTA SI AGGIRAVA PER IL PAESE ALLA RICERCA DI RECLUTE

di Scott Anderson

Secondo fonti federali, il ricercato ucciso sabato dall'FBI durante l'acquisto di alcune mitragliette per un attentato terroristico, vagava per il Paese da due anni, evitando la cattura e reclutando altri estremisti per la sua causa.

Thomas Dehaven, 46 anni, di Coeur d'Alene, Idaho, era ricercato per l'omicidio dell'ex moglie e per sedizione in relazione all'attacco al Campidoglio del 6 gennaio 2021. Secondo l'FBI, era fuggito dall'Idaho nel marzo del 2021, dopo aver presumibilmente sparato alla sua ex moglie, Kimberly Boyle, quando aveva saputo dal figlio che lei aveva aiutato l'FBI a identificarlo nei video girati durante il violento assedio al Campidoglio.

Dehaven ha quindi iniziato un'odissea lunga mesi, che lo ha portato inizialmente nel Sud, dove ha incontrato e reclutato Frederic Standard, 31 anni, a Mobile, in Alabama, con un piano per commettere un atto violento in California. Gli agenti dell'FBI stanno ricostruendo il percorso che ha seguito e sono stati contattati da diverse persone in Louisiana, Texas e Arizona che hanno detto di aver ascoltato la proposta di Dehaven ma di non aver aderito al progetto.

«La maggior parte di quelle persone non lo prendeva sul serio» ha dichiarato l'agente Gordon Olmstead in un'intervista. «Lo consideravano un po' fuori di testa. Ma sappiamo che altri hanno creduto nel suo piano e si sono uniti a lui o gli hanno fornito denaro e attrezzature.»

Una di queste persone era Tracy Bell, 39 anni, di Shreveport, Louisiana, che si è unita a Dehaven e gli ha offerto il suo furgone camperizzato, che lui ha usato sabato quando insieme a Standard ha incontrato un informatore dell'FBI per acquistare quattro mitragliette, che presumibilmente intendeva usare per sparare sulla folla nell'affollato molo di Malibu, durante la festa nazionale di lunedì.

Ballard smise di leggere.

«Presumibilmente» disse. «Usano sempre questa parola.»

«Stai parlando del fatto di ieri a Santa Monica?» chiese Masser.

Ballard si rese conto di aver rischiato di rivelare che sapeva più del dovuto sull'accaduto.

«Sì» rispose. «Da quello che ho letto sembra che non ci fosse nulla di presunto, nel loro piano di sparare al molo.»

«Sì, erano veri credenti» disse Masser. «Ora saranno martiri per la causa, come quella donna a cui hanno sparato in Campidoglio.»

Dopo aver finito di mangiare, scesero dall'auto per scambiarsi i posti e Ballard sostituì Masser alla guida. Si rimisero in viaggio verso la Coachella Valley.

Smoke Tree Ranch era una piccola enclave privata di case nel deserto, per lo più di valore storico, tramandate di generazione in generazione per circa un secolo da famiglie facoltose della East Coast, del Midwest e della California meridionale. Il suo abitante più noto era stato senza dubbio Walt Disney, il quale aveva venduto la sua casa lì per raccogliere i fondi necessari alla costruzione di un parco di divertimenti che si sarebbe chiamato Disneyland. Dopo il successo del parco, Disney tornò a Smoke Tree e costruì una nuova casa. Seguendo una tradizione consolidata, i residenti si definivano «coloni».

Ballard aveva rintracciato Robin Richardson tramite i registri della Motorizzazione, e sapeva che aveva una casa in San Jacinto Trail, in un'area periferica. La strada costeggiava il ruscello Palm Canyon Creek, sotto la maestosa catena delle montagne di San Jacinto. All'ingresso della comunità c'era un cancello sorvegliato e Ballard usò il suo distintivo, appena recuperato, per convincere la guardia giurata in divisa a lasciarli passare. Non menzionò Robin Richardson. Nella proprietà c'erano delle casette per gli ospiti e disse alla guardia che dovevano svolgere un controllo di polizia presso l'ufficio di gestione. Una volta varcato il cancello, tuttavia, non fu facile trovare la casa dei Richardson, perché non c'erano cartelli stradali o numeri civici. Gli unici segnali erano i numeri dipinti su grandi rocce bianche a ogni incrocio. Solo grazie all'aiuto di una donna che stava portando a spasso il cane riuscirono a individuare la casa: «Robin sta alla roccia 17, la quarta casa a destra».

Con quelle indicazioni trovarono la casa e si fermarono sul vialetto di ghiaia. Come quasi tutte le case che avevano incrociato nell'enclave privata, era una fattoria circondata da un paesaggio desertico e da cactus. Le pareti rivestite in legno erano di un grigio bruciato, dopo tanti anni sotto quel sole implacabile.

L'aria del deserto era frizzante e Ballard e Masser indossarono le giacche, dopo essere scesi dall'auto. Ballard bussò alla porta e venne ad aprire una donna minuta sui sessantacinque, con lunghi capelli grigi raccolti in una treccia. Portava occhiali senza montatura e aveva l'abbronzatura intensa di chi vive da tempo nel deserto.

«La signora Richardson?» chiese Ballard.

«Sì, sono io» rispose. «Come avete fatto a entrare nel ranch?» Ballard mostrò ancora una volta il suo distintivo. «Siamo agenti di polizia, signora. Di Los Angeles. Vorremmo farle qualche domanda.»

«Su cosa?»

«Preferiremmo non parlarne qui sulla soglia. Possiamo entrare e sederci?»

«Non prima di avermi detto il motivo della visita.»

«Si tratta di sua figlia Mallory.»

Non doveva essere stata avvertita dal giudice del nostro arrivo, oppure era un'attrice formidabile. Si mostrò sorpresa, e poi preoccupata. Ballard pensò che lo sbigottimento fosse reale. La donna aprì del tutto la porta e li invitò a entrare.

Li condusse in un salotto arredato in stile anni Cinquanta. Si accomodò su un divano, mentre Ballard e Masser si sedettero su due poltrone imbottite davanti a un tavolino di vetro.

«Lavoriamo ai casi irrisolti per la polizia di Los Angeles» esordì Ballard. «Il suo nome ce l'ha dato il giudice Purcell, che era suo vicino di casa quando viveva a Pasadena.»

«Perché vi ha dato il mio nome? Di cosa si tratta?»

«Di un vecchio caso di violenza sessuale e omicidio. Siamo andati dal giudice Purcell per via di suo figlio, Nick. Una corrispondenza del dna indica che il padre di Nick è il sospettato del nostro caso. Solo che, a quanto pare, il giudice Purcell non è il padre di Nick. E sua moglie non è la madre di Nick. Quando abbiamo scoperto che il ragazzo era stato adottato, il giudice ci ha detto che la madre biologica era sua figlia Mallory.»

«Sta dicendo che il figlio a cui Mallory ha rinunciato è un assassino?»

«No, niente affatto. Crediamo che suo padre sia l'uomo che stiamo cercando. E siamo venuti qui per chiederle chi fosse.»

«Ci deve essere un errore. Com'è possibile?»

«L'analisi del dna lo conferma. Sa chi era il padre, signora Richardson? Sua figlia glielo ha mai detto?»

«No, perché aveva paura.»

«Paura di cosa?»

«Di quello che mio marito avrebbe potuto fargli.»

«Perché?»

«Non mi piace parlarne. Si tratta del periodo peggiore della mia vita.»

«Lo capisco e le chiedo scusa. Ma la persona che stiamo cercando potrebbe essere ancora in giro a fare del male alle donne. Dobbiamo trovarlo e sono sicura che lei vorrà aiutarci. Ricorda qualcosa di quel periodo che potrebbe farci capire chi era il padre del bambino?»

«Vede, ho cercato di dimenticare molte cose di quegli anni, che sono stati i peggiori della nostra vita, per me e mio marito. E ora, all'improvviso, lei si presenta qui e... Non so nulla che possa aiutarla.»

Ballard si avvicinò. Sapeva che la parte successiva dell'interrogatorio sarebbe stata particolarmente difficile.

«Sappiamo che sua figlia si è tolta la vita, signora Richardson. E ci dispiace molto. Ha lasciato qualcosa che potrebbe aiutarci a identificare il padre di suo figlio?»

Gli occhi della donna non erano concentrati su nulla di ciò che aveva davanti. Stava viaggiando nel tempo, fino a quegli anni difficili. Scosse lentamente la testa. «Non era più la stessa, sa?» disse. «Dopo aver dato il bambino in adozione, non era più lei. Ha usato le mie pillole. Non ha lasciato nemmeno un biglietto.»

Ballard annuì. Era consapevole di aver sconvolto la fragile esistenza di quella donna con poche domande, e non pensava che insistere ulteriormente avrebbe portato a qualcosa di utile. Era stato un lungo viaggio, fino a un altro vicolo cieco.

«Posso farle una domanda?» disse Masser. «Mallory è andata a scuola alla St. Vincent, giusto?»

«Sì. E frequentavamo anche la chiesa, lì» rispose Richardson.

«È possibile che il padre del bambino fosse un altro studente della scuola? Usciva con qualcuno in quel periodo?»

«Non aveva un fidanzato. Quell'anno un ragazzo le chiese di andare al ballo dell'ultimo anno e lei ci andò, ma non stavano insieme.»

«Ricorda il suo nome?»

«Rodney.»

«Ricorda anche il cognome?»

La Richardson scosse la testa.

«Non c'è problema» disse Masser. «Il nome Rodney è già una pista. Era uno studente dell'ultimo anno?»

«Credo proprio di sì.»

«Sua figlia conservava per caso qualche annuario scolastico?»

«Sì, ce n'è uno. Di quando era in seconda superiore. L'ho tenuto perché è così bella nelle foto.»

Ballard annuì, senza dire nulla. Masser aveva trovato una connessione emotiva con la signora e stava facendo progressi.

«Pensa che potremmo prendere in prestito quell'annuario?» domandò Masser. «Le garantisco che glielo restituirò personalmente.»

«Posso andare a vedere se lo trovo in biblioteca» disse la signora Richardson.

«Grazie, sarebbe molto utile.»

La donna si alzò e uscì dalla stanza. Ballard guardò Masser e annuì.

«Bell'idea, l'annuario» disse. «Spero che lo abbia ancora.»

32

Ballard fece guidare Masser per il primo tratto del viaggio di ritorno a Los Angeles, per poter sfogliare l'annuario. Era sottile, con una rilegatura in pelle. Sulla copertina c'era scritto *Veritas 1999*.

«Significa verità» disse Masser.

«Conosci il latino?»

«Ho studiato dai gesuiti, e lì ho imparato un po' di latino. Mi è tornato utile qualche volta alla facoltà di legge. *Ipse dixit* e tutta quella roba lì.

«*Ipse dixit*? Che cosa vuol dire?»

«Significa: "L'ha detto lui stesso". È un'argomentazione che afferma che se una persona autorevole ha detto una cosa, bisogna ritenerla vera. Risale ai tempi di Cicerone, mi pare.»

«E lo usano ancora in aula?»

«A volte. Soprattutto nelle sentenze dei giudici.»

«E cosa puoi dirmi di *Mortui vivos docent?*»

«Questa non la conosco.»

«"I morti insegnano ai vivi." È il motto della California Homicide Investigators Association.»

«Ho capito. Interessante.»

«Lo so solo perché è scritto sul medaglione dell'associazione.»

Ballard iniziò a sfogliare l'annuario. Sui risguardi delle copertine non c'erano autografi o messaggi per Mallory Richardson dai compagni di scuola. Ballard pensò che si dovesse al fatto che l'annuario era stato pubblicato dopo che lei aveva lasciato la scuola e Pasadena. Probabilmente le era stato inviato a Smoke Tree e non aveva avuto l'opportunità di farlo firmare agli altri studenti.

Sfogliò le sezioni dedicate allo sport e alle gite di classe. Quando arrivò alla parte dedicata agli studenti più anziani, guardò le foto dei ragazzi; due si chiamavano Rodney.

«Abbiamo un Rodney McNamara e un Rodney Van Ness all'ultimo anno» disse.

«Chissà se sono ancora in circolazione» commentò Masser.

«Lo scopriremo quando sarò al computer. Ci sono in tutto ventinove ragazzi nella classe dell'ultimo anno. Li controlleremo tutti e vedremo cosa salta fuori.»

«Qual è la tua opinione sul suicidio?»

Ballard stava guardando fuori dal finestrino una fattoria con mulini a vento.

«Cosa vuoi dire?»

«Be', sembra una contraddizione» spiegò Masser. «Per cosa era depressa? Per aver dovuto rinunciare al bambino? Era stata violentata e non riusciva a superare il trauma? Ma, se così fosse, perché non l'ha detto a nessuno, soprattutto ai suoi genitori? Sembra quasi che volesse proteggere il padre del bambino, ma allo stesso tempo fosse entrata in una spirale che l'ha portata al suicidio. Capisci?»

«Sì, ma spesso non c'è modo di spiegare il comportamento delle persone. E le reazioni a uno stupro possono essere tantissime. Sempre *se* è stata stuprata. Dobbiamo saperne di più e speriamo che uno di questi Rodney ci possa dare una mano.»

Sfogliò le pagine fino alle foto del secondo anno. Trovò

Mallory Richardson. Era una foto molto bella e capì perché piacesse a sua madre. La ragazza aveva i capelli biondi fino alle spalle che formavano una specie di lungo caschetto, incorniciando il viso in un ovale elegante. Ballard pensò alle amiche nominate da sua madre quando aveva dato loro l'annuario.

«Le sue amiche erano Jacqueline Todd e... Emma, dico bene?

«Emma Arciniega» confermò Masser. «Ma Robin ha detto che i rapporti si erano interrotti, dopo il trasferimento nel deserto. Era prima dei social. Oggi le persone rimangono in contatto per sempre. Mia figlia ha ventisette anni e si sente ancora con ragazze che conosceva all'asilo.»

Ballard sfogliò le pagine per cercare le foto delle amiche. Jacqueline Todd era una delle poche studentesse di colore nella classe di Mallory ed Emma Arciniega era una delle poche latine.

«Una ragazza bianca di Pasadena con amiche di colore» osservò.

«Interessante» disse Masser. «Pensi che sappiano qualcosa di utile?»

«Potrebbe anche essere. A volte le amiche sanno più dei genitori.»

Ballard chiuse l'annuario. Quella conversazione la fece pensare a sua madre. Doveva chiamare Dan Farley a Maui per avere un aggiornamento sulle ricerche in corso. Decise che l'avrebbe fatto una volta tornati a Los Angeles, quando avrebbe potuto telefonare in privato.

«Stai pensando a tua madre?» chiese Masser.

«Cavolo, non diventarmi un'altra Colleen, Masser. Come hai fatto a indovinare?»

«La tua espressione malinconica. L'ho già vista prima.»

«Meglio che guardi la strada.»

«Sì, signora.»
«E non chiamarmi signora.»
«Sì, signora.»
Prima che Ballard potesse ribattere, il suo telefono squillò. Non riconobbe il numero, ma rispose ugualmente.
«Detective, sono Robin Richardson. È appena stata a casa mia e mi ha lasciato il suo biglietto da visita.»
«Sì, mi dica. Qualcosa non va?»
«No. È solo che mi sono ricordata il cognome di Rodney. Rodney Van Ness.»
«Grazie, è molto utile.»
«Mi farà sapere cosa scoprirà? Ho davvero bisogno di conoscere la verità.»
«Certo, la terrò al corrente. Grazie di aver chiamato.»
Riattaccò e disse a Masser che il ragazzo che aveva fatto da cavaliere a Mallory al ballo era Rodney Van Ness. Aprì di nuovo l'annuario e lo sfogliò finché non trovò la sua foto.
«Pensi che sia lui?» chiese Masser.
«Forse. Ma sarebbe troppo facile. E finora nulla di questo caso è stato facile.»

LUNEDÌ, ORE 9.54

33

Siccome era un giorno festivo e aveva spostato la riunione settimanale del team al martedì, Ballard non si aspettava di trovare qualcuno alla zattera, quando arrivò all'Ahmanson Center lunedì mattina, con l'annuario di Mallory Richardson sotto il braccio. Invece, trovò Colleen Hatteras e Maddie Bosch sedute fianco a fianco davanti al grande schermo del computer di Colleen.

«Sapete che oggi è festa, vero?» disse.

«Pensavo che la lotta al crimine non si prendesse giorni di riposo» ribatté Hatteras.

«Abbiamo trovato la famiglia di Elyse Ford» disse Maddie.

Aveva un tono eccitato. Ballard rimase in piedi accanto alla scrivania. Posò l'annuario sopra una busta che le era stata inviata dal laboratorio fotografico.

«In che senso avete trovato la famiglia?» domandò.

«Colleen ha iniziato la ricerca con il nome della madre di Elyse, ricavato dagli articoli dei giornali dell'epoca» spiegò Maddie. «Ha trovato una nipote online, la figlia della sorella minore di Elyse.»

Colleen disse: «Le ho inviato un messaggio e mi ha risposto dicendo che sua madre è ancora viva. Ha ottant'anni ma è sempre in gamba, secondo la figlia, e ha accettato di parlare con noi, così abbiamo organizzato un incontro via Zoom».

«Quando?»

«Tra cinque minuti» rispose Hatteras.

«Davvero? L'ultima volta che ho controllato, ero io a dirigere questa unità. Non hai pensato di consultarti prima con me?»

«Pensavamo solo di scambiare due parole con lei» spiegò Maddie. «Le mostreremo la foto che abbiamo trovato negli archivi di Thawyer. Il primo scatto. Vediamo se riusciamo a confermare l'identità di Elyse.»

«Vi è mai toccato prima dire ai familiari che un loro caro è stato assassinato?» chiese Ballard. «Almeno a una delle due?»

«No» rispose Hatteras.

Maddie Bosch scosse timidamente la testa. «Il mio partner l'ha fatto» disse. «Io ero presente, ma è stato lui a parlare.»

«Qui non si tratta di un incidente stradale» spiegò Ballard. «Non importa quanto tempo è passato. Se devi dire a qualcuno che sua sorella è stata uccisa, settant'anni fa o sette ore fa, è meglio essere preparati. Avreste dovuto parlarne prima con me.»

«Mi dispiace» disse Maddie. «Annulliamo tutto?»

«È troppo tardi, ormai. Cancellare l'incontro adesso sarebbe peggio.»

«È proprio ora» disse Maddie. «Alle dieci. Non vorresti occupartene tu?»

Ballard scosse la testa. «No, pensateci voi. Vi servirà per fare esperienza.»

Si sedette e prese la busta del laboratorio. La aprì mentre Maddie e Hatteras si preparavano per l'incontro su Zoom. Conteneva un referto di una sola pagina, attaccato con una graffetta alle foto della donna che ritenevano fosse

Elizabeth Short. Andò subito al riquadro riassuntivo in fondo alla pagina. Diceva che la comparazione digitale tra le foto inviate e quelle di Elizabeth Short presenti tra le prove o disponibili online indicava una probabilità del 92% che le immagini fossero della stessa donna.

Ballard si raddrizzò per guardare oltre il divisorio. Maddie e Colleen si erano connesse e fissavano lo schermo.

«Signora Fanning, mi chiamo Madeline Bosch e lei è Colleen Hatteras. Siamo investigatori dell'Unità Casi Irrisolti del dipartimento di polizia di Los Angeles. Vorremmo parlarle di sua sorella Elyse.»

«Sì, me l'ha detto Martha. Eccola. La volevo qui con me.»

«Benissimo» disse Maddie. «Sua sorella fu dichiarata scomparsa a Los Angeles nel 1950. Si ricorda di quel periodo?»

«Ero una bambina. Elyse era mia sorella maggiore, aveva otto anni più di me. Ma ricordo bene quei giorni. È stato un periodo terribile per la mia famiglia.»

«Capisco. Sono stati i suoi genitori a Wichita a denunciare la sua scomparsa da Los Angeles?»

«Sì. Ricordo che mio padre andò a cercarla perché pensava che la polizia non si stesse impegnando molto. Ma non trovò nulla e quando tornò... non era più lo stesso. Se ne stava spesso seduto al buio da solo. Ricordo che ci sentivamo impotenti. Non potevamo fare altro che aspettare, sperare e pregare. Pensavamo che un giorno sarebbe tornata a casa o avrebbe chiamato per dire che stava bene. Aspettammo... ma non successe mai. Mia madre smise di uscire dalla sua stanza. Ricordo che dovevo preparare io la cena per me e mio padre.»

«Martha ci ha detto che ha delle foto di sua sorella che risalgono a quel periodo. Le ha con lei ora? Potrebbe mostrarcele?»

«Ho queste. Guardate, qui c'è tutta la famiglia. Questa

è Elyse. Era una ragazza bellissima. Tutti dicevano che avrebbe dovuto fare l'attrice.»

Ballard non aveva bisogno di vedere l'espressione dell'anziana donna, per capire l'ansia e il dolore dell'attesa infinita che lei e la sua famiglia avevano vissuto.

«Questa l'ha scattata mio padre quando Lysie, la chiamavo così, stava partendo in treno per Los Angeles. La Città degli Angeli.»

«Signora Fanning, avremo bisogno di fare delle copie di quelle foto. Vorremmo anche mostrargliene un'altra, e vedere se può confermare che si tratta di Elyse.»

Hatteras prese in mano quella che probabilmente era l'ultima foto scattata a Elyse Ford quando era viva e ancora illesa.

«Sì» disse l'anziana signora. «È Elyse.»

«È sicura?» chiese Maddie Bosch.

«È mia sorella. La riconoscerei ovunque.»

«Va bene. Grazie per avercelo confermato.»

«L'avete trovata?»

«No, signora, purtroppo no. Ma crediamo che sia stata vittima di un uomo su cui stiamo indagando. Mi dispiace molto.»

«Credo che la nostra attesa sia finita. Quell'uomo... l'ha fatta soffrire?»

«Non lo sappiamo, signora» disse Maddie.

Ballard capì dalle espressioni di Bosch e Hatteras che le due donne sullo schermo stavano piangendo. Poteva sentire la sorella e la nipote di Elyse che cercavano di consolarsi a vicenda. Il tempo non era mai abbastanza per alleviare il dolore dei familiari di una vittima di omicidio.

«Avete arrestato qualcuno?» riuscì a chiedere la signora Fanning. «Come avete avuto la sua foto?»

«No, non c'è stato nessun arresto» spiegò Maddie. «Crediamo che quell'uomo adesso sia morto. Abbiamo trovato le foto di sua sorella tra le cose che teneva in magazzino.»

«Quindi ci sono altre foto? Possiamo vederle, per favore?»

Maddie reclinò la testa all'indietro, rendendosi conto di aver commesso un errore. «Non possiamo mostrargliele ora, signora» rispose.

«Se avete solo delle foto, come potete essere sicuri che quest'uomo abbia ucciso mia sorella?»

«Temo di non poterle dire tutto quello che sappiamo, signora Fanning. Ma siamo sicuri che quest'uomo ha ucciso sua sorella. Sappiamo che è successo molto tempo fa, e ci dispiace molto per la sua perdita.»

«Credevo davvero che non l'avremmo mai saputo.»

«Mi spiace averle dovuto dare una notizia così sconvolgente. Ci terremo in contatto tramite Martha mentre le indagini proseguono.»

«Grazie.»

Anche Martha le ringraziò, poi si salutarono e il collegamento Zoom terminò. Ballard si alzò e andò dalle colleghe con il rapporto di analisi fotografica.

«Ottimo lavoro» disse. «Non era una situazione facile.»

Maddie annuì. Sembrava un po' scossa. Ballard posò il rapporto sulla scrivania.

«L'analisi fotografica dà una probabilità del 92% che la donna nella foto sia Elizabeth Short.»

«Piuttosto alta, eh?» commentò Maddie, con un tono più brillante.

«Questo lo deciderà l'ufficio del procuratore» rispose Ballard.

«Quando ci andiamo?»

«Presto.»

34

Ballard trascorse il resto della mattina a controllare i nomi dell'annuario con Hatteras e Maddie Bosch. Hatteras si occupò dei social e dei siti di genealogia, mentre lei e Maddie lavorarono sui database della Motorizzazione e delle forze dell'ordine.

Divise l'elenco a metà con Maddie, dicendole di iniziare con le due ragazze che Robin Richardson aveva identificato come le migliori amiche della figlia. Tenne per sé Rodney Van Ness, ma non riuscì a trovare una patente aggiornata o una fedina penale registrata in California, sia nelle banche dati locali, sia in quelle statali o nazionali. Da lì passò ai nomi degli altri ragazzi della classe.

Dopo un'ora di ricerche, Hatteras si presentò alla sua scrivania. «Posso vedere l'annuario?» chiese. «Ci sono foto del ballo di fine anno?»

«La risposta è sì a tutte e due le domande» disse Ballard. «Ci sono due pagine di foto del ballo, ma ho già controllato e Mallory non è in nessuna di esse.» Passò il libro a Hatteras. «È questo che stavi cercando?»

«Non esattamente» rispose Hatteras. «Avevo solo...»

«Un'idea?»

«Una sensazione.»

Ballard era stufa di provare a controllare le «sensazioni» di Colleen. «Fa' pure» disse.

«Ho fatto i conti, e credo che il ballo sia importante.»

«I conti?»

«Nicholas Purcell è nato il 29 gennaio del 2000. Tornando indietro di nove mesi, arriviamo ad aprile o maggio del 1999. Quasi sempre i balli della scuola si tengono verso la fine dell'anno scolastico.»

«Pensi che possa essere successo qualcosa a quel ballo?»

«Esatto.»

Ballard era irritata con sé stessa per non aver pensato di fare i conti.

«Buona idea, Colleen» disse. «Continua così. Dopo aver finito con l'annuario, vedi cosa riesci a trovare sull'accompagnatore di Mallory al ballo, Rodney Van Ness. Ha la fedina penale pulita, quindi non l'ho trovato nei database. La sua ultima patente di guida in California è scaduta nel 2009. Credo che si sia trasferito in un altro Stato.»

«Ci penso io» disse Hatteras.

Poi tornò al suo cubicolo e Ballard guardò l'orologio. Doveva andare via presto. La dottoressa Elingburg le aveva mandato un messaggio per informarla che aveva deciso di tenere aperto lo studio nonostante fosse un giorno festivo, perché molti suoi clienti non volevano perdere la seduta settimanale e non volevano farla su Zoom. Ballard non era tra questi, ma si era sentita sollevata quando aveva letto il messaggio.

Elingburg aveva spostato il suo solito appuntamento da mezzogiorno all'una, così le restava ancora il tempo di scorrere alcuni nomi nell'indice del National Crime Information Center. Finora aveva trovato solo uno studente di quell'anno con precedenti penali, ma per reati finanziari.

Pochi minuti dopo, Hatteras tornò con l'annuario aperto su due pagine di foto del ballo di fine anno.

«Guarda» disse. «Credo che il ballo fosse all'Huntington.»

Si trattava di un hotel di lusso in una zona residenziale di Pasadena.

«Un bel posto per un ballo» disse Ballard. «Cosa ti fa pensare che sia l'Huntington?»

«Ci sono stata per vari matrimoni nel corso degli anni, tra cui uno circa un mese fa. Ricordo queste portefinestre ad arco che davano sul cortile con la fontana.»

Indicò le vetrate in questione, dietro le coppie che ballavano lentamente.

«Va bene, quindi era all'Huntington» disse Ballard. «E questo è importante?»

«Quadra con i conti di prima» rispose Hatteras. «Il ballo era in un hotel. Hai partecipato al ballo di fine anno della tua scuola?»

«No, non ci sono andata.»

«Nemmeno io. Ma so che quando il ballo si svolge in un hotel, i ragazzi, i maschi, affittano delle stanze e poi salgono di nascosto a bere, drogarsi e quant'altro.»

«A fare sesso.»

«Esattamente. Penso che sia successo qualcosa a Mallory al ballo, che sia stato consensuale o meno. Me lo sento proprio.»

Ballard annuì. Era impressionata dal modo in cui Colleen stava mettendo insieme i tasselli del rompicapo. «Allora dobbiamo assolutamente trovare Rodney Van Ness» disse.

«Già trovato» disse Hatteras. «È su LinkedIn. Vive a Las Vegas ed è un supervisore della sicurezza al Cleopatra Casino.»

«L'hai trovato così in fretta?»

«Quasi tutte queste persone hanno un account su LinkedIn. Per il mondo del lavoro o degli affari, LinkedIn è un punto di partenza migliore di Facebook e Instagram, se hai sui quarant'anni.»

«Cos'altro dice il suo profilo?»

«È lì da nove anni. Prima lavorava al Caesars.»

«E l'indirizzo di casa?»

«Non lo dice. Ma c'è un suo telefono di lavoro e un secondo numero che credo possa essere un cellulare. Lo chiamiamo?»

«No, non ancora. Dobbiamo pensare a come avvicinarlo nel modo migliore. Potremmo avere una sola possibilità. C'è scritto che era nelle forze dell'ordine, prima di lavorare alla sicurezza dei casinò?»

«Aspetta, scarico il suo curriculum e controllo.»

«Stai tenendo conto della localizzazione di tutte queste persone?»

«Naturalmente. Sto scrivendo tutto.»

Ballard alzò la voce per farsi sentire dall'altra parte del divisorio: «Maddie, e le amiche di Mallory? Le hai trovate?»

«Ne ho trovata una: Jacqueline Todd» rispose lei. «Ha la fedina penale pulita ed è ancora in zona. A proposito, il mio ballo era in un hotel della Galleria, nella San Fernando Valley. Molti hanno preso una stanza, e girava un sacco di droga.»

«Era il luogo del ballo di fine anno in *La ragazza di San Diego*» disse Hatteras.

«Adoro quel film» disse Maddie. «Nicolas Cage era fantastico.»

«Okay, torniamo a noi» disse Ballard, riportando il discorso al punto principale. «Andiamo a trovare l'amica di Mallory che è rimasta in zona.»

«Quando?» chiese Maddie.

«Ho un appuntamento all'una e ne avrò fino alle due» rispose Ballard. «Ci andiamo dopo.»

«E quando andiamo dal procuratore distrettuale per il caso della Dalia?»

«Oggi l'ufficio è chiuso» disse Ballard. «Ci penseremo domani.»

Il suo cellulare squillò. Guardò lo schermo e vide che era Harry Bosch. «Devo rispondere.»

Prese il telefono e si diresse verso la sala prove, dove la conversazione non sarebbe stata ascoltata.

«Ciao» disse, mentre camminava, evitando di pronunciare il suo nome.

«Puoi parlare?» chiese Bosch.

«Sì. Devo solo arrivare... aspetta.»

Aprì la stanza, entrò e chiuse la porta dietro di sé. «Scusa, ora posso parlare. Cosa c'è?»

«Fammi indovinare» disse Bosch. «C'era Colleen in ascolto.»

«C'è anche tua figlia, e non ha fatto riferimenti a quello che è successo sabato, quindi presumo che tu non voglia farglielo sapere.»

«Sarà difficile tenerla all'oscuro. Sono appena stato contattato da un giornalista del *Los Angeles Times*. È per questo che ti chiamo, per avvertirti che qualcuno dell'FBI è responsabile di una fuga di notizie.»

«Dannazione. Chi era il giornalista?»

«Scott Anderson. Non ho né confermato, né smentito.»

«Ho visto che ha scritto un paio di articoli sull'argomento. Quindi è informato. Cosa ti ha chiesto che non hai confermato?»

«In qualche modo sa che ero io l'informatore. Mi ha chiesto come facevo a sapere che quei tizi volevano comprare delle mitragliette.»

«Merda. Ha fatto il mio nome?»

«No, ma io non gliene ho dato la possibilità. Non ho detto nulla e ho riattaccato subito. Comunque, anche se non sa di te, il fatto che abbiano pubblicato un articolo su di me potrebbe metterti in una brutta situazione, visto che in molti nel dipartimento sanno che siamo amici. Quindi volevo avvertirti.»

«Ho capito. Ti ringrazio per la telefonata.»

«Fammi sapere se contatta anche te.»

«Certo.»

«Come sta Maddie? Pensavo che il lunedì lavorasse a Hollywood.»

«Qui sta andando molto bene. Oggi è venuta anche se è lunedì e non le ho nemmeno chiesto perché. Diventerà una brava detective, Harry. Ti renderà orgoglioso.»

«Lo sono già.»

«Bene. Ci sentiamo, allora.»

Ballard riattaccò e guardò l'orologio. Doveva andare all'appuntamento con la dottoressa Elingburg, ma prima chiamò l'agente Olmstead.

«Ballard, come stai?»

«Bene, grazie. Ti stai ancora crogiolando nel calore della tua operazione antiterrorismo?»

«Be', si può dire che i pezzi grossi locali sono i miei nuovi migliori amici.»

«Buono a sapersi. Ma quello che non mi fa piacere è che il *L.A. Times* abbia chiamato Harry Bosch per chiedergli un'intervista, visto che è stato il vostro informatore sotto copertura in questa faccenda.»

Ci fu una pausa, mentre Olmstead rifletteva. «Quando è successo?» chiese.

«Oggi» disse Ballard.

«Spero che lui abbia rifiutato di rispondere.»

«Ovvio, ma il punto è che il suo nome non sarebbe mai dovuto arrivare ai media. È un informatore confidenziale, Gordon. Se il *Times* esce con un articolo, potrebbe trovarsi in pericolo. Chissà quanti simpatizzanti sovranisti pensano che quello che Dehaven stava progettando fosse patriottico.»

«Lo so, lo so. Posso dirti solo che non sono stato io e che mi metterò all'opera per scoprire chi cazzo è stato.»

Ballard non sapeva se credergli. Le sembrava che i federali avessero sempre dei secondi fini. Le precedenti esperienze con Olmstead le avevano fatto pensare che ci si poteva fidare di lui ma, se si fosse sbagliata, non sarebbe stata la prima volta.

«L'altra cosa è che se la vostra talpa rivela anche il mio nome, avrete un problema di pubbliche relazioni» disse. «Perché se sarò nominata, non mi tratterrò. Dirò al *Times* che vi ho servito l'operazione su un piatto d'argento, dopo aver fatto il lavoro di base e aver identificato Dehaven e la sua allegra banda di terroristi. I pezzi grossi non penseranno più che tu sia in grado di camminare sulle acque, quando succederà.»

Ci fu un altro silenzio, poi Olmstead rispose: «Ho capito».

«Bene» disse Ballard. «Fammi sapere quando avrai messo una pezza alla fuga di notizie.»

Riattaccò senza salutare, per sottolineare la rabbia che provava. Richiamò Harry Bosch.

«Ho appena fatto un cazziatone a Olmstead. Forse non gli importa molto di te, ma ci tiene a fare di questa storia un grosso successo dell'FBI. E suo, soprattutto. E il suo progetto andrà a rotoli se io e te veniamo tirati in ballo dai media.»

«Sapevo che avresti saputo gestirlo.»

«Be', speriamo che se ne occupi lui.»

«Secondo te è possibile che sia lui la talpa?»

«Ci ho pensato, ma non ha senso. In questo momento è un eroe. Se tutta la verità venisse fuori, non farebbe una bella figura. Probabilmente si tratta di qualche suo collega, geloso dell'attenzione che sta ricevendo a causa di questa storia.»

«Lo penso anch'io. Ma grazie per averlo messo a posto, Renée.»

«E tutto in un solo giorno di lavoro.»

Dopo aver riattaccato, Ballard controllò l'orologio. Doveva andare. Notò la vecchia valigia sul pavimento, accanto allo schedario in cui era archiviato ciò che restava dei documenti della Dalia Nera. La valigia, che conteneva gli abiti di Elizabeth Short, era stata trovata in un armadietto alla stazione degli autobus di Hollywood alcune settimane dopo il suo omicidio, nel 1947. Il noleggio dell'armadietto era scaduto e il custode lo aveva sgombrato. Nessuno sapeva chi avesse riposto la valigia lì: poteva essere stata Elizabeth o il suo assassino.

All'epoca gli analisti forensi non erano riusciti a trovare impronte digitali o altre prove che potessero portare a un indiziato. La valigia e il suo contenuto non erano stati rubati nel corso dei decenni perché erano conservati nell'archivio prove protetto del dipartimento, mentre lo schedario contenente i fascicoli investigativi era negli uffici della Omicidi, a cui avevano accesso molte persone.

Vedendo la valigia, le venne un'idea. Decise che l'avrebbe seguita dopo l'appuntamento con la sua terapista.

35

Ballard giunse con cinque minuti di ritardo all'appuntamento. Quando entrò nella sala d'attesa, la porta dello studio era già aperta ed entrò subito. La dottoressa Elingburg era al suo solito posto su uno dei divani. Sul tavolino di fronte a lei c'erano due bicchieri d'acqua.

«Scusi il ritardo» disse Ballard.

«Giornata impegnativa?»

Ballard si sedette al suo solito posto sul divano di fronte. «Non doveva esserlo» rispose. «Ma, sì, ho avuto parecchio da fare.»

«La lotta per la giustizia non conosce sosta. Né giorni di festa.»

«Sì, qualcosa del genere.»

«Vedo che porta un distintivo alla cintura. È quello che aveva perso o gliel'hanno sostituito?»

«È quello che mi avevano rubato. Un po' malmesso, ma l'ho recuperato.»

«Senza che i suoi superiori scoprissero che era stato rubato?»

«Per ora non sanno niente. Ma le cose potrebbero cambiare. Non si sa mai.»

«Speriamo che non succeda. Prima di iniziare, c'è qualcosa di cui vorrebbe parlare, oggi?»

«No. A dire il vero, non ho avuto nemmeno un giorno libero dalla nostra ultima seduta, quindi non ho avuto il tempo di pensare alla terapia. Ma sono qui.»

Elingburg annuì e prese il taccuino che teneva sempre sul tavolino durante le sedute. «Bene, allora prendiamo la nostra lista di argomenti» disse. «Come va il sonno?»

«Così e così» rispose Ballard. «Alcune notti soffro della solita insonnia, mentre altre volte sono così stanca che mi addormento appena tocco il cuscino. Ma, anche allora, dopo poche ore mi sveglio e non riesco a riaddormentarmi.»

«Una volta mi ha detto che dalla sua camera da letto si sente l'oceano. Questo non l'aiuta?»

«D'inverno, la notte fa troppo freddo per tenere la finestra aperta. Così ultimamente non sento più l'oceano.»

«Le invierò un link per una macchina che produce rumore bianco. La trova online e ha varie impostazioni: oceano, vento, foglie che frusciano su un prato. Penso che potrebbe esserle utile, ma il punto importante è che i suoi meccanismi del sonno non funzionano.»

«Questo lo so. È per questo che sono venuta da lei.»

«Infatti, e dobbiamo continuare a cercare di capirne il motivo. Ci sono novità riguardo a sua madre?»

Ballard scosse la testa. «Non che io sappia, ed è colpa mia. Non ho avuto il tempo di chiamare Farley dopo l'ultima volta che abbiamo parlato.»

«Farley è...»

«Dan Farley, della squadra di identificazione. È il mio contatto e si è interessato in modo particolare al mio caso, probabilmente perché appartengo alle forze dell'ordine. O, dovrei dire, si è interessato in modo particolare al caso di mia madre.»

«Be', forse avrà un aggiornamento la prossima volta. Andiamo avanti. Nonostante questa settimana impegnativa, è riuscita a fare un po' di surf?»

«Niente affatto. Non salgo su una tavola dal giorno in cui mi hanno rubato il distintivo.»

«Quindi, una settimana fa.»

Parlando di surf, Ballard ricordò che aveva l'orologio di Seth Dawson e doveva restituirglielo.

«Renée?»

«Scusi, qual era la domanda?»

«Non so se ce n'era una, ma la sua mente era altrove. A cosa stava pensando?»

«Niente di che. Ho recuperato un orologio rubato a un surfista e mi sono ricordata che devo ridarglielo, tutto qui.»

«È così impegnata con il lavoro che non ha avuto tempo per l'unica cosa che, a quanto mi ha detto, l'aiuta a mantenere il suo equilibrio: stare in acqua.»

«Su questo ha ragione. Mi manca andare in mare.»

«Cosa mi ha detto prima a proposito dell'acqua?»

«Che è la mia salvezza. Lo so.»

«Se lo sa, perché non è riuscita ad andarci?»

«Non ne ho avuto il tempo. Vedo l'oceano quando vado al lavoro, ma... Non sono riuscita ad andare a surfare. Se le fa piacere, prometto di uscire in acqua domani mattina.»

«Mi renderebbe molto felice. Per lei.»

«Allora lo farò.»

«Ora voglio parlarle di una cosa che ho detto la settimana scorsa. Più ci penso e più sento di aver sbagliato.»

«Di che si tratta?»

«Ecco, ho scritto qualcosa e lei mi ha chiesto cosa fosse. Avevo scritto "trauma vicario" e ho continuato a dirle che pensavo fosse alla base dell'agitazione e dell'insonnia che l'affliggono in questo periodo. Ho detto più o meno che lei si nutre di peccati, che raccoglie tutti gli orrori che vede sul lavoro e se li tiene dentro, così loro sono usciti con i sintomi che stiamo vedendo: insonnia e agitazione che la portano a essere irascibile.»

«E ora vuol dirmi che non è così?»

«In parte è così. Ma vorrei approfondire il tema dell'abbandono. Per lei va bene?»

«Direi di sì.»

«Allora iniziamo con una domanda a cui potrebbe essere difficile per lei rispondere.»

«Proprio quello di cui ho bisogno.»

«So che è in contatto con questo Farley a Maui che la tiene aggiornato sulla ricerca di sua madre, e che ha molto da fare qui, ma...»

«Perché non sono andata a cercarla io stessa?»

La dottoressa le puntò contro la penna. «Esattamente. Sembra che ci abbia pensato.»

«Infatti.»

«E?»

«E non lo so. A volte penso che non ci vado perché nemmeno lei è venuta a cercare me. Sa, dopo la morte di mio padre, sono stata abbandonata a me stessa. Ero sola e spaventata e lei avrebbe dovuto venire a cercarmi. Ma è stata Tutu a farlo. Lei mi ha salvata. E non riesco a superare questo fatto, capisce?»

«È una reazione comune. Risentimento da abbandono. Che cosa le viene in mente quando comprende che è questo che sta succedendo?»

«Be', mi fa sentire fortemente in colpa. Come se dovessi essere lì a cercarla.»

«È un ciclo. Insapona, risciacqua, ripeti.»

«Credo di sì. È per questo che non riesco a dormire?»

«In parte, sì. Non dorme perché la sua mente non riesce a riposare. Questo ciclo la mantiene attiva. Deve interromperlo. Non si può continuare a insaponare, risciacquare e ripetere all'infinito: bisogna trovare le cause che innescano il ciclo e affrontarle.»

«Il fatto è che vedo sempre dei fattori scatenanti. Ho a

che fare con famiglie che sono state sconvolte dall'improvvisa perdita di una figlia, di un figlio, di una madre o di un padre. Non importa chi sia, vedo la perdita e non guarisce mai. Vedo come quegli individui sono stati svuotati da ciò che gli è capitato. Tutti aspettano una conclusione di qualche tipo, una chiusura, ma dentro di loro sanno che non arriverà. E penso: perché lei non era così? Perché mi aveva abbandonata lasciandomi da sola ad affrontare quello che era successo? Perché non ha cercato di chiudere il ciclo?»

Elingburg non disse nulla. Ballard sapeva che era un modo per spingerla a parlare e a mettersi a nudo. Usava anche lei quella tecnica con gli indiziati. E funzionava.

«Questa mattina abbiamo avuto un collegamento Zoom con una donna la cui sorella è scomparsa quasi settantacinque anni fa. Le abbiamo detto che probabilmente è stata rapita e uccisa prima ancora che ne fosse denunciata la scomparsa. Lei ha cercato di essere stoica, ma potevo sentire il dolore nella sua voce. Non passa mai. Mai...» Non riuscì a continuare. «Mi dispiace» disse. «Sto divagando.»

«No, affatto» commentò la dottoressa. «Sta scavando per arrivare al nocciolo della questione.»

Ballard sorrise.

«Cosa c'è?»

«Ho un cartello sulla parete del mio cubicolo, che dice DIG DOWN» rispose Ballard. «È una canzone che mi piace. È quello che facciamo nella mia unità. Scaviamo nel passato.»

«Ed è quello che facciamo qui dentro.»

«Infatti. Forse questo fa di me un caso irrisolto. Per questo non salgo su un aereo per andare a cercare mia madre scomparsa. Aspetto che sia qualcun altro a farlo, quando nel profondo del mio cuore so che dovrei essere io.»

Elingburg si mise a scrivere.

36

Colleen e Maddie erano ancora al lavoro, quando Ballard tornò all'Ahmanson Center. Le mostrarono il grafico che avevano realizzato. Avevano trovato cinquantadue dei sessantasei studenti dell'ultimo anno elencati nell'annuario del 1999 della St. Vincent. I restanti quattordici erano cinque maschi e nove femmine; le ragazze erano più difficili da trovare perché il loro cognome cambiava quando si sposavano. Inoltre, Maddie Bosch aveva effettuato dei controlli sui precedenti penali, ma erano emersi solo due ex studenti con condanne, uno per frode finanziaria e l'altro per atti osceni.

Passarono mezz'ora a mettere insieme una lista di priorità per i colloqui. Il nome in cima era quello di Rodney Van Ness, l'accompagnatore di Mallory al ballo dell'ultimo anno. Sebbene fosse il primo della lista, si trovava a Las Vegas e quindi probabilmente non sarebbe stato il primo a essere interrogato. Un viaggio in macchina richiedeva una pianificazione e l'approvazione da parte dei superiori.

La seconda della lista era Jacqueline Todd, una delle due migliori amiche di Mallory. Secondo LinkedIn, viveva ancora a Los Angeles e lavorava come sceneggiatrice. L'altra migliore amica di Mallory, Emma, era terza nella lista delle priorità, ma non era stata rintracciata. Speravano che Jacqueline Todd sapesse come contattarla.

Il quarto della lista era Nathan Hyatt, l'ex studente arrestato per atti osceni un anno dopo il diploma. Secondo la Motorizzazione, viveva a Venice. Non aveva altri precedenti penali dopo quell'arresto, ma era importante andare a parlarci, poiché l'esibizionismo poteva essere un precursore di crimini più gravi a sfondo sessuale. Ballard sapeva che la maggior parte dei criminali seriali segue un percorso crescente, con reati sempre più gravi. L'unica esitazione che aveva nei confronti di Hyatt era che molto probabilmente era stato già sentito dalla task force originale che indagava sullo stupratore delle federe. Avrebbe dovuto consultare i fascicoli, ma sapeva che la task force aveva steso un'ampia rete e intervistato quasi tutti i criminali sessuali noti che vivevano nella contea.

«Maddie, quanto tempo hai prima che cominci il tuo turno?» chiese.

«Qualche ora. Ho l'appello alle sei.»

«Andiamo a parlare con Jacqueline Todd» disse Ballard.

«Va bene.»

Presero auto separate, in modo che Bosch potesse staccarsi e recarsi al lavoro se il colloquio fosse andato per le lunghe o se ci fosse stato un ritardo. Ballard procedeva davanti, dirigendosi verso la superstrada 405 e poi a nord verso la San Fernando Valley. Jacqueline Todd, secondo la Motorizzazione, viveva a Sherman Oaks.

Il GPS indicava un tragitto di trentotto minuti. Decise di sfruttare il tempo per fare delle telefonate. Per primo chiamò Gordon Olmstead, all'FBI, ma le rispose la segreteria telefonica. Pensò che lui volesse evitarla, dopo la loro ultima telefonata, e lasciò un messaggio: «Sono Ballard. Volevo solo sapere se hai chiuso la fuga di notizie. Richiamami, per favore».

Sapeva che lui non l'avrebbe fatto. Pensò a quanto era stata aggressiva con Olmstead prima, e a quello che la dottoressa Elingburg aveva detto sul suo temperamento irascibile. Richiamò Olmstead e lasciò un altro messaggio: «Gordon, sono ancora io. Scusami per essere stata così brusca, l'ultima volta che ci siamo parlati. Stanno succedendo un sacco di cose e ho reagito in modo esagerato. Chiamami quando puoi».

Riattaccò e continuò a guidare, pensando al colloquio che sperava di avere con Jaqueline Todd. Conosceva il complesso residenziale in cui erano dirette, perché ci era già stata in casi precedenti. Pensò a sua madre, e chiamò Dan Farley a Maui. Era un giorno festivo, ma lui le aveva detto che i membri del TINO non si prendevano ferie, a parte il Natale, per l'urgenza di identificare i morti degli incendi e informare le famiglie.

Farley rispose e Ballard capì che era in macchina.

«Ciao, Renée.»

«Dan, ti ho beccato in un brutto momento? Pensavo che oggi lavorassi.»

«Infatti. Sto andando a Wailea per fare una notifica. Alcuni membri della famiglia alloggiano al Four Seasons.»

«Oh, cavolo, è dura. Non stare al Four Seasons, intendo, ma comunicare la morte di un congiunto.»

«Sì, ma trovo che sia meglio farlo faccia a faccia. Il telefono è troppo impersonale. Stavolta si tratta di un figlio di ventidue anni. Era in giro per le isole ed è andato a Lahaina. Il posto sbagliato al momento sbagliato.»

«Già.»

Ci fu un attimo di silenzio, poi Farley disse: «Se avessi avuto notizie per te, ti avrei chiamata, Renée».

«Lo so. Oggi pensavo a lei. A mia madre. Quando parlo con te, in un certo senso mi tranquillizzo. Non so perché.»

«Capisco. Sai che puoi chiamarmi in qualsiasi momento. Ho a che fare con molte famiglie in attesa di notizie, buone o cattive che siano. Ma finora non l'abbiamo trovata tra i morti, e questo è un buon segno, no?»

«Credo di sì.»

«Penso che quando troveremo Makani, sarà viva.»

Con tutti i casi a cui stava lavorando e tutte le famiglie con cui aveva a che fare, il fatto che Farley ricordasse il nome di sua madre la confortò.

«Lo spero» rispose. «Grazie, Dan.»

«Chiama quando vuoi» disse ancora Farley.

L'autostrada la condusse oltre le Santa Monica Mountains, attraverso il Sepulveda Pass, e nella discesa Ballard passò sulla 101, per poi uscire subito in Van Nuys Boulevard. Jacqueline Todd viveva in un complesso di appartamenti su Magnolia, chiamato Horace Heidt Estates. Ballard ci era già stata per altre indagini. Si trattava di un complesso molto grande, con una caratteristica atmosfera da villaggio hawaiano. C'era un tiki bar e strutture con nomi come Aloha Room. Horace Heidt era stato un direttore d'orchestra radiofonico negli anni Quaranta e Cinquanta, e aveva costruito quegli appartamenti in modo che i membri della sua band potessero vivere ed esercitarsi insieme. C'erano tre piscine e un campo da golf, oltre che un piccolo museo di cimeli hollywoodiani, che Ballard aveva visitato con il figlio di Heidt, il quale ora gestiva il posto. Si trattava in gran parte di foto, costumi e altri ricordi che Horace Heidt aveva raccolto durante la sua attività di musicista.

Attraversò il complesso e trovò l'edificio in cui viveva Jacqueline Todd. Mentre parcheggiava, Maddie si fermò accanto a lei. Prima di scendere, Ballard cercò Jacqueline Todd su IMDb e trovò che aveva lavorato come sceneggiatrice. Negli ultimi dieci anni aveva scritto e prodotto diversi episodi di varie serie televisive. La maggior parte erano serie poliziesche. I suoi ultimi crediti riguardavano una serie in streaming chiamata *Apex*, su una squadra di detective della polizia di Los Angeles che dava la caccia ai «più grandi predatori in circolazione». L'unità aveva un logo che mostrava la bocca spalancata e la doppia fila di denti di un grande squalo bianco. Ballard notò che la donna nel suo lavoro si faceva chiamare Jackie Todd.

Scese con la borsa di pelle per il portatile, anche se aveva lasciato il computer in ufficio.

«Lascia parlare me» disse a Maddie. «Se ti faccio un cenno, subentri tu.»

Quando bussarono alla porta dell'appartamento 241, venne ad aprire una donna in pantaloni larghi e una maglietta con lo stesso logo dello squalo che Ballard aveva appena visto su IMDb. Aveva i capelli corti come l'attrice protagonista di una serie che piaceva a Ballard, *Criminal Record*.

«Jackie Todd?» chiese Ballard.

«Sì» rispose la donna. «Come posso aiutarla?»

«Sono la detective Ballard, della polizia di Los Angeles, e questa è l'agente Bosch. Vorremmo chiederle alcune...»

Non finì la frase. Todd aveva alzato una mano per coprirsi la bocca e nascondere un largo sorriso.

«C'è qualcosa di buffo?» chiese Ballard.

«No, mi scusi. Prego, venite dentro.» Si fece indietro per permettere loro di entrare in casa.

Si trovarono in un soggiorno con un divano vecchio e bitorzoluto e tre sedie imbottite posizionate intorno a un tavolino in bambù e vetro. Un balcone, situato fuori dal soggiorno, dava su una piscina. Era una giornata di sole, ma fredda, perché era febbraio. Le sedie a sdraio che circondavano la piscina erano vuote. C'era una sala da pranzo adiacente e un tavolo su cui erano disposti un computer portatile aperto e diversi copioni e quaderni.

«Lavora, oggi?» chiese Ballard.

«Sono una scrittrice» rispose Todd. «Lavoro sempre. Ci sediamo o come volete procedere?»

«Sediamoci pure» disse Ballard. «Va bene lì?» Indicò il divano e le sedie.

«Certo» disse Todd. «Ma vi avverto, non salite in piedi sul tavolino. È molto instabile.»

«Non avevamo intenzione di farlo» replicò Ballard, perplessa. Si spostarono verso le sedie e Todd si sedette sul divano.

«Ha portato la sua musica?» chiese la donna. Indicò la borsa del portatile di Ballard.

«Musica? No. Vogliamo solo farle qualche domanda.»

«Va bene» disse Todd. Le sfuggì una risatina. Ballard era ormai del tutto confusa, Maddie invece no. «Pensa che siamo finte poliziotte?» chiese. «Spogliarelliste o qualcosa di simile?»

«Be', sì» rispose Todd. «Tipo un numero madre e figlia? Vi ha mandate Bernardo, vero?»

Ballard alzò la mano, per stroncare l'idea sul nascere. «Mi scusi» disse. «Non siamo spogliarelliste, né madre e figlia. E non so chi sia Bernardo.» Sganciò il distintivo dalla cintura e glielo tese attraverso il tavolino. Maddie Bosch fece lo stesso.

«Non sono oggetti di scena» disse Ballard. «Sono veri.»

Todd drizzò la schiena. «Oh, mio Dio!» esclamò. «Pensavo fosse... Scusatemi tanto. Oggi è il mio compleanno e pensavo che vi avesse mandate la redazione. Per farmi uno scherzo. Me ne hanno fatto uno l'anno scorso e... ho pensato... capite...»

«La redazione di cui parla è quella di *Apex*?» chiese Ballard.

«Esatto. Mi hanno detto di aspettarmi qualcosa oggi, anche se è festa. Sono così imbarazzata.»

«Be', mi fa piacere che abbiamo chiarito la questione.»
«Non capisco, però. Perché volete parlare con me?»
«Ecco, ci è stato detto che venticinque anni fa lei aveva un'amica di nome Mallory Richardson. Si ricorda di lei?»
Il volto di Todd prese un'espressione seria.
«Mallory?» chiese. «Perché mi chiede di Mallory?»
«Il suo nome è emerso in un'indagine che stiamo conducendo» disse Ballard. «Il motivo per cui siamo qui è chiederle del periodo in cui eravate amiche. Va bene?»
«Sì, certo. Ma sapete che Mallory è morta da molto tempo, vero?»
«Sì, lo sappiamo.»
«Sta dicendo che è stata uccisa, o qualcosa del genere?»
«No, niente affatto. La sua morte non è il motivo per cui siamo qui. Può parlarci un po' del suo rapporto con lei? Come l'ha conosciuta e che tipo di ragazza era?»
«Be', siamo diventate amiche perché andavamo a scuola insieme.»
«Alla St. Vincent di Pasadena?»
«Sì, la St. V., come la chiamavamo noi. E non facevamo parte del gruppo delle ragazze "in". Ci siamo sedute al tavolo dei tipi strani in mensa, è così che ci siamo conosciute.»
«Che cos'era il tavolo dei tipi strani?»
«Lo chiamavamo così. Era il posto per le persone che si sentivano diverse, o che così venivano considerate. Nerd. Emarginati. Io ero nera, e in quella scuola eravamo solo in tre. Gli altri almeno erano maschi e dei buoni atleti. Io proprio no. Dal punto di vista sociale avevamo qualche difficoltà, diciamo così.»
«Ha appena descritto me al liceo» disse Ballard. «Ma il nostro tavolo era chiamato il club dei perdenti.»
«Allora può capirmi. Ho conosciuto Mallory a quel tavolo venticinque anni fa. Se n'è andata dopo il secondo

anno. La sua famiglia si è trasferita nel deserto e ci siamo perse di vista.»

«Capisco. Quindi non ha avuto alcun contatto con lei l'estate dopo il secondo anno o anche dopo?»

«No, era una situazione strana. Era come se fosse scomparsa dal pianeta. Poi, un anno dopo, abbiamo saputo che aveva preso delle pillole e si era suicidata.»

«Quando dice "noi", a chi si riferisce?»

«C'era un'altra ragazza con cui facevamo gruppo.»

«Emma Arciniega?»

«Sì. Sembra che sappiate già un bel po' di cose.»

«Be', lei scrive serie poliziesche, sa come funziona. È ancora in contatto con Emma?»

«Ci sentiamo, a volte. Lei ha la sua vita e io la mia.»

«In che senso?»

«Matrimonio, figli, cose così. Parlo di Emma. Io non sono sposata.»

«Qual è il cognome di Emma adesso? Dove vive?»

«Emma Sepulveda. Vive ancora a South Pasadena.»

«Lavora?»

«È una stenografa della corte d'appello.»

«E suo marito?»

«Randy Sepulveda. È un attore. O cerca di esserlo. Di solito è per questo che ci sentiamo: lei mi chiede che lo inserisca nel cast di qualche programma a cui sto lavorando.»

«L'ha mai fatto?»

«Lo sa che sono una sceneggiatrice, vero? Questo tipo di scelte non spettano a noi. Ho dovuto spiegarlo a Emma molte volte.»

Ballard si voltò leggermente verso Maddie e le fece un cenno. Era il suo turno.

«E Rodney Van Ness?» chiese Maddie. «Faceva parte anche lui dei tipi strani?»

Todd si fermò un attimo per cercare nella memoria.

«Rodney... no. Era due anni avanti a noi, all'ultimo» rispose. «Troppa differenza d'età, ai tempi, per socializzare davvero.»

«Ma Rodney ha accompagnato Mallory al ballo dell'ultimo anno.»

«Se voi due sapete già tutto, perché siete qui?»

«Ci mancano alcune informazioni. Lei è andata al ballo dell'ultimo anno quando era in seconda liceo?»

«No, nemmeno quando ero all'ultimo anno. Nessuno me l'ha mai chiesto e il patriarcato non permetteva alle ragazze di chiederlo ai ragazzi.»

C'era un sottofondo di amarezza in quella risposta, un risentimento che non era scomparso nemmeno dopo tutti quegli anni.

«Come faceva Rodney Van Ness a conoscere Mallory, se tra loro c'erano due classi di differenza?» chiese Maddie.

«I ragazzi più grandi guardavano sempre le ragazze più giovani» spiegò Todd. «Non credo che la conoscesse molto bene, quando l'ha invitata al ballo.»

«Era emozionata per l'invito?»

«Certo.»

«Le ha parlato del ballo, dopo?»

«No, non ne ha voluto parlare.»

«Come mai?»

«Perché, come sicuramente saprete, visto che sapete già tutto, è successo qualcosa.»

«Che cosa?»

«Non lo so. Ho appena detto che Mallory non ne ha voluto parlare.»

«Il suo comportamento da allora è cambiato? Qual è stato l'indizio rivelatore?»

«L'indizio?»

«Che era successo qualcosa al ballo.»

«Non so se c'è stato un indizio rivelatore. Non ne ha voluto parlare, tutto qui. Io ed Emma abbiamo pensato solo che l'appuntamento con Rodney fosse andato male. A quel punto mancavano poche settimane di scuola alle vacanze. Poi Mallory si è trasferita e non l'ho più sentita.»

«E quando è morta? Come ha fatto a scoprirlo?»

Todd ci pensò su.

«Sa, non riesco a ricordarmelo» rispose infine. «Forse me l'ha detto Emma. È stato allora che abbiamo cominciato a pensare che fosse successo qualcosa di veramente brutto. Forse proprio al ballo di fine anno.»

«Ma non ha idea di cosa si trattasse?» la incalzò Ballard.

«Be', forse aveva fatto sesso con Rodney, era la sua prima volta e non era andata bene. Oppure era stata costretta a fare sesso. O anche peggio. Ma, come ho detto, all'epoca pensai solo che fosse stato un brutto appuntamento. Mal non mi aveva dato motivi per pensare che si trattasse di qualcos'altro.»

Ballard annuì, senza dire nulla, aspettando che Todd continuasse, ma lei restò in silenzio

«Va bene» concluse infine Ballard. «Abbiamo una copia dell'annuario di quando era in seconda superiore. Vorrei che lei lo guardasse e mi dicesse chi sono alcune delle persone nelle foto.»

«Posso provarci» rispose Todd. «Ma è stato molto tempo fa.»

«Lo so. Ho solo bisogno che lei faccia un tentativo. Ci interessa identificare le persone nelle foto del ballo. Inoltre, presumo che al tavolo dei tipi strani non ci foste solo voi tre. Sarebbe bello se potessimo avere anche gli altri nomi.»

«Sa, non mi ha ancora detto di cosa si tratta» ribatté Todd. «Voglio dire, se Mallory non è stata uccisa, allora su cosa state indagando? È stato uno stupro?»

«Come ho detto, non stiamo indagando sulla sua morte» rispose Ballard. «Ma non possiamo ancora dare altre informazioni. Quando sarà possibile, la metterò al corrente.»

Estrasse l'annuario dalla borsa di pelle e lo aprì fino alla doppia pagina di foto scattate al ballo di fine anno. L'immagine centrale mostrava il re e la regina del ballo sul palco, con una didascalia che identificava la coppia, ma sotto le altre quattro foto non c'era scritto nulla.

«Stiamo cercando di capire chi c'era al ballo perché potremmo aver bisogno di parlare con loro» disse. «Si ricorda di qualcuna di queste persone?»

Todd guardò le cinque foto in bianco e nero. «Non credo di... Be', questo è Rodney» disse, toccando la foto di un gruppo di ragazzi in piedi intorno a un tavolo, dove erano sedute alcune delle ragazze.

L'individuo che aveva indicato aveva la barba. «Sul serio?» disse Ballard. «Pensavo fosse un insegnante.»

«No, allora portava la barba» rispose Todd. «Me lo ricordo. Lo faceva sembrare più grande.»

Ballard guardò di nuovo il ritratto di Rodney Van Ness all'ultimo anno di liceo e poi tornò all'immagine del ballo, facendo un confronto tra il Rodney in stile bravo ragazzo e quello barbuto della sera del ballo.

«Penso che abbia ragione» disse.

«So di avere ragione» ribatté Todd. «Alla fine dell'anno aveva la barba folta. Credo che avesse perso un anno alle elementari. Al diploma era già un uomo adulto.»

Ballard contò sei ragazzi in piedi dietro il tavolo e solo quattro ragazze sedute.

«Allora, se quello è Rodney, dov'è Mallory?» domandò.

«Non c'è» rispose Todd. «Forse era in bagno.»

«O forse no» disse Ballard. «Conosce i nomi di qualcun altro in questa foto?»

Todd diede un colpetto sul ragazzo in piedi accanto a Rodney. «Victor qualcosa» disse. «Non ricordo il cognome. Lui e Rodney erano molto uniti.»

«Victor» ripeté Ballard. Tornò a sfogliare i ritratti dell'ultimo anno alla ricerca di un Victor. Ce n'era solo uno. «Victor Best» disse.

«Ecco» disse Todd. «Victor Best. Avrei dovuto ricordare un cognome del genere.»

«Era amico di Rodney?»

«Sì. Lui, Rodney e alcuni altri erano soliti ritrovarsi presso le panchine dietro la scuola. Giù nell'Arroyo. Si diceva che andassero lì a sballarsi nella pausa pranzo. Gli studenti più grandi potevano uscire dal campus.»

«Ricorda i nomi degli altri ragazzi nelle foto?»

«No. Non mi interessavano. Erano troppo grandi per me.»

«E le ragazze?»

«Stessa cosa. Dell'ultimo anno non conoscevo nessuno. Credo che Mallory sia stata l'unica studentessa di seconda ad andare al ballo quell'anno. Da quello che ricordo.»

Ballard indicò le finestre ad arco dietro la foto dei ragazzi che ballavano un lento.

«Il ballo era all'Huntington?» chiese.

«Non lo so» rispose la donna. «Non ci sono andata, ricorda?»

«Giusto» ammise Ballard. «Be', credo che per ora vada bene così, Jackie. La ringrazio dell'aiuto. Lo apprezziamo molto.»

«Bene» disse Todd. «Cioè, se vi sono stata utile, mi fa piacere.»

«Lo è stata» disse Ballard.

«Per caso potrebbe darci le informazioni per contattare Emma Arciniega?» disse Maddie. «Ci farebbe risparmiare tempo.»

«Certo» disse Todd. «Se lei mi dà i suoi contatti.»

Maddie fece una faccia confusa, ma Ballard aveva intuito dove voleva andare a parare la donna.

«Sono stufa di lavorare ai programmi degli altri» spiegò Todd. «Voglio crearne uno mio e ho bisogno di qualcuno che mi dia delle idee. Ci sarà una protagonista femminile.»

«Ah» disse Maddie. «Non c'è problema.»

Guardò Ballard per capire se stava commettendo un errore. Lei si limitò ad annuire.

Dopo aver ricevuto l'indirizzo email di Emma Sepulveda, Ballard e Bosch ringraziarono Jackie Todd e andarono via. Quando tornarono alle loro auto, si fermarono un attimo a parlare.

«Victor Best» disse Ballard. «Tu e Colleen lo avete controllato?»

«Era uno di quelli che non riuscivamo a trovare» disse Maddie. «Ma Colleen ci stava ancora lavorando, quando siamo partite.»

«Voglio trovarlo e parlare con lui. E con Rodney Van Ness.»

«È interessante che Mallory non fosse in quella foto. Cosa può voler dire?»

«È di questo che parleremo con Rodney e Victor.»

37

Hatteras era ancora nel suo cubicolo quando Ballard tornò all'Ahmanson Center.

«Colleen, guarda che passi troppo tempo qui» disse Ballard. «Non voglio che ti venga un esaurimento.»

«Non succederà» replicò Hatteras. «Per me non è una fatica e volevo aspettarti per scoprire com'è andata con Jacqueline Todd.»

Ballard le riassunse il colloquio e le chiese se fosse riuscita a rintracciare lo studente di nome Victor Best.

«No, non c'è nulla sui social sul Victor Best della St. Vincent» disse Hatteras. «Ci sono altri Victor Best in giro, ma ho capito subito che non erano quello che ci interessa. E tu non hai trovato precedenti penali, quando l'hai cercato nei database, giusto?»

«Giusto. Niente precedenti.»

«Posso iniziare una ricerca genealogica, se vuoi.»

«Benissimo, ma aspetta fino a domani. Oggi hai lavorato abbastanza. È successo qualcos'altro che dovrei sapere?»

«Ecco, ho ripreso il caso della Dalia Nera e ho lavorato su Willa Kenyon.»

«Ci sono novità in merito?»

«Sì. Ho contattato la responsabile del sito *Lost Angels* e mi ha richiamato. Era così incuriosita da quello che le ho detto, che...»

«Aspetta, cos'hai fatto, Colleen? Non eravamo d'accordo sul fatto che questo caso non dovesse lasciare la zattera? Eri qui quando l'ho detto.»

«Lo so, lo so. Non preoccuparti. Non ho parlato di Elizabeth Short o della Dalia Nera o di qualsiasi cosa che possa indurla a fare un collegamento. Ho semplicemente detto che mentre stavamo lavorando a un'indagine su un caso irrisolto, il nome di Willa Kenyon è saltato fuori da un albero genealogico e volevamo sapere che cosa avevano sulla sua scomparsa. Tutto qui.»

«Va bene. Scusami se ti sono saltata addosso. Allora, cosa ti ha detto?»

«Be', si è incuriosita abbastanza da andare in ufficio anche se è festa, perché lì conservano i fascicoli fisici di molti dei casi più vecchi. *Lost Angels* è in attività da prima che ci fosse internet, quindi hanno ancora fascicoli cartacei. Ha preso quello di Willa Kenyon e c'erano alcuni nomi: i genitori che ne avevano denunciato la scomparsa, e anche un fidanzato. Ho potuto confermare che il padre e la madre sono morti da tempo e che non ci sono fratelli. Anche il fidanzato è morto, ma il suo nome era piuttosto particolare: Adolfo Galvez. L'ho inserito su Ancestry e ho trovato un figlio e un nipote che vivono ancora qui a Los Angeles. Adolfo si è sposato molto tempo dopo la scomparsa di Willa, quando è stato chiaro che non sarebbe tornata, e ho pensato che magari può aver parlato di lei a suo figlio o suo nipote. Ma non ho chiamato nessuno. Ho voluto prima parlarne con te, visto che oggi abbiamo fatto un po' di confusione con la sorella di Elyse Ford.»

«Perfetto. Mandami quello che hai, ma mi sta bene che tu porti avanti la cosa e parli con loro. Tu e Maddie siete state brave con la famiglia di Elyse Ford. Quindi... il caso è tuo, fai la tua mossa. Ma non oggi. Voglio che inizi domani.»

«Va bene. Domani.»

C'era eccitazione nella sua voce, forse per il complimento o per l'incoraggiamento a continuare a seguire la pista.

«C'era qualcos'altro nel fascicolo, oltre ai nomi?» chiese Ballard.

«C'era una copia della denuncia alla polizia sporta dalla famiglia dopo la scomparsa di Willa. L'ha scannerizzata e me l'ha inviata.»

«Hai notato qualcosa d'interessante?»

«No. Ma ce l'ho qui. È piuttosto breve.»

Hatteras si voltò verso lo schermo e aprì un documento. Si trattava di una segnalazione di scomparsa della polizia di Los Angeles datata 21 giugno 1950. Lo scanner a colori aveva rilevato i bordi ingialliti del documento di settantatré anni prima. La persona scomparsa era identificata come Willa Kenyon, di ventidue anni, e il suo indirizzo era un appartamento su Selma, a Hollywood. Il riepilogo diceva che era scomparsa da due giorni al momento della denuncia. Nella casella dell'occupazione c'era scritto semplicemente «cantante».

«Interessante» disse Ballard. «Era una cantante. Potrebbe aver avuto bisogno di fotografie per promuoversi.»

«Può darsi che abbia contattato Thawyer, recandosi da lui» disse Hatteras.

Ballard annuì, più a sé stessa che ad Hatteras. Vedeva i possibili collegamenti che si stavano delineando. Ricordò che doveva entrare nella stanza chiusa e aprire la valigia di Elizabeth Short. Aveva avuto un'intuizione che voleva approfondire.

«Mandami anche questo rapporto» disse. «E per oggi

basta così, Colleen. Ci vediamo domani alla riunione di squadra.»

«Sicura che non hai bisogno di me per qualcos'altro?»

«Non oggi. Dovrebbe essere un giorno festivo, ricordi? Me ne vado anch'io dopo aver sbrigato alcune pratiche.»

Sapeva che se fosse entrata ora nella stanza chiusa per aprire la valigia, Hatteras non se ne sarebbe mai andata; sarebbe rimasta a guardare dietro le sue spalle. Così si diresse alla sua scrivania, aprì il terminale e iniziò a scrivere un riassunto del colloquio con Jackie Todd da inviare al capitano Gandle.

Era un gioco di pazienza, tra loro. Hatteras se la prendeva comoda per chiudere quello che stava facendo e andarsene. Ballard aveva scritto un riassunto di due pagine sul colloquio e Colleen era ancora alla sua scrivania. Poteva sentire la sua tastiera ticchettare dall'altra parte del divisorio.

Dopo aver archiviato il rapporto e inviato una copia a Gandle, iniziò a scrivere un'email al capitano, chiedendogli di approvare un viaggio a Las Vegas per parlare con Rodney Van Ness. Descrisse con cura il suo legame con il caso dello stupratore delle federe. Van Ness poteva essere un testimone chiave, una persona di interesse o addirittura un sospettato, e spiegò che doveva essere avvicinato di persona per poter valutare adeguatamente le sue reazioni e le sue risposte. Scrisse che il viaggio era fondamentale e che per pagare il viaggio di due giorni per due persone in Nevada si potevano usare i fondi della sovvenzione del National Institute of Justice destinati alla sua unità.

«Di che si tratta?»

Hatteras aveva fatto il giro della zattera e le era arrivata alle spalle senza che se ne accorgesse, mentre rileggeva l'email prima di spedirla. Cliccò immediatamente sul pulsante di INVIO. Si voltò a guardare Colleen, che aveva le chiavi della macchina in mano. Finalmente se ne stava andando.

«Un'email al capitano» rispose. «Vai a casa?»

«Sì. Quindi andrai a Las Vegas?» Ovviamente aveva notato l'oggetto dell'email prima che lei la inviasse.

«Non lo so ancora, e non è una cosa di cui devi preoccuparti» ribatté.

«Volevo solo dire che potrei accompagnarti» disse Hatteras. «Per dare una mano.»

«Colleen, si tratta di lavoro sul campo e ne abbiamo già parlato. Hai bisogno di una formazione aggiuntiva se vuoi fare qualcosa da questo punto di vista.»

«Allora iscrivimi» protestò Hatteras. «Sono stanca di essere solo la secchiona del computer.»

«Colleen, non sei una secchiona. Rappresenti una parte molto importante di questa unità. Pensa solo a tutte le piste che hai trovato negli ultimi giorni. Ma questa è una squadra e ogni membro deve svolgere il suo compito, per ottenere i migliori risultati. Mi dispiace dovertelo spiegare in continuazione.»

«Lo so, lo so. Vorrei solo...»

«Senti, hai avuto una lunga giornata e devi andare a casa a riposare. Ho bisogno che tu sia in perfetta forma, quando arriverai domani. Va bene?»

Hatteras si accigliò e annuì. «Vai via anche tu? Esco con te.»

«No, devo ancora sbrigare altre scartoffie e email» rispose Ballard. «E più parliamo, più tempo si perde.»

«Va bene, va bene. Ho capito. Me ne vado.»

«Grazie. Ci vediamo domani.»

«Alle nove?»

«Sì, anche se sappiamo entrambi che arriverai prima.» Hatteras fece un lieve sorriso e annuì di nuovo. Si voltò e finalmente si diresse verso la porta.

Ballard aspettò, temendo di vederla girare i tacchi alla prima corsia dell'archivio e tornare alla zattera.

Per fortuna non successe.

Quando fu sicura che Hatteras fosse uscita, si alzò ed estrasse dalla scrivania la chiave della stanza chiusa. Prese il fascicolo contenente le foto di Elizabeth Short scattate da Thawyer e andò ad aprire la valigia.

MARTEDÌ, ORE 6.25

38

Ballard chiamò Dawson, sperando che fosse già sveglio, magari in giro a fare surf. Quando rispose, capì che era in un'auto in movimento con i finestrini aperti, come lei, d'altronde.

«Sono la detective Ballard» disse. «Stai andando al mare?»

«Hai indovinato.»

«Quale spiaggia? Sto uscendo anch'io e ho qualcosa per te.»

«Zuma. Me l'ha segnalata l'app.»

Anche Ballard aveva controllato Surf's Up e sapeva che quello era il posto consigliato. Al momento era diretta verso Venice e avrebbe dovuto invertire la marcia sulla PCH per tornare a Zuma. Cercò di valutare quanto tempo avrebbe potuto passare tra le onde, se avesse raggiunto Dawson.

«Ci vediamo lì» disse.

Chiuse la comunicazione e fece un'inversione a U davanti a Pepperdine. Trenta minuti dopo era sulla tavola in attesa della prima onda. Non c'era traccia di Dawson.

Ebbe il tempo di fare due lunghe surfate su onde da un metro e mezzo, poi lo vide arrivare sulla spiaggia con la sua tavola. Pagaiò tenendosi parallela alla riva e gli andò incontro.

«Ciao» disse lui, dopo essere entrato in acqua e averla raggiunta. «Come sta andando?»

«Non male» rispose Ballard. «Onde da un metro e mezzo o due.» Si avvicinò e girò la tavola in modo che fossero fianco a fianco. «Ho qualcosa per te» disse.

Aveva l'orologio Breitling al polso, ma le stava largo e arrivava quasi fino al gomito della muta. Lo fece scivolare sulla mano, poi glielo tese.

«Non è possibile!» esclamò lui, prendendolo. «L'hai trovato?»

«Controlla il retro» suggerì Ballard.

Dawson lo fece, poi strinse l'orologio in mano.

«È proprio lui» osservò lui, sorpreso. «Ho detto a mio padre che me l'hanno rubato. Quando lo rivedrà resterà di stucco. Come hai fatto a recuperarlo?»

«Be', non posso dirti tutto» rispose Ballard. «C'è un'indagine in corso. Ma chi l'ha rubato l'ha portato a un ricettatore che ha collaborato con noi. Così l'abbiamo trovato.»

«Grazie mille.»

«Sono felice di essere riuscita a restituirtelo. So che significa molto per te. Ora aspetto un'altra onda, poi devo andare al lavoro.»

Si voltò verso il largo. Stava arrivando un nuovo set di onde. Si sporse in avanti e iniziò a pagaiare. «Questa è la mia onda» disse a Dawson. «Ci vediamo.»

Anche lui iniziò a pagaiare con le mani. «Grazie!» le gridò dietro.

Entrambi salirono sull'onda, ma Dawson si spostò, attendendone altre. Ballard invece non aveva più tempo da dedicare al surf. Cavalcò l'onda fino in fondo, poi nella secca scese dalla tavola. Si voltò e vide Dawson che alzava la mano con le dita allargate: un familiare saluto da surfisti. Ricambiò il gesto e sollevò la sua tavola fuori dall'acqua.

39

Quando Ballard entrò in ufficio alle nove, con caffè e borsa del computer in mano, c'erano già tutti. Posò entrambe le cose sulla scrivania e si diresse subito al suo solito posto davanti alle lavagne.

«Bene, cominciamo» disse. «Abbiamo un sacco di cose da fare.»

«Com'era l'acqua?» chiese Masser.

Ballard lo guardò, sorpresa, poi si rese conto di avere ancora i capelli bagnati.

«Piacevole» rispose. «Ma è stato troppo breve.»

Aspettò di vedere se c'erano domande da parte degli altri. Non ce n'erano, quindi andò avanti.

«Esaminiamo le vecchie questioni, prima di vedere a che punto siamo con i casi dello stupratore delle federe e della Dalia Nera.»

Si voltò a guardare le lavagne.

«Tom, hai aggiornamenti su Shaquilla Washington?» chiese.

«Sì» rispose Laffont. «Abbiamo un riscontro genetico con un uomo in carcere da ventidue anni a Soledad. Gliene restano altri tre come minimo. Si tratta di Gerald Grover, un gangster di Inglewood.»

«Ottimo lavoro» si congratulò Ballard. «Lo porterai a John Lewin?»

«Già fatto e ha accettato di redigere i capi d'accusa. Grover probabilmente contava di ottenere la libertà vigilata nei prossimi anni, ma ora non succederà. Non uscirà più di galera.»

«Perfetto» disse Ballard. «Hai parlato con la famiglia della vittima?»

«Non ancora» rispose Laffont. «Sto aspettando John. Non voglio procedere fino a quando non saranno formalizzate le accuse.»

Ballard fece un cenno di approvazione. Si avvicinò a quello che chiamavano il «tabellone». Serviva a tenere il conto dei giorni consecutivi senza infortuni nella fabbrica aerospaziale che occupava il centro prima di loro. Era stato recuperato tra i rifiuti lasciati dalla chiusura dell'azienda, quando era subentrato il LAPD. Girò il numero che indicava i casi risolti dall'inizio dell'unità, passando da 41 a 42, e la squadra alle sue spalle applaudì, come da prassi.

«Bene» disse, voltandosi verso il gruppo. «Qualcun altro? Paul?»

Masser riferì che l'accordo con l'ormai collaboratrice di giustizia Maxine Russell era ancora in fase di negoziazione tra il suo avvocato e Lewin. Ballard decise di non girare ancora un altro numero.

Passò poi alle nuove questioni e disse che lei e Maddie Bosch si sarebbero dirette in centro dopo la riunione, per consegnare le prove della Dalia Nera a Carol Plovc, presso l'ufficio del procuratore distrettuale. Aggiunse di essere in attesa dell'approvazione dai piani alti per un viaggio a Las Vegas con lo scopo di rintracciare e interrogare Rodney Van Ness, nella speranza di avvicinarsi allo stupratore delle federe.

«Tutti hanno fatto un ottimo lavoro su questi casi» disse. «Ma continuiamo a darci dentro. Grazie.»

Appena terminata la riunione, Colleen Hatteras si alzò dal suo cubicolo e si diresse verso la postazione di Ballard. Prima che dicesse qualcosa, Ballard la precedette.

«Colleen, pensavo che potresti venire in centro con me e Maddie» disse.

Hatteras si bloccò per la sorpresa.

«Cosa? Stai scherzando?»

«No, credo che la tua presenza sarebbe utile» disse Ballard. «Per spiegare come abbiamo trovato la famiglia di Elyse Ford. Te la senti?»

«Certo che sì.»

«Bene. Prendi i tuoi fascicoli. Abbiamo appuntamento alle undici con Carol. Usciamo tra cinque minuti.»

Hatteras si affrettò a tornare al suo cubicolo. Ballard sorrise guardandola allontanarsi.

40

Il Palazzo di Giustizia in Temple Street, nel centro di Los Angeles, aveva novantanove anni. Per la maggior parte di quel periodo, aveva ospitato ai piani superiori un carcere gestito dal dipartimento dello sceriffo. Ma la contea aveva bisogno di un posto più grande, quindi era stato costruito un nuovo complesso carcerario e per molti anni le celle del tribunale erano rimaste vuote. Alla fine, le esigenze dell'ufficio del procuratore distrettuale, che aveva un personale in crescita, proprio come il numero di crimini e incarcerazioni, avevano portato a una ristrutturazione e i procuratori ora avevano i loro uffici nelle celle che un tempo ospitavano i detenuti. L'ufficio del sostituto procuratore distrettuale Carol Plovc, dell'Unità Reati Gravi, si trovava in una di quelle celle ristrutturate al quattordicesimo piano. Non c'erano più sbarre d'acciaio, ma la parete posteriore della stanza riceveva luce attraverso una finestra di vetro spesso e coperta da una grata in ferro con riquadri a prova di fuga di soli quindici centimetri per quindici.

In passato, l'ufficio doveva essere stato una cella per più detenuti, perché era abbastanza ampio da contenere una libreria, una scrivania e un ampio spazio per sedersi. Ballard, Bosch e Hatteras si accomodarono di fronte a

Plovc mentre lei guardava le foto sparse sulla sua scrivania. Le avevano consegnato i fascicoli completi, quelli contenenti tutte le foto del magazzino di Emmitt Thawyer. Carol Plovc, magistrato giovane e in carriera, fece una smorfia mentre sfogliava le immagini che mostravano la degradazione, la tortura e l'uccisione di otto giovani donne.

«Abbiamo chiesto all'unità di analisi fotografica di confrontare le immagini di Betty con quelle note di Elizabeth Short» disse Ballard. «Il risultato è stato una corrispondenza al novantadue per cento.»

Plovc parlò senza alzare lo sguardo dalle foto.

«Rimane sempre l'otto per cento» disse. «È lì che vive il ragionevole dubbio.»

Plovc prendeva sul serio il suo lavoro: non si trattava solamente di ascoltare le richieste e apporre un timbro. Non accettava di autorizzare casi che non fossero supportati da prove consistenti. Seguiva una procedura, e il suo principio fondamentale era la valutazione della probabilità che avrebbe avuto il sospettato di essere condannato, se fosse stato ancora vivo.

«Pensiamo che il caso Ford possa aiutare a ridurre ulteriormente la possibilità di un ragionevole dubbio» obiettò Ballard. «Le sue foto erano nello stesso schedario. È scomparsa qualche anno dopo l'omicidio della Short. Colleen ha trovato la sua famiglia, che l'ha identificata dalle foto. La nostra teoria è che l'omicidio di Elizabeth Short, l'intera faccenda della Dalia Nera e la grande attenzione che ha suscitato, abbiano convinto Thawyer a nascondersi. Ha continuato a uccidere, ma ha deciso di essere più discreto e di nascondere i corpi delle sue vittime successive.»

«Cosa ne ha fatto dei cadaveri?»

«Probabilmente li ha seppelliti» rispose Ballard.

«Griffith Park non era troppo lontano dalla casa in cui abitava» disse Hatteras. Plovc alzò lo sguardo dalle foto.

«Su questo caso mi interessa ascoltare solo gli agenti in servizio attivo» disse.

«Certo, capisco» rispose Hatteras, intimidita.

«Il punto è che abbiamo identificato uno schema» spiegò Ballard. «Abbiamo le foto di varie donne trovate nello stesso cassetto. Il nostro indiziato era un fotografo. È il trucco più vecchio del mondo: adescare le donne con la promessa di foto che le aiutino a realizzare i loro sogni. È successo centinaia di volte, ma forse è iniziato con Thawyer.»

«Non è questa la mia preoccupazione» ribatté Plovc. «Non dubito che le foto siano reali e che queste donne siano state uccise in modi davvero orribili da quell'uomo. Ma quando passiamo a Elizabeth Short c'è sempre quell'otto per cento di incertezza nell'identificazione. E con un caso di questa portata... Voglio dire, questo omicidio fa parte della storia di Los Angeles. Ci sono stati film e libri e trasmissioni televisive... C'è il libro di James Ellroy, c'è un ex poliziotto del LAPD che dice che suo padre era l'assassino, ci sono così tante teorie. Quindi dobbiamo essere sicuri al cento per cento, non al novantadue per cento.»

Ballard si alzò in piedi. «Capisco. Ho portato la valigia di Elizabeth Short e voglio mostrarti una cosa» disse. Quando erano entrate in ufficio aveva lasciato la valigia accanto alla porta. Aveva i lati in tweed, con maniglia e bordi in pelle. C'era una doppia chiusura a scatto e una targhetta identificativa con il nome *Elizabeth Short* scritto a mano e un indirizzo di Boston.

«Il tizio che ha avuto l'idea di mettere le rotelle alle valigie era un genio» disse. Sollevò la valigia, la portò fino al suo posto e si sedette, posandola sulle ginocchia. Fece scattare le serrature e la aprì.

«Questa valigia è stata trovata in un armadietto di una stazione degli autobus circa due settimane dopo l'omicidio di Elizabeth Short. Erano armadietti per uso temporaneo, venivano ripuliti ogni due settimane. C'è il suo nome sopra, quindi l'inserviente invece di metterla tra gli oggetti smarriti ha chiamato la polizia. Allora è stata controllata per le impronte digitali. Più tardi, negli anni Novanta, quando è arrivato il test del dna, sono stati controllati anche gli indumenti, per verificare la presenza di dna estraneo, ma non è stato trovato nulla. Tuttavia, se si osserva la prima foto del fascicolo, in cui Elizabeth è in posa sullo sgabello, si nota che il reggiseno e la biancheria intima corrispondono. C'è un motivo a punto croce lungo i fianchi e si ripete nelle cuciture del reggiseno.»

Ballard sollevò dalla valigia due paia di reggiseni e mutandine abbinati. Erano racchiusi in una custodia da prove in plastica trasparente. Ogni articolo aveva lo stesso motivo a punto croce della biancheria nella foto. Plovc spostò più volte lo sguardo dalla foto agli oggetti che Ballard teneva in mano.

«Pensi che siano gli stessi indumenti che indossava nella foto?» domandò.

«Non lo sappiamo» rispose Ballard. «Forse ne aveva vari uguali. Ma quello che è chiaro è che corrispondono. Credo che questo faccia salire il novantadue al cento per cento.»

«È lei» si inserì Maddie Bosch. «È ovvio, secondo me.»

Plovc la guardò, come se stesse per dirle che la sua opinione non aveva alcun peso nella decisione che avrebbe preso. Invece, riportò l'attenzione su Ballard.

«Quindi questa valigia è stata trovata due settimane dopo l'omicidio?» chiese. «Per quanto tempo è rimasta lì?»

«Sì, due settimane dopo» rispose Ballard. «Molti dei documenti risalenti a quell'epoca sono spariti. C'è un registro delle prove che menziona la valigia, ma non sono riuscita a trovare nulla che dica quando è stata messa nell'armadietto.»

«Ci pensi» disse Maddie. «Short va da Thawyer per le

foto. Probabilmente lui le aveva detto di portare una varietà di indumenti per fare tanti scatti. Era una promessa di Hollywood. Potrebbe averle proposto di realizzare un intero album con look diversi. Invece la uccide, rimette tutti i vestiti, compresa la biancheria intima, nella valigia e va a lasciarla al terminal degli autobus.»

Plovc annuì. «Ha senso. Ma di questo non abbiamo prove, giusto?»

«Sappiamo che la valigia era di Short» disse Ballard. «E la biancheria intima corrisponde alla foto. Quella nelle foto è Elizabeth Short e Thawyer è il nostro uomo.»

Plovc annuì, ma non in segno di assenso. Era più che altro un riconoscimento di quanto le donne davanti a lei fossero sicure di ciò che affermavano.

«Penso che dovrò portare il caso dall'altra parte della strada» disse. Gli uffici principali del procuratore distrettuale, compreso quello del procuratore capo, si trovavano di fronte, nell'edificio dei tribunali penali. Plovc voleva passare la decisione ai suoi superiori, forse anche al procuratore distrettuale in persona.

«Quanto ci vorrà?» chiese Hatteras.

Plovc la guardò con severità.

«Tutto il tempo necessario» rispose. «Non c'è fretta. Sono passati settantacinque anni.»

«Stavo pensando alla famiglia Ford» disse Hatteras. «Vogliono delle risposte. Possiamo parlare di quel caso?»

«Tutti vogliono risposte» commentò Plovc. «E no, tratteremo questi casi insieme. Li porterò tutti dall'altra parte della strada e vi farò sapere non appena verrà presa una decisione. Vi ringrazio di essere venute. Sono cose davvero emozionanti.»

Iniziò a impilare i fascicoli a un lato della sua scrivania, segno che la riunione era finita.

MERCOLEDÌ, ORE 10.22

41

Il casinò e resort Cleopatra, sulla Strip di Las Vegas, era un luogo di una bellezza appassita. Costruito negli anni Ottanta, era ormai sovrastato dalle opulente torri di vetro che lo circondavano. Come tutto e quasi tutti a Las Vegas, era destinato a essere ricostruito da zero. Un tempo di proprietà di mafiosi di Chicago, il casinò era passato a una multinazionale che investiva in hotel e parchi di divertimento. Poiché la sua fine era ormai prossima, gli interni non erano più curati come un tempo. A Ballard sembrava un posto di serie B. L'atrio circondato da vetrate che si estendeva sopra al piano dedicato al gioco era stato un tempo un punto d'orgoglio, ma il vetro era sporco di smog e diversi pannelli che erano stati incrinati e rovinati, erano stati sostituiti con del compensato. Il caratteristico pulpito, una struttura in finta foglia d'oro con il volto di Cleopatra che si estendeva verso il vetro e sopra i tavoli da gioco, era sostenuto da due montanti di metallo per evitare che cadesse. L'hotel aveva chiaramente visto tempi migliori, e ciò si rifletteva nella clientela che si riuniva ai tavoli da blackjack da cinque dollari e alle roulette con puntate minime da un dollaro.

Il viaggio da Los Angeles era durato quattro ore, dopo la partenza alle sei del mattino dall'Ahmanson Center.

Percorrendo tutti quei chilometri, Ballard e Maddie Bosch avevano parlato delle rispettive carriere, ognuna dal proprio punto di vista.

Maddie aveva espresso la sua insoddisfazione per il lavoro di pattuglia e sperava che il periodo trascorso ai casi irrisolti avrebbe accelerato la sua ascesa al rango di detective.

«Voglio dire, lavorerei anche ai furti d'auto» aveva detto. «Qualsiasi cosa pur di non indossare più l'uniforme.»

«Anch'io ero così» aveva risposto Ballard. «Non vedevo l'ora di agganciare il distintivo alla cintura.»

La conversazione era stata interrotta da una telefonata dal capitano Gandle, il quale aveva ricevuto la richiesta del viaggio a Las Vegas e l'approvava. Non sapeva che loro erano in viaggio da tempo e ormai prossime al confine tra la California e il Nevada. Dopo che Ballard ebbe riattaccato, Maddie aveva riso.

«Siamo partite senza prima avere il permesso?»

«Be', ho pensato che l'avremmo ottenuto. Gli avevo spiegato tutto nella richiesta. Non volevo aspettare. Ricorda: per essere un buon detective è essenziale conoscere il proprio capo e il suo modo di pensare.»

«O la propria capa.»

«Giusto. Tuo padre ha molto da raccontarti su questo argomento.»

«Non credo che mio padre se la sia cavata bene nella psicoanalisi dei superiori.»

«Vero.»

«Voglio dire, una volta ha lanciato un tenente attraverso una vetrata. Alla Divisione Hollywood ne parlano ancora.»

«Sì, lo immagino.»

Dopo aver parcheggiato nel garage del Cleopatra, Ballard aveva ricordato a Maddie di seguire le sue indicazioni durante il colloquio con Rodney Van Ness. La strategia di cui avevano discusso in macchina era semplice: rivolgergli delle domande prestabilite per testare il suo livello di sincerità. Se avesse mentito, avrebbero avuto in mano qualcosa con cui poter fare leva su di lui.

Nell'atrio c'era una fila che si snodava tra cordoni di velluto. Erano tutti in attesa di registrarsi e prendere alloggio nelle loro camere a prezzi scontati. Ballard scrutò l'ambiente fino a quando non vide un uomo in blazer blu con il cavetto rivelatore che gli usciva dal colletto e gli arrivava all'orecchio. Toccò Maddie sul braccio e glielo indicò con un cenno del capo.

Quando si avvicinarono, sganciò il distintivo dalla cintura e lo mostrò con discrezione all'addetto alla sicurezza.

«Siamo della polizia di Los Angeles, stiamo seguendo un caso» spiegò. «Può chiedere a Rodney Van Ness di incontrarci nell'atrio?»

«Non so chi sia» rispose l'uomo.

«L'ultima volta che abbiamo controllato, era un supervisore della sicurezza in questo hotel.»

«Non conosco nessun Rodney Van Ness.»

Ballard annuì. Non c'era nessuna legge che vietasse di mentire su LinkedIn. Cominciò a chiedersi se il viaggio non fosse stato inutile e si rimproverò di non aver verificato l'impiego di Van Ness prima di lasciare Los Angeles. Non era difficile immaginare quale sarebbe stata la reazione del capitano Gandle.

«Allora può chiamare un supervisore per parlare con noi?» chiese.

«Questo posso farlo.»

Alzò il polso verso la bocca e parlò in una radiotrasmittente. Chiese a un certo Marty di venire a parlare con due detective del LAPD.

«Marty scenderà tra cinque minuti» disse poi. «Vi chiede di attendere vicino alla portineria.» Indicò un bancone nell'atrio con davanti un'altra fila di persone in attesa.

«Grazie» disse Ballard.

«Senta, stanno assumendo, alla polizia di Los Angeles?» chiese l'uomo.

«Di questi tempi, assumono sempre» rispose Ballard.

Lui guardò Maddie Bosch. «Lei mi sembra un po' giovane per essere una detective» osservò.

«Ha appena risolto il caso più importante della storia di Los Angeles» ribatté Ballard.

«Sul serio? Quello di O.J. Simpson? Ha scoperto chi ha ucciso davvero Nicole?»

«Divertente» disse Ballard. «Ma non troppo.»

Lo lasciarono lì e attraversarono l'atrio fino al banco della portineria. Si misero di lato, per evitare che la gente pensasse che volessero saltare la fila.

«Non è ancora ufficialmente risolto, lo sai» commentò Maddie.

«Cosa vuoi dire?»

«La Dalia Nera. Il procuratore distrettuale deve dare la sua approvazione.»

«È vero, ma io lo considero risolto. Ormai è un caso chiuso.»

«Quanto tempo ci metteranno a decidere?»

Prima che Ballard potesse rispondere, furono avvicinati da una donna con un blazer blu che portava un auricolare all'orecchio, anche se il suo era meglio camuffato dai capelli lunghi.

«Siete le detective di Los Angeles?» chiese.

«Sì» rispose Ballard. «Io sono Renée Ballard, lei è Maddie Bosch.»

«Marty Branch. Ballard, Bosch e Branch... suona bene...»

Si strinsero la mano. Branch era sulla quarantina, bassa

e con i fianchi larghi, e guardava Maddie come aveva fatto l'addetto alla sicurezza.

«Ehi, tu sembri una ragazzina» disse. «Quanti anni hai?»

«Ventisei» rispose Maddie. «E sono una volon...»

«Mi scusi» la interruppe Ballard. «Stiamo lavorando a un caso. Cerchiamo un possibile testimone di nome Rodney Van Ness. La sua pagina LinkedIn dice che lavora qui come supervisore della sicurezza. Lo conosce?»

«Rodney? Sì, lo conosco» rispose Branch. «Ma non lavora più qui da molto.»

«Da quanto, esattamente?»

«Oh, due, tre anni almeno.»

«Sa perché se n'è andato?»

«So che gli è stato chiesto di lasciare il posto e io l'ho sostituito.»

«Perché gli è stato chiesto di andarsene?»

«Dovrebbe chiederlo all'ufficio Risorse Umane, in via riservata.»

«Sa dov'è adesso?»

«Ho sentito che è andato al Nugget, ma non credo che sia durato molto. Dopo di che, non lo so. Non ho più avuto notizie.»

«Ha qualche documento che ci possa fornire l'indirizzo di casa?»

«Non avete accesso al database della Motorizzazione? Il personale della Vegas Metro vi aiuterà senz'altro.»

«Abbiamo controllato la Motorizzazione, e l'indirizzo sulla sua patente di guida è questo. Ha un ufficio dove possiamo sederci a parlare? Stiamo lavorando a un caso con diversi stupri e almeno un omicidio, e il signor Van Ness potrebbe avere informazioni che possono aiutarci a identificare un indiziato.»

Branch annuì, riflettendo sul da farsi.

«Se non fosse importante, non saremmo venuti fin qui solo sulla base di un profilo LinkedIn» aggiunse Ballard.

Branch annuì di nuovo.

«Andiamo in ufficio» disse infine. «Voi potete aspettare alla mia scrivania mentre ne parlo con le Risorse Umane. Ma non mettetevi a sfogliare il mio taccuino nero, eh? Da questa parte.»

Le condusse attraverso una porta a lato del bancone della portineria fino a un ascensore riservato ai dipendenti, con il quale salirono al terzo piano.

«Siete arrivate stamattina o ieri sera?» chiese.

«Stamattina» rispose Ballard. «Siamo partite alle sei.»

«Caspita, così presto? Come siete messe a caffè?»

«Non sarebbe male prenderne uno.»

«Ci penso io.»

«Grazie.»

42

Arrivarono all'indirizzo di Rodney Van Ness segnato sul taccuino nero di Marty Branch, un palazzo fatiscente nel quartiere di Fremont East, in centro. Sul taccuino c'erano anche un numero di cellulare e uno di lavoro diversi da quelli pubblicati su LinkedIn. Ma le informazioni del taccuino risalivano almeno a tre anni prima, e Branch aveva detto di non poter garantire che fossero accurate. Ballard era preoccupata. Non voleva sprecare una giornata e dover lasciare Las Vegas senza aver parlato con Van Ness.

L'edificio denominato Fremont Crest era a due piani, con passerelle esterne che si diramavano a destra e a sinistra da un ingresso centrale con una scalinata. Era di stucco bianco con porte e finiture color acquamarina. Il parcheggio era di fronte all'edificio e nessuno sembrava aver fatto uno sforzo per mettere qualche pianta nel terreno marrone e bruciato delle aree non pavimentate.

Prima di arrivare, avevano perlustrato il quartiere in cerca di un luogo dove portare Van Ness se avesse accettato di parlare con loro. Il piano era semplice. Volevano farlo uscire dalla zona di comfort di casa sua. Sulla base di una raccomandazione di Branch, avevano scelto un ristorante nelle vicinanze chiamato Triple George, perché offriva séparé privati ed era frequentato dalle forze dell'ordine.

Il cancello di sicurezza del condominio non era stato chiuso e bloccato dopo l'ultimo utilizzo e questo permise loro di raggiungere il secondo piano senza dover usare il citofono. Ballard preferiva sempre bussare direttamente alle porte, per sfruttare l'elemento sorpresa.

Si fermarono di fronte all'appartamento 202 e Renée tese l'orecchio verso la porta. Non sentì musica, né un televisore acceso, né persone che parlavano. Sussurrò a Maddie: «Questo mi ricorda il cartello che tuo padre teneva sempre sulla scrivania» disse.

«Alza il culo e bussa alle porte» disse lei, facendo un'imitazione non troppo riuscita di suo padre. «Parole chiave per un detective.»

Ballard annuì e bussò con decisione alla porta. Dopo mezzo minuto, una voce femminile chiese: «Chi è?»

Ballard guardò Maddie e rispose: «Stiamo cercando Rodney Van Ness».

«Sta dormendo.»

Ballard prese il telefono e guardò l'ora. Era mezzogiorno. «Bene, signora, lo svegli» disse. «È una questione di polizia.» Non ottenendo risposta, bussò di nuovo alla porta, questa volta con forza, poi, ad alta voce, sperando di svegliare Van Ness, gridò: «Allora? Apra, signora. È la polizia». Finalmente ebbero successo e comparì sulla soglia una giovane donna con indosso una corta vestaglia di seta e apparentemente nient'altro. I capelli scomposti e gli occhi assonnati facevano capire che si era appena svegliata.

«Adesso arriva» disse. «Ma di cosa si tratta?»

«Chi è lei, signora?» chiese Ballard.

«Harmony.»

«Harmony Van Ness?»

«Cazzo, no. Non siamo sposati. Lavoriamo insieme. Tutto qui.»

«Dove lavorate?»

«Library.»

«In biblioteca? È una bibliotecaria?»

«No, il Library è un club.»

Ballard comprese il quadro della situazione. Se il circuito dei casinò di Las Vegas ti dava il benservito come responsabile della sicurezza, il livello successivo era quello degli strip club, che lì erano abbondanti e spaziavano dai bordelli di periferia ai nightclub di alto livello con una clientela composta da rapper e persone ricche e famose. Non c'era bisogno di molta immaginazione per indovinare cosa facesse Harmony per vivere e quale fosse il ruolo di Van Ness in questo contesto.

«Da quanto tempo Rodney lavora lì?» chiese.

Prima che Harmony potesse dire qualcosa, una profonda voce maschile alle sue spalle la zittì: «Non rispondere».

Era un ordine. Harmony fece un passo indietro e sulla porta apparve un uomo che Ballard riconobbe dalle foto dell'annuario come Rodney Van Ness. Era più alto di quanto pensasse, ma d'altronde molti ragazzi crescono alla fine dell'adolescenza. Era a piedi nudi e indossava pantaloncini da mare e una camicia hawaiana sbottonata con un motivo di barche a vela sull'acqua; il blu dell'oceano si intonava con il telaio della porta a cui era appoggiato. Aveva gli stessi capelli e la stessa barba del ragazzo dell'annuario. Ma nei venticinque anni trascorsi dal diploma era diventato un bestione di oltre novanta chili.

«Vai a vestirti» disse ad Harmony.

Si voltò a guardarla mentre usciva, con l'orlo della vestaglia che non copriva del tutto il sedere abbronzato. Si voltò di nuovo verso Ballard e Maddie.

«Spogliarelliste» commentò, roteando gli occhi. «Cosa volete?»

Ballard non capì se fosse una domanda retorica sulle

spogliarelliste o se invece si rivolgesse a loro due. Ma Van Ness non le sembrava portato alla retorica.

«Lei è Rodney Van Ness?» chiese.

«In persona. Cosa volete?» Stavolta il significato della domanda era chiaro.

«Signor Van Ness, siamo della polizia di Los Angeles. Dobbiamo farle alcune domande in merito a un'indagine che stiamo conducendo e che riguarda dei crimini commessi a Los Angeles.»

Lui alzò le mani. «Avete scelto la persona sbagliata» disse. «Non torno a Los Angeles dal funerale di mio padre, ed è stato sei anni fa.»

«Lei non è sospettato di nulla, signor Van Ness» spiegò Ballard. «Ma pensiamo che possa avere informazioni utili per identificare un indiziato. Per questo abbiamo attraversato il deserto per parlare con lei.»

«Bene, allora chiedete pure.»

«In realtà, vorremmo che lei venisse con noi. Abbiamo prenotato un tavolo al Triple George. È meglio se parliamo in un posto tranquillo come quello. Lontano da qualsiasi distrazione.»

«Ehm... Pensavo che sarebbe stata una cosa di dieci minuti. Ha detto che non sono sospettato e ho delle cose da fare, oggi. Prima di andare al lavoro, intendo.»

«Non c'è problema. Non la tratterremo a lungo e le offriremo il pranzo. Perché non si mette le scarpe? Sono certa che vuole collaborare con la polizia, vero?»

Van Ness non rispose subito. Probabilmente aveva compreso la minaccia implicita, un'affermazione semplice che anche uno come lui poteva capire: chi non collabora con la polizia può diventare rapidamente un sospettato.

«Va bene, mi faccia prendere le scarpe» disse infine. «Può venire anche Harm?»

«Intende Harmony?»

«Sì. Ha parlato di pranzo. In casa non abbiamo niente.»

«Facciamo così: lasci Harmony a casa, e potrà ordinare un pranzo da asporto da portarle qui. Offriamo noi. Ma è meglio se parliamo solo con lei.»

«Va bene, allora. Prendo le scarpe.»

Fece un passo indietro e chiuse la porta.

Nel caso in cui fosse rimasto lì dietro a origliare o a guardare dallo spioncino, Ballard controllò l'ora sul telefono e disse: «Finiamo entro l'una, lo riaccompagniamo qui e poi partiamo. Saremo di ritorno a Los Angeles per le cinque».

«Mi piacerebbe» commentò Maddie, facendole l'occhiolino. «Stasera ho un appuntamento.»

43

Rodney Van Ness aveva già fatto uno sforzo indossando pantaloncini e camicia hawaiana, prima, e quando uscì dalla porta del suo appartamento aveva aggiunto solo un paio di sandali. Scendendo le scale e attraversando il parcheggio, Ballard riuscì a stabilire che non era armato. La camicia arrivava a malapena alla cintura dei pantaloncini ed era impossibile che avesse nascosto lì una pistola o un coltello senza che lei se ne accorgesse.

Così avevano superato un ostacolo. Gli altri due erano ottenere il permesso di registrare la conversazione e informarlo del suo diritto di non parlare con le forze dell'ordine. Ballard era fiduciosa nella sua capacità di superare il primo. La questione dei diritti era una storia diversa. Niente mette fine alla collaborazione di una persona che si trova a cavallo tra testimone e sospettato come il fatto di sentirsi dire che le sue parole possono essere usate contro di lui in tribunale.

Il Triple George Grill non era un locale nuovo, ma era stato progettato per sembrare vecchio come il Tadich Grill di San Francisco e il Musso and Frank's di Hollywood. Era tutto in legno scuro e piastrelle chiare, con un lungo bancone che correva al centro della sala e tavoli con divisori e tende per garantire la privacy delle conversazioni. Si trovava vicino a un ex tribunale, e in origine era destinato ad accogliere gli avvocati e i loro clienti in pausa pranzo. Ma quel tribunale ormai era chiuso ed era stato trasformato in un museo della mafia, dedicato alla storia del crimine organizzato, in particolare al suo ruolo nella creazione e nell'ascesa di Sin City, la Città del Peccato, come era soprannominata Las Vegas, e ai tentativi delle forze dell'ordine di contrastarlo.

Si accomodarono in uno dei séparé, Ballard e Maddie da un lato, Van Ness dall'altro. Arrivò una cameriera e per cominciare Ballard ordinò un caffè; Maddie Bosch chiese dell'acqua ghiacciata e Van Ness un Bloody Mary.

Ballard esordì in tono casuale: «Van Ness. C'è una Van Ness Avenue a Los Angeles. È la sua famiglia?»

«Magari» rispose l'uomo. «Credete che se lo fosse lavorerei nella sicurezza di uno strip club? »

«Ma lei è cresciuto a Pasadena e ha frequentato la St. Vincent, giusto? È una scuola da classi privilegiate.»

«Mia madre era una cattolica convinta. Sono dovuto andare in quella scuola, ma tecnicamente venivo dalla parte sbagliata dei binari. South Pasadena. I ragazzi dell'Arroyo erano i privilegiati, non io.»

«Non ha mai consultato uno di quei siti sull'eredità genetica? Tipo Twenty-Three and Me, quel genere di cose, per vedere se forse...»

«No, non m'interessa. Allora, di cosa si tratta e come fa a sapere che sono andato alla St. Vincent?»

«Stiamo cercando un suo compagno di classe. Ma prima di iniziare, posso chiedere la sua autorizzazione alla registrazione?» Ballard prese di tasca il suo mini registratore.

«Se non sono un sospettato, perché c'è bisogno di registrare?»

«Bella domanda» rispose Ballard. «Sono le nuove regole. Il LAPD è rimasto scottato così tante volte da testimoni che hanno ritrattato ciò che avevano detto, che ora siamo obbligati a registrare ogni colloquio. Inoltre è utile, quando scriviamo i rapporti, avere una riproduzione a cui fare riferimento.»

Sollevò il registratore. Van Ness lo fissò ma non disse nulla.

«Allora, va bene?» chiese. «Le manderò una copia, così potrà controllare.»

«Come vuole» rispose Van Ness. «Faccia pure.»

Ballard accese il registratore e controllò il piccolo schermo digitale per assicurarsi che funzionasse e che la batteria fosse abbastanza carica.

«Bene, possiamo partire» disse poi. «È l'una e quattordici di mercoledì 21 febbraio. Questa è una conversazione tra Rodney Van Ness, l'agente Madeline Bosch e me, detective Renée Ballard. Ora, regola numero due, dobbiamo informarla dei suoi diritti costituzionali di...»

«Un momento, un momento» la interruppe Van Ness. «Dice che non sono sospettato, ma ora mi informa dei miei diritti? Non va bene. Me ne vado.»

Ballard, seduta di fronte a lui nel posto esterno del tavolo, allungò una mano e gli toccò un braccio, mentre si stava alzando.

«No, per favore, aspetti» disse. «Queste sono le regole che dobbiamo rispettare nella polizia di Los Angeles. Ogni colloquio viene registrato, a ogni testimone vengono letti i propri diritti. In questo modo tutti sono protetti. So che è una rottura, ma è solo... burocrazia, capisce? Posso assicurarle che non è sospettato di alcun crimine, e lo sto dicendo su nastro.»

Indicò il registratore sul tavolo.

«Quindi ora è registrato: non è un sospettato» ripeté.

«Ma abbiamo bisogno di parlare con lei perché può aiutarci. La prego, andiamo avanti, così lei potrà tornarsene a casa e noi a Los Angeles.»

Van Ness interruppe il suo tentativo di alzarsi dal tavolo. Si risedette e scosse la testa, come se ci stesse pensando su. In quel momento la cameriera si avvicinò e gli mise davanti un Bloody Mary con dentro una costa di sedano e una cannuccia.

Van Ness guardò il cocktail e poi Ballard.

«Posso terminare il colloquio quando voglio?» chiese.

«Quando vuole» confermò Ballard.

«Be', comunque non mi piace. Mi sembra un po' subdolo, se vuol saperlo. Spari le sue domande e facciamola finita.»

«Agente Bosch, vuole fare gli onori di casa?»

Maddie recitò l'intera formula sui diritti e Van Ness rispose di aver compreso. Ballard era compiaciuta che fossero riusciti a superare quel problema preliminare.

«Bene, allora cominciamo» disse. «Stiamo conducendo un'indagine attiva di natura confidenziale. Quindi non possiamo condividere i dettagli, ma vogliamo chiederle di alcune persone che frequentava alla St. Vincent.»

«Cavolo, sono passati venticinque anni» protestò Van Ness.

«Ricorda una ragazza della sua classe che si chiamava Gina Falwell?»

Era solo un nome a caso che Ballard aveva estratto dall'annuario. Gina Falwell non aveva alcuna attinenza con il caso dello stupratore delle federe, ma voleva fargli pensare che stava pescando a casaccio.

«Direi di no» rispose Van Ness.

«Non ha alcun ricordo di lei?»

«No.»

«Va bene. Abbiamo con noi un annuario della St. Vincent. Posso mostrarle la foto di Gina per vedere se le fa venire in mente qualcosa?»

«Faccia pure, ma non mi ricordo di lei.»

Ballard tirò l'annuario fuori dalla borsa. Aveva segnato diverse pagine con dei post-it per prepararsi al colloquio. Aprì il libro alla pagina con la foto di Gina Falwell, la girò in modo che Van Ness potesse vederla e la toccò con un dito.

«È lei, la riconosce?»

«Ah, sì. Ma non ci frequentavamo. Cos'è successo, è morta?»

«Non possiamo proprio entrare nel merito. E Mallory Richardson, la conosceva?»

Van Ness non rispose. Stava riflettendo. Guadagnò tempo bevendo un lungo sorso del suo Bloody Mary con la cannuccia.

«Ricordo il nome» disse infine. «Ma non riesco proprio a collocarla.»

Ballard sfogliò le pagine fino a un altro post-it e gli mostrò una foto di Mallory.

«Se la ricorda, adesso?» chiese.

Van Ness annuì. «Sì, mi ricordo di lei. Ma non eravamo nella stessa classe. È lei che... Ho sentito che è morta. Dopo il diploma.»

«Chi gliel'ha detto?» chiese Ballard.

«Non ricordo. Se non sbaglio è successo poco dopo il diploma.»

«Intende il diploma di Mallory o il suo?»

«Il mio.»

«La conosceva bene?»

«Non molto. Non era una scuola grande e lei era... La vedevo in giro, tipo alle partite di football e cose del genere.»

Ballard annuì come se avesse capito. Van Ness era cauto nelle risposte, ma aveva appena oltrepassato il limite dell'uso della memoria annebbiata come copertura, facendo un'affermazione non credibile. Si ricordava di lei ma non rammentava che erano andati insieme al ballo di fine anno? Una giuria ci avrebbe creduto? Aveva ammesso di sapere che era morta, ma non riusciva a ricordare che era stato il suo accompagnatore alla festa scolastica?

Superando quel limite, Van Ness era passato da testimone a persona di interesse. La tappa successiva era lo status di sospettato. Ma Ballard doveva continuare a considerare il colloquio come una routine. Passò a un altro post-it.

«Ecco la persona importante» annunciò. «Victor Best.»

Van Ness si chinò a guardare la foto dell'annuario. Ballard toccò la pagina.

«Sì, Victor lo conoscevo.»

«Eravate amici?» chiese Ballard.

«Sì, eravamo amici. Ci siamo frequentati.»

«Siete ancora in contatto?»

«No, non proprio. Tra poco ci sarà una rimpatriata per il venticinquesimo anniversario e mi ha mandato un'email per sapere se ci andavo. Ci sentiamo solo per cose del genere.»

«E lei?»

«Io cosa?»

«Andrà alla rimpatriata?»

«No, non mi piacciono quelle cose. Gli ho risposto di no.»

«Dove vive adesso?»

Van Ness fece una pausa e bevve un altro sorso con la cannuccia.

«Quindi è lui l'uomo che state cercando?» domandò.

«Vogliamo parlare con lui» disse Ballard. «Sa dove si trova?»

«A quanto ne so, viveva alle Hawaii.»

«Dove? In quale isola?»
«Oahu... Credo.»
«Cosa fa alle Hawaii?»
«Gestisce il ristorante di un hotel. Almeno, lo faceva l'ultima volta che l'ho sentito.»
«È andato lì dopo la scuola e non è più tornato?»
«Be', non subito. Ha frequentato l'università. Poi è finito laggiù a fare lo chef o qualcosa del genere.»
«Quando esattamente è andato laggiù?»
«Non lo so. Vent'anni fa? Non siamo più in contatto dai tempi del liceo.»
«E lei? Ha frequentato l'università, dopo il liceo?»
«Io? Sì, sono andato alla CSUN.»
La California State University di Northridge si trovava nella San Fernando Valley, dove si erano verificate molte violenze dello stupratore delle federe.
«Quando si è laureato?» chiese Ballard.
«Mai, se vuole saperlo» rispose Van Ness. «Ho lasciato gli studi per un lavoro.»
«Che lavoro?»
«Responsabile della sicurezza dell'università.»
«Parliamo sempre della CSUN?»
«Sì, è stato il mio primo lavoro nel campo della sicurezza.»
Ballard annuì. Ormai avevano abbastanza elementi di pressione su Van Ness per trasformare il colloquio in un interrogatorio. Si trattava solo di capire quanto a lungo sarebbe riuscita a farlo parlare una volta che fosse stato messo alle strette. Mentre stava pensando a come iniziare quella fase, la cameriera guardò dietro la tenda per vedere se erano pronti a ordinare il pranzo. Ballard le chiese di tornare dopo quindici minuti.
Prima che la donna se ne andasse, Van Ness le tese il bicchiere di Bloody Mary vuoto e ne chiese un altro. Bal-

lard guardò la cannuccia ancora nel bicchiere. La cameriera prese il bicchiere e si allontanò. Era un'occasione da non perdere. Lanciò un'occhiata a Maddie, sperando che cogliesse l'allusione.

«Devo andare in bagno» disse subito lei. «È stato un lungo viaggio, con tanto caffè.»

«Certo, va' pure» acconsentì Ballard. Si alzò per farla uscire e lei seguì rapidamente la cameriera.

Non voleva rivolgere domande importanti senza la presenza di Maddie, così deviò la conversazione sul trasferimento di Van Ness a Las Vegas e sul suo lavoro nel circuito dei casinò.

«L'abbiamo trovata attraverso LinkedIn» disse. «Ma è da molto che non aggiorna il suo curriculum.»

«Non ho mai guadagnato un soldo tramite LinkedIn» rispose Van Ness. «Quindi perché preoccuparsi?»

«Da quanto tempo lavora al Library?»

«Un paio d'anni. Sto aspettando che si apra di nuovo una possibilità sulla Strip.»

«Perché è andato via, a proposito?»

«Un mucchio di stronzate, ecco perché. Non voglio parlarne.»

«Non c'è problema. Stiamo solo facendo conversazione, finché non torna...»

Proprio in quel momento, Maddie aprì la tenda. Ballard si spostò per farle spazio. La ragazza le rivolse un lieve cenno che Ballard interpretò come «missione compiuta». La cannuccia del bicchiere di Bloody Mary era stata prelevata.

Era il momento di mettere all'angolo Rodney Van Ness.

44

Ballard guardò Van Ness dritto negli occhi. «Sa, Rodney, abbiamo un problema» disse.

«Ci siamo» rispose lui, scuotendo la testa. «Sapevo che erano tutte stronzate. Forza, me lo dica. Qual è il problema?»

«Per cominciare, alcune parti della sua storia non tornano. E questo mi preoccupa, perché siamo venute qui sperando che lei possa fornirci informazioni utili a trovare Victor Best. Ma devo essere sincera, ho dei problemi con quello che ci ha raccontato.»

Van Ness poggiò le mani sul tavolo, come se stesse per alzarsi per andarsene. Ballard sperava che Maddie fosse pronta ad allungare un braccio per dissuaderlo.

«Ehi, io sto cercando di aiutarvi» disse l'uomo. «Ho raccontato tutto quello che so su Victor. Non lo vedo da circa vent'anni. Ho ricevuto una sua email, ma niente di che. C'era l'indirizzo email di tutti, sulla comunicazione spedita da chi sta organizzando la rimpatriata. Tutto qui.»

«Ha detto che gestisce un ristorante laggiù» disse Ballard. «Come fa a saperlo?»

«Era scritto nella sua mail. Ha detto che se fossi andato a trovarlo, mi avrebbe invitato a pranzo. Sperava che ricambiassi invitandolo a Las Vegas. Tutto qui.»

«Bene, ma il vero problema non è questo, bensì quest'altro.»

Aprì di nuovo l'annuario e lo fece scivolare sul tavolo davanti a lui. Era aperto alla pagina con la foto di Mallory Richardson.

«Lei. Ha detto che non la conosceva.»

«No, ho detto che non la conoscevo *bene*» protestò Van Ness. «Può controllare sul registratore.»

«Ma non ha dimenticato qualcosa?»

«No. Voglio dire, sì, può darsi. È stato tanto tempo fa.»

«Ha dimenticato di averla invitata al ballo dell'ultimo anno?»

Van Ness alzò lo sguardo dall'annuario. Ballard sapeva che, se fosse stato furbo, sarebbe uscito dal séparé, avrebbe aperto le tende e se ne sarebbe andato. Ma contava sul fatto che non ne avrebbe avuto il coraggio.

Infatti, non fece altro che assumere un'espressione sorpresa da dilettante. «Oh, merda, ha ragione» disse. «È vero, siamo andati insieme al ballo. Ma si è trattato di un appuntamento unico, non ce ne sono stati altri.»

«E non se lo ricordava quando le ho mostrato l'annuario e la foto di Mallory?»

«Senta, a essere sincero, all'epoca facevo uso di droghe. Ero fatto quella sera e i miei ricordi sono sempre stati confusi.»

Risposta sbagliata. Aveva appena aperto un'altra porta.

«Le ha dato della droga?» chiese Ballard.

«Niente affatto! Non ho dato droga a nessuno.»

Ballard prese l'annuario e lo sfogliò fino ai post-it delle foto del ballo. Appoggiò il dito su Van Ness in piedi nella foto di gruppo senza Mallory.

«Perché Mallory non è in questa foto, Rodney?» chiese. «Dov'era?»

«Non lo so» rispose Van Ness. «Probabilmente in bagno. Come posso saperlo?»

«Sta dicendo che si è sottratta a una foto di gruppo per andare in bagno?»

«Gliel'ho detto, non so dove fosse.»

Ballard spostò il dito sull'immagine di Victor Best. «E Victor?» chiese. «Dov'è la sua accompagnatrice?»

«Non lo so. Non credo che ne avesse una. Molti ragazzi sono venuti soli perché era l'ultimo ballo.»

Da tempo i tribunali avevano stabilito che la polizia poteva mentire ai sospettati sulle prove a loro carico, ritenendo che, se fossero stati innocenti, avrebbero saputo che la polizia stava mentendo. Ballard aveva sempre usato questo privilegio con giudizio, perché le giurie tendevano a non prenderlo bene. La logica era poco solida e, in fin dei conti, alla gente non piaceva che la polizia mentisse.

Lei e Maddie avevano deciso la strategia dell'incontro durante il viaggio e avevano escogitato una bugia che Ballard avrebbe potuto inserire nel colloquio se ce ne fosse stato bisogno.

Era arrivato il momento. Toccò di nuovo la foto di gruppo.

«Il ballo si è svolto all'Huntington» disse. «Sa una cosa bella dell'Huntington che noi poliziotti troviamo molto utile?»

«No» disse Van Ness. «Le telecamere?»

«Non a quell'epoca. Ma fin dal primo giorno hanno tenuto un registro dell'occupazione delle stanze e dei veglioni.»

«E allora?»

«Ecco, abbiamo controllato, e abbiamo scoperto che il ballo di fine anno della St. Vincent si è tenuto il 22 maggio 1999. Poi abbiamo controllato le prenotazioni alberghiere di quella sera e abbiamo trovato una stanza prenotata a suo nome.»

«Impossibile. Non avevo preso una stanza.»

Ballard lo fissò. Il suo bluff era stato scoperto e ora doveva trovare un modo di uscire dall'impasse.

«Ne è sicuro?» chiese. «Se mente alla polizia, può ritrovarsi nella merda fino al collo. Io voglio solo che torni a casa tranquillo, ma questo...»

«Se loro hanno preso la stanza a mio nome, non me l'hanno detto» replicò Van Ness. «Ma io non l'ho prenotata e non l'ho pagata. Il mio nome non avrebbe dovuto esserci.»

Ballard annuì, sentendo salire l'adrenalina. Aveva usato la menzogna, il bluff, per arrivare a una verità nascosta, e il suo istinto le diceva che era sulla strada giusta.

«Chi sono "loro?"» domandò. «Chi potrebbe aver preso quella stanza a suo nome?»

«E va bene, avevamo prenotato una stanza dove fare festa» ammise Van Ness. «Tanti ragazzi lo facevano. Tutti condividevano le stanze e le avevamo prese nello stesso corridoio. Era il centro della festa.»

«Ho capito. Con chi ha condiviso la stanza?»

«Senta, all'epoca non avevo soldi. South Pasadena, ricorda? Così alcuni ragazzi mi hanno ospitato nella loro.»

«Quali ragazzi? Me li mostri.»

Aprì l'annuario con le foto dell'ultimo anno. Van Ness si avvicinò.

«Uno era Victor» disse. «Poi c'erano Andy Bennett e Taylor Weeks.»

Sfogliò le pagine e toccò la foto di ognuno di quei ragazzi.

«Bene. Ha detto che Victor non aveva una ragazza al ballo. Che mi dice di Bennett e Weeks?»

«Andy credo fosse solo. Taylor era venuto con Katie Randolph, una del terzo anno, se non sbaglio. Ho sentito che alla fine si sono sposati.»

Ballard annuì. Stava andando bene, in modo fluido: riceveva nuove e solide informazioni a ogni risposta, i nomi di persone che erano al centro del caso. Gli interrogatori non andavano sempre in quel modo ma, quando accadeva, era come se il suo slancio fosse inarrestabile.

«Cosa è successo in quella stanza, Rodney?» chiese.

«Il solito, immagino.»

«Non immagini. Me lo dica. Cos'era il solito?»

«Ecco, abbiamo fatto festa. Siamo arrivati presto e abbiamo iniziato un party prima del ballo.»

«Voi quattro maschi più Mallory e Katie?»

«Credo che Taylor e Katie siano arrivati tardi. Ma sì.»

«Droga, alcol o entrambi?»

«C'era una bottiglia di gin. Così l'abbiamo bevuta.»

«Il gin l'aveva portato lei?»

«No, credo fosse stato Andy.»

«Mallory l'ha bevuto?»

«Sì. Nessuno l'ha costretta. Beveva molto.»

«Per quanto tempo Andy e Victor sono rimasti nella stanza a festeggiare con lei?»

«Non lo so. Dopo un po' di tempo sono usciti in corridoio per andare in altre stanze e prendere altri alcolici.»

«Era finito il gin?»

«Esatto.»

«E lei è rimasto solo con Mallory?»

«Solo per un po'.»

«Ha fatto sesso con lei?»

«Senta, non so dove vuole arrivare, ma non è stato uno stupro, è chiaro? Lei lo voleva quanto me e l'abbiamo fatto.»

«Prima o dopo essere svenuta?»

Un altro bluff, ma sostenuto da quello che finora era stato rivelato.

«Io non sono così» protestò Van Ness. «Lei era consenziente. Non c'è stato nessuno stupro e non potete provare che ci sia stato. Sono tutte stronzate.»

«Non stiamo dicendo che sia stato uno stupro» disse Ballard. «Noi non eravamo in quella stanza. Voglio solo sapere se Mallory era cosciente quando avete fatto sesso.»

«Sì! Era sveglia e vogliosa. Sì, porca miseria!»

«Abbassi la voce.»

«Va bene, ma sta dicendo cose che non sono vere.»

«Senta, io le credo, Rodney, ma dobbiamo capire cosa è successo. Mallory è crollata e ha perso conoscenza, giusto? È per questo che non era nella foto, sì o no?»

Van Ness scosse la testa, come se fosse sbagliato svelare i segreti dei morti.

«Si è sentita male a causa del gin, va bene?» disse. «Poi si è infilata in uno dei letti della stanza e si è addormentata. Questo è tutto. Non è mai arrivata al ballo. Ho dovuto svegliarla per riportarla a casa.»

«Quindi lei è andato al ballo da solo?»

«Sì, esatto. Era il mio ballo di fine anno e non volevo passarlo in una stanza d'albergo a fare da babysitter a una ragazza che non reggeva l'alcol.»

«Tutti e quattro voi maschi avevate le chiavi di quella stanza?»

«Sì. Cioè no. C'erano due chiavi, quindi abbiamo dovuto condividerle.»

«Lei ne aveva una?»

«No, ho preso in prestito quella di Andy o di Victor, quando sono salito. Erano loro ad averle. Come ho detto, la stanza non l'avevo presa io, perciò non avevo la chiave.»

«E Taylor? L'aveva?»

«Non credo, ma non me lo ricordo.»

«Allora, voglio essere sicura che sia tutto chiaro. Mentre Mallory era praticamente svenuta in quella stanza, chiunque avesse una chiave poteva entrare. È così?»

«Sì, ma vorrei che mi dicesse di cosa si tratta. Mi sembra che stia insinuando che abbiamo fatto qualcosa di sbagliato e non è così.»

Ballard ignorò la richiesta. Era troppo concentrata a barrare caselle con le sue domande.

«Quando Mallory è stata male, ha vomitato a letto o è andata in bagno?»

«In bagno. È saltata in piedi ed è corsa lì dentro. Dopo un po' sono andato a vedere e lei era appoggiata alla vasca da bagno, priva di conoscenza. L'ho fatta alzare, l'ho ripulita un po' e l'ho aiutata a mettersi a letto.»

Ballard voleva dire con sarcasmo che aveva dato prova di vera cavalleria, ma preferì non fare commenti.

«E questo è avvenuto dopo che voi due avevate avuto un rapporto sessuale consensuale, giusto?» chiese.

«Sì, sicuramente consensuale.»

«Cosa indossava Mallory in quel momento? Quando si è alzata per andare in bagno dopo il rapporto sessuale, e quando lei l'ha accompagnata fuori.»

«Be', niente. Si era tolta i vestiti.»

«Quando l'ha rimessa a letto, l'ha coperta con un lenzuolo o qualcosa del genere?»

«Certo. Le ho messo la testa sul cuscino e ho tirato su le coperte. Non sono uno stronzo.»

«E poi è sceso giù al ballo.»

«Sì.»

«E ha restituito la chiave alla persona che gliel'aveva prestata?»

«È probabile. Non ricordo se era Andy o Victor.»

«È possibile che l'abbia data a qualcun altro?»

«Sinceramente non saprei. Ma ne dubito. Era la loro stanza, le chiavi le avevano loro.»

Ballard riusciva a tenere a freno le proprie emozioni, Maddie, invece, era chiaramente in difficoltà.

«Così avete lasciato una ragazza nuda e incosciente in una stanza a cui poteva accedere qualsiasi ragazzo di quel ballo» disse, con tono acceso. «Ho capito bene?»

«Sentite, si è ubriacata» protestò Van Ness. «Cosa avrei dovuto fare?»

«Forse proteggerla? Ha mai pensato una volta a quanto fosse vulnerabile?»

«L'ho coperta e ho chiuso la porta a chiave. Era al sicuro, non le è successo nulla.»

«Ne è sicuro?»

Van Ness non rispose. Scosse la testa, poi si voltò come per guardare fuori dal séparé, in lontananza. Ma la tenda era chiusa.

«State dicendo che le è successo qualcosa?» chiese, con voce pacata.

Ballard mise una mano sul braccio di Maddie per impedirle di rimproverarlo di nuovo.

«Sì, le è successo qualcosa» disse. «È rimasta incinta e nove mesi dopo ha avuto un bambino.»

Van Ness si voltò di scatto a fissarle. Ballard capì che si trattava di un'informazione nuova. Era sbalordito.

«Be', non sono stato io!» disse subito. «Avevo un preservativo e l'ho usato.»

«Sicuro?»

«Sicurissimo, cazzo. Lei mi ha costretto a usarlo.»

«Allora buone notizie, Rodney. Se sta dicendo la verità, è al sicuro. Perché l'uomo che stiamo cercando è il padre di quel bambino.»

Van Ness spalancò la bocca per la sorpresa. Non si aspettava affatto che la cosa prendesse quella piega.

«Be', non sono io» concluse alla fine.

«Allora il modo più rapido per uscirne è darci il suo

dna» disse Ballard. «Se si offre volontariamente per un tampone, ci convincerà che non è lei l'uomo che stiamo cercando.»

Naturalmente non gli disse che avevano già la cannuccia con il suo dna. Van Ness scosse la testa, come se avesse dovuto sapere che non doveva venire con loro.

«Perché lo state cercando?» chiese.

«Un omicidio e diversi stupri» rispose Ballard.

Van Ness appoggiò i gomiti sul tavolo e si passò le mani tra i capelli.

«Oh mio Dio, oh mio Dio» disse. «Non sono io. Non potete credere...»

Non finì la frase.

«Allora ci permetta di farle un tampone e di cancellarla dalla nostra lista» disse Ballard.

Lui annuì. «Dove andiamo a farlo?» chiese.

«Qui. Ci penserà l'agente Bosch.»

Van Ness esitò, poi annuì di nuovo.

«Va bene» disse. «Non sono il vostro uomo.»

45

Lasciarono Van Ness al suo appartamento, con l'avvertimento di non mettersi in comunicazione con nessuno della St. Vincent, in particolare con gli uomini con cui aveva condiviso la stanza d'albergo la sera del ballo di fine anno. Ballard gli disse che se avesse avvisato qualcuno delle indagini, sarebbe stato accusato di complicità in omicidio e stupro. La cosa sembrò spaventarlo a dovere.

Ballard e Maddie salirono in macchina e si diressero verso l'autostrada. Iniziarono a discutere solo quando il bagliore dei neon della Strip si allontanò nello specchietto retrovisore. Maddie fu la prima a parlare.

«Mi dispiace» esordì.

«Per cosa?» disse Ballard. «Sei stata brava. Lo siamo state tutte e due.»

«Lo so, ma non avrei dovuto sfogare la mia rabbia in quel modo. Non è stato professionale. Tu sei stata bravissima a tenere a freno le emozioni per tutto il tempo. Lo hai fatto parlare.»

«Forse, ma quando l'hai rimproverato in quel modo, ha funzionato. Ha mostrato il suo senso di colpa per come l'aveva lasciata quella sera e questo mi ha fatto pensare che non è il nostro uomo. Sei d'accordo con me?»

«Sì, in effetti. È un perdente e lo sarà sempre, ma non

credo nemmeno io che sia il nostro uomo. Non ci avrebbe lasciate prendere il tampone.»

«Comunque, aspettiamo i risultati del laboratorio.»

«Certo.»

«C'è ancora qualcosa che non ci ha detto.»

«Come lo sai?»

«All'inizio ha mentito per omissione, sostenendo di non ricordare che Mallory era la sua accompagnatrice al ballo. Quindi sapeva che era successo qualcosa, quella sera. Questo mi ha fatto pensare che fosse il nostro uomo. Ma poi non ha avuto nessuna esitazione sul tampone. Vuol dire che ha mentito per qualche altro motivo. Probabilmente ha detto ai suoi amici che Mallory era svenuta nella stanza. L'ha resa un bersaglio facile, che se ne rendesse conto o meno.»

«Non c'è un modo per inchiodarlo per questo?»

«Forse, ma è possibile che avremo bisogno di lui per la questione più importante.»

«E cioè?»

«I procuratori odiano andare in tribunale solo con il dna. Troppi giurati non si fidano o non lo capiscono. Vogliono un testimone che racconti la storia, qualcuno che sappia unire i puntini. I procuratori vogliono quelli che chiamano "casi con dna plus". Quindi la questione più importante è lo stupratore delle federe, non quello che Rodney Van Ness ha combinato la sera del ballo. Se riusciamo a incriminare uno degli altri ragazzi come lo stupratore, potremmo aver bisogno di Rodney come testimone, per raccontare alla giuria delle chiavi, della stanza e di chi vi aveva accesso.»

Maddie annuì. «Pensi sempre con due o tre mosse di anticipo» disse.

«È necessario» rispose Ballard. «Hai il numero di Colleen?»

«Certo. Oggi mi ha già mandato tre messaggi chiedendo come sta andando.»

«Meglio a te che a me. Contattala e vedi se può provare a rintracciare Victor Best alle Hawaii. Immagino che abbiate già trovato Andrew Bennett e Taylor Weeks.»

«Non sono sicura di Weeks, ma ricordo che abbiamo trovato Bennett. Credo che sia nell'Orange County.»

«Ottimo. Molto più vicino delle Hawaii.»

Bosch prese il cellulare e aprì l'app dei messaggi.

«Magari chiedile di fare anche una ricerca sui media a Oahu, o nel posto in cui troverà Best» disse Ballard. «Che controlli se lì hanno avuto casi di stupri seriali negli ultimi quindici o vent'anni.»

«Lo faccio subito» rispose Maddie.

Digitò il messaggio sul telefono. Quando ebbe finito, le vennero in mente altre domande.

«Pensi che il colpevole possa essere Taylor Weeks? Quella sera aveva una ragazza e ora sembra che siano sposati.»

«Scommetterei prima su uno degli altri due, ma dobbiamo controllarli a fondo tutti. Non bisogna mai dare agli avvocati della difesa la possibilità di gettare la colpa su qualcun altro.»

«E chiunque di loro avrebbe potuto dare le chiavi a qualsiasi ragazzo, al ballo. Potremmo stare a fare nomi e cognomi per settimane.»

«Ti prego, no. Voglio risolvere questo caso senza perdere troppo tempo.»

«Scusa. Sei come mio padre quando era impegnato in un caso. Era un'idea fissa. Non c'era niente di più importante.»

«Forse non vorrai sentirtelo dire, ma questo è un grande complimento. Grazie.»

«Sì, lo intendevo come un complimento. Mio padre

non era sempre l'uomo più facile con cui vivere, ma quando era impegnato in qualcosa, lo era al massimo. Spero di poter essere così.»

«Lo sei già, Maddie. E sono felicissima che tu sia entrata nell'unità.»

Il telefono di Maddie emise un segnale e lei lesse un messaggio. «Colleen si è già messa al lavoro» riferì. «Mi chiedo se Mallory sapesse cosa le era successo mentre era priva di conoscenza.»

«Penso che l'avesse capito» disse Ballard. «Altrimenti, avrebbe indicato Rodney come padre del bambino. Ma hai visto la sua faccia quando abbiamo detto che era rimasta incinta? Per lui era una novità. Non vedo perché Mallory avrebbe dovuto tenerlo all'oscuro, se pensava che lui fosse il padre.»

«Che storia triste, cazzo. Mi fa arrabbiare.»

«Già.»

Scese un silenzio. Stavano per rientrare in California quando il telefono di Ballard squillò. Era Gandle.

«Capitano.»

«Ballard, un paio di cose. Primo, indovini cosa è appena arrivato sulla mia scrivania?»

«Non ne ho idea, capitano.»

«Be', glielo dico io. È la notifica dell'auto di servizio che ha richiesto ieri sera. Quindi devo chiederglielo: è andata a Las Vegas prima che io le dessi il permesso di farlo?»

«Ecco, sapevo che avrebbe approvato la richiesta, perché vuole che risolviamo il caso. Quindi ci contavo, sì, ma non sono andata a Las Vegas ieri sera, se è questo che mi sta chiedendo. Ci sono andata oggi. Dopo che mi hai dato il permesso.»

Guardò Maddie, che la stava osservando, e le fece l'occhiolino. Prima che Gandle potesse rispondere, continuò:

«Ora stiamo tornando a casa. Abbiamo alcune piste solide che stiamo già seguendo».

«E il tizio che è andata a interrogare? È un sospettato?»

«Potremmo considerarlo tale, ma si è offerto volontariamente di lasciarci prendere il suo dna, quindi pensiamo che non sia il nostro uomo.»

«Allora il viaggio è stato un fallimento.»

«No, affatto, capitano. Ci ha dato alcuni nomi, piste che credo possano essere fruttuose.»

«Lo spero, Ballard.»

«Ho già messo al lavoro la squadra per controllarle.»

«Mi faccia sapere cosa viene fuori.»

«Sì, signore. Ha detto che voleva parlarmi di due cose, giusto?»

«Sì, ho appena ricevuto un rifiuto dall'ufficio del procuratore su Thawyer.»

«Cosa?» Ballard rivolse a Maddie uno sguardo angosciato.

«È stato respinto. Prove insufficienti per ottenere una condanna.»

«È incredibile. Chi l'ha respinto, Plovc?»

«No, è una decisione presa dall'alto. L'ha firmato Ernesto.»

Questo spiegava tutto. Ernest O'Fallon era il procuratore distrettuale appena eletto. Il capo della polizia aveva appoggiato l'avversario di O'Fallon alle elezioni e ormai tra i due c'era una faida continua. Nessuna delle due parti voleva regalare vittorie all'altra e questo aveva portato ad alcune interpretazioni discutibili della giustizia nella contea. O'Fallon, soprannominato «Ernesto» dai suoi detrattori, a causa di un tentativo mal riuscito di rivendicare una parziale discendenza latina durante la campagna elettorale, non avrebbe mai lasciato al LAPD la manna di pubbliche relazioni derivante dalla risoluzione del caso emblematico della Dalia Nera. E Ballard era arrabbiata con sé stessa per non averlo previsto quando aveva portato il caso a Plovc.

«Sono tutte stronzate» disse. «Quel caso è stato risolto.»

«Non ha importanza» ribatté Gandle. «Conosce il protocollo. Se il procuratore non firma, non si può procedere.»

«Dovremmo rivolgerci ai media. Ai giornalisti piacerà un sacco questa storia.»

«Ballard, pensi a quello che sta dicendo. Non faccia stupidaggini, altrimenti si troverà degradata o peggio. Ci è già passata. Se commette un passo falso ora, si ritroverà a fare terapia in autostrada, e sarà solo l'inizio. La toglieranno dai casi irrisolti prima ancora che la polvere si sia posata.»

«È comunque una stronzata. Abbiamo le prove.»

«Con me sfonda una porta aperta. Ma a volte le porte bisogna lasciarle chiuse.»

«Non so nemmeno cosa significhi.»

«Non importa. Non si fa niente. Continuiamo a indagare sullo stupratore delle federe e, se siamo fortunati, riusciremo a metterlo in culo al procuratore con un arresto, una conferenza stampa e tutto il resto.»

«Come vuole. Adesso devo concentrarmi sulla guida.»

«Allora la lascio andare. Ma ricordi, Ballard, pensi prima di agire. Ci sono delle conseguenze. Per ogni azione c'è una reazione uguale e contraria. Le leggi della politica sono uguali a quelle della fisica.»

Renée non disse nulla.

«È ancora lì, Ballard?»

«Sì, ci sono.»

«Voglio essere sicuro che mi abbia sentito.»

«Forte e chiaro, capitano.»

«Bene. Ora pensi a tornare, ci sentiamo domani.»
«Benissimo.»
Riattaccò e Maddie le fu subito addosso. «Hanno respinto Thawyer?»
«Non "hanno". Si tratta di un solo uomo, O'Fallon, perché non vuole concedere al dipartimento una grande vittoria.»
«Non ha senso. L'assassino della Dalia Nera è Thawyer, lo so.»
«Non ho nulla da obiettare.»
«Allora, cosa facciamo?»
«Maddie, da quanto tempo sei nel dipartimento? Due anni?»
«Quasi tre.»
«So che hai imparato molto da tuo padre. Più di una volta lui è rimasto invischiato nella politica e nella burocrazia. Ma anche adesso, nella cosiddetta nuova polizia di Los Angeles, imparerai che la politica è sempre presente, e nei servizi investigativi molto più che altrove.»
«E quindi? Ci arrendiamo perché un politicante del cazzo non vuole chiudere un caso che sappiamo di aver risolto?»
«Questo è il punto. Sappiamo di averlo risolto. Chiameremo comunque i Ford a Wichita e daremo loro delle risposte definitive. Il procuratore distrettuale non vuol chiudere il caso perché non vuole regalare questa vittoria al nostro capo? Non importa. Noi sappiamo la verità.»
«A me importa.»
Ballard si rese conto che Maddie era interessata anche al fatto che il caso della Dalia avrebbe potuto lanciare la sua carriera, permettendole così di diventare detective prima del tempo. Si sentì improvvisamente in colpa per aver cercato di istruirla sulle politiche del dipartimento.
«Senti» disse. «Gli altri poliziotti sapranno quello che

hai fatto. Il capitano Gandle lo sa già. Quando torniamo, vediamo che cosa possiamo fare per creare un caso così a prova di bomba che il procuratore non avrà altra scelta se non quella di firmare. Ci siamo già vicini. Ci deve essere qualcos'altro. Qualcosa a cui non abbiamo ancora pensato.»

Maddie rispose, sconsolata: «Abbiamo già dato loro abbastanza».

«È vero, dal nostro punto di vista. Ma O'Fallon è un animale politico. Dobbiamo considerare le cose dal *suo* punto di vista, e portargli qualcosa di così importante che il caso diventi un problema per lui se non lo approva.»

«Non credi che, se esistesse una cosa del genere, l'avremmo già trovata?»

«Forse. Ma c'erano foto di altre vittime. Confermiamone un'altra. O altre due, costi quel che costi. Poi torniamo dal procuratore.»

Passarono davanti a un cartello autostradale che annunciava l'uscita per Zzyzx. Ballard aprì la rubrica del telefono e chiamò Carol Plovc. Mise il vivavoce per includere anche Maddie.

«Carol, cos'è successo?»

«Renée, mi dispiace. Mi hanno praticamente estromessa. L'ho portato dall'altra parte della strada a Nicki Gallant e non avevo idea che avrebbe coinvolto O'Fallon. Appena l'ho saputo ho capito che sarebbe stato rifiutato. Mi dispiace.»

«Ti hanno detto qualcosa di preciso sulle carenze del caso? Cosa possiamo fare?»

«Niente, e non mi aspetto che mi dicano nulla. Il problema è l'analisi fotografica. Come ho detto, la percentuale di corrispondenza lascia spazio a un ragionevole dubbio.»

«Capisco, Carol. Grazie per l'impegno.»

«Se fosse dipeso da me, avrei firmato.»
«Lo so.»
Ballard riattaccò.
«Non credo affatto che avrebbe firmato...» commentò Maddie.
«Si tratta di politica» spiegò Ballard. «Era in una situazione senza uscita. Se avesse firmato, O'Fallon l'avrebbe probabilmente retrocessa. Così ha mandato il caso a morire dall'altra parte della strada.»
La frustrazione nell'auto era palpabile. Ballard e Maddie restarono in silenzio. Avevano ancora centocinquanta chilometri da percorrere e non avevano più nulla da dire.

GIOVEDÌ, ORE 9.12

46

Tutti i membri della squadra avevano già rispettato i loro impegni settimanali ma, quando Ballard arrivò all'Ahmanson, trovò Hatteras alla sua scrivania. Si poteva sempre contare su Colleen per tre o cinque giorni alla settimana, ma oggi era stata lei a chiederle di venire. Sapeva che aveva lavorato fino a notte fonda per trovare Victor Best, Andrew Bennett e Taylor Weeks. Dopo il ritorno da Las Vegas, Ballard era troppo stanca per chiederle di fare rapporto e aveva chiesto una riunione mattutina per il giorno dopo.

«Colleen, scusa il ritardo» disse subito. «Sono stata trattenuta in laboratorio.»

«Hai portato loro il tampone di Van Ness?»

Ballard posò la borsa sulla scrivania.

«Esatto. Vado su a prendere il caffè, poi possiamo parlare. Ne vuoi una tazza?»

«No, sto bene così» rispose Hatteras.

Ballard aprì un cassetto della sua scrivania e tirò fuori una tazza. Era un ricordo dei suoi giorni nella Divisione Rapine e Omicidi. Sopra c'era stampato uno slogan familiare: LAPD OMICIDI – LA NOSTRA GIORNATA INIZIA QUANDO LA VOSTRA FINISCE.

Si diresse verso la sala caffè al secondo piano. Mentre

riempiva la tazza, ricevette una telefonata dal capitano Gandle. Rispose con riluttanza. Ogni scambio di battute con il capitano, in quei giorni, era una potenziale fonte di ostilità.

«Ballard, pensavo di trovare tra le mie email il suo rapporto su Las Vegas.»

«Mi scusi, capitano. Siamo tornate tardi ieri ed ero stanca. Ora sono in ufficio e lo scrivo stamattina. Subito dopo un interrogatorio che sto facendo ora.»

Sperava che quella menzogna avrebbe abbreviato la conversazione.

«Bene» disse Gandle. «Voglio vedere cos'ha trovato.»

«Lo avrà prima di pranzo» promise Ballard.

Ci fu un attimo di silenzio, ma Gandle non riattaccò. Ballard intuì che stava per arrivare un altro colpo.

«C'è qualcos'altro, capitano?» chiese.

«Sì, devo parlarle di una cosa» disse Gandle. «Una cosa che ho paura possa mettermi in grande difficoltà.»

«Si tratta di Las Vegas? Van Ness ha sporto denuncia?»

«No, niente a che fare con Las Vegas. Mi ha telefonato un giornalista del *Times*, stamattina presto. La sparatoria dell'FBI sulla spiaggia. Non vogliono lasciar perdere perché sanno che Harry Bosch è coinvolto in qualche modo.»

«Capisco. Che cosa c'entra con...»

«Il giornalista mi ha anche inviato un video girato con un iPhone da uno degli astanti, un ragazzo che stava giocando a hockey su pista. Mi ha chiesto di identificare la donna con cui Bosch sta parlando vicino al nastro della scena del crimine. La abbraccia e le mette qualcosa in tasca. Quella donna le assomiglia molto, Ballard, e voglio sapere che cazzo sta succedendo.»

Renée rimase in un silenzio attonito.

«Dica qualcosa, Ballard. Adesso.»

«Al momento non posso, capitano. Sono nel bel mezzo di un interrogatorio. Ma la informerò presto.»

«Quando?»

«Ah, appena possibile. Mi lasci finire qui. Che ne dice se vengo in centro a trovarla?»

Stava cercando di guadagnare tempo per trovare una spiegazione accettabile.

«Posso solo dire che è meglio che non sia niente di grave.»

«Non si preoccupi, signore» disse Ballard. «Ma potrebbe mandarmi il video? Vorrei vederlo prima di parlare con lei.»

«Glielo invio. Ci vediamo oggi, Ballard. Oggi.»

«Sì, signore.»

Ballard riattaccò. Si sentiva annebbiata e le girava un po' la testa. Nella sala pausa c'era un unico tavolo con due sedie. Si sedette, appoggiò i gomiti sul tavolo e si passò le mani tra i capelli. Doveva inventarsi qualcosa per spiegare il motivo della sua presenza nel video, ma non riusciva a pensare ad altro che alla verità.

«Merda, merda, merda» disse.

Provava un senso di vuoto nel petto, che si fece più forte quando si rese conto che forse aveva recuperato il suo distintivo solo per perderlo di nuovo, in modo permanente.

47

Ancora piena di dubbi, Ballard tornò all'unità e trovò Maddie Bosch che parlava con Hatteras alla sua postazione. Appena la videro, entrambe capirono che qualcosa non andava.

«Stai bene?» chiese Hatteras. «Non hai detto che andavi a prendere un caffè?»

Ballard si accorse di aver lasciato la tazza di sopra.

«Sì» rispose. «L'ho bevuto in sala pausa mentre rispondevo a una telefonata.»

«Se hai lasciato lì la tazza, qualcuno la ruberà» disse Hatteras. «Vado a prenderla.»

«Ah, va bene. Grazie, Colleen.» Maddie aspettò che si allontanasse, prima di parlare.

«Renée, cosa c'è che non va?» chiese. «Sembra che tu abbia visto un fantasma.»

«No, è tutto a posto» disse Ballard. «Comunque, non ha nulla a che fare con quello che stiamo facendo. Ma pensavo che oggi ti prendessi una giornata libera.»

«C'è qualcosa che voglio mostrarti. Credo che sia un modo per fare un altro tentativo con il caso della Dalia.»

«Va bene, vediamo.»

Andarono alla scrivania di Ballard e Maddie si sedette, aprì il terminale, aspettò che il wi-fi si connettesse, poi andò sul sito di una ditta che si chiamava Film Forensics Institute.

«Di cosa si tratta?» chiese Ballard.

«Questa società sostiene di avere i migliori esperti al mondo per la verifica di film e video» disse Maddie. «Possono fare un confronto per noi e confermare che la vittima nelle foto di Thawyer è Elizabeth Short.»

«O confermare che non lo è.»

«Sì.»

«Come facciamo a sapere che siano davvero competenti come dicono? Sembra una cosa hollywoodiana.»

«Di recente sono stati incaricati dalla CNN di scovare video e foto deepfake nelle campagne presidenziali. Li ho chiamati e accetterebbero con entusiasmo questo lavoro. Il tipo mi ha detto che collaborano sempre più con le forze dell'ordine. Può darci delle referenze nella polizia, se vogliamo controllare. Ha detto che a livello locale hanno lavorato per la polizia di Beverly Hills.»

«E sono qui a Los Angeles?»

«Qui ci sono i migliori esperti di cinema del mondo.»

«Quanto costerebbe?»

«Be', ho cercato di convincerlo a farlo gratuitamente, ma mi ha detto che avremmo dovuto pagare almeno la tariffa oraria dei loro tecnici. Due tecnici valutano separatamente le immagini di un orecchio e stabiliscono se appartengono alla stessa persona, poi verificano se entrambi sono giunti alla stessa conclusione. Cento dollari l'ora ciascuno. Dovremmo anche citarli in qualsiasi comunicato stampa sul caso.»

Ballard esitò.

«Stavo pensando che potresti usare la mia paga della sovvenzione» propose Maddie.

Ballard scosse la testa. «No, non voglio mettermi contro il sindacato.»

Hatteras tornò e posò la tazza di Ballard sulla scrivania. Era piena di caffè fumante.

Doveva aver sentito la fine della loro conversazione, perché guardò Maddie e disse: «Tu sei pagata?»

«Ecco...» rispose lei.

«Riceve uno stipendio» intervenne Ballard. «Ho dovuto farlo o il sindacato le avrebbe impedito di entrare nell'unità, e avevamo bisogno di un altro distintivo nella squadra.»

«Oh» commentò Hatteras.

«Apprezzerei molto, Colleen, se lo tenessi per te» disse Ballard.

«Certo» rispose Hatteras. «Ho sempre detto che avrei fatto questo lavoro a titolo gratuito.»

«E il municipio e io te ne siamo grati» disse Ballard. «Ora torniamo a noi. Maddie, cosa può fare questa società privata che il nostro laboratorio di analisi fotografica non è in grado di fare?»

«Quell'uomo dice che le forze dell'ordine sono in ritardo nell'uso di identificatori che aiutano in casi come questi» rispose Maddie.

«Per esempio? Sembra solo propaganda per vendere.»

«Per esempio le orecchie» replicò Maddie. «Ci sono diversi studi secondo cui le linee dell'orecchio esterno – il lobo, l'elice, una cosa chiamata conca e varie altre forme – si combinano per formare un identificatore unico come un'impronta digitale. Esiste una cosa chiamata "metodo Cameriere di identificazione dell'orecchio", che può essere usato per confrontare e confermare l'identità.»

«Wow, interessante» intervenne Hatteras.

Ballard si accorse che Colleen era ancora in piedi alle sue spalle e stava assistendo alla conversazione.

«Mi hai mostrato le foto che hai consegnato al nostro laboratorio» disse Maddie. «C'erano immagini della vittima di nome Betty che mostravano l'orecchio destro, ma tutte quelle di Elizabeth Short che hai presentato per il confronto non mostravano una vista laterale di nessuna delle due orecchie. Quindi non credo che il laboratorio abbia fatto questo tipo di confronto.»

«Credo che me l'avrebbero fatto sapere» osservò Ballard.

«Sono andata su internet» disse Maddie. «Anche nella foto segnaletica di profilo di Short, scattata durante il suo arresto in stato di ubriachezza del 1943 a Santa Barbara, l'orecchio è coperto dai capelli.»

«Quindi non abbiamo nulla da confrontare?» chiese Ballard.

«In realtà, ce l'abbiamo» rispose Maddie, con entusiasmo. «Ne ho trovate diverse, tutte dalla scena del crimine di Leimert Park, dove l'assassino ha lasciato il suo corpo. In quelle foto, il suo volto è girato di lato nell'erba e si vede perfettamente l'orecchio destro. Ma non hai incluso nessuno di questi scatti nel pacchetto del laboratorio.»

«Perché la faccia era insanguinata e le guance erano tagliate come quelle del Joker nel film di Batman» ribatté Ballard. «Erano immagini orribili. E non pensavo che fossero adatte per un confronto fotografico.»

«Non lo erano per un normale confronto facciale» spiegò Maddie. «Ma ora abbiamo immagini chiare dell'orecchio destro da confrontare. Penso davvero che valga la pena tentare, e il tizio mi ha assicurato che se ne sarebbero occupati subito.»

«Penso anch'io che valga la pena provare» si inserì Hatteras. Ballard si voltò a guardarla.

«Colleen» disse. «Perché non vai nel tuo cubicolo e ti prepari a raccontarci quello che hai trovato ieri?»

«Non ce n'è bisogno» rispose Hatteras. «Sono già pronta. Vi stavo aspettando.»

«Allora vai di là e ti raggiungeremo tra un minuto.»

«Va bene.»

Lo disse come una bambina che viene mandata in camera sua e si allontanò a testa bassa. Ballard riportò l'attenzione su Maddie.

«Okay, va' avanti con questa analisi dell'orecchio» disse. «Senza chiasso. E voglio che tu scriva un accordo di riservatezza e lo faccia firmare a quel Camerero o come si chiama. Non voglio che si sappia in giro.»

«No, Cameriere è quello che ha inventato il metodo di comparazione. Il tizio con cui ho parlato al FFI si chiama Ortiz, di nome Lukas.»

«Capisco. Be', puoi dire al signor Lukas Ortiz di fare il più in fretta possibile, e che pagheremo la tariffa oraria dei suoi collaboratori.»

«Perfetto. Sono felice. Penso che funzionerà.»

«Questa sarà solo metà della battaglia. Anche se trovano una corrispondenza totale, dovremo comunque convincere il procuratore distrettuale.»

«Se questa analisi vale come quella delle impronte digitali, dovrà firmare per forza.»

«Può darsi. Ma è stato un bel colpo da parte tua, Maddie. Prosegui pure.»

«Vado subito da loro.»

48

Il capitano non le aveva ancora inviato il video girato dal giocatore di hockey su pista. Ballard cercò di allontanare il problema. Intanto si portò dietro una sedia e andò a sistemarsi accanto ad Hatteras.

«Finalmente» disse. «Colleen, fammi vedere cos'hai trovato su quei ragazzi della St. Vincent.»

«Ci sono notizie buone e cattive» rispose Hatteras. «Sono abbastanza sicura di averli localizzati tutti e tre. La cattiva notizia è che Weeks è a Hollywood Forever.»

«È morto?»

«Sì. In un incidente stradale, tre anni fa.»

«Dove?»

«Si è schiantato contro un albero in Los Feliz Boulevard mentre tornava a casa dopo un concerto al Greek. Ho trovato un articolo sul *Pasadena Star-News*. Credo che l'abbiano pubblicato perché era cresciuto lì e aveva fatto fortuna a Hollywood.»

«Cosa faceva a Hollywood?»

«Era un produttore di film indipendenti. Niente di cui abbia mai sentito parlare, ma roba che ha fatto il giro dei festival.»

«Puoi inviarmi l'articolo? Vorrei leggerlo.»

«L'ho stampato.»

Aprì una cartellina ed estrasse un foglio. Ballard lesse in fretta l'articolo e notò che nell'auto c'era una passeggera, che era sopravvissuta ma aveva riportato ferite gravi. L'articolo non riportava il suo nome. All'epoca, sull'incidente aveva indagato la Divisione Traffico della polizia di Los Angeles.

«Poi c'è questo» disse Hatteras.

Prese un altro documento dalla cartellina, quattro pagine in cui si intentava una causa contro l'azienda di Taylor Weeks, a nome di Amanda Sheridan, la passeggera dell'incidente. Secondo la denuncia, Weeks stava guidando sotto l'effetto di alcol ed ecstasy al momento dell'incidente e aveva rifiutato le ripetute richieste di Sheridan di fermarsi e lasciarle il volante. Secondo il documento, Weeks, arrabbiato, aveva urlato: «Che ne dici se mi fermo qui?» e si era lanciato intenzionalmente contro una quercia a circa tre metri dalla strada, uccidendosi e ferendo gravemente la Sheridan.

«Ottimo lavoro, Colleen» disse Ballard. «Devono avergli prelevato il sangue durante l'autopsia, e dovrebbe essere ancora nell'ufficio del medico legale, se questa causa è ancora attiva.»

Tornò alla prima pagina del documento per controllare il timbro del tribunale.

«Depositato nel settembre del '22» disse. «Probabilmente l'iter giudiziario è ancora in corso. Sono abbastanza sicura che riusciremo a ottenere il suo dna.»

«Ci speravo anch'io» commentò Hatteras.

«Tra un po' devo andare in centro. Passo dall'ufficio del medico legale e vedo cos'hanno.»

«Devi andare dal capitano?»

«Purtroppo.»

«C'è qualcosa che non va? Ho una brutta sensazione.»

«Va tutto bene, Colleen. Non c'è nulla di cui preoccuparsi.» Hatteras era l'ultima persona a cui avrebbe confidato il suo problema. Cambiò argomento.

«E Bennett e Best? Li hai trovati?»

«Sì. Van Ness ha sbagliato isola: Victor Best è attualmente capocuoco di un ristorante a Kona, sulla Big Island. Non ho il suo indirizzo di casa, ma ho quello del ristorante.»

Iniziò a digitare sulla tastiera.

«Bene» disse Ballard. «Hai cercato qualche notizia su stupratori seriali laggiù?»

«Sì, ma non ho trovato nulla. Ecco il ristorante.»

Sullo schermo apparve il sito web di un ristorante chiamato Olu Olu. Tavoli all'aperto con una splendida vista sull'oceano. Hatteras aprì un menu a tendina e cliccò su «Chi siamo». Apparvero una foto e la biografia del direttore del ristorante. Passò all'immagine successiva: Ballard si trovò a guardare un uomo con una giacca bianca da chef che sorrideva con calore alla macchina fotografica.

«Quello è Victor Best» disse Hatteras. «Capo chef e responsabile della cucina.»

Ballard si chinò per leggere i due paragrafi della biografia di Best. «Quasi vent'anni di esperienza nei ristoranti delle Hawaii» lesse ad alta voce. «Se è vero, si trovava lì quando qui è avvenuto l'ultimo episodio dello stupratore delle federe. Van Ness ha detto la stessa cosa.»

«Quindi lo cancelliamo dalla lista?»

«Non ancora. Abbiamo bisogno di conferme. Le bio dei siti web sono esagerate. E Van Ness si è sbagliato sull'isola, quindi potrebbe sbagliarsi anche sui tempi.»

«Capisco.»

Ballard fissò la foto di Best. Aveva la testa rasata, un ampio sorriso e un'abbronzatura intensa. Il ragazzo della foto sull'annuario era cresciuto fino a diventare l'uomo sullo schermo. Gli occhi erano gli stessi, di un marrone così scuro che riusciva a malapena a vedere l'anello intorno all'iride. Si chiese se stesse guardando gli occhi di uno stupratore omicida.

Hatteras interruppe i suoi pensieri chiedendo: «Hai mai vissuto a Kona?»

«No, non ho mai vissuto sulla Big Island. Ho abitato a Maui e ho frequentato la J-school a Oahu.»

«J-school?»

«Giornalismo. Ho fatto la giornalista per un po' di tempo, prima entrare in polizia.»

«Interessante. Non lo sapevo.»

L'accenno al suo passato diede improvvisamente a Ballard un'idea su come scoprire quando Best aveva lasciato la California per le Hawaii.

«Colleen, come l'hai trovato?» chiese.

«È stato facilissimo. Ho semplicemente cercato su Google "Victor Best Hawaii" e mi è apparsa la pagina con il sito del ristorante. Vorrei che fosse sempre così facile.»

Ballard tenne per sé il suo piano per Best e proseguì con il rapporto di Hatteras.

«E cos'hai trovato su Andrew Bennett?»

«Con lui è stato più difficile. Come puoi immaginare, ci sono molti Andrew Bennett in giro. Ancora una volta, basandomi su quello che Maddie mi ha raccontato delle ammissioni di Van Ness, ho inserito la contea di Orange tra i miei parametri e ho trovato quattro Andrew Bennett da quelle parti. Li ho esaminati e ne ho individuato uno a Laguna Beach. Lavora per un'agenzia immobiliare che sul suo sito web riporta le biografie dei suoi rappresentanti. La sua bio dice che è nato in California, e poi ho fatto un confronto con l'annuario. Da' un'occhiata.»

Sul sito web di un'agenzia immobiliare visualizzò la foto di un sorridente Andrew «Andy» Bennett, alla quale affiancò la foto scannerizzata e ingrandita dell'Andy Bennett dell'annuario. Non c'erano dubbi che si trattasse della stessa persona. A differenza di Victor Best, che aveva perso i capelli e aveva delle rughe intorno agli occhi, Bennett sembrava aver trovato la fonte della giovinezza o un buon chirurgo plastico. Aveva una bella pelle e i suoi capelli erano folti. Ballard si rese conto che anche lo stile non era cambiato. I suoi capelli nerissimi erano ancora separati da una riga a sinistra. Mostrava un ampio sorriso e si trovava accanto al cartello di una casa in vendita.

«Mi chiedo di quanto tempo fa sia questa foto» disse Ballard. «Qui dimostra circa trent'anni.»

«Lo so» disse Hatteras. «Ne ho cercate altre, ma non ne ho trovate. Nel database del Dipartimento Immobiliare della California non c'è nessun reclamo contro di lui, ed è abilitato dal 2007.»

«Controllerò presso la Motorizzazione e spero di trovare un indirizzo di residenza. Ma mandami quello dell'ufficio.»

«Alla Motorizzazione ho già controllato io e ho trovato l'indirizzo di casa. Te lo mando.»

«Come hai fatto a entrare nel database?»

«Ho usato la tua password.»

«Colleen, come fai ad avere la mia password?»

«Me l'ha data Anders.»

«Cosa?»

«Almeno, credo che sia la tua. È quello che ha detto lui.»

«Non ci posso credere. Ti prego, non usarla più. Hai capito? Parlerò con Anders, ma intanto non usare più quella password.»

«Va bene, scusa. Non sapevo che fosse un problema. L'altro giorno mi hai chiesto di fare un controllo sul tuo computer perché eri ancora connessa. Non vedo la differenza. Ho pensato che gliel'avessi data tu.»

«No, l'ha hackerata e ne parlerò con lui. Quello che

devi sapere è che il dipartimento è molto severo riguardo agli utenti non autorizzati che effettuano controlli alla Motorizzazione.»

«Come quello che mi hai chiesto di fare l'altro giorno?»

Ballard era esasperata. «Senti, quello era diverso» disse. «E non ho intenzione di parlarne oltre. Non farlo più. È illegale. Potrebbe mettere nei guai sia me che te.»

«Va bene» disse Hatteras. «Non lo farò più.»

«Mandami l'indirizzo di Bennett, così sembrerà legale.»

«Va bene. Hai intenzione di andare a Laguna a trovarlo?»

«Prima o poi. Facciamo così, vedi se riesci a scoprire se lui organizza una open house, questo fine settimana.»

L'open house era un evento in cui una casa in vendita veniva aperta e tutti coloro interessati all'acquisto potevano visitarla contemporaneamente, chiedendo i dettagli della vendita all'agente immobiliare.

«Oh, interessante. Vuoi osservarlo fingendoti una potenziale acquirente. Prima di dirgli che sei della polizia.»

«Forse.» Ballard sapeva cosa stava per dire Colleen e non si sbagliava.

«Se ci vai, posso venire con te?» chiese infatti Hatteras. «Aspetta, non rispondere. So già che è un no. Non importa.»

Ballard era sollevata che si fosse stoppata da sola. Sembrava cominciare a capire.

«Colleen, forse dovresti prenderti una pausa e andare a casa» disse. «Sei stata qui ogni giorno, questa settimana. Non voglio che tu ti esaurisca. Sei troppo preziosa per la squadra.»

La lasciò a pensarci su e riportò la sedia alla scrivania, dove l'aspettava il caffè, ormai freddo, per la seconda volta. Prima di andare di sopra per farsene una terza, che sperava di poter bere, controllò la posta elettronica.

C'era l'email appena arrivata da Hatteras con i dati di Andrew Bennett. Sebbene vendesse case nella costosa Laguna Beach, viveva a Laguna Hills, un sobborgo a ovest con costi abitativi più bassi a causa della distanza dal Pacifico. La patente era stata rilasciata tre anni prima e la foto corrispondeva a quella che Hatteras aveva trovato su internet davanti a quella casa in vendita. Anche lì Bennett sembrava più giovane dei suoi anni.

Dopo aver annotato le informazioni pertinenti su un taccuino che teneva sulla scrivania, Ballard entrò nel database della Motorizzazione della California. Attraverso il portale interagenzie, riuscì a recuperare i dati della patente di Victor Best alle Hawaii, scoprendo che non aveva ottenuto la patente in quello Stato fino al 2008, con un indirizzo prima a Oahu e poi a Big Island, nei successivi rinnovi. Ma il fatto che avesse ottenuto la patente alle Hawaii solo dopo che lo stupratore delle federe aveva smesso di colpire a Los Angeles non significava nulla, di per sé. Poteva essersi trasferito anni prima e aver aspettato che la sua patente californiana scadesse, prima di chiedere quella delle Hawaii. L'informazione era utile, ma non spostava l'ago della bilancia su Best. Ballard aveva bisogno di sapere con maggior precisione quando aveva lasciato la California per le Hawaii. Era anche consapevole del fatto che, indipendentemente dalla data in cui Best si era trasferito, non si trattava di un alibi solido. Avrebbe potuto fare la spola tra le Hawaii e la California e commettere gli stupri.

Per restringere il campo, consultò il sito web del *Pasadena Star-News* e ne scorse le pagine finché non vide la firma di una giornalista di nome Claudia Gimble. Non ebbe bisogno di annotare il nome.

Si raddrizzò per guardare oltre il divisorio e vide che Hatteras era ancora alla sua scrivania. Non voleva che origliasse la sua telefonata così si alzò, con la tazza di caffè in mano. «Sei ancora qui» disse.

«Sto per andare» ribatté Hatteras. «Sto finendo di sistemare alcune cose.»

Ballard alzò la tazza.

«Vado su a fare una ricarica e poi vado in centro. Quindi ci vediamo domani o forse anche lunedì.»

«E Laguna Beach?»

«Non ho ancora deciso. Andare e tornare richiederebbe un'intera giornata e non sono sicura di voler investire tutto quel tempo. Qui ci sono ancora molte cose da finire. Ti farò sapere se ci andrò.»

«Va bene.»

«Ci vediamo, Colleen.»

«Ciao.»

Ballard andò in sala caffè e trovò la cuccuma vuota. Dovette prepararne un'altra. Quando tornò in ufficio, non c'era traccia di Hatteras. Finalmente era sola. Si sedette alla sua scrivania, bloccò l'identità sul cellulare e chiamò l'Olu Olu a Kona. Alle Hawaii il fuso era indietro di tre ore, ma Ballard sperava che, in quanto capocuoco e responsabile della cucina di un ristorante aperto a pranzo e a cena, Best fosse già al lavoro.

Rispose una donna, disse che Victor era nel suo ufficio e che gli avrebbe passato la chiamata. Lui rispose subito.

«Sono Victor.»

Ballard mise il telefono in vivavoce e tirò fuori il suo mini-registratore. Mentre parlava, iniziò a registrare.

«Salve, signor Best. Sono Claudia Gimble del *Pasadena Star-News*, in California. Avrebbe qualche minuto per un'intervista?»

«Intervista? Per cosa?»

«Come probabilmente ricorderà, essendo cresciuto qui a Pasadena, siamo un giornale di una piccola comunità e stiamo scrivendo un articolo sulla venticinquesima rimpatriata della classe del '99 della St. Vincent. È un buon momento per farle qualche domanda?»

«Un articolo? Si tratta di uno scherzo, per caso?»

«No, signore, non è uno scherzo. Faremo sapere dove sono ora quei ragazzi, sono le cose che la gente ama leggere. Volevo parlare con lei perché il fatto che vive alle Hawaii la rende uno dei membri più lontani ed esotici della classe di diplomati del '99. La mia prima domanda è: cosa l'ha spinta a trasferirsi alle Hawaii?»

«Senta, non so se voglio essere coinvolto in questo... articolo. Con chi altri della classe ha parlato?»

Ballard recitò tre nomi di donne dall'annuario. Sapeva che era una manovra rischiosa: Best poteva essere in contatto con una di esse. Ma la risposta non indicò che lo fosse.

«Va bene, allora» disse. «Che cosa vuole sapere?»

«Vediamo» disse Ballard. «Quando si è trasferito alle Hawaii e perché?»

«Credo fosse il... 2003, e a essere sincero, l'ho fatto per un lavoro. Ho frequentato la CIA – sta per Culinary Institute of America: è una scuola, non l'agenzia di spionaggio – e sono arrivato qui grazie alla scuola. Era un lavoro da souschef a Oahu e ho pensato: perché no? È un'avventura, no? Da allora sono rimasto qui. Circa nove anni fa mi sono trasferito da Oahu a Big Island per lavorare in un nuovo ristorante, che sta andando molto bene. E posso dirle questo: non lascerò mai le Hawaii. Anzi, sto cercando degli investitori per poter aprire un ristorante mio.»

«Fantastico. Torna spesso a Pasadena?»

«Mi dispiace dirlo, ma no. I miei genitori mi hanno seguito qui quando mio padre è andato in pensione, quindi non ho motivi per tornare.»

«E per la venticinquesima rimpatriata di classe?»

«Ci sto pensando, ma non sono sicuro di averne il tempo. Siamo piuttosto impegnati, qui.»

Ballard sentì improvvisamente battere a macchina e si rese conto che non proveniva dall'altro capo della linea.

«Signor Best, posso metterla un momento in attesa?» disse rapidamente. «Non ci vorrà molto.»

«Certo, faccia pure.»

Ballard mise il telefono in modalità MUTE e stoppò il registratore. Si alzò e guardò oltre il divisorio. Hatteras era alla sua postazione e stava scrivendo qualcosa al computer.

«Colleen, pensavo che non fossi più qui» disse, senza riuscire a nascondere l'irritazione.

«No, ero andata solo a rimettere i fascicoli degli omicidi sugli scaffali» rispose Hatteras. «È fantastico il modo in cui l'hai fatto parlare. Una specie di lavoro sotto copertura. Lo adoro.»

«Senti, non voglio che tu stia qui. Disturbi la mia concentrazione, Colleen, e non voglio che tu senta questa conversazione, perché potrebbe essere un problema in futuro.»

«Davvero? In che senso? Sto solo ascoltando e imparando.»

«Non voglio entrare nel merito, ma se quest'uomo finisce per essere il colpevole che stiamo cercando, potresti essere chiamata a testimoniare su questa conversazione. E non voglio che succeda, capisci?»

«Oh, mi dispiace. Finisco questa email e la invio, poi me ne vado.»

«Benissimo.»

Hatteras spostò di nuovo gli occhi sullo schermo, con la sua solita espressione imbronciata. Ballard si sedette di nuovo, riavviò il registratore e tolse il muto al telefono.

«Mi scusi, signor Best» disse. «Dove eravamo rimasti?»

49

La prima tappa di Ballard dopo aver lasciato il West Side fu la casa in collina di Harry Bosch. Non aveva chiamato, inviato email o messaggi prima di arrivare, per non lasciare tracce. Aveva pensato di telefonare a Maddie per chiederle di controllare che suo padre fosse in casa, ma anche questo avrebbe lasciato una traccia. Inoltre, avrebbe coinvolto la figlia di Harry nella questione, portandola a conoscenza di tutto il piano di recupero del suo distintivo, ed era meglio evitarlo. Così spense il telefono e guidò fino a Woodrow Wilson, per presentarsi da Bosch senza preavviso. Sapeva che c'erano telecamere di sorveglianza nel quartiere e altri modi per documentare la sua visita, ma contava sul fatto che gli Affari Interni non si sarebbero sforzati molto, per indagare su una possibile collusione tra lei e Bosch. Avrebbero controllato i tabulati telefonici e le email, ma probabilmente non sarebbero andati a bussare alle porte.

Ebbe fortuna. Bosch era in casa e la fece subito entrare.

«Che succede?» chiese, mentre chiudeva la porta d'ingresso. «Potevi chiamare invece di venire direttamente.»

«No, ho preferito di no» replicò Ballard. «E capirai, quando ti dirò il perché.»

Trascorsero la mezz'ora successiva a elaborare una storia credibile. Poi Bosch andò in camera da letto a prendere da un cassetto qualcosa che, secondo lui, avrebbe potuto convincere il capitano Gandle. Quando tornò e glielo mise in mano, Ballard lo aspettava sulla porta di casa.

«Grazie, Harry» disse. «Non posso credere che sia successo tutto questo solo perché non ho voluto denunciare il furto del mio distintivo.»

«Sono contento che tu non l'abbia fatto» ribatté Bosch. «Ricorda, quei ragazzi non avevano bisogno del tuo distintivo per mettere in atto ciò che avevano in mente. Il distintivo faceva solo parte di un possibile piano di fuga. Ma non siamo arrivati a quel punto, e oggi molte persone sono vive perché tu non hai voluto denunciare il furto del distintivo.»

«Credo di sì. Hai ragione.»

«Nessun altro lo saprà mai, ma io sì.»

«E spero che le cose restino così.»

«Fammi sapere come va con il tuo capitano.»

«No, non potrò farlo.»

«Giusto. Ma se verrò coinvolto in una verifica, ti terrò aggiornata in qualche modo.»

«Bene. Stai attento.»

«Anche tu.»

Quaranta minuti dopo, Ballard era seduta di fronte al capitano Gandle nel suo ufficio al PAB. Non le aveva mai inviato il video girato dal giocatore di hockey su pista. Sosteneva di averlo dimenticato, ma Ballard sapeva che probabilmente l'aveva fatto apposta. Non voleva che lo vedesse in anticipo e avesse il tempo di inventarsi una spiegazione plausibile.

Ora lo fece partire, girando lo schermo del computer in modo che potessero guardarlo insieme. Sebbene fosse stato ripreso da lontano, Ballard era chiaramente riconoscibile, mentre aspettava oltre il nastro giallo. La telecamera seguiva Bosch che si allontanava dal centro della scena del crimine. Ci fu una breve conversazione, l'abbraccio e la mano di Bosch che si infilava nella tasca di Ballard. Lei era grata per due cose. Primo, il fatto che non fosse chiaro cosa Bosch le avesse messo in tasca, o addirittura se le avesse davvero messo in tasca qualcosa. In secondo luogo, il fatto che il giocatore di hockey non avesse iniziato a girare il video con il suo telefono mentre lei e Olmstead stavano parlando accanto al nastro.

Non c'era nulla che la collegasse all'agente incaricato dell'operazione. Si sentì sollevata.

«È lei, vero?» disse Gandle. «Era lì.»

«Sì, sono io. Ero sul posto.»

«Gesù Cristo, e non ha detto nulla?»

«Non ero in servizio. Ero lì perché Harry Bosch mi aveva chiesto di esserci.»

«Perché? Perché avrebbe dovuto farlo?»

«Capitano, mi ha detto di aver conosciuto Harry, in passato. Quindi sa che ha un problema con i federali. Non si fidava di loro quando era un poliziotto e si fida ancora meno adesso. Voleva una sorta di rinforzo. Qualcuno che non fosse un agente dell'FBI e che potesse testimoniare, se le cose fossero andate storte e avessero cercato di far ricadere la colpa su di lui.»

«Quindi lei era solo un'osservatrice. Non faceva parte dell'azione.»

«Può vederlo nel video. Io sono fuori dal nastro. Se facessi parte di quello che è successo, non crede che sarei stata all'interno?»

Gandle non disse nulla. La sua domanda successiva rivelò a Ballard che trovava la storia plausibile.

«Cosa le ha messo in tasca?» chiese.

Ballard si frugò in tasca e tirò fuori la medaglia e la catenina che Bosch le aveva dato sulla porta di casa. Gliela porse attraverso la scrivania e lui la prese. Un lato della medaglia raffigurava san Michele, il patrono degli agenti di polizia. L'altro lato era personalizzato. Mostrava un distintivo della polizia di Los Angeles con un 6 stampigliato sotto. Molti agenti del dipartimento avevano attività secondarie. Vendevano assicurazioni, immobili o davano lezioni di autodifesa. Un poliziotto della divisione Hollywood, la sesta divisione della polizia di Los Angeles, vendeva medaglie, e Bosch ne aveva una dai tempi in cui lavorava alla Omicidi di Hollywood.

«L'ho avuta quando facevo il turno di notte a Hollywood» spiegò. »Gliel'avevo data come portafortuna, perché nemmeno io mi fidavo molto del fatto che l'FBI si sarebbe preso cura di lui se fosse successo qualcosa.»

Gandle fece penzolare la catenella e la medaglia oscillò davanti ai suoi occhi.

«San Michele» disse. «Non mi è mai sembrata religiosa, Ballard.»

«Quando sei in strada nel cuore della notte, fai affidamento su tutto quello che puoi» replicò Ballard. «Se questa diventa un'indagine interna, voglio essere sicura di riaverla.»

Gandle la fissò a lungo, cercando di capire se stesse dicendo la verità.

«Quindi se faccio venire qui Bosch, racconterà la stessa storia?»

«Sì, visto che è la verità.»

«Un'ultima domanda. Nel video ha la giacca tutta sporca. Come mai? Cosa era successo?»

Era l'unica parte della storia che lei e Bosch non avevano esaminato. Anche se la spalla le faceva ancora male, aveva dimenticato di dire a Bosch che era caduta dal furgone dell'FBI ed era atterrata violentemente sulla strada. La sua mente si affannò a trovare una risposta che non facesse crollare nessuna delle spiegazioni precedenti.

«Ah, sì... Sono caduta.»

«Dove?»

«Ero in Ocean Avenue, su una panchina a guardare l'incontro tra Bosch e i tizi che volevano le armi. Ocean Avenue si trova sopra il parcheggio, quindi era un buon punto di osservazione. Quando è iniziata la sparatoria, volevo raggiungere Bosch. Avrei dovuto scendere le scale, ma erano a circa trenta metri alla mia sinistra. Ho provato a correre giù per il terrapieno, ho perso l'equilibrio e sono caduta. Mi sono sporcata.»

«Allora perché non è andata subito da Bosch? Perché ha aspettato che isolassero la scena del crimine?»

«Be', mi sono fatta male, devo ancora farmi controllare la spalla. Non posso dormirci sopra. Ma il motivo principale è che c'erano dei cecchini dell'FBI e non sapevano di me. Solo Bosch lo sapeva. A un tratto ho capito che, se fossi entrata di corsa nel parcheggio, mi avrebbero sparato. Così ho aspettato che stendessero il nastro, per muovermi senza rischi.»

Non era del tutto soddisfatta della risposta, ma pensava che fosse plausibile. Gandle esitò, poi si alzò appena sulla scrivania e le porse la catenina che ancora gli penzolava dalle dita. Ballard aprì la mano e la riprese.

«Non lo so, Ballard» disse. «L'intera faccenda mi sembra sospetta.»

«È andata come le ho detto» insistette Ballard. «Cosa dirà al *Times*?»

«Fanculo al *Times*. Non dirò nulla. E se Anderson chiama lei o Bosch, è meglio che entrambi facciate lo stesso. Ora vada. Ho del lavoro da fare e ce l'ha anche lei.»

Ballard si alzò, con la sensazione di averla scampata.

«Aspetti un attimo» disse all'improvviso Gandle. «Si sieda. Cosa sta succedendo con il suo caso? Ha detto che a Vegas ha trovato delle piste, ma non ho ancora un suo rapporto.»

Ballard tornò a sedersi e riassunse ciò che lei e Maddie Bosch avevano ottenuto da Van Ness. Aggiunse che si stavano facendo dei controlli sui tre nomi che lui aveva fornito. Disse che avrebbe chiamato l'ufficio del medico legale per vedere se avevano ancora il sangue del defunto Taylor Weeks.

«Speriamo che non ci sia una corrispondenza» commentò Gandle.

«Perché?»

«Perché un colpevole morto non fa presa sui media. Per una volta ci farebbe comodo che fosse vivo. Un uomo in manette durante un'udienza in tribunale, per esempio. Un sospettato morto fornisce solo risposte. Uno vivo offre la possibilità di fare giustizia. È quello che vuole la gente e ci fa fare bella figura.»

Ballard annuì. Il capitano aveva ragione. «Allora spero che Weeks non sia compatibile e che ne troviamo uno vivo» disse. «In ogni modo, voglio risolvere questo caso.»

Si alzò di nuovo in piedi.

«Un'altra cosa» disse Gandle. «Ho concluso che far entrare Madeline Bosch nell'unità sia stato un errore.»

«Ma ha dato la sua approvazione.»

«Sì, lo so. Ma ora voglio che la mandi via.»

Per la terza volta, Ballard si sedette.

«Ma perché?» protestò. «È bravissima. Il caso della Dalia Nera è tutto merito suo. Ed è stata lei a Las Vegas a far sì che Van Ness si aprisse e parlasse. Inoltre, è l'unica nell'unità oltre a me ad avere un distintivo, e sono mesi che sostengo che ho bisogno di un secondo distintivo nell'unità.»

«È che non fa una bella impressione» disse Gandle. «Lei e suo padre e tutto quel casino sulla spiaggia, poi adesso prende in squadra sua figlia. Non dà una buona immagine, Ballard. La lasci andare.»

«È una cattiva immagine solo se finisce sul *Times*, e lei ha detto che non parlerà con i giornalisti.»

«È così, ma non si sa mai. La situazione potrebbe ancora esplodere. Quindi mandi via Madeline Bosch.»

«Signore...»

«È un ordine, Ballard.»

Lei fece una pausa prima di rispondere. Cercava di pensare con due mosse di anticipo rispetto al capitano.

«Va bene» sospirò infine. «Posso andare, ora?»

«Non la trattengo più» disse Gandle. «Vada a risolvere casi.»

«Bene.»

«Buona giornata.»

Ballard si alzò. La sensazione di vuoto nel petto non era passata. La preoccupazione per l'inchiesta del *Times* era stata appena rimpiazzata da quella di dover escludere Maddie Bosch dall'unità. Sapeva di aver semplicemente scambiato un problema con un altro. Doveva trovare un modo per far revocare l'ordine al capitano e tenere Maddie in squadra.

50

Ballard aveva portato in laboratorio un campione di sangue prelevato da Taylor Weeks durante l'autopsia e aveva appena imboccato l'autostrada 10 quando il suo telefono squillò e vide il nome di Dan Farley sullo schermo. Si preparò. Lui non l'aveva mai contattata, tranne la prima volta, quando si era presentato e aveva detto che la sua richiesta era arrivata sulla sua scrivania al TINO. Tutte le altre volte era stata Ballard a chiamarlo per sapere se c'erano stati progressi.

Avrebbe voluto accostare per rispondere alla telefonata, ma era pericoloso fermarsi sul ciglio di un'autostrada così trafficata, per non parlare di quando poi avrebbe dovuto rientrare nelle corsie congestionate dalle altre auto.

Rispose alla chiamata e cercò di concentrarsi sulla guida mentre parlava.

«Dan? Che succede?»

«Ho trovato tua madre, Renée. Ed è viva.»

Ballard all'inizio non rispose. Si era preparata a ricevere la notizia opposta. Per mesi aveva pensato che la donna che l'aveva messa al mondo, ma che aveva fatto poco altro come madre, sarebbe stata tra le vittime degli incendi di Maui. Si era preparata a sapere di averla persa senza la possibilità di un confronto o di una riconciliazione. In un attimo era cambiato tutto e non sapeva come reagire.

«Renée?»

«Sì, sono qui. È solo che... non me lo aspettavo. Dov'è?»

«In questo momento si trova al Maui Community Correctional di Wailuku. Sarà scarcerata oggi.»

«È stata arrestata?»

«Sì. C'erano dei mandati di cattura. Multe non pagate, soprattutto. Parecchie. Non conosco i dettagli. Ma avevo inserito un avviso di ricerca nel sistema dopo la denuncia di scomparsa. Mi hanno avvisato poco fa e ho pensato che avresti voluto saperlo.»

Ballard tacque di nuovo.

«Ci sei?»

«Sì, stavo pensando. Ha fornito un indirizzo di residenza?»

«Deve averlo fatto, e io posso procurartelo. Sono qui, in ciò che resta di Lahaina, e Wailuku è dall'altro lato dell'isola. Ma non posso andarci oggi.»

«Certo, capisco.»

Era stordita. Non riusciva a pensare a cos'altro dire. Pensò a Farley che aveva inserito la segnalazione nel sistema. Un avviso di ricerca. Quelle parole le ricordarono che aveva speso tutta la vita, in fondo, a cercarla. A sperare che sua madre fosse presente per lei.

«Chiuderò questo fascicolo» disse Farley. «Ma se vieni a trovarla, hai il mio numero. Non so, potrei farti fare un giro, mostrarti cosa stiamo facendo qui. Ovviamente, se t'interessa.»

«Certo, Dan» disse Renée. «Ti chiamo io.»

Ballard tornò al presente e si rese conto che quell'uomo aveva fatto molto per lei.

«E Dan... grazie» aggiunse. «Hai fatto il massimo possibile, per lei e per me. Forse lei non ne valeva la pena, ma, da poliziotto a poliziotto, lo apprezzo molto.»

«Figurati» rispose Farley. «È quello che facciamo qui. E questo è uno dei finali migliori, credimi. Abbi cura di te, Renée, e spero che il fatto che tua madre sia ancora viva porti a qualcosa di buono tra voi due.»

«Sì, anch'io. Grazie ancora.»

Continuò a guidare verso ovest, ma superò l'uscita verso la 405 sud che l'avrebbe riportata all'Ahmanson. Proseguì, invece, verso ovest e prese la curva attraverso il tunnel dove l'autostrada diventava la Pacific Coast Highway.

Si diresse verso l'oceano.

VENERDÌ, ORE 9

51

Con i capelli ancora bagnati dopo il surf mattutino a Trancas, Ballard entrò in ufficio all'Ahmanson con la tazza di Starbucks in mano. Si aspettava di vedere Colleen Hatteras nella zattera, invece c'era Maddie Bosch.

«Maddie, che ci fai qui?» chiese. «È venerdì. Stasera hai un turno.»

Lei alzò lo sguardo dallo schermo.

«Lo so, ma dovevo venire» rispose. «Abbiamo già ricevuto i risultati dal FFI e si tratta di una corrispondenza. Niente qualifiche, niente percentuali. È una corrispondenza confermata. La donna nelle foto di Thawyer è Elizabeth Short.»

Ballard posò la tazza e la borsa del computer sulla scrivania e si diresse verso la postazione di Maddie.

«Mostrami tutto» disse.

La ragazza spinse indietro il monitor in modo che Ballard, che era in piedi, avesse una buona angolazione. Sullo schermo c'era un documento con l'intestazione del Film Forensics Institute. Era indirizzato all'agente Madeline Bosch. Vi si leggeva che l'analisi Cameriere dell'orecchio sulle foto presentate confermava una corrispondenza. Si trattava della stessa donna in ogni foto. La lettera affermava che due tecnici, Paul Buckley e James Camp, avevano condotto analisi indipendenti delle foto ed erano giunti a una corrispondenza. Si specificava che entrambi i tecnici erano esperti qualificati e che sarebbero stati disponibili a testimoniare in tribunale sulle loro scoperte.

«Molto bene» commentò Ballard.

«A chi dobbiamo rivolgerci?» chiese Maddie. «A Plovc, o andiamo direttamente dal procuratore?»

«Cominciamo con Carol. Dobbiamo rimanere nella nostra corsia. Se il caso finisce di nuovo sul tavolo del procuratore distrettuale, deve occuparsene lei.»

«Va bene.»

«Mandami questa lettera; io gliela inoltro e poi la chiamo al telefono. Voglio che vedano tutto oggi.»

Si guardò intorno per controllare ancora una volta la zattera. Non c'era ancora nessuno, nemmeno Hatteras.

«Non hai visto Colleen, vero?» chiese.

«Non la vedo da ieri» rispose Maddie. «Se c'è qualcosa da fare, posso pensarci io.»

«No, è solo che di solito è qui.»

«Probabilmente è a casa a tenere il broncio perché tu sei cattiva con lei.»

«Davvero pensi che sia così?»

Maddie sorrise. «Sto scherzando. È solo che Colleen tende a essere troppo esplicita, sai cosa intendo, no?»

«Certo che lo so. Per questo sono così cattiva con lei.» Bosch rise e poi si fece seria.

«Mi farai sapere come Plovc o qualcuno dell'ufficio del procuratore risponderanno alla corrispondenza basata sull'analisi dell'orecchio?»

«Non appena saprò qualcosa, te lo dirò.»

«Allora io andrei. Ho delle cose da fare e voglio passare in palestra prima che cominci il turno.»

«Allora vai. E grazie per aver insistito. Vedremo cosa succede.»

«È meglio che stavolta firmino. L'abbiamo risolto, cazzo.»

«È vero. L'hai risolto tu. Ma vedremo se loro lo accetteranno. Ti chiamo appena so qualcosa.»

«Grazie.»

Ballard si diresse alla sua scrivania. Aprì la posta elettronica per recuperare la lettera del FFI che Maddie le aveva appena inviato. Quindi compose un nuovo messaggio indirizzato a Carol Plovc.

Maddie Bosch passò dalla sua scrivania mentre usciva.

«Quasi dimenticavo» affermò. «Ieri sera ho parlato con mio padre e mi ha detto che il capitano Gandle lo ha chiamato.»

«Davvero? Perché?»

«Penso per capire cosa ne pensava del fatto che mi fossi offerta volontaria per questa unità. Ma poi Gandle ha chiesto di te.»

«Di me? Come mai?»

«Immagino per sapere se te la cavavi bene con... sai, le pressioni del lavoro. Comunque, mio padre ti vuole far sapere che Gandle ha chiamato ma che va tutto bene.»

«Be', allora a posto, credo. Grazie.»

«Bene, io vado.»

«Va' pure. Appena so qualcosa ti chiamo.»

Ballard la guardò andare via. Sapeva qual era il vero messaggio di Harry: aveva confermato la versione che lei aveva dato a Gandle. L'unica sua perplessità era che il capitano lo avesse chiamato per verificare la storia. Significava che non lo aveva convinto del tutto. Comunque, l'intera faccenda del distintivo era ormai alle sue spalle e poteva concentrarsi sui casi che aveva davanti.

Concluse l'email a Carol Plovc spiegando la nuova analisi. La inviò con allegata la lettera del FFI.

Aveva un'altra ragione per voler risolvere in fretta il caso della Dalia Nera. Sapeva che, se avessero risolto il più grande mistero di Los Angeles, il merito sarebbe andato giustamente a Maddie Bosch, e questo avrebbe reso politicamente difficile, se non impossibile, che Gandle la tagliasse fuori dall'Unità Casi Irrisolti. Ballard voleva che tutto passasse per vie ufficiali e sperava che il capitano Gandle accettasse di revocare il suo ordine riguardo a Maddie. Sapeva inoltre che, se l'ufficio del procuratore avesse di nuovo rifiutato l'autorizzazione, c'erano altri modi per mantenere Maddie Bosch nella squadra.

Portò la tazza al piano di sopra per prendere un altro caffè. Quando tornò, si aspettava di vedere Hatteras alla sua postazione, ma la zattera era vuota. Percorse il corridoio accanto all'archivio e guardò in ogni corsia di fascicoli accantonati. Colleen non c'era.

Per quanto la presenza costante di Hatteras in ufficio la infastidisse, si rese conto che la stanza non era la stessa senza di lei. Aveva detto esplicitamente a Colleen di prendersi un po' di riposo e, adesso che lei l'aveva fatto, doveva ammettere che in un certo senso le mancava il suo incessante incalzare e fare domande. Si sedette, mise da parte la tazza di caffè e inviò un'email a Colleen, per chiederle se fosse riuscita a confermare se Andrew Bennett avesse delle case da mostrare a Laguna Beach durante il fine settimana. Concluse il messaggio con la proposta di andare entrambe a dargli un'occhiata da vicino, e magari con un po' di fortuna riuscire a prendere di nascosto anche un campione di dna. Mentre scriveva, non era sicura se fosse solo un'esca per spingere Hatteras a rispondere o una vera e propria offerta di portarla con sé sul campo.

Inviò l'email, sicura che avrebbe ricevuto una risposta rapida. Mentre aspettava, aprì un documento Word e finalmente iniziò a scrivere il rapporto riassuntivo sul viaggio a Las Vegas, con parecchio ritardo. Ci volle più di un'ora, a causa della distrazione costituita dalle telefonate di Masser e Laffont, che volevano sapere cosa stesse succedendo con i casi della Dalia Nera e dello stupratore delle federe e se avesse bisogno di loro prima dell'inizio del fine settimana. Dopo averli aggiornati, Ballard disse che si aspettava di vederli alla consueta riunione di squadra del lunedì.

Era quasi mezzogiorno quando inviò il rapporto al capitano Gandle. Hatteras non aveva ancora chiamato né risposto all'email. Forse si sentiva ancora ferita per il modo in cui l'aveva liquidata il giorno prima.

Decise di porgerle un ramoscello d'ulivo e la chiamò al cellulare. Scattò immediatamente la segreteria telefonica. Esitò, ma poi decise di lasciare un messaggio.

«Colleen, sono Renée. Oggi sono in ufficio e volevo sapere se ti interessa andare a Laguna per dare un'occhiata ad Andrew Bennett. Sotto copertura, ovviamente. Se c'è un'open house potremmo parteciparci ma, se così non fosse, possiamo comunque cercare uno dei suoi annunci e prendere un appuntamento per vedere una casa. Quindi chiamami e vediamo cosa possiamo organizzare.»

Riattaccò, sapendo che le parole «sotto copertura» erano un'attrattiva a cui Hatteras non avrebbe saputo resistere.

Aveva saltato la colazione per fare surf e adesso era affamata. Uscì dall'ufficio e si diresse verso il Melody su Sepulveda. Sarebbe bastato uno dei loro hamburger per affrontare la giornata fino a tarda sera. Il locale esisteva dal 1952 e aveva subìto molte trasformazioni, man mano che il vicino aeroporto si espandeva e le sue piste si avvicinavano sempre di più. Ora i jet passavano urlando direttamente sopra la testa degli avventori, ma il buon cibo, le bevande e la musica dal vivo la sera, assicuravano al Melody una clientela fedele.

Mangiò il suo hamburger seduta al bancone al centro

della sala. Teneva il telefono a faccia in su accanto al piatto, per non perdere un'eventuale chiamata di Hatteras a causa del rumore degli aerei.

Quando finì, la telefonata non era arrivata e la sua preoccupazione stava aumentando. Si chiese se avesse scelto il Melody perché si trovava dall'altra parte dell'aeroporto rispetto a El Segundo, dove viveva Hatteras.

Uscì dalla porta sul retro e raggiunse la sua auto. Una volta dentro, accese il computer portatile e aprì il file che conteneva tutti i dati degli attuali membri dell'Unità Casi Irrisolti. Inserì nel GPS dell'auto l'indirizzo di casa che Hatteras aveva riportato nel modulo.

Le ci vollero quindici minuti per attraversare l'aeroporto su Sepulveda e raggiungere Mariposa Avenue a El Segundo. Si fermò nel vialetto di una piccola casa stile ranch, con pareti giallo pallido e persiane color ruggine. Non era mai stata lì e c'era qualcosa di intrigante nel vedere come viveva uno dei membri della sua unità.

C'era un garage a due posti con la porta alzata. La Prius di Colleen era dentro. L'altro spazio era ingombro di scatole, biciclette e un tosaerba. Notò che la porta che conduceva dal garage alla casa sembrava socchiusa. La sua curiosità si trasformò in allarme.

Scese dall'auto e si avvicinò al garage. Prese il telefono e chiamò ancora una volta Colleen. Non sentì la suoneria provenire dall'interno della casa. Anche stavolta la chiamata passò immediatamente alla segreteria telefonica.

Entrò nel garage e, avvicinandosi alla porta di casa, chiamò a gran voce: «Colleen? Sono Renée. Sei in casa?»

Nessuna risposta.

Spalancò la porta. L'ingresso portava direttamente in cucina. Chiamò ancora una volta: «Colleen Hatteras, sei in casa?»

Entrò; la cucina era ordinata, i piani di lavoro puliti, con solo un piatto e una forchetta sciacquati nel lavello. Alla sua sinistra una porta immetteva in sala da pranzo e, oltre il frigorifero, un'altra porta conduceva a quello che sembrava un salotto. Andò in quella direzione, infilando la mano destra sotto la giacca e sganciando la cinghia di sicurezza della fondina. Impugnò la pistola, ma senza estrarla.

Anche il salotto era pulito e ordinato. Il televisore a schermo piatto sul muro era spento. Sul tavolino, due telecomandi erano allineati uno accanto all'altro. In fondo alla stanza c'erano delle porte, a destra e a sinistra. Guardò attraverso l'apertura di sinistra e vide un tinello vuoto, che attraverso un arco immetteva in sala da pranzo. Si diresse verso un corridoio, sulla destra.

«Colleen? Sono Renée.»

Nessuna risposta. Sul corridoio si aprivano diverse stanze: camere da letto, ripostigli e bagni. Controllò prima quella alla sua sinistra: una camera da letto trasformata in studio.

Entrò e vide un grande monitor da computer uguale a quello che Hatteras aveva all'Ahmanson. Era sistemato su una scrivania che faceva parte di una libreria che copriva interamente due pareti. Riconobbe la stanza, anche se non era mai stata in quella casa. Aveva visto la postazione di lavoro nei video di Facebook quando aveva esaminato la richiesta di Hatteras di far parte dell'unità. Colleen si occupava di investigazioni online già da tempo, prima di offrirsi come volontaria per l'UCI. Era stata persino parte integrante di un gruppo che aveva identificato un serial killer, collegando alcuni omicidi commessi in sette Stati diversi. Il lavoro di Hatteras su quel caso era stato decisivo e Ballard le aveva offerto un posto come esperta volontaria di genealogia genetica investigativa.

Nella parte inferiore della libreria c'erano delle ante chiuse, mentre sopra vi erano delle mensole, piene di libri, manuali, DVD, foto incorniciate delle figlie di Colleen e altri oggetti di famiglia e soprammobili. Sulla terza parete, accanto all'unica finestra, era incorniciato il poster di un film con Matt Damon intitolato *Hereafter*. La quarta parete era dominata dalle ante chiuse di un armadio a muro.

Ballard si avvicinò alla postazione di lavoro e vide un contorno di polvere che segnava lo spazio in cui si era trovato un computer desktop, ora scomparso.

Si voltò verso l'armadio. Ormai era in stato di massima allerta. Guardò i buchi dove inserire le dita per tirare le ante scorrevoli. Voleva aprire l'armadio ma pensò alle impronte digitali. Tornò alla scrivania e prese una matita da una tazza d'argilla fatta evidentemente da un bambino. Sopra c'era la scritta un po' scolorita LA MIGLIORE MAMMA DEL MONDO. Si voltò di nuovo verso l'armadio, spinse la matita tra due assicelle dell'anta a persiana e l'aprì.

Il corpo di Colleen Hatteras era accasciato all'interno dell'armadio. Intorno al collo aveva un cavo elettrico con un mouse a un capo, legato stretto. Gli occhi erano aperti e sporgenti. Indossava una lunga camicia da notte con un disegno sbiadito. Le gambe erano livide e Ballard capì che era morta da ore.

Cadde in ginocchio.

«Colleen, no, no, no» sussurrò.

Cercò di ricomporsi. Sapeva di dover ispezionare il resto dell'abitazione. Si alzò, estrasse l'arma, uscì dalla stanza e procedette rapidamente lungo il corridoio, porta per porta, finché non si convinse che la casa era vuota: la persona che aveva ucciso Colleen era andata via.

In corridoio, ripose l'arma, prese il telefono e chiamò il centro comunicazioni del LAPD; si identificò e chiese l'intervento di un team della Omicidi del West Bureau all'indirizzo di El Segundo. Riattaccò e aprì l'app dei messaggi. C'era una chat che usava per inviare messaggi a tutti i membri della sua squadra contemporaneamente. Digitò un messaggio urgente.

Mi spiace dirvelo via sms, ma Colleen è stata uccisa.
Adottate tutte le misure necessarie per mettere al sicuro voi stessi e la vostra famiglia.

Mise via il telefono, estrasse di tasca un paio di guanti di lattice e rientrò nello studio. Con le spalle all'armadio, iniziò a cercare qualsiasi cosa potesse aiutarla a capire cosa avesse portato la morte a bussare alla porta di Colleen Hatteras.

52

I due detective del West Bureau assegnati all'omicidio di Colleen Hatteras erano Charlotte Goring e Winston Dubose. Ballard conosceva un po' Goring grazie a un gruppo di poliziotte della Omicidi che si incontrava in modo irregolare al Barney's Beanery di West Hollywood, di solito quando una di loro aveva appena avuto uno scontro con il patriarcato e aveva bisogno di una sessione di condivisione terapeutica o di una consulenza legale. Ballard e Goring si erano trovate entrambe in quella situazione e avevano condiviso racconti, ma non avevano mai lavorato insieme a un caso. Renée non aveva idea se Goring o Dubose, che non conosceva affatto, fossero bravi nel loro lavoro.

Si sedette nel suo Defender davanti casa, mentre i detective effettuavano il primo sopralluogo sulla scena del crimine, con i criminalisti e gli investigatori del medico legale. Mentre aspettava, riceveva le telefonate di tutti i membri della sua unità, sbalorditi dalla notizia e pieni di domande a cui non poteva ancora rispondere. Chi aveva ucciso Colleen e perché? La maggior parte di loro voleva raggiungerla sulla scena del crimine, ma li dissuase, spiegando che avrebbero solo complicato le cose. Disse loro di aspettarsi una telefonata dagli investigatori, i quali probabilmente avrebbero cercato ogni possibile motivo per l'omicidio di Colleen e avrebbero sicuramente voluto interrogare i suoi colleghi.

L'ultima a chiamare fu Maddie Bosch e, dopo aver parlato con lei, Ballard rimase in attesa con i pensieri cupi e i sensi di colpa che la attanagliavano. Hatteras era una volontaria che aveva dato il massimo per l'unità. Non l'aveva addestrata abbastanza bene? Colleen aveva commesso un errore che lei non aveva notato e che le era costato la vita? Era stata lei, con le sue azioni, a causare in qualche modo tutto questo?

Sapeva che la morte di un volontario dell'UCI avrebbe condotto a una revisione interna dell'intera unità, e che sarebbe stata messa in discussione la decisione del dipartimento, presa due anni prima, di seguire la tendenza di utilizzare volontari non poliziotti per lavorare ai casi irrisolti. La conclusione sarebbe stata ovviamente che si era trattato di un errore. Ballard sapeva che l'intera unità poteva essere chiusa per quel motivo. Ma quei pensieri erano secondari rispetto all'immagine pietosa di Colleen accasciata nell'armadio. Non riusciva a togliersela dalla testa.

Il suo cellulare squillò e vide che si trattava del capitano Gandle.

«Capitano.»

«Renée, ho appena ricevuto il suo messaggio. Sono in macchina e sto venendo lì.»

«Ah, bene.»

«Per ora se ne occupa il West Bureau, ma voglio esserci. La merda schizzerà da tutte le parti. Lo sa, vero?»

«Sì.»

«Ha già parlato con i detective?»

«Solo brevemente, quando sono arrivati. Ora sono in casa. Mi hanno detto di aspettare in macchina.»

«Bene. È una buona cosa. Ho informato l'aiutante del

capo. Non ho avuto risposta. Ma sarà una gran porcheria, lo posso garantire.»

«Sì, l'ha già detto.»

«Ha idea di cosa stesse facendo Hatteras?»

Ballard esitò un attimo. La domanda fece riaffiorare i pensieri oscuri.

«Be', sì» rispose. «Lavorava per me.»

«Lo so» disse Gandle. «Ma a cosa stava lavorando, esattamente?»

«Al caso dello stupratore delle federe. Come tutti noi. Gliel'ho detto. Stiamo indagando su quattro persone. Ma nessuno di loro lo sapeva, tranne forse quello di Las Vegas, che però non avrebbe fatto una cosa del genere. Non dopo la nostra visita.»

«Potrebbe trattarsi di qualcos'altro? Qualcosa che non ha nulla a che fare con l'unità o con i casi?»

«Tutto è possibile al momento, credo. Ma non so cos'altro potrebbe essere.»

«Quando l'ha voluta per l'unità mi ha detto che stava già lavorando a dei casi su internet.»

«È così.»

«Forse c'entra uno di quei casi.»

Ballard comprese la teoria che il dipartimento stava sposando: Hatteras era stata uccisa a causa di qualche passo falso commesso prima di offrirsi come volontaria presso la polizia di Los Angeles. In questo modo il LAPD sarebbe stato al sicuro.

«Ne dubito» rispose. «Deve trattarsi di qualcosa che ha fatto mentre lavorava per me.»

«Non possiamo esserne certi» ribatté Gandle. Ballard vide Goring uscire dalla porta aperta della casa e dirigersi a grandi passi verso il Defender.

«Capitano, la devo lasciare» disse. «La detective Goring sta venendo da me. Credo che ora vorrà interrogarmi.»

«Bene, vada pure» disse Gandle. «Io ci metterò un'altra ora ad arrivare. C'è un traffico tremendo.»

«Dirò ai detective che sta venendo.»

«Benissimo.»

Ballard riattaccò e vide Goring attraversare la strada e aprire la portiera del passeggero. Il gradino automatico si aprì e lei salì a bordo.

«Renée, come stai?»

«Per niente bene. Una donna con cui ho lavorato a stretto contatto negli ultimi due anni è lì dentro, morta. Assassinata.»

«Ti capisco. Registrerò questa conversazione, va bene?»

«Certo.»

Goring posò il cellulare nel vano portaoggetti centrale. Aprì un'app di registrazione e premette il pulsante rosso. Recitò data e ora, i nomi di chi si trovava in macchina e poi si mise al lavoro.

«Cominciamo da Colleen. Dimmi chi era.»

«È... Era, una madre divorziata di due ragazze che sono entrambe all'università. Non so bene dove. Circa tre o quattro anni fa, dopo che le sue figlie avevano finito il liceo, ha seguito alcuni corsi online di GGI. Sai cos'è?»

«Quella roba per il tracciamento genetico.»

«Esatto, genealogia genetica investigativa. Ha seguito dei corsi e poi ha iniziato a fare come nel film *Citizen Sleuth*: si è dedicata a risolvere crimini online. La sua attività consisteva nell'aiutare a identificare vittime di omicidi ancora senza nome. Per lo più donne. C'è un'intera rete di persone, composta soprattutto da donne, esperte in questo campo. Lei è entrata a far parte di questa rete ed è stato allora che l'ho trovata. Stavo mettendo insieme una squadra di investigatori volontari e ho iniziato a girare su internet per cercarne alcuni. L'ho contattata quando ho saputo che era di Los Angeles. È arrivata, le ho fatto un colloquio e le ho dato il posto. Ha fatto un ottimo lavoro per noi. Fino alla fine.»

Goring aveva preso un taccuino e stava annotando qualcosa, pur continuando a registrare tutto ciò che dicevano.

«Bene» disse. «Cosa vuol dire "fino alla fine"? A cosa stava lavorando ora?»

«Eravamo tutti impegnati in un caso» rispose Ballard. «Probabilmente sei troppo giovane e all'epoca non eri ancora nel dipartimento, ma ricordi lo stupratore delle federe?»

«Oh, sì, andavo al Pierce College, nella San Fernando Valley, quando è successo. Ha commesso una serie di stupri e poi è scomparso, giusto?»

«Sì. L'ultimo è stato uno stupro con omicidio. Ci stiamo occupando di lui perché abbiamo ottenuto una solida pista genetica. Ci siamo concentrati su quattro uomini che erano tutti compagni di scuola, a Pasadena. Classe 1999.»

Lo sguardo di Goring si fece più acuto.

«Questi quattro uomini sapevano che li stavate controllando?»

«È possibile» rispose Ballard. «Ne abbiamo interrogato uno a Las Vegas, mercoledì, e ci ha permesso di prelevare un campione di dna. Credo che l'abbiamo spaventato abbastanza da convincerlo a non avvisare gli altri.»

Goring fece un suono che sembrava esprimere un dubbio.

«Si è offerto volontariamente per il tampone» insisté Ballard. «Non l'avrebbe fatto se fosse stato il colpevole. Non vedo perché avrebbe avuto interesse ad avvertire gli altri, anche se sapeva che uno di loro era probabilmente colui che stavamo cercando.»

A Ballard non piacque il proprio tono difensivo.

«Non si sa mai» disse Goring. «Hai detto "abbiamo interrogato". Hatteras è venuta con te?»

«Oh, no, mi ha accompagnata Maddie Bosch, l'altra poliziotta in servizio attivo dell'unità. Non avrei mai portato con me Colleen per una cosa del genere. Lavorava esclusivamente in ufficio, anche se non ne era felice.»

«In che senso?»

«Scalpitava per indagare sul campo e seguire alcune delle piste che aveva trovato grazie alla GGI. Ho dovuto dirle più volte che non era questo il motivo per cui l'avevo portata nell'unità.»

«E come l'ha presa?»

Il cellulare di Ballard squillò e vide che era Carol Plovc. Lasciò che rispondesse la segreteria.

«Scusa» disse. «Per rispondere alla tua domanda, Colleen era molto seccata dall'impossibilità di indagare sul campo. Le ho ripetuto spesso che avrebbe avuto bisogno di un addestramento supplementare, per poterlo fare.»

Goring sembrava attendere ulteriori spiegazioni, ma non ce ne furono.

«Va bene» disse alla fine. «Torniamo a ciò che ha fatto apparire questi quattro tizi sul vostro radar. Hai detto che si trattava di una pista genetica?»

Ballard trascorse i dieci minuti successivi a spiegare la connessione genetica tra un uomo arrestato di recente per violenza domestica e la furia dello stupratore delle federe. Raccontò a Goring del ballo del 1999 all'Huntington, della posizione vulnerabile di Mallory Richardson in una stanza d'albergo e del fatto che almeno quattro ragazzi, e forse più, avevano avuto accesso alla stanza. Disse che l'ipotesi in discussione era che qualcuno fosse entrato e avesse fatto sesso con Mallory, portando alla nascita dell'uomo che era stato arrestato ventiquattro anni dopo.

Goring si limitò ad ascoltare e a prendere appunti finché lei non ebbe finito.

«Quindi avete ottenuto un tampone dal tizio a Las Vegas» disse poi. «E cosa puoi dirmi sugli altri indiziati? Hai avuto contatti con loro?»

«Non li definivamo realmente degli indiziati» spiegò Ballard. «Non ancora. Più che altro, a questo punto, sono persone d'interesse.»

«Ve bene, ma avete preso contatto con qualcuno di loro?»

«Uno è morto. L'ha scoperto Colleen. È rimasto ucciso in un incidente stradale un paio di anni fa. Ma l'ufficio del coroner all'epoca gli aveva prelevato il sangue e lo conservava ancora, per via di un caso giudiziario nato dall'incidente. Ho preso un campione e al momento ce l'ha il laboratorio, per l'analisi del dna. Pensiamo che il terzo uomo vivesse alle Hawaii da prima che gli stupri si fermassero. E il quarto...»

«Perché lo pensate?»

«Ho parlato con lui ieri» rispose Ballard. «L'ho fregato al telefono, e mi ha detto che si è trasferito alle Hawaii nel 2003. L'ultimo stupro con omicidio dello stupratore delle federe risale al 2005.»

«In che senso, "fregato"?»

«Tra poco ci sarà la rimpatriata dei venticinque anni della sua classe della St. Vincent. Mi sono finta una giornalista del giornale locale di Pasadena e gli ho detto che stavo scrivendo un articolo sulla sua classe. Lui se l'è bevuta e l'ho intervistato. È stato molto dettagliato sulla sua storia dopo le superiori. Ha frequentato una scuola di cucina nella regione vinicola e subito dopo si è trasferito alle Hawaii per lavoro.»

«E tu gli hai creduto?»

«Non abbiamo ancora una conferma indipendente, ma,

sì, la mia sensazione è che stesse dicendo la verità. L'ho contattato all'improvviso, e vista la quantità di dettagli che ha fornito... Non penso che possa essersi inventato tutto sul momento.»

«E il quarto ragazzo?»

«Non l'abbiamo ancora contattato. Vende case a Laguna Beach. L'ultima cosa che ho detto a Colleen è stata di scoprire se per caso avrebbe tenuto una open house, questo fine settimana. Avevo pensato di andare a dare un'occhiata, e magari raccogliere il suo dna.»

«Quando dici "noi", ti riferisci di nuovo a te e all'agente Bosch?»

«No, stavolta l'ho proposto a Colleen. Aspetta, non esattamente. Ho provato a farlo lasciandole un messaggio telefonico oggi, ma non credo che l'abbia mai ricevuto.»

«Perché lo pensi?»

«Perché ho visto il corpo. Ho visto la lividezza. Credo che fosse già morta molto prima che le lasciassi quel messaggio.»

Goring annuì, poi guardò gli appunti che aveva scritto. Attraverso il parabrezza, Ballard vide i due investigatori dell'ufficio del medico legale entrare in casa portando con sé il sacco per il corpo di Colleen Hatteras. Abbassò gli occhi sul volante.

«Avrò bisogno dei nomi di queste quattro persone di interesse» disse Goring. «E di tutti i rapporti che avete redatto.»

«Certo» disse Ballard. «Non ho molta roba, in realtà. Oggi doveva essere il mio giorno dedicato alla burocrazia. Ho scritto un riassunto del viaggio a Las Vegas che posso darti.»

«Benissimo. Lascia che ti faccia una domanda. Quando hai "fregato" il tizio delle Hawaii, c'era anche Hatteras?»

Ballard esitò prima di rispondere.

«È stata presente durante una parte della conversazione» disse poi. «Ma se n'è andata quando eravamo ancora a metà.»

Goring prese un appunto. Ballard guardò gli uomini dell'obitorio mettere il sacco con il cadavere nel retro del loro furgone.

«Bene» disse Goring. «Solo un altro paio di cose. Cosa ti ha spinta a venire qui oggi a cercarla?»

«Ho trovato strano che non fosse venuta in ufficio, stamattina» rispose Ballard. «Suo marito l'ha lasciata a settembre e, con le figlie al college, non aveva molto da fare. Era all'unità almeno tre giorni alla settimana, spesso quattro o cinque. Così le ho inviato email e lasciato messaggi e, quando non ha risposto, ho iniziato a preoccuparmi. Non pensavo a nulla di simile, solo che forse era arrabbiata con me o qualcosa del genere. Ho pranzato vicino all'aeroporto, al Melody, e ho pensato di fare un salto qui. Non mi aspettavo nulla, ma poi ho accostato e ho visto che il garage era aperto e la porta di casa pure.»

«E questo ha fatto scattare il tuo sesto senso.»

«Possiamo dire così, sì.»

«Hai visto qualcosa in casa che potrebbe aiutarci?»

«No. Sembra che il suo computer sia stato portato via. In teoria non dovrebbe contenere materiale di lavoro. I membri dell'unità usano i computer del dipartimento. È una regola.»

«L'assassino forse non lo sa.»

«Giusto.»

«Una traccia di polvere sulla scrivania indica che è stato preso anche un disco rigido di back-up.»

«Non ho visto nemmeno il cellulare da nessuna parte, e quando ho chiamato non l'ho sentito squillare in casa.»

«È scomparso. Ci stiamo già occupando di ottenere i suoi tabulati telefonici, ma ci vorrà un po' di tempo.»

Ballard annuì. Le venne in mente un pensiero che non voleva condividere con Goring. «Allora» disse. «Cos'altro posso aggiungere?»

«Il suo ex. Te ne ha mai parlato?» chiese Goring. «È una pista che dovremmo seguire?»

«Non ha raccontato molto del suo divorzio. Non è stata colta alla sprovvista, questo lo so. E non ha mai detto di avere paura del suo ex marito. Lui le ha lasciato la casa e paga le spese per le figlie, il college e tutto il resto. Da quello che ho potuto vedere, sembrava una cosa amichevole.»

«Sai se aveva una pistola?»

«Una pistola? No. Cioè, non ne so nulla. Perché me lo chiedi?»

«Sto solo cercando di capire se le hanno sparato con una pistola. Magari la sua stessa pistola. Controlleremo presso l'ATF...»

«Aspetta, stai dicendo che le hanno sparato? Non me n'ero accorta.»

«Un colpo dietro l'orecchio sinistro. A bruciapelo. Non c'era molto sangue e i capelli coprivano la ferita.»

«Io ho visto solamente il cavo del mouse intorno al collo.»

«Pensiamo che possa essere stata sottoposta a una coercizione di qualche tipo, prima di essere uccisa. Abbiamo trovato il bossolo. Era in mezzo ai capelli. Un Federal Premium da nove millimetri. Il criminalista dice che l'impronta del percussore assomiglia a quella di una Glock. Chiederemo conferma ai nostri armieri.»

Ballard si limitò ad annuire. La tormentava pensare agli ultimi momenti di Colleen. Era stata torturata e si chiedeva cosa avesse detto al suo assassino.

«Credo che per ora sia tutto» concluse Goring. «Sono sicura che avremo altre domande in seguito. Torni in ufficio?»

«Non appena mi lasciate andare. Qui dovrebbe venire il mio capitano.»

«Chi, Gandle? Crede che il caso spetti alla Rapine e Omicidi?»

«Non me l'ha detto.»

«Bene, perché la questione è già stata risolta. Sarebbe un conflitto di interessi, visto che la tua unità fa parte della Rapine e Omicidi. Il mio comandante dice che il caso possiamo tenerlo noi.»

«Non ho nulla da obiettare.»

«Bene. Poi vorremo dare un'occhiata alla postazione di lavoro della vittima e accedere al suo computer.»

«Potrebbe essere necessaria l'unità tecnica per accedervi. È protetto da password.»

«Non è un problema.»

«Quando pensi di passare?»

«Non appena avremo finito qui.»

«Farò in modo che nessuno lo tocchi. Ora posso andare?»

«Sì. Ti lascio il mio biglietto da visita, nel caso ti venisse in mente qualcos'altro.» Prese il cellulare, estrasse un cartoncino dalla custodia e glielo porse.

«Grazie» disse Ballard. «Quando il capitano Gandle si farà vivo, digli che sono tornata all'Ahmanson per proteggere eventuali prove.»

Goring spense il registratore del telefono.

«Lo farò» rispose. «Renée, non portarti questo peso addosso. Non è colpa tua, capito?»

«Vedremo» rispose Ballard. «Ma grazie per averlo detto.»

«Non ti ho vista, agli ultimi incontri al Beanery.»

«Sì, sono stata un po' presa. Ma tornerò.»

«Bene. Noi ragazze dobbiamo restare unite.»

«Hai ragione.»

Goring aprì la portiera e scese. Ballard la seguì con lo sguardo mentre percorreva il vialetto ed entrava in casa dalla porta aperta.

Prese il telefono e chiamò Anders Persson.

«Renée? Ti prego, dimmi che hanno già arrestato qualcuno.»

«No, non ancora. Hanno appena iniziato. Cosa stai facendo in questo momento, Anders?»

«Niente. Non riesco a crederci, sai? Mi ha chiamato ieri sera e mi ha detto che eri arrabbiata per la questione della password.»

«Non importa, ora. Conosci il numero di cellulare di Colleen, vero?»

«Certo, ma...»

«Vedi se puoi entrare nel suo account. Voglio sapere quali chiamate ha ricevuto o ha effettuato nelle ultime quarantott'ore.»

«Ehm... non è proprio il genere di cose che...?»

«Lo so, ti ho detto di non fare hacking, ma sappiamo entrambi che non hai ascoltato. E comunque ora è diverso, Anders. Si tratta di Colleen. Il suo cellulare è scomparso e gli investigatori impiegheranno una settimana per ottenere un mandato e convincere il gestore telefonico a dar loro i dati dell'account. Non voglio perdere tutto questo tempo. Puoi farlo tu?»

«Certo, ma... sai...»

«Se non vuoi, dimmelo e basta. Tu e Colleen eravate amici. Pensavo che volessi aiutarmi a prendere chi l'ha uccisa.»

«No, lo faccio. Dovrei riuscirci, non preoccuparti.»

«Bene, Anders, grazie. Parlane solo con me e non lasciare tracce. Capito? Nessuna traccia.»

«Capito.»

Ballard riattaccò e avviò il motore. Sapeva di aver oltrepassato il limite, con la richiesta che aveva fatto a Persson. Aveva la sensazione che ci sarebbero stati anche altri limiti da superare. Ma pensò la stessa cosa che aveva appena detto ad Anders: si tratta di Colleen. Una di noi. E supereremo ogni limite, se necessario.

53

La regola inderogabile imposta dal personale di comando durante la formazione dell'Unità Casi Irrisolti, era che i volontari non potevano portare a casa o fuori dall'ufficio i fascicoli degli omicidi, i rapporti della polizia o qualsiasi documentazione o prova ufficiale. Per assicurarsi che questa regola non venisse violata con mezzi digitali, i volontari erano stati dotati di computer desktop in ufficio. Tutto il lavoro doveva essere svolto su quei computer, protetti da password, che sarebbero stati monitorati e sottoposti a controlli a campione dall'unità tecnica del dipartimento, per confermare che la regola non era stata violata. Tutto questo perché il personale di comando era preoccupato che i membri della squadra potessero avere secondi fini dietro il loro volontariato. Ad esempio, potevano essere sceneggiatori in incognito, o produttori televisivi in cerca di contenuti da presentare alle riunioni dello studio. I contenuti erano importantissimi a Hollywood e chi li forniva faceva di tutto per ottenere ciò che nessun altro aveva.

Sebbene Ballard non avesse scoperto nessun piano del genere nel vagliare i suoi volontari, quella regola era uno dei motivi per cui Colleen Hatteras trascorreva così tanto tempo in ufficio all'Ahmanson. Il suo lavoro per l'unità si svolgeva interamente online. Non poteva trasferire il lavoro di GGI dal desktop dell'ufficio al computer di casa senza rischiare di essere scoperta e licenziata dall'unità che tanto amava. Per questo motivo trascorreva in ufficio molte più ore di qualsiasi altro volontario della squadra.

Ancora in preda a una nebbia di confusione, dolore e senso di colpa, Ballard entrò nell'ufficio deserto e si diresse subito al cubicolo di Colleen. Sei mesi prima, Hatteras si era presa una settimana di vacanza per accompagnare in macchina una delle figlie all'università. Durante la sua assenza, Ballard aveva avuto bisogno di stampare un albero genealogico che faceva parte di un pacchetto di accuse da presentare a Carol Plovc, presso l'ufficio del procuratore. L'unico modo per ottenere il documento era entrare nel computer di Hatteras, così l'aveva chiamata e lei le aveva rivelato senza esitazione la sua password: i nomi delle sue due figlie scritti al contrario.

Ballard sperava che non l'avesse cambiata al suo ritorno o nei mesi successivi. Aprì la finestra delle password sul desktop è digitò «eiggaMeitaK», sperando di ricordarla correttamente.

La password fu accettata e il computer si sbloccò.

L'ultima cosa che Colleen le aveva detto prima di lasciare l'ufficio, il giorno prima, era che doveva finire un'email, e dopo averla inviata se ne sarebbe andata. Ballard voleva sapere cosa c'era scritto in quell'email e se ci fossero altri messaggi inviati o ricevuti che potessero avere attinenza con l'omicidio.

Una volta entrata nell'account di posta elettronica, aprì la cartella «Inviati» e vide che l'ultimo messaggio partito dal desktop era indirizzato a Colleen stessa, al suo account personale di posta elettronica. Lo aprì e trovò una trascrizione quasi parola per parola dell'inizio della sua conversazione telefonica con Victor Best alle Hawaii. Si rese conto che quando aveva sentito battere a macchina durante la telefonata, era Colleen che digitava ciò che stava ascoltando.

Si appoggiò allo schienale della sedia e ci pensò su, poi si chinò di nuovo in avanti e controllò le email in entrata e in uscita dell'account. Sapeva che mancava poco all'arrivo di Goring e Dubose.

Nient'altro attirò i suoi sospetti o il suo interesse. Passò quindi ai file che Hatteras aveva salvato nella schermata iniziale. Quasi tutti erano etichettati con i nomi delle vittime presenti nell'elenco delle indagini attive dell'unità. La maggior parte conteneva alberi genealogici che Hatteras aveva compilato nel tempo, man mano che i membri delle famiglie rispondevano ai suoi tentativi di contatto. Aprì la cartella intitolata *Federe24* e non vide nulla che non sapesse già. All'interno c'era un file intitolato *Pdi*, che interpretò come l'acronimo di «persone d'interesse». Lo aprì e trovò un elenco dei quattro ex allievi della St. Vincent che l'unità stava seguendo: Best, Bennett, Weeks e Van Ness.

Hatteras aveva aggiunto dettagli man mano che arrivavano informazioni. Date di nascita, indirizzi, numeri di telefono, account sui social media, stato civile e lavorativo: tutto ciò che lei e gli altri membri della squadra avevano raccolto, era lì in un file ordinato. Aveva incluso la foto di Andrew Bennett in piedi davanti al cartello di una casa appena venduta. Guardando gli occhi di Bennett, all'improvviso comprese cosa poteva aver fatto Colleen per indurre il suo assassino a ucciderla.

Il suo cellulare squillò e vide che era di nuovo Carol Plovc. Aveva dimenticato di richiamarla.

«Scusa, Carol, ti avrei richiamata.»

«Oggi vado via presto e volevo solo farti sapere che O'Fallon ha rifiutato di nuovo.»

«Ma che cazzo?»

«Lo so, lo so. Avrei dato il mio consenso, ma lui non vuole. Ha definito il metodo di identificazione in base all'analisi dell'orecchio "scienza spazzatura".»

«È lui la spazzatura. È solo una stronzata politica.»

«Non posso dissentire.»

«C'è qualcos'altro che possiamo fare?»

«A parte trovare una confessione firmata da Thawyer nei suoi archivi, probabilmente no.»

«Capisco.»

«Per favore, di' all'agente Bosch che mi dispiace. Credo che abbiate risolto davvero il caso. Ma ho le mani legate.»

«Certo.»

Plovc abbassò la voce fino a un sussurro: «Sai che qualcuno sta cercando di promuovere una campagna per far dimettere O'Fallon, vero?»

«Sì, ho sentito.»

«Be', se funziona e avremo un nuovo procuratore, portami di nuovo questo caso.»

«Ma quando sarà, tra un anno? La sorella di Elyse Ford ha ottant'anni. Ha aspettato tutta la vita di sapere chi ha rapito sua sorella. E ora, grazie alla politica di questa città, potrebbe morire nell'attesa.»

«Mi dispiace. Spero che tu o l'agente Bosch le diciate che, anche se il caso non è ufficialmente chiuso, lo considerate risolto.»

Ballard rimase in silenzio, ricordando che era stata Hatteras a prendere contatto con la famiglia Ford. Guardò una foto attaccata al divisorio del cubicolo. Si trattava di Colleen e delle sue due figlie adolescenti, sedute a un tavolo davanti a una torta di compleanno con le candeline accese. Ballard sapeva che quelle ragazze avevano appena ricevuto o stavano per ricevere una notizia che avrebbe cambiato per sempre le loro vite.

«Va bene. Ora devo lasciarti, Carol» disse. «Grazie di aver fatto il possibile.»

«Figurati» rispose Plovc. «Se hai bisogno di me, io ci sono.»

Riattaccarono. Ballard staccò la foto di Colleen e delle sue figlie. Si alzò e andò alla sua postazione di lavoro, attaccò l'immagine alla parete con una puntina e la fissò per un lungo momento.

Sapeva di dover chiamare Maddie Bosch e darle la brutta notizia del caso Thawyer, ma poteva aspettare. Aprì l'email che Hatteras le aveva inviato con i dati della Motorizzazione su Andrew Bennett. Digitò l'indirizzo di Laguna Hills nel GPS del telefono e vide che il tempo di percorrenza stimato era di novantatré minuti.

Se avesse aspettato l'ora di punta, il tempo sarebbe aumentato fino a raddoppiare.

Voleva mettersi in viaggio, ma doveva aspettare. Si chiese se Goring e Dubose fossero stati trattenuti sulla scena del crimine dal capitano Gandle. Sebbene avesse chiesto a Persson di controllare i tabulati telefonici di Hatteras solo un'ora prima, lo chiamò.

«Anders, hai già trovato qualcosa?»

«Ho appena ricevuto i tabulati.»

«Bene, dammi le ultime chiamate. Voglio ora e durata.»

«Le ultime due erano alle sue figlie. Le vuoi lo stesso?»

«Come fai a sapere che erano alle figlie?»

«Le ragazze sono incluse nel piano telefonico familiare.»

«Ho capito. A che ora ha fatto quelle telefonate e quanto tempo è rimasta in linea?»

«Ha chiamato il primo numero alle sette di ieri sera e la telefonata è durata solo un minuto. Probabilmente ha lasciato un messaggio. L'ultima chiamata è stata un minuto dopo e ha parlato per nove minuti.»

Ballard annotò le informazioni su una pagina pulita del suo taccuino.

«E prima di queste due?» chiese.

«Ha chiamato me. Mi ha detto che eri arrabbiata per la password. Sono molto...»

«Per il momento lasciamo stare. Passa alla telefonata precedente.»

Persson le diede un numero con prefisso 714 e le disse che la chiamata era durata ventinove minuti.

«A che ora?»

«È iniziata alle 16.33 ed è durata fino alle 17.02.»

Ballard annotò tutto, poi tornò a sfogliare i suoi appunti precedenti.

Trovò la pagina in cui aveva scritto le informazioni che Hatteras le aveva fornito su Andrew Bennett. Il numero che Persson le aveva appena dato corrispondeva a quello che Bennett aveva indicato sotto la sua bio sul sito web dell'agenzia immobiliare.

«C'è scritto se si tratta di una chiamata in uscita o in entrata?» domandò.

«In uscita» rispose Persson. «Queste sono tutte chiamate in uscita.»

Hatteras aveva chiamato Bennett e avevano parlato per quasi mezz'ora.

«Bene, e prima di questa?» disse Ballard. «Ci sono state altre chiamate ieri?»

«Una, ieri mattina alle 9.20. Anche quella era per me.»

«Di cosa si trattava?»

Ballard sentì aprire la porta dall'altra parte degli scaffali dell'archivio e poi dei passi sul linoleum.

«Uno di noi due chiamava l'altro ogni giorno» spiegò Persson. «Sai, solo per controllare e vedere cosa succedeva. Lei mi ha chiamato ieri...»

«Anders, devo lasciarti» lo interruppe Ballard. «Ti richiamo se ne avrò bisogno, ma per il momento non fare altro.»

«Vuoi che ti mandi i tabulati?»

Ballard vide Goring uscire dal corridoio che costeggiava la biblioteca.

«No, va bene così» rispose. «Mi faccio sentire io.»

Riattaccò e salutò Goring. «Dov'è il tuo collega?»

«L'ho lasciato nel quartiere, a bussare alle porte e a raccogliere video.»

Ballard annuì. La raccolta di video dalle telecamere di sorveglianza era spesso più importante della ricerca di testimoni. Le telecamere non avevano pregiudizi o problemi di memoria.

«Hai già trovato qualcosa di buono?» chiese.

«Il nostro uomo è arrivato a piedi» rispose Goring. «A testa bassa, in felpa con cappuccio. Per ora, nessuna immagine che permetta di identificarlo. È stato bravo. Potrebbe essere qualcuno delle vostre persone d'interesse?»

«Potrebbe essere chiunque. Ha fatto irruzione in casa? A che ora?»

«Stiamo ancora raccogliendo i video, ecco perché Winston è ancora lì e io devo tornarci. Ma l'uomo è entrato in casa a mezzanotte e mezza ed è uscito poco prima dell'una. È stato veloce e sembrava che avesse un attrezzo per aprire la porta.»

«Che tipo di attrezzo?»

«Sai cos'è un "amico del pompiere"?»

«Mmm, no.»

«Puoi cercarlo su Google. È una specie di lama a forma di T che si infila nello stipite della porta e fa saltare la serratura. Sembra che l'abbia inventata un tizio del LAPD per entrare nelle case in fiamme, da cui il nome.»

«Wow.»

«Quando l'assassino se n'è andato, aveva il computer

della vittima e il disco rigido supplementare sotto il braccio.» Goring guardò le scrivanie della zattera. «Qual era la postazione della vittima?»

Sentir chiamare Colleen «la vittima» colpì Ballard come un pugno al cuore. Si alzò e accompagnò Goring alla postazione di lavoro di Hatteras.

«Lavora qui» disse. «Lavorava.»

Goring si sedette e toccò la barra spaziatrice della tastiera. Lo schermo s'illuminò e apparve il portale delle password.

«Pensi che qualcuno della squadra conosca la sua password?»

«Non credo» disse Ballard. «Ma posso chiedere.»

«No, lascia stare. Lo porto all'unità tecnica.»

«Il tizio che ce li ha preparati si chiama Chuck Pell.»

«Bene, lo darò a lui.»

Goring cercò di aprire il cassetto della scrivania. La serratura era chiusa. «Ce l'hai una chiave per questa?»

«Sì.»

Ballard andò alla sua scrivania e aprì il cassetto centrale. C'era un portachiavi ad anello con le chiavi dei cassetti di ogni postazione della zattera, contrassegnate da un numero. Porse l'anello a Goring.

«Numero nove» disse.

La osservò aprire il cassetto di Colleen, rimpiangendo di non averci pensato prima. Il cassetto conteneva diversi fascicoli con i nomi delle vittime scritti sulle linguette. Ballard si chinò per leggerne alcuni.

«Sembrano tutti casi chiusi» commentò. «Probabilmente, quando chiudevamo un caso, lei stampava tutto il materiale relativo alla GGI e lo metteva in un fascicolo. Il materiale attivo era sul computer. Stava lavorando a quelli che chiamava "modelli di ereditarietà per diversi casi attivi".»

«Modelli di ereditarietà?»
«Una specie di albero genealogico genetico.»
«Capisco.»
Goring chiuse il cassetto.
«Mi sa che devo andare» disse. «Prendo il computer e lo porto ai tecnici.»
«Per me va bene» disse Ballard. «Prima o poi, però, ne avrò bisogno. Abbiamo un altro membro della squadra che può continuare il lavoro di Colleen.»
«Te lo restituirò non appena avremo finito.» Goring si chinò sotto la scrivania per scollegare il computer e staccarlo dal monitor oversize di Colleen.
Ballard pensava che Persson avrebbe ereditato quello schermo, a meno che non avesse trovato un altro specialista di GGI che prendesse il posto di Colleen. Questo pensiero ne portò un altro.
«Hai avvisato le figlie di Colleen?» domandò.
«Non ancora. Ho avuto troppo da fare.»
Ballard annuì. «Vuoi che ci pensi io?» chiese. Le ho incontrate una volta, quando lei le ha portate qui.»
«Non c'è niente che mi solleverebbe di più» rispose Goring. «Ma devo rivolgere loro delle domande, sapere quando hanno parlato l'ultima volta con la madre e tutto il resto. Quindi lo farò io.»
«Sarebbe meglio avvisarle presto.»
«Tranquilla, lo farò entro oggi.»
Ballard annuì.
Goring riuscì a staccare il computer e lo fece scivolare fuori da sotto la scrivania. Lo sollevò per verificarne il peso.
«Vuoi un carrello per portarlo fino alla tua macchina?» chiese Ballard.
«No, sono forte» rispose Goring.
Sollevò il computer in modo da poterci mettere le mani sotto e si girò verso il corridoio.

«In tutti i sensi» aggiunse.

Ballard lo interpretò come un riferimento alle esperienze che l'avevano portata alle riunioni al Beanery.

«Ricorda, se ti viene in mente qualcosa, chiamami» disse Goring.

«Certo.»

Goring si diresse verso l'uscita. Rallentò il passo per osservare l'archivio dei fascicoli sugli omicidi.

«Tutti questi casi» disse. «In attesa di essere risolti.»

Ballard annuì e la guardò andare via.

SABATO, ORE 8.42

54

La porta del garage della casa di Andrew Bennett, in Linda Vista Drive, iniziò a sollevarsi. Ballard aveva una buona visuale e la osservò con un piccolo binocolo. Era parcheggiata in El Conejo Lane, davanti a una casa a mezzo isolato di distanza. La casa di Bennett si trovava nel punto dove s'incrociavano le due strade. Guardò direttamente dentro il garage e vide un uomo. Era quasi certa che fosse Bennett. Lo osservò aprire il bagagliaio di una Mercedes berlina. Lungo la parete sinistra del garage c'era una serie di cartelli immobiliari di tutte le dimensioni. Bennett scelse quelli che gli servivano e li caricò nel bagagliaio. Ballard poté notare che su tutti c'erano il suo nome e il suo numero di telefono. Su almeno un paio c'era scritto OPEN HOUSE.

Bennett chiuse il bagagliaio, prese la valigetta e il thermos che aveva appoggiato sul tettuccio dell'auto e salì al posto di guida. Quando Ballard vide accendersi gli stop, posò il binocolo, spinse il pulsante di accensione del Defender e si preparò a seguirlo.

Bennett scelse un percorso tortuoso per arrivare alla sua open house: si diresse prima verso la spiaggia e poi prese l'autostrada costiera verso nord fino a Crystal Cove. Si fermò in un centro commerciale di lusso con vista sull'oceano ed entrò in uno Starbucks. Il locale era affollato e Ballard lo seguì all'interno, sapendo di potersi mimetizzare tra gli altri clienti.

Lo osservò mentre riempiva il suo thermos con del caffè scuro, cercando qualsiasi indizio che fosse l'uomo che aveva strangolato e poi finito con un proiettile una donna poco più di ventiquattro ore prima. Aveva studiato da vicino molti assassini, nel corso degli anni. Non riusciva a trovare nulla di comune in loro, se non una certa inespressività dello sguardo. Ma non voleva avvicinarsi troppo, per non rischiare di far capire al suo uomo che lo stava osservando.

Dopo la sosta per il caffè, Bennett tornò a sud verso Laguna Beach e si fermò a vari incroci per affiggere cartelli con un indirizzo in una strada chiamata Sunset Ridge e utili frecce che indicavano il percorso. I cartelli dicevano che la casa sarebbe stata aperta da mezzogiorno alle quattro. Erano solo le dieci del mattino, quindi Ballard decise di non interrompere la sorveglianza per recarsi direttamente a Sunset Ridge. Bennett aveva due ore di tempo e sospettava che non si sarebbe recato immediatamente alla casa che voleva vendere.

Dopo aver sistemato l'ultimo cartello all'incrocio al limite di quel quartiere collinare, Bennett imboccò la strada costiera verso sud, attraversando il paese sulla spiaggia, poi si fermò nel parcheggio dietro il complesso di uffici su due livelli dove si trovava l'agenzia immobiliare Destination Realty. Entrò da una porta sul retro e Ballard pensò che sarebbe rimasto in ufficio fino al momento di andare a Sunset Ridge per l'open house.

Abbassò i finestrini e spense il motore del Defender, preparandosi a una possibile attesa di un'ora e mezzo. Ma, dopo soli venti minuti, Bennett uscì dalla porta sul retro dell'ufficio e andò alla sua auto. Ballard lo seguì a distanza in direzione nord. Il traffico rallentava man mano che attraversavano il paese e, a un certo punto, Bennett fermò l'auto in una corsia di marcia e accese le doppie frecce. Questo provocò un coro rabbioso di clacson da parte delle auto bloccate dietro di lui. Ballard pensò che si fosse fermato perché aveva capito di essere seguito. Cambiò rapidamente corsia e superò la Mercedes proprio mentre Bennett apriva la portiera. Tornò sulla corsia di destra e controllò lo specchietto retrovisore. Lo vide passare davanti alla propria auto, attraversare il marciapiede ed entrare in un negozio che non riuscì a identificare. Si sentì sollevata. A quanto sembrava, non era stata scoperta.

Notò uno spazio libero nella fila di auto parcheggiate poco più avanti e lo usò per posteggiare abilmente il Defender. Era libero solo perché si trattava di un divieto di sosta davanti a un idrante, segnalato dal cordolo del marciapiede dipinto di rosso. Tuttavia, non si spostò; azionò i lampeggiatori e tenne d'occhio gli specchietti. Pochi istanti dopo Bennett riemerse portando con sé una scatola rosa di prodotti da forno e tornò di corsa alla Mercedes. Saltò in macchina, salutato da un nuovo coro di clacson da parte degli altri automobilisti, che lo rimproveravano per la sua mossa egoista.

Per Ballard quel piccolo episodio era significativo. Mostrava il suo egocentrismo, un tratto chiave degli psicopatici. Spense le doppie frecce e riportò l'auto sulla corsia di marcia. Ora stava procedendo davanti a Bennett sull'autostrada, ma andava bene così, perché sapeva dov'era diretto.

Sunset Ridge si trovava in cima a un quartiere collinare di case multimilionarie, con una vista mozzafiato sull'Oceano Pacifico. Ballard posizionò il Defender a un isolato dalla casa che Bennett sperava di vendere. Aveva un angolo visuale tra due case che le permetteva di vedere le creste bianche in cima alle onde blu che arrivavano a riva sotto di lei. Erano il tipo di onde che aspettava ogni volta che andava in acqua.

Abbassò lo schienale del sedile in modo che Bennett non la notasse mentre le passava accanto e guardò l'ora sul cruscotto. Erano le 11.11, mancavano una cinquantina di minuti all'inizio della visita della casa. Era un'opportunità di parlare con Bennett mentre era solo.

Rimise in moto l'auto.

55

La porta d'ingresso della casa era aperta. Ballard entrò nel vialetto, senza preoccuparsi di annunciare il suo arrivo. Aveva già chiuso la pistola e il distintivo nel vano portaoggetti. Scese e bloccò le portiere.

La casa non si adattava all'architettura del quartiere. Era una costruzione in stile messicano con il tetto piatto e muri di argilla marrone arrotondati agli angoli. Sembrava più adatta al deserto che alla spiaggia. Entrò dalla porta aperta in un corridoio che attraversava la casa fino a un terrazzo posteriore con vista sul Pacifico.

«C'è qualcuno?» chiamò.

Si avvicinò ancora di più. Il corridoio pavimentato in ceramica, in stile ispanico, immetteva a destra in un soggiorno con camino e un soffitto con travi di legno a vista. Non c'erano spigoli, solo angoli smussati.

L'arredamento della stanza non corrispondeva allo stile architettonico. Il divano e le poltrone erano rivestiti in tessuti blu, gialli e bianchi. Il tavolino era in vetro con le gambe cromate e accanto al divano c'era una lampada a stelo con base e stelo cromati. Alle pareti erano appese delle riproduzioni di Rothko, quando forse sarebbero state più adatte delle stampe di Georgia O'Keeffe. Ipotizzò che i proprietari o i precedenti inquilini avessero traslocato e

Bennett avesse allestito la casa, per venderla, con dei mobili che aveva già a disposizione. Probabilmente a Laguna non c'erano molte case in quello stile e si era dovuto arrangiare con quello che aveva trovato.

Si spostò più avanti nel corridoio. «C'è qualcuno per l'open house?»

Il corridoio conduceva a una scala in discesa, e capì che si trattava di quella che lei chiamava una casa capovolta. Era stata costruita sul fianco di una collina e gli spazi comuni si trovavano al piano d'ingresso, in alto, mentre le camere da letto erano in basso.

Arrivò in fondo al corridoio, che dava su un ampio soggiorno con uno studio sulla destra e la cucina e la zona pranzo sulla sinistra. La parete posteriore era costituita da vetrate che si aprivano su una terrazza che correva per tutta la larghezza della casa. Fuori c'era un barbecue e molto spazio per mobili e tavoli da esterno. Ogni casa aveva un posto speciale, e la terrazza, con la sua vista impagabile sull'oceano, era sicuramente il pezzo forte di quell'immobile.

Sul bancone della cucina c'era una pila di volantini dell'agenzia e un foglio di registrazione su un portablocco, con una penna attaccata a un filo. La scatola che Bennett si era fermato a prendere era aperta sul bancone di fronte. Accanto ai pasticcini c'erano piatti e tovaglioli di carta. La valigetta e il thermos erano sull'isola della cucina, ma di Bennett non c'era traccia.

«C'è nessuno?» disse Ballard ad alta voce. «Sono qui per l'open house.»

Nessuna risposta. Si guardò intorno e si rese conto dell'opportunità che aveva. Si avvicinò rapidamente alla valigetta, la aprì e ne controllò il contenuto. Ciò che vide cambiò la traiettoria del suo piano. Mentre infilava dentro una mano, la casa iniziò a vibrare e capì che qualcuno, sicuramente Bennett, stava aprendo la porta del garage.

Finì ciò che stava facendo, richiuse la valigetta con la zip e si diresse verso il terrazzo. Sbloccò una delle portefinestre scorrevoli e l'aprì. Uscendo, sentì sbattere una porta e immaginò che fosse a causa della brezza oceanica che aveva fatto entrare in casa. Quel rumore avrebbe dovuto attirare l'attenzione di Bennett, ovunque si trovasse.

Mantenne lo sguardo sull'oceano mentre si avvicinava alla ringhiera del terrazzo. Poi guardò in basso e vide un altro terrazzo al di sotto, con una vista simile che si poteva godere dalle camere da letto sottostanti.

«Non siamo ancora aperti.»

La voce proveniva da dietro di lei. Ballard si voltò e vide Andrew Bennett in piedi sulla porta.

«I cartelli dicono tutti dalle 12 alle 16» disse l'agente immobiliare. «Mancano ancora quaranta minuti all'apertura.»

«Lo so, mi scusi» disse Ballard. «Ero nei paraggi e ho pensato di intrufolarmi per dare un'occhiata veloce. Naturalmente se non le dispiace.»

«Be', visto che è già qui... Potrebbe prima di tutto venire a firmare?»

«Certo.»

Ballard lo seguì in casa.

«Viene da Los Angeles?» chiese Bennett.

«Come fa a saperlo?»

«Ero in garage a riordinare e mi è sembrato di sentire un'auto che si fermava. Quando ho aperto la porta, ho visto che sulla targa c'era il logo di Galpin. È la concessionaria giù a Van Nuys, giusto?»

«Oh, sì, certo.»

«Vengo da quelle parti anch'io. Ricordo le pubblicità di Galpin in tv quando ero bambino.»

Andarono in cucina e Ballard prese la penna accanto al foglio delle firme sul bancone.

«Per quanto tempo ha abitato laggiù?» domandò. Sul foglio scrisse Ronnie Mars, in riferimento a un detective che era un personaggio di una fiction.

«Parecchio tempo» rispose Bennett.

Ballard aggiunse il numero di un telefono usa e getta che usava di tanto in tanto.

«Ci torna mai?» chiese.

«In effetti no» rispose l'uomo. «A meno che non debba prendere un aereo al LAX, ma è un incubo che cerco di evitare.»

«Su questo sono d'accordo.»

«Bene, io sono Andrew.»

«Ronnie.»

Ballard si voltò per guardarlo in faccia. Era dall'altra parte dell'isola della cucina, e la valigetta era sul piano di lavoro tra loro. Sorrideva, e riconobbe l'espressione che aveva visto sulla foto del sito web: il sorriso ampio, esperto e falso di un venditore.

«Ronnie, mi dica» disse Bennett. «Sta cercando una casa dove vivere a tempo pieno, o di villeggiatura?»

«Sono indecisa» rispose Ballard. «Io lavoro in smart working, quindi potrei vivere a tempo pieno qui e la seconda casa potrebbe essere a Los Angeles.»

«Sarebbe perfetto. Di cosa si occupa?»

«Sono una sceneggiatrice. Soprattutto per la televisione.»

«Qualcosa che posso aver visto?»

«Non credo. Si tratta per lo più di gialli leggeri.»

«Cosa vuol dire?»

«Roba per un pubblico femminile. Donne in pericolo. Mariti infedeli. Più romanticismo che mistero.»

«Interessante. Ma poco credibile.»

«Be', sì. Ha ragione.»

«Guarda che io mi riferisco a te, Ronnie. Non sei credibile.»

Infilò la mano nella valigetta e tirò fuori una pistola. Era una Glock in acciaio blu.

«La tua amica mi ha avvertito che ce ne sarebbero state altre» disse.

«Ehi, aspetti un attimo» protestò Ballard. «Non so di cosa stia parlando. Io...»

«Colleen Hatteras. Tutte casalinghe convinte di essere Nancy Drew, e guardate poi come va a finire: un appuntamento con il diavolo.»

«Io non...»

«Risparmia il fiato, Ronnie. Se questo è il tuo vero nome.»

Ballard alzò le mani pensando a Colleen. Alla fine, non aveva rivelato tutto a Bennett. Per quanto lui l'avesse ferita o spaventata, non aveva parlato e Bennett si era convinto che la minaccia nei suoi confronti venisse da una schiera di dilettanti su internet.

«Hai ucciso Colleen» disse.

«No, si è uccisa da sola. Si è avvicinata troppo al fuoco e non c'era scelta. Da' la colpa a lei, non a me. E ora ho bisogno di sapere a chi altri hai parlato di me.»

«A nessuno. Lo giuro.»

Bennett mise la mano libera dentro la valigetta. Tirò fuori una busta di plastica contenente fascette di plastica.

«Ti aspetti che io creda che sei venuta qui senza dire niente ad anima viva?»

«Ho dovuto farlo.»

Bennett rise. «Dovuto? Perché hai dovuto farlo?»

«Perché sono venuta qui per ucciderti. Per Colleen.»

Bennett scoppiò in una risata. «E come sta andando il tuo piano?»

«Stava andando abbastanza bene, in realtà... se non fosse che all'improvviso ho cambiato idea. Non ti voglio morto, Bennett. Voglio che tu marcisca nell'inferno del carcere.

Per Colleen e per tutte le donne che hai ucciso e a cui hai fatto del male.»

«Be', c'è un problema con questo piano.»

Agitò la pistola che teneva in mano e sorrise. Ballard vide allora gli occhi spenti e inespressivi. Qualche minuto prima si era definito il diavolo. Se il diavolo era uno psicopatico privo di empatia o di altre emozioni, allora Bennett aveva fatto centro.

«No, il problema è tuo» disse. «Perché...»

Mentre parlava, si abbassò con disinvoltura fino all'orlo dei pantaloni, estrasse la Ruger dalla fondina alla caviglia e si raddrizzò puntandola al petto di Bennett.

«La mia pistola ha i proiettili» continuò. «E la tua no.»

Bennett premette immediatamente il grilletto della Glock. Scattò a vuoto. Spalancò gli occhi e lo premette ancora tre volte, con lo stesso risultato. Ballard lesse la sua espressione, quando si rese conto dell'errore che aveva commesso, lasciando la valigetta incustodita in cucina mentre preparava la casa per l'esposizione. Bennett fissò la Ruger e Ballard lesse di nuovo i suoi pensieri.

«È piccola, ma ha sette colpi e me la cavo bene» disse. «Se fai una mossa, ti sparo negli occhi.»

Bennett emise uno strano suono, come se l'impulso di combattere o fuggire che si era impossessato del suo cervello avesse trovato una voce. Poi si calmò e si arrese, con un mezzo sorriso.

«Metti la pistola sul bancone e falla scivolare verso di me» disse Ballard.

Bennett spinse la pistola con tale forza che sarebbe volata a terra, se Ballard non avesse allungato la mano libera per prenderla.

«Ora mettiti in ginocchio, con le mani appoggiate sul bancone.»

«Non funzionerà mai» disse Bennett. «Nessuno...»

«Forza, Bennett, o torniamo al piano A. È questo che vuoi?»

«Va bene, va bene, lo faccio.»

Cominciò ad abbassarsi dietro il bancone, tenendosi al bordo con le mani per mantenere l'equilibrio. Ballard fece rapidamente il giro dell'isola e si posizionò alla sua sinistra, afferrando la busta delle fascette.

«Mani dietro la testa» ordinò. «Subito.»

Bennett ubbidì. Ballard aprì il sacchetto e prese una manciata di fascette, rimpiangendo di aver lasciato le manette nel Defender. Si spostò dietro Bennett e appoggiò la canna della Ruger sulla pelle dietro l'orecchio destro.

«Non muoverti o ti ritroverai con un pezzo di piombo che ti rimbalza nel cranio. Se non ti uccide, ti spappola il cervello. Avrai bisogno di qualcuno che ti pulisca il culo per il resto della tua vita.»

«Non mi muovo. Fai quello che devi fare.»

Lo disse con un tono quasi annoiato. Alcune fascette di plastica erano già preparate, per un uso rapido. Ma fu Ballard a usarle.

«Alza la mano sinistra. Lentamente.»

Bennett eseguì e Ballard fece passare una fascetta sulla mano, stringendola al polso. Seguì la stessa procedura con la mano destra, poi fece un passo indietro e ordinò a Bennett di mettersi a faccia in giù sul pavimento, con le mani dietro la schiena. Dopodiché, fece passare rapidamente una delle fascette aperte attraverso gli occhielli delle altre due ai polsi e poi tirò l'estremità libera bloccandola ben stretta.

Bennett era ormai inoffensivo.

«Non muoverti» disse lei. «Se lo fai, userò le altre fascette per immobilizzarti, come hai fatto con tutte le donne che hai violentato.»

Bennett girò la testa sul pavimento per poterla guardare. «Chi cazzo sei?»

«Polizia di Los Angeles. Sei in arresto per l'omicidio di Colleen Hatteras, e seguiranno molte altre accuse.»

«Stronzate.»

«No, lo stronzo sei tu, Bennett. Sei finito. E sai una cosa? Colleen mi ha portato dritto da te. È stata lei a prenderti.»

Ballard indietreggiò e tirò fuori il telefono. Chiamò il cellulare di Charlotte Goring e la detective rispose in tono accusatorio.

«Mi hai mentito, Ballard.»

«Non preoccuparti. Ho solo...»

«Invece sono preoccupata. Ho appena ricevuto una telefonata da Chuck Pell. Mi ha detto che il computer di Hatteras è stato accesso ieri alle tre e cinquantacinque del pomeriggio, cazzo. Tu eri in ufficio in quel momento, e mi hai detto che non conoscevi la password.»

«Charlotte, ascoltami. Ho appena arrestato Andrew Bennett. Ho l'arma del delitto e lui ha confessato. Devo trasportarlo da Laguna a Los Angeles. Vuoi venire a prenderlo o vuoi preoccuparti di quello che ho detto e fatto ieri?»

All'inizio non ci fu alcuna risposta. Ballard capì che Goring aveva coperto il telefono e stava parlando con qualcuno, probabilmente il suo partner, Dubose. Poi finalmente tornò in linea.

«Dove sei, esattamente?»

«Ti mando un messaggio con l'indirizzo.» Bennett sollevò la testa dal pavimento e urlò: «Ha detto che mi ucciderà!»

Ballard si avvicinò, si chinò e tirò verso l'alto la fascetta di plastica che aveva tra i polsi, strappandogli un grido di dolore. Lui abbassò di nuovo la testa sul pavimento.

«Chiudi quella cazzo di bocca, Bennett, o ti tolgo i calzini e te li ficco in gola. Capito?»

L'uomo non rispose. Lei gli strattonò di nuovo le braccia.

«Sì, ho capito» disse lui.

Ballard si rialzò e parlò al telefono. «Charlotte, ci sei?»

«Veniamo subito. È meglio che sia vivo quando arriviamo.»

«Allora non metteteci troppo.»

Ballard riattaccò.

«Non credo che ti daranno un premio, o mi sbaglio?» disse Bennett.

«Forse no. Ma per te sarà molto peggio. Senti quelle onde, là fuori? Non le sentirai più. Non sentirai, vedrai o assaporerai mai più la libertà.»

«Vedremo.»

«Sì, vedremo.»

Bennett tacque. Ballard inviò l'indirizzo a Goring. Mentre lo faceva, sentì qualcuno entrare dalla porta d'ingresso. Era il momento di iniziare la visita guidata della casa. Prese rapidamente altre fascette e le usò per bloccare anche le caviglie di Bennett, poi gli tirò su i piedi per collegarli ai polsi.

«Aiuto!» urlò lui. «Qualcuno chiami la polizia!»

Ballard balzò in piedi e si voltò verso il corridoio, dove una coppia di potenziali acquirenti se ne stava immobile, con gli occhi spalancati per lo shock. L'uomo, con un maglioncino legato al collo, alzò le mani.

«Non vogliamo problemi» disse.

«Non si preoccupi, sono io la polizia» rispose Ballard. «Quest'uomo è in arresto e l'open house è finita.»

DOMENICA, ORE 12

56

La conferenza stampa al decimo piano del PAB iniziò esattamente in orario. Come da coreografia del capitano dell'Unità delle Relazioni con i Media, Ballard condusse la squadra dell'UCI al completo nella sala stampa priva di finestre. Seguirono Goring e Dubose e poi il capitano Gandle e il capo della polizia in persona, Carl Detry.

Detry aveva iniziato il suo lavoro da soli due anni, dopo essere stato nominato dal sindaco e approvato dalla Commissione di Polizia di Los Angeles, in seguito al ritiro a sorpresa del precedente capo. Il suo mandato era cominciato male, con lo scontro politico causato dal fatto che aveva appoggiato l'avversario di Ernest O'Fallon per la carica di procuratore distrettuale. Aveva puntato sul cavallo sbagliato e O'Fallon non perdeva occasione per accusarlo di qualunque errore commesso dalla polizia. Ma Detry aveva fatto la gavetta e conosceva l'importanza dei media. Sapeva che una conferenza stampa per annunciare l'arresto di un predatore seriale poteva spostare l'ago della bilancia in favore del suo dipartimento e di sé stesso. Per legge, il capo della polizia veniva nominato con un mandato di cinque anni, cui ne poteva seguire un secondo con l'approvazione della commissione di polizia. Finora, nell'era moderna, nessun capo aveva raggiunto i dieci anni di servizio. Se Detry voleva invertire la tendenza, doveva corteggiare i media e tenerseli buoni.

Si avvicinò al microfono. Era domenica, un giorno di scarsa audience per i notiziari. Quindi tutti i posti a sedere davanti a lui erano occupati e il palco rialzato in fondo alla sala era affollato di treppiedi per le telecamere con relative troupe.

Detry era alto e bello. Invece di un completo, indossava un'uniforme con quattro stelle sul colletto; era l'immagine dell'orgoglio e del progressismo della polizia di Los Angeles. Era nero e proveniva dalla zona sud della città. Aveva detto che da adolescente aveva visto la sua comunità bruciare durante le rivolte del 1992 e aveva deciso di entrare nella polizia di Los Angeles invece che in una gang. E ora, trent'anni dopo aver ottenuto il distintivo, era a capo di un dipartimento che molti ritenevano fosse avanzato molto poco, da quei giorni di discordia.

«Oggi devo darvi una notizia buona e una cattiva» esordì. «Abbiamo arrestato un predatore che ha seminato paura nella nostra comunità per molti anni. Ma durante le indagini abbiamo perso una brava persona. La sua scomparsa ci ricorda che nel proteggere e servire questa comunità si corrono dei rischi, e dobbiamo rimanere sempre vigili.»

Andò subito al sodo, identificando Andrew Bennett come lo stupratore delle federe nonché l'assassino di Colleen Hatteras, una volontaria dell'Unità Casi Irrisolti. Disse che Bennett era stato collegato all'omicidio di Hatteras grazie ai risultati balistici e all'analisi preliminare del dna. Spiegò come erano stati fatti i collegamenti e concluse con la notizia che i detective Goring e Dubose avrebbero presentato il caso all'ufficio del procuratore distrettuale in mattinata.

Si disse disponibile a rispondere a qualche domanda,

ma i giornalisti chiesero a gran voce che qualcuno parlasse della volontaria che aveva perso la vita. Detry si voltò prima a sinistra e poi a destra e fece segno a Ballard di salire sul podio.

Lei venne avanti e abbassò il microfono.

«Colleen Hatteras era con noi nell'unità fin dall'inizio, due anni fa» disse. «Ha svolto un ruolo significativo in ogni caso che abbiamo affrontato, compreso questo. Il suo lavoro ha portato all'identificazione di Andrew Bennett come sospettato e...»

«Cosa è andato storto?» la interruppe un giornalista. Ballard abbassò lo sguardo, preparando la risposta.

«Colleen non ha fatto nulla di sbagliato» disse poi. «Non meritava quello che le è successo. Non se l'è cercata.»

«Allora perché è stata uccisa?» insisté il giornalista.

«Me ne assumo la responsabilità» rispose Ballard. «È la mia unità e non ho fatto abbastanza per salvaguardare la mia squadra. Voglio dire, si tratta di volontari. Avrei dovuto essere una leader migliore.»

«Ma come ha fatto Bennett ad arrivare a lei?» la incalzò il giornalista.

«Non lo sappiamo» rispose Ballard, in tono secco. «Non ancora.»

Sentì una mano toccarle il braccio e vide il capo venire in suo soccorso. Detry la allontanò con delicatezza dal microfono e prese il suo posto.

«Questi dettagli e il resto delle prove saranno resi pubblici quando andremo a processo» dichiarò. «Per ora, vi abbiamo detto tutto. Con grande sacrificio, una grave minaccia per la comunità è stata eliminata grazie agli sforzi diligenti del vostro dipartimento di polizia. Grazie di essere venuti e questo è tutto per oggi.»

Mentre i giornalisti gridavano domande, il capo iniziò

ad accompagnare le persone dietro il podio verso la porta della sala riunioni. Quando furono tutti lì e le grida in sala furono smorzate dalla porta chiusa, si rivolse a Ballard.

«Mi confermi che questo caso non è destinato ad andare a rotoli» disse.

«Capo, è solido» rispose Ballard. «È lui il colpevole. Ha confessato. E quando avremo il dna dal dipartimento di Giustizia, l'accusa sarà a prova di bomba.»

Gandle si fece largo tra Laffont e Maddie Bosch per avvicinarsi.

«Abbiamo tutto sotto controllo, capo» disse.

«La prendo in parola, capitano» replicò Detry. «E anche lei, detective.»

Si voltò e si diresse verso la porta che conduceva ai suoi uffici.

«Ballard, vado in ufficio» disse Gandle. «Passi a trovarmi.»

Il tono lasciava intendere che non era un suggerimento, ma un ordine.

Ballard annuì. Si voltò a cercare Goring e Dubose. I capi avevano deciso che i detective del West Bureau avrebbero portato il caso all'ufficio del procuratore distrettuale in mattinata. In questo modo avrebbero potuto adattare la presentazione delle prove alle azioni poco ortodosse di Ballard. Lei non si era opposta. Non era il suo caso. Sarebbe stata un testimone chiave per l'accusa, e avrebbe dichiarato davanti a un giudice e a una giuria ciò che era stato detto e fatto nella cucina della casa di Sunset Ridge. La sua credibilità sarebbe stata messa ferocemente in discussione da Bennett e dai suoi avvocati, e lei sarebbe stata pronta ad affrontarli.

Ma Goring e Dubose se n'erano già andati e, dopo che fu uscito anche Gandle, Ballard rimase sola con la sua squadra. Si girò e li guardò uno per uno. Tutti avevano gli occhi bassi. Si trattava di una vittoria senza nulla da festeggiare.

«Bene» disse. «Ora un bell'abbraccio di gruppo.»

Tutti si avvicinarono e intrecciarono le braccia. All'inizio rimasero in silenzio, a testa china. Poi Laffont disse: «Per Colleen. Riposi in pace».

Epilogo

IL KULA LODGE

Il telefono di Ballard iniziò a vibrare prima dell'alba. Nella stanza era buio, ma il bagliore del cellulare la aiutò a identificare i contorni del cottage. Aveva dormito sodo, dopo un lungo viaggio. Cinque ore di aereo più altre tre in una jeep a noleggio che rimbalzava lungo strade buie.

Prese il telefono dal comodino, guardò lo schermo e accettò la chiamata. Era Maddie Bosch.

«Hai visto il *Times*?» chiese subito Maddie.

«No, non ancora» rispose. «Stavo dormendo.»

«Oh, merda. Mi ero dimenticata che sei indietro di tre ore, laggiù.»

«Noi dicevamo tre ore, tremila miglia e tre decenni indietro. Cosa c'è sul *Times*?»

«Hanno fatto un servizio sul caso della Dalia Nera. Hanno presentato l'intera faccenda. Ci sarà una tempesta di merda.»

«Cosa c'è scritto?»

«Ti mando il link. Si tratta del fatto che il procuratore ha rifiutato il caso.»

«Be', allora è una buona cosa, no? Forse così Ernesto cambierà la sua decisione.»

«Hanno fatto il mio nome. Penseranno che sia io la responsabile della fuga di notizie.»

«E lo sei?»

«Nemmeno per sogno.»

«Allora non hai nulla di cui preoccuparti. Non possono provare che sia successo, se non è successo.»

«Sei stata tu? Hai... no, aspetta, non importa, non voglio saperlo.»

Ballard sorrise; Maddie capiva che era meglio per lei non conoscere i particolari della fuga di notizie. Sollevò le gambe dal letto e si alzò a sedere. L'accordo che aveva stretto con Scott Anderson era che avrebbe dovuto menzionare in modo evidente nell'articolo che l'agente Madeline Bosch era responsabile della svolta nel caso della Dalia Nera. Ballard si era fidata e sembrava che il giornalista avesse mantenuto la promessa.

«Di chi è l'articolo?» chiese, fingendo di non saperlo.

«Di Scott Anderson» rispose Bosch. «È il tizio che faceva tutte quelle domande alla conferenza stampa.»

«Giusto. C'è qualcosa di sbagliato nell'articolo, per quanto tu abbia potuto vedere?»

Maddie rise.

«No, è molto preciso. Fa sembrare il procuratore distrettuale uno stronzo petulante che si oppone al capo solo perché non lo ha appoggiato alle elezioni.»

«Sembra accurato, allora. Cosa dice a proposito di...» Ballard ricevette un avviso di chiamata e controllò lo schermo. Era il capitano Gandle, che probabilmente chiamava per lo stesso motivo.

«Devo rispondere a un'altra telefonata» disse. «Mandami il link quando puoi.»

«Certo» rispose Maddie. «E Renée, grazie.»

Ballard non rispose e passò all'altra chiamata. «Capitano?»

«Ballard, ha letto il *Times*?»

La sua voce era quasi stridula.

«No, capitano, sono alle Hawaii e non ho visto le notizie.»

«Alle Hawaii? Cosa ci fa alle Hawaii quando qui si sta scatenando l'inferno?»

«Le avevo detto che avrei preso una settimana di ferie. Ho dato la settimana libera anche a tutti i membri dell'unità. Che diavolo sta succedendo?»

«Qualcuno ha fatto trapelare il caso della Dalia Nera al *Times*. È in prima pagina, sulla home page del sito, ovunque. Ora ci sono giornalisti televisivi in cortile, in attesa che il capo rilasci una dichiarazione.»

«Cosa dice il *Times*?»

«Dice che abbiamo risolto il caso della Dalia Nera, ma il procuratore distrettuale si rifiuta di chiuderlo. In realtà dice che l'ha risolto l'agente Madeline Bosch, e questo ci mette in un bel guaio. L'ha già licenziata?»

«No. Volevo farlo al mio ritorno, la settimana prossima.»

«Grazie a Dio.»

Ballard sentì il sollievo nella sua voce.

«Quindi non vuole più che la mandi via?»

«No, certo che no. La tenga in servizio. Faremo una figura di merda, se licenziamo l'agente che ha risolto il caso.»

Vuoi dire che *tu* farai una figura di merda, pensò Ballard. «Per me va bene» disse. «Abbiamo bisogno di un secondo distintivo in squadra e lei ovviamente è brava nel suo lavoro.»

«Ora, Ballard, devo farle una domanda» disse Gandle. «Non menta, perché al decimo piano mi chiederanno la stessa cosa.»

«Dica pure.»

«È stata lei a dare la storia al *Times*? Cita fonti anonime ed è meglio che lei non sia tra quelle.»

«L'articolo è di Scott Anderson?»

«Esatto.»

«Be', mi ha chiamato per parlarne e tutto quello che ho detto è stato: "No comment". Ho anche acceso il registratore del cellulare, perché sapevo che qualcuno gli stava dando informazioni sul caso e non volevo essere incolpata. Vuole che le mandi la registrazione?»

«Sì, me la mandi. Potrebbe essere utile quando il capo verrà da me e mi dirà: "Ma che cazzo avete combinato?"»

«L'articolo ci mette in cattiva luce?»

«No, al contrario, ci fa fare bella figura. Ma questo può essere negativo. Capisce? O'Fallon s'incazzerà come una belva e saprà che la fuga di notizie viene da noi.»

«Le dico una cosa, capitano. Se l'articolo fa fare bella figura a noi e mette in cattiva luce lui, credo che la talpa sia nell'ufficio del procuratore. La storia è rimbalzata tra vari uffici e tutti volevano chiudere il caso, ma O'Fallon ha rifiutato. Metà delle persone in quell'ufficio stanno lavorando per costringerlo a dimettersi.»

«Non lo so. Probabilmente ha ragione.»

Ballard annuì. Rimasero per qualche istante in silenzio e pensò che forse se la sarebbe cavata indenne.

«Dove si trova, alle Hawaii, Ballard?» chiese Gandle. «Spero almeno che sia su una spiaggia.»

«Sono a Maui, in campagna, vicino a una città chiamata Kaupo.»

«Non mi sembra proprio un luogo di vacanza. Che cosa sta facendo?»

«Sono cresciuta qui. E oggi vado a trovare una persona che non vedo da molto, molto tempo.»

«Be', buona fortuna. Ci vediamo quando torna. Se la rintracciano, non parli con nessun giornalista. Capito?»

«Sì, signore. Ho capito.»

Riattaccò e passò al suo account di posta elettronica. Maddie Bosch le aveva inviato il link, come promesso. Aprì l'articolo del *Times* sul piccolo schermo del telefono.

LAPD: RISOLTO IL CASO DELLA DALIA NERA
IL PROCURATORE DISTRETTUALE:
NON COSÌ IN FRETTA

di Scott Anderson

Il dipartimento di polizia di Los Angeles è pronto a chiudere il caso del famigerato omicidio della Dalia Nera, ma l'ufficio del procuratore distrettuale si è rifiutato per due volte di accettare nuove prove e di considerare definitivamente risolto il caso più raccapricciante della storia della città, secondo quanto appreso dal *Times*.

La squadra dei casi freddi del LAPD ha usato nuove prove e tecnologie per dimostrare che un fotografo recentemente deceduto era l'assassino di Elizabeth Short, la cosiddetta Dalia Nera, il cui corpo fu trovato tagliato a metà in un campo nella zona sud di Los Angeles, nel 1947.

L'omicidio di Short ha fatto notizia in tutta la nazione ed è rimasto irrisolto per decenni, nonostante gli sforzi della polizia e di tanti detective dilettanti. È stato oggetto di numerosi libri, documentari, film e programmi televisivi.

Short, 22 anni, era descritta come una promessa di Hollywood e frequentava bar e locali da ballo, a Hollywood e in città. Il 15 gennaio 1947, il suo corpo tranciato in due fu trovato in Norton Avenue, nella zona di Leimert Park. Durante le prime indagini, gli investigatori interrogarono diversi sospettati ma non accusarono nessuno. Ai giornali locali e alla polizia furono inviate lettere di scherno da parte di uno sconosciuto che affermava di essere l'assassino.

Non è chiaro se Emmitt Thawyer sia mai stato uno di questi sospettati. Thawyer è stato indicato come l'assassino nel fascicolo inviato all'ufficio del procuratore distrettuale la scorsa settimana. Anche se è morto sei anni fa, la politica della polizia di Los Angeles prevede che l'Unità per i Casi Irrisolti sottoponga tutti i casi di omicidio che coinvolgono un indiziato deceduto ai pubblici ministeri, per la revisione e l'approvazione dell'archiviazione.

Tuttavia, il *Times* ha appreso che il processo di revisione a carico di Thawyer è stato respinto due volte per insufficienza di prove, anche dopo che gli investigatori hanno utilizzato una nuova tecnologia per corroborare ulteriormente il caso.

L'ultima svolta in quello che forse è il caso irrisolto più famoso della città è iniziata quando l'agente Madeline Bosch ha avuto accesso a una serie di foto provenienti dal magazzino abbandonato di Thawyer a Echo Park. Bosch è agente di pattuglia della Divisione Hollywood e lavora anche come volontaria un giorno alla settimana all'Unità Casi Irrisolti. Anche lei aveva in affitto un'unità presso la struttura in cui erano custodite le proprietà di Thawyer. Quando gli operatori dell'azienda stavano ripulendo il magazzino di Thawyer, dopo la sua morte, si sono imbattuti in un fascicolo contenente foto raccapriccianti di diverse donne che sembravano essere state torturate e uccise; le hanno consegnate all'agente Bosch. Tra queste, la poliziotta ha riconosciuto le foto di Elizabeth Short, sia prima che dopo l'aggressione e l'omicidio.

Secondo le nostre fonti, l'unità fotografica della polizia di Los Angeles ha confermato che la carta su cui sono state stampate le foto risale alla stessa epoca dell'omicidio e che gli scatti non erano oggetti di scena per un film di Hollywood ma materiali autentici. I tecnici dell'unità hanno concluso che c'era una «probabilità superiore al novanta per cento» che la vittima in quelle foto fosse Elizabeth Short.

Gli investigatori dei casi freddi hanno anche identificato un'altra donna che appare nelle foto, sia in vita che dopo la morte, come un'attrice di cui è stata denunciata la scomparsa nel 1950. E hanno anche confermato che tutte le foto sono state scattate nel seminterrato di una casa di Angelino Heights in cui Thawyer visse negli anni Quaranta e Cinquanta.

Thawyer era un fotografo commerciale, che realizzava principalmente cataloghi di attrezzature. Tuttavia, secondo le nostre fonti, aveva anche un'attività secondaria come fotografo per aspiranti artisti di Hollywood. È stato questo lavoro a portare Short e altre giovani donne nella sua orbita.

Una settimana fa il team dei casi freddi ha presentato ai pubblici ministeri un pacchetto di accuse. È stato respinto dal procuratore distrettuale Ernest O'Fallon perché le prove non erano sufficienti per ottenere una condanna, se il caso fosse stato intentato contro un sospettato ancora in vita. L'ostacolo consisteva nel confermare senza ombra di dubbio che la donna delle foto nel magazzino di Thawyer era Elizabeth Short.

Gli investigatori hanno quindi cercato di rafforzare il caso utilizzando una nuova tecnologia studiata per le forze dell'ordine che prevede il confronto delle orecchie. Alcune foto di Elizabeth Short in cui erano visibili le orecchie sono state confrontate con quelle di Thawyer. Paul Buckley, un analista del Film Forensics Institute che ha condotto uno dei confronti, ha dichiarato che i test dimostrano che la Short e la donna nelle foto di Thawyer sono la stessa persona.

«Non c'è dubbio» ha detto Buckley. «Elizabeth Short è la donna delle foto trovate dalla polizia. L'identificazione auricolare è valida quanto le impronte digitali, e un giorno le forze dell'ordine lo accetteranno.»

Ma quando la «prova dell'orecchio» è stata presentata ai procuratori, O'Fallon ha respinto di nuovo il caso, sostenendo che la comparazione dell'orecchio fosse una tecnica di non provata efficacia.

Raggiunto lunedì nel suo ufficio, O'Fallon ha rifiutato di rilasciare commenti al riguardo. Ha anche negato che la sua decisione sia legata agli attriti in corso tra lui e il capo della polizia di Los Angeles, Carl Detry, il quale ha appoggiato l'avversario di O'Fallon alle elezioni del 2022.

«Prendiamo le nostre decisioni in base alla legge» ha dichiarato O'Fallon. «Nient'altro.»

Ma Jaqueline Gaither, che gestisce un blog chiamato *Lapd Watch*, ha affermato che il procuratore e il capo della polizia sono impegnati in una battaglia politica che danneggia la causa della giustizia in città.

«Questi due non si amano e il caso della Dalia Nera è un esempio perfetto di come i loro problemi si ripercuotano sulla comunità» ha detto Gaither. «Per fortuna il sospettato di questo caso non è vivo e non può fare del male a nessun altro. Ma non c'è dubbio che O'Fallon abbia rifiutato il caso perché non vuole concedere alla polizia di Los Angeles e al suo capo i titoli dei giornali. È una cosa meschina e di basso livello.»

Gaither, che vive a Los Angeles da sempre, si è detta delusa dal fatto che il caso criminale più famoso della città sia ancora aperto. «Alcuni sostengono che è un mistero che fa parte del tessuto della città e che non dovrebbe mai essere risolto» ha detto. «Io non la penso così. Questa città ha atteso a lungo delle risposte. Credo che tutti noi ne abbiamo bisogno.»

Il capo della polizia Detry non ha risposto alle numerose richieste di commenti sul caso e sul rifiuto da parte dell'ufficio del procuratore distrettuale.

Ballard posò il telefono. Era soddisfatta. Anderson aveva fatto un buon lavoro. Che oltretutto era servito a tenere Maddie Bosch nell'Unità Casi Irrisolti.

La luce del mattino cominciava a insinuarsi tra le veneziane chiuse del cottage. Cercò sul tavolo la mappa che aveva comprato all'aeroporto la sera prima. Era passato molto tempo dall'ultima volta che era stata da quelle parti e non era sicura del percorso. Non poteva affidarsi al GPS, perché il servizio di telefonia mobile era discontinuo. Doveva procedere alla vecchia maniera, con una mappa. La aprì sul letto e ne lisciò le pieghe con la mano.

Trovò Kaupo e con un dito tracciò la strada statale Hana fino a Keawa Bay. L'indirizzo che Makani aveva fornito quando era stata arrestata per le multe non pagate era lì, sulla Haou Road. Ipotizzava che ci potesse volere un'ora, ma dipendeva dallo stato delle strade. Sapeva che in quella zona c'erano soprattutto coltivatori, alcuni legali, altri no. Qualche surfista. Pochi turisti. Vide che sarebbe passata davanti al maneggio dove Kaupo Boy era stato tenuto trent'anni prima.

Si alzò e si vestì per la destinazione finale del viaggio. Decise di partire prima di cambiare idea. Sarebbe andata a cercare la donna che l'aveva messa al mondo e poi l'aveva abbandonata.

Ringraziamenti

Grazie a tutti coloro che hanno dato un contributo grande e piccolo a questo libro. Tra questi Asya Muchnick, Emad Akhtar, Bill Massey, Jane Davis, Heather Rizzo, Betsy Uhrig, Tracy Roe, Callie Connelly, Linda Connelly, John H. Welborne, Dennis Wojciechowski, Shannon Byrne, Tracy Conrad, Sean Harrington e Terrill Lee Lankford.

L'autore desidera inoltre ringraziare Michael Pietsch, Craig Young, Terry Adams e Mario Pulice per i numerosi anni di sostegno al suo lavoro.

Finito di stampare nel mese di ottobre 2024
su carta holmen
con fibra vergine proveniente da foreste sostenibili holmen.com/paper
presso Grafica Veneta S.p.A.
Via Malcanton, 2 – Trebaseleghe (PD)
Printed in Italy

Questo libro è fabbricato da Grafica Veneta S.p.A.
con un processo di stampa e rilegatura certificato 100% carbon neutral
in accordo con PAS 2060 BSI